코레일 최종 합격을 위한

추가 학습자료 6종

본 교재 인강
2만원 할인쿠폰

9EE6 8KKK AF33 0000

취업 인강 단과강의
20% 할인쿠폰

94C2 8KK3 FEFB K000

이용방법 해커스잡 사이트(ejob.Hackers.com) 접속 후 로그인 ▶ 사이트 메인 우측 상단 **[나의 정보]** 클릭 ▶ **[나의 쿠폰 - 쿠폰/수강권 등록]**에 위 쿠폰번호 입력 ▶ 강의 결제 시 쿠폰 적용

* 쿠폰 유효기간 : 2026년 12월 31일까지   * 한 ID당 1회에 한해 등록 및 사용 가능   * 이벤트 강의 및 프로모션 강의 적용불가 / 쿠폰 중복할인 불가

코레일 NCS 샘플문제 해설강의 **수강권**

3B50 8KK5 F096 9000

이용방법 해커스잡 사이트(ejob.Hackers.com) 접속 후 로그인 ▶ 사이트 메인 우측 상단 **[나의 정보]** 클릭 ▶ **[나의 쿠폰 - 쿠폰/수강권 등록]**에 위 쿠폰번호 입력 ▶ **[마이클래스 - 일반강좌]**에서 수강 가능

* 쿠폰 유효기간 : 2026년 12월 31일까지 / 등록 후 30일간 수강 가능   * 한 ID당 1회에 한해 등록 및 사용 가능   * 이벤트 강의 및 프로모션 강의 적용불가 / 쿠폰 중복할인 불가

쓰면서 외우는 철도관계법 빈칸노트
(PDF)

T68T C142 75P6 AG3E

전공 이론 핵심 압축 정리
(PDF)

AB6I 362Q 4231 BGDA

이용방법 해커스잡 사이트(ejob.Hackers.com) 접속 후 로그인 ▶ **[교재정보 - 교재 무료자료]** 클릭 ▶ 교재 확인 후 이용하길 원하는 무료자료의 다운로드 버튼 클릭 ▶ 위 쿠폰번호 입력 후 다운로드

FREE 무료 바로 채점 및 성적 분석 서비스

바로 이용 ▶

이용방법 해커스잡 사이트(ejob.Hackers.com) 접속 후 로그인 ▶ 사이트 메인 상단 **[교재정보 - 교재 채점 서비스]** 클릭 ▶ 교재 확인 후 채점하기 버튼 클릭

* 2026년 12월 31일까지 사용 가능

쿠폰 이용 관련 문의

02-537-5000

취업교육 1위, **해커스잡**
ejob.Hackers.com

주간동아 2024 한국고객만족도 교육(온·오프라인 취업) 1위

코레일 최종 합격!
선배들의 비결 알고 싶어?

자소서&필기&면접 후기까지!
해커스잡 ejob.Hackers.com에서 무료 공개!

해커스

코레일
한국철도공사
NCS+전공+철도법

실전모의고사

해커스

한국철도공사 필기시험
어떻게 준비해야 하나요?

많은 수험생들이 입사하고 싶어하는 한국철도공사,
그만큼 많은 수험생이 입사 시 필수 관문인 한국철도공사 필기시험을 어떻게 준비해야 할지 몰라
걱정합니다.

그러한 수험생들의 걱정과 막막함을 알기에 해커스는 수많은 고민을 거듭한 끝에
「해커스 코레일 한국철도공사 NCS+전공+철도법 실전모의고사」 개정판을 출간하게 되었습니다.

「해커스 코레일 한국철도공사 NCS+전공+철도법 실전모의고사」 개정판은

01 출제사별 기출복원모의고사를 수록해 최신 출제 경향을 정확히 파악하고 출제사에 관계없이
필기시험에 대비할 수 있습니다.

02 출제 경향을 반영한 실전모의고사를 풍부하게 수록해 실전 감각을 극대화할 수 있습니다.

03 NCS 직업기초능력뿐만 아니라 전공 및 철도관계법도 대비할 수 있도록 전공 실전모의고사
와 철도관계법 실전모의고사까지 수록해 전공 및 철도관계법 문제에도 확실히 대비할 수 있습
니다.

「해커스 코레일 한국철도공사 NCS+전공+철도법 실전모의고사」라면 한국철도공사 필기
시험을 확실히 준비할 수 있습니다.

해커스와 함께 한국철도공사 필기시험 관문을 넘어 최종 합격하실 '**예비 한국철도공사인**' 여러분께 이 책을 드립니다.

해커스 NCS 취업교육연구소

목차

PART 1 NCS 기출복원모의고사

PART 2 NCS 실전모의고사

PART 3 전공 실전모의고사

[책 속의 책]
약점 보완 해설집

[온라인 제공]
해커스잡 사이트(ejob.Hackers.com)
쓰면서 외우는 철도관계법 빈칸노트
(PDF)

PART 4 철도관계법 실전모의고사

최신 출제 경향을 파악하고 효과적으로 학습한다!

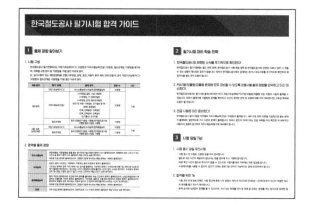

출제 경향 알아보기

최근 한국철도공사 필기시험 출제 경향을 확인할 수 있습니다.

기출복원모의고사(3회분)

가장 최근에 치러진 필기시험을 출제한 한국사회개발능력원의 시험 경향을 철저히 분석하여 반영한 기출복원모의고사와 이전 출제 기관이었던 인크루트, 휴노의 실제 출제 시험 문제를 복원한 모의고사로 출제사에 관계없이 모든 시험에 확실히 대비할 수 있습니다.

2 출제 경향이 반영된 모의고사로 실전 감각을 극대화한다!

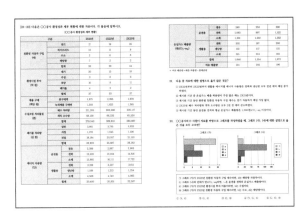

NCS 실전모의고사(4회분)

실제 시험과 유사한 난도임은 물론 변경된 시험이 반영된 실전모의고사 4회분을 제한시간을 두고 풀어보면서 실전에 철저히 대비할 수 있습니다.

전공 실전모의고사(2회분)

전공 실전모의고사를 2회분씩 수록하여, 지원하는 직종에 맞는 전공 실전모의고사로 전공 시험도 한 번에 대비할 수 있습니다.

철도관계법 실전모의고사(3회분)

철도관계법 실전모의고사를 3회분 수록하여, 새롭게 도입되는 철도관계법 시험에도 빈틈없이 대비할 수 있습니다.

3 학습 플랜을 활용하여 전략적으로 준비한다!

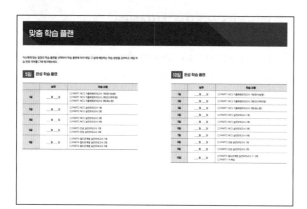

학습 플랜

본 교재에서 제공하는 기간별 학습 플랜에 따라 학습하면 혼자서도 단기간에 전략적으로 대비할 수 있습니다.

4 꼼꼼한 해설로 완벽하게 정리하고, 효과적인 풀이법을 익힌다!

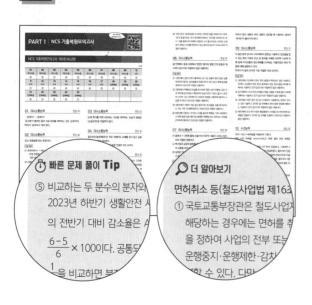

정답·해설

문제집과 해설집을 분리하여 보다 편리하게 학습할 수 있으며, 모든 문제에 대해 상세하고 이해하기 쉬운 해설을 수록하여 체계적으로 학습할 수 있습니다.

특히 해설의 '빠른 문제 풀이 Tip'을 통해 문제를 빠르고 정확하게 풀이하는 노하우를 익힐 수 있음은 물론, '더 알아보기'로 관련 이론 및 개념까지 폭 넓게 학습할 수 있습니다.

5 · 온라인 강의와 온라인 자료를 활용한다.

한국철도공사 NCS 인강

해커스잡(ejob.Hackers.com)에서 유료로 제공되는 본 교재 동영상강의를 통해 교재 학습 효과를 극대화할 수 있습니다.

전공 이론 핵심 압축정리

직렬별 전공 문제 풀이에 필요한 핵심이론을 암기하며 전공 시험에 철저하게 대비할 수 있습니다.

쓰면서 외우는 철도관계법 빈칸노트

철도산업발전기본법·시행령, 한국철도공사법·시행령, 철도사업법·시행령 내용 중 빈칸으로 제시된 주요 키워드를 직접 채우면서 철도관계법 시험에 효과적으로 대비할 수 있습니다.

맞춤 학습 플랜

자신에게 맞는 일정의 학습 플랜을 선택하여 학습 플랜에 따라 매일 그 날에 해당하는 학습 분량을 공부하고, 매일 학습 완료 여부를 □에 체크해보세요.

5일 완성 학습 플랜

	날짜	학습 내용
1일	___월 ___일	□ PART1 NCS 기출복원모의고사 1회(한사능형) □ PART1 NCS 기출복원모의고사 2회(인크루트형) □ PART1 NCS 기출복원모의고사 3회(휴노형)
2일	___월 ___일	□ PART2 NCS 실전모의고사 1회 □ PART2 NCS 실전모의고사 2회
3일	___월 ___일	□ PART2 NCS 실전모의고사 3회 □ PART2 NCS 실전모의고사 4회
4일	___월 ___일	□ PART3 전공 실전모의고사 1회 □ PART3 전공 실전모의고사 2회
5일	___월 ___일	□ PART4 철도관계법 실전모의고사 1회 □ PART4 철도관계법 실전모의고사 2회 □ PART4 철도관계법 실전모의고사 3회

10일 완성 학습 플랜

	날짜	학습 내용
1일	___월 ___일	☐ PART1 NCS 기출복원모의고사 1회(한사능형)
2일	___월 ___일	☐ PART1 NCS 기출복원모의고사 2회(인크루트형)
3일	___월 ___일	☐ PART1 NCS 기출복원모의고사 3회(휴노형)
4일	___월 ___일	☐ PART2 NCS 실전모의고사 1회
5일	___월 ___일	☐ PART2 NCS 실전모의고사 2회
6일	___월 ___일	☐ PART2 NCS 실전모의고사 3회
7일	___월 ___일	☐ PART2 NCS 실전모의고사 4회
8일	___월 ___일	☐ PART3 전공 실전모의고사 1회
9일	___월 ___일	☐ PART3 전공 실전모의고사 2회
10일	___월 ___일	☐ PART4 철도관계법 실전모의고사 1~3회 ☐ PART1~4 복습

한국철도공사 소개

1 한국철도공사 알아보기

1. 경영목표

미션

사람·세상·미래를 잇는 대한민국 철도

비전

새로 여는 미래교통 함께 하는 한국철도

경영슬로건

철도표준을 선도하는 모빌리티 기업, 코레일!

핵심가치 체계

핵심가치	안전	혁신	소통	신뢰
경영목표	디지털기반 안전관리 고도화	자립경영을 위한 재무건전성 제고	국민이 체감하는 모빌리티 혁신	미래지향 조직문화 구축
	· 재난안전관리율 · 안전관리 등급	· 부채비율 · 영업손익	· 고객만족도 · 디지털 서비스 달성률	· ESG 경영지수 · 조직문화지수
	▲	△	▲	△
전략과제	디지털통합 안전관리	운송수익 극대화	디지털 서비스 혁신	ESG 책임경영 내재화
	중대재해 예방 및 안전 문화 확산	신성장사업 경쟁력 확보	미래융합교통 플랫폼 구축	스마트 근무환경 및 상호존중 문화 조성
	유지보수 과학화	자원운용 최적화	국민소통 홍보강화	융복합 전문 인재 양성 및 첨단기술 확보

2. 인재상

저탄소·친환경 철도와 대륙철도 시대를 선도할 철도인

HRD 미션
KORAIL 핵심가치를 실현하기 위한 차세대 리더의 체계적 육성

HRD 비전
통섭형 인재양성을 통해 국민의 코레일 실현

인재상
· 사람중심의 사고와 행동을 하는 인성, 열린 마인드로 주변과 소통하고 협력하는 사람지향 소통인
· 고객만족을 위해 지속적으로 학습하고 노력하는 고객지향 전문인
· 한국철도의 글로벌 경쟁력을 높이고 미래의 발전을 끊임없이 추구하는 미래지향 혁신인

<출처: 한국철도공사 홈페이지>

2 한국철도공사 채용 알아보기

1. 채용절차(채용형 인턴 기준)

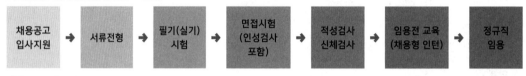

채용공고 입사지원
· 직무 중심 입사지원서를 제출하는 단계로, 채용공고 내 온라인 접수를 통해서만 진행된다.

서류전형
· 서류전형 평가를 계량화하여 고득점 순으로 채용 인원의 10배수 이내의 인원에게 필기시험 기회를 부여한다.
· 서류전형 배점은 자기소개서 78점+자격증 12점+어학 10점으로 진행되나, 고졸·장애인·보훈 전형 등 사회형평적 채용은 자기소개서 88점+자격증 12점으로 배점을 부여한다.

필기(실기)시험
· 직무수행 기본 역량을 검증하기 위한 평가 단계이다.
· 일반공채 사무영업(수송), 일반공채 및 보훈제한경쟁 토목분야는 실기시험을 추가로 시행하게 되며, 실기시험이 없는 차량, 건축, 전기통신 직렬은 채용 시 체력심사를 시행한다.

면접시험(인성검사 포함)
· 신입사원의 자세, 열정 및 마인드, 직무능력 등을 종합평가하게 된다.
· 인성검사는 면접 당일 시행되며, 인성, 성격적 특성에 대한 검사가 진행된다. 인성검사에 대한 결과는 적격·부적격 판정으로 진행된다.

2. 지원자격

공통
- 학력·성별·어학·나이에 제한 없음(단, 만 18세 미만자 및 만 60세 초과자는 지원 불가)
- 병역의 경우 병역필 또는 면제자에 한함(단, 전역일이 면접합격자 발표일 이전이며 각 시험일에 참석 가능한 경우 지원 가능)
- 철도 현장 업무수행이 가능한 자
- 공사 채용 결격사유에 해당되지 않는 자
  - ※ 결격사유: 파산자, 병역기피자, 금고 이상의 실형을 선고받고 그 집행이 종료되거나 집행을 받지 아니하기로 확정된 후 5년이 지나지 않은 자, 금고 이상의 형을 선고받고 그 집행유예 기간이 끝나지 않았거나 끝난 날로부터 2년이 지나지 않은 자 등

자격(자격증 제한 경쟁자에 한함)
- 사무영업(관제): 철도교통관제자격증명 자격 소지자
- 사무영업(무선제어) 및 토목·전기통신(장비): 철도차량운전면허(제1종전기차량·제2종전기차량·디젤·철도장비) 종별과 상관없이 1개 이상 소지자
- 운전(전동차): 철도차량운전면허(장비 면허 제외) 소지자
- 차량(장비유지보수): 건설기계정비(설비) 기능사 이상(건설기계 기술사 포함) 또는 자동차 정비(舊검사) 기능사 이상 자격증 소지자
- 토목(굴착기 운전): 굴착기운전기능사 자격증 소지자

<출처: 한국철도공사 홈페이지, 2024년 하반기 채용 기준>

한국철도공사 필기시험 합격 가이드

1 출제 경향 알아보기

1. 시험 구성

· 한국철도공사 필기전형에서는 직업기초능력(NCS) 30문항과 직무수행능력(전공) 30문항, 철도관계법 10문항을 평가하며, 과목별 구분 없이 총 70문항을 70분 동안 치르게 된다.
단, 실기시험이 있는 제한경쟁채용 전형(사무영업_관제, 운전_자동차 분야 제외 전체 전형)의 경우 직업기초능력(NCS) 50문항과 철도관계법 10문항을 70분 동안 치르게 된다.

채용 분야	평가 과목	출제 영역	문항 수	시간
일반공채	직업기초능력(NCS)	의사소통능력/수리능력/문제해결능력	30문항	70분
	직무수행능력(전공)	(사무영업_일반, 수송) 경영학 (사무영업_IT) 컴퓨터일반 (사무영업_관제) 철도관계법령 (운전 및 차량) 기계일반, 전기일반 중 택 1 (토목) 토목일반 (건축_건축일반) 건축일반 (건축_건축설비) 건축설비 (전기통신) 전기이론	30문항	
	철도관계법	철도산업발전기본법·시행령/한국철도공사법· 시행령/철도사업법·시행령	10문항	
고졸·보훈· 장애인제한	직업기초능력(NCS)	의사소통능력/수리능력/문제해결능력	50문항	70분
	철도관계법	철도산업발전기본법·시행령/한국철도공사법· 시행령/철도사업법·시행령	10문항	

2. 영역별 출제 경향

의사소통능력	· 표준맞춤법, 표준발음법 등을 묻는 문서작성기술 유형의 문제가 다수 출제되었으며, 독해력의 경우 고전시가 또는 고전소설 등의 지문이 다수 출제되어 체감 난도는 높은 편이었다. · 대부분 단일 문제로 출제되었으며, 2문항이 함께 제시되는 묶음 문제는 1세트만 출제되었다.
수리능력	· 방정식 등의 기초연산, 자료해석, 자료계산 등의 도표분석 문제가 출제되었다. · 기초연산 문제의 경우 거리/속력/시간 공식을 활용하는 기초적인 문제나 사칙연산에 따른 계산 문제 등 단순한 문제가 출제된 편이었으나, 제시되는 수치가 복잡하여 문제 풀이에 시간이 많이 소요된 편이었다. 도표분석 문제의 경우 제시되는 지문의 길이가 짧고 수치도 간단하여 체감 난도가 낮은 편이었다.
문제해결능력	· 명제 기반의 명제추리와 조건에 따라 문제를 풀이해야 하는 조건추리 문제가 출제되었으며, 산업인력공단에서 제공하는 모듈이론 기반의 문제도 출제되었다. 기타추론, 결론 값 도출 등의 문제처리 유형의 문제가 출제되었으며, 문제처리 유형의 경우 제시되는 지문의 길이가 긴 편이라 문제 풀이에 소요되는 시간이 큰 편이었다. · 대부분 단일 문제로 출제되었으며, 2문항이 함께 제시되는 묶음 문제는 1세트만 출제되었다.
전공	· 모두 단일 문제로 출제되었으며, 전반적으로 기사 수준의 문제가 출제되어 체감 난도는 낮은 편이었다.

<2024년 상반기 필기시험 기준>

2 　필기시험 대비 학습 전략

1. 한국철도공사와 관련된 소식을 주기적으로 확인한다!

한국철도공사 필기시험에는 철도 관련 정책, 한국철도공사 시행 예정 정책 등 한국철도공사와 관련된 자료나 업무 시 겪을 수 있는 상황이 제시되는 경우가 많습니다. 따라서 한국철도공사에서 공개하는 문서나 보도자료를 주기적으로 확인하여 배경지식을 쌓는 것이 도움이 됩니다.

2. PSAT형/모듈형/피듈형 문제에 모두 대비할 수 있도록 대행사별 출제 경향을 파악하고 미리 대비한다!

한국철도공사에서는 필기시험 출제사에 따라 NCS 직업기초능력에 PSAT형/모듈형/피듈형 모든 유형의 시험이 출제될 수 있습니다. 따라서 출제사별 기출복원 문제를 확인하고 자신이 취약한 영역 및 유형에 대해 미리 대비한다면 고득점 획득에 도움이 될 것입니다.

3. 전공 시험은 미리 준비한다!

한국철도공사 필기시험은 직무별로 직무수행능력(전공) 30문항이 출제됩니다. 세부 전공 관련 이론을 지엽적으로 묻는 문제가 출제되며, 일반적으로 기사 수준의 문제가 출제됩니다. 따라서 본인이 치러야 하는 전공 과목을 미리 확인한 뒤 세부적인 내용까지 꼼꼼히 암기하여 직무수행능력평가에 대비해야 합니다.

3 　시험 당일 Tip!

1. 시험 응시 당일 유의사항

- ・시험 응시 전 수험표, 신분증 등을 미리 준비합니다.
- ・별도로 쉬는 시간이 제공되지 않는다는 점을 염두에 두고 시험에 응시합니다.
- ・파본 확인 시간이 별도로 주어지지 않을 수 있으므로 시험지를 받은 직후에는 파본 점검을 합니다.
- ・수정테이프를 사용할 수 없으며, 답안지 교체는 종료 5분 전까지 가능하다는 점에 유의하여야 합니다.

2. 합격을 위한 Tip

- ・시험 초반 안내 방송 외에도 시험 중간에 종료 시각 알림이 여러 번 있으므로 안내되는 시간에 맞추어 자신이 적절한 속도로 문제를 풀고 있는지 확인합니다.
- ・문제 순서와 상관없이 문제를 풀 수 있으므로, 자신 있는 문제를 먼저 푼 후에 잘 모르는 문제를 푸는 방식으로 최대한 많은 문제를 푸는 것이 좋습니다.

PART 1

NCS 기출복원모의고사

수험번호	
성명	

NCS 기출복원모의고사
1회(한사능형)

문제 풀이 시작과 종료 시각을 정한 후, 실전처럼 모의고사를 풀어보세요.

시   분 ~   시   분 (총 25문항/권장 풀이시간 30분)

□ **시험 유의사항**

[1] 가장 최근에 치러진 한국철도공사 필기시험은 NCS 직업기초능력 25문항과 직무수행능력(전공) 25문항을 60분 동안 풀어야 했으며, 직렬별 시험 구성은 다음과 같았습니다.
- 사무영업(일반, 수송): NCS 직업기초능력(의사소통·수리·문제해결능력) 25문항+직무수행능력(경영학) 25문항
- 사무영업(IT): NCS 직업기초능력(의사소통·수리·문제해결능력) 25문항+직무수행능력(컴퓨터일반) 25문항
- 사무영업(관제): NCS 직업기초능력(의사소통·수리·문제해결능력) 25문항+직무수행능력(철도관계법령) 25문항
- 운전/차량: NCS 직업기초능력(의사소통·수리·문제해결능력) 25문항+직무수행능력(기계일반, 전기일반 중 택 1) 25문항
- 토목: NCS 직업기초능력(의사소통·수리·문제해결능력) 25문항+직무수행능력(토목일반) 25문항
- 건축(건축일반): NCS 직업기초능력(의사소통·수리·문제해결능력) 25문항+직무수행능력(건축일반) 25문항
- 건축(건축설비): NCS 직업기초능력(의사소통·수리·문제해결능력) 25문항+직무수행능력(건축설비) 25문항
- 전기통신: NCS 직업기초능력(의사소통·수리·문제해결능력) 25문항+직무수행능력(전기이론) 25문항

[2] 본 모의고사는 한국사회능력개발원에서 출제한 2024년 3월 시행 직업기초능력(NCS) 시험 후기를 바탕으로 한 기출복원 문제로 구성되어 있으므로 직종에 맞는 전공 문항을 추가로 풀어보는 것이 좋습니다.

[3] 본 교재 마지막 페이지에 있는 OMR 답안지와 해커스ONE 애플리케이션의 학습타이머를 이용하여 실전처럼 모의고사를 풀어보시기 바랍니다.

01. 다음 중 맞춤법에 맞지 않는 것은?

① 돌이 발부리에 차여 상처를 입었다.

② 아버지는 허구한 날 팔자 한탄만 한다.

③ 오늘은 왠지 떡볶이가 먹고 싶은 날이다.

④ 연예인이 마약을 했다는 소문이 금새 퍼졌다.

⑤ 반나절 고구마를 캤을 뿐인데 영락없는 농사꾼의 모습이었다.

02. 다음 중 맞춤법에 맞는 것은?

① 초인종 소리에 대문밖에 나갔더니 아무도 없었다.

② 너만큼 나도 키가 컸다.

③ 우리가 이별한지도 어느새 3년이 흘렀다.

④ 고향에 내려간차에 친구도 만났다.

⑤ 불편한 질문에 그저 웃을뿐이었다.

03. 다음 중 표준발음법에 따른 발음법이 적절하지 않은 것은?

① 눈살[눈살]

② 결단력[결딴녁]

③ 몰상식[몰쌍식]

④ 옷맵시[온맵씨]

⑤ 솜이불[솜ː니불]

04. 다음 중 한자성어의 의미가 잘못 연결된 것은?

① 수어지교(水魚之交): 물이 없으면 살 수 없는 물고기와 물의 관계라는 뜻으로, 아주 친밀하여 떨어질 수 없는 사이를 비유적으로 이르는 말

② 청출어람(靑出於藍): 제자나 후배가 스승이나 선배보다 나음을 비유적으로 이르는 말

③ 각주구검(刻舟求劍): 융통성 없이 현실에 맞지 않는 낡은 생각을 고집하는 어리석음을 이르는 말

④ 결초보은(結草報恩): 아무 관계도 없이 한 일이 공교롭게도 때가 같아 억울하게 의심을 받거나 난처한 위치에 서게 됨을 이르는 말

⑤ 우공이산(愚公移山): 어떤 일이든 끊임없이 노력하면 반드시 이루어짐을 이르는 말

05. 다음 ㉠~㉣ 중 적절하지 않은 것을 모두 고르면?

寂寞荒田側	적막한 묵정밭 가에
繁花壓柔枝	만발한 꽃이 보드라운 가지를 누르네
香經梅雨歇	향기는 장맛비 지나면 옅어지고
影帶麥風欹	그림자는 보리바람 맞으면 흔들리겠지
車馬誰見賞	수레 탄 사람들이 누가 보아 주리
蜂蝶徒相窺	벌과 나비만 기웃거리는구나
自慙生地賤	천한 땅에 태어난 것 부끄러우니
堪恨人棄遺	사람들에게 버림받은 것 어찌 원망하리오

– 최치원, '촉규화'

　이 시는 최치원이 당나라 유학 시절, 관직에 오르기 전에 지은 것으로 추정된다. 길가의 촉규화에 자신을 투영하여 출중한 능력에도 원하는 바를 성취할 수 없었던 서글픈 처지를 노래하였다. ㉠이 시에서 "만발한 꽃"은 작가 자신이 지니고 있는 빼어난 능력을 가리킨다고 할 수 있다. 그러나 능력이 있다고 해서 곧바로 등용될 수 있는 것은 아니었는데, ㉡그에게는 자신의 능력을 알아보고 등용의 기회를 부여해 줄 "수레 탄 사람들"이 필요했다. 뿐만 아니라 ㉢"수레 탄 사람들"과 자신을 이어줄 수 있는 "벌과 나비" 역시 절실했다. 이 작품에서 ㉣"천한 땅"은 시적 대상인 촉규화가 피어난 곳을 의미하기도 하고 작가 자신이 태어난 땅을 의미하기도 한다.

① ㉠　　　　② ㉢　　　　③ ㉠, ㉡　　　　④ ㉡, ㉢　　　　⑤ ㉡, ㉢, ㉣

06. 다음 글에 대한 설명으로 적절하지 않은 것은?

얼마 후 검은 안개가 몰려오더니 서쪽에서 동쪽으로 산등성이를 휘감았다. 나는 괴이하게 여겼지만, 이곳에까지 와서 한라산의 진면목을 보지 못한다면 이는 바로 산을 쌓는데 아홉 길의 흙을 쌓고도 한 삼태기의 흙을 얹지 못해 완성하지 못하는 것이 되어, 섬사람들의 웃음거리가 되지 않을까 하는 생각이 들었다.

마음을 굳게 먹고 곧장 수백 보를 전진해 북쪽 가의 오목한 곳에 당도하여 굽어보니, 상봉이 여기에 이르러 갑자기 가운데가 터져 구덩이를 이루었는데 이것이 바로 백록담이었다. 주위가 1리 남짓하고 수면이 담담한데 반은 물이고 반은 얼음이었다. 홍수나 가뭄에도 물이 줄거나 불지 않는데, 얕은 곳은 무릎에, 깊은 곳은 허리에 찼으며 맑고 깨끗하여 조금의 먼지 기운도 없으니 은연히 신선이 사는 듯하였다. 사방을 둘러싼 봉우리들도 높고 낮음이 모두 균등하니 참으로 천부의 성곽이었다.

석벽에 매달려 백록담을 따라 남쪽으로 내려가다가 털썩 주저앉아 잠깐 휴식을 취했다. 일행은 모두 지쳐서 남은 힘이 없었지만 서쪽의 가장 높은 봉우리가 최고봉이었으므로 조심스럽게 조금씩 올라갔다. 그러나 따라오는 자는 겨우 세 명뿐이었다.

최고봉은 평평하게 퍼지고 넓어서 그리 아찔해 보이지는 않았으나, 위로는 별자리에 닿을 듯하고 아래로는 세상을 굽어보며, 좌로는 부상(扶桑)*을 돌아보고 우로는 서쪽 바다를 접했으며, 남으로는 소주와 항주를 가리키고 북으로는 내륙을 끌어당기고 있었다. 그리고 옹기종기 널려있는 섬들이 큰 것은 구름 조각 같고 작은 것은 달걀 같아 놀랍고 괴이한 것들이 천태만상이었다.

〈맹자〉의 "바다를 본 자에게는 다른 물이 물로 보이지 않으며 태산에 오르면 천하가 작게 보인다."라는 말에 담긴 성현의 역량을 이로써 가히 상상할 수 있다. 또 소동파에게 당시에 이 산을 먼저 보게 하였다면 그의 이른바, "허공에 떠 바람을 다스리고 신선이 되어 하늘에 오른다."라는 시구가 적벽에서만 알맞지는 않았을 것이다.

이어서 "낭랑하게 읊조리며 축융봉을 내려온다."라는 주자의 시구를 읊으며 백록담 가로 되돌아오니, 하인들이 이미 정성스럽게 밥을 지어 놓았다.

– 최익현, 「유한라산기」

* 부상: 해가 뜨는 동쪽 바다

① 기상 상황이 좋지 않음에도 불구하고 등정을 계속하려는 이유를 제시하고 있다.
② 객관적인 사실에 자신의 소감을 추가하여 백록담의 모습을 나타내고 있다.
③ 일행 중 낙오한 이들이 있었음을 밝혀 등정 과정이 힘들었음을 드러내고 있다.
④ 최고봉에서 백록담으로 내려오는 과정을 등정 과정에 비해 간략하게 제시하고 있다.
⑤ 시구를 낭송하는 모습을 통해 등정 과정에서 있었던 일행들 사이의 갈등이 해소되었음을 함축적으로 표현하고 있다.

07. 다음 글에 대한 설명으로 적절한 것을 모두 고르면?

"심청은 시각이 급하니 어서 바삐 물에 들라." 심청이 거동 보소. 두 손을 합장하고 일어나서 하느님 전에 비는 말이,

"비나이다, 비나이다. 하느님 전에 비나이다. 심청이 죽는 일은 추호라도 섧지 아니하되, 병든 아비 깊은 한을 생전에 풀려 하고 이 죽음을 당하오니 명천(明天)은 감동하사 어두운 아비 눈을 밝게 띄워 주옵소서."

눈물지며 하는 말이,

"여러 선인네 평안히 가옵시고, 억십만금 이문 남겨 이 물가를 지나거든 나의 혼백 불러내어 물밥이나 주시오."하며 안색을 변치 않고 뱃전에 나서 보니 티 없이 푸른 물은 월러렁 콸넝 뒤둥구리 굽이쳐서 물거품 북적찌데한데, 심청이 기가 막혀 뒤로 벌떡 주저앉아 뱃전을 다시 잡고 기절하여 엎딘 양은 차마 보지 못할 지경이었다.

– '심청가' 중에서

ⓐ 사건에 대한 서술자의 주관적 서술이 나타나 있다.
ⓑ 등장인물들의 발화를 통해 사건의 상황을 보여 준다.
ⓒ 죽음을 초월한 심청의 면모와 효심이 드러나 있다.
ⓓ 대상을 나열하여 장면을 다양하게 제시하고 있다.

① ⓐ, ⓑ   ② ⓑ, ⓒ   ③ ⓑ, ⓓ   ④ ⓐ, ⓑ, ⓒ   ⑤ ⓑ, ⓒ, ⓓ

[08-09] 다음 글을 읽고 각 물음에 답하시오.

과거 선조들은 글씨를 쓰거나 그림을 그릴 때 붓을 사용하였다. 이때의 붓은 동물의 털을 모은 뒤 이를 원추형으로 만들고, 죽관 혹은 목축에 고정한 것을 말한다. 이와 같은 형태의 붓의 기원은 기원전 3세기 중국 진(秦)나라의 몽염이라는 사람이 만든 것에서 비롯되었다고는 하지만 중국에서는 은나라 시대에 이미 모필(毛筆)로 글을 썼다는 문헌이 발견되기도 해 붓은 진나라 이전인 은나라 시기부터 존재했을 것으로 여겨진다.

중국 한나라 때는 주로 질은 자색의 토끼털로 만든 붓이 사용되었으나, 진나라의 왕희지는 쥐수염으로 만든 붓을 사용했다는 기록도 있다. 오늘날과 같이 붓촉의 길이가 길어진 것은 9세기 이후부터이며, 11세기 중엽에는 끝이 둥근 무심필(無心筆)이 만들어져 사용되기도 하였다. 우리나라의 경우 족제비 털로 만든 낭미필(狼尾筆)이 가장 유명하다.

붓이 중국에서 유래된 탓에 품질 역시 가장 뛰어나다고 생각하기 쉽다. (   ) 우리나라의 낭미필은 중국인들도 천하 제일이라고 할 만큼 좋은 품질을 자랑했다고 한다. 실제로 〈세종실록지리지〉에 따르면 낭미필은 조선 팔도에서 모두 제작했지만, 중국인들이 조선에서 만든 낭미필을 너무 좋아해 족제비털을 중국에서 제공받아 주문 생산하기도 했다고 한다.

물론 품질이 뛰어난 이유도 있겠지만, 중세 이후 조선과 중국을 지배한 성리학 사상으로 인해 붓은 당대 지식인들에게 사랑받는 물품이었다. 성리학 사상은 당시 국가를 이끌던 정치에도 깊게 관여하였는데, 세상을 구하고자 과거에 임해 글을 쓰고, 정론을 펼치는 것은 선비들의 의무이자 역할이었기 때문에 이와 같은 일련의 과정을 위해 필요한 붓은 선비들의 정신세계를 드러내는 거울과 같은 역할을 하게 되었다.

조선 후기에는 붓이 단순한 애장품을 넘어 사치품으로서 자리 잡기도 하였다. 붓대 자체에도 매화, 새, 용 문양 등을 새긴 고급 붓들이 인기를 끌었다. 심지어 나무가 아닌 금이나 은 등의 광물로 붓대를 제작하기도 하였다. 이에 붓에 대한 사치 풍조를 비판하는 논조도 등장했는데, 18세기 후반 명필로 불리던 창암 이상만은 칡뿌리로 만든 갈필, 대나무로 만든 죽필, 꾀꼬리 털 붓 등을 개발하고 고유의 서체인 동국진체를 만들어 내 명필이 되기 위해 호사스러운 붓이 필요한 것이 아님을 보여주기도 하였다.

08. 윗글의 빈칸에 들어갈 단어로 적절한 것은?

① 그리고 　　　② 비교하건대 　　③ 결국 　　　④ 더욱 　　　⑤ 하지만

09. 윗글의 요지로 가장 적절한 것은?

① 조선에서 만든 붓과 중국에서 만든 붓의 품질 차이
② 조선시대 선비들이 붓을 사용할 수밖에 없던 이유
③ 붓을 최초로 발명한 사람과 붓의 발명 방법
④ 붓의 기원과 지식인들의 정신세계를 드러내던 붓의 역할
⑤ 사치품으로 사랑받는 붓이 호화스럽게 변모한 이유

10. 각각 일정한 속력으로 운행하는 열차 A, B가 있다. 길이가 24km인 터널에 열차 A가 먼저 진입하고, 그로부터 2분 뒤 터널의 맞은편에서 열차 B가 열차 A의 속력보다 1.2배 빠른 속도로 진입하였다. 열차 B가 진입하고 2분 30초 후에 두 열차의 앞면이 엇갈려 만났을 때, 열차 A의 속력은?

① 140km/h   ② 168km/h   ③ 192km/h   ④ 210km/h   ⑤ 225km/h

11. 다음 숫자가 규칙에 따라 나열되어 있을 때, 빈칸에 들어갈 알맞은 숫자를 고르면?

4	8	3	20
8	7	4	24
9	4	2	

① 18   ② 19   ③ 20   ④ 21   ⑤ 22

12. 제시된 숫자의 규칙을 찾아 빈칸에 들어갈 알맞은 숫자를 고르면?

19	21	23	( )	27

① 21   ② 25   ③ 29   ④ 33   ⑤ 35

13. 다음 식을 계산한 값으로 알맞은 것은?

$$865^2 + 865 \times 270 + 135 \times 138$$

① 999,710　　　　② 1,000,405　　　　③ 1,009,055

④ 49,689,925　　　⑤ 404,060,130

14. A, B, C, D, E, F 6팀이 농구 대회 결선에 진출하였다. 농구 대회의 결선은 아래 그림과 같이 부전승이 존재하는 토너먼트 방식으로 진행된다고 할 때, A 팀과 B 팀이 결승에서 만나게 되는 경우의 수는?

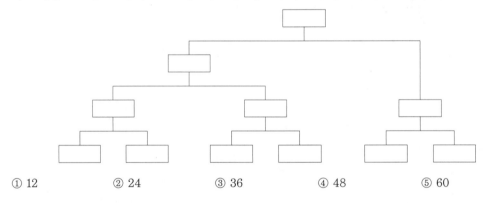

① 12　　　② 24　　　③ 36　　　④ 48　　　⑤ 60

15. 다음은 A 국의 차종별 하루 평균 도로 이용 대수에 대한 자료이다. 다음 중 자료에 대한 설명으로 옳지 않은 것은?

[차종별 하루 평균 도로 이용 대수]

(단위: 대/일)

구분		2022년	2023년
승용차	고속국도	36,217	36,530
	일반국도	10,248	10,194
	지방도	4,431	4,342
버스	고속국도	1,068	1,126
	일반국도	189	191
	지방도	132	130
화물차	고속국도	14,831	14,888
	일반국도	2,825	2,794
	지방도	1,430	1,400

※ 차종은 승용차, 버스, 화물차로 구분되고, 도로는 고속국도, 일반국도, 지방도로 구분됨

① 승용차와 화물차의 하루 평균 도로별 이용 대수의 2022년 대비 2023년 증감 방향은 동일하다.

② 2023년 한 해 동안 버스의 일반국도 이용 대수는 총 69,715대이다.

③ 2023년 차종별 하루 평균 지방도 이용 대수의 합계는 전년 대비 121대/일 감소하였다.

④ 2022년 화물차의 하루 평균 전체 도로 이용 대수에서 고속국도가 차지하는 비중은 80% 이상이다.

⑤ 제시된 기간 동안 매년 차종별 하루 평균 일반국도 이용 대수는 승용차가 화물차의 4배 미만이다.

16. 다음은 K 공사에서 2022년과 2023년에 시행한 연령대별 이용경험 만족도 조사 결과에 대한 자료이다. 다음 중 빈칸에 해당하는 값으로 알맞은 것은? (단, K 공사에서는 매년 2,000명을 대상으로 조사를 진행하였다.)

[연령대별 이용경험 만족도 조사 결과]

(단위: 명, %)

구분	2022년		2023년	
	만족 응답자 수	불만족 응답자 수	만족 응답자 수 전년 대비 증감률	불만족 응답자 수 전년 대비 증감률
20대 미만	320	180	5	−5
20대 이상 40대 미만	360	325	−15	12
40대 이상 60대 미만	475	200	( )	−24
60대 이상	60	80	−20	−10

① 10   ② 12   ③ 14   ④ 16   ⑤ 18

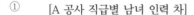

17. 다음은 202X년 A~C 공사의 직급별 인력 수에 대한 자료이다. 다음 중 제시된 자료를 바탕으로 만든 그래프로 적절하지 않은 것은?

[A~C 공사 직급별 인력 수]

(단위: 명)

구분	A 공사		B 공사		C 공사	
	남성	여성	남성	여성	남성	여성
임원	4	1	6	2	4	2
1급	50	1	190	9	21	3
2급	145	9	374	28	75	3
3급	574	59	5,815	551	174	5
4급	1,409	319	7,998	726	339	18
5급	781	508	6,690	1,702	232	20
6급	320	521	4,783	963	418	35

① [A 공사 직급별 남녀 인력 차]

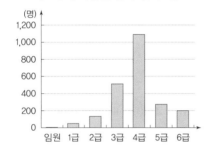

② [B 공사 성별 전체 인력 수]

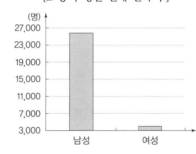

③ [C 공사 직급별 인력 수]

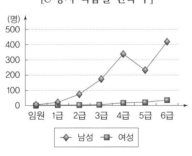

④ [A 공사 대비 B 공사 직급별 여성 인력 수 비율]

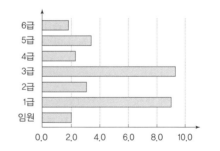

⑤ [C 공사 전체 남성 인력 수 대비 직급별 남성 인력 수 비중]

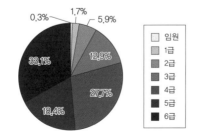

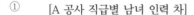

18. 다음 명제가 모두 참일 때, 항상 옳은 것은?

> - 내성적인 사람은 말을 많이 하지 않는다.
> - 약속이 많은 사람은 게으르지 않다.
> - 자기 주장이 강한 사람은 말을 많이 하거나 감정 기복이 심하다.
> - 우울증이 있는 사람은 감정 기복이 심하다.
> - 약속이 많지 않은 사람은 자기 주장이 강하다.

① 자기 주장이 강한 사람은 우울증이 없다.

② 말을 많이 하는 사람은 약속이 많다.

③ 게으른 사람은 자기 주장이 강하지 않다.

④ 감정 기복이 심하지 않고 말을 많이 하지 않는 사람은 게으르지 않다.

⑤ 내성적인 사람은 자기 주장이 강하지 않다.

19. A, B, C, D, E 5명이 조별 과제를 하기 위해 카페에서 모임을 가졌다. 다음 조건을 모두 고려하였을 때, 항상 옳은 것은?

> - A와 E는 가장 늦게 도착하지 않았다.
> - A가 두 번째로 도착했다면 E보다 빨리 도착한 것이다.
> - C와 E 사이에 도착한 사람은 1명이다.
> - B와 E는 연달아 도착하지 않았다.
> - D는 A보다 늦게 도착했다.

① E가 세 번째로 도착했다면 C는 첫 번째로 도착했다.

② 가장 늦게 도착한 사람은 B 또는 D이다.

③ A는 E보다 먼저 도착했다.

④ 가장 먼저 도착한 사람은 A 또는 B이다.

⑤ B가 첫 번째로 도착했다면 C는 E보다 먼저 도착했다.

20. 다음 〈보기〉의 논리적 오류와 동일한 오류는?

> 〈보기〉
> TV를 자주 보면 눈이 나빠진다. 철수는 TV를 자주 안 본다. 따라서 철수는 눈이 나빠지지 않는다.

① 담배가 암을 일으킨다는 확실한 증거는 없다. 따라서 정부의 금연 정책은 잘못이다.

② 여자는 남자보다 약하다. 따라서 여자는 오래 살지 못한다.

③ 머리카락 하나가 빠져도 대머리가 되지 않는다. 100개가 빠져도 대머리가 되지 않는다. 따라서 1만개가 빠져도 대머리가 되지 않는다.

④ 피의자는 평소 사생활이 문란했다. 피의자는 범죄 전과도 있다. 따라서 살인 혐의로 기소돼야 한다.

⑤ 근육이 많으면 몸무게가 많이 나가고, 운동을 많이 하는 사람은 근육이 많다. 따라서 몸무게가 적게 나가는 사람은 운동을 많이 하지 않는다.

21. △△공기업 경영안전팀에 근무하는 귀하가 경영안전팀의 경영 전략을 수립하기 위해 시행한 SWOT 분석 결과가 다음과 같을 때, 분석 결과에 기반하여 수립한 전략으로 가장 적절하지 않은 것은?

[SWOT 분석 결과]

강점(Strength)	• 우수한 경영평가 실적을 바탕으로 한 높은 경영 안정성 • 임직원·주민·전문기관이 참여한 중장기 경영 계획 수립을 통한 체계성 확보
약점(Weakness)	• 신입사원의 증가로 인한 실무진의 업무 경험 부족 • 시설 노후화로 인한 인프라 및 자원 활용 제한
기회(Opportunity)	• 관련 정부 부처의 사업 지원 예산 확대에 따른 신규 사업 시행 가능성 증대 • 사업 운영에 대한 주민 등 이해관계자의 관심 증가
위협(Threat)	• 감염병 재난 상황의 지속에 따른 안전보건에 대한 욕구 상승 • 공정사회 구현 및 공기업의 사회적 책임 이행에 대한 요구 증가 • 서비스 및 시설 개선에 대한 주민 등 이해관계자의 요구 증대

[SWOT 분석 결과]

내부 환경 외부 환경	강점(Strength)	약점(Weakness)
기회(Opportunity)	• ① 중장기 경영 계획 수립을 이해관계자에게 공유하여 사업 운영에 대한 신뢰도 증진	• ② 임직원을 대상으로 한 신사업 위주의 현장 중심 역량 강화 프로그램 운영 • ③ 지역 주민을 대상으로 노후 시설 활용 공모전을 시행하여 인프라 및 자원 활용의 한계 극복
위협(Threat)	• ④ 안전보건 계획을 수립하고 이를 바탕으로 노후화된 시설을 재정비하여 안정성 확보	• ⑤ 주민의 입장을 반영하여 노후화 시설을 개선함으로써 시설 이용 만족도 상승 유도

22. 다음 보도자료를 근거로 판단할 때, 소방청에서 추진하는 겨울철 한파·대설 대비 긴급구조 대책으로 옳지 않은 것은?

소방청은 최근 기온 급강하로 인명피해 및 재산피해가 예상됨에 따라 겨울철 한파·대설 대비 긴급구조 대책을 추진한다고 밝혔다. 행정안전부 자료에 따르면 최근 5년 동안 한파로 인해 연평균 한랭질환자 377명이 발생했으며, 수도계량기 2만여 대가 파손된 것으로 나타났다. 이 중에서도 최근 3년 동안 한파로 인한 사망자 28명을 분석한 결과 70대 이상이 15명으로 주로 고령층에서 피해가 컸다.

이에 따라 소방청은 겨울철 자연재난 등에 대비해 ▲신속한 비상대응체계 구축 ▲겨울철 현장활동 소방장비 가동상태 유지 ▲지자체 등 긴급구조지원기관 간 비상연락체계 구축 ▲접근 곤란 지역 및 시설 출동로 확보 등 긴급구조 대책을 추진한다.

신속한 비상대응체계 구축을 위해서는 신고 폭주에 대비해 전국 시도 소방본부 상황실 119 신고 접수대를 확대 운영한다. 기상특보 등 위험상황을 고려해 비상근무계획을 수립하고, 전국 240개 소방관서는 긴급구조 대응·대비태세를 구축한다.

폭설, 도로결빙 등에 대비해 신속한 출동에 어려움이 없도록 스노우체인, 염화칼슘 등 월동장비를 소방차량에 적재하고, 출동차량 결빙방지를 위한 유지 관리에도 철저히 대비한다. 아울러, 전국 시도소방본부는 지자체와 경찰 등 관계기관과 비상연락망을 정비하고 재난상황 정보를 신속하게 공유한다. 폭설로 인한 고립지역 등 접근 곤란 지역 및 시설 현황을 지자체와 공유해 현장 출동 여건 등을 사전에 파악하고, 제설작업을 철저히 하는 등 유관기관과 협업해 출동로 확보에 나설 계획이다.

김○○ 소방청 119대응 국장은 "평균 기온은 상승 추세지만 급작스러운 기상악화 등으로 인해 폭설 및 한파 피해는 지속적으로 발생하고 있다"며 "중앙119구조본부와 특수구조대 등 한파·대설 예상지역에 소방력을 사전 배치하는 등 피해 최소화를 위해 장비와 인력 등 모든 소방력을 집중하겠다"고 강조했다.

※ 출처: 소방청 보도자료

① 소방본부 상황실 119 신고 접수대를 기존 대비 줄여 재난상황 대기 인력을 확충한다.

② 고립지역의 현장 출동 가능 상황을 미리 점검한다.

③ 출동로 확보를 위해 소방청과 유관기관이 연계해 제설작업을 진행한다.

④ 소방차량에 스노우체인과 염화칼슘을 적재한다.

⑤ 출동 시 관계기관과의 원활한 소통을 위해 지방자치단체 및 경찰과의 비상연락망을 점검한다.

23. 다음 글을 근거로 판단한 내용으로 옳지 않은 것은?

> 우리는 수많은 텍스트가 존재하는 사회에 살고 있다. 이때의 텍스트는 문장보다 더 큰 문법 단위를 말하는데, 문장이 모여 구성된 한 덩어리의 글을 일컬어 텍스트라고 한다. 그런데, 이와 같은 텍스트는 갑자기 발생하는 것이 아니다. 하나의 텍스트가 구성되기 위해서는 그외에 수많은 텍스트라는 배경이 모여야만 한다. 즉, 텍스트는 서로 관계를 맺고 있을 수밖에 없으며, 이처럼 하나의 텍스트가 다른 텍스트 또는 어떤 문화나 관습 따위와 관련을 맺고 있는 성질을 상호텍스트라고 한다.
>
> 텍스트라고 하면 단순히 책에서 볼 수 있는 글자만을 생각하기 쉽지만, 신문이나 편지, 라디오, 텔레비전 등에서 보이는 말이나 글자들도 모두 텍스트의 범주에 속한다. 상호텍스트는 텍스트 간 관계가 맺어져 있기 때문에 텍스트 자체를 내부 혹은 외부로 구분하거나 텍스트와 문맥을 구분하는 것은 불가능하다는 것이며, 텍스트의 경계 자체를 허무는 용어로 사용된다. 다시 말해 문학 작품 안에 다른 문학 작품이 설명되거나 노래 내에서 다른 사건을 언급하는 식으로 사용해 여러 개의 텍스트를 상호 비교할 수 있게 됨은 물론 텍스트의 재해석 등을 가능하게 한다.
>
> 상호텍스트는 1960년대 후반 프랑스의 기호론자인 줄리아 크리스테바에 의해 제시된 이론이다. 크리스테바는 모든 텍스트는 여타 텍스트를 받아들이고 그에 따른 변화를 인용하는 것이 연속적으로 이어지고 있다고 주장한다. 이는 기존에 텍스트란 작가가 독자에게 일방적으로 영향을 미친다는 개념을 부정하는 주장이었다. 특히 크리스테바는 모든 문학 작품들은 작가가 만들어 냈다고 볼 수 없으며, 오히려 작품 외부의 문헌, 자료, 언어 구조 등에 의해 생성되었다고 주장하였다.
>
> 결과적으로 상호텍스트를 옹호하게 되면 창조주이자 소유자로서 작가의 역할을 철저히 외면하게 된다고 볼 수 있다. 이는 탈구조주의적 관점과도 연관이 있는데, 탈구조주의적 관점에서 상호텍스트는 텍스트에 의미를 부여하는 인간의 역할을 줄임과 동시에 저자와 독자를 해체해 독자와 필자로부터 분리된 상호텍스트가 더 강조되도록 한다고 볼 수 있다.

① 탈구조주의적 관점에서는 저자와 독자 사이의 관계가 분리되는 것이 상호텍스트라고 볼 것이다.

② 크리스테바는 텍스트가 다른 텍스트를 받아들이고 변화하는 것이 유기적으로 이어진다고 보았다.

③ 노래 가사로 과거에 있었던 특정한 사건이 언급되는 것은 상호텍스트라고 보아야 한다.

④ 크리스테바는 외부 세계에 존재하는 언어, 자료 등이 문학 작품을 만들어낸다고 생각했다.

⑤ 상호텍스트를 주장하는 이들은 텍스트 간의 연관성은 작가가 부여하는 것으로 판단한다.

[24 – 25] 다음은 202X년 6월 21일 서울발 부산행 열차별 운행 정보 및 할인 정보에 대한 자료이다. 각 물음에 답하시오.

[서울발 부산행 열차별 운행 정보]

구분	예상 소요시간	출발시간	운임 요금	정차 여부						
				수원	오산	부강	오송	밀양	경주	울산
제1열차 (무궁화호)	344분	07:48	28,600원	O	O	O	X	O	X	X
제2열차 (새마을호)	288분	08:49	42,600원	O	X	X	X	O	X	X
제3열차 (KTX)	202분	10:12	48,800원	O	X	X	X	X	O	O
제4열차 (KTX)	193분	10:18	53,500원	X	X	X	O	O	X	X
제5열차 (KTX)	165분	10:44	59,800원	X	X	X	O	X	X	O

※ 소요시간은 제시된 시간보다 지연될 수 있으며, 요금은 성인 일반석 기준임

[할인 정보]

할인대상	할인율	적용 기준
단체	10%	• 기준: 10명 이상 • 타 할인과 중복 적용 불가하며, 유리한 할인율 적용
경로	30%	• 기준: 만 65세 이상 • 토·일요일, 공휴일 제외
유아	100%	• 기준: 만 6세 미만 • 성인 보호자 동반 시 1명당 유아 1명까지 적용(초과할 경우 75% 적용) • 유아의 좌석 지정 없을 시 적용(좌석 지정을 할 경우 75% 적용)
어린이	50%	• 기준: 만 6세 이상 13세 미만
중증장애인	50%	• 기준: 장애 1~3급
경증장애인	30~50%	• 기준: 장애 4~6급 • 무궁화호는 50%, 새마을호와 KTX는 30% 적용 • 새마을호와 KTX는 토·일요일, 공휴일에 할인 적용 불가
국가유공자	100%	• 연 6회까지 적용 • 6회는 해당 연도의 승차일 기준으로 적용 (예: 2024년 1월 1일~12월 31일 출발하는 열차에 6회 적용 가능) • 동반 보호자 1명까지 적용 가능
	50%	• 연 6회 초과 시부터 적용 • 동반 보호자 1명까지 적용 가능

※ 할인은 성인 일반석 운임 요금 기준으로 적용됨

24. 상혁이는 가족들과 부산 여행을 계획하면서 코레일 채팅 상담을 통해 관련 내용을 문의하였다. 위 자료를 근거로 판단할 때, 상담원의 답변으로 옳은 것은?

[채팅 상담 내용]

상혁: 안녕하세요. 6월 21일 금요일 오전 10시 18분에 서울역에서 출발하는 부산행 열차를 이용하려고 하는데, 운임 요금이 궁금합니다.

상담원: 네, 고객님. 해당 열차의 운임 요금은 성인 일반석 기준으로 53,500원입니다.

상혁: 만 3세인 유아 1명과 만 6세인 어린이 1명의 요금도 알려주실 수 있나요?

상담원: 네, ㉠만 3세 유아 1명은 성인 보호자 1명이 동반할 경우 무임으로 좌석 지정이 가능합니다. 또한, ㉡만 6세인 어린이는 50% 할인되어 해당 열차의 운임 요금은 27,250원이 됩니다.

상혁: 그렇군요. 그럼 올해 할인을 총 5회 받은 국가유공자와 4급 장애인도 받을 수 있는 할인이 있나요?

상담원: 네, 고객님. ㉢국가유공자의 경우 한 해 기준 최대 6회까지 동반 보호자 1명을 포함해 성인 일반석 요금의 50% 금액을 할인받을 수 있습니다. 또한, ㉣4급 장애인의 경우 성인 일반석 요금 기준으로 30% 할인된 요금이 적용됩니다.

상혁: 그럼 성인 2명, 4급 장애인 1명, 좌석을 지정한 만 3세 유아 1명, 만 6세 어린이 1명, 올해 5회까지 할인 받은 국가유공자 1명과 동반 보호자 1명의 총 요금은 얼마인가요?

상담원: ㉤말씀하신 7명의 할인이 적용된 운임 요금은 총 224,700원입니다.

① ㉠   ② ㉡   ③ ㉢   ④ ㉣   ⑤ ㉤

25. 다음 제시된 정차역별 정차 시간에서 기존 정차 시간과 실제 정차 시간의 차이만큼 열차의 예상 소요 시간이 늘어난다. 위 자료를 근거로 판단할 때, 제1~5열차 중 부산에 세 번째로 도착하는 열차는?

[정차역별 정차 시간]

구분	수원	오산	부강	오송	밀양	경주	울산
기존 정차 시간	2분	1분	1분	2분	2분	1분	2분
실제 정차 시간	5분	1분	2분	3분	2분	3분	5분

① 제1열차   ② 제2열차   ③ 제3열차   ④ 제4열차   ⑤ 제5열차

약점 보완 해설집 p.2

무료 바로 채점 및 성적 분석 서비스 바로 가기
QR코드를 이용해 모바일로 간편하게 채점하고 나의 실력이 어느 정도인지, 취약 부분이 어디인지 바로 파악해 보세요!

NCS 기출복원모의고사
2회(인크루트형)

문제 풀이 시작과 종료 시각을 정한 후, 실전처럼 모의고사를 풀어보세요.

시   분 ~   시   분 (총 25문항/권장 풀이시간 30분)

□ **시험 유의사항**

[1] 가장 최근에 치러진 한국철도공사 필기시험은 NCS 직업기초능력 25문항과 직무수행능력(전공) 25문항을 60분 동안 풀어야 했으며, 직렬별 시험 구성은 다음과 같습니다.
- 사무영업(일반, 수송): NCS 직업기초능력(의사소통·수리·문제해결능력) 25문항+직무수행능력(경영학) 25문항
- 사무영업(IT): NCS 직업기초능력(의사소통·수리·문제해결능력) 25문항+직무수행능력(컴퓨터일반) 25문항
- 사무영업(관제): NCS 직업기초능력(의사소통·수리·문제해결능력) 25문항+직무수행능력(철도관계법령) 25문항
- 운전/차량: NCS 직업기초능력(의사소통·수리·문제해결능력) 25문항+직무수행능력(기계일반, 전기일반 중 택 1) 25문항
- 토목: NCS 직업기초능력(의사소통·수리·문제해결능력) 25문항+직무수행능력(토목일반) 25문항
- 건축(건축일반): NCS 직업기초능력(의사소통·수리·문제해결능력) 25문항+직무수행능력(건축일반) 25문항
- 건축(건축설비): NCS 직업기초능력(의사소통·수리·문제해결능력) 25문항+직무수행능력(건축설비) 25문항
- 전기통신: NCS 직업기초능력(의사소통·수리·문제해결능력) 25문항+직무수행능력(전기이론) 25문항

[2] 본 모의고사는 인크루트에서 출제한 직업기초능력(NCS) 시험 후기를 바탕으로 한 기출복원 문제로 구성되어 있으므로 직종에 맞는 전공 문항을 추가로 풀어보는 것이 좋습니다.

[3] 본 교재 마지막 페이지에 있는 OMR 답안지와 해커스ONE 애플리케이션의 학습타이머를 이용하여 실전처럼 모의고사를 풀어보시기 바랍니다.

[01 - 02] 다음 글을 읽고 각 물음에 답하시오.

기록에 따르면 국내에서 운행되던 열차에 기계식 냉방장치인 에어컨이 최초로 설치된 시기는 1939년으로, 경성과 부산을 이어주던 특별급행열차인 아카쓰키가 그 효시이며, 일반 열차의 냉방은 여전히 선풍기가 도맡고 있었다. (㉠) 아카쓰키는 일제 강점기 시대의 열차이기 때문에 1969년 2월 서울−부산 구간에서 처음 등장한 특별급행열차인 '관광호'를 국내 최초의 에어컨 열차로 평가하는 기록들이 많다. 또한, 추운 겨울에는 열차에 난방차를 연결하여 내부 온도를 높였다. 당시 난방장치는 증기식으로, 난방차를 연결해 물을 끓이고 이때 발생한 수증기를 객실에 보내는 방식이었다. 1984년, 증기식 난방장치는 열선을 이용한 전기식 난방장치로 바뀌었고, 비둘기호를 제외한 급행열차 내부의 선풍기도 에어컨으로 교체되었다. 에어컨 설치로 창문은 개방형에서 밀폐형으로 바뀌었고, 통유리를 이용한 전망형 창문이 대중화되기 시작하였다.

열차가 좋은 이유로는 화장실 사용이 가능하다는 점이 손꼽힌다. (㉡) 과거에는 열차가 정차 중일 때는 화장실을 사용하지 못했다. 새마을호를 제외한 모든 열차는 내부의 오물을 따로 수거하는 과정을 거치지 않고 선로변에 바로 배출하는 비산식 화장실이 설치돼 있었기 때문이었다. 열차가 정차 중일 때 발생한 오물은 역 구내에 배출되는데, 이는 승강장에 악취를 발생시키기 충분하므로 사용을 금지할 수밖에 없었던 것이다. 열차에 저장식 화장실이 처음으로 등장한 시기는 환경오염이 사회 문제로 대두되기 시작한 1986년으로, 당시 88서울올림픽을 앞두고 우리나라 철도 이미지 개선을 위해서도 화장실 시설 개량은 꼭 필요한 사업이었다. 1989년부터는 기존 열차의 화장실을 저장식으로 개량하는 사업이 순차적으로 추진되었다.

1980년대까지만 하더라도 열차의 출입문을 수동으로 작동해야 하는 탓에 작은 실수가 큰 사고로 이어지는 경우가 많았다. 당시 승객들은 열차에 탑승할 때와 열차에서 하차할 때 모두 열차 내부로 열리는 문과 3단 높이의 계단, 스프링 장치를 갖춘 발판으로 구성된 승강대를 이용해야 했다. (㉢) 발판은 열차가 움직일 때는 바닥에 내려져 승강대 입구를 봉쇄하는 역할을 함으로써 열차의 출입문이 열리지 않도록 하였다. 발판에 있는 스프링은 출입문을 열어야 할 때 비로소 제 역할을 하였다. 승객이 열차에서 내릴 때는 발판의 고정 장치를 살짝 밟게 되는데, 이 스프링에 의해 발판이 쉽게 들어 올려지기 때문에 출입문을 열차 안쪽으로 당겨 열어 하차할 수 있는 구조였다. (㉣) 열차가 움직일 때도 발판의 고정 장치를 쉽게 풀 수 있었기 때문에 출입문을 언제든지 열 수 있었을 뿐 아니라 출입문 아래쪽이 뚫려 있어 승객들의 추락 위험이 높았다. 이로 인해 1994년에는 승객의 안전상의 문제를 해결하기 위해 열차에 자동문을 설치하기 시작하였다.

(㉤) 열차를 운영하는 사람 입장에서도 열차의 개량이 필요했는데, 열차의 좌석 수와 배치 방식의 변화가 무엇보다도 중요했다. 우리나라의 초창기 열차 규격은 세계 표준궤간인 1,435m였으며, 광복 이후에도 폭 3m, 길이 22m 내외의 열차를 사용하였다. 당시 특급과 우등, 1984년 이후 통일호와 무궁화호로 불린 급행열차 일반실의 좌석은 약 72석으로, 중앙 통로를 기준으로 양쪽에 각각 두 좌석씩, 열여덟 줄 설치되어 있었다. 좌석의 형태는 특급과 우등 열차 모두 시트는 고정되어 있었으며, 등받이만 앞뒤로 바꿀 수 있었다. 1985년부터는 무궁화호 좌석을 리클라이닝 방식으로 바꾸기 시작했다. 이 방식으로 좌석의 등받이 각도를 조절할 수 있게 되었는데, 오늘날과 같이 각각의 좌석이 구분되기 시작한 것도 리클라이닝 방식 덕분이다. 이뿐만 아니라 좌석의 방향을 바꾸기 위해 회전 기능도 추가되었다.

01. 윗글을 읽고 이해한 내용으로 가장 적절하지 않은 것은?

① 무궁화호 좌석이 리클라이닝 방식으로 교체되기 시작한 시기가 열차 내 자동문이 설치되기 시작한 시기보다 앞선다.

② 광복 이후에도 국내의 특급과 우등 열차 모두 좌석의 등받이를 움직일 수 없었다.

③ 88서울올림픽 개최 전까지 국내 대부분의 열차는 비산식 화장실을 구비하고 있었다.

④ 1980년대에는 열차 전체에서 수동 출입문을 사용한 탓에 승객의 추락 위험도가 높았다.

⑤ 열차의 난방장치가 전기식으로 바뀐 때부터 비둘기호를 제외한 급행열차에는 에어컨이 설치되었다.

02. 윗글의 ⊙~⑩에 들어갈 말로 가장 적절하지 않은 것은?

① ⊙: 그러나　　② ⓛ: 그리고　　③ ⓒ: 그중　　④ ⓔ: 하지만　　⑤ ⑩: 한편

국토교통부(이하 국토부)는 모빌리티(Mobility) 시대 글로벌 선도국가 도약과 혁신적인 서비스의 국민 일상 구현을 위해 선제적 대응 전략인 「모빌리티 혁신 로드맵」을 발표하였다.

4차 산업 혁명으로 교통 분야에 ICT와 혁신 기술이 융복합 되면서 수요자 관점의 이동성 극대화, 즉 모빌리티가 강조되고 있으며, 미래 성장 동력인 모빌리티 산업 선도를 위한 글로벌 경쟁도 치열해지고 있다. 이에 국토부는 모빌리티 혁신의 일상 구현과 핵심 국정과제인 '모빌리티 시대 본격 개막'을 성공적으로 이행하기 위하여, 원○○ 장관과 하○○ 교수를 공동 위원장으로 하고, 직접 현장에서 발로 뛰는 민간 업계 전문가 27인이 참여하는 '모빌리티 혁신 위원회'를 운영하여 민·관 합동으로 로드맵을 마련하였다. 모빌리티 혁신 로드맵의 주요 내용 중 하나는 모빌리티 시대에 맞는 다양한 이동 서비스를 확산하는 것이다. 즉, 기존 교통 서비스에 ICT와 플랫폼, 첨단 기술을 융·복합하여 다양한 모빌리티 수요를 획기적으로 충족시킬 수 있는 서비스를 발굴·확산하는 것이다.

(가) 먼저 AI 알고리즘을 활용하여 실시간 수요를 반영·운행하는 수요 응답형 서비스 등을 통해 이동 사각지대를 해소한다. 이를 위해 현재 농어촌 지역 등으로 제한된 서비스 범위를 신도시, 심야 시간대 등으로 확대하고, 대도시권을 중심으로 지역별 서비스 여건을 고려한 체계적 서비스 제공이 가능토록 서비스 가이드라인도 마련한다. 노선버스 등 기존 대중교통 서비스도 수요에 따라 탄력적으로 운영하는 방안을 마련한다.

(나) 다양한 모빌리티 데이터 통합 관리와 민간 개방을 통해 민간 주도의 MaaS 활성화를 지원하고, 우선 공공 주도의 선도사업도 추진한다. 대도시권을 대상으로 지역 특성을 고려한 MaaS가 활성화될 수 있도록 버스, 지하철, 공영 개인형 이동수단 등을 연계한 시범사업 추진 방안을 마련하고, 2024년부터는 철도 운영 정보와 지역 대중교통, 여행·숙박 정보를 연계하여 통합 예약·발권할 수 있는 서비스를 추진한다.

* MaaS(Mobility as a Service): 다양한 이동수단·정보를 연계함으로써 단일 플랫폼에서 최적 경로 안내, 예약·결제, 통합 정산 등 원스톱 서비스를 제공

(다) 개인형 이동수단법 제정, 관련 인프라 확충, 인센티브 제공 등을 통해 개인형 이동수단을 활성화하고, 공유 차량(카셰어링) 관련 규제를 합리적으로 완화하는 등 퍼스트·라스트 마일 모빌리티도 강화한다. 특히, 철도 역사 등 교통 거점 주차장, 공영 주차장 등에 공유차량 전용 주차구획을 설치할 수 있도록 법적 근거를 명확히 하고, 공유차량 편도 이용자가 차량을 반납했을 시, 사업자가 차량을 대여 장소로 다시 이동시킨 후 영업해야 하는 현행 규제를 이동 수요에 따라 편도 반납이 원활히 이루어질 수 있도록 합리적으로 개선한다. 내년부터는 UAM, 전기·수소차, 개인형 이동수단 등 미래 모빌리티와 기존 철도·버스 등을 연계할 수 있는 모빌리티 인프라인 미래형 환승센터 사업도 신규로 추진한다.

국토부는 모빌리티 로드맵의 차질 없는 이행을 위해 모빌리티 혁신위원회를 민·관 합동 기구로 확대 개편하여 로드맵 이행 상황을 점검하고, 필요시 신규 과제 발굴과 기존 과제의 보완도 함께 논의할 계획이다.

※ 출처: 국토교통부 보도자료

03. 위 보도자료를 읽고 이해한 내용으로 가장 적절하지 않은 것은?

① 국토교통부는 공유차량 전용 주차구역을 공영 주차장이나 철도 역사 주차장에 설치하기 위해 법적 근거를 명확히 할 예정이다.

② 제한된 범위에서 이루어지던 수요 응답형 서비스를 농어촌 지역으로 확대하고 있다.

③ 수요자 관점의 이동성 극대화는 교통 분야에 ICT 및 혁신 기술이 접목되면서 강조되고 있다.

④ 버스나 지하철과 같은 이동수단을 연계한 시범사업 추진 방안을 통해 지역별 특성을 고려한 MaaS를 활성화시킬 것이다.

⑤ 이용자가 반납한 편도 이용 공유차량은 현행 규제상 사업자가 해당 차량을 대여 장소로 다시 이동시켜야 한다.

04. 위 보도자료 중 (가)~(다) 문단의 제목으로 가장 적절하지 않은 것은?

① (가): 이동 사각지대 해결 방안

② (가): 모빌리티 시대에 따른 AI 알고리즘 적용 사례

③ (나): 공공 주도의 이동수단 연계를 통한 원스톱 서비스 지원

④ (다): 구축 진행 예정인 미래형 환승센터

⑤ (다): 개인형 이동수단 활성화 방안

05. 위 보도자료를 읽고 갑, 을 두 사원이 나눈 대화가 다음과 같을 때, 빈칸에 들어갈 내용으로 가장 적절한 것은?

> 갑 사원: 혹시 국토교통부에서 발표한 모빌리티 혁신 로드맵 보셨어요?
> 을 사원: 네. 전반적인 모빌리티 수요를 만족시키기 위해서 다양한 서비스를 개발하여 확산할 예정이더군요.
> 갑 사원: (   )
> 을 사원: 말씀하신 내용은 퍼스트 마일 모빌리티뿐만 아니라 라스트 마일 모빌리티도 강화하기 위함이군요.

① 여행 및 숙박 정보와 철도 운영 정보를 연계한 통합 예약 서비스도 추진한다던데요?

② 지금 우리가 살고 있는 모빌리티 시대에 맞는 여러 가지 이동 서비스를 확산한다네요.

③ 모빌리티 혁신위원회를 민·관 합동 기구로 확대 개편도 진행한다고 해요.

④ 대도시권 중심의 서비스 여건을 고려한 서비스 가이드라인도 준비할 예정이래요.

⑤ 공유차량과 연관된 규제 완화 정책을 펼친다고 하던데요?

코레일, 음성인식 '스마트글라스'로 시설물 점검한다
안경형 첨단장비로 시설 점검부터 시스템 등록까지 한 번에 … 이달 현장 보급

한국철도공사가 안경처럼 착용한 후 철도시설물 점검을 자동화할 수 있는 '스마트글라스'를 도입한다고 밝혔다. 스마트글라스는 모든 동작이 음성인식 기반으로 동작하는 안경 형태의 스마트기기이다. 검사와 판독, 데이터 송수신과 보고서 작성까지 자동으로 이루어진다. 작업자가 눈앞에 보이는 액정 표시에 따라 시설을 점검하며 '사진 촬영' 등을 음성으로 명령하면 이에 따라 기기가 자동으로 동작하고, 해당 정보와 검사 결과를 전송하여 보고서 형식으로 작성한다.

기존 점검은 작업자가 작업 전 자료 조사부터 실사 측정, 시스템 등록 등의 여러 단계를 수기로 입력하며 직접 진행했지만, 스마트글라스는 이를 한 번에 처리하고 중앙서버가 점검 이력까지 종합 관리한다. 검사, 판독, 데이터 송수신, 보고서 작성까지 모두 자동으로 이루어지는 일체형 시스템이다. 작업자의 안전 향상에도 크게 기여한다. 두 손이 자유롭기 때문에 추락 사고를 예방할 수 있으며, 기기 내부 센서가 충격과 기울기를 감지해 작업자에게 이례 상황이 발생하면 지정된 컴퓨터로 바로 통보한다. 한국철도공사는 현장 검증을 거쳐 국내 철도 환경에 맞게 시스템을 개선했으며 '안전 점검 플랫폼' 망을 함께 마련하여 측정데이터를 총괄제어 할 수 있게 되었다. 주요 거점 현장에서 스마트글라스를 보급하여 성과분석을 거친 후에 전사적으로 확대 보급할 계획이다.

한국철도공사는 스마트글라스 이외에도 정보통신기술(ICT)을 기반으로 한 첨단 기술을 계속해서 도입하고 있다. 앞서 도입하였던 경영정보시스템은 전국에서 운행되고 있는 열차의 실시간 위치 정보를 포함하여 안전, 운송, 경영현황 등 다양한 철도 정보를 대형 스크린에 시각화한 것으로, 이 스크린을 통해 현 시각 운행 중인 열차의 위치를 파악하여 기상특보, 선로 장애 등의 이상이 발생했을 때 관련 정보를 빠르게 업데이트하여 신속하게 대응할 수 있도록 도와준다.

이뿐만 아니라 맞춤형 드론을 개발하여 철도 시설물의 안전 점검에 활용하고 있다. 열차가 고속 주행하는 선로 인접 시설물은 그 형태가 복잡하고 강풍과 고압 전류로 인해 일반적인 드론의 비행이 쉽지 않다. 이러한 불편함을 해소하기 위해 사용되는 맞춤형 드론은 최적 경로로 비행할 수 있으며, 자동으로 촬영이 가능하여 높은 곳에 있는 교량이나 산 비탈면 혹은 작업자가 접근하기 어려운 넓은 강과 같이 육안 조사가 쉽지 않은 장소에 사용되고 있다. 더불어 드론을 통제하는 이동식 관제 차량을 통해 실시간으로 영상을 분석하여 구조물의 외형을 재구성하고, 인공지능(AI)을 통해 구조물에 대한 균열, 부식, 벗겨짐 등 구조물의 손상 상태를 진단하여 이 모든 것을 데이터로 저장해 체계적으로 관리하고 있다.

한국철도공사 토목시설 처장은 "인력 중심의 시설점검을 간소화해 효율성과 안전성을 향상시킬 것으로 기대한다"며 "새로운 기술을 쉽게 배울 수 있는 직원 교육 프로그램도 진행하겠다"고 말했다. 한국철도공사 사장은 "철도에 맞춤형 첨단 스마트 기술을 적극 도입해 현장 유지보수 작업을 혁신하겠다"며 "인공지능과 사물인터넷 등을 활용해 철도 기술 고도화에 앞장서겠다"고 밝혔다.

06. 위 보도자료를 읽고 이해한 내용으로 가장 적절하지 않은 것은?

① 한국철도공사는 직원들이 신기술을 쉽게 익힐 수 있도록 별도의 교육 프로그램을 진행할 계획이다.

② 스마트글라스는 작업자의 목소리를 통해 명령을 인식한 후 그 명령에 따라 자동으로 움직이는 기기이다.

③ 일반 드론은 철도 선로에 인접해 있는 시설물의 복잡한 형태, 고압 전류와 같은 이유로 인해 비행이 어렵다.

④ 기존의 철도시설물 점검은 시스템 등록을 제외한 모든 단계를 작업자가 직접 기록하여 입력하는 방식으로 이루어졌다.

⑤ 경영정보시스템은 선로 장애가 발생한 열차의 위치를 확인한 후 해당 정보를 업데이트하여 빠르게 대처할 수 있게 한다.

07. 위 보도자료를 읽고 A, B 두 사원이 나눈 대화가 다음과 같을 때, 빈칸에 들어갈 내용으로 가장 적절한 것은?

> A 사원: 한국철도공사에서 정보통신기술 기반의 다양한 첨단 기술을 도입하고 있다는 소식 들으셨어요?
> B 사원: 네, 그중 안경처럼 착용하여 사용하는 스마트글라스를 도입한다는 소식이 화제더라고요.
> A 사원: 작업자가 안전하게 작업할 수 있도록 하는 기능을 가지고 있다고 하던데요?
> B 사원: 맞아요. (   ) 가능하죠.

① 구조물의 손상 상태를 데이터로 저장하여 체계적으로 관리하기 때문에

② 철도 정보를 한눈에 알아볼 수 있도록 시각화하기 때문에

③ 충격과 기울기를 감지할 수 있는 센서가 기기 안에 탑재되어 있기 때문에

④ 실시간으로 영상을 분석하고 이를 바탕으로 구조물의 외형을 재구성하기 때문에

⑤ 육안 조사가 쉽게 이루어질 수 없는 위치에서도 사용할 수 있기 때문에

[08 – 09] 다음 보도자료를 읽고 각 물음에 답하시오.

2021년 2월 1일, 한국철도공사(이하 코레일)는 그동안 모바일 애플리케이션 '코레일톡'에서 제공하던 승차권 예약 서비스를 A사와 B사의 애플리케이션까지 확대한다고 밝혔다. 기존의 코레일톡을 이용하지 않아도 A사와 B사의 회원이라면 누구나 A사와 B사의 애플리케이션에서 승차권 예약을 할 수 있게 된 것이다. 대부분 상시 로그인 상태로 이용하는 A사와 B사 애플리케이션 특성을 고려하면, 철도 회원이 아니더라도 별도의 가입 절차를 거쳐야 한다거나 애플리케이션 설치 없이 간편하게 온라인 승차권을 발권할 수 있어 비대면 철도 서비스 이용 편의가 더욱 높아질 것으로 기대된다.

먼저 A사의 철도승차권 예약 서비스는 A사와 A사의 지도 애플리케이션에서 제공된다. A사 애플리케이션 검색창에 'KTX'나 '기차표예매' 등 열차 승차권 관련 키워드를 입력하면 승차권 예약 화면이 나타난다. 출발·도착역을 설정하고 열차 시간표를 조회한 후 좌석을 선택해 결제하면 된다. 발권한 승차권은 A사 애플리케이션의 '내 예약' 메뉴에서 확인할 수 있다. A사의 지도 애플리케이션에는 '기차 조회·예매' 메뉴가 신설된다. 전체메뉴를 클릭하고 기차 조회·예매를 선택하면 승차권 예약 화면으로 접속된다.

B사의 철도승차권 예약 서비스는 B사의 애플리케이션을 통해 제공된다. B사의 애플리케이션 첫 화면에 신설되는 '기차' 메뉴에 접속하면 승차권 예약이 가능하다. 출발·도착지 위치를 기준으로 검색해 최적의 철도 이용 경로를 추천받은 다음 승차권 예약화면으로 이어진다. 발권한 승차권은 '이용서비스' 메뉴에서 확인할 수 있다. B사 앱에서는 코레일 알림톡 채널을 통해 B사 애플리케이션의 승차권 예약 화면으로 이동할 수 있다.

한편 코레일은 이용자 입장에서 가장 편리하게 열차를 예매할 수 있도록 비대면 서비스를 더욱 확대해나갈 방침이다. 홈페이지나 코레일톡 등 온라인 승차권 발권 비율은 매년 증가하고 있지만, 아직도 승객 다섯 명 중 한 명은 철도역 매표창구나 자동발매기 등 오프라인으로 승차권을 구입한다. 특히 철도 회원의 약 95%가 온라인 발권을 이용하는 데 반해, 비회원의 경우 80% 이상이 오프라인으로 승차권을 구입한다. 이를 개선하기 위해 철도 비회원이 기존에 사용하는 익숙한 온라인 플랫폼에서 승차권을 구입할 수 있도록 비대면 승차권 예약시스템을 확대하고 있는 것이다. 한국철도공사 사장은 "A사나 B사처럼 많은 분들이 이용하는 플랫폼과 협업을 강화해 철도 이용객 편의를 높이고 비대면 온라인 서비스를 지속적으로 확대하겠다"고 말했다.

08. 위 보도자료를 읽고 이해한 내용으로 가장 적절하지 않은 것은?

① 코레일 온라인 홈페이지 및 코레일톡을 이용해 승차권을 발권하는 비율은 매년 증가하는 추세이다.

② B사의 애플리케이션을 이용하면 도착지까지의 최적의 철도 이용 경로를 추천받을 수 있다.

③ A사 애플리케이션 검색창에 열차 승차권 관련 키워드를 입력하면 승차권 예약 화면으로 넘어간다.

④ 철도 비회원 중 온라인으로 승차권을 구매하는 비율은 80% 이상이다.

⑤ A사의 지도 애플리케이션에는 철도 승차권 예약을 위해 해당 정보를 조회하여 예매할 수 있는 메뉴가 새롭게 생긴다.

09. 위 보도자료를 읽고 A, B 두 사원이 나눈 대화가 다음과 같을 때, 빈칸에 들어갈 말로 가장 적절한 것은?

> A 사원: 승차권 예매 수단을 확대한다는 기사 읽어보셨나요?
> B 사원: 네, 이제 A사와 B사의 애플리케이션을 통해서도 승차권을 예매할 수 있다고 하더라고요.
> A 사원: (   )
> B 사원: 맞아요. 그것이 바로 A사와 B사의 애플리케이션 도입 시 나타나는 변화라고 할 수 있겠네요.

① 이제 코레일톡에 가입하지 않아도 되니 코레일톡 이용자 수는 빠른 속도로 감소하겠죠?

② 철도 회원 대부분이 오프라인으로 승차권을 구입하고 있으니 해당 서비스는 잠시 보류하는 게 좋겠어요.

③ 그럼 이제부터 코레일톡을 이용한 승차권 구입 서비스는 중단되겠네요?

④ 철도 비회원은 계속해서 오프라인으로 승차권을 예매할 수밖에 없는 거죠?

⑤ A사와 B사의 회원이라면 별도의 가입 없이 승차권을 온라인으로 쉽게 예약할 수 있게 될 거예요.

[10 – 11] 다음은 ○○공사의 용도별 및 사업본부별 역 운영 현황에 대한 자료이다. 각 물음에 답하시오.

[용도별 역 운영 현황]

(단위: 개)

구분	소계	보통역	간이역		신호소	신호장	조차장
			역원배치	역원무배치			
여객	203	96	4	64	3	28	8
화물	57	27	2	19	3	3	3
여객 및 화물	109	45	–	49	–	14	1
기타	36	21	1	11	–	2	1
합계	405	189	7	143	6	47	13

[사업본부별 역 운영 현황]

(단위: 개)

구분	소계	보통역	간이역		신호소	신호장	조차장
			역원배치	역원무배치			
물류	50	17	2	22	–	8	1
여객	165	91	3	50	–	16	5
광역철도	168	72	2	61	6	21	6
기타	22	9	–	10	–	2	1
합계	405	189	7	143	6	47	13

10. 다음 중 자료에 대한 설명으로 옳지 않은 것은?

① 여객 용도의 신호소는 광역철도본부에 소속되어 있다.

② 물류본부의 간이역 개수는 물류본부 내 전체 역 개수의 50% 미만이다.

③ 용도별 신호장 개수는 여객이 여객 및 화물보다 14개 더 많다.

④ 광역철도본부 내 전체 역 중 보통역이 차지하는 비중은 50% 이상이다.

⑤ 전체 역 개수는 역원무배치 간이역이 조차장의 10배 이상이다.

11. 용도별 역 운영 현황을 아래 〈보기〉와 같이 수정하였다고 할 때, 다음 중 수정 후 전체 역 개수 중 용도별 역 개수의 비중을 나타낸 표에서 ⓑ-ⓐ의 값으로 옳은 것은? (단, 용도별 비중은 소수점 둘째 자리에서 반올림하여 계산한다.)

<table>
<tr><td colspan="2" align="center">〈보기〉</td></tr>
</table>

- 화물
  - 역원배치 간이역 4개 추가

- 여객 및 화물
  - 보통역 4개 추가
  - 역원무배치 간이역 2개 추가
  - 조차장 2개 추가

여객	화물	여객 및 화물	기타
48.7	ⓐ	ⓑ	8.6

① 4.9   ② 9.8   ③ 13.5   ④ 20.6   ⑤ 34.1

[12 – 14] 다음은 원인별 철도 준사고 건수 및 운행 장애 발생 건수에 대한 자료이다. 각 물음에 답하시오.

[원인별 철도 준사고 건수]

(단위: 건)

구분	2X23년 상반기	2X23년 하반기	2X23년 12월
합계	78	81	21
인적요인	24	33	7
기술요인	8	12	3
외부요인	34	29	5
기타	12	7	6

※ 철도 준사고: 철도 안전에 중대한 위해를 끼쳐 철도 사고로 이어질 수 있었던 것

[원인별 운행 장애 발생 건수]

(단위: 건)

구분	2X23년 상반기				2X23년 하반기				2X23년 12월			
	전체	A 철도	B 철도	C 철도	전체	A 철도	B 철도	C 철도	전체	A 철도	B 철도	C 철도
합계	161	64	50	47	156	67	45	44	54	18	21	15
차량결함	45	17	14	14	46	20	12	14	19	6	9	4
제동장치 고장	20	7	8	5	24	11	6	7	6	2	3	1
주회로장치 고장	13	6	3	4	13	8	2	3	7	2	4	1
부품 노후화	12	4	3	5	9	1	4	4	6	2	2	2
시설결함	29	8	16	5	29	5	19	5	12	1	8	3
전력 노후화	12	3	7	2	9	–	8	1	4	–	3	1
신호설비 노후화	17	5	9	3	20	5	11	4	8	1	5	2
인적결함	62	26	15	21	61	27	13	21	18	9	3	6
수칙 위반	45	18	12	15	46	20	10	16	12	6	2	4
생활안전 사고	17	8	3	6	15	7	3	5	6	3	1	2
기타	25	13	5	7	20	15	1	4	5	2	1	2

12. 다음 중 자료에 대한 설명으로 옳지 않은 것은?

① 2X23년 12월 시설결함으로 인한 운행 장애 발생 건수는 모든 철도 유형에서 신호설비 노후화가 전력 노후화보다 많다.

② 제시된 기간 동안 원인별 운행 장애 발생 건수는 인적결함이 매 반기 가장 많다.

③ 2X23년 원인별 전체 철도 준사고 건수 중 2X23년 12월 철도 준사고 건수가 차지하는 비중은 인적요인이 기술요인보다 높다.

④ 2X23년 상반기와 하반기에 신호설비 노후화로 인한 B 철도 운행 장애 발생 건수의 평균은 10건이다.

⑤ 2X23년 하반기 생활안전 사고로 인한 운행 장애 발생 건수의 전반기 대비 감소율은 A 철도가 C 철도보다 작다.

13. 다음 중 2X23년 하반기 원인별 전체 운행 장애 발생 건수의 전반기 대비 증가율을 비교한 것으로 옳은 것은?

제동장치 고장	신호설비 노후화	수칙 위반
a	b	c

① a > b > c   ② a > c > b   ③ b > a > c   ④ b > c > a   ⑤ c > a > b

14. 다음 중 제시된 자료를 바탕으로 만든 그래프로 옳지 않은 것은?

① [2X23년 7~11월 원인별 철도 준사고 건수]

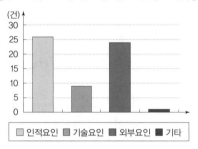

② [2X23년 원인별 운행장애 발생 건수]

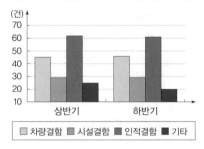

③ [2X23년 상반기와 하반기의 원인별 평균 운행장애 발생 건수]

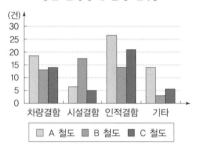

④ [2X23년 12월 인적결함으로 인한 운행장애 발생 건수]

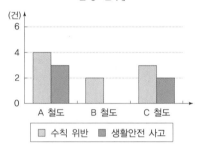

⑤ [2X23년 하반기 원인별 철도 준사고 건수의 전반기 대비 증감량]

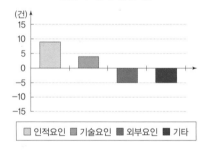

[15 - 16] 다음은 ○○공사 홍보팀의 박 사원이 작성한 지역경제 활성화 사업 결과 보고서이다. 각 물음에 답하시오.

○○공사는 2X23년 특가 승차권 판매 및 중소 여행사와의 협력을 통해 지역경제 활성화에 이바지하였으며, 그 결과는 아래 자료와 같다.

1. 특가 승차권 구매 이용객
   - 오프라인 구매 이용객: 52만 명
   - 온라인 구매 이용객: 65만 명
   - 애플리케이션 구매 이용객: 163만 명
   ※ 특가 승차권은 오프라인, 온라인, 애플리케이션으로만 구매 가능하며, 1인당 1회 구매 가능함

2. 중소 여행사 협력 효과

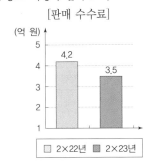

[판매 수수료]

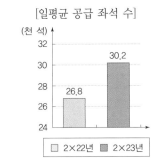

[일평균 공급 좌석 수]

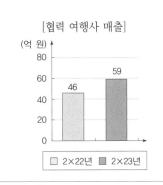

[협력 여행사 매출]

15. 다음 중 2X23년 판매 수수료의 전년 대비 증감률은 약 얼마인가? (단, 소수점 첫째 자리에서 반올림하여 계산한다.)

① −20%   ② −17%   ③ −9%   ④ 17%   ⑤ 20%

16. 다음 중 자료에 대한 설명으로 옳지 않은 것은?

① 2X23년 특가 승차권 구매 이용객은 애플리케이션 구매 이용객이 오프라인 구매 이용객의 3배 이상이다.

② 2X22년 일평균 공급 좌석 수가 전년 대비 25% 증가했다면, 2X21년 일평균 공급 좌석 수는 20.5천 석이다.

③ 2X23년 협력 여행사 매출은 전년 대비 20% 이상 증가하였다.

④ 2X23년에 특가 승차권을 구매한 이용객은 총 280만 명이다.

⑤ 2X23년 공급 좌석 수 대비 특가 승차권 구매 이용객 비율은 30% 미만이다.

17. 2X22년 갑 기업 A 부서의 직원은 총 310명이었으며, 2X23년 갑 기업 A 부서의 직원은 남자 직원이 전년 대비 20% 감소하고 여자 직원이 전년 대비 10% 증가하여 총 317명이다. 2X23년 갑 기업 A 부서의 남자 직원 수는?

① 64명   ② 80명   ③ 92명   ④ 110명   ⑤ 132명

[18 - 20] 다음은 열차 이용 멤버십 혜택이다. 각 물음에 답하시오.

[열차 이용 멤버십 혜택]

1. 멤버십 등급 부여 기준월

1월	전년도 1월 1일부터 전년도 12월 31일까지의 실적
7월	전년도 7월 1일부터 당해 연도 6월 30일까지의 실적

※ 멤버십 등급은 월의 가장 첫 번째 날에 부여됨

2. 멤버십 등급 구분

구분	내용
VVIP	부여 기준일 동안 승차권 구입 시 적립되는 마일리지가 반기 기준 8만 점 이상이거나 1년 기준 16만 점 이상인 고객
VIP	부여 기준일 동안 승차권 구입 시 적립되는 마일리지가 반기 기준 4만 점 이상이거나 1년 기준 8만 점 이상인 고객
플래티넘	부여 기준일 동안 승차권 구입 시 적립되는 마일리지가 1년 기준 4만 점 이상인 고객
비즈니스	최근 1년간 온라인 로그인 기록이 있거나 회원으로 구매실적이 있는 고객
패밀리	최근 1년간 온라인 로그인 기록이 없거나 회원으로 구매실적이 없는 고객

※ 1) 두 가지 이상의 멤버십 등급에 해당할 경우 더 높은 멤버십 등급을 부여함
2) 패밀리 등급의 경우 휴면회원으로 계정 분류 후 별도 관리하며, 본인 인증 절차를 거쳐 비즈니스 등급으로 전환됨

3. 멤버십 등급별 혜택 안내

구분	VVIP	VIP	플래티넘	비즈니스	패밀리
KTX 특실 무료 업그레이드 쿠폰	3매	2매	0매	0매	0매
열차 할인상품 이용	가능	가능	가능	가능	불가
멤버십 제휴 서비스	제공	제공	제공	제공	미제공
멤버십 라운지 이용	가능	가능	가능	불가	불가
승차권 30% 할인 쿠폰	6매	3매	1매	0매	0매
승차권 나중에 결제하기 서비스	제공	제공	미제공	미제공	미제공

4. 유의사항

- 마일리지는 승차권 구입 비용의 5%가 적립됨
- 승차권 나중에 결제하기 서비스는 열차 출발 3시간 전까지 결제 완료해야 하며, 해당 시간 내에 미결제한 기록이 3건 이상일 경우 서비스가 중지됨
- 어린이, 경로, 장애인 할인과 30% 할인 쿠폰은 중복으로 적용할 수 있으며, 중복으로 적용하는 경우 어린이, 경로, 장애인 할인이 먼저 적용되고 최종 금액에 30% 할인 쿠폰을 적용함
- KTX 특실 무료 업그레이드 쿠폰은 본인만 사용 가능하며, 멤버십 부여 기준일의 익월 10일 이내 지급됨
  ※ 유효기간은 지급된 날로부터 6개월임
- KTX 특실 무료 업그레이드 쿠폰과 할인 쿠폰은 중복 적용 가능함
  ※ 단, 할인 쿠폰은 승차권당 1장만 적용할 수 있음

18. 위 자료를 근거로 판단한 내용으로 적절하지 않은 것은?

① 올해 7월에 VIP 등급을 받은 사람은 KTX 특실 무료 업그레이드 쿠폰 2장을 적어도 같은 해 8월 10일까지는 받게 된다.

② 가격이 58,000원인 승차권을 예매한 VVIP 등급의 회원은 해당 승차권으로 2,900점의 마일리지를 적립 받는다.

③ 비즈니스 등급을 받은 사람은 멤버십 라운지의 이용은 불가하지만 멤버십 제휴 서비스는 제공받을 수 있다.

④ 승차권 나중에 결제하기 서비스를 이용하는 패밀리 등급 회원은 열차 출발 3시간 전까지 결제해야 한다.

⑤ 패밀리 등급의 회원이 본인 인증 절차를 거쳐 비즈니스 등급으로 바뀌었을지라도 30% 할인 쿠폰은 제공받지 못한다.

19. 다음은 B가 2X22년에 적립한 마일리지 및 구입한 승차권 내역이다. B가 2X23년 1월에 부여받게 될 멤버십 등급으로 적절한 것은? (단, 제시된 내역 이외의 마일리지 적립 내역 및 승차권 내역은 고려하지 않는다.)

1~6월	적립된 마일리지 총 42,000점
7월	35,000원 승차권 총 5매 구입
8월	42,000원 승차권 총 3매 구입
12월	37,000원 승차권 총 1매 구입

① 패밀리　　② 비즈니스　　③ 플래티넘　　④ VIP　　⑤ VVIP

20. Z는 2X23년 1월에 자신의 딸과 서울에서 부산으로 가는 KTX 특실 열차를 이용하려고 한다. Z는 어른 승차권과 어린이 승차권을 각각 1매씩 편도로 구매하려고 할 때, Z가 지불해야 하는 열차 이용 요금으로 적절한 것은? (단, Z는 멤버십 등급을 부여받은 이후에 승차권을 예매하였다.)

- Z가 2X22년 1~6월에 적립한 마일리지는 0점이며, 7~12월에 적립한 마일리지는 82,000점이다.
- Z는 멤버십 혜택으로 받은 쿠폰 중 KTX 특실 무료 업그레이드 쿠폰과 30% 할인 쿠폰을 이번 승차권 예매에 모두 사용할 예정이다.
- 편도 기준 서울-부산 KTX 일반실 가격은 어른 승차권이 50,000원이고, 어린이 승차권은 일반 승차권에서 30% 할인되며, 특실 가격은 일반실 가격보다 15%가 더 비싸다.

① 60,175원　　② 63,175원　　③ 68,425원　　④ 90,250원　　⑤ 97,750원

[21 – 22] 다음은 특별 관광 승차권에 대한 자료이다. 각 물음에 답하시오.

[특별 관광 승차권]

1. 구입 절차

| 승차권 선택 | ▶ | 특별 점수 계산 | ▶ | 할인 적용 | ▶ | 요금 지불 및 구입 완료 |

2. 승차권별 편도 가격

서울 – 부산	대전 – 목포	행신 – 여수	청량리 – 안동
58,000원	26,000원	45,000원	25,000원

3. 특별 점수 계산 방법

기초생활수급자인가?	자녀가 2명 이상인가?	구입 관련 제재를 받은 적이 있는가?	자차가 2대 이상인가?
Yes: 3점 No: 1점	Yes: 3점 No: 1점	Yes: 0점 No: 3점	Yes: 1점 No: 3점

※ 1) 장애의 정도가 심한 중증 장애인은 5점이 추가됨
   2) 합계 점수가 3점 이하인 사람은 승차권 구입이 불가함

4. 할인 내용

구분	할인율	비고
장애인	50%	중증 장애인만 적용됨 (단, 중증 이외의 장애인은 중증 장애인에게 적용되는 할인율의 30%만 적용됨)
국가유공자	50%	
청년(만 25세~34세)	30%	

※ 중복 할인에 해당할 경우 더 높은 할인율을 적용함

21. 위 자료와 아래의 내용을 근거로 판단할 때, 김 ○○이 지불해야 할 승차권 가격으로 옳은 것은? (단, 제시된 자료와 정보 외에 다른 사항은 고려하지 않는다.)

[김 ○○]

- 만 54세 여성
- 장애의 정도가 심한 중증 장애인
- 기초생활수급자 아님
- 자차 2대 보유
- 자녀 1명
- 구입 관련 제재 이력 있음
- 서울 – 부산 편도 승차권 구입 예정

① 29,000원   ② 40,600원   ③ 49,300원   ④ 58,000원   ⑤ 구매할 수 없음

22. 위 자료와 아래의 내용을 근거로 판단할 때, 박 ○○이 지불해야 할 승차권 가격으로 옳은 것은? (단, 제시된 자료와 정보 외에 다른 사항은 고려하지 않는다.)

[박 ○○]

- 만 34세 남성
- 장애의 정도가 심하지 않은 경증 장애인
- 기초생활수급자 아님
- 자차 없음
- 자녀 1명
- 구입 관련 제재 이력 없음
- 청량리 – 안동 편도 승차권 구입 예정

① 12,500원   ② 17,500원   ③ 21,250원   ④ 25,000원   ⑤ 구매할 수 없음

[23 – 25] 다음은 ○○공사 주요 시설의 유지 및 보수를 위한 절차 관련 자료이다. 각 물음에 답하시오.

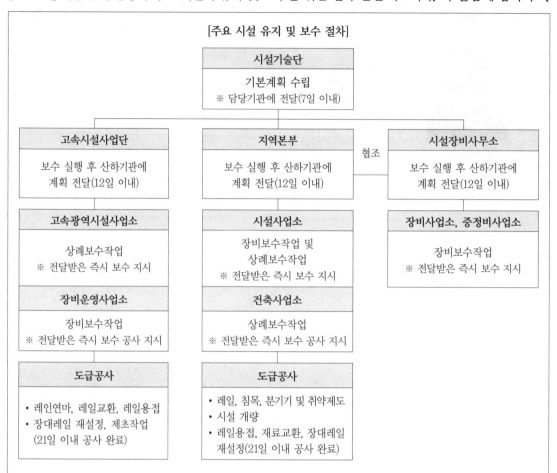

[주요 시설 유지 및 보수 절차]

책임기관	담당기관	산하기관	도급기관
시설기술단	고속시설사업단	고속광역시설사업소, 장비운영사무소	도급공사
	지역본부	시설사무소, 건축사업소	도급공사
	시설장비사무소	장비사업소, 중정비사업소	–

※ 1) 담당기관은 산하기관에 보수 실행 및 계획을 전달하기 전 시설기술단에서 수립하여 제출한 기본계획에 대해 7일 내로 적절성을 검토하며, 필요 시 산하기관에 협조를 요청할 수 있음. 단, 해당 기간 내에 담당기관은 산하기관과 협조하여 보수공사를 진행할 도급기관을 선정하고, 선정한 도급기관과 도급 계약을 체결해야 함
2) 도급기관은 산하기관으로부터 보수 지시를 전달받은 즉시 공사를 시작함
3) 도급기관은 공사 완료 후 익일에 완료보고서를 작성하여 7일 이내에 산하기관에 반드시 제출해야 함

23. 위 자료를 근거로 판단한 내용으로 옳지 않은 것은?

① 담당기관은 보수공사를 시행할 도급기관 선정 시 산하기관과 협조하여 진행한다.

② 장비사업소 및 중정비사업소는 담당기관으로부터 보수 계획을 전달받은 즉시 장비보수작업을 시행해야 한다.

③ 시설기술단은 주요 시설의 유지 및 보수를 위한 기본계획을 수립하여 7일 이내에 담당기관에 제출해야 한다.

④ 도급기관은 공사 완료 후 작성한 완료보고서를 담당기관에 반드시 제출해야 한다.

⑤ 담당기관은 시설기술단 기본계획의 적절성을 검토할 때 필요한 경우 산하기관에 협조를 요청할 수 있다.

24. 위 자료를 토대로 아래 〈조건〉에 따라 2023년 11월 17일 시설기술단의 기본계획 수립을 시작으로 각 기관별로 담당 업무를 진행했다고 할 때, 도급기관이 공사 완료보고서를 작성하는 날짜는?

〈조건〉
- 시설기술단은 기본계획 수립 후 최대의 기간으로 담당 기관에 전달한다.
- 시설기술단으로부터 계획을 전달받은 담당기관은 최대의 기간으로 적절성 검토를 시행하고, 보수 실행 후 최대의 기간으로 해당 계획을 산하기관에 전달한다.
- 산하기관으로부터 보수 공사를 지시 받은 도급기관은 최대의 기간으로 공사를 완료한다.

① 2023. 12. 19   ② 2023. 12. 24   ③ 2024. 1. 3

④ 2024. 1. 4   ⑤ 2024. 1. 9

25. 3월 5일 시설기술단의 기본계획에 대한 적절성 검토가 완료됐으며, 도급기관이 산하기관으로부터 보수 공사 업무를 지시 받아 14일간 일 도급공사를 진행하여 3월 30일에 공사를 완료했다고 할 때, 3월 8일에 가장 먼저 진행될 수 있는 보수 절차는?

① 기본계획 전달   ② 보수 계획 전달   ③ 보수 공사 지시

④ 도급 계약 체결   ⑤ 완료보고서 제출

약점 보완 해설집 p.7

무료 바로 채점 및 성적 분석 서비스 바로 가기
QR코드를 이용해 모바일로 간편하게 채점하고 나의 실력이 어느 정도인지, 취약 부분이 어디인지 바로 파악해 보세요!

NCS 기출복원모의고사
3회(휴노형)

문제 풀이 시작과 종료 시각을 정한 후, 실전처럼 모의고사를 풀어보세요.

시 분 ~ 시 분 (총 25문항/권장 풀이시간 30분)

□ **시험 유의사항**

[1] 가장 최근에 치러진 한국철도공사 필기시험은 NCS 직업기초능력 25문항과 직무수행능력(전공) 25문항을 60분 동안 풀어야 했으며, 직렬별 시험 구성은 다음과 같았습니다.

- 사무영업(일반, 수송): NCS 직업기초능력(의사소통·수리·문제해결능력) 25문항+직무수행능력(경영학) 25문항
- 사무영업(IT): NCS 직업기초능력(의사소통·수리·문제해결능력) 25문항+직무수행능력(컴퓨터일반) 25문항
- 사무영업(관제): NCS 직업기초능력(의사소통·수리·문제해결능력) 25문항+직무수행능력(철도관계법령) 25문항
- 운전/차량: NCS 직업기초능력(의사소통·수리·문제해결능력) 25문항+직무수행능력(기계일반, 전기일반 중 택 1) 25문항
- 토목: NCS 직업기초능력(의사소통·수리·문제해결능력) 25문항+직무수행능력(토목일반) 25문항
- 건축(건축일반): NCS 직업기초능력(의사소통·수리·문제해결능력) 25문항+직무수행능력(건축일반) 25문항
- 건축(건축설비): NCS 직업기초능력(의사소통·수리·문제해결능력) 25문항+직무수행능력(건축설비) 25문항
- 전기통신: NCS 직업기초능력(의사소통·수리·문제해결능력) 25문항+직무수행능력(전기이론) 25문항

[2] 본 모의고사는 휴노에서 출제한 직업기초능력(NCS) 시험 후기를 바탕으로 한 기출복원 문제로 구성되어 있으므로 직종에 맞는 전공 문항을 추가로 풀어보는 것이 좋습니다.

[3] 본 교재 마지막 페이지에 있는 OMR 답안지와 해커스ONE 애플리케이션의 학습타이머를 이용하여 실전처럼 모의고사를 풀어보시기 바랍니다.

01. 다음 빈칸에 들어갈 말로 가장 적절한 것은?

> 프린스턴 대학의 자닌 윌리스 교수는 첫인상이 얼마나 빠르게 호감과 비호감을 결정하는지 확인하기 위해 실험대상자에게 70명 내외의 사진을 보여주고 호감도와 매력도를 평가하도록 하였다. 우선 실험대상자를 세 그룹으로 구분하여 첫 번째 그룹에는 사진을 0.1초, 두 번째 그룹에는 0.5초, 세 번째 그룹에는 1초간 사진을 보여주어 매우 짧은 시간 내에 첫인상을 평가하게 했다. 그리고 같은 사진을 실험대상자에게 다시 보여주면서 별도의 시간제한 없이 첫인상을 평가하게 했다. 이렇게 두 번에 걸친 첫인상 평가의 결과를 비교 분석한 결과, 사진을 0.1초만 봐도 첫인상의 77%가 결정된다는 결론이 도출되었다. 즉, 낯선 사람을 만났을 때 호감인지 비호감인지 결정짓는 데 고작 0.1초가 걸리며, 시간을 좀 더 준다고 하여 처음의 판단이 달라지는 경우는 적고 도리어 첫인상이 점차 확고해진다.
>
> 사회심리학자들에 따르면 사람들이 호감과 비호감을 결정하는 데 영향을 주는 대표적인 요인으로는 근접성, 친숙성, 유사성, 상호성이 있다. 근접성은 말 그대로 물리적으로 가까이 있는가 그렇지 않은가에 따라 호감도를 달라지게 만드는 성질이다. 아무리 친하더라도 멀리 떨어져 있으면 만나는 횟수가 줄어드는 만큼 호감도에 영향을 준다. 근접성은 친숙성과 연결되는 부분이 많은데, 근접성으로 타인과 만나는 횟수가 늘어나 서로에게 익숙한 면이 생기면서 친숙성이 형성된다. 친숙성으로 상대에 대하여 잘 알고 그의 행동을 예상할 수 있다고 여기게 되면서 편안함을 느끼고 호감도가 높아진다.
>
> 다음으로 유사성은 본인과 가치관, 연령, 출신지 등이 같으면 호감을 느끼게 되는 성질을 말한다. 사람들은 본인의 선택이 옳은지 계속해서 확인하려 하므로 다른 사람이 본인과 같은 선택을 했다는 것을 알게 되면 호감을 느끼게 된다. 상호성은 상대가 본인을 어떻게 평가하느냐에 따라 다르게 호감을 느끼는 성질로, 누군가 본인을 좋아한다는 이야기를 들으면 원래 관심이 없던 사람이라도 긍정적으로 평가하게 되는 것을 사례로 들 수 있다. 일반적으로 사람은 감정을 주고받으려 하기 때문에 긍정적인 감정에는 긍정적으로, 부정적인 감정에는 부정적으로 반응하는 상호성의 원리가 호감도에 영향을 미친다.
>
> 이렇게 복잡하게 결정되는 호감도는 무엇보다도 첫인상에서 긍정적으로 형성해야 한다. 첫인상이 호감이었던 사람이 다음에 비호감인 행동을 하더라도 바로 나쁘게 생각하기보다는 긍정적으로 생각하게 되고, 첫인상이 비호감인 사람이 다음에 호감인 행동을 하더라도 긍정적으로 생각하지 않게 된다. 만약 첫인상이 비호감일 경우 그 인상을 호감으로 바꾸려면 60번 정도의 긍정적인 만남이 필요하다고 한다. 하물며 비호감이라는 판단을 내린 이후에는 상대에 대해 더 알아보려고도 하지 않는 경우가 흔하다. 사람은 부정적인 정보에 가중치를 두어 평가하는 경향이 있으므로 한번 이루어진 평가를 바꾸는 것은 굉장히 어려운 일이다. 이를 통해 (   )을 알 수 있다. 대개 첫인상으로 정해진 호감이나 비호감이 유지될 가능성이 높으며, 호감의 유지에 드는 노력이 비호감의 개선에 드는 노력보다 상대적으로 적다는 것이다.

① 첫인상은 강렬하게 형성해야 함

② 호감을 유지하는 것이 상당히 어려움

③ 호감을 얻기 위해서는 상대를 자주 만나야 함

④ 상대의 의견에 동의하는 모습을 보여주어야 함

⑤ 첫 만남에서 상대에게 호감을 주는 것이 중요함

02. 다음 글을 읽고 NGO가 민주주의의 실현을 위해 기여해야 하는 바를 추론한 내용으로 가장 적절한 것은?

> NGO(Non-Governmental Organization)는 말 그대로 '비정부 기구'로, 국가의 지배를 벗어나 인권을 보호하고 권력이나 이익을 좇지 않으며 공공의 이익을 실현하기 위해 외부의 간섭 없이 활동하는 자발적인 시민 단체를 말한다. 일각의 반대 의견이 있기는 하지만, 우리나라에서는 공식적인 직업분류체계에 따라 NGO를 시민단체를 포괄하는 개념으로 이해한다. NGO는 정부 정책과 기업 활동을 감시하며 시민을 위한 여러 서비스와 인도주의적인 기능을 행하고, 시민들에게 정보를 투명하게 공개하며 다양한 분야에 대한 관심과 참여를 독려한다.
>
> NGO의 기원은 1863년에 스위스에서 시작된 국제적십자사 운동이며, 1970년대 초부터 국제연합 UN 주관의 국제회의에 민간단체들이 참여하여 NGO 포럼을 개최하면서 NGO라는 용어가 대중화되었다. 우리나라의 경우 1903년에 세워진 YMCA와 1913년에 안창호가 설립한 흥사단이 국내 최초의 NGO로 여겨지며, 1987년 6·10 민주항쟁과 6·29 민주화 선언을 거치며 민주화 세대를 포함한 지식인들이 시민운동에 적극적으로 참여하면서 다양한 종류의 NGO가 결성되었다.
>
> 우리나라의 경우 NGO의 공익 활동을 증진하기 위한 목적으로 제정된 '비영리민간단체 지원법'을 근거로 등록된 비영리민간단체의 개수는 2019년을 기준으로 14,699개에 달한다. 하지만 공익 활동을 하는 NGO 중 별도로 등록하지 않고 활동하는 단체도 많다는 점을 고려하면 실제 수치는 더 많을 것으로 예측된다. NGO는 활동 영역에 따라 우리의 생활과 밀접하게 연관된 인권·환경·여성·평화·청소년·의료보건·교육·문화 등의 부문으로 분류할 수 있다. NGO는 단체의 설립 목적, 특성 등에 따라 여러 영역을 동시에 다루기도 하고, 특정 영역을 집중적으로 다루기도 한다.
>
> 여기서 NGO는 수행하는 업무의 특성에 따라 크게 권익옹호형(Advocacy)과 사회서비스형(Social service) 단체로 구분할 수 있다. 권익옹호형의 경우 정부 혹은 기업이 권력을 남용하거나 부정부패를 저지르지는 않는지 지속적으로 모니터링하고, 공청회, 캠페인, 시민 행동 조직화 등의 방법으로 국민에게 알리는 활동을 주로 진행한다. 그리고 사회서비스형은 약자와 소외된 소수의 입장에서 복지 서비스의 사각지대에 놓인 개인과 단체, 국내외 지역을 대상으로 필요한 서비스를 직접 제공하는 활동을 진행한다.
>
> 실상 이러한 NGO의 활동이 해당 단체에 소속된 사람들에게 직접적으로 이익이 된다고 보기는 어렵다. 그러나 본인이 속한 공동체의 이익과 연관되어 있는 사회적인 문제를 해결하거나 갈등을 해소함으로써 NGO로 활동하는 사람을 포함한 공공의 이익을 추구할 수 있다는 점에서 중요성을 갖는다. 민주주의가 공동체에서 시민이 본인의 삶과 관련된 문제를 본인이 결정하고 해결하는 원리라고 한다면 NGO 활동은 민주주의 실현을 위한 초석이라고 볼 수 있다.
>
> 우리 사회는 크게 국가와 시장, 그리고 시민사회로 구성되어 있으며, 이 세 요소가 고르게 발전할 때 좋은 사회가 될 수 있다는 것은 의심할 여지 없는 사실이다. 과거에는 국가와 시장에 비해 시민사회는 관심 밖의 영역으로 여겨졌으나, 최근 국가와 시장, 시민사회의 영역이 교차하는 활동이 증가함에 따라 국가와 시장이 담당하던 일을 시민사회가 맡게 되는 경우가 많아지고 있다. 시민사회의 역할을 대변하는 NGO는 공익성과 운동성, 순수성 등의 속성을 가지며 공익 활동을 통해 국가나 시장과 상호작용을 한다. 다시 말해 NGO의 존재는 현대사회의 도구적 합리성을 넘어서는 새로운 사회를 모색할 기회를 제공한다.

① 정책 수립에서의 비효율을 방지하기 위해 전문 엘리트를 중심으로 주요 정책이 수립되도록 조율한다.

② 시민 교육을 통해 공동체보다 개개인의 권리와 이익을 우선적으로 추구하는 능동적인 시민을 육성한다.

③ 공론의 장을 마련하여 정보를 투명하게 공개하며 사소하고 비가시적인 주제들을 제안하여 토론을 활성화한다.

④ 일원적 가치를 지향하면서 시민들과 공동으로 협력하여 이상적인 사회를 구현하기 위해 꾸준히 노력한다.

⑤ 거시적인 현안을 정치화하여 기존의 사회 질서와 제도를 안정화할 수 있는 방안을 지속적으로 모색한다.

03. 다음 글의 핵심 내용으로 가장 적절한 것은?

미국 국립 보완·대체의학 연구소에 따르면 대체의학은 다양한 범위의 치료 철학과 치료법, 접근 방식 등을 포함하는 것으로, 병원이나 의과대학에서 사용 및 교육하지 않으며 의료보험이 적용되지 않는 치료나 진료 행위를 일컫는다. 쉽게 말해 대체의학은 일반적으로 현대의학의 주류로 여겨지는 서양의학을 정통의학으로 간주하였을 때 이를 대신하거나 보완하는 치료라고 정의할 수 있다. 서양권에서는 대체의학에 우리나라의 전통의학인 한의학을 포함하지만, 우리나라에서는 한의학을 대체의학에 포함하지 않기 때문에 서양의학과 한의학을 제외한 민간요법, 자연요법 등의 다른 의술을 대체의학으로 분류한다.

대체의학의 범위는 상당히 넓은데, 국내에서 대체의학으로 간주되는 치료법은 대략 70종에 달한다. 우리 주변에서 흔히 접할 수 있는 침술, 마사지, 요가, 단식요법, 이완요법, 최면, 명상은 물론이고 건강 보조식품과 치료를 목적으로 시행하는 기도도 대체의학으로 간주된다. 이와 같이 대체의학의 범주에는 과학적 증명이 이루어져 대부분의 의사가 동의하여 진행되는 치료가 아님에도 환자가 치료를 위해 행하는 대부분의 행위가 포함된다.

이러한 행위를 현대의학에서 '의학'이라고 명명한 사유는 대체의학의 효과가 과학적으로 증명되면 언제든 정통의학으로 편입할 수 있다는 사실에 기반하지만, 그 증명이 쉬운 일은 아니기 때문에 대체의학이 정통의학으로 재분류되는 경우는 드물다. 일례로 기도를 통해 암이 완치된 사람이 있다고 하더라도 치료효과를 증명할 수 없으므로 해당 치료법을 모든 암 환자에게 적용하기에는 무리가 있다는 맥락에서 이해할 수 있다. 현대의학의 입장에서는 암 환자에게 개별 사례를 근거로 기도를 권유할 것이 아니라 화학적으로 효과가 증명된 방사선 치료, 수술 등을 우선 시행하는 것이 도리에 맞기 때문이다.

오늘날 정통의학으로 여겨지는 서양의학은 서양철학과 과학 문명을 기반으로 합리적이고 분석적인 사고로 인간의 질병을 연구하여 인류를 질병의 위협에서 어느 정도 해방시켜주었다. 하지만 서양의학은 사람의 몸을 과도하게 세분화하여 치료를 위해 인체에 전체적으로 접근해야 한다는 중요성을 상실하게 하였고, 기계와 화학약품을 사용한 치료로 의료비 상승과 부작용의 심화를 견인하였다. 이와 더불어 인간의 질병을 치료하는 의학이 종합적인 관점에서 접근해야 완벽하게 건강한 상태로 회복할 수 있다는 치유(Care)의 개념이 사회적으로 확산되면서 대체의학이 새롭게 조명받고 있다.

앞서 살펴본 바와 같이 서양의학으로 대표되는 현대의학이 질병을 효과적으로 치료할 수 있는 유용한 수단을 제공한다는 것은 명백하지만, 한계가 있다는 점은 보편적으로 인정되고 있는 사실이다. 이러한 측면에서 대체의학은 치료 방법의 특성상 정신과 신체, 영혼의 상호작용과 균형을 중요하게 여겨 질병에 대한 면역력을 높이는 것을 강조함으로써 인체 본연의 자연 치유력을 향상하게 만든다는 점에서 충분한 가치를 갖는다. 즉, 대체의학의 적절한 활용을 통해 현대의학의 한계를 보완할 수 있다는 것이다.

물론 대체의학은 검증되지 않은 의료 행위이기 때문에 유효성과 안전성을 과학적으로 증명하지 못하며, 지금 당장 드러나지 않더라도 부작용이 크게 나타날 수 있다는 점에서 비판을 받기도 한다. 객관적인 결론을 도출할 수 있는 증거가 부족하여 대체의학이라는 미명하에 검증되지 않은 의사가 잘못된 치료법으로 환자를 현혹하여 치료 시기를 놓치게 만들 수 있고, 아직까지 대체의학 분야의 전문가가 부족하다는 점도 문제로 지적된다.

그러나 대체의학은 현대의학의 대안이 될 수 있는 제3의 의술이라는 평가와 환자의 권리와 삶을 존중해야 한다는 사회적 동향의 영향으로 전 세계에 보급이 확산되고 있다. 우리나라뿐만 아니라 전 세계의 많은 사람이 현대의학에서 답을 찾지 못하는 난치병이나 불치병을 중심으로 대체의학을 시도하고 있는 것으로 알려졌다. 대체의학에 관한 연구는 미국, 유럽 등에서 활발히 진행되고 있으며, 실제로 미국에서는 1992년에 미국 국립보건원 산하에 대체의학연구위원회를 설립하여 관련 연구에 대한 적극적인 지원을 이어오고 있다.

① 정통의학으로 편입 가능한 대체의학의 조건
② 대체의학의 과학적 한계와 해결방안
③ 문화권에 따른 대체의학의 발전 과정
④ 정통의학을 보완하는 대체의학의 확산
⑤ 대체의학에 관한 국내외 연구 동향

04. 다음 글의 논지를 강화하는 내용으로 가장 적절하지 않은 것은?

제1, 2차 세계대전을 거치며 급격히 발달한 통신 기술의 영향으로 음성은 물론이고 영상까지 송출할 수 있는 텔레비전이 보편적으로 자리 잡았다. 어느 시대든 해당 시대를 주도하는 매체가 있기 마련인데, 우리는 20세기 중후반부터 지금까지 '텔레비전의 시대'에 살아오고 있다고 해도 과언이 아니다. 여기서 텔레비전은 단순히 가정 내에서 영상을 시청하는 매체에 한정되는 용어가 아니다. 현대 사회에서 스마트 기기가 보급됨에 따라 텔레비전 주도에서 인터넷으로 전환되고 있다는 점을 고려하였을 때, 텔레비전의 시대는 '정보를 영상으로 소비하는 시대'로 이해할 수 있다. 많은 사람이 각종 매체를 통해 영상을 시청하고 정보를 습득함에 따라 영상이 갖는 사회적 영향력은 점차 막대해지고 있다.

영상을 통해 얻을 수 있는 정보는 불연속적이며, 불연속적인 정보는 가치 없는 정보로 남게 된다. 즉, 오늘날 미디어에서 선별하여 송출하는 영상만 연속적인 정보로 남으며 선별되지 않은 정보는 곧장 사라진다. 미국의 저명한 문명 비평가 닐 포스트먼은 현대 사회에서 모든 정보가 오락적인 형태를 띠고 있다는 점을 가장 큰 문제로 지적하였다. 우리가 접하는 모든 이슈는 미디어의 주도하에 흘러가며, 미디어의 선택을 받은 정보는 베끼기, 과장하기, 거짓 내용 추가하기 등 각종 부정적인 형태로 퍼져 나간다. 이 과정에서 미디어가 오로지 조회 수 올리기에 광분하여 진짜 정보는 자극적인 내용 뒤에 숨겨지고 하찮고 쉽게 소비되는 정보만이 만연하게 된다.

포스트먼은 매체를 소비하는 방식에 따라 사고하는 방식도 바뀐다고 피력한다. 예를 들어 구두(口頭) 문화 시기에는 암기력이 중요했으나, 인쇄 매체가 주도하는 시기로 접어듦에 따라 암기력 대신 제시된 정보를 바탕으로 추론, 판단하는 능력이 중요하게 여겨졌다. 현대 사회에서는 인터넷이 발달하며 물리적 공간의 제약이 사라져 하루에도 수십, 수백 개의 정보를 확인할 수 있다. 이렇게 얻을 수 있는 정보의 양이 점점 증가하면서 대중들은 더욱더 흥미롭고 자극적인 정보에만 반응한다. 영상이 문자를 대체한 현대 사회에서 중요한 것은 이미지이며, 이미지는 사고력과 판단력을 요구하지 않으므로 대중에게는 단순한 본능만 남게 된다.

조지 오웰의 저서 《1984》와 올더스 헉슬리의 저서 《멋진 신세계》는 현대 사회의 부정적인 측면이 극단화된 디스토피아를 제시한다는 점에서 공통점을 갖지만, 두 디스토피아는 극명하게 다른 방식의 지배로 인해 파생된다는 점에서 대비된다. 오웰식 디스토피아 모델은 미래가 전면적으로 통제되는 상황을 가정하지만, 헉슬리식 디스토피아 모델은 한 방향으로 감정이 통제되는 상황을 가정한다. 이때 두 모델 모두 '통제'를 전제로 하지만 오웰식 모델에서 대중들은 막강한 통제 속에서 두려움을 느끼고, 헉슬리식 모델에서 대중들은 본인들이 자유롭다고 여기며 자발적으로 본인을 노출하고 통제를 통제로 생각하지 못한다는 점에서 차이가 있다.

오웰식 모델은 대중들이 외부의 압력에 지배당하여 자율성과 분별력을 잃어버리게 되는 상황을 우려하였는데, 무엇보다도 특정 세력에 의해 서적이 금지되고 대중들이 정보를 통제당하는 상황을 경계하였다. 오웰식 모델은 대중이 증오하는 대상이 파멸을 주도하는 상황을 두려워하였다. 이와 달리 헉슬리식 모델은 대중들이 기꺼이 속박당하고 사고의 기능을 멈추게 하는 기술을 스스로 섬기게 될 것을 우려하였다. 헉슬리식 모델은 구태여 서적을 금지할만한 이유가 없어지고 대중들이 과도하게 많은 정보를 접함에 따라 듣고 싶은 것만 듣고 알고 싶은 것만 알게 될 것이라고 여기며 대중이 사랑하고 집착하는 대상이 파멸을 주도하게 될 것이라고 예측하였다. 이러한 특성으로 인해 대부분의 사람이 우리가 살고 있는 현대 사회가 오웰식 모델과 헉슬리식 모델 중 헉슬리식 모델에 더 가깝다는 의견에 동의할 것이다.

① 오늘날 대중들은 누구의 강요 없이도 SNS와 인터넷에 자발적으로 본인의 일거수일투족을 성실하게 업데이트한다.

② 컴퓨터와 정보통신의 발달로 감시 카메라가 일상 속에 파고들면서 권력 집단이 정보를 독점하여 사회를 통제하고 있다.

③ 매체의 발달로 정보 전달의 범위가 확장됨에 따라 토론과 사색의 대상이던 정보를 향락으로만 소비하는 사람들이 출현하였다.

④ 텔레비전 시대를 사는 사람들은 각종 영상 플랫폼을 통해 자극적인 정보를 가볍게 소비하고 빠르게 잊어버린다.

⑤ 현대 사회에서 우리가 클릭하는 키워드, 태그, 관심 분야 등은 하나의 정보로 누적되어 우리를 특정 방향으로 통제하는 수단이 될 것이다.

05. 다음 글을 통해 추론한 내용으로 가장 적절하지 않은 것은?

> 등산복과 같은 방수−통기성 의복의 제조에는 섬유를 만드는 고분자 재료의 화학 구조뿐만 아니라 물리적 구조가 굉장히 중요하다. 방수−통기성 의복에 사용되는 천의 과학적 디자인은 옷을 입는 사람이 옷을 편하게 느끼도록 만드는 것은 물론이고 비, 바람, 체온 손실 등으로부터 신체를 보호하는 기능을 해야 한다. 방수와 수분 투과성을 함께 갖는 직물은 크게 고밀도 천, 수지 코팅 천, 필름 적층 천으로 구분된다.
>
> 대개 방수성과 통기성을 가진 고밀도 천을 제작할 때에는 면이나 합성섬유의 가느다란 장섬유를 능직법으로 짠다. 면은 물에 젖는 특성이 있어 폴리에스테르보다 방수성이 떨어지지만, 가느다란 면사를 가지고 능직법으로 짜면 물에 젖어도 면섬유가 가로 방향으로 팽윤하여 천의 세공 크기를 줄임으로써 물이 쉽게 투과하지 못하게 만들어 방수성이 높아진다. 소수성(疏水性) 합성섬유는 실의 굵기와 직조법으로 세공 크기를 조율하여 방수성을 높인다.
>
> 수지 코팅 천은 고밀도 천과 다르게 기본 천의 표면에 고분자 물질을 코팅하여 제작한다. 여기서 코팅 막은 미세 동공막 모양을 지닌 소수성 수지나 동공막을 지니지 않은 친수성 막을 사용하고, 미세 동공의 크기를 수증기 분자는 통과할 수 있지만 매우 작은 물방울은 통과할 수 없도록 조절한다. 코팅 재질로는 폴리우레탄이 보편적으로 사용된다.
>
> 필름 적층 천은 천의 가운데에 있는 얇은 막층이 방수−통기성을 조절하는데, 막층으로는 주로 마이크로 세공막과 친수성 막이 사용된다. 마이크로 세공막은 세공 크기가 물 분자보다 약 2만 배 작고 수증기 분자보다는 700배 커서 외부의 물은 통과하지 못하고 내부의 땀이나 수증기는 외부로 배출되어 방수와 투습이 동시에 가능하다. 마이크로 세공막은 고어텍스로 대표되는 플루오린계 합성수지 박막이 널리 사용되며, 친수성 막은 폴리에스테르나 폴리우레탄 고분자 내에 친수성이 큰 폴리산화에틸렌을 포함하도록 화학적 변형을 거쳐 사용한다.
>
> 한편, 직물 내에서 수분이 움직이는 원리는 액체가 가는 모세관을 타고 올라가는 모세관 현상과 동일한데, 이는 대롱의 반지름과 내부의 표면 에너지에 따라 모세관에서 액체가 올라가는 높이가 결정된다. 모세관 현상에서 모세관의 반지름이 작을수록 액체가 잘 올라가는 것처럼 직물에서는 섬유 가닥 사이의 공간이 모세관 역할을 하여 미세 섬유일수록 모세관 현상이 보다 잘 일어난다. 또한, 내부의 표면 에너지는 화학 구조가 결정하는데, 친수성 섬유가 소수성 섬유보다 표면 에너지가 커서 수분을 더 쉽게 흡수한다.
>
> 등산복에서 수분을 제거하는 것은 체온의 조절과 근육의 운동 지원, 피로 지연 등 다양한 효과를 얻을 수 있다는 점에서 중요시된다. 면 등의 천연섬유는 약한 강도의 운동을 할 때 적합하나, 운동의 강도가 강해지면 폴리에스테르나 나일론 등의 합성섬유가 적합하다. 이는 합성섬유가 면에 비해 흡습성은 낮을지라도 모세관 현상으로 운동 시 생기는 땀을 쉽게 제거할 수 있기 때문이다.
>
> 운동으로 인해 생긴 땀을 빠르게 제거하기 위해서는 흡습성이 좋은 소재가 유리할 것 같지만, 흡습성이 좋은 소재는 수분을 가지고 있으려는 성질이 강하여 잘 마르지 않는 단점이 있다. 땀에 젖은 옷을 입고 바람을 맞으면 체온이 급강하여 등산 시 추위로 인한 위험에 처할 가능성이 크다. 그래서 모양이 잘 변하지 않으면서도 빠르게 마르는 합성섬유가 등산복의 기초 직물로 폭넓게 사용된다. 근래에는 폴리에스테르의 흡습성을 높이고자 섬유 표면이 친수성을 갖도록 화학 작용을 거치거나 표면을 친수성 막으로 코팅하기도 한다.

① 미세 동공막 모양을 가진 소수성 수지나 동공막이 없는 친수성 막을 코팅하여 수지 코팅 천을 만든다.
② 직물은 섬유 가닥 사이사이 공간이 모세관 역할을 하여 미세 섬유일수록 모세관 현상이 쉽게 발생한다.
③ 고어텍스 소재의 등산복은 외부의 물은 통과시키지 않고 내부의 땀이나 수증기는 통과시킬 수 있다.
④ 가는 면사를 능직법으로 짠 면은 물에 젖으면 면섬유가 횡축 방향으로 팽윤하여 방수성이 향상된다.
⑤ 운동하면서 땀을 많이 흘리는 사람은 등산을 갈 때 흡습성이 좋은 소재의 옷을 착용하는 것이 좋다.

06. 다음 (가)~(마)의 소제목으로 적절한 것의 개수는?

> (가) 혈액은 심장에서부터 동맥, 모세혈관, 정맥을 거쳐 다시 심장까지 혈관을 따라 사람이나 동물의 온몸을 도는 붉은색의 액체로, 체중의 8%가량을 차지하며 성인을 기준으로 전신에 약 4~6L의 혈액을 보유하고 있다. 수분을 섭취하거나 적은 양의 출혈이 있을 경우 혈관 내부를 순환하는 혈액량이 자동으로 조절되기 때문에 신체의 전체 혈액량은 언제나 일정하게 유지되는 특성이 있다. 혈액은 액체 성분인 55%의 혈장과 세포 성분인 45%의 혈구로 구성되며, 골수의 조형 줄기세포에서 형성되는 혈구는 적혈구와 백혈구, 혈소판으로 이루어져 있다.
>
> (나) 혈액에서 혈구를 제외한 혈장은 옅은 노란색을 띠며, 수분이 약 90%를 차지하지만 단백질이 녹아 있어 물보다 5배가량 점도가 높다. 혈장은 혈장을 구성하는 높은 비중의 수분 덕분에 신체에서 하나의 용매로 작용한다. 이로 인해 비타민, 포도당, 아미노산, 호르몬 등의 여러 물질이 혈장에 녹아 세포로 전달되고, 세포에서 만들어진 노폐물도 혈장에 녹아 이동하여 밖으로 배출된다. 또한, 혈장의 단백질은 혈액 내 세포의 삼투압을 조절하고, 면역 기능과 혈액 응고에도 영향을 미친다.
>
> (다) 혈구의 99%를 이루는 적혈구는 가운데가 오목한 원반 형태로, 헤모글로빈이 함유되어 있어 붉은색을 띤다. 적혈구의 헤모글로빈은 폐에서 산소와 결합하고 조직에서 산소와 분리되는 성질이 있어서 적혈구는 산소를 운반하는 기능을 한다. 이로 인해 적혈구 수치가 정상보다 낮으면 산소 운반이 원활하지 않아져 빈혈이 생길 확률이 높다. 적혈구의 수명은 약 120일이며, 핵이 없어서 손상 시 회복이 불가능하다. 그래서 손상되거나 노화된 적혈구는 간이나 지라, 골수에서 파괴되고, 파괴되면서 나온 성분이 새로운 적혈구의 생성에 다시 활용된다.
>
> (라) 적혈구와 달리 증식할 수 있는 핵을 가진 백혈구는 신체에 침입한 세균이나 바이러스를 잡아먹는 식균 작용을 한다. 백혈구는 아메바와 같이 모양이 일정하지 않고 형태를 자유롭게 변형할 수 있어서 몸에 이물질이 침투하면 세포와 세포의 좁은 틈을 통해 이물질이 들어온 곳으로 빠르게 이동하여 공격한다. 그래서 몸이 병균에 감염되면 백혈구의 수가 증가한다. 백혈구는 세포 내 과립의 존재 여부에 따라 과립성 백혈구와 무과립성 백혈구로 구분되고, 핵의 모양, 염색성, 신체에서 수행하는 역할 등을 기준으로 또다시 여러 종류로 분류된다.
>
> (마) 백혈구와 함께 우리 몸을 지켜주는 혈소판은 미세한 과립 형태를 띠어 적혈구나 백혈구보다 크기가 매우 작다. 혈소판은 혈장 내 단백질과 함께 혈액을 응고시켜 출혈과 세균의 침입을 막고, 혈관을 빠르게 재생하여 몸이 항상성을 유지하도록 한다. 혈소판은 출혈로 공기와 접촉하면 효소의 작용으로 단백질 분해 효소인 트롬빈이 활성화되는데, 트롬빈은 액체 상태인 피브리노겐을 가느다란 고체 상태인 피브린 섬유로 바꾸고 피브린 섬유가 혈액 세포와 엉겨 붙으며 딱지가 생긴다. 그래서 혈소판이 부족하면 혈액 응고가 늦어져서 멍이 잘 들고 작은 상처에도 딱지가 쉽게 생기지 않아 출혈이 계속되는 것이다.

> (가): 전신을 순환하는 혈액의 특징과 하위 구성 요소
> (나): 용매로 작용하며 운반 작용 등의 역할을 하는 혈장
> (다): 헤모글로빈으로 산소를 운반하는 적혈구의 소멸과 생성
> (라): 이물질을 공격하는 백혈구의 식균 작용과 분류 기준
> (마): 혈액을 응고시키는 혈소판이 딱지를 형성하는 원리

① 5개 　　　② 4개 　　　③ 3개 　　　④ 2개 　　　⑤ 1개

07. 다음 밑줄 친 ㉠의 함축적 의미로 가장 적절한 것은?

희랍어를 비롯한 대부분의 서구 언어는 음성문자에 해당한다. 음성문자는 단순히 소리를 분석하여 시각화한 것이므로 말이 내포하고 있는 메시지, 의미, 상황 등과는 관련이 없다고 볼 수 있다. 본디 문자는 말과 매체를 달리하는 언어에 한정되지는 않았을 것이나, 문자가 전사(轉寫)의 과정을 거치며 말이 본래 가지고 있던 힘을 잃어버리면서 의미나 존재와 괴리된 매체가 되었다. 이로 인해 문자는 단독으로 기능하는 것은 불가능하고, 이면에 있는 의미나 존재의 뒷받침이 있어야만 본인의 몫을 할 수 있는 언어로 여겨진다.

구술 문화 시대에 말은 하나의 행동으로써 사람들에게 직접적으로 영향력을 행사하였기 때문에 소통의 매체라는 역할을 수행하기 위해 이면의 의미나 존재가 별도로 있어야 할 필요는 없었으며, 반성적 사유의 대상이 되기는 어려웠다. 반성적 사유가 가능해진 것은 언어에 담긴 메시지가 대상화된 이후인데, 이러한 대상화를 가능하게 하는 것이 문자이다. 즉, 문자 문화 시대에 들어서 언어의 메시지가 일정한 의미를 가진 인식의 대상이 되면서 학문이 등장하기 시작하였다.

그러나 정확성과 전달성, 보존성이 좋다는 장점을 바탕으로 학문의 발달을 이끈 문자도 문제점을 가지고 있다. 플라톤은 《파이드로스》 등에서 글은 말보다 무력하며, 말이 영혼에 직접적으로 호소하는 반면 글은 영혼에 간접적이라며 문자를 비판한다. 문자의 무력함은 말과는 다르게 문자가 의미나 존재와 괴리감이 있다는 의식을 각인시키며, 문자 중에서도 음성문자는 구조적으로 이러한 의식을 고착화한다. 문자는 의미나 존재는 물론이고 세계와 어떠한 관계도 없는 자의성을 갖는다. 일례로 '구름'이라는 문자에서는 구름의 모양, 상태 등 실제 구름과 관련된 그 무엇도 확인할 수 없다.

이와 같은 문자의 자의성 혹은 실제 의미나 존재와의 무관성은 음성문자적 언어관에 고유의 언어관을 구축하게 한다. 문자 혹은 시각적 존재로서 기표의 이면에는 문자나 기표와는 별도로 해당 문자나 기표의 본질이자 정신이 되는 의미가 존재한다는 믿음이 생긴다. 그렇다면 글과 마찬가지로 말 또한 그 자체는 자의성을 갖거나 실제 의미나 존재와 무관하며 의미나 세계가 지원할 때야 언어로 기능할 수 있다는 믿음이 생긴다. 본질적인 의미나 존재의 뒷받침이 없는 청각적 혹은 시각적 존재의 기표(記標)는 무능한 대상으로 간주된다.

문자가 출현하면서 말의 의미는 말과 글의 이면에 있는 비가시적 세계에 존재하게 된다. 기표의 정신 역할을 하는 의미는 추상적이고 심적이기 때문에 이를 통해 보이지 않는 추상적이고 심적인 세계가 나타난다. 기표는 여러 상황과 문맥에서 많은 사람에 의해 사용되지만, 추상적이고 심적인 의미는 변하지 않는 하나의 것으로 자각된다. 이 의미가 하나의 기표를 언제 어떻게 사용할지를 판단하는 일종의 규칙으로 작용한다. 고정적 규칙 덕분에 기표의 모습이 변하고 사용되는 상황이 달라도 의사소통을 할 수 있게 된다는 것이다. 예컨대 아버지, 父亲, father는 각각 한국어, 중국어, 영어로 기표의 형태는 다르지만 의미는 동일하다.

서양에서는 한 어휘의 중심 의미를 정의하고 그에 파생되는 의미를 배열하는 방식으로 사전을 편찬한다. 그러나 중국에서는 사전을 통해 어휘의 의미를 설명하기보다는 같은 뜻을 가진 어휘를 다수 제시하고, 그 어휘들 사이의 공통되는 뜻을 알리려 한다. 또한, 특정 어휘의 논리적인 위치와 의미는 문맥에 따라 달라진다. 중국에서 의미는 기표의 이면보다는 기표와 기표 사이의 관계 속, 기표의 실제 용례 속, 가족 유사성 속에 존재한다고 여긴다.

서양 철학은 의미의 존재론적 위치를 탐구하면서 의미론, 논리학, 존재론, 형이상학 등의 연구를 전개하였다. 이로써 개념, 진리, 비판, 환원, 분석과 같은 서양 철학 고유의 정신적 활동과 여러 개념이 파생된다. 플라톤 철학의 시초를 포괄하는 서양 철학의 원형은 ㉠ 음성문자적 언어관에서 비롯되었기 때문에 언어와 존재가 동떨어져 있다는 믿음에서 시작된다. 플라톤의 형상론은 언어 일반의 근거로 제시된 것이며, 철학을 망라한 학문 일반은 문자의 이면에 있는 의미, 실재, 진리를 탐구하는 활동을 일컫는다고 볼 수 있다.

① 말은 청각적이고 시간적인 통신 매체인 반면에 글은 말을 시각적으로 전사한 공간적인 매체라는 특징이 있다.

② 언어의 진정한 의미는 기표의 배후가 아닌 기표와 기표 사이의 관계, 기표의 실례, 가족 유사성 등에 존재한다.

③ 말과 글의 공유는 사회구성원들에게 동질성을 부여하여 행위를 계도하고 사회 질서를 확립하는 것을 가능하게 한다.

④ 언어는 실제 의미나 존재와는 괴리되어 있기 때문에 배후에 있는 의미나 존재의 지원이 있어야만 하나의 역할을 할 수 있다.

⑤ 구술 문화 시대를 지나 문자 문화 시대에 접어들어 언어의 메시지가 인식의 대상이 되면서 비로소 학문이 발전하였다.

08. 다음 보도자료를 통해 추론한 내용으로 가장 적절한 것은?

국토교통부(장관 김○○)는 3월 15일 오후 2시 오송 철도시설기지에서 철도종합시험선로의 준공식을 개최했다. 준공식에는 국토교통부 황성규 철도국장을 비롯해 한국철도시설공단, 한국철도기술연구원 등 국내 유관기관뿐만 아니라 Attila Kiss 국제철도협력기구(OSJD) 사무총장, 미국·중국·러시아 철도연구원 등 국내외 관계자 300여 명이 참석했다. 준공식에 하루 앞선 14일에는 서울 코엑스에서 한국철도기술연구원이 철도종합시험선로의 준공 등을 기념하는 국제 심포지엄을 개최하기도 했다.

그동안 프랑스·독일·미국 등 해외 철도선진국에서는 시험용 철도선로를 구축·운영하여 개발품에 대한 성능시험을 안전하고 신속하게 실시할 수 있도록 지원해온 반면, 우리나라는 개발품에 대한 성능시험을 시험용 철도선로가 아닌 KTX·전동차 등이 운행하고 있는 영업선로에서 실시함으로써 시험 중 사고의 위험에 노출되어 있고, 충분한 시험 시간 확보도 곤란한 문제가 있었다. 이에 따라, 국토교통부는 2014년부터 철도종합시험선로 구축사업에 착수하였으며, 2018년까지 총 2,399억 원을 투입해 충북 청원군~세종시 전동면 일대에 13km 연장의 시험용 선로를 구축했다.

철도종합시험선로에는 급곡선(회전반경 250m)·급구배(경사 35‰) 및 교량(9개)·터널(6개) 등을 설치하여 국내·외에서 요구하는 다양한 종류의 성능시험이 모두 가능하도록 하였으며, 특히, 1개 교량은 새로운 교량형식·공법에 대한 시험이 가능하도록 교량의 교각·상부가 자유롭게 변경될 수 있는 구조로 구축했다. 또한, 세계 최초로 고속·일반철도 차량용 교류전력(AC)과 도시철도 전동차용 직류전력(DC)을 모두 공급할 수 있도록 하고, 각종 철도신호·통신장치를 설치함으로써 KTX·전동차 등 다양한 철도차량이 주행할 수 있다.

철도종합시험선로를 구축하고 본격적으로 운영함에 따라 우리나라 철도기술개발을 촉진하고 기술경쟁력을 제고하는 데 기여할 것으로 기대된다. 개발자는 철도종합시험선로에서 원하는 시간에 신속히 기술을 검증할 수 있고, 철도운영기관은 충분히 검증된 기술을 도입함으로써 기술 결함으로 인한 철도사고·장애 등 위험을 최소화할 수 있다. 또한, 기존에는 개발자가 해외 수출을 위해 현지에서 실시하던 성능시험을 앞으로는 철도종합시험선로에서 실시함으로써 성능시험에 소요되는 비용과 시간을 절감할 수 있다.

2019년에는 종합시험선로에서 우리나라 기업이 호주에 수출할 전동차량에 대한 주행시험을 실시할 예정으로, 당초 호주 현지에서 실시하기로 했던 시험을 국내에서 실시함으로써 제품의 완성도를 더욱 높이고, 시험 시간도 단축할 수 있을 것으로 예상된다. 국토교통부 관계자는 "철도종합시험선로가 15일 준공식을 시작으로 운영이 본격화되면 철도의 안전 확보와 철도산업 발전에 핵심적인 역할을 할 것으로 기대된다."고 밝혔다.

※ 출처: 국토교통부 보도자료

① 우리나라는 세계에서 두 번째로 철도종합시험선로에 고속·일반철도 차량용 교류전력과 도시철도 전동차용 직류전력을 모두 공급하였다.

② 철도종합시험선로가 구축 및 운영되면서 철도운영기관은 기술 결함으로 말미암은 철도사고와 장애 등을 예방할 수 있게 되었다.

③ 우리나라 기업이 호주에 수출할 전동차량의 주행시험은 편의성을 위해 당초 계획대로 호주 현지에서 시행될 예정이다.

④ 철도종합시험선로의 준공식 다음 날 서울에서 철도종합시험선로의 준공을 기념하는 국제 심포지엄이 개최되었다.

⑤ 개발품에 대한 성능시험을 영업선로에서 시행할 경우 시험 시간을 충분하게 확보할 수 있다는 이점이 있다.

09. 다음 글의 서술상 특징으로 가장 적절한 것은?

> 사회복지에서 사회적 재화의 분배와 재분배는 상당히 중요하게 다루어지는 문제 중 하나이다. 인간은 온전히 이기적이지도 이타적이지도 않으며, 인간의 욕구는 무한한 반면 욕구를 충족할 수 있는 사회적 자원은 유한하여 사회적 재화를 어떻게 분배해야 하는가에 대한 문제가 생긴다. 그래서 사회복지는 궁극적으로 분배적 정의(正義)를 추구하는데, 분배적 정의는 개개인에게 본인의 정당한 몫을 가질 수 있게 하고 누구도 불만을 가지지 않는 방향으로 분배하여 정의를 실현하는 것을 말한다. 즉, 사회적 재화를 어떻게 나누는 것이 가장 공정한지에 관한 탐구가 분배적 정의의 골자이다.
>
> 분배적 정의를 실현하기 위한 기준은 업적, 능력, 필요, 절대적 평등 등으로 다양하게 제시되는데, 이러한 분배의 기준은 추구하는 사회 제도에 따라서도 다르게 나타난다. 대표적으로 자본주의에서는 '업적, 능력, 노력에 따른 분배'를 내세우며 기회의 균등을 피력한다. 개인의 업적, 능력, 노력에 따라 분배하는 것은 생산 효율의 향상과 동기 부여를 유도할 수 있지만, 평가 기준을 마련하기 어렵고 계층 간 소득 격차가 심화되어 사회적 약자를 보호하기 어렵다는 문제가 있다.
>
> 자본주의와 달리 사회주의에서는 개인의 실질적인 필요를 충족할 수 있도록 분배해야 한다는 '필요에 따른 분배'를 주장하며 결과의 평등을 강조한다. 하지만 필요에 따른 분배는 사회구성원의 동기를 약화시키고 생활 수준이 하향 평준화될 수 있다. 나아가 누구에게나 사회적 가치를 동일하게 분배해야 한다는 '절대적 평등에 따른 분배'는 만인에게 기회와 혜택이 차별 없이 보장되지만, 생산 효율과 의욕이 감퇴하고 개인의 자유와 책임 의식이 저하될 수 있으며 무엇보다도 현실적으로 실현될 수 없다는 지적을 받는다.
>
> 미국의 철학자 존 롤스는 그의 저서 《정의론》을 통해 사회적 규범은 타인의 자유를 침해하지 않는 한 취약 계층에게 최대의 혜택이 가도록 정해야 한다고 주장한다. 롤스는 사회에서 재화를 분배하는 계약의 체결을 위한 두 가지 원칙을 제시한다. 첫 번째 원칙은 자유로, 인간이 당연하게 누려야 하는 기본권인 자유를 누려야 한다는 것이다. 두 번째 원칙은 기회의 균등과 차등으로 세분되는데, 기회의 균등은 모든 사회 구성원이 공정한 기회를 가져야 한다는 것이다. 그리고 차등은 완전한 평등은 실현이 불가능하기 때문에 약간의 불평등이 허용될 수 있지만, 불평등의 한도는 취약 계층이 받는 몫이 완전한 평등 상황에서 받는 몫보다 커야 한다는 것이다.
>
> 이처럼 사회적 약자를 최대한 배려하는 것이 분배의 정의라고 강조한 롤스는 사회적 재화의 분배는 사회 계약을 통한 구성원 간 논의를 바탕으로 분배 방식을 결정해야 분배적 정의를 실현할 수 있다고 여겼다. 그렇다면 사회 구성원들은 어떻게 정의로운 분배를 결정할 수 있을까? 롤스는 이에 답하기 위해 가상의 상황을 창조하여 '무지의 베일'이라는 원리를 제시하였다.
>
> 사회 구성원들이 사회적 재화를 분배하기 위해 모일 때는 원초적 입장에서 모이게 된다. 이때 원초적 입장은 개인의 재산, 사회적 위치 등을 모두 배제한 평등한 상태를 의미한다. 그리고 무지의 베일이란 사회 계약을 위해 자리에 모인 합의 당사자들이 본인의 재능, 심리 상태, 가치관, 사회적 지위 등을 알지 못하고, 본인의 미래가 어떻게 전개될지 예측할 수 없는 무지한 상태를 말한다. 이러한 상황에서 계약을 체결할 경우, 합리적인 개인이라면 본인이 약자의 입장에 있게 되는 상황을 가정하고 그에 대한 사회적 안전망을 구축하는 계약을 하게 된다는 것이다.

① 중심 화제에 대한 상반된 주장을 소개한 후 이를 절충하는 새로운 이론을 설명하고 있다.

② 일반적으로 그렇다고 여겨지는 통념에 대해 문제를 제기하고 예상되는 반론을 반박하고 있다.

③ 중심 화제에 대한 역사적 인식이 변화하는 과정을 시간의 흐름에 따라 객관적으로 서술하고 있다.

④ 보편적으로 경험할 수 있는 상황을 사례로 들어 이해를 도우며 문제의식을 심화하고 있다.

⑤ 전반부에 언급된 중심 화제의 중요성을 수미상관의 구조로 후반부에 재언급하며 강조하고 있다.

10. 인사부 직원 A는 신입사원 오리엔테이션에 참석하기 위해 인사부 직원들과 함께 7인승 차량으로 이동하려고 한다. A와 부서장을 포함한 총 7명의 직원이 다음 조건에 따라 차량에 탑승할 때, A가 부서장 옆자리에 앉지 않을 확률은?

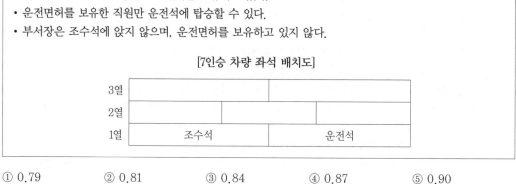

- 7명 중 A를 포함한 3명이 운전면허를 보유하고 있다.
- 운전면허를 보유한 직원만 운전석에 탑승할 수 있다.
- 부서장은 조수석에 앉지 않으며, 운전면허를 보유하고 있지 않다.

[7인승 차량 좌석 배치도]

3열		
2열		
1열	조수석	운전석

① 0.79 ② 0.81 ③ 0.84 ④ 0.87 ⑤ 0.90

11. ☆☆기업에서는 부서별로 성과급을 차등 지급하기 위해 A~C 부서의 평가 점수를 도출하였다. 부서별 평균 점수가 다음과 같을 때, 부서별 인원수에 대한 설명으로 옳은 것은?

- A 부서의 평균 점수는 78점이다.
- B 부서의 평균 점수는 86점이다.
- C 부서의 평균 점수는 82점이다.
- A 부서와 B 부서 전체의 평균 점수는 81점이다.
- B 부서와 C 부서 전체의 평균 점수는 83점이다.

① A 부서의 인원수는 5의 배수가 아니다.
② C 부서의 인원수는 B 부서의 인원수보다 10명 더 많을 수 있다.
③ A 부서의 인원수는 B 부서의 인원수보다 8명 더 많을 수 없다.
④ C 부서의 인원수는 A 부서 인원수의 2배를 초과한다.
⑤ B 부서의 인원수가 가장 적다.

12. 상현이는 자격증 신청과 명함 제작 등 다양한 용도로 사용하기 위해 인터넷으로 3종류 크기의 사진 인화를 의뢰하였다. 사진의 크기는 각각 3 × 5, 4 × 6, 6 × 9이며, 인화한 사진에 대한 정보가 다음과 같을 때, 인화한 4 × 6 크기 사진의 최대 장수는?

> • 장당 인화 비용은 사진 크기별로 3 × 5가 150원, 4 × 6이 300원, 6 × 9가 1,000원이다.
> • 사진을 모두 인화하는 데 지불한 비용은 24,000원이었고, 배송비는 무료였다.
> • 사진은 크기별로 모두 최소 1장씩은 인화하였다.

① 65장　　　　② 66장　　　　③ 69장　　　　④ 70장　　　　⑤ 73장

13. 다음은 가 지역에 살고 있는 1인 가구의 결혼 의향과 향후 1인 생활 지속 여부의 조사 결과를 나타낸 자료이다. 자료에 대한 설명 중 옳은 것의 개수는?

[결혼할 의향이 있다고 응답한 1인 가구 비율]

(단위: %)

구분	2019년		2020년	
	남자	여자	남자	여자
20대	90.2	94.6	85.0	84.6
30대	92.7	85.3	82.2	81.6
40대	82.4	71.5	80.0	64.0
50대	76.4	55.3	77.9	55.1

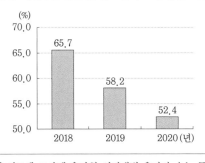

[10년 이내 1인 생활을 종료한다고 응답한 비율]

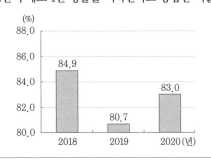

[2년 후에도 1인 생활을 지속한다고 응답한 비율]

※ 1) 각 연도에 조사에 응답한 연령대별 응답자 수는 동일하며, 연도별 전체 응답자 수도 동일함
　 2) 각 조사에 응답한 1인 가구는 조사 질문에 '예' 또는 '아니오'로만 응답함

> ㉠ 2020년에 결혼할 의향이 있다고 응답한 40대 남자 응답자 수와 40대 여자 응답자 수가 동일하다면 2020년 전체 응답자 수 중 40대 남자 응답자 수가 차지하는 비중은 약 11%이다.
> ㉡ 2년 이후 10년 이내 1인 생활을 종료한다고 응답한 응답자 수는 2018년보다 2019년에 더 많다.
> ㉢ 2019년 이후 10년 이내 1인 생활을 종료한다고 응답한 응답자 수의 비율은 전년 대비 매년 감소하였다.
> ㉣ 2020년에 결혼할 의향이 있다고 응답한 30대 남자 응답자 수는 전년 대비 감소하였다.

① 0개　　　　② 1개　　　　③ 2개　　　　④ 3개　　　　⑤ 4개

[14 - 15] 다음은 ○○시의 유기동물 관련 현황을 나타낸 자료이다. 각 물음에 답하시오.

[연도별 유기동물 보호센터 현황]

구분	신규 등록 반려동물(마리)	보호 유기동물 (마리)	운영 형태		운영비용 (백만 원)
			직영(개소)	위탁(개소)	
2016	5,388	5,272	7	32	1,592
2017	6,160	6,035	11	45	2,972
2018	8,627	7,123	15	58	3,874
2019	47,171	7,679	19	53	4,841
2020	42,314	8,256	23	67	5,757

※ 1) '신규 등록 반려동물'은 반려동물의 유기 방지 등을 위해 유기동물 보호센터에 매년 새로 등록된 반려동물의 수를 의미
하며, '보호 유기동물'은 유기동물 보호센터에서 유기동물을 인도, 분양, 기증, 안락사 등 처리되는 형태별 유기동물 수
의 합계를 의미함
2) 유기동물 보호센터는 운영 형태에 따라 직영과 위탁으로 구분되며, 직영은 지자체에서 직접 운영하는 유기동물 보호센
터를 의미하고, 위탁은 지자체에서 위탁 운영하는 유기동물 보호센터를 의미함

[유기동물 보호센터 내 보호 유기동물의 인도, 분양, 안락사 비율]

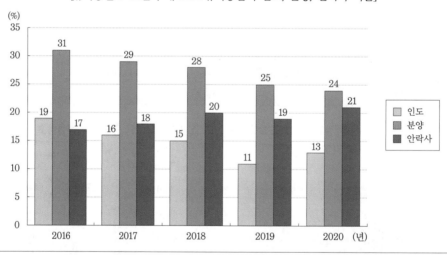

14. 위 자료에 대한 설명으로 옳은 것은?

① 2017년 이후 직영 유기동물 보호센터 수의 전년 대비 증감 추이는 같은 기간 위탁 유기동물 보호센터 수의 전년 대비 증감 추이와 동일하다.

② 2016년 유기동물 보호센터 1개소당 평균 운영비용은 약 40.8백만 원이다.

③ 제시된 기간 동안 유기동물 보호센터에서 인도된 유기동물의 비율과 안락사된 유기동물의 비율은 각각 매년 20% 이하이다.

④ 2019년 유기동물 보호센터 내 신규 등록 반려동물 수와 보호 유기동물 수의 비는 22 : 3이다.

⑤ 2020년 유기동물 보호센터에서 분양된 유기동물 수는 1,990마리 이상이다.

15. 유기동물 보호센터에서 근무하는 이 대리는 위 자료를 토대로 제시된 계산식을 통해 새로운 결괏값을 도출하였다. 보호 유기동물 중 인도, 분양, 안락사되는 유기동물 비율의 합에서 인도, 분양되는 유기동물 비율의 합이 차지하는 비중을 도출한 자료가 다음과 같을 때, N에 해당하는 연도와 N＋1년도의 비중을 순서대로 바르게 나열한 것은? (단, 소수점 둘째 자리에서 반올림하여 계산한다.)

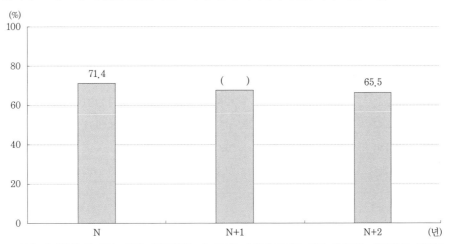

※ 보호 유기동물 중 인도, 분양, 안락사되는 유기동물 비율의 합에서 인도, 분양되는 유기동물 비율의 합이 차지하는 비중(%) = {(인도 + 분양) / (인도 + 분양 + 안락사)} × 100

① 2016년, 68.3%
② 2016년, 69.2%
③ 2017년, 68.3%
④ 2017년, 69.2%
⑤ 2018년, 68.3%

[16 – 17] 다음은 가 기업 자동차의 수출입액과 수출입 대수에 대한 자료이다. 각 물음에 답하시오.

[가 기업 자동차 수출입액]

(단위: 억 원)

구분	2019년				2020년			
	1분기	2분기	3분기	4분기	1분기	2분기	3분기	4분기
세단	22,396	29,772	24,506	27,324	29,211	23,733	26,571	28,349
해치백	27,091	27,517	27,535	28,002	28,205	28,207	28,445	28,674
쿠페	62,586	64,777	55,517	57,538	60,284	61,701	59,256	61,196
왜건	70,148	72,696	69,037	65,782	65,077	67,183	68,335	56,108
SUV	118,904	128,269	132,436	113,943	129,980	130,666	119,094	129,046
RV	49,956	34,487	43,562	38,837	43,019	47,854	47,830	56,478
트럭	32,947	34,191	28,188	32,962	36,272	34,738	35,313	37,376
합계	384,028	391,709	380,781	364,388	392,048	394,082	384,844	397,227

[가 기업 자동차 수출입 대수]

(단위: 대)

구분	2019년				2020년			
	1분기	2분기	3분기	4분기	1분기	2분기	3분기	4분기
세단	79,986	106,327	87,523	97,584	104,325	84,762	94,895	101,247
해치백	135,456	137,584	137,675	140,010	141,023	141,035	142,224	143,371
쿠페	54,423	56,328	48,276	50,033	52,421	53,653	51,527	53,214
왜건	127,542	132,174	125,521	119,604	118,323	122,151	124,246	102,015
SUV	132,115	142,521	147,151	126,603	144,423	145,184	132,327	143,384
RV	87,642	60,504	76,424	68,135	75,472	83,954	83,912	99,084
트럭	62,156	64,512	53,184	62,192	68,438	65,543	66,629	70,521
합계	679,320	669,950	675,754	664,161	704,425	696,282	695,760	712,836

16. 위 자료에 대한 설명으로 옳은 것을 모두 고르면?

　⊙ 2020년 4분기 왜건 수출입 대수 1대당 수출입액은 트럭 수출입 대수 1대당 수출입액보다 높다.
　ⓒ 2020년 2분기 세단의 수출입 대수는 직전 분기 대비 20% 이상 감소하였다.
　ⓒ 2019년 1분기 쿠페 수출입 대수 1대당 수출입액은 약 1.15억 원이다.
　ⓔ 2020년 3분기 해치백 수출입액은 전년 동분기 대비 910억 원 증가하였다.

① ⊙, ⓒ　　　　　② ⓒ, ⓒ　　　　　③ ⓒ, ⓔ　　　　　④ ⊙, ⓒ, ⓔ　　　　　⑤ ⊙, ⓒ, ⓔ

17. 위 자료를 바탕으로 분석한 2020년 4분기 가 기업의 수출입 현황이 다음과 같을 때, A, B, C에 들어갈 값의 합은 약 얼마인가? (단, 소수점 첫째 자리에서 반올림하여 계산한다.)

[2020년 4분기 가 기업 수출입 현황]

1. 2020년 4분기 수출입 현황

2020년 분기별 자동차 수출입 집계 결과 4분기 수출입액은 전년 동분기 대비 약 9% 증가한 397,227 억 원, 수출입 대수는 전년 동분기 대비 약 7% 증가한 712,836대로 수출입액과 수출입 대수 모두 전년 동분기 대비 증가하였고, 4분기에 수출입액이 가장 높은 차종은 SUV로 전체 수출입액에서 SUV의 수출입액이 차지하는 비중은 약 (A)%로 나타났다.

구분	2019년		2020년	
	4분기	1~4분기	4분기	1~4분기
수출입액(억 원)	364,388	1,520,906	397,227	1,568,201
수출입 대수(대)	664,161	2,689,185	712,836	2,809,303

2. 2020년 4분기 차종별 수출입액 및 수출입액 증감률

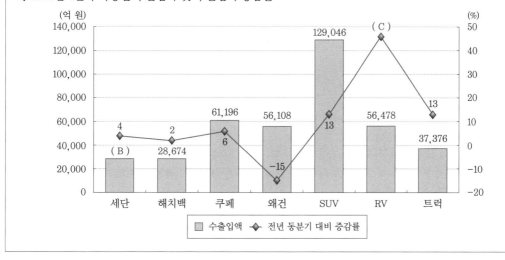

① 28,398 ② 28,422 ③ 28,426 ④ 28,430 ⑤ 28,433

18. 한 씨는 최근 건강에 이상이 생겨 의사에게 처방받은 약 A~F를 먹기 시작하였다. 약 처방 목록과 복용 조건이 다음과 같을 때, 항상 옳지 않은 것은?

[약 처방 목록]

구분	복용 시간	복용 회차	함께 복용하면 안 되는 약	복용 우선순위
A	식전/식후	4회	D	6
B	식후	2회	D, E	2
C	식전	3회	F	1
D	식후	3회	A, B	4
E	식전/식후	3회	B	3
F	식전	3회	C	5

[복용 조건]

- 아침, 점심, 저녁의 식전과 식후에 약을 복용하며, 각 약은 복용 회차당 1알씩 복용하고, 한 씨가 하루에 복용할 수 있는 약은 최대 6알이다. 이때, 하루는 아침 식전부터 저녁 식후까지를 의미한다.
- 약은 복용 우선순위가 높은 순서대로 복용한다. 예를 들어 복용 우선순위가 2인 약은 우선순위가 1인 약을 복용한 뒤에 복용한다.
- 함께 복용하면 안 되는 약은 복용 우선순위와 관계없이 복용할 수 없다. 예를 들어 복용 우선순위가 1인 약이 우선순위가 2인 약과 함께 복용하면 안 되는 경우 우선순위가 1인 약을 복용할 때, 우선순위가 2인 약을 복용하지 않고 우선순위가 2보다 낮으면서 함께 복용해도 되는 약 중 우선순위가 높은 약부터 복용할 수 있다.
- 각각의 약은 정해진 복용 시간에만 복용할 수 있다. 예를 들어 복용 우선순위가 1인 약과 3인 약은 식전에만, 우선순위가 2인 약은 식후에만 복용 가능한 경우 식전에는 우선순위가 1인 약과 우선순위가 3인 약만 복용할 수 있다.
- 한 씨는 약 복용 1일 차 저녁 식전부터 약을 먹기 시작하였고, 약은 다른 조건을 고려하여 한 번에 복용할 수 있는 최대 종류의 약을 복용한다.
- 같은 약은 연달아 복용할 수 없다. 예를 들어 아침 식전에 복용한 약은 아침 식후에 복용할 수 없고, 저녁 식후에 복용한 약은 아침 식전에 복용할 수 없다.

① 약 복용 2일 차에 다섯 종류의 약을 복용한다.
② 복용 회차를 가장 먼저 만족한 약은 B이다.
③ E와 F는 함께 복용하지 않는다.
④ A는 식후에 복용하지 않는다.
⑤ D는 다른 약과 함께 복용하지 않는다.

19. ○○병원에서 근무하는 귀하는 이번 달에 필요한 의료 용품을 지난달에 구매한 의료 용품과 모두 동일한 종류로 구매하고, 이번 달에 구매한 의료 용품의 구매 내역과 총비용을 보고하려 하였으나 영수증을 분실하여 용품의 구매 내역과 비용을 확인할 수 없었다. 의료 용품별 단위 가격은 지난달과 이번 달이 동일하고, 지난달 의료 용품 구매 내역을 참고하여 이번 달에 구매한 의료 용품의 구매 내역을 추측하였을 때, 이번 달 의료 용품 구매 내역에 대한 설명으로 옳지 않은 것은?

[지난달 의료 용품 구매 내역]

구분	구매량	구매 비용
알코올 솜	45박스	112,500원
양면 청진기	3개	165,000원
일회용 주사기	7박스	28,000원
압박붕대	29개	87,000원
이동식 카트	6대	216,000원

※ 의료 용품별 구매 비용 = 의료 용품별 단위 가격 × 의료 용품별 구매량

[이번 달 의료 용품 구매 관련 정보]
· 알코올 솜의 구매량은 일회용 주사기 구매량의 2배이다.
· 압박붕대의 구매량은 양면 청진기의 구매량보다 12개 더 많다.
· 일회용 주사기의 구매 비용은 이동식 카트의 구매 비용보다 136,000원 더 적다.
· 양면 청진기의 구매 비용은 알코올 솜 구매 비용의 3배이다.
· 알코올 솜의 구매 비용은 일회용 주사기의 구매 비용보다 11,000원 더 많다.

① 일회용 주사기의 구매 비용은 44,000원이다.
② 압박붕대의 구매량은 양면 청진기 구매량의 6배 이상이다.
③ 이동식 카트의 구매 비용은 양면 청진기 구매 비용보다 15,000원 더 많다.
④ 알코올 솜의 구매량은 20박스 이상이다.
⑤ 압박붕대의 구매 비용은 알코올 솜의 구매 비용보다 10,000원 더 적다.

20. 다음은 ◇◇기업의 순환 근무 희망 근무지 신청 결과 안내문이다. 다음 안내문을 근거로 A~E 사원이 배치될 지역을 판단할 때 옳은 것은?

[순환 근무 희망 근무지 신청 결과 안내문]

1. 순환 근무 대상 및 지역
   − 순환 근무 대상: 입사 1~3년 차 사원
   − 순환 근무 지역
     1) 수도권: 서울특별시 지역(영등포 지사, 송파 지사), 경기도 지역(수원 지사)
     2) 비수도권: 강원도 지역(강릉 지사, 삼척 지사), 대구광역시 지역(달서 지사)

2. 순환 근무 신청자 명단

구분	입사 연차	현 근무지	희망 근무지		인사 평가 점수
			1순위	2순위	
A 사원	18개월	삼척	수원	영등포	94점
B 사원	32개월	수원	영등포	달서	94점
C 사원	16개월	송파	수원	강릉	90점
D 사원	25개월	강릉	영등포	송파	92점
E 사원	11개월	영등포	수원	달서	−

※ A~E 사원 모두 입사 이후 순환 근무 이력이 없으며, 현재 입사 연차를 기준으로 모두 2년 동안 배치될 근무지에서 근무하게 됨

3. 배치 기준
   − 각 지사별로 최대 1명씩만 배치하도록 함
   − 1순위, 2순위 순으로 희망 근무지에 우선 배치하되, 순위별 희망 근무지가 동일한 사원끼리는 인사 평가 점수가 가장 높은 사원을 순위별 희망 근무지에 우선 배치하도록 함
     ※ 단, 입사 1년 미만 신입사원의 경우 작년 인사 평가 대상에 해당하지 않았으므로 인사 평가 점수를 100점으로 간주함
   − 배치될 근무지의 근무 기간을 포함하여 수도권 지역에서 연속 3년 이상 근무하도록 배치될 수 없음
   − 현 근무지가 속해 있는 지역과 동일한 지역으로 배치될 수는 있으나, 동일한 지사는 배치될 수 없음
     예 삼척 지사에서 근무하던 사원이 동일한 지역에 속해있는 강릉 지사로 배치될 수는 있으나, 동일한 지사인 삼척 지사로는 다시 배치될 수 없음

① B 사원은 1순위 희망 근무지인 영등포 지사에 배치된다.
② D 사원은 본인이 희망한 근무지에 배치되지 않는다.
③ C 사원은 아무도 희망하지 않은 삼척 지사에 배치된다.
④ E 사원은 2순위 희망 근무지인 달서 지사에 배치된다.
⑤ A 사원은 본인이 희망하지 않은 송파 지사에 배치된다.

21. 다음은 신재생 에너지 보급 사업 신청자의 제출서류에 대한 내용이다. 제출서류 목록을 확인한 귀하가 추가로 궁금한 사항을 담당자에게 문의하고자 할 때, 별도로 문의하지 않아도 알 수 있는 내용은?

[신재생 에너지 보급 사업 신청자 제출서류 목록]

구분	제출서류 목록

1차	• 해당 분야 공사 면허증 1부
	
	• 개인정보 수집 및 이용, 개인정보처리 위탁 업무 동의서
	  * 동의서는 접수기한 내 제출 필수
	  * 대표자, 담당자, 신규 인력을 포함한 기술 인력의 개인정보 동의서

2차	• 기술 인력 보유에 관한 증명
	  - 자격증, 재직 증명서, 4대 사회보험 관련 증빙 문건 등 각 1부
	  * 기술 인력은 「국가기술 자격법」이나 그 밖의 법령에 따라 기술 자격이 정지된 사람과 업무정지 처분을 받은 사람은 제외함
	
	• 시공실적에 관한 증명
	  - 시공실적 증명서 건당 1부
	   * 시공실적 증명서는 발주자 또는 신재생 에너지 협회에서 발급한 것에 한하여 인정함
	
	• 기업 신용도에 관한 증명
	  - 신용평가등급 확인서 1부
	
	• 기타 사항에 관한 증명
	  - 중소·중견기업 확인증 1부
	  - ISO 인증서 등 기술인증 증빙 1부
	  - 수상실적(표창 등), 후원, 전시회 참가 확인서 1부
	  - 보험 계약체결 진행 확인 서류 1부(청약서 등)
	  - 중소기업 제조 설비 설치 확인서 1부
	  * 상기 해당 항목에 별도 추가 증빙이 필요한 경우, 해당 첨부 파일에 첨부하여 등록 제출 요망

유의사항	• 신청서 등록·제출 후 자료수정 및 추가자료 제출 등으로 인한 수정 일체 불가 • 발급일이 실적 인정일부터 서류접수 마감일까지인 서류에 한하여 증빙서류로 인정함 • 신청서를 허위로 작성하거나, 제출 증빙자료 등이 기준에 부합하지 않는 경우 평가에서 제외되며, 특히 허위작성일 경우 사업 참여 제한의 불이익을 받거나 민·형사상의 책임을 질 수 있음 • 선정된 참여기업에 대하여 필요 시 제출서류 등의 확인을 위한 현장 점검 또는 관련 자료를 요구할 수 있음

① 민간기업에서 발급받은 신용평가등급 확인서도 제출서류로 인정되나요?

② 개인정보가 포함된 서류에는 주민등록번호를 포함하여 제출해야 하나요?

③ 시공실적을 인정받아 발주자에게 발급받은 시공실적 증명서가 2년 전 자료라면 서류가 반려 당하나요?

④ 중소기업 제조 설비 설치 확인서에 포함되어야 하는 내용은 무엇이 있나요?

⑤ 기술 인력에 인정되는 자격증에 대한 자료는 어디에서 확인할 수 있나요?

22. 다음은 A 회사의 출장 여비 규정의 일부이다. 다음 규정을 토대로 각 사례를 판단한 내용으로 옳지 않은 것을 모두 고르면?

[출장 여비 규정]

1. 목적
- 이 규정은 임직원이 업무수행을 위해 국내외에 출장 또는 부임하는 경우, 그 여비 지급에 관한 사항을 정함을 목적으로 한다.

2. 여비의 구분
- 여비는 국내출장 여비, 국외출장 여비, 근무지 변경 여비(신규임용 포함)로 구분한다.

3. 여비의 계산
- 여비 지급 항목과 지급 금액은 [붙임 1]과 [붙임 2]의 규정에 따른다.
- 일비는 출장일수에 따라 계산하고, 숙박비는 출장기간 동안의 숙박일수에 따라 지급한다.
  - 예 1박 2일 출장 시 출장일수는 2일, 숙박일수는 1일로 산정함

4. 출장연장
- 출장 중 상병, 사고, 또는 기타 업무상 부득이한 사유로 인하여 출장기간을 연장할 필요가 있는 경우에는 결재권자의 승인을 얻어 기간을 연장할 수 있고, 그 기간에 해당하는 여비를 지급 또는 정산한다. 이때, 출장연장에 대한 여비 지급 또는 정산은 결재권자에게 기존의 출장기간이 종료되기 전 보고된 건에 한하여 인정한다.

5. 수행출장
- 동일지역에 동일목적으로 임원의 출장기간 동안 계속하여 수행할 사원이 필요할 때에는 그 수행출장자의 여비는 내부결재에 의해 임원에 해당하는 금액을 지급한다.

6. 휴일출장
- 휴일당일 출장 또는 출장기간 중에 휴일이 포함되어 있는 경우에는 출장 전에 휴일 근무를 신청한 경우에 한하여 휴일근무수당을 추가로 지급한다.

[붙임 1] 여비 지급 항목

구분			여비항목
출장	국내출장	근무지 내 국내출장	4시간 이상: 2만 원 4시간 미만: 1만 원
		근무지 외 국내출장	교통비, 식비, 숙박비, 일비
	국외출장		교통비, 식비, 숙박비, 일비, 준비금
근무지 변경(신규임용 포함)			부임여비, 이전비, 가족여비

※ 1) 근무지 내 국내출장은 근무지와 동일한 시·군 내에서의 출장이나 여행거리가 왕복 12km 미만인 출장을 의미함
　2) 단, 근무지와 동일한 시·군 내에서의 출장이라도 그 거리가 왕복 12km 이상인 경우에는 근무지 외 국내출장으로 처리함

[붙임 2] 근무지 외 국내출장 여비 지급표

구분	철도운임	선박운임	항공운임	자동차운임	일비 (1일당)	숙박비 (1일당)	식비 (1일당)
제1호	실비(특실)	실비(1등급)	실비	실비	50,000원	실비	35,000원
제2호	실비(일반실)	실비(2등급)	실비	실비	30,000원	실비	30,000원

※ 1) 제1호는 임원, 제2호는 그 외 직급을 의미함
　　2) 단, 제2호의 경우 숙박비는 서울특별시와 광역시 70,000원, 그 외 지역 60,000원의 금액을 상한으로 함
　　3) 출장 시간이 4시간 미만인 경우, 일비는 규정의 50% 금액만 지급함

㉠ 갑: 나는 지난주에 3일간 국내출장이 있었는데, 출장 마지막 날까지 업무가 끝나지 않아 다음 날 회사에 보고한 뒤 출장을 이틀 더 연장했어. 이에 따라 이틀 치의 출장 여비를 추가로 지급받았지.

㉡ 을: 나는 한 달 전에 우리 부서 임원인 이사님이 출장기간 동안 수행할 사람이 필요하다고 하셔서 이사님을 모시고 2일 동안 근무지 외로 국내출장을 다녀왔어. 오늘 확인해보니 일비로 60,000원이 지급된 걸 확인했지.

㉢ 병: 나는 어제 출장거리가 왕복 12km인 출장지에 당일로 국내출장을 다녀왔어. 오전 시간에 일이 해결되어 출장 시간이 3시간 소요되었고 임원이 아니니까 일비로 15,000원을 지급받을 수 있겠다.

㉣ 정: 나는 2박 3일간 내가 근무 중인 서울 본사에서 부산 지사로 출장을 다녀왔어. 난 제2호에 해당하고 호텔 숙박비가 1일당 65,000원이었으니 숙박비로 130,000원을 받을 수 있겠지?

① ㉡　　　　　　② ㉢　　　　　　③ ㉠, ㉡　　　　　　④ ㉢, ㉣　　　　　　⑤ ㉠, ㉡, ㉢

[23 - 24] 다음은 A~D 공항의 항공편 출발 시각과 요일별 공항의 승객 수에 대한 자료이다. 각 물음에 답하시오.

[공항별 항공편 출발 시각]

도착 ＼ 출발	A 공항	B 공항	C 공항	D 공항
A 공항	–	05시 20분 19시 00분 23시 30분	04시 00분 07시 40분 14시 50분	11시 50분 15시 40분 23시 20분
B 공항	10시 20분 15시 10분 19시 30분	–	10시 50분 12시 30분 18시 10분	08시 30분 10시 30분 16시 10분
C 공항	08시 00분 11시 10분 17시 50분	07시 50분 10시 40분 13시 40분	–	09시 00분 12시 30분 22시 50분
D 공항	09시 30분 14시 40분 20시 00분	08시 30분 11시 00분 17시 20분	09시 40분 10시 20분 22시 30분	–

※ 1) 공항 간 항공편이 출발하여 도착하는 데까지 걸리는 시간은 1시간 20분으로 모두 동일함
　 2) 공항별 항공편은 매일 동일한 시각에 출발함

[요일별 공항 승객 수]

(단위: 명)

구분		A 공항	B 공항	C 공항	D 공항
월요일	정오	1,280	1,250	1,290	1,420
	자정	2,940	2,780	2,740	2,820
화요일	정오	1,250	1,230	1,240	1,390
	자정	2,730	2,610	2,650	2,780
수요일	정오	1,220	1,280	1,310	1,340
	자정	2,660	2,620	2,700	2,730
목요일	정오	2,170	1,890	2,260	1,870
	자정	3,860	3,430	4,020	3,350
금요일	정오	2,780	2,650	2,680	2,710
	자정	4,520	4,390	4,270	4,450
토요일	정오	2,670	2,520	2,560	2,640
	자정	4,390	4,440	4,380	4,410
일요일	정오	2,510	2,480	2,450	2,530
	자정	3,960	3,870	3,840	3,920

※ 1) 요일별 자정 승객 수는 해당 요일의 정오 승객 수를 누적한 수치임
　 2) 공항별 승객 수는 해당 공항에서 출발한 승객 수와 도착한 승객 수를 모두 포함한 수치임

23. 위 자료를 토대로 판단한 내용으로 옳은 것은?

① 13시부터 19시까지 A 공항에서 출발하는 항공편은 총 4개이다.

② 수요일 12시 이전에 C 공항에서 출발한 승객 수와 C 공항에 도착한 승객 수가 동일하다면, 수요일 12시 이전에 C 공항에서 출발한 항공편당 승객 수는 평균 128명이다.

③ 14시부터 17시 사이에 B 공항에 도착하는 항공편은 없다.

④ 06시부터 09시 사이에 출발하는 항공편 중 출발 시각이 가장 빠른 항공편은 B 공항에서 출발하는 항공편이다.

⑤ 토요일 12시부터 24시까지 D 공항에서 출발한 승객 수와 D 공항에 도착한 승객 수가 동일하다면, 토요일 12시부터 24시까지 D 공항에 도착한 항공편당 승객 수는 평균 177명이다.

24. 다음 ㉠~㉣을 연산한 승객 수가 많은 순서대로 바르게 나열한 것은?

㉠ B 공항의 주말 전체 승객 수
㉡ 목요일 A~D 공항의 정오 승객 수의 합
㉢ D 공항의 주말 전체 승객 수
㉣ 월요일부터 수요일까지 A, C 공항의 정오 승객 수의 합

① ㉠ - ㉡ - ㉣ - ㉢　　　② ㉠ - ㉢ - ㉡ - ㉣　　　③ ㉡ - ㉢ - ㉠ - ㉣

④ ㉢ - ㉠ - ㉡ - ㉣　　　⑤ ㉢ - ㉡ - ㉣ - ㉠

25. 다음 글에 제시된 탑의 건립 원리가 건축물에 적용된 사례로 옳지 않은 것은?

삼국시대와 통일신라시대의 탑, 그리고 탑 둘레를 에워싼 각종 건물들의 배치 및 구성은 정밀하고 정확한 수치에 따라 조성되어 있다. 탑의 곳곳에 감추어져 있는 수리적(數理的) 원리는 탑의 건축미를 극대화할 뿐만 아니라 기능적인 부분도 보완하는 역할을 한다. 먼저 탑의 건립에는 지대석(地臺石)의 크기가 가장 중요한 요소로 여겨진다. 모든 탑은 지대석의 크기에 따라 그 탑의 높이와 너비가 정해지고, 지대석의 크기는 사찰을 짓는 기본 단위로 설정되기도 한다. 일례로 미륵사의 전체적인 배치는 탑의 기단을 기준으로 설정되어 동원(東院)과 서원(西院)은 미륵사 석탑 기단의 3배, 중원(中院)은 미륵사 목탑 기단의 3배에 해당한다.

〈그림〉

오른쪽 〈그림〉은 불국사 석가탑의 입면도이다. 지대석의 크기가 정해지면 지대석의 절반 크기로 1층 지붕돌의 너비가 정해지고, 2층 지붕돌은 1층 지붕돌의 처마 끝선에서 안으로 1자만큼 작아지며 3층 지붕돌은 2층 지붕돌 처마 끝선에서 다시 1자만큼 작아진다. 1층 탑신의 높이는 하층기단 한 변의 너비를 입면상으로 올려서 정삼각형이 형성되는 곳에 결정된다. 2층 탑신은 1층 지붕돌 전체 높이의 절반이며, 3층 탑신은 2층 지붕돌 전체 높이의 절반에 해당한다. 이와 같이 결정된 1층 탑신의 너비와 높이는 사찰 내 본존상을 모신 법당인 금당의 너비와 길이의 1/10에 해당한다. 즉, 탑을 구성하는 각 층의 너비, 높이, 사찰의 기본 배치 등이 모두 탑의 지대석 크기를 기준으로 정교한 비례와 계획에 따라 구성된 것이다.

그리고 석탑은 시각적으로는 뚜렷한 차이가 없지만, 수치상으로 명확히 드러나는 다음과 같은 특징이 있다. 기단 기둥에는 귀솟음 기법이 적용되어 바깥쪽 모서리 기둥의 높이가 중심 기둥에 비해 조금씩 높아 추녀의 선이 활꼴을 그리며 귀가 치솟는 모양을 한다. 만약 중심 기둥과 모서리 기둥의 높이를 동일하게 설계하면 양쪽 끝이 중심보다 낮게 보이는 착시 현상이 생기는데, 이를 방지하기 위해 귀솟음 기법을 적용한 것이다. 그리고 안쏠림 기법이 적용되어 기단과 탑신의 너비가 아래쪽이 넓고 위쪽으로 갈수록 좁아진다. 이 또한 기단과 탑신의 너비를 동일하게 설계하여 수직으로 올리면 착시 현상에 의해 탑의 상부가 좌우로 넓어 보이는 현상을 방지하기 위해 적용하는 기법이다.

한편, 탑은 사리나 경전을 보관하는 장소이다 보니 내부에 습기가 차지 않도록 해야 했다. 목탑은 빗물이 기와 지붕 끝에 걸려서 수직으로 흐르지만, 석탑은 빗물이 지붕돌 아래의 층급받침을 타고 몸돌까지 흘러내리게 된다. 이때 빗물이 탑 내부로 배어들어 자칫하다가는 보관 중인 사리나 경전이 습기에 부식될 가능성이 있다. 그래서 우리 조상들은 빗물이 석탑의 몸돌로 흐르는 것을 예방하기 위해 지붕처마 안쪽 둘레에 1단으로 물끊기홈이라는 홈을 조각하여 지붕돌에 떨어진 빗물이 지붕 아래에서 수직으로 하강하도록 만들었다. 오래된 석탑을 자세히 보면 지붕돌과 기단의 덮개돌에는 이끼가 끼어 있지만, 탑의 몸돌은 깨끗한 경우가 많음을 알 수 있다. 지붕돌과 기단의 덮개돌이 장시간 빗물에 노출되어 있었으나, 몸돌은 물끊기홈 덕분에 빗물이 차단되어 상대적으로 풍화가 덜 일어났기 때문이다.

① 경회루는 같은 층에 있는 돌기둥이 외부는 단면이 사각형인 돌기둥 24개, 내부는 원형 돌기둥 24개가 배치되어 음양의 조화를 이루고 있다.

② 황룡사탑의 기단을 내접하는 직경 80자(尺)의 원은 황룡사 동쪽과 서쪽 길이의 1/6배에 해당한다.

③ 그리스 파르테논 신전은 중앙부가 아래로 늘어져 보이는 것을 방지하기 위해 중앙부의 기둥을 높게 만들었다.

④ 부석사 무량수전의 배흘림기둥은 직경이 전체 기둥 높이의 1/3의 지점에서 가장 굵고 하단이 상단보다 약간 굵어 직선재의 큰 기둥임에도 부드러운 느낌을 준다.

⑤ 통일신라시대의 천군동 절터는 탑 기단 17자(尺)의 3배인 50자(尺)가 사찰을 짓는 기본 척도로 이용되었다.

약점 보완 해설집 p.13

무료 바로 채점 및 성적 분석 서비스 바로 가기
QR코드를 이용해 모바일로 간편하게 채점하고 나의 실력이
어느 정도인지, 취약 부분이 어디인지 바로 파악해 보세요!

PART 2

NCS 실전모의고사

수험번호	
성명	

NCS 실전모의고사
1회

문제 풀이 시작과 종료 시각을 정한 후, 실전처럼 모의고사를 풀어보세요.

시   분 ~   시   분 (총 30문항/권장 풀이시간 30분)

□ **시험 유의사항**

[1] 한국철도공사 필기시험은 2024년 하반기부터 NCS 직업기초능력 30문항과 직무수행능력(전공) 30문항, 철도관계법 10문항을 70분 동안 푸는 것으로 변경되며, 직렬별 시험 구성은 다음과 같습니다.
- 사무영업(일반, 수송): NCS 직업기초능력(의사소통·수리·문제해결능력) 30문항+직무수행능력(경영학) 30문항+철도관계법 10문항
- 사무영업(IT): NCS 직업기초능력(의사소통·수리·문제해결능력) 30문항+직무수행능력(컴퓨터일반) 30문항+철도관계법 10문항
- 사무영업(관제): NCS 직업기초능력(의사소통·수리·문제해결능력) 30문항+직무수행능력(철도관계법령) 30문항+철도관계법 10문항
- 운전/차량: NCS 직업기초능력(의사소통·수리·문제해결능력) 30문항+직무수행능력(기계일반, 전기일반 중 택 1) 30문항+철도관계법 10문항
- 토목: NCS 직업기초능력(의사소통·수리·문제해결능력) 30문항+직무수행능력(토목일반) 30문항+철도관계법 10문항
- 건축(건축일반): NCS 직업기초능력(의사소통·수리·문제해결능력) 30문항+직무수행능력(건축일반) 30문항+철도관계법 10문항
- 건축(건축설비): NCS 직업기초능력(의사소통·수리·문제해결능력) 30문항+직무수행능력(건축설비) 30문항+철도관계법 10문항
- 전기통신: NCS 직업기초능력(의사소통·수리·문제해결능력) 30문항+직무수행능력(전기이론) 30문항+철도관계법 10문항

[2] 본 모의고사는 직업기초능력(NCS) 30문항으로 구성되어 있으므로, 직종에 맞는 전공 문항을 추가로 풀어보는 것이 좋습니다.

[3] 본 교재 마지막 페이지에 있는 OMR 답안지와 해커스ONE 애플리케이션의 학습타이머를 이용하여 실전처럼 모의고사를 풀어보시기 바랍니다.

01. 다음 밑줄 친 단어와 같은 의미로 사용된 것은?

> 토론이 시작되자마자 일부 학생들의 대화가 과열된 양상을 <u>띠기</u> 시작했다.

① 회사 내 모든 팀이 전문성을 <u>띠기</u> 위해서는 직무별 사내 교육이 선행되어야 한다.

② 선생님은 얼굴에 미소를 <u>띠고</u> 학교를 졸업하는 자신의 제자들을 바라보았다.

③ 군대는 군인으로 조직된 집단으로서 국가의 영토 수호라는 중대한 임무를 <u>띤다</u>.

④ 전세자금을 대출받으려면 심사 시 필요한 서류를 <u>띠고</u> 은행에 방문해야 한다.

⑤ 여러 색깔의 장미 중에서도 붉은빛을 <u>띤</u> 장미는 사람들 사이에서 인기가 많다.

02. 다음은 표준 발음법에 관한 설명의 일부이다. 밑줄 친 ㉠에 해당하는 사례로 적절하지 않은 것은?

> 표준 발음법 제20항에 의하여 'ㄴ'은 'ㄹ'의 앞이나 뒤에서 [ㄹ]로 발음하며, 첫소리 'ㄴ'이 'ㅀ', 'ㄾ' 뒤에 연결되는 경우에도 이에 준한다. 다만, 'ㄹ' 앞의 'ㄴ'이 항상 'ㄹ'로 바뀌는 것은 아니다. 'ㄹ' 앞의 'ㄴ'이 'ㄹ'로 바뀌는 대신 ㉠'ㄴ' 뒤에 있는 'ㄹ'이 'ㄴ'으로 바뀌는 경우도 있다.

① 물난리[물랄리]　　　② 공권력[공꿘녁]　　　③ 이원론[이:원논]
④ 생산량[생산냥]　　　⑤ 횡단로[횡단노]

03. 다음 밑줄 친 부분과 바꿔 쓸 수 있는 것은?

> 문의하신 상품은 3일 후 배송이 시작될 예정입니다.

① 일정이 지연되어도 모레까지는 업무를 끝내야 한다.

② 글피에 책을 반납한다면 연체료가 부과될 수 있다.

③ 올해 여름휴가 중 나흘을 해외에서 보낼 예정이다.

④ 그는 단기 감량을 위해 벌써 사흘째 굶고 있다.

⑤ 유치원 체육대회가 이레 뒤에 열릴 예정이다.

04. 다음 의미에 해당하는 한자성어를 고르면?

> 줏대 없이 남의 의견에 따라 움직임

① 표리부동(表裏不同)　　② 후안무치(厚顔無恥)　　③ 부화뇌동(附和雷同)

④ 견리사의(見利思義)　　⑤ 타산지석(他山之石)

05. 다음 빈칸에 들어갈 단어로 가장 적절하지 않은 것은?

> 감염병 예방에 있어 '손 씻기'의 중요성은 여러 번 강조해도 부족하지 않다. 사람의 손은 하루에도 수백 회 이상 사용되므로 손을 통해 세균이 (　　　)되어 병에 옮는 경우가 많기 때문이다. 따라서 감염병 예방을 위해서는 올바른 방법으로 손을 씻어 개인위생 관리가 철저하게 이루어져야 할 것이다.

① 전파　　　　② 보급　　　　③ 확산　　　　④ 전염　　　　⑤ 유포

06. 다음 소설에 대한 설명으로 가장 적절하지 않은 것은?

"해가 서쪽으로 뜨겠구나?"

윤직원 영감은 아들의 이렇듯 부르지도 않은 걸음을, 더구나 안방에 까지 들어온 것을 이상타고 꼬집는 소립니다.

"……멋하러 오냐? 돈 달라러 오지?" / "동경서 전보가 왔는데요……"

지체를 바꾸어, 윤주사를 점잖고 너그러운 아버지로, 윤직원 영감을 속사납고 경망스런 어린 아들로 둘러놓았으면 꼬옥 맞겠습니다.

"동경서? 전보?" / "종학이놈이 경시청에 붙잡혔다구요!" / "으엉?"

외치는 소리도 컸거니와 엉덩이를 꿍 찧는 바람에, 하마 방구들이 내려앉을 뻔했습니다. 모여선 온 식구가 제가끔 정도에 따라 제각기 놀란 것은 물론이구요.

윤직원 영감은 마치 묵직한 몽치로 뒤통수를 얻어맞은 양 정신이 멍해서 입을 벌리고 눈만 휘둥그랬지, 한동안 말을 못하고 꼼짝도 않습니다. 그러다가 이윽고 으르렁거리면서 잔뜩 쪼글트리고 앉습니다.

…(중략)…

윤직원 영감은 팔을 부르걷은 주먹으로 방바닥을 땅 치면서 성난 황소가 영각을 하듯 고함을 지릅니다.

"화적패가 있너냐아? 부랑당 같은 수령(守令)들이 있너냐?…… 재산이 있대야 도적놈의 것이요, 목숨은 파리 목숨 같던 말세(末世)년 다 지내가고오…… 자 부아라, 거리거리 순사요, 골골마다 공명헌 정사(政事), 오죽이나 좋은 세상이여…… 남은 수십만 명 동병(動兵)을 히여서, 우리 조선놈 보호히여 주니, 오죽이나 고마운 세상이여? 으응?…… 제것 지니고 앉어서 편안허게 살 태평세상, 이걸 태평천하라구 허는 것이여 태평천하!…… 그런디 이런 태평천하에 태어난 부자놈의 자식이, 더군다나 왜지 가 떵떵거리구 편안허게 살 것이지, 어찌서 지가 세상 망쳐놀 부랑당패에 참섭을 헌담 말이여, 으응?"

땅 방바닥을 치면서 벌떡 일어섭니다. 그 몸짓이 어떻게도 요란스럽고 괄괄한지, 방금 발광이 되는가 싶습니다. 아닌게아니라 모여선 가권들은 방바닥 치는 소리에도 놀랐지만, 이 어른이 혹시 상성이 되지나 않는가하는 의구의 빛이 눈에 나타남을 가리지 못합니다.

"…… 착착 깎어 죽일 놈!…… 그놈을 내가 핀지히여서, 백년 지녁을 살리라구 헐걸! 백년 지녁 살리라구 헐 테여…… 오냐, 그놈을 3천석거리는 분재(分財)하여 줄라구 히였더니, 오냐, 그놈 3천석거리를 톡톡 팔어서, 경찰서다가 사회주의 허는 놈 잡어 가두는 경찰서다가 주어버릴걸! 으응, 죽일 놈!"

마지막의 으응 죽일 놈 소리는 차라리 울음소리에 가깝습니다.

"……이 태평천하에! 이 태평천하에……"

쿵쿵 발을 구르면서 마루로 나가고, 꿇어앉었던 윤주사와 종수도 따라 일어섭니다.

"…그놈이 만석꾼의 집 자식이, 세상 망쳐놀 사회주의 부랑당패에 참섭을 히여. 으응, 죽일 놈! 죽일 놈!"

연해 부르짖는 죽일 놈 소리가 차차로 사랑께로 멀리 사라집니다. 그러나 몹시 사나운 그 포효가 뒤에 처져 있는 가권들의 귀에는 어쩐지 암담한 여운이 스며들어, 가뜩이나 어둔 얼굴들을 면면상고, 말할 바를 잊고, 몸둘곳을 둘러보게 합니다. 마치 장수의 주검을 만난 군졸들처럼……

– 채만식, 〈태평천하〉

---

① 윤주사가 가져온 전보는 윤종학이 사회주의에 가담하여 검거되었다는 사실을 알리는 기능을 한다.

② 경어체 문장을 사용하여 독자와의 거리감을 좁히면서 윤직원 영감에 대한 조롱과 희화를 극대화한다.

③ 작품 밖의 서술자가 작품에 개입하여 인물과 사건에 대한 본인의 생각을 직접적으로 드러내고 있다.

④ 한국 전쟁 이후 사회에 만연한 부조리함과 중산층 집안의 부정적인 면모를 풍자적으로 그리고 있다.

⑤ 태평천하는 부정적 인물로 설정된 윤직원이 가진 당대 사회에 관한 가치관을 단적으로 나타내는 단어이다.

07. 다음 글의 서술상 특징으로 가장 적절하지 않은 것은?

내가 집이 가난하여 말이 없기 때문에 이따금 다른 사람의 말을 빌려서 타는데, 둔하고 여윈 말을 얻은 경우에는 비록 일이 급하더라도 감히 채찍을 대지 못하고 곧 넘어질 것처럼 조마조마하여 마음을 놓지 못하다가 도랑이나 구덩이를 만나면 말에서 내리고는 한다. 그래서 후회하는 경우가 거의 없다. 반면 발굽이 높고 귀가 날카로워 빠르게 잘 달리는 말을 얻은 경우에는 신이 나서 뽐내며 제멋대로 채찍을 휘두르거나 고삐를 느슨하게 잡기도 하면서 언덕과 골짜기를 평지처럼 매우 유쾌하게 달리고는 한다. 그러나 간혹 말에서 떨어지는 위험을 피하지 못한다.

아아! 사람의 감정이 이렇게 바뀌는구나. 빌린 물건을 가지고 잠깐 사용할 때에도 이와 같은데, 심지어 그것이 진짜로 본인이 가지고 있는 것이라면 어떻겠는가? 그렇지만 사람이 가지고 있는 것 중에 무엇이 빌리지 않은 것이겠는가? 임금은 백성에게 힘을 빌려 존귀하고 부유해지며, 신하는 임금에게 권세를 빌려 총애를 얻고 귀한 신분이 된다. 자식은 부모에게, 아내는 남편에게, 종은 주인에게 각각 빌리는 것이 깊고도 많음에도 본디 본인이 가지고 있는 것과 같이 생각하기만 하고 끝내 깨닫지 못한다. 이 어찌하여 미혹한 일이 아니겠느냐? 혹 잠깐 사이에 그간 빌렸던 것을 빌린 곳에 돌려주게 된다면 곧 만방(萬方)의 임금도 독부(獨夫)가 되고 백승(百乘)을 가졌던 집도 외로운 신하가 되는데, 하물며 비천한 사람은 어떻겠는가? 맹자가 말하기를 "남의 것을 오랜 기간 빌려 사용하고 돌려주지 아니하면 그것이 본인의 소유가 아니라는 것을 어찌 알겠느냐?"라고 하였다. 내가 이에 느낀 바가 있어 차마설을 지어 그 뜻을 넓힌다.

– 이곡, 〈차마설(借馬說)〉

① 예화(例話)를 통해 깨달은 바를 알기 쉽게 설명하며 독자를 교화(敎化)하고 있다.

② 권위 있는 자의 말을 인용하여 논하는 바에 대한 신뢰도를 높이고 있다.

③ 대조되는 의견을 모두 소개한 후 절충안을 제시하며 주장을 강화하고 있다.

④ 유추를 통해 말을 빌려 탄 개인적 경험을 보편적인 깨달음으로 일반화하고 있다.

⑤ 소유의 이치를 풀이하면서 자신의 의견을 덧붙이는 방식으로 서술하고 있다.

08. 다음 (가) ~ (라)의 중심 내용으로 가장 적절하지 않은 것은?

(가) 인제 버들잎이 완전히 푸른 걸 보니 밤나무 잎에도 살이 한참 오르고 있을 것 같다. 버들 뒤에 잎이 푸른 나무가 하필 밤나무뿐이랴만 버들잎이 푸르면 나는 내 고향집 정원의 그 늙은 밤나무의 안부가 궁금해진다. …(중략)… 내 창작도 태반(殆半)은 여기서 되었다. 직접 이 철학자를 두고 짜여진 것은 아직 한 편도 없으나, 이 철학자와 벗하여 상이 닦였던 것만은 사실이다. 상(想)이 막히어 붓대가 내키지 않을 때, 나는 나도 모르게 책상을 떠나 이 철학자의 그늘 밑으로 나왔다. 그리하여 그 밑에서 고요히 눈을 감고 뒷짐을 지고 거닐면서 매듭진 상을 골라서 풀곤 했다. 생각이 옹색해도 이 그늘을 찾았고 독서와 붓놀음에 지친 피로가 몸에 마칠 때에도 이 그늘을 찾았다. 실로 이 늙은 철학자 밤나무는 나에게 있어 내 생명의 씨를 밝혀 주는 씨앗터였다.

(나) 이러한 씨앗터를 내 이제 떠나 살게 되니 해마다 버들잎에 기름이 지면 이 늙은 철학자의 그늘 밑이 더할 수 없이 그리워진다. 인제 그 밤나무에도 잎이 아마 푸르렀겠지. 비바람에 고삭은 가지들은 어떻게 됐을까 그 안부가 지극히 알고 싶어지고, 그 밑에서 고요히 눈을 감고 사색에 잠겨 보고 싶어진다. 더욱이 생각의 가난에 원고를 자꾸만 찢게 될 땐, 어쩐지 그 그늘 밑 자연석 위에 잠깐만 앉아 눈을 감아 보아도 매듭진 상의 눈앞은 훤히 트여질 것만 같게 그 품속이 생각난다. 얼마나 나는 그 품속에 그렇게 주렸든지, 바로 며칠 전 그때가 아마 밤 열시는 넘었으리라, 역시 그 밤에도 나는 기한이 박두한 원고와 씨름을 하다가 뜻대로 되는 것이 아니어서 이런 때이면 언제나 하던 버릇 그대로 이미 쓰인 몇 장의 원고를 사정조차 없이 왈왈 찢어 쓰레기통에 동댕이를 치고 대문 밖으로 뛰쳐나왔다. 그러나 일단 발이 멎고 보았을 때 그것은 가지리라고 믿었던 그 철학자의 품속이 아니었고 대문 밖이자 행길인 냉천정(冷泉町)도 한 꼭대기 돌층대 위임을 알았다. 그적에야 비로소 나는 내 몸이 서울에 있는 몸임을 또한 깨달을 수가 있었다.

(다) 그리하여 그 순간, 갈 곳을 모르는 나는 어처구니도 없이 한동안을 그대로 멍하니 서서 쓴웃음을 삼키고, 아까 낮에 일터에서 돌아올 때 복덕방 영감이 돌층대 아래 죽어 가는 한 그루의 포플러 그늘을 지고 담배를 한가히 빨고 앉았던 것을 문득 생각하고 거기라도 좀 앉아서 생각을 더듬어 보리라 포플러 그늘을 찾아 내려갔다. 그러나 낮에 있던 그 나무 판쪽의 기다란 의자는 거기에 있지 않았다. 그대로 두면 그것도 잃어버릴 염려가 있어 영감은 필시 가지고 들어간 모양이다. 그러니 그 행길 가에 그대로 우뚝 서 있을 맛이 없다. 그것보다도 나는 지금 마음을 가라앉힐 시원하고도 고요한 자리를 찾는 것이다. 이 근처에는 어디 그만한 곳이 없을까, 담배를 한 대 피어 물고 뒷짐을 지고 연희장(延禧莊)으로 넘은 산탁 길을 추어 올랐다. 그러나 거기도 역시 마음을 놓고 앉았을 만한 곳이 없다. 산이라고는 하나 사람의 발부리에 지지리 밟히어 돋아나다 죽은 풀밭 위에는 먼지만이 보얗게 쌓여 조금도 신선한 맛이 없다. 밑도 대여 볼 생념이 없어 다시 집으로 내려와 옷을 갈아입었다. 내 다방에 취미를 모르거니와 이러한 경우엔 싫더라도 서울선 다방이란 곳밖에 찾을 데가 없는 것이다.

(라) 다방에도 제법 그 우리 고향 집 정원의 주인공 늙은 철학자와 같이 구새가 먹은 모양으로 흉내를 내어 꾸며서 분에다 심어 놓은 마치 애들의 장난감 같은 나무가 있기는 있다. 그러나 그것의 그늘 밑에서는 한동안의 마음을 가라앉히기커녕, 그리하여 사색에의 힘을 얻기커녕 인위적으로 자연을 모독하여 순진한 사람의 눈을 속이려는 그것에 도리어 불쾌를 느끼게 되는 것밖에 없다. 그리고 현대의 권태가 담배연기와 같이 자욱히 떠도는 그 분위기 속에 숨 막히는 답답함이 도리어 정신을 흐려 놓아 줄 뿐이다. 하지만 잠시나마 다리를 쉬자면 역시 그러한 다방밖에 어디 밑 붙일 휴식처가 없으니 인위적인 철봉으로 생나무를 지지여 놓고 자연을 비웃으려는 그 분에 심은 나무와 억지로라도 벗이 되어야 하는 것인가 하면 그리하여 그 나무를 무시로 대하고 바라보며 인생을 생각해야 되는 것인가 하면 내 자신의 마음까지도 그 나무와 같이 철봉에 지지워드는 것 같아 그러지 않아도 속인으로서의 고민이 큰데 자꾸만 인위적인 속인의 속인으로 현대화되어가는 것 같은 자신을 생각하면 할수록 그 늙

은 철학자 밤나무의 자연 속에 생각을 깃들여 자연 그대로 살고 싶은 욕망이 전에보다도 더 한층 간절하다. …(후략)…

– 계용묵, 〈율정기〉

① (가): 창작의 대부분을 함께한 고향 집 늙은 밤나무

② (나): 고향을 떠나 글이 써지지 않을 때마다 그리워지는 밤나무

③ (다): 밤나무를 대신하는 포플러 그늘과 산길에 대한 애착

④ (라): 현대화되는 세상에 대한 안타까움과 자연 그대로의 삶에 대한 갈망

⑤ (가)~(라): 밤나무를 향한 그리움과 밤나무가 부재한 현실에 따른 쓸쓸함

[09-10] 다음 보도자료를 읽고 각 물음에 답하시오.

> ### '빙하특급', 스위스 특급열차
> 가족, 친구, 연인 … 누군가와 함께 평생 잊지 못할 추억을 가져가세요!

  세상에서 제일 느린 특급열차라는 별명을 가진 빙하특급은 엥가딘 계곡에서 곧바로 마터호른까지 평균 시속 37km로 달리며 감각적인 여정을 이어가는 특급열차입니다. 화려한 생모리츠부터 세련된 체르마트까지 약 8시간 동안 7개의 계곡과 291개의 다리, 91개의 터널을 여유로운 속도로 달리는 빙하특급열차를 타게 된다면 빽빽한 숲, 새하얀 빙하, 가파른 계곡, 그림 같은 마을과 같은 아름다운 풍광을 감상할 수 있습니다!

(가) 생모리츠에서 출발한 빙하특급열차는 유네스코 세계문화유산에 등재된 두 라인인 스위스 알프스에 가까운 알불라 라인과 이탈리아에 가까운 베르니나 라인을 지납니다. 약 1898년~1904년의 기간에 걸쳐 완성된 알불라 라인은 클래식한 기술을 이용하여 만든 반면, 약 1908년~1910년의 기간에 걸쳐 완성된 베르니나 라인은 혁신적인 기술을 이용하여 만든 철도입니다. 철도 역사에 한 획을 그은 베르니나 라인에서는 광활한 고원의 풍광에 압도당할 수 있습니다. 한편, 알불라 라인은 베르니나 라인보다 29개의 터널을 더 통과하고, 92개의 다리를 더 건너게 됩니다. 특히 석회암으로 만들어진 철도 육교인 랜드바저 비아덕트 위를 달릴 때가 바로 이 라인의 하이라이트입니다. 136m를 자랑하는 이 육교는 무려 65m 위에 세워져 바닥이 보이지 않기 때문에 웅장함을 느낄 수 있으며, 5개의 아치와 기둥으로 이루어져 있어 그 고풍스러움을 체험할 수 있습니다.

(나) 생모리츠에서 시작하여 그라우뷘덴주의 수도 쿠어를 지나 깊이가 400m인 라인 계곡으로 접어들면 이곳에서도 압도적인 풍경을 느낄 수 있습니다. 웅장한 절벽과 울창한 숲을 지난 다음에는 해발 2,044m에 달하는 오버알프 패스에 접어들게 됩니다. 이때, 창밖에 있는 눈으로 뒤덮인 알프스를 본다면 믿기지 않는 풍경에 깜짝 놀라실 것입니다. 높은 파노라마 창문이 설치되어 있어 구름 속을 뚫고 올라 사람의 손길이 전혀 닿지 않은 알프스의 시골 풍경과 위엄한 알프스 절벽을 지나는 광경까지 시야의 방해 없이 고스란히 보여줄 것입니다. 만년설이 덮인 명봉, 울창한 산림에 피어난 영롱한 눈꽃, 산 사이의 급류와 계곡 등 절경이 창문에서 한시도 눈을 뗄 수 없게 합니다. 열차는 그렇게 1년 내내 눈으로 덮여 있어 유럽에서 가장 넓은 스키 지역을 보유하고 있는 발레주의 해발 4,000m 이상의 체르마트에 도착하게 됩니다.

  생모리츠에서 체르마트까지의 여정 동안 차창 밖으로 지나가는 절경의 파노라마를 보며, 샴페인과 아뮈즈 부쉬로 시작해 고급스런 5코스 식사를 함께 즐기며 여행해 보세요!

09. 위 보도자료를 읽고 이해한 내용으로 가장 적절하지 않은 것은?

① 오버알프 패스의 해발고도는 2,000m 이상에 이른다.

② 알불라 라인은 베르니나 라인이 착공되기 전에 이미 완성이 되었다.

③ 빙하특급열차는 높은 파노라마 창문을 통해 알프스 풍경을 온전히 볼 수 있다.

④ 베르니나 라인에 위치한 란드바저 비아덕트는 5개의 아치와 기둥으로 구성되어 있는 철도 육교이다.

⑤ 약 8시간 동안 운행되는 빙하특급은 37km의 속도로 달리며, 이용 시 아름다운 풍경을 감상할 수 있는 열차이다.

10. 위 보도자료에서 (가) 문단과 (나) 문단의 서술상 특징으로 가장 적절한 것은?

	(가)	(나)
①	유추	과정
②	유추	인과
③	비교와 대조	과정
④	비교와 대조	인과
⑤	비교와 대조	분류

11. 송 과장은 출장을 가기 위해 서울역에서 울산역까지 KTX를 타고 이동하였다. KTX를 타고 이동한 거리는 직선구간과 곡선구간 2구간으로 이루어져 있고, 2구간을 합쳐 총 360km이며, 총 2시간이 소요되었다. 이 중 직선구간 280km를 이동하는 데 1시간 10분이 소요되었고, KTX가 울산에 도착하기 전 곡선구간에 있는 대전역과 대구역에서 각각 10분씩 정차했을 때, KTX가 이동한 곡선구간의 평균 속력은?

① 148km/h　　② 160km/h　　③ 174km/h　　④ 190km/h　　⑤ 208km/h

12. 농구 결승전에 진출한 가 팀과 나 팀은 결승전에서 5전 3선승제로 우승팀을 결정한다. 현재 2번의 경기를 진행하여 가 팀이 2승을 거두고 있다고 할 때, 가 팀이 우승할 확률은? (단, 무승부로 결정되는 경기는 없으며 한 경기에서 가 팀이 승리할 확률과 나 팀이 승리할 확률은 동일하다.)

① $\frac{1}{8}$　　② $\frac{1}{4}$　　③ $\frac{1}{2}$　　④ $\frac{5}{8}$　　⑤ $\frac{7}{8}$

13. 다음 식을 계산한 값으로 알맞은 것은?

$$\frac{36}{133} + \frac{88}{147} \times \frac{63}{143} - \frac{5}{13}$$

① $\frac{18}{133}$　　② $\frac{1}{7}$　　③ $\frac{37}{247}$　　④ $\frac{20}{133}$　　⑤ $\frac{2}{13}$

14. 다음 숫자가 규칙에 따라 나열되어 있을 때, 빈칸에 들어갈 알맞은 것을 고르면?

| | | 8 | 4 | −24 | 16 | 72 | 64 | (|) |

① −216   ② −192   ③ −144   ④ 144   ⑤ 216

15. A가 재직 중인 회사에서 뻐꾸기시계를 구입하였다. 회사에서 구입한 뻐꾸기시계의 시와 분을 나타내는 숫자는 1부터 12까지로 구성되어 있을 때, A의 퇴근 시각으로 가능한 시각은?

- 뻐꾸기시계는 매시 정각에 뻐꾹 소리를 낸다.
- 뻐꾸기시계는 시침이 가리키는 숫자만큼 뻐꾹 소리를 낸다.
- 뻐꾸기시계는 A가 오전에 출근하여 오후에 퇴근할 때까지 뻐꾹 소리를 총 52번 내었다.

① 14시 24분   ② 15시 43분   ③ 16시 27분   ④ 17시 12분   ⑤ 18시 50분

16. A 피자 가게에서는 콤비네이션 피자 한 판을 20,000원에 판매하고 있다. 판매되고 있는 콤비네이션 피자의 원가는 12,000원이며, 콤비네이션 피자를 판매하고 남은 이익에 대한 세금은 20%이다. 가게에서 고정적으로 지출하는 월 임대료가 1,500,000원이고, 콤비네이션 피자를 팔아 900,000원의 이익을 남기려고 할 때, 팔아야 하는 콤비네이션 피자의 판수는? (단, 월 임대료 외에 별도의 지출은 없으며, 콤비네이션 피자 외 매출도 없다.)

① 75판   ② 120판   ③ 200판   ④ 300판   ⑤ 375판

17. 다음은 한국철도공사의 열차종별 1일 운행거리에 대한 자료이다. 다음 중 자료에 대한 설명으로 옳은 것은?

[열차종별 1일 운행거리]

(단위: km)

구분	2019년	2020년	2021년	2022년
전동차	145,548	144,870	136,459	142,832
고속철도	100,603	100,893	107,876	108,372
무궁화	63,870	62,535	57,069	54,780
새마을	18,530	18,530	20,997	22,200
청춘	3,528	3,935	3,528	3,528
누리로	3,022	3,528	1,894	2,434
통근열차	0	420	420	420
합계	335,101	334,711	328,243	334,566

※ 출처: 한국철도공사 공공데이터

① 2020년 이후 열차종별 1일 운행거리의 전년 대비 증감 추이가 매년 고속철도와 동일한 열차종은 1개 뿐이다.

② 제시된 기간 동안 전체 열차종의 1일 운행거리에서 전동차 1일 운행거리가 차지하는 비중은 매년 40% 이상이다.

③ 2021년 새마을 1일 운행거리의 전년 대비 증가율은 15% 이상이다.

④ 제시된 기간 동안 누리로 1일 운행거리의 평균은 2,700km 미만이다.

⑤ 제시된 기간 동안 고속철도 1일 운행거리는 매년 새마을 1일 운행거리의 5배 이상이다.

18. 다음은 X 국가의 철도별 승차 인원 및 무임 승차 인원 비율에 대한 자료이다. 제시된 기간 동안 F 철도의 무임 승차 인원이 가장 적은 해에 B 철도와 D 철도의 무임 승차 인원의 차는 약 얼마인가? (단, 소수점 첫째 자리에서 반올림하여 계산한다.)

[철도별 승차 인원 및 무임 승차 인원 비율]

(단위: 명, %)

구분	2020년		2021년		2022년		2023년	
	승차 인원	무임 승차 인원 비율	승차 인원	무임 승차 인원 비율	승차 인원	무임 승차 인원 비율	승차 인원	무임 승차 인원 비율
A	100,296	13.7	75,741	13.0	79,081	13.5	89,382	13.7
B	342,549	29.8	246,495	31.1	253,924	31.5	284,643	31.8
C	167,668	29.3	110,237	30.2	122,167	30.1	133,155	30.8
D	115,815	19.0	85,587	18.4	93,295	19.1	135,695	18.9
E	40,262	24.2	26,229	23.1	27,346	23.3	31,441	23.4
F	18,480	5.6	12,719	6.0	13,550	5.5	14,974	5.4

① 36,027명   ② 43,214명   ③ 62,167명   ④ 69,310명   ⑤ 79,240명

[19-20] 다음은 ○○공사 환경성과 세부 현황에 대한 자료이다. 각 물음에 답하시오.

[○○공사 환경성과 세부 현황]

구분		2X21년	2X22년	2X23년
친환경 자동차 구입 (대)	전기	17	19	25
	하이브리드	12	11	9
	수소	2	6	8
	태양광	7	2	2
	합계	38	38	44
환경시설 투자 (억 원)	대기	20	15	18
	수질	3	8	6
	토양	10	8	11
	폐기물	4	2	2
	합계	37	33	37
제품 구매 (백만 원)	총구매액	1,875	2,095	1,978
	녹색제품 구매액	1,503	1,633	1,365
수질오염 처리물질 (톤)	폐수 처리량	211,205	203,386	200,117
	객차 오수량	68,138	66,232	65,550
	합계	279,343	269,618	265,667
폐기물 처리량 (십 톤)	일반	3,661	3,785	3,923
	지정	1,078	1,845	1,106
	건설	19,184	20,057	21,153
	합계	23,923	25,687	26,182
에너지 사용량 (TJ)	운전용	경유	2,389	2,887	2,905
		전력	13,503	13,224	14,816
		소계	15,892	16,111	17,722
	생활용	전력	3,319	3,527	3,611
		냉난방	1,189	1,213	1,254
		소계	4,508	4,740	4,865
	합계		20,400	20,851	22,587

온실가스 배출량 (천tCO$_2$-eq.)	운전용	경유	248	253	230
		전력	1,083	997	1,122
		소계	1,331	1,250	1,352
	생활용	전력	202	187	200
		냉난방	113	117	121
		소계	315	304	321
	합계		1,646	1,554	1,673
	여유 배출량		214	205	196

※ 여유 배출량 = 배출 허용량 - 총배출량

19. 다음 중 자료에 대한 설명으로 옳지 않은 것은?

① 2X22년부터 2X23년까지 생활용 에너지별 에너지 사용량은 전력과 냉난방 모두 전년 대비 매년 증가하였다.

② 제시된 기간 중 온실가스 배출 허용량이 가장 많은 해는 2X21년이다.

③ 제시된 기간 동안 종류별 친환경 자동차 구입 대수는 전기 자동차가 매년 가장 많다.

④ 2X23년 폐수 처리량과 객차 오수량은 모두 2년 전 대비 감소하였다.

⑤ 제시된 기간 동안 운전용 전력의 평균 온실가스 배출량은 1,000천tCO$_2$-eq 이상이다.

20. ○○공사의 D 사원이 자료를 바탕으로 그래프를 작성하였을 때, 그래프 (가), (나)에 대한 설명으로 옳은 것을 모두 고르면?

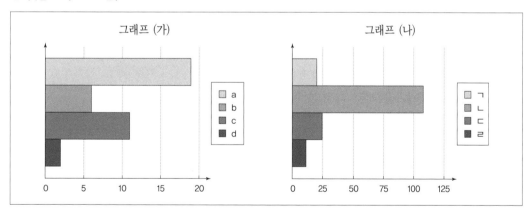

㉠ 그래프 (가)가 2X22년 친환경 자동차 구입 대수라면, d는 태양광 자동차이다.

㉡ 그래프 (나)의 단위가 만tCO$_2$-eq라면, ㄴ은 운전용 전력의 온실가스 배출량이다.

㉢ 그래프 (가)가 2X23년 환경시설 투자 비용이라면, b는 수질이다.

㉣ 그래프 (가)가 2X21년 친환경 자동차 구입 대수라면, b는 수소, d는 태양광이다.

① ㉠, ㉢   ② ㉡, ㉢   ③ ㉢, ㉣   ④ ㉠, ㉡, ㉢   ⑤ ㉡, ㉢, ㉣

21. A~F 6명으로 이루어진 걸그룹의 멤버들이 예능 프로그램에 출연하여 발언할 사람을 결정하고 있다. 다음 조건을 모두 고려하였을 때, 항상 옳은 것은?

- A와 B가 모두 발언하거나, C와 F가 모두 발언한다.
- C와 D가 모두 발언한다면, E는 발언하지 않는다.
- B와 C가 모두 발언하면, F도 발언한다.
- C와 E 중 적어도 한 명이 발언하지 않으면, A와 B 중 적어도 한 명은 발언한다.
- E는 발언한다.
- A와 B 중 적어도 한 명은 발언하지 않는다.

① F는 발언하지 않는다.

② 발언하는 사람은 최소 3명이다.

③ D가 발언하지 않는다면, C도 발언하지 않는다.

④ A와 B는 모두 발언한다.

⑤ C가 발언한다면, A도 발언한다.

22. 귀하는 병원에 입원한 친구의 병문안을 가려고 한다. 1~6호의 병실은 모두 1인실이며, A~E 5명과 친구 1명이 각 병실에 입원해 있다. 친구가 설명하는 다음 조건을 모두 고려하였을 때, 항상 옳은 것은? (단, 숫자가 작은 병실일수록 앞의 병실이다.)

- C 씨는 5호실보다 앞의 병실에 입원해 있어.
- 내가 입원해 있는 병실은 5호실이 아니야.
- A 씨가 D 씨보다 뒤의 병실에 입원해 있어.
- B 씨와 E 씨가 입원해 있는 병실 사이에는 한 개의 병실이 있어.
- A 씨가 C 씨보다 앞의 병실에 입원해 있어.

① C 씨는 3호실에 입원해 있다.

② A 씨는 B 씨보다 뒤의 병실에 입원해 있다.

③ A 씨와 E 씨는 이웃한 병실에 입원해 있다.

④ 친구가 입원해 있는 병실은 6호실이다.

⑤ B 씨는 5호실에 입원해 있다.

23. 다음 심사관 A의 결론을 이끌어내기 위해 추가해야 할 두 전제를 고르면?

> 심사관 A는 국비 유학생을 선발하는 역할을 담당하고 있으며, 국비 유학생에 지원한 학생은 동현, 도운, 현수, 지민 4명이다. 심사관 A는 이들 중 적어도 동현이가 국비 유학생으로 선발된다는 결론을 내렸다. 왜냐하면 도운이와 현수 중 적어도 1명이 국비 유학생으로 선발되지 않으며, 국비 유학생으로 선발된 사람은 2명이기 때문이다.

> ㉠ 지민이는 국비 유학생으로 선발된다.
> ㉡ 도운이는 국비 유학생으로 선발된다.
> ㉢ 지민이가 국비 유학생으로 선발되면 도운이는 국비 유학생으로 선발되지 않는다.
> ㉣ 동현이가 국비 유학생으로 선발되면 현수는 국비 유학생으로 선발되지 않는다.

① ㉠, ㉡ ② ㉠, ㉣ ③ ㉡, ㉢ ④ ㉡, ㉣ ⑤ ㉢, ㉣

24. L 사의 사원 갑, 을, 병, 정, 무 5명은 각각 다른 해에 입사하였다. 경력직으로 입사한 사람은 없으며, 5명 중 1명은 거짓을 말하고 4명은 진실을 말하고 있다. 다음 조건을 모두 고려하였을 때, 항상 옳은 것은?

> • 갑: 나는 정보다 늦게 입사했어.
> • 을: 나는 5명 중 가장 연차가 높아.
> • 병: 나는 갑보다 늦게 입사했어.
> • 정: 나는 병보다 늦게 입사했어.
> • 무: 나는 갑보다는 연차가 높고 정보다는 연차가 낮아.

① 거짓을 말한 사람은 갑이 아니다.
② 정이 가장 먼저 입사했다.
③ 가장 연차가 낮은 사람은 갑이 아니다.
④ 병과 정은 연달아 입사했다.
⑤ 무는 병보다 늦게 입사했다.

25. 다음 글의 논지를 약화하는 내용으로 가장 적절한 것은?

> 많은 사람들은 게임을 하는 학생들이 게임을 하지 않는 학생들보다 학업 성적이 낮다고 생각한다. 이에 ○○게임사는 게임이 정말로 학생들의 학업 성적에 부정적인 영향을 끼치는지를 외부 연구 기관에 의뢰하였고, 적정 시간 게임을 하는 학생들은 게임을 아예 하지 않는 학생들보다 오히려 학업 성적이 높다는 연구 결과를 도출하였다. 연구 결과, 오랜 시간 게임에 몰두하면 학업 성적에 부정적인 영향을 끼치지만 적정 시간 게임을 하는 것은 학생들의 스트레스 해소에 도움이 되고, 게임 내에서 전략을 구상하거나 해결 방법을 추론하면서 사고력이 향상되었다. 스트레스 해소와 사고력의 향상은 학업 능력과 연관되어 학업 성적이 상승하기 때문이다.

① A 학생은 게임에서 승리할 수 있는 여러 방안을 생각하면서 사고력이 향상되었다.

② 게임을 아예 하지 않는 B 학생은 경쟁자인 친구가 게임을 하는 잠깐의 시간에도 공부를 하여 기말고사 성적에서 그 친구보다 높은 성적을 받았다.

③ 시간을 정해놓고 일정 시간만 게임을 하는 C 학생은 게임을 하면서 스트레스도 풀고 학업 성적도 높아졌다.

④ 밤새도록 게임만 하던 D 학생은 부모님이 게임을 못하게 하자 폭력적인 모습을 보였다.

⑤ E 학생은 휴식 시간에만 SNS를 이용하였음에도 SNS를 시작하고부터 성적이 떨어졌다.

26. 전자책 전문 플랫폼 A 기업에 재직 중인 강 과장은 상사로부터 자사 SWOT 분석을 통해 경영 전략을 도출하여 보고하라는 지시를 받았다. 강 과장이 정리한 A 기업의 SWOT 분석 결과가 다음과 같을 때, 분석 결과에 기반하여 수립한 전략으로 가장 적절한 것은?

SWOT 분석은 기업 내부의 강점(S)과 약점(W), 기업 외부의 기회(O)와 위협(T)의 4가지 요소를 토대로 경영 전략을 수립하는 방법이다. SO 전략은 외부의 기회를 활용하기 위해 강점을 활용하는 전략이고, ST 전략은 외부의 위협을 피하기 위해 강점을 활용하는 전략이다. WO 전략은 약점을 극복하거나 제거함으로써 외부의 기회를 활용하는 전략이고, WT 전략은 외부의 위협을 회피하고 약점을 최소화하거나 없애는 전략이다. A 기업의 SWOT 분석 결과는 다음과 같다.

강점 (Strength)	• 국내 전자책 전문 플랫폼 중 가장 많은 수의 콘텐츠 보유 • 연예인이나 작가가 직접 읽어 주는 오디오북, 온라인 독서 모임 등 타 플랫폼과 차별화되는 서비스 제공
약점 (Weakness)	• 사용하기 복잡한 전자책 애플리케이션 인터페이스 • 판타지, 로맨스 등 장르 소설 등에 집중된 전자책 콘텐츠의 종류
기회 (Opportunity)	• 전자책 구동이 가능한 저가형 태블릿의 국내외 사용자 급증 • 일반인들이 직접 전자책을 출판할 수 있는 셀프퍼블리싱의 활성화
위협 (Threat)	• 다수의 콘텐츠를 확보한 글로벌 전자책 전문 플랫폼의 국내 진출 가속화 • 전자책 콘텐츠 불법 유통 시장의 만연과 이에 대한 법적 제재 규정의 미흡

① 콘텐츠 창작에 관심을 갖고 있는 다양한 분야의 전문가들에게 셀프퍼블리싱을 지원하는 공모전을 개최하여 자체적으로 보유하고 있는 전자책 콘텐츠의 종류를 늘리고 양질의 콘텐츠를 확보한다.

② 타 플랫폼과 연합하여 전자책 관련 법 제도를 정비하고 전자책 식별 체계를 확립하여 전자책 공정 유통 기반을 강화한다.

③ 기존 전자책 애플리케이션에 대한 사용자의 불만 의견을 취합하여 애플리케이션을 사용자 중심 인터페이스로 지속적으로 개선해 나가며 사용자의 편의성을 높인다.

④ 전자책을 구동할 수 있는 태블릿 구매자를 대상으로 전자책 체험판을 제공하는 프로모션을 진행하여 자사 플랫폼 신규 가입자를 유치한다.

⑤ 높은 인기를 구가하고 있는 유명 연예인을 섭외하여 오디오북을 녹음하고 SNS와 독서 관련 각종 커뮤니티에 홍보하여 서비스에 대한 인지도를 높인다.

27. 다음 글을 읽고 추론한 내용으로 가장 적절하지 않은 것은?

바이오 디젤은 경유와 달리 산소를 포함하고 있어 더 완전한 연소를 일으킬 수 있고, 이로 인해 대기 오염 물질 배출량을 약 40~60% 이상 감축할 수 있다. 또한 이산화탄소 배출 절감 효과가 뛰어나, 화석 연료를 대체할 친환경 에너지로 바이오 디젤이 주목받고 있다. 일반적으로 식물성 기름은 차량 디젤 엔진에 이용하기에 충분한 열량을 지니고 있으나, 점도가 높은 고분자 물질이므로 차량 디젤 엔진에 바로 사용하는 것은 어렵다. 따라서 식물성 기름에 알코올을 반응시켜 저분자 물질로 분해하는 과정을 거쳐야 한다. 이때 모든 종류의 알코올이 사용 가능하지만, 가격이 저렴한 메탄올을 주로 사용한다. 알코올과 반응한 기름은 지방산 에스터와 글리세린으로 분해되며, 이때 분해된 지방산 에스터를 바이오 디젤이라고 한다. 바이오 디젤은 글리세린을 분리하고 불순물을 없애는 과정을 거쳐 100% 순수 연료로 사용되거나, 정유사 또는 주유소에 운송되어 경유와 혼합해 사용되기도 한다. 그러나 바이오 디젤은 경유와 물성이 달라 바이오 디젤 함량이 높으면 차량 결함이 발생할 가능성이 있다. 따라서 정유사 또는 주유소에서는 경유에 바이오 디젤이 5% 이하로 혼합된 BD5를 판매하도록 제정하였으며, 운수업체 등 제한된 사업장에서는 바이오 디젤의 혼합 비중을 20%로 제한한 BD20으로 이원화하였다. 한편 바이오 디젤은 식용작물을 원료로 사용하여 식량난 문제 또는 원료 가격 상승으로 인한 수급 불안정 문제를 일으킬 수 있다는 지적을 받았다. 이러한 문제를 해결하기 위해 독성을 지녀 식용 불가능한 유지 식물의 기름이나 폐식용유 등을 활용하거나, 해양 미세조류를 이용한 바이오 디젤 생산 연구가 진행되었다. 특히 미세조류를 이용한 바이오 디젤은 다른 작물보다 최대 250배에 달하는 월등한 생산량을 자랑하며, 저온에서도 시동을 걸 수 있어 팜유에서 추출한 바이오 디젤의 문제점을 극복했다는 장점이 있다.

① 바이오 디젤 비율이 높은 바이오 디젤 혼합유는 자동차 고장을 일으키는 원인이 될 수 있다.

② 팜유를 이용해 생산한 바이오 디젤은 낮은 온도에서 시동이 걸리지 않는 문제점이 있었다.

③ 경유는 산소를 포함하지 않아 바이오 디젤보다 상대적으로 불완전한 연소 반응이 일어날 것이다.

④ 식물성 유지에서 바이오 디젤을 얻기 위해 저분자 분해 공정에서 반드시 메탄올을 사용해야 한다.

⑤ 점도가 높은 고분자 물질 상태의 식물성 기름은 정제 없이 차량 디젤 엔진에 사용할 수 없다.

28. 다음 글을 읽고 추론한 내용으로 가장 적절하지 않은 것은?

> 법은 그 효력이 미치는 범위에 따라 사람·장소·사항에 구분 없이 일반적으로 적용되는 일반법과 특정 사람·장소·사항에 적용되는 특별법으로 분류할 수 있다. 또 다른 기준으로는 법에서 다루는 관계와 주체에 따라 공법과 사법으로 나뉘는데, 공법은 국가기관과 개인 간의 관계 또는 국가기관 간의 공적인 관계를 규율하는 법이고, 사법은 개인과 개인 간의 사적인 관계를 규율하는 법이다. 이러한 분류법에 따르면 민법은 인간이 자신의 사회생활을 꾸려가기 위해 지켜야 하는 일반사법에 속한다. 민법은 개인 간의 재산관계 및 가족관계 등을 포괄적으로 규율하지만, 상업적 거래에서의 상법과 노동관계에서의 노동법이 자체적으로 발달하여 민법은 이를 제외한 영역만을 규율하고 있다. 그러나 상업적 거래와 노동관계에서 관련 법의 규정이 없으면 민법에 해당하는 내용으로 간주한다는 점에서 민법은 재산·가족에 대한 기본적인 일반법으로 볼 수 있다. 이때 민법은 사회의 일반적인 사람을 대상으로 하는 법이기 때문에 개인이 반드시 지켜야 한다는 점에서 행위 규범적 성격을 띠고, 동시에 이를 지키지 않을 경우 법원은 해당 내용을 판결할 수 있는 기준으로 민법을 내세운다는 점에서 재판 규범적 성격을 띤다. 나아가, 민법은 권리와 의무의 발생, 변경, 소멸 등 실체적 법률관계를 규정해놓았다는 점에서 실체법에 속하며, 해당 내용이 법원을 비롯한 관련 기관에 의해 실행되기 위해서는 민사소송법과 같은 절차법이 필요하다.

① 개인 간의 관계에 필요한 질서나 제도를 좇아 다스린다는 점에서 민법은 사법으로 구분할 수 있다.

② 특별법을 기준으로 처리된 사건의 경우 관련된 사람과 장소가 한정되어 있을 확률이 높다.

③ 민법이 제정한 실질적인 관계를 법원을 통해 변경하는 과정에서 요구되는 법은 실체법일 가능성이 크다.

④ 노동법에 적용되지 않는 근로기준법 분쟁이 법률적으로 해결되기 위해 민법 절차에 따라 진행될 것이다.

⑤ 민법은 행위 규범적 성격과 재판 규범적 성격을 모두 갖고 있다는 것이 특징이다.

[29 – 30] 다음은 대중교통 통합환승 할인 제도 안내문의 일부이다. 각 물음에 답하시오.

[대중교통 통합환승 할인 제도 안내]

1. 대중교통 통합환승 할인 제도란?
 – 수도권 전역에서 각각 시행되던 대중교통 환승 할인 제도와 대중교통 이용 요금을 통합함으로써 일정한 규칙 내에서 대중교통 이용 시 기본요금이 중복으로 부과되지 않게 하며 거리비례제 원칙으로 이용 요금을 부과하는 제도

2. 대중교통별 기본요금

구분	대상	기본요금
지하철	일반	1,250원
	청소년	720원
	어린이	450원
간선버스	일반	1,200원
	청소년	720원
	어린이	450원
마을버스	일반	900원
	청소년	480원
	어린이	300원
순환버스	일반	1,100원
	청소년	560원
	어린이	350원
광역버스	일반	2,300원
	청소년	1,360원
	어린이	1,200원

※ 1) 어린이 요금 적용 대상자는 만 6~12세, 청소년 요금 적용 대상자는 만 13~18세이며, 만 19세 이상은 일반 요금 적용 대상자임
 2) 오전 4시~6시 30분 사이에 대중교통 이용 시 기본요금에서 20% 할인된 요금이 적용됨

3. 거리비례제 원칙
 – 대중교통 이용 구간의 총합이 기본 구간(10km)을 초과할 때는 초과한 구간에 대해 1km당 20원씩 추가 요금이 부과됨

4. 환승 할인 규정
 – 통합환승 할인 제도 적용 가능 시간은 대중교통 하차 후 30분 이내로 제한하며, 동일 노선의 대중교통 간 환승 시에는 환승 할인이 불가함
 – 기본요금이 더 높은 대중교통으로 환승 시 대중교통 간 기본요금의 차이만큼 추가 요금이 부과되며, 기본요금이 더 낮거나 동일한 대중교통으로 환승 시 추가 요금은 부과되지 않음

29. 위 안내문을 근거로 판단할 때, **옳지 않은** 것은? (단, 제시된 내용 외의 사항은 고려하지 않는다.)

① 만 17세인 A가 오전 8시에 간선버스를 타고 6km를 이동한 후 하차하여 5분 뒤 지하철을 타고 다시 10km를 이동하였다면 A가 지불한 대중교통 이용 요금의 총합은 840원이다.

② 만 8세인 B가 대중교통에서 하차한 지 40분이 경과한 후에 기본요금은 동일하나 노선이 다른 대중교통으로 환승하였다면 환승 할인은 적용되지 않는다.

③ 만 10세인 C가 오후 2시에 지하철을 타고 9km를 이동한 후 하차하여 10분 뒤 광역버스를 타고 다시 25km를 이동하였다면 C가 지불한 대중교통 이용 요금의 총합은 1,200원이다.

④ 만 40세인 D가 오전 5시에 광역버스를 타고 7km를 이동하였다면 기본요금 대비 460원을 할인받을 수 있다.

⑤ 만 24세인 E가 오후 3시 15분에 지하철을 타고 11km를 이동한 후 하차하여 20분 뒤 순환버스를 타고 다시 10km를 이동하였다면 E가 지불한 대중교통 이용 요금의 총합은 1,470원이다.

30. 위 안내문을 근거로 판단할 때, 주희와 보은이가 지불해야 할 대중교통 이용 요금의 총합은?

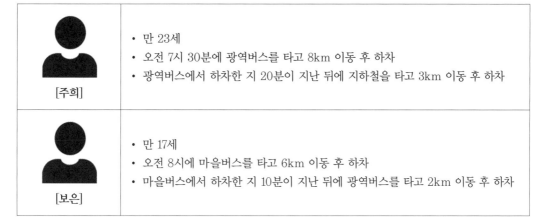

[주희]	• 만 23세 • 오전 7시 30분에 광역버스를 타고 8km 이동 후 하차 • 광역버스에서 하차한 지 20분이 지난 뒤에 지하철을 타고 3km 이동 후 하차
[보은]	• 만 17세 • 오전 8시에 마을버스를 타고 6km 이동 후 하차 • 마을버스에서 하차한 지 10분이 지난 뒤에 광역버스를 타고 2km 이동 후 하차

① 2,320원   ② 3,680원   ③ 3,880원   ④ 4,930원   ⑤ 5,410원

약점 보완 해설집 p.20

무료 바로 채점 및 성적 분석 서비스 바로 가기
QR코드를 이용해 모바일로 간편하게 채점하고 나의 실력이 어느 정도인지, 취약 부분이 어디인지 바로 파악해 보세요!

수험번호	
성명	

NCS 실전모의고사
2회

문제 풀이 시작과 종료 시각을 정한 후, 실전처럼 모의고사를 풀어보세요.

시   분 ~   시   분 (총 30문항/권장 풀이시간 30분)

□ **시험 유의사항**

[1] 한국철도공사 필기시험은 2024년 하반기부터 NCS 직업기초능력 30문항과 직무수행능력(전공) 30문항, 철도관계법 10문항을 70분 동안 푸는 것으로 변경되며, 직렬별 시험 구성은 다음과 같습니다.
- 사무영업(일반, 수송): NCS 직업기초능력(의사소통·수리·문제해결능력) 30문항+직무수행능력(경영학) 30문항+철도관계법 10문항
- 사무영업(IT): NCS 직업기초능력(의사소통·수리·문제해결능력) 30문항+직무수행능력(컴퓨터일반) 30문항+철도관계법 10문항
- 사무영업(관제): NCS 직업기초능력(의사소통·수리·문제해결능력) 30문항+직무수행능력(철도관계법령) 30문항+철도관계법 10문항
- 운전/차량: NCS 직업기초능력(의사소통·수리·문제해결능력) 30문항+직무수행능력(기계일반, 전기일반 중 택 1) 30문항+철도관계법 10문항
- 토목: NCS 직업기초능력(의사소통·수리·문제해결능력) 30문항+직무수행능력(토목일반) 30문항+철도관계법 10문항
- 건축(건축일반): NCS 직업기초능력(의사소통·수리·문제해결능력) 30문항+직무수행능력(건축일반) 30문항+철도관계법 10문항
- 건축(건축설비): NCS 직업기초능력(의사소통·수리·문제해결능력) 30문항+직무수행능력(건축설비) 30문항+철도관계법 10문항
- 전기통신: NCS 직업기초능력(의사소통·수리·문제해결능력) 30문항+직무수행능력(전기이론) 30문항+철도관계법 10문항

[2] 본 모의고사는 직업기초능력(NCS) 30문항으로 구성되어 있으므로, 직종에 맞는 전공 문항을 추가로 풀어보는 것이 좋습니다.

[3] 본 교재 마지막 페이지에 있는 OMR 답안지와 해커스ONE 애플리케이션의 학습타이머를 이용하여 실전처럼 모의고사를 풀어보시기 바랍니다.

01. 다음 표준 발음법 제10항과 제11항을 읽고 이해한 내용으로 적절하지 않은 것은?

> 제10항 겹받침 'ㄳ', 'ㄵ', 'ㄼ, ㄽ, ㄾ', 'ㅄ'은 어말 또는 자음 앞에서 각각 [ㄱ, ㄴ, ㄹ, ㅂ]으로 발음한다.
> 　　다만, '밟-'은 자음 앞에서 [밥]으로 발음하고, '넓-'은 다음과 같은 경우에 [넙]으로 발음한다.
> 제11항 겹받침 'ㄺ, ㄻ, ㄿ'은 어말 또는 자음 앞에서 각각 [ㄱ, ㅁ, ㅂ]으로 발음한다.
> 　　다만, 용언의 어간 말음 'ㄺ'은 'ㄱ' 앞에서 [ㄹ]로 발음한다.

① '밟다'에서 '밟'은 제10항 '다만'을 고려하여 [밥]으로 발음한다.

② '닭'은 제11항에 따라 [닥]으로 발음한다.

③ '묽고'에서 '묽'은 제11항 '다만'을 고려하여 [물]로 발음한다.

④ '여덟'은 제10항에 따라 [여덜]로 발음한다.

⑤ '맑게'에서 '맑'은 제11항을 고려하여 [막]으로 발음한다.

02. 다음 밑줄 친 단어 중 ㉠, ㉡에 해당하는 사례로 적절하지 않은 것은?

> 　　어근이나 단어의 뒤에 붙어 새로운 단어가 되게 하는 접미사는 ㉠동사나 형용사의 뒤에 붙어 사동의 의미를 더하는 경우도 있고, ㉡타동사 뒤에 붙어 피동의 의미를 더하는 경우도 있다.

① ㉠: 그 소문을 듣고 많은 사람이 광장에 모였다.
　 ㉡: 할아버지가 아이에게 따뜻한 옷을 입혔다.

② ㉠: 매출 신장을 위해 신문에 광고를 냈다.
　 ㉡: 재고로 쌓였던 물품들이 도매업자에게 팔렸다.

③ ㉠: 에어컨을 틀어 실내 온도를 낮췄다.
　 ㉡: 갓 태어난 아기 사슴이 사냥꾼에게 잡혔다.

④ ㉠: 배가 불러서 음식을 거의 다 남겼다.
　 ㉡: 숨겨 놓은 아이스크림을 형에게 빼앗겼다.

⑤ ㉠: 사람들에게 결혼한다는 소식을 알렸다.
　 ㉡: 소화제를 먹으니 막혔던 속이 뻥 뚫렸다.

03. 다음 ⊙~⑩을 바르게 고쳐 쓴다고 할 때 가장 적절하지 않은 것은?

오늘날 프리미엄 독서실은 자녀가 더 쾌적한 환경에서 학습하길 원하는 학부모와 넓은 공간에서 업무 또는 학습하기를 희망하는 직장인으로 대상을 확대하면서 가격을 인상할 수 있게 됐다. 이러한 프리미엄 독서실의 수익 ⊙ (산출 → 창출) 방식은 1990년대 말 무렵의 PC방 창업 붐을 연상케 한다. 1990년대 후반, 온라인 및 멀티플레이 게임이 활성화됨에 따라 사람들은 게임을 할 수 있는 공간이 필요해졌다. 과거 PC방은 게임을 할 수 있는 공간을 제공하고 일종의 임대료를 받아 수익을 ⓛ (낸다 → 냈다). 그러나 PC방에 대한 수요 증가와 함께 PC방 창업이 늘면서 타사 대비 경쟁력을 갖추기 위해 컴퓨터, 주변기기, 인테리어 등 시설에 대한 투자가 끝없이 이어져야 했다. 그러나 PC방은 수요가 지역적으로 한정되어 있기 때문에 시설 투자로 경쟁 우위를 차지하는 방법은 어느 순간부터 현상 유지에 그칠 ⓒ (수밖에 → 수 밖에) 없었다. 다시 말해, 동종업계의 모든 경쟁자가 서로 우위를 차지하기 위해 시설 투자라는 동일한 방법을 사용하기에 궁극적으로 다른 업체와 구별되는 경쟁 요소를 갖기 힘든 것이다. 공급 과잉으로 인해 요금 인상도 어려워진 PC방은 결국 시설 투자 이외의 방법으로 눈을 돌렸다. 바로 음료, 라면 등 부가적인 상품 판매를 통해 이익을 거두는 것이다. PC방의 수익 구조와 비즈니스 모델이 비슷한 프리미엄 독서실이 향후 나아가야 할 방향 역시 이와 같다. 시설의 프리미엄화를 넘어 서비스의 프리미엄화를 이루는 것이다. 공간 이용료만 지불하고 모든 종류의 게임과 다양한 음식을 즐길 수 있는 오늘날의 PC방처럼 프리미엄 독서실 또한 공간과 ⓔ (컨텐츠 → 콘텐츠) 서비스를 결합해 ⑩ (제공하므로써 → 제공함으로써) 자기 주도 학습의 능률을 극대화할 수 있는 장소로 거듭나야 한다.

① ⊙   ② ⓛ   ③ ⓒ   ④ ⓔ   ⑤ ⑩

04. 다음 밑줄 친 ㉠~㉤의 의미로 가장 적절하지 않은 것은?

현대의 특징을 해명하고 거기에 대한 올바른 인식을 돕기 위하여라는 취지에서 나에게 주어진 제목이 불안이었다. 그러나 불안은 지극히 상식적이면서도 광범한 어의를 내포하는 까닭에 좀체 확답할 수 없는 핸디캡을 지니고 있다. 우리는 최초의 질문으로서 불안이란 무엇인가? 하고 물어본다. ㉠이렇게 물을 때의 불안에는 반드시 어떤 개념적인 의미가 가상되지만 불안이란 항시 가변하고 유동하는 심리적 현상이라는 점에 유의한다면 이 질문은 매우 부적당하다는 것을 알게 될 것이다. 그러면 불안은 어떻게 일어나는가? 우리는 다음의 질문을 제기한다. 허나 여기에선 개개의 경우가 무시되고 그 개개의 경우를 총합한 대표적인 경우의 불안만이 문제되기 때문에 이야기는 더욱 까다로워질 우려가 있다. 전쟁과 기아와 위협의 그늘에서 살아온 인간이라면 누구나가 다 체험할 수 있었던 이 현실에 대해서 오늘의 우리들은 별로 관심을 쏟지 않는다. 어느덧 불안을 가장하는 버릇이 야릇한 환락을 지어주기도 하며 나아가선 자기존재의 이유를 전혀 망각하게 하고 있는 현상이다. 그러나 우리들은 불안과 맞서야 하지 않을까? 흐려진 정신과 시들은 육신을 일깨워 주고 바로잡을 수 있는 새로운 대결이 있어야만 하겠다. ㉡짙은 어둠이 우리들의 걸음을 재촉하는 밤의 정경을 상상할지어라! 간단히 「불안의 동기」를 살피고 「불안의 발전」을 거쳐 「불안의 극복」을 시사하는 정도에서 나의 책임을 면할까 싶다. 일찍이 프로이트는 「정신분석 입문」에서 다음과 같이 말했다. "우리들은 리비도의 중지와 무의식적인 체계와의 결합에서 불안이 발생한다는 강한 인상을 받았습니다. 그러나 단 한 가지 점에선 그것과 결합되지 않는 예외가 있으니 현실적 불안은 자아의 방어본능의 실현이라는 굽힐 수 없는 현실입니다." 그는 두 가지 불안을 지적하는데 하나는 리비도의 중지와 무의식과의 결합으로 된 「신경적 불안」이며 또 하나는 외부의 장애를 물리치기 위한 방어본능에서 생기는 「현실적 불안」이다. 「신경적 불안」에 일정한 대립물이 존재치 않으면서 설사 존재한다 하여도 그것을 의식할 수 없으나 「현실적 불안」에선 대립물의 존재가 뚜렷하며 그것을 의식적으로 방어하거나 기피한다는 것이 특징이다. ㉢만일 광의의 불안을 「공포」와 비교해 본다면 그 차이는 더욱 명확할 것이다. 불안은 끊임없는 정서적 기분으로서 가득 차며 마음의 불안을 누릴 수 있으나 반대로 「공포」는 대립물에 사로잡힌 나머지 불안정한 자아를 좀체 수습하기가 어렵다. 「공포」에 기울어지기 쉬운 「현실적 불안」은 의외의 몸짓과 행동을 요청함으로써 불안의 상태를 곧잘 넘어서니 이렇게 지속되지 않는 불안은 불안이라 할 수 없는 것이다. ㉣그러므로 광의의 불안을 「신경적 불안」에만 국한시킨 프로이트설은 주목해 마땅하다. 그런가 하면 호오네이 여사는 「프로이트의 중지(억제)론」을 개량하여 "인간이 파괴적이며 이기적이며 또한 자기중심적으로 되는 것은 오로지 불우한 상태 특히 유아시대나 그 이후의 상태에 기인한다."고 적었다. 여사는 불안의 동기를 조건반사에 의한 의식적인 적대감정에서 구하였으며 스스로가 품은 적대감정을 타인에게 투사함으로써 세계 내에서의 완전고립을 느끼게 될 때 그것을 가르쳐 「기초적 불안」이란 말로서 표시하였다. 물론 「기초적 불안」과 「신경적 불안」은 대동소이의 것이라 하겠으나 여사에겐 프로이트의 무의식설을 의식적인 표면으로 인양한 애들러와 융 등의 영향이 적지 않았다. 다만 ㉤「기초적 불안」은 대립물에의 의식으로서 발생한 적대감정을 파괴적이며 이기적이며 자기중심적인 방법에 의해 해소하는 까닭에 「신경적 불안」과 「현실적 불안」을 함께 처리하는 셈이 된다.

－ 고석규, 〈불안과 실존주의〉

① ㉠: 불안은 언제나 변하고 움직이는 심리적 현상에 해당하므로 불안의 개념을 묻는 것은 부적합하다.
② ㉡: 불안과 맞서기 위해 흐려진 정신과 시든 육신을 일깨우고 바로잡는 새로운 대결을 상상해야 한다.
③ ㉢: 광의의 불안과 공포를 비교하면 신경적 불안과 현실적 불안의 차이를 더 뚜렷하게 파악할 수 있다.
④ ㉣: 현실적 불안처럼 지속되지 않는 불안은 불안이 아니므로 광의의 불안에는 신경적 불안만 포함된다.
⑤ ㉤: 신경적 불안과 현실적 불안을 결합한 기초적 불안은 대립물에 대한 감정을 자기중심적으로 해소한다.

05. 다음 글의 서술상 특징으로 가장 적절하지 않은 것은?

> 이웃에 사는 장생이라는 사람이 장차 집을 짓기 위한 재목(材木)을 구하고자 산에 들어갔으나, 빽빽하게 들어선 나무가 모두 굽고 갈라져 용도에 맞지 않았다. 그러한 와중에 산꼭대기에 있는 나무 하나가 앞에서 봐도 곧고 왼쪽에서 봐도 곧고 오른쪽에서 봐도 역시 곧아서 좋은 재목이라 여기고 도끼를 들고 그쪽으로 가 뒤에서 살펴보았더니 굽은 나무였다. 이에 도끼를 버리고 탄식하며 말하기를 "아! 재목으로 사용할 나무는 보면 쉽게 살필 수 있고 따지면 분간하기 쉽다. 그러나 이 나무는 내가 세 번을 보고도 재목으로 적합하지 않음을 알지 못하였다. 하물며 사람이 외모를 정성스레 꾸미고 마음을 감추는 경우에는 어떻겠는가? 그 말을 들어 보면 그럴듯하고 그 얼굴을 보면 선량하고 그 세세한 행동을 살피면 경계하고 조심하니 어찌 군자가 아니라 여길 수 있겠는가! 만약 큰 변고를 당하거나 절개와 지조를 지켜야 하는 상황에 이르러서야 본심을 드러내니, 항상 이러한 사람들에 의해 국가가 무너지게 된다. 또한, 나무가 자랄 때 소와 양에게 밟히거나 도끼와 자귀에 찍히는 것 없이 비와 이슬을 맞으며 밤낮으로 자라면 굽지 않고 곧게 자라는 것이 마땅하다. 그럼에도 불구하고 굽어서 사용할 수 없는 재목인지 판단하기는 대단히 어렵다. 하물며 사람은 어떻겠는가? 물욕이 진심을 어지럽히고 이해(利害)가 분별력을 현혹하여 타고난 것을 굽히고 근본으로부터 도망친 자가 하도 많아 이루 기록할 수가 없다. 무리에서 바르지 못한 사람이 많고 정직한 사람이 적은 것은 이상한 일이 아니다." 장생이 이와 같이 말하기에 나는 다음과 같이 대답했다.
> "잘 보았구나! 비록 그러할지라도 나 또한 할 말이 있다. 〈서경〉의 홍범에서 오행(五行)을 논하면서 나무는 굽거나 곧다고 하였다. 그렇다면 굽은 나무가 재목은 아니지만 천성으로는 당연한 것이다. 하지만 공자에 따르면 사람은 날 때부터 정직하여 정직하지 않게 살아가는 자는 요행히 죽음을 피해 가는 것이라고 하였다. 그렇다면 정직하지 못한 사람이 죽음을 피하고 사는 것 또한 요행일 것이다. 그러나 내가 세상을 보건대 나무 중에서도 굽은 것은 비록 서투른 목수라도 가져가 사용하지 않지만, 사람 중에서 정직하지 않은 사람은 잘 다스려지는 세상에서도 버려지지 않고 쓰인다. 당신도 큰집을 보면 그 집의 마룻대, 기둥, 서까래 등에서 굽은 재목을 보지 못할 것이다. 이번에는 조정을 보면 공경과 사대부, 선비가 예복을 차려입고 정전을 드나드는데 그중 곧은 도리를 가지고 있는 사람을 보지 못하였을 것이다. 이처럼 나무 중에 굽은 것은 항시 불행하지만 사람 중에 정직하지 못한 자는 항시 행복하다는 것을 알 수 있다. 옛말에 활시위와 같이 곧은 사람은 길에서 죽고, 갈고리와 같이 굽은 사람은 제후에 봉해진다고 하였다. 이는 정직하지 못한 사람이 굽은 나무보다 대우를 받는다는 사실을 증명하는 것이다."
>
> – 장유, 〈곡목설(曲木說)〉

① 다른 사람과의 대화를 통해 필자의 주제 의식을 드러내고 있다.

② 일반적으로 그렇다고 여겨지는 통념에 대하여 문제를 제기하고 있다.

③ 타인이 경험을 통해 얻은 깨달음의 한계를 필자가 일깨우고 있다.

④ 인간의 성정을 나무의 곧고 굽은 것에 비유하여 설명하고 있다.

⑤ 정직하지 못한 사람이 등용되는 당대의 현실을 비판하고 있다.

[06~07] 다음 보도자료를 읽고 각 물음에 답하시오.

한국철도, 조달청 혁신 시제품 지정 과제 선정
작업자 보호를 위한 '전차선 전기회로 자동 개폐기'

한국철도공사는 조달청에서 주관한 '수요자 제안형 혁신 시제품 도전적 과제'로 철도 차량 유지보수 작업자를 보호하기 위한 전차선 전기회로 자동 개폐기가 선정됐다고 밝혔다. '수요자 제안형 혁신시제품 도전적 과제'는 혁신적인 아이디어를 필요로 하는 공기업 등의 제안이 먼저 이루어지면, 민간 기업에서 그에 맞는 시제품을 개발한 다음 수요기관에 공급하는 방식으로 진행된다.

이번 혁신시제품으로 선정된 전차선 전기회로 자동 개폐기(자동 단로기 및 접지장치)는 차량 정비 작업이 진행되는 동안 작업자의 유무에 따라 해당 전차선의 전력 공급을 자동으로 제어하는 장치이다. 전차선 전기회로 자동 개폐기의 구성 장치로는 전원 공급부, 공기 공급관, 접지 실린더, 전자변이 있다. 전원 공급부는 전차선의 전원을 차단하기 위한 장치로, 장치의 동작 상태에 따라 전원을 공급하거나 차단한다. 공기 공급관은 공기 압축기에서 만들어진 압축 공기를 공급받아 흐르게 만드는 장치이다. 이 장치의 한쪽에는 공급받는 압축 공기의 압력이 없거나 낮아질 경우 외부로부터 압축 공기를 공급하도록 하는 보조 공기 공급수단을 포함하여 이루어져 있다. 공기 공급관을 통해 전달되는 압축 공기의 압력에 의해 전차선에 접지 또는 비접지되는 헤드를 접지 실린더를 이용하여 이동시킨다. 전자변은 공기 공급관의 일부에 생성되어 접지 실린더로 공급되는 압축 공기의 흐름을 제어한다. 전자변은 전원 공급부에서 전원이 공급된 이후에 공기 공급관을 통해 공급되는 압축 공기를 접지 실린더로 전달하여 헤드가 전차선에 접지되도록 한다. 또한, 전원 공급부의 전원이 차단된 경우에는 접지 실린더 내부에 있는 압축 공기를 대기로 내보내어 헤드가 전차선으로부터 비접지되도록 한다.

전차선 전기회로 자동 개폐기를 사용하면 전기 철도 차량의 검수를 진행할 경우 검수하는 사람의 실수로 일어날 수 있는 대전류 지락 사고를 방지할 수 있게 된다. 또한, 정비차 작업 등 접지봉 취급 부주의로 인해 발생하는 안전사고를 예방할 수 있으며, 전동차에 부하가 걸린 상태에서 단로기를 차단할 때 수동 단로기 대신 전차선 전원을 차단 및 투입할 수 있다. 차량 정비 기지 안에서 이뤄지는 유지보수 작업의 안정성을 크게 높일 것으로 기대되고 있다.

앞서 한국철도공사는 지난해에도 혁신 시제품 과제를 3건 제안해 모두 선정됐고, 시제품 테스트를 거쳤으며 현장 적용을 추진하고 있다. 한국철도공사 관계자는 "한정된 예산으로 맞춤형 고성능·고효율 제품을 구입할 수 있고, 민간 분야의 기술혁신과 성장을 지원하는 등 상생 협력할 수 있어 혁신 시제품을 조달 업무에 적극적으로 활용하고 있다"고 밝혔다. '전차선 전기회로 자동 개폐기'를 혁신 시제품 과제로 제안한 한국철도 벤처사업TF 세이퍼시스템 팀장은 "공공과 민간분야의 상생협력으로 철도 기술 혁신의 선순환을 이루는 시작이 되기를 바란다"며 "작업자 보호를 통해 철도 안전이 실질적으로 강화될 수 있기를 기대한다"고 말했다.

06. 위 보도자료를 읽고 이해한 내용으로 가장 적절하지 않은 것은?

① 부하가 걸린 전동차의 단로기를 차단하는 경우 전차선 전기회로 자동 개폐기로 전차선 전원을 공급할 수 있다.

② 제한된 예산으로 구매할 수 있는 혁신 시제품은 민간 분야의 기술혁신과 성장을 지원하는 장점을 가진다.

③ 작년에 선정된 한국철도공사의 혁신 시제품 3개는 모두 시제품 테스트를 완료하였다.

④ 전차선 전기회로 자동 개폐기는 작업자의 유무와 상관없이 전차선의 전력 공급을 자동으로 제어한다.

⑤ 수요자 제안형 혁신 시제품 도전적 과제에서 민간 기업은 제안받은 혁신적인 아이디어를 기반으로 시제품을 개발하여 수요기관에 공급하는 역할을 한다.

07. 위 보도자료를 읽고 A, B 두 사원이 나눈 대화가 다음과 같을 때, 빈칸에 들어갈 내용으로 가장 적절한 것은?

A 사원: 이번 수요자 제안형 혁신 시제품 도전적 과제로 전차선 전기회로 자동 개폐기가 선정되었어요.
B 사원: 맞아요. 다양한 장치로 구성되어 있으면서도 높은 효율을 자랑하는 혁신 시제품이죠.
A 사원: 그런데 그 장치들 중 전자변은 전원 공급부의 전원이 차단되었을 때, 전차선으로부터 헤드가 접지되지 않기 위해서 어떻게 하죠?
B 사원: (   )

① 접지 실린더를 이용하여 접지되는 헤드를 이동시켜요.

② 보조 공기 공급수단을 이용해서 외부로부터 압축 공기를 공급하도록 해요.

③ 접지 실린더 내부에 들어있는 압축 공기를 대기 바깥으로 내보내는 역할을 해요.

④ 공기 압축기에서 만들어진 압축 공기를 공급받은 후에 흐르게 해요.

⑤ 공기 공급관을 통해 공급되는 압축 공기를 접지 실린더로 전달해요.

금융 소비자의 고의, 중과실이 없으면 금융회사가 보이스피싱 피해 금액을 배상하는 방안이 추진된다. 또 보이스피싱 범죄에 대한 처벌 수준도 대폭 높이기로 했다. 보이스피싱 수법과 수단이 지능화·고도화됨에 따라 종합적이고 지속적인 강력 대응이 필요하다는 판단에서 이번 대책이 마련됐다. 보이스피싱 척결 종합 방안은 ⊙ 예방·차단, ⊙ 단속·처벌, ⊙ 피해구제, ⊙ 경각심 강화의 4단계에 대한 단계별 대응 강화로 구성됐다. 아울러 집행의 실효성을 높일 수 있도록 관계 부처 간 상시 협업 체계를 구축·강화한다.

먼저 전방위적 예방·차단시스템을 구축한다. 스마트폰 등 통신수단 부정 사용 자체를 사전에 방지하기 위해 '개통 – 이용 – 중지' 단계에 걸쳐 신속·종합적 대응체계를 구축한다. 이를 위해 보이스피싱에 대표적으로 이용되는 범죄 수단인 대포폰에 대해 개통 – 이용 단계에서의 관리·감독을 강화한다. 사용기한이 지난 선불폰과 사망자·출국외국인·폐업법인 등의 미이용 회선을 정기적으로 일제히 정리하고 정리 주기도 단축하기로 했다. 이와 함께 외국인 단기관광객이 출국할 때 휴대전화를 신속하게 정지하고, 휴대전화 단기 회선을 여러 개 개통하는 것도 되도록 억제하기로 했다.

발신번호를 변작(조작)하는 경우도 차단하는 방안을 마련했다. 최근 보이스피싱 범죄는 검찰청이나 법원, 시중 은행 등 공공·금융기관의 대표번호로 걸려 오기도 한다. 이에 공공·금융기관 주요 전화번호의 화이트리스트(변작 차단 목록) 탑재를 대폭 확대하고, 현재 대표번호 위주인 것을 모든 보유번호로 단계적으로 확대한다. 또한, 대량 문자 발송 대행업체 등의 신청자 전화번호의 위·변조 여부 확인 절차를 강화하고 빈도도 확대하며 발신번호 거짓 표시 관련 의무 위반 시 과태료를 현행 3,000만 원에서 5,000만 원으로 상향한다.

휴대전화 도난 방지 기능(Kill switch) 활용 지원을 위해 휴대전화 개통 때 분실·도난 신고 시 이용 방법·기능을 필수적으로 안내하고 적용을 지원한다. Kill switch는 스마트폰 운영체제(OS)에 도난관리 SW를 탑재해 분실·도난 시 타인의 단말기 사용을 원격으로 무력화(잠금)시켜 도난폰의 불법 사용을 방지할 수 있다. 또한, 세계이동통신사업자협회(GSMA)와의 협약을 통해 분실·도난폰 정보를 공유하는 등 국제공조로 국내뿐 아니라 해외에서도 분실·도난 휴대전화의 원격 차단을 강화한다. 정부는 보이스피싱 예방을 위해 빅데이터, AI 등을 활용한 신기술 개발과 활용에도 힘을 쏟기로 했다. 통신사의 통신 정보와 신용평가회사(CB)의 금융 정보를 결합해 보이스피싱을 판별·예방할 수 있는 서비스 출시도 지원한다.

정부는 또한 보이스피싱 범죄에 대해서는 법정형을 강화, 일반 사기 범죄보다 훨씬 더 무겁게 처벌될 수 있도록 하겠다고 밝혔다. 보이스피싱 관련 범죄 행위에 대해 명확히 처벌할 수 있도록 '통신사기피해환급법' 개정을 추진할 방침이다. 보이스피싱의 통로로 작용하는 금융회사 등이 금융 인프라 운영기관으로서 기본적인 책임을 다하도록 하는 원칙도 확립한다. 즉, 금융 소비자인 이용자의 고의·중과실이 없는 한 금융회사 등이 원칙적으로 배상 책임을 지도록 할 방침이다. 다만, 이용자의 도덕적 해이 방지, 손해의 공평한 분담 원칙 등을 고려해 금융회사 등과 이용자 간에 피해액이 합리적으로 분담될 수 있도록 한다는 방침이다. 이를 통해 금융회사 등의 이상금융거래탐지시스템(FDS) 등을 통한 피해 예방 노력이 강화될 것으로 기대된다.

정부는 보이스피싱 방지 홍보 노력도 기울인다. 대중교통, 통신대리점, 은행 창구 등은 물론, TV·유튜브 채널에서도 캠페인, 공익 광고 등을 송출하는 등 여러 채널을 통해 적극적으로 홍보할 방침이다. 특히, 금융회사 등은 100만 원 이상 입금 시 30분간 인출·이체가 제한되는 지연 인출·이체제도 등에 대한 홍보와 보이스피싱 피해 예방 십계명에 대한 안내를 강화할 계획이다. 또한, 보이스피싱 방지를 위한 전 국민 대상 경고 문자를 긴급 재난문자와 같이 지속적으로 발송하고 보이스피싱 수법 소개를 위한 방송 편성, 신종수법에 대한 수시 경보발령 등을 통해 국민 스스로 경각심을 갖고 보이스피싱을 예방할 수 있도록 홍보를 강화할 예정이다.

※ 출처: 금융위원회 보도자료

08. 위 보도자료의 제목으로 가장 적절한 것은?

① 금융회사의 보이스피싱 피해 금액 배상 방안
② 보이스피싱범 처벌 수위 및 금융사 배상 책임 강화
③ 보이스피싱 예방을 위한 휴대전화 도난 방지 기능 지원
④ 보이스피싱 범죄 예방을 위한 신기술 개발
⑤ 보이스피싱 방지를 위한 전 국민 대상 안내 문자 발송

09. 위 보도자료를 읽고 난 후의 반응으로 가장 적절하지 않은 것은?

① 갑: 어머니가 검찰청 번호로 걸려 온 보이스피싱에 당할 뻔한 이후로 걱정이 많으신데 공공·금융기관 주요 전화번호의 화이트리스트 탑재가 크게 확대된다는 사실을 말씀드려야겠군.
② 을: 금융 소비자의 고의·중과실이 없는 한 금융회사가 보이스피싱으로 인한 배상 책임을 지게 되면서 보이스피싱으로 인한 모든 피해액을 금융회사가 부담하게 되겠네.
③ 병: 주거래 은행에 문의해서 100만 원 이상 입금 시 30분간 인출·이체가 제한되는 지연 인출·이체제도에 대해서 좀 더 자세하게 알아봐야겠다.
④ 정: 앞으로 우리나라에 들어오는 외국인 단기관광객이 휴대전화 단기 회선을 여러 개 개통하는 것은 특별한 상황이 아닌 이상 어렵겠어.
⑤ 무: 어쩐지 얼마 전에 휴대전화를 개통하는데 휴대전화를 잃어버리거나 도난당했을 때 Kill switch라는 기능을 사용하라고 이용 방법을 상세하게 알려주더라고.

10. 다음은 보이스피싱 척결 종합 방안의 사례이다. 보도자료의 ㉠~㉣ 단계에 해당하는 사례를 바르게 짝 지은 것은?

사례 1: 2019년 보이스피싱에 악용되어 차단된 전화번호 중 약 80%가 선불폰 전화번호인 것으로 나타났다. 선불폰을 포함한 알뜰폰은 비대면·온라인 개통이 일반적인데, 선불폰의 경우 개통되면 별도의 요금 청구 과정이 없어서 명의가 도용됐는지 확인이 어렵기 때문이다. 이에 비대면 개통 시 위조 가능성이 큰 신분증 대신 공인인증서, 신용카드와 같은 관련 법상 수단으로 본인 확인을 할 수 있도록 현장 점검을 강화하였다.

사례 2: T 사에서 보이스피싱으로 인한 피해를 보상하고 소비자를 보호하기 위한 목적으로 보이스피싱 보험을 출시하였다. 가입 기간은 1년이며, 연 5,600원 납부로 300만 원 한도 내에서 보장받을 수 있다. 시중 은행에서도 보이스피싱 피해를 막기 위한 다양한 보험 상품을 개발 중이다.

사례 3: 보이스피싱에 이용되는 대포 통장을 양도, 유통, 대여하는 범죄 행위에 대한 형량이 기존 징역 3년, 벌금 2,000만 원에서 징역 5년, 벌금 3,000만 원으로 상향 조정되었으며, 보이스피싱에 사용될 것을 알면서도 계좌 정보를 전달하거나 유통한 전달책도 대포 통장 범죄 수준으로 처벌한다.

사례 4: 여러 공공·금융기관에서는 보이스피싱 근절을 위한 캠페인을 지속적으로 시행하여 국민들에게 보이스피싱 범죄와 관련한 경각심을 심어 주고 있다. A 은행은 영업점에 보이스피싱 범죄 관련 리플릿을 비치하고, 인터넷 뱅킹에서 팝업 창을 통해 보이스피싱 예방 캠페인을 홍보하고 있으며, P 사는 공식 채널에 보이스피싱 예방을 위한 공익 광고를 주기적으로 올리고 있다.

	㉠	㉡	㉢	㉣
①	사례 1	사례 3	사례 2	사례 4
②	사례 1	사례 4	사례 2	사례 3
③	사례 3	사례 2	사례 1	사례 4
④	사례 4	사례 2	사례 3	사례 1
⑤	사례 4	사례 3	사례 1	사례 2

11. 다음 나열된 방정식에서 x, y, z값을 도출하였을 때, y의 값은?

- $x+y+z=0.62$
- $0.8x+1.6y+z=0.74$
- $1.2x+0.2y+0.5z=0.34$

① 0.08   ② 0.15   ③ 0.22   ④ 0.25   ⑤ 0.32

12. S 회사는 설계, 기술, 설비, 생산 직무를 통틀어 기존에 총 300명이 근무하고 있다가 설계와 기술 직무에서 각각 40%, 설비와 생산 직무에서 각각 30%가 퇴사하여 200명이 되었다. 이후 남은 직무별 인원에서 설계 직무가 100%, 기술 직무가 25%, 설비와 생산 직무가 각각 50%만큼을 충원해 현재 312명이 되었을 때, 현재 설계 직무의 직원 수는?

① 48명   ② 60명   ③ 72명   ④ 84명   ⑤ 96명

13. 어떤 일을 소미와 효정이가 함께 하면 6일이 걸리고, 정은이와 효정이가 함께 하면 10일이 걸린다. 이 일을 세 명이 함께 하면 5일이 걸릴 때, 소미와 정은이가 이 일을 모두 끝내는 데 걸리는 시간은 최소 며칠인가?

① 5일   ② 6일   ③ 7일   ④ 8일   ⑤ 9일

14. ○○전자에서 A 제품과 B 제품을 1대씩 생산하는 데 필요한 P 부품과 Q 부품의 개수는 아래와 같다. ○○전자에서 보유하고 있는 P 부품과 Q 부품의 개수가 각각 180개, 140개이고, A 제품과 B 제품의 생산 대수를 합쳐 최대로 생산하고자 할 때, 생산할 수 있는 최대 대수는?

구분	P 부품	Q 부품
A 제품	3개	5개
B 제품	6개	2개

① 32대   ② 34대   ③ 38대   ④ 40대   ⑤ 46대

15. 다음은 휴양림에 간 A 가족과 B 가족의 인원과 가족별 휴양림 입장료 지불 금액이다. 휴양림 입장료는 성인과 청소년의 입장가가 서로 다르게 책정되어 있다고 할 때, 청소년 1명의 휴양림 입장료는?

구분	A 가족	B 가족
인원	성인 5명, 청소년 3명	성인 3명, 청소년 2명
입장료 총액	6,800원	4,200원

① 400원   ② 500원   ③ 600원   ④ 800원   ⑤ 1,000원

16. 두 사격선수 A와 B가 표적을 향하여 권총을 한 발 발사하였을 때 명중시킬 확률이 각각 95%, 85%이다. 사격선수 A, B가 표적을 향하여 각각 권총 한 발씩 발사하였을 때, 둘 중에 한 사람만 표적을 명중시킬 확률은?

① 0.75%   ② 4.25%   ③ 14.25%   ④ 18.5%   ⑤ 20.0%

[17-18] 다음은 연도별 건대추 생산량에 대한 자료이다. 각 물음에 답하시오.

[연도별 건대추 생산량]

(단위: kg)

구분		2015년	2016년	2017년	2018년
지역별	충청북도	1,558	1,764	1,937	2,158
	경상북도	3,889	3,834	4,234	4,045
	경상남도	2,792	2,695	2,946	2,741
	기타	4,054	4,731	4,771	3,586
	계	12,293	13,024	13,888	12,530
연령별	50대 미만	2,152	3,299	2,680	2,414
	50대	3,276	2,946	3,938	3,664
	60대	3,362	3,528	3,809	3,746
	70대 이상	3,503	3,251	3,461	2,706
	계	12,293	13,024	13,888	12,530

17. 다음 중 자료에 대한 설명으로 옳지 않은 것은?

① 2016년부터 2018년까지 건대추 생산량의 전년 대비 증감 추이가 50대와 동일한 연령은 70대 이상뿐이다.

② 제시된 기간 동안 경상남도 건대추 생산량의 평균은 2,790kg 이상이다.

③ 2018년 경상북도 건대추 생산량의 전년 대비 감소율은 약 4.5%이다.

④ 전체 연령의 건대추 생산량에서 60대의 건대추 생산량이 차지하는 비중은 2016년이 2017년보다 크다.

⑤ 2017년 충청북도와 경상남도의 건대추 생산량 차이는 전년도 생산량 차이보다 크다.

18. 다음 중 제시된 자료를 바탕으로 만든 그래프로 옳지 않은 것은?

① [연도별 70대 이상 건대추 생산량]

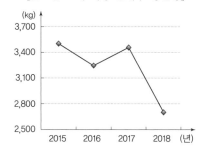

② [2018년 지역별 건대추 생산 비율]

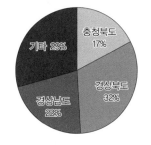

③ [연도별 건대추 총생산량]

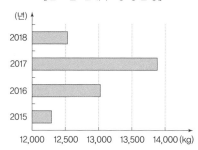

④ [연도별 충청북도 건대추 생산량]

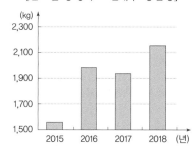

⑤ [2015년 연령별 건대추 생산 비율]

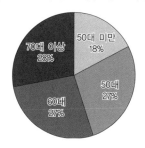

[19~20] 다음은 ○○공사의 출처별 시설 안전 투자 비용에 대한 자료이다. 자료를 보고 각 물음에 답하시오.

[○○공사의 출처별 시설 안전 투자 비용]

(단위: 백만 원)

구분		2X21년	2X22년	2X23년	2X24년	2X25년
계획 투자 비용	소계	815,129	802,858	806,751	829,654	832,550
	국비	378,102	381,232	385,750	386,694	388,278
	지방비	23,006	21,284	22,255	22,460	23,080
	자체수입	414,021	400,342	398,746	420,500	421,192
실적 투자 비용	소계	789,064	760,135	811,707		
	국비	364,023	366,141	392,805		
	지방비	25,011	22,135	24,099		
	자체수입	400,030	371,859	394,803		

※ 계획 달성률 = (실적 투자 비용 / 계획 투자 비용) × 100

19. 다음 중 자료에 대한 설명으로 옳은 것은?

① 2X21년부터 2X23년까지 계획 달성률이 100%를 초과한 해는 없다.

② 제시된 기간 동안 전체 계획 투자 비용에서 차지하는 비중은 매년 자체수입의 계획 투자 비용이 가장 크다.

③ 2X24년 자체수입의 계획 달성률이 90%라면, 자체수입의 실적 투자 비용은 400,000백만 원 이상이다.

④ 제시된 기간 동안 지방비 실적 투자 비용의 평균은 24십억 원 이상이다.

⑤ 2X22년부터 2X25년까지 계획 투자 비용이 매년 전년 대비 증가한 출처는 2개이다.

20. ○○공사의 G 사원이 위 자료를 보고 그래프를 작성하였을 때, 그래프 A~C에 대한 설명으로 옳지 않은 것은?

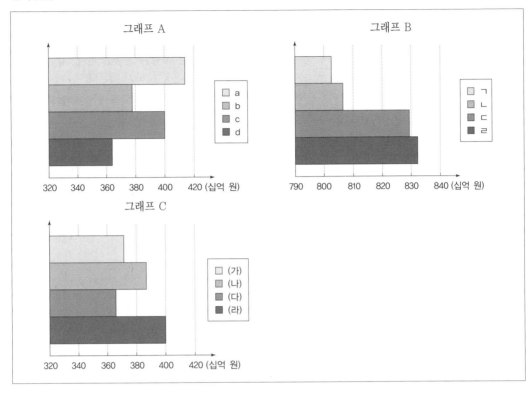

① 그래프 A의 d는 국비이다.

② 그래프 B가 계획 및 실적 투자 비용의 소계라면, ㄷ은 2X24년이다.

③ 그래프 C가 2X22년 국비와 자체수입의 계획 및 실적 투자 비용이라면, (나)는 국비의 계획 투자 비용이다.

④ 그래프 A가 2X21년 국비와 자체수입의 계획 및 실적 투자 비용이라면, a는 자체수입의 실적 투자 비용이다.

⑤ 그래프 C가 연도별 국비 및 자체수입의 계획 및 실적 투자 비용이고, (다)가 2X22년 자체수입의 실적 투자 비용이라면, (가)는 2X21년 국비의 계획 투자 비용이다.

21. 다음 중 제시된 문장을 바탕으로 도출되는 결론이 타당하지 않은 것은?

① 신은 선한 인간을 징벌할 수 없다. 선하지 않은 인간만 존재하면 신은 인간을 징벌하지 않는다. 신은 선하지 않은 인간을 징벌할 수 있다. 신이 인간을 징벌하면 그 인간은 선하지 않은 인간이다. 그러므로 신은 인간을 징벌할 수 없거나 징벌하지 않는다.

② 체력이 약한 사람은 운동을 하지 않는다. 체력이 약하지 않은 사람은 운동을 한다. 갑은 체력이 약하다. 운동을 하는 사람은 체력이 약하지 않다. 그러므로 갑은 운동을 하지 않는다.

③ 면접시험에 응시한 사람은 필기시험에 합격한 사람이다. 만약 을이 필기시험에 합격한다면 면접시험에 응시한다. 을은 필기시험에 합격하였다. 필기시험에 합격한 사람은 200명이다. 그러므로 을은 면접시험에 응시한다.

④ A 회사에서는 플라스틱 또는 나무로만 의자를 제작한다. 세라믹으로 의자를 제작하는 회사는 A 회사가 아니다. 병이 구매한 의자는 플라스틱으로 제작되지 않았다. 병은 A 회사에서 의자를 구매하였다. 그러므로 병이 A 회사에서 구매한 의자는 나무로 제작되었다.

⑤ 정리를 잘하는 사람은 청소를 좋아한다. 청소를 좋아하는 사람은 정리를 잘한다. 빨래를 좋아하는 사람은 정리를 잘하지 못한다. 정리를 잘하지 못하는 사람은 빨래를 좋아한다. 그러므로 청소를 좋아하는 사람은 빨래를 좋아하지 않는다.

22. 같은 반 친구 A, B, C, D, E, F, G 7명이 200m 달리기 시합을 했다. 달리는 도중에는 본인의 바로 앞순위 사람만 볼 수 있으며, 한 번에 두 명 이상을 제칠 수 없다. 7명이 모두 진실을 말했을 때, 1등을 한 사람은? (단, 7명의 순위는 모두 다르다.)

- A: 난 1등은 아니야.
- B: 결승점 10m 앞과 5m 앞에서 내 순위는 바뀌었어.
- C: 나는 계속해서 순위 변화가 없었어.
- D: 결승점에 들어왔을 때 먼저 도착한 6명이 있었어.
- E: 결승점 10m 앞에서 2등인 B를 제쳤고 그 뒤로 나는 순위 변화 없이 들어왔어.
- F: 난 달리면서 C가 계속 보였어.
- G: 나는 6등은 아니야.

① B   ② C   ③ E   ④ F   ⑤ G

23. 카페를 운영하는 귀하는 카페 이용객을 분석하여 카페 회전율을 파악하려고 한다. 다음 조건을 모두 고려하였을 때, 항상 옳지 않은 것은?

[카페 이용 상황]

1. 카페 보유 탁자 및 이용 가능 인원

탁자 종류	2인용	4인용	6인용
이용 가능 인원	1~2명	3~4명	3~6명

※ 가 카페는 2인용, 4인용, 6인용 탁자를 1개씩 보유함

2. 이용객 입장 순서에 따른 입장 시간 및 인원

입장 순서	입장 시간	입장 인원	카페 인원	입장 순서	입장 시간	입장 인원	카페 인원
첫 번째	09:20	2명	2명	일곱 번째	13:20	3명	6명
두 번째	09:40	4명	6명	여덟 번째	13:50	1명	4명
세 번째	10:15	6명	12명	아홉 번째	14:30	1명	1명
네 번째	11:45	3명	11명	열 번째	14:50	6명	7명
다섯 번째	12:20	1명	5명	열한 번째	17:20	3명	10명
여섯 번째	12:55	3명	6명	열두 번째	19:30	2명	5명

※ 카페 인원은 매장 내 탁자를 이용하고 있는 이용객 수로, 음료를 받은 직후 퇴장한 인원을 제외하고 탁자에 앉아 매장을 이용하는 인원을 의미함

[이용 조건]

• 탁자별 이용객 수는 각 탁자의 이용 가능 인원을 초과하거나 미달할 수 없다.
• 각 순서에 카페에 입장하는 이용객은 일행으로 서로 같은 탁자를 이용하며, 이용객은 이용 가능한 탁자 중 이용 가능 인원이 적은 탁자를 우선 이용한다.
• 이용객은 입장 인원만큼 음료를 주문한 뒤 이용 가능한 탁자가 있으면 카페에 머무르고, 이용 가능한 탁자가 없으면 음료를 받은 직후 퇴장한다.
• 카페에 머무르는 이용객은 탁자에 앉아 1시간 이상 머무른다.

① 첫 번째로 입장한 2명은 3시간 이상 카페에 머물렀다.
② 여섯 번째로 입장한 3명은 4인용 탁자를 이용하였다.
③ 17:15에 카페를 이용 중인 이용객은 7명이다.
④ 아홉 번째로 입장한 1명은 음료를 받은 직후 카페를 나갔다.
⑤ 하루 동안 2인용 탁자를 이용한 이용객은 총 5명이다.

24. ○○대학교에서는 중앙집행위원회에 지원한 학생 후보들을 각 부의 부장과 부원으로 선출하려고 한다. 다음 조건을 모두 고려하였을 때, 항상 옳은 것은?

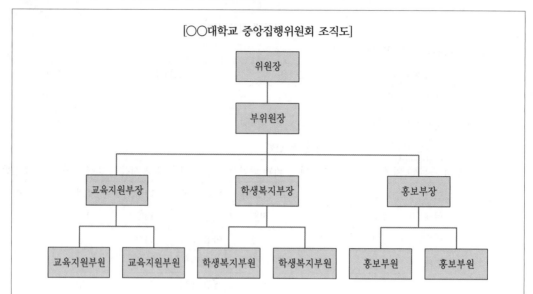

[○○대학교 중앙집행위원회 조직도]

- 중앙집행위원회 위원장과 부위원장은 투표를 통해 먼저 선출되었으며, 경영학과인 A, B, C, D, 교육학과인 E와 F, 사회복지학과인 G와 H, 신문방송학과인 I 총 9명의 학생 후보들 중에서 교육지원부, 학생복지부, 홍보부 3개 부의 부장과 부원을 선출하려고 한다.
- 교육지원부장은 교육학과 학생이, 학생복지부장은 사회복지학과 학생이, 홍보부장은 신문방송학과 학생이 선출되어야 한다.
- B와 D는 학생복지부로 선출되어야 한다.
- H는 교육지원부원으로 선출되지 않아야 한다.
- F는 C, E 모두와 다른 부로 선출되어야 한다.

① 교육지원부원으로 선출되는 학생은 모두 경영학과 학생이다.
② C와 I가 선출되는 부는 서로 다르다.
③ F는 홍보부원으로 선출되지 않는다.
④ 선출되는 부가 확정되는 학생은 B, D, I뿐이다.
⑤ H는 학생복지부장으로 선출된다.

25. 다음 인사팀장 A의 결론을 이끌어내기 위해 추가해야 할 두 전제를 고르면?

> 　　인사팀장 A는 담당 부서 직원들의 승진을 결정하는 역할을 담당한다. 인사팀장 A가 결정한 승진 대상자는 명현, 승환, 동찬, 정우 4명이다. 인사팀장 A는 이들 중 적어도 명현이는 승진한다는 결론을 내렸다. 왜냐하면 승환이와 정우 중 적어도 한 명은 승진하며, 승환이가 승진하면 동찬이는 승진하지 않기 때문이다.

〈보기〉
㉠ 동찬이는 승진하지 않는다.
㉡ 정우는 승진하지 않는다.
㉢ 정우가 승진하면 명현이와 승환이 중 적어도 한 명은 승진한다.
㉣ 명현이가 승진하지 않으면 동찬이와 정우 중 적어도 한 명은 승진한다.

① ㉠, ㉡　　　　　② ㉠, ㉢　　　　　③ ㉠, ㉣
④ ㉡, ㉣　　　　　⑤ ㉢, ㉣

PART 2 NCS 실전모의고사

해커스 코레일 한국철도공사 NCS + 전공 + 철도법 실전모의고사

NCS 실전모의고사 2회　137

[26-28] 다음은 CPU 사양에 대한 자료이다. 각 물음에 답하시오.

[CPU 사양]

구분	코어	스레드	속도	메모리 버스	가격
A_CPU	6Core	12개	3.6GHz	2,666MHw	198,900원
B_CPU	6Core	12개	2.9GHz	2,666MHw	204,400원
C_CPU	8Core	16개	3.8GHz	3,200MHw	462,700원
D_CPU	8Core	16개	3.6GHz	2,666MHw	343,100원
E_CPU	6Core	6개	2.9GHz	2,666MHw	170,200원
F_CPU	4Core	4개	3.6GHz	2,666MHw	82,000원
G_CPU	8Core	16개	2.9GHz	3,200MHw	405,000원

※ 단, CPU의 부품별 사양은 숫자가 크거나 개수가 많을수록 우수한 성능을 의미한다.

26. 위 자료를 근거로 판단한 내용으로 옳지 않은 것은?

① 코어는 8Core 이상, 속도는 2.9GHz 이상의 성능을 충족하는 CPU 중 D_CPU의 가격이 가장 저렴하다.

② 코어가 6Core 이상인 CPU 중 스레드 12개, 속도 3.6GHz 이상의 성능을 충족하는 CPU는 총 3개이다.

③ E_CPU의 모든 부품별 사양은 F_CPU의 부품별 사양보다 모두 더 우수하다.

④ G_CPU의 속도보다 더 우수한 성능의 속도를 충족하는 CPU 중 C_CPU의 가격이 가장 비싸다.

⑤ 메모리 버스가 2,666MHw인 CPU 중 가장 저렴한 가격의 CPU는 F_CPU이다.

27. ○○공사에 다니는 우탁이는 CPU 구매 업무를 담당하게 되었다. 우탁이는 CPU 사양을 근거로 각 조건에 부합하는 CPU를 선별하면서 가장 저렴한 CPU를 구매한다고 할 때, 우탁이가 주문할 CPU로 옳지 않은 것은?

① 코어는 6Core 이상, 속도는 3.0GHz 이상의 성능을 필요로 할 때, A_CPU를 주문한다.

② 스레드는 10개 이상, 메모리 버스는 2,800MHw 이상의 성능을 필요로 할 때, G_CPU를 주문한다.

③ 코어는 8Core 이상, 속도는 3.0GHz 이상의 성능을 필요로 할 때, C_CPU를 주문한다.

④ 속도는 3.6GHz 이상, 메모리 버스는 2,666MHw 이상의 성능을 필요로 할 때, F_CPU를 주문한다.

⑤ 코어는 4Core 이상, 스레드는 6개 이상의 성능을 필요로 할 때, E_CPU를 주문한다.

28. △△공사에 다니는 영수는 위 자료와 주문 요구 사항을 토대로 CPU를 주문하려고 한다. 이때, 영수가 CPU 구입을 위해 지불해야 하는 가격은?

[주문 요구 사항]

CPU의 코어는 6Core 이상, 속도는 2.9GHz 이상이면 충분할 것 같습니다. 예산은 350,000원이니 예산에 맞춰 구입 가능한 CPU로 추천해 주세요. 아! 스레드는 구입 가능한 CPU 중 가장 우수한 성능을 충족했으면 좋겠습니다.

① 82,000원　　② 170,200원　　③ 198,900원　　④ 204,400원　　⑤ 343,100원

[29-30] 다음은 물류수송을 위한 ○○공사의 화물운송 및 운임에 대한 자료이다. 각 물음에 답하시오.

[화물운송 및 운임]

1. 철도화물 최저운임

철도화물 운임방식	화차 1량 단위(컨테이너: 20피트, 40피트, 45피트)로 하중에 따른 거리비례방식
일반화물 운임방식	• 거리(km) × 톤수 × 임률(45.9원) • 일반화물 최저운임: 화차표기하중톤수의 100km에 해당하는 운임

2. 컨테이너화물 최저운임

구분	20피트	40피트	45피트
영컨테이너	51,000원	55,000원	60,000원
공컨테이너	규격별 영컨테이너 임률의 75%		

※ 1) 컨테이너화물 운임비 = 거리(km)×규격별 임률(20피트, 40피트, 45피트)
   2) 컨테이너화물 최저운임은 규격별, 영공별 100km에 해당하는 운임임

3. 화물운송 절차

- 화주

운송신청	• 화물운송장 제출(구두, 전화, 홈페이지, FAX 통해 신청 가능) • 운송내역 신고(품명, 수량, 중량, 수송조건 등)

↓

화차적재 및 화물운송	• 적재통지 후 5시간 이내 적재(단, 화약류·컨테이너는 3시간) • 시간 내 적재가 완료되지 않을 경우 화차유치료 수수 • 화물운송통지서 교부

↓

화물의 하화 및 인도	• 열차 도착 후 5시간 내 하화 후 당일 중으로 반출(단, 화학류·컨테이너는 3시간이며, 18시 이후 하화 시 다음날 오전 11시까지 반출) • 인도 완료 후 화물 유치 시 물류시설 사용료 납부(일시 유치 시 일 단위, 장기 유치 시 월 단위로 계산)

※ 하화는 실어있는 짐을 부리는 일을 의미함

- ○○공사

운송가능여부 결정	• 운송화물 적합성 평가 • 차량공급 능력 판단 • 운송조건 수락 여부(운송가능 시 배차계획 수립 후 화차 수배 진행)

↓

수탁검사 및 운송	• 화물 운송장 신고사항과 현품 대조 확인 • 화물상태·포장·적재방법 등 검사 • 발송기간: 화물 수취 시점으로부터 12시간 이내 • 수송기간: 400km마다 24시간 • 인도기간: 도착역에서 도착한 시각으로부터 12시간

| 하화준비
및 인도확인 | • 열차 도착 시 화물 하화선 차입
• 운송 중 화물 파손 등 이상 여부 확인
• 하화·인도 후 화물 인도명세서에 수령인 서명 날인 |

29. 위 자료를 근거로 판단한 내용으로 옳지 않은 것은?

① ○○공사는 수탁검사 및 운송을 위해 화물을 수취한 때로부터 12시간 이내에 발송해야 한다.

② 컨테이너의 하화가 19시에 진행됐다면, 익일 오전 11시까지 반출해야 한다.

③ ○○공사는 화물의 하화 및 인도를 진행한 다음에 화물 인도명세서에 수령인 서명을 날인한다.

④ 화주는 화물운송장을 반드시 FAX를 통해 제출해야 한다.

⑤ 화물운송이 가능하다는 판단이 내려졌다면, ○○공사는 배차계획을 수립한 후에 화차 수배를 진행한다.

30. 제시된 컨테이너화물 정보에 따른 화물을 운송한다고 할 때, 컨테이너화물의 운임비는?

[컨테이너화물 정보]
• 컨테이너화물: 공컨테이너
• 규격: 45피트
• 운행 거리: 1,600km

① 66,000원　　② 720,000원　　③ 840,000원　　④ 88,000원　　⑤ 960,000원

약점 보완 해설집 p.27

무료 바로 채점 및 성적 분석 서비스 바로 가기
QR코드를 이용해 모바일로 간편하게 채점하고 나의 실력이
어느 정도인지, 취약 부분이 어디인지 바로 파악해 보세요!

NCS 실전모의고사
3회

문제 풀이 시작과 종료 시각을 정한 후, 실전처럼 모의고사를 풀어보세요.

시   분 ~   시   분 (총 30문항/권장 풀이시간 30분)

□ **시험 유의사항**

[1] 한국철도공사 필기시험은 2024년 하반기부터 NCS 직업기초능력 30문항과 직무수행능력(전공) 30문항, 철도관계법 10문항을 70분 동안 푸는 것으로 변경되며, 직렬별 시험 구성은 다음과 같습니다.
- 사무영업(일반, 수송): NCS 직업기초능력(의사소통·수리·문제해결능력) 30문항+직무수행능력(경영학) 30문항 +철도관계법 10문항
- 사무영업(IT): NCS 직업기초능력(의사소통·수리·문제해결능력) 30문항+직무수행능력(컴퓨터일반) 30문항+철도관계법 10문항
- 사무영업(관제): NCS 직업기초능력(의사소통·수리·문제해결능력) 30문항+직무수행능력(철도관계법령) 30문항 +철도관계법 10문항
- 운전/차량: NCS 직업기초능력(의사소통·수리·문제해결능력) 30문항+직무수행능력(기계일반, 전기일반 중 택 1) 30문항+철도관계법 10문항
- 토목: NCS 직업기초능력(의사소통·수리·문제해결능력) 30문항+직무수행능력(토목일반) 30문항+철도관계법 10문항
- 건축(건축일반): NCS 직업기초능력(의사소통·수리·문제해결능력) 30문항+직무수행능력(건축일반) 30문항+철도관계법 10문항
- 건축(건축설비): NCS 직업기초능력(의사소통·수리·문제해결능력) 30문항+직무수행능력(건축설비) 30문항+철도관계법 10문항
- 전기통신: NCS 직업기초능력(의사소통·수리·문제해결능력) 30문항+직무수행능력(전기이론) 30문항+철도관계법 10문항

[2] 본 모의고사는 직업기초능력(NCS) 30문항으로 구성되어 있으므로, 직종에 맞는 전공 문항을 추가로 풀어보는 것이 좋습니다.

[3] 본 교재 마지막 페이지에 있는 OMR 답안지와 해커스ONE 애플리케이션의 학습타이머를 이용하여 실전처럼 모의고사를 풀어보시기 바랍니다.

01. 다음 밑줄 친 부분과 바꿔 쓸 수 없는 것은?

> • 오랜 기간 지난한 논의가 이어졌으나 끝끝내 양측의 ⊙교섭은 이루어지지 못하였다.
> • 타인에게 본인의 의견을 효율적으로 피력하려면 ⓒ관념적으로 설명하는 습관을 버려야 한다.
> • 아버지께서는 ⓒ공연히 심술을 부리는 동생을 달래기 위해 진땀을 빼고 있었다.
> • 우리나라에는 동물이 은혜를 입은 사람에게 ⓔ보은하는 내용의 설화가 다수 존재한다.
> • 오랜만의 통화에 무척 반가웠던 우리는 조만간 ⓜ시간을 내어 만나기로 하였다.

① ⊙: 타협　　② ⓒ: 추상적　　③ ⓒ: 괜스레　　④ ⓔ: 배은　　⑤ ⓜ: 짬

02. 다음 중 띄어쓰기가 적절하지 않은 것은?

① 공상과학 영화에서처럼 중력을 마음대로 조절할 수 있는 날이 올 것이다.

② 일반적으로 대형 풍력발전기는 바람이 강한 평야내지는 바다에 설치한다.

③ 태백 귀네미 풍력 단지는 1.65MW급 국산 풍력 터빈 12기로 이루어져 있다.

④ 해야 할 일이 너무 많아 아침은커녕 점심도 못 먹었다.

⑤ 아드님께서 해외로 떠나니 시원섭섭하시겠구먼그래.

03. 다음 글의 논지를 강화하는 내용으로 가장 적절하지 않은 것은?

인성론(人性論)은 인간이 타고난 내면을 구성하는 본질적 구조로서의 본성을 어떻게 판단하는지에 관한 논의를 의미한다. 인성론은 인간의 본성이 선한지 악한지 판단하는 문제가 주축이 되지만, 이외에도 자연법칙과 인간의 본성 사이의 관계에 대한 문제, 인간의 본성이 현실적으로 발현하는 양상과 그로부터 파생된 실천 당위의 문제 등을 포괄한다. 인간의 본성을 탐구하는 철학적 사고에서 발전한 인성론에 대한 관점은 매우 다양하지만, 대표적으로 성선설, 성악설이 제시된다.

인성론이 논의의 대상이 된 것은 맹자의 성선설에서 비롯된다. 맹자는 인간의 마음이 본디 사단(四端)을 가지고 있다는 점을 근거로 성선설을 주장하였다. 여기서 사단은 인(仁)에서 우러나오는 측은지심, 의(義)에서 우러나오는 수오지심, 예(禮)에서 우러나오는 사양지심, 지(智)에서 우러나오는 시비지심을 이른다. 서양에서는 헬레니즘 시대의 스토아학파가 성선설을 주장하였다. 이들은 인간이 자연에 근거한 공동의 이성 법칙에 따라 행동하는 것이 가장 선한 행동이라고 여겼다. 이는 키케로와 세네카에서 시작되어 인간의 본성은 원래 선하지만 문명과 사회 제도의 영향으로 악하게 되었다고 여긴 루소에 이르러 정점을 이룬다.

반면 순자는 욕망을 추구하는 정(情)을 인간의 본성으로 여기고 성악설을 주장하며, 선은 인위(人爲)로 얻을 수 있다고 여겨 예(禮)로 다스려지는 사회를 이상적으로 간주하였다. 성악설에 따르면 사람이 태어나면서부터 가지고 있는 욕망을 방치하면 사회에 혼란이 일어나므로 방치하는 자체가 악이다. 그러므로 사람은 가르침이나 예에 따라 기질을 변화시킴으로써 선하게 될 수 있다. 서양에서는 인간은 죄를 타고난다는 기독교 윤리 사상의 원죄설에서 성악설을 확인할 수 있다. 이는 아우구스티누스와 마키아벨리를 거쳐 홉스와 쇼펜하우어로 이어졌다. 홉스는 자연 상태를 만인의 만인에 대한 투쟁 상태라고 가정하며 인간의 본성이 악하다고 규정하였고, 쇼펜하우어는 인간의 본성에 죄악이 고착되어 있어 없앨 수 없다고 설명하였다.

그러나 실상 인간의 본성이 어떠한지 탐구하기에 앞서 사실과 가치의 범주를 구분할 필요가 있다. 이때, 인간의 본성은 가치와는 관계없는 사실의 범주에 포함된다. 본성은 생리적 욕구를 의미하는 본능과 동의어로, 생리학적으로 타고난 본성의 하나라는 점에서 가치론적 시시비비를 가릴 수 없는 개념이다. 이러한 측면에서 고자에 의해 제기된 성무선악설이 인간의 본성을 가장 잘 나타내는 관점이라고 볼 수 있다. 고자는 인간의 본성이 선과 악으로 구분되어 있지 않은 것은 물이 동(東)과 서(西)로 구분되어 있지 않은 것과 같다고 설명하며 사람의 본성은 선도 악도 아니고 수양에 따라 한 방향으로 결정된다고 주장하였다. 즉, 중립적인 본성을 개발하는 것은 외부 환경에 의존하며, 본성에서 도덕성을 찾으려는 것은 본능을 사회적 규범과 동일하게 여기는 자연주의적 오류에 해당한다. 인간이 본성에 따라 행하는 모든 것은 인간의 의지에 따른 것일 뿐 당사자가 선하거나 악하여 발생하는 것이라고 보기 어렵다.

① 도덕상의 선과 악은 인간의 이성과 개개인의 의지를 제외한 다른 어떠한 것에도 귀속되지 않는다.

② 주관의 지향성 속에서 가치의 선험적인 근거를 찾고자 선천적인 것과 후천적인 것을 혼동해서는 안 된다.

③ 사회 구성원 간 충돌되는 욕구로 인해 발생하는 갈등은 개인이 본성을 따르기 때문에 생기는 도덕적 문제이다.

④ 도덕적 가치는 외적으로 규정되며 자연적인 본능과 도덕적인 규범 사이에는 연계성이 없다.

⑤ 사람의 본성을 버드나무라고 가정한다면 도덕적인 인(仁)이나 의(義)는 그 버드나무로 만든 그릇과 같다.

04. 다음 글을 통해 추론한 내용으로 가장 적절하지 않은 것은?

오존층의 구멍을 발견하여 노벨상을 받은 대기화학자 파울 크뤼천이 2000년 국제 지권-생물권 프로그램이라는 국제회의에서 "우리는 지금 홀로세가 아니라 인류세에 살고 있다"라고 말하면서 '인류세'라는 용어가 국제적인 관심과 논의의 대상으로 부상하였다. 인류세는 인류를 뜻하는 Anthropos와 지질 시대를 구분할 때 사용하는 시대 단위 Cene의 합성어로, 인간의 활동으로 인해 지구의 환경이 바뀐 지질 시대를 의미한다. 우리가 살고 있는 지구는 46억여 년간 엄청난 변화를 겪어왔으며, 각각의 지질 시대를 구분하는 근본적인 기준은 지각 변화와 생물종의 변화라는 '자연'에 있다.

지질 시대는 선(先)캄브리아대에서 시작하여 최초로 육상 생물이 등장한 고생대, 공룡과 같은 파충류가 살았던 중생대, 포유류가 번성한 신생대로 분류된다. 여기서 신생대를 세분화하여 약 6500만 년 전에 공룡이 멸종하고 포유류의 번성이 시작된 약 170만 년 전까지를 제3기, 그 이후부터 현재까지를 제4기로 구분한다. 제4기는 다시 매머드, 순록 등의 거대 포유류가 생육하고 현생 인류가 발생하여 진화한 플라이스토세와 인류의 문명이 시작된 약 1만 1700년 전부터 현재에 해당하는 홀로세로 나뉜다. 공식적으로 인류는 홀로세에 살고 있으나, 크뤼천에 의한 인류세의 언급 이후 과학계에서는 인류세의 공식 도입을 전제로 고유의 특징을 확인하고 그 시작 시점을 결정하기 위한 각종 연구가 이어지고 있다.

새로운 지질 시대를 구분하는 중요한 단서는 현재의 환경 변화가 자연에 지질학적 흔적을 남길 수 있는가로 결정된다. 인류세의 기준은 과거와 달리 자연이 아닌 인간이 이끌고 있다는 점에서 이전 지질 시대와 차별되는데, 인류세가 자연에 뚜렷하게 남길 것으로 예상되는 가장 큰 지질학적 흔적으로는 질소가 제시된다. 오늘날 인류는 약 77억 명에 이르는 인구의 생존을 위해 식량을 생산하면서 막대한 양의 비료를 사용하고 있고, 이는 지구의 질소가 거의 식량을 생산하는 데 사용되고 있음을 의미한다. 미래의 과학자들은 인류세의 지층에 나타나는 질소의 독특한 속성을 발견할 수 있으리라고 예측된다.

플라스틱도 인류세가 남길 흔적 중 하나로 손꼽힌다. 인류가 사용하고 버린 플라스틱 쓰레기는 심해부터 극지방까지 지구 방방곡곡에 퍼져 있으며, 바람과 파도 등에 분해된다고 하더라도 미세 플라스틱 입자가 고스란히 쌓여 지질학적으로 관찰할 수 있는 지층을 형성한다. 또한, 자연에서 탄소는 질량수에 따라 12, 13, 14 세 종류의 동위 원소를 가지는데, 안정 동위 원소인 탄소-12와 탄소-13은 변화가 없지만 불안정한 탄소-14는 시간이 흐를수록 붕괴되고, 오늘날 화석 연료의 사용으로 동위 원소 비율이 변화하기 때문에 후대에 지층을 검사하였을 때 현 인류가 탄소를 얼마나 사용했는지 측정할 수 있다.

식생활의 변화로 인한 생물상의 급변도 하나의 흔적이 된다. 홀로세가 시작된 시기의 생물상은 야생동물이 대부분이었으나, 현재는 가축이 육상 척추 생물의 65%가량을 차지하고 있다. 양계장에서 사육하는 닭의 수가 지구에 사는 모든 조류의 수를 합한 것보다 많다는 점에서, 인류세를 상징하는 흔적이 닭 뼈 화석일 것이라는 의견도 제기되고 있다. 이외에도 핵실험으로 말미암은 방사성 낙진, 희토류 원소, 콘크리트, 알루미늄 등의 금속이 인류세 흔적의 후보로 지목되고 있다.

한편, 인류세라는 용어에 공감하지 않는 것은 물론이고 인류세를 지정하는 것을 반대하는 과학자들도 다수 있다. 홀로세가 시작된 지 얼마 되지 않았다는 점을 참작하였을 때 인류세라는 개념을 도입하는 것은 너무 이르다는 것이다. 또한, 홀로세가 인류의 문명과 함께 시작되었기 때문에 구태여 인류세를 구분할 필요가 없다는 의견도 있다. 인간이 지구에 영향을 미친 전체 기간은 미래를 감안하여도 지구가 인간에 의해 변화되었음을 확인하기엔 너무 짧다는 것이다. 그러나 인류세가 다른 지질 시대와 완벽히 구분되는 지질 시대라는 의견이 강력한 만큼 과학자들 사이에서 갑론을박이 이어지면서 2016년에 국제 층서 위원회(ICS)에서 인류세의 공식 도입 여부를 두고 투표를 진행하였으나, 여전히 그 결론은 내려지지 않은 실정이다.

① 현생 인류는 신생대 제4기의 플라이스토세에 발생하여 진화하고 홀로세에 문명이 시작되었다.

② 홀로세 초기의 생물상은 대부분 야생동물이었으나 현재는 닭이 육상 척추 생물의 약 65%를 차지한다.

③ 인류가 화석 연료를 사용하면서 자연에서 세 종류를 갖는 탄소의 동위 원소 비율이 달라지고 있다.

④ 학술적으로 분류된 각각의 지질 시대는 자연의 지각 변화와 생물종의 변화를 근거로 구분 지어진다.

⑤ 인류세를 이전 지질 시대와 구분하기 위한 지질학적 흔적은 인간이 주도적으로 자연에 남기고 있다.

05. 다음 글의 서술상 특징으로 가장 적절하지 않은 것은?

> 장난감 기차는 반 시간이 못 되어 불국사 역까지 실어다 주고, 역에서 등대(等待)했던 자동차는 10리 길을 단숨에 껑청껑청 뛰어서 불국사에 대었다. 뒤로 토함산을 등지고 왼편으로 울창한 송림을 끌며 앞으로 광활한 평야를 내다보는 절의 위치부터 풍수장이가 아닌 나의 눈에도 벌써 범상치 않았다. 더구나 한 번 돌층층대를 쳐다볼 때 그 굉장한 규모와 섬세한 솜씨에 눈이 어렸다.
>
> 초장 당시엔 낭떠러지로 있던 곳을 돌로 쌓아올리고, 그리고 이 돌층층대를 지었음이리라. 동쪽과 서쪽으로 갈리어 위 아래로 각각 둘씩이니 전부는 4개인데 1개의 층층대가 대개 17,8 계산이요, 길이는 57,8척으로 양가에 놓인 것과 가운데 뻗친 놈들은 돌 한 개로 되었으니, 얼마나 끔찍한 인력을 들인 것을 짐작할 것이요, 오늘날 돌로 지은 총독부와 조선은행에도 이렇듯 대패로 민 듯한 돌은 못 보았다 하면 얼마나 그 때 사람이 돌을 곱게 다룬 것을 깨달을 것이다. 돌층층대의 이름은 동쪽엔 아랫것은 청운교(靑雲橋), 위의 것은 백운교(白雲橋)요, 서쪽엔 아랫것은 연화교(蓮花橋), 위의 것은 칠보교(七寶橋)라 한다. 층층대라 하였지만 아래와 위가 연락되는 곳마다 요샛말로 네모 난 '발코니'가 되고 그 밑은 '아치'가 되었는데 인도자의 설명을 들으면 옛날에는 오늘날의 잔디밭 자리에 깊은 못을 팠고 이 '아치' 밑으로 맑은 물이 흐르며 그림배(畵船)가 드나들었다 하니 돌층층대를 다리라 한 옛 이름의 유래를 터득할 것이다.
>
> 층층대 상하에는 손잡이 돌이 우뚝우뚝 서고 쇠사실인지 은사실인지 둘러 꿴 흔적이 아즉도 남았다. 귀인이 절을 찾을 때엔 저편 못가에 나려 그림배를 타고 들어와 다시 보교를 타고 이 돌층층대를 지나 절 안으로 들어가기도 하였단다. 넓은 못에 연꽃이 만발한데 다리 밑으로 돌아드는 맑은 흐름엔 으리으리한 누각과 석불의 그림자가 용의 모양으로 그리고 그 위로 소리 없이 떠나가는 그림배! 나는 당년의 광경을 머리 속에 그리며 스스로 황홀하였다. 활동사진에서 본 물의 도시 '베니스'의 달빛 긴 바닷가에 그림배를 저어가는 청춘남녀의 광경이 선하게 나타난다.
>
> 이 돌층층대를 거쳐 문루(門樓)를 지나 서니 유명한 다보탑과 석가탑이 눈앞에 나타난다. 이 두 탑은 물론 돌로 된 것이다. 그렇다! 그것은 만져 보아도 돌이요, 뚜들겨 보아도 돌임에 틀림이 없다. 그러나 석가탑은 오히려 고만둘지라도, 다보탑이 돌로 되었다는 것은 아모리 하여도 눈을 의심하지 않을 수 없었다. 연한 나무가 아니요, 물씬물씬한 밀가루 반죽이 아니고, 육중하고 단단한 돌을 가지고야 저다지도 곱고 어여쁘고 의젓하고 아름답고 빼어나고 공교롭게 잔손질을 할 수 있으랴!
>
> 만을 그 탑을 맨든 원료가 정말 돌이라면, 신라 사람은 돌을 돌같이 쓰지 않고 마치 콩고물이나 팥고물처럼 맘대로 뜻대로 손가락 끝에 휘젓고 주무르고 하는 신통력을 가졌던 것이다. 귀신조차 놀래고 울리게 하는 재조란 것은 이런 솜씨를 두고 이름이리라.
>
> 탑의 네 면엔 자그마한 어여쁜 돌층층대가 있고 그 층층대를 올라서니 가운데는 위층을 떠받치는 중심 기둥이 있고 네 귀에도 병풍을 접어 놓은 듯한 돌기둥이 또한 섰는데 그 기둥과 두 층대의 석반을 받든 어름에는, 나무로도 오히려 깎아내기 어려울 만한 소로(小爐)가 튼튼하게 아름답게 손바닥을 벌렸다. 지붕 위엔 제2층의 네모 난 돌난간이 둘러 쟁반 같은 이층 지붕을 받들었고, 그 위엔 8모 난 돌난간과 세상에도 진귀한 꽃잎 모양을 수놓은 듯한 돌쟁반이 탑의 8모 난간을 받들었다. 석공이 기절(奇絶)했던 것은 물론이거니와 이런 기상천외의 의장은 또 어데서 얻어온 것인고!
>
> 바람과 비에 시달린 지 천여 년을 지난 오늘날에도 조금도 기울어지지 않고, 이지러지지 않고, 옛 모양을 변하지 않았으니, 당대의 건축술도 또한 놀랠 것이 아니냐?
>
> - 현진건, 〈고도순시(古都順視) 경주〉

① 감탄사를 활용하여 서술자가 느낀 주관적 감흥을 나타내고 있다.

② 대상이 지니는 예술적 가치를 설명하며 불교적 색채를 드러내고 있다.

③ 현재 시제 문장을 사용하여 여행의 현실감과 현장감을 부각하고 있다.

④ 여정을 시간의 흐름에 따라 견문(見聞)을 중심으로 서술하고 있다.

⑤ 치밀한 묘사를 통해 대상으로부터 받은 지배적인 인상을 표현하고 있다.

[06-07] 다음 글을 읽고 각 물음에 답하시오.

아인슈타인이 입자성을 통해 정리한 광전효과는 일정 진동수 이상의 빛을 금속 등의 물질에 비추면 그 물질의 표면에서 자유 전자가 튀어나오는 현상을 말한다. 금속과 같은 물질 속에는 원자가 존재한다. 이 원자는 원자핵과 음전하를 띠는 전자로 이루어져 있으며, 원자핵은 양성자와 중성자로 이루어져 있다. 이때 양성자와 전자는 균형 상태이므로 양성자가 많을수록 전자 역시 많을 수밖에 없다. 전자는 여러 겹의 궤도로 돌고 있기 때문에 에너지를 얻을 경우 원자핵으로부터 멀어지는 궤도로, 반대로 에너지를 빼앗길 경우에는 원자핵에 가까운 궤도로 옮겨간다. 원자핵으로부터 먼 궤도를 돌고 있는 전자는 비교적 자유롭게 떠돌아다녀 자유 전자라 불리는데, 이와 같은 자유 전자는 낮은 강도의 에너지만 얻어도 궤도를 이탈하게 된다.

보통 금속 등의 물질 속에 존재하는 전자는 양전하의 전기력으로 속박되어 있어 움직임이 자유로울 수 없다. 이 때문에 물질에 빛을 가까이하면 빛이 가진 입자성으로 인해 빛을 구성하는 기본 단위인 광양자가 금속의 전자와 충돌하게 된다. 광양자와 전자가 충돌하는 순간 전자는 광양자의 에너지를 얻게 되는데, 전자가 얻은 에너지의 양이 전자와 원자핵 간 결합 에너지인 일함수보다 많다면 전자는 속박 에너지를 끊고 방출된다. 다시 말해 전자가 광양자로부터 충분한 에너지를 받는다면 광전효과가 발생하게 된다.

그렇다면 이러한 원리의 광전효과는 우리 실생활 어떤 분야에서 사용되고 있을까? 대표적으로는 음주측정기가 광전효과를 활용한 사례로 손꼽힌다. 음주측정기는 운전자의 음주량을 측정하는 기구로, 운전자가 숨을 내쉬는 순간 나오는 알코올 정도를 통해 혈중알코올농도를 파악하는 기구이다. 만약 음주를 한 사람이 음주측정기를 불었다고 가정해 보자. 음주측정기 안에는 백금 전극 두 개가 들어있는데, 음주자가 내쉰 숨에는 알코올 성분이 포함되어 있으므로 알코올 성분은 음주측정기 내에 흘러 들어가 백금판에 닿게 되고, 알코올은 다시 푸른색 가스로 변환되며 전자가 방출된다. 이 과정에서 백금 전극 사이에서는 전류가 발생하며, 전류는 알코올의 양이 많을수록 높아지기 때문에 발생한 전류의 정도를 통해 음주를 한 사람의 음주 여부와 혈중알코올농도를 파악할 수 있다.

우리가 흔히 친환경 에너지로 알고 있는 태양광 발전도 광전효과의 영향으로 운용된다. 태양 전지는 양공이 많은 P형 반도체와 전자가 많은 N형 반도체가 접합된 구조로 이루어져 있다. 여기서 양공이란 전자가 빠져나간 구멍으로, 그 구멍이 양전하를 띠고 있는 것을 말한다. P형 반도체와 N형 반도체가 접합되면 양공과 전자가 결합하면서 N형 반도체는 양극을 띠고, P형 반도체는 음극을 띠게 된다. 이때 태양빛을 받게 되면 광전효과에 의해 양공에 들어가 있던 전자가 튀어나오게 되고, N형 반도체로 전자가 모이게 되며 P형 반도체로는 양공이 모이게 된다. 이후 N형 반도체와 P형 반도체 사이에 전위차가 발생하고, 여기에 전류가 흐를 수 있는 길을 만들어주면 N형 반도체에서 P형 반도체로 전류가 흐르게 되는데, 태양광 발전은 이와 같은 상황을 반복하며 전기 에너지를 만들어낸다. 음주측정기나 태양광 발전 외에도 광전효과는 자동으로 불이 켜지는 현관의 센서, 도난 경보기, 자동문 등에서도 쉽게 찾아볼 수 있을 만큼 우리 생활 가까이에 있다.

06. 다음 글을 통해 추론한 내용으로 적절한 것은?

① 태양 전지에 빛 에너지를 가하면 P형 반도체로는 전자가, N형 반도체로는 양공이 모인다.

② 전자는 에너지를 얻을수록 원자핵과 가까운 궤도로, 에너지를 잃을수록 원자핵에서 먼 궤도로 움직이게 된다.

③ 음주측정기 내에 전류가 많이 발생했다는 것은 음주측정기 안으로 들어간 알코올이 많은 양의 전자를 방출했다는 의미이다.

④ 전자가 물질로부터 방출되기 위해서는 광양자와 충돌 시 얻게 되는 에너지가 일함수보다 적어야 한다.

⑤ 전위차가 발생한 N형 반도체와 P형 반도체 사이에 전류의 흐름이 원활해지면 P형 반도체에서 N형 반도체 쪽으로 전류가 흐른다.

07. 윗글을 읽고 A, B 두 사원이 나눈 대화가 다음과 같을 때, 빈칸에 들어갈 내용으로 가장 적절한 것은?

> A 사원: 아인슈타인이 정리한 광전효과에 대해 알고 있나요?
> B 사원: 일정 진동수 이상의 빛을 금속과 같은 물질에 비출 때, 그 물질의 표면에서 자유 전자가 방출되는 현상으로 알고 있어요.
> A 사원: 맞아요. 광전효과는 태양광 발전이 전기 에너지를 만들어내는 원리로도 작용한다고 하더라고요?
> B 사원: 네. N형 반도체와 P형 반도체 사이에 전위차가 발생한 이후에 (   ) 상황을 반복하여 전기 에너지를 만들어내죠.

① P형 반도체가 음극을 띠고, N형 반도체가 양극을 띠는

② 자유 전자가 높은 강도의 에너지만을 얻어 궤도를 이탈하는

③ 전류가 N형 반도체에서 P형 반도체로 흐르게 되는

④ 양전하와 음전하를 띠고 있는 구멍에 전자가 빠져나가는

⑤ 양전하의 전기력으로 속박되어 있는 전자가 움직임이 자유롭지 않은

[08~10] 다음 보도자료를 읽고 각 물음에 답하시오.

한국철도공사(이하 코레일)가 노후화된 철도운영정보시스템인 IRIS와 XROIS에 최신 IT 기술을 전면 도입한다고 밝혔다. 2022년 9월 코레일은 노후화된 시스템을 통합 및 재구축을 시작했으며, 2024년 8월 완료를 목표로 열차 운영에 빅데이터 도입을 통한 빠르고 정확한 정보 제공을 위해 노력할 방침이다.

코레일이 공개한 2023년도 정보화 사업 현황 자료에 따르면 시스템 고도화, 인프라 구축·개량, 운영·유지관리, 소프트웨어 개발, 정보화 컨설팅 등의 사업으로 구분된다. 이중 시스템 고도화 및 인프라 구축·개량 사업에 정보통신공사업체들이 참여할 수 있을지 모두의 관심이 집중되고 있다. 노후화된 시스템 통합 및 재구축 사업에 앞서 차세대 철도운영정보시스템인 XROIS와 고속철도 통합정보시스템인 IRIS를 클라우드 기반 시스템으로 통합 및 재구축하는 고도화 사업이 진행되고 있다. 해당 사업은 2024년 12월까지 30개월간 약 24억 원을 투입하여 추진될 예정이다. 특히 코레일은 사용자의 편의 향상을 위해 현재 운영 중인 시스템 구성을 HTML5 웹 기반 시스템으로 대체함으로써 보안 취약점을 해소할 방침이다. 해당 사업은 2022년 6월 입찰이 진행됐으며, 이를 통해 코레일은 샘플 페이지 개발 추진, 시스템 분석 및 설계, 시스템별 화면 설계를 추진한다.

이와 더불어 표준기록관리시스템도 개선될 방침이다. 지난 2009년 정부로부터 무상으로 지원받아 사용하고 있는 표준기록관리시스템은 운영체계 및 데이터의 호환이 불가능하며, 보안 문제가 발생할 뿐 아니라 그룹웨어 서버에 부하 문제 발생 등으로 인해 개선이 시급한 상황이었다. 이에 코레일은 다양한 유형의 기록정보자원을 보다 체계적으로 관리하고 효율적으로 활용할 수 있도록 클라우드를 기반으로 하는 차세대 기록관리시스템 구축의 필요성을 절감하였다. 차세대 기록관리시스템 구축 사업은 2022년 4월 발주를 시작으로 2022년 연말까지 총 17억 2900만 원이 투입되었으며, 해당 사업에는 클라우드 기반의 운영 환경 구축뿐 아니라 전자기록 선별 기준을 수립하고, 업무별·조직별 기록물 검색 서비스를 제공하기 위해 기록물 분류체계 표준화 사업도 포함되어 있다.

또한, 보안 사고를 미연에 방지하기 위해 대응 시스템을 마련하였다. 사이버 공격의 형태가 단순한 웹 해킹을 넘어섰으며, 교통이나 통신, 전력과 같은 국가기반시설에 대한 공격으로 발전함에 따라 전문 보안관제 기업과 협업해 사이버 침해 사고나 자료 유출 등의 보안 문제를 예방한다는 생각이다. 한편 코레일은 IT 인프라 구축 및 개량 사업 중 하나로 L3 스위치 교체사업을 추진한다는 계획도 밝혔다. 논산역, 상주역, 부산진역, 곡성역, 군산역 등 16개소에 설치된 근거리 통신망에 사용되는 디지털 전송장치인 CSU와 일반 전화선을 사용해 데이터를 전송하는 근거리 통신망 DSL은 2Mbps 이하 저용량 네트워크 장비로, 부품이 단종되었거나 서비스가 종료된 제품이다. 이에 코레일은 16개소에 설치된 L3 스위치 35대를 10Mbps 이상 장비로 교체하겠다고 밝힌 바 있다.

08. 위 보도자료를 읽고 이해한 내용으로 가장 적절하지 않은 것은?

① 차세대 기록관리시스템 구축 시 전자기록 선별 기준을 마련하는 사업이 함께 진행된다.

② 논산역을 포함한 16개소의 역에 설치된 L3 스위치는 2Mbps의 장비로 교체된다.

③ 표준기록관리시스템은 2009년 이래로 정부로부터 어떠한 대가 없이 지원받고 있다.

④ 근거리 통신망에 사용하기 위해 현재 곡성역에 설치되어 있는 CSU는 부품이 단종되었거나 서비스가 종료된 제품이다.

⑤ IRIS와 XROIS의 고도화 사업은 노후화된 시스템 통합 및 재구축 사업보다 먼저 진행되었다.

09. 위 보도자료의 제목으로 가장 적절한 것은?

① 철도안전시스템에 최신 IT 기술 전면 도입

② 빅데이터 도입을 통한 철도차량 안전 점검 시행

③ 사이버 전문 보안관제 기업과 합동 안전 점검 실시

④ 한국철도공사의 정보화 사업 추진 현황

⑤ 경영 정상화를 위한 철도운영정보시스템 재구축 시행

10. 위 보도자료를 읽고 A~D 사원이 다음과 같이 대화를 나눴다고 할 때, 다음 중 적절하지 않은 발언을 한 사원을 모두 고르면?

A 사원: 철도운영정보시스템 고도화 작업에 정보통신공사업체들이 참여할 수 있는지는 아직 확인된 바가 없나 보네.

B 사원: 철도운영정보시스템 구성이 HTML5 웹 기반 시스템으로 바뀌면 정보보안은 더욱 강화될 거라 안심이야.

C 사원: 나는 고속철도 통합정보시스템의 구성을 교체할 때 샘플 페이지 개발도 함께 추진된다는 사실이 흥미로워.

D 사원: 기록관리시스템도 클라우드를 기반으로 새롭게 구축된다면 기록정보자원을 효율적으로 활용할 수는 있으나 정보보안은 취약해질 수밖에 없겠네.

① A 사원   ② D 사원   ③ A사원, C 사원   ④ B사원, C 사원   ⑤ C 사원, D 사원

11. A, B, C가 혼자서 직무 X를 완료하는 데 각각 9일, 15일, 30일이 소요된다고 한다. A와 B가 함께 3일간 직무 X를 진행하고, 이후 C가 이어받아 혼자 직무 X를 진행했을 때, C가 직무 X를 완료하는 데 소요된 일수는?

① 10일 　　　　② 11일 　　　　③ 12일 　　　　④ 13일 　　　　⑤ 14일

12. 현모는 숫자를 입력하면 소수점 첫째 자리에서 반올림되는 계산기에 입력된 숫자를 맞히는 게임을 하고 있다. 다음 조건을 모두 고려하였을 때, 3A+B의 값으로 옳지 않은 것은?

- A와 B는 모두 소수점 한 자리 이상을 가진 수이다.
- A+B의 값을 계산기에 입력하면 13이 나온다.
- 계산기에 A를 입력하면 5가 나온다.

① 21.5 　　　　② 22.9 　　　　③ 23.4 　　　　④ 24.3 　　　　⑤ 24.5

13. K 공사에서는 지난 한 해 동안 K 공사를 이용한 고객을 대상으로 고객 만족도 평가를 진행하였다. 고객 만족도 평가는 '만족' 또는 '불만족'으로만 응답이 이루어져 있으며, '만족'이라고 응답한 고객 한 명당 +3점의 점수를 매기고, '불만족'이라고 응답한 고객 한 명당 −4점의 점수를 매겨 고객 만족도 평가 점수를 정리하였다. 조사 대상 고객이 200명일 때, 고객 만족도 평가 점수가 80점 이상이 나왔다면 '불만족'이라고 응답한 고객의 최대 인원수는?

① 58명 　　　　② 74명 　　　　③ 98명 　　　　④ 111명 　　　　⑤ 126명

[14 – 15] 다음은 프리랜서 겸업 및 전업 종사 경험률에 대한 자료이다. 각 물음에 답하시오.

[20XX년 프리랜서 겸업 및 전업 종사 경험률]

(단위: 명, %)

구분		겸업			전업		
		응답자 수	예	아니오	응답자 수	예	아니오
성	남성	44,722	63.1	36.9	65,055	74.7	25.3
	여성	31,313	74.8	25.2	37,450	78.1	21.9
연령	30대 이하	24,051	81.4	18.6	31,315	82.0	18.0
	40대	15,679	72.9	27.1	20,041	80.0	20.0
	50대	18,245	60.9	39.1	19,277	74.6	25.4
	60대 이상	18,060	52.6	47.4	31,872	68.3	31.7
예술활동 분야	문학	6,840	57.1	42.9	6,472	73.1	26.9
	미술	17,156	77.9	22.1	29,111	78.1	21.9
	공예	1,109	51.2	48.8	867	58.8	41.2
	사진	6,662	35.2	64.8	4,437	62.4	37.6
	건축	1,194	33.0	67.0	2,530	7.8	92.2
	음악	5,557	69.7	30.3	5,862	67.5	32.5
	국악	3,066	69.5	30.5	4,915	69.4	30.6
	대중음악	11,206	79.7	20.3	14,365	92.0	8.0
	방송	3,058	72.5	27.5	7,280	82.4	17.6
	무용	2,777	77.7	22.3	3,844	71.8	28.8
	연극	7,883	72.5	27.5	10,634	82.6	17.4
	영화	1,883	84.9	15.1	3,928	85.7	14.3
	만화	304	67.2	32.8	1,632	96.5	3.5
	기타	7,340	57.6	42.4	6,628	58.1	41.9

※ 출처: KOSIS(문화체육관광부, 예술인실태조사)

14. 다음 중 자료에 대한 설명으로 옳은 것을 모두 고르면?

> ㉠ 프리랜서 종사 경험 응답자 수가 세 번째로 많은 연령대는 겸업과 전업 모두 같다.
> ㉡ 기타를 제외한 예술활동 분야의 응답자 수가 겸업이 전업보다 높은 분야는 총 3가지이다.
> ㉢ 겸업 종사 경험 응답자 중 '예'라고 응답한 수는 남성보다 여성이 많다.
> ㉣ 전업 종사 경험 응답자 수가 가장 적은 연령대에서 '아니요'라고 응답한 수는 약 4,896명이다.

① ㉠, ㉡   ② ㉠, ㉢   ③ ㉡, ㉢   ④ ㉡, ㉣   ⑤ ㉢, ㉣

15. 겸업 종사 경험 응답자 중 미술과 대중음악 분야에서 '예'라고 응답한 수의 합과 전업 종사 경험 응답자 중 미술과 대중음악 분야에서 '예'라고 응답한 수의 합의 차이는 약 얼마인가? (단, 소수점 첫째 자리에서 반올림하여 계산한다.)

① 9,371명   ② 10,723명   ③ 11,362명   ④ 12,925명   ⑤ 13,656명

[16-17] 다음은 국가별 해외조림 산업의 통계량에 대한 자료이다. 각 물음에 답하시오.

[국가별 해외조림 산업의 통계량]

(단위: ha)

구분	2010년	2011년	2012년	2013년	2014년	2015년
뉴질랜드	8,871	8,871	8,871	11,095	12,300	12,659
솔로몬	15,310	15,727	16,121	16,561	16,983	17,416
인도네시아	152,314	170,437	189,723	219,991	259,041	296,288
베트남	19,229	20,283	20,523	20,731	21,266	22,131
필리핀	300	3,300	3,300	3,300	3,300	3,300
중국	7,670	7,670	7,670	7,670	7,670	7,670
파라과이	2,600	2,600	2,600	2,681	2,981	3,131
라오스	470	470	470	470	470	470
우루과이	820	2,616	5,187	5,841	5,890	5,890
캄보디아	1,000	5,066	8,326	9,126	10,782	12,060

※ 해외조림 산업: 우리나라 국민이 국내 반입이나 다른 나라에 수출하는 것을 목적으로 나무를 심어 재배하는 산업

16. 다음 중 자료에 대한 설명으로 옳은 것을 모두 고르면?

a. 제시된 기간 동안 해외조림 산업의 통계량이 매년 동일한 국가는 총 1개국이다.
b. 2013년부터 2015년까지 캄보디아의 해외조림 산업 통계량의 평균은 약 10,656ha이다.
c. 2014년 뉴질랜드 해외조림 산업 통계량의 전년 대비 증가율은 20% 이상이다.
d. 2012년부터 2015년까지 캄보디아의 해외조림 산업 통계량이 전년 대비 가장 많이 증가한 해는 2012년이다.

① a, c   ② a, d   ③ b, c   ④ b, d   ⑤ c, d

17. 다음 중 국가별 해외조림 산업의 전년 대비 증가량을 그래프로 나타낸 것으로 옳지 않은 것은?

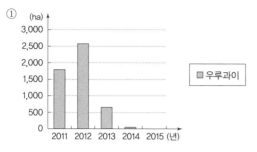

① (ha) 우루과이

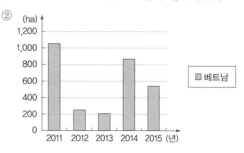

② (ha) 베트남

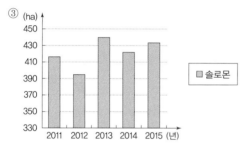

③ (ha) 솔로몬

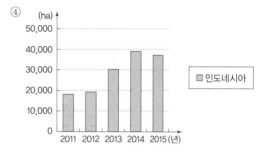

④ (ha) 인도네시아

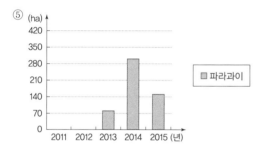

⑤ (ha) 파라과이

[18-20] 다음은 측정항목별 철도 역사 내 연평균 공기 질 현황 및 열차 객실 내 연평균 공기 질 현황에 대한 자료이다. 각 물음에 답하시오.

[측정항목별 철도 역사 내 연평균 공기 질 현황]

구분	기준치	2X21년		2X22년		2X23년	
		지하	지상	지하	지상	지하	지상
미세먼지(μg/m³)	120	68	62	50	26	43	32
초미세먼지(μg/m³)	45	18	20	22	17	26	㉠ 31
이산화탄소(ppm)	80	32	36	35	34	36	40
폼알데하이드(μg/m³)	80	21	17	16	7	8	11
일산화탄소(ppm)	5	2	1	㉡ 3	2	2	2

[측정항목별 열차 객실 내 연평균 공기 질 현황]

구분			기준치	2X21년	2X22년	2X23년
미세먼지(μg/m³)	A 열차		150	110	125	112
	B 열차		120	㉢ 105	113	108
초미세먼지(μg/m³)	A 열차		60	22	26	㉣ 34
	B 열차		50	㉤ 18	12	17
이산화탄소(ppm)	A 열차	혼잡	2,400	1,080	1,115	1,526
		비혼잡	1,600	1,050	988	1,202
	B 열차	혼잡	2,400	1,672	1,424	1,899
		비혼잡	1,600	1,035	1,228	1,134

18. 다음 중 자료에 대한 설명으로 옳지 않은 것은?

① 제시된 기간 동안 철도 역사 내 연평균 공기 질은 지하와 지상에서 모두 미세먼지 수치가 초미세먼지 수치보다 높다.

② 제시된 기간 동안 지상에 해당하는 철도 역사 내 연평균 이산화탄소 수치의 평균은 35ppm 이상이다.

③ 2X23년 혼잡할 때와 비혼잡할 때 B 열차의 객실 내 연평균 이산화탄소 수치 차이는 755ppm이다.

④ 제시된 기간 동안 A 열차의 객실 내 연평균 미세먼지 수치가 기준치를 초과한 해는 없다.

⑤ 2X22년부터 2X23년까지 지하에 해당하는 철도 역사 내 연평균 폼알데하이드 수치는 매년 전년 대비 감소하였다.

19. 공기 질 등급 기준표가 다음과 같을 때, ㉠~㉤ 중 등급이 나머지와 다른 하나는?

등급	Blue	Green	Yellow	Red
기준치 기준	25% 미만	25% 이상 50% 미만	50% 이상 100% 미만	100% 이상

※ 기준치 기준(%) = (오염도 / 기준치) × 100

① ㉠   ② ㉡   ③ ㉢   ④ ㉣   ⑤ ㉤

20. ○○공사의 H 사원이 자료를 보고 그래프를 작성하였을 때, 그래프 (가), (나)에 대한 설명으로 옳지 않은 것은?

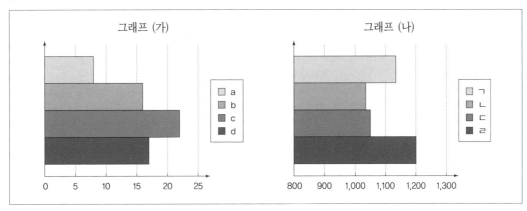

① 그래프 (가)의 a는 폼알데하이드 수치이다.

② 그래프 (나)가 A 열차의 이산화탄소 수치라면, ㄹ은 비혼잡한 열차 객실 내 연평균 이산화탄소 수치이다.

③ 그래프 (가)가 2X22년 측정항목별 철도 역사 내 연평균 공기 질 현황이라면, b는 지하의 폼알데하이드 수치이다.

④ 그래프 (나)가 연도별 비혼잡한 A 열차 및 B 열차의 객실 내 연평균 이산화탄소 수치라면, ㄷ은 2X21년 B 열차이다.

⑤ 그래프 (나)가 2X21~2X22년 혼잡한 A 열차와 비혼잡한 B 열차의 객실 내 연평균 이산화탄소 수치라면, ㄱ은 2X22년 A 열차이다.

21. A, B, C, D 4명은 각자 프랑스, 독일, 이탈리아 중 하나의 국가로 여행을 다녀왔고, 기념품은 열쇠고리, 시계, 화장품, 초콜릿 중 한 가지를 구매하였다. 다음 조건을 모두 고려하였을 때, 항상 옳지 않은 것은?

> - 프랑스, 독일, 이탈리아 중 한 명도 여행을 다녀오지 않은 나라는 없다.
> - A가 구매한 기념품은 시계 또는 화장품 중 하나이다.
> - 이탈리아로 여행을 다녀온 사람이 구매한 기념품은 초콜릿이다.
> - 4명이 구매한 기념품은 모두 다르다.
> - B와 C가 여행을 다녀온 국가는 같고, C가 구매한 기념품은 열쇠고리이다.
> - A가 여행을 다녀온 국가는 프랑스가 아니다.

① B가 구매한 기념품은 화장품이다.

② A가 여행을 다녀온 국가는 이탈리아가 아니다.

③ 독일로 여행을 다녀온 사람이 구매한 기념품은 시계가 아니다.

④ D가 구매한 기념품은 시계이다.

⑤ C가 여행을 다녀온 국가는 프랑스이다.

22. 영수, 종민, 수호, 민석, 정식 5명은 게임을 하기 위해 함께 PC방에 갔다. 5명은 희망하는 게임의 종류가 달라 2명과 3명으로 동일한 게임을 희망하는 사람끼리 나뉘어 앉았고, 창문 쪽을 바라보는 좌석과 벽 쪽을 바라보는 좌석에 설치된 게임이 달라 2명과 3명은 서로 다른 쪽을 바라보는 좌석에 앉았다. 창문 쪽을 바라보는 좌석은 1번부터 5번까지이고, 벽 쪽을 바라보는 좌석은 6번부터 10번까지이며, 같은 쪽을 바라보는 좌석에 앉은 사람끼리는 연달아 붙어 앉아 게임을 하였다. 다음 조건을 모두 고려하였을 때, 항상 옳은 것은?

- 2번, 8번 좌석은 PC 고장으로 앉을 수 없다.
- 수호는 영수와 같은 쪽을 바라보는 좌석에 앉지 않았다.
- 정식이는 수호보다 번호가 높은 좌석에 앉았다.
- 종민이는 3명이 앉은 쪽 좌석에 앉았으며, 3명 중 가운데에 앉았다.
- 영수는 민석이와 같은 쪽을 바라보는 좌석에 앉았다.
- 민석이는 영수와 정식이보다 번호가 낮은 좌석에 앉았다.

창문 쪽				
1번	2번	3번	4번	5번
10번	9번	8번	7번	6번
벽 쪽				

① 정식이는 10번 좌석에 앉았다.

② 종민이의 오른쪽 좌석에는 정식이가 앉았다.

③ 영수의 뒷좌석에는 아무도 앉지 않았다.

④ 민석이는 3번 좌석에 앉지 않았다.

⑤ 수호와 종민이는 서로 다른 쪽을 바라보는 좌석에 앉았다.

23. 갑, 을, 병, 정, 무 5명이 토너먼트 형식으로 윷놀이를 하여 결과에 따라 상금을 받았다. 다음 게임 진행 방법과 게임 진행 결과를 모두 고려하였을 때, 최종 등수가 1등인 사람이 받은 상금의 총액은?

[게임 진행 방법]
- 윷 패는 도, 개, 걸, 윷, 모 5개로 결정되며, 전진할 수 있는 칸 수가 많은 윷 패가 승리한다. 예를 들어 전진할 수 있는 칸 수가 2칸인 개는 전진할 수 있는 칸 수가 1칸인 도에게 승리하며, 전진할 수 있는 칸 수가 3칸인 걸은 전진할 수 있는 칸 수가 2칸인 개와 1칸인 도에게 모두 승리한다.
- 개로 승리하면 1만 원, 걸로 승리하면 3만 원, 윷 또는 모로 승리하면 5만 원의 상금을 받는다. 예를 들어 한 경기를 진행하여 갑이 개, 을이 윷이 나왔다면 을은 5만 원의 상금을 받는다.
- 경기는 총 3라운드로 이루어지며, 1라운드는 2번, 2라운드와 3라운드는 각각 1번의 경기가 이루어지고, 3라운드가 결승 경기이다.
- 5명 중 4명이 각각 두 팀으로 나뉘어 1라운드를 진행하며, 1명은 부전승으로 1라운드를 진행하지 않고, 2라운드에 진출한다.
- 2라운드에 진출한 3명 중 부전승으로 2라운드에 진출한 사람은 1라운드 승자 중 한 사람과 2라운드를 진행하고, 나머지 1라운드 승자와 2라운드 승자가 3라운드에서 경기를 진행한다.
- 최종 등수가 1등인 사람은 추가로 3만 원의 상금을 받는다.

[게임 진행 결과]
- 모든 경기는 무승부 없이 승패가 결정되었다.
- 갑과 무의 경기에서 갑의 윷 패는 윷이다.
- 무는 매 경기 같은 윷 패가 나왔으며, 병보다 경기 횟수가 많다.
- 정은 2라운드에 진출하였다.
- 갑과 을의 경기 횟수는 동일하며, 을은 1라운드에서 병에게 패배하였다.

① 10만 원   ② 12만 원   ③ 14만 원   ④ 16만 원   ⑤ 18만 원

24. 다음 글의 논지를 강화하는 내용으로 가장 적절한 것은?

> ○○아파트 상가에 위치한 깔끔세탁소는 아파트 주민들 사이에서 세탁을 잘하기로 소문이 자자하다. 이 세탁소는 일반 세탁물은 물론이거니와 평소 집에서 직접 세탁하기 어려운 부피가 큰 세탁물이나 손상되기 쉬운 특수 소재의 세탁물을 손상 없이 세탁할 수 있어 주민들의 만족도가 높다. ○○아파트에 거주하는 현정이는 오랫동안 세탁하지 못했던 이불을 깔끔세탁소에 맡겼고, 세탁 결과에 만족하였다. 현정이와 같은 아파트에 거주하는 세훈이도 이불을 깔끔세탁소에 맡겼다.

① 깔끔세탁소가 확장 공사를 하고 세탁기를 추가로 구매하여 주민들의 만족도가 더욱 높아졌다.

② 현정이와 세훈이 외 1명의 주민이 변형되기 쉬운 가죽 재킷을 깔끔세탁소에 맡겼고 비싼 세탁 비용에 불만족하였다.

③ 세훈이가 깔끔세탁소에 맡긴 이불은 현정이가 맡겼던 이불과 같은 털 빠짐이 많은 오리털 소재의 이불이었고 세탁 결과에 만족하였다.

④ 깔끔세탁소에서 기존에 사용하던 화학 세제 대신 환경오염이 적은 천연 세제로 바꾸면서 고객의 만족도가 더욱 높아졌다.

⑤ 현정이와 세훈이 외 3명의 주민이 두꺼운 이불을 깔끔세탁소에 맡겼고 이불이 수축한 것에 모두 불만족하였다.

[25 – 27] 다음은 ○○시 역사 테마파크 이용 요금 및 할인정보 안내문의 일부이다. 각 물음에 답하시오.

[역사 테마파크 이용 요금]

구분	대인(만 19세~만 64세)	소인(만 7세~만 18세)
이용 요금	3,000원	1,500원

[할인정보]

구분	할인율	비고
카드 할인	15%	• N 문화카드로 인터넷 예매 시 할인
지역 할인	50%	• ○○시 시민 현장 예매 시 할인
단체 할인	25%	• 대인 10인 이상 현장 예매 시 할인(무료 대상자 제외)
무료	100%	• 국가 유공자 • 기초생활수급자 • 차상위 계층

※ 1) 모든 할인은 한 가지만 적용 가능하며, 중복 할인은 불가함(단, 특별 관람권은 할인대상에서 제외)
   2) 무료 대상자는 인터넷 또는 현장 예매를 별도로 하지 않아도 됨

[특별 관람권]

구분	이용기간	요금	기타
통합 관람권	1개월	대인: 10,000원 소인: 5,000원	• 구매일로부터 1개월간 사용 가능 • ○○시 5개 테마파크별 각 1회 한정
무제한 관람권	15일	대인: 15,000원 소인: 7,500원	• 구매일로부터 15일간 사용 가능 • 역사 테마파크에 한하여 15일간 무제한 사용 가능

25. 경희는 친구들과 역사 테마파크에 방문하였다. 다음 특이사항을 근거로 판단할 때, 경희와 친구들이 지불한 총 이용 요금은? (단, 할인을 받은 사람은 자신이 받을 수 있는 가장 높은 할인율의 할인을 받았다.)

[특이사항]

경희	• 만 24세	• N 문화카드 보유	
지영	• 만 17세	• N 문화카드 보유	• 기초생활수급자
연지	• 만 18세	• ○○시 시민	• 무제한 관람권 구매 원함
곤지	• 만 22세	• N 문화카드 보유	• ○○시 시민
태희	• 만 23세	• ○○시 시민	• 차상위 계층

※ 카드 할인을 받은 사람은 인터넷으로 예매하였고 지역 할인을 받은 사람은 현장에서 예매하였음

① 7,545원   ② 9,000원   ③ 11,550원   ④ 12,750원   ⑤ 14,325원

26. 은영이는 가족들과 역사 테마파크에 방문하고자 한다. 다음 특이사항을 근거로 판단할 때, 은영이와 가족들이 지불할 총 이용 요금은? (단, 할인을 받을 사람은 자신이 받을 수 있는 가장 높은 할인율의 할인을 받는다.)

[특이사항]

은영	• 만 23세	• N 문화카드 보유	
아버지	• 만 62세	• ○○시 시민	
어머니	• 만 58세	• ○○시 시민	• N 문화카드 보유
동생	• 만 20세	• ○○시 시민	• 무제한 관람권 구매 원함

※ 카드 할인을 받을 사람은 인터넷으로, 지역 할인을 받을 사람은 현장에서 예매할 예정임

① 13,050원   ② 20,050원   ③ 20,550원   ④ 21,600원   ⑤ 23,550원

27. 경희는 친구들과 역사 테마파크에 가기 전 여행 경비를 계산하기 위해 역사 테마파크 안내소에 전화하여 관련 내용을 상담원에게 문의하였다. 위의 안내문을 근거로 판단할 때, 상담원의 답변으로 옳은 것은?

[상담 내용]

경희: 안녕하세요. 역사 테마파크 이용 요금이 얼마인지 궁금합니다.

상담원: 네, 고객님. 이용 요금은 1인 기준으로 대인은 삼천 원, 소인은 천오백 원입니다.

경희: 아 그렇군요. 입장료가 다소 비싼 것 같은데, 할인받을 수 있는 방법은 없나요?

상담원: ㉠이용 요금에 대한 할인은 카드 할인, 지역 할인, 단체 할인을 제공하고 있으며, 모든 할인은 중복 적용 가능합니다. 만약 국가 유공자와 기초생활수급자, 차상위 계층 중 해당사항이 있으시다면 무료로 이용하실 수 있습니다.

경희: 카드 할인에 대해 자세히 알려주실 수 있나요?

상담원: ㉡네, 카드 할인은 N 문화카드로 인터넷에서 예매하시는 경우에만 이용 요금의 15%를 할인해 드리고 있습니다.

경희: 나머지 두 개의 할인에 대해서도 자세히 알려주세요.

상담원: ㉢지역 할인의 경우 ○○시 시민이라면 누구나 이용 요금의 25%를 현장에서 할인해 드리고 있습니다. 또한, ㉣단체 할인의 경우 누구든 10인 이상이라면 예매를 현장에서 진행하실 때에만 이용 요금의 25%를 할인받으실 수 있습니다.

경희: 그렇군요. 무제한 관람권을 구매하더라도 다른 할인 혜택을 받을 수 있나요?

상담원: ㉤네, 고객님. 무제한 관람권은 특별 관람권에 속하기 때문에 할인대상에 포함되며, 지역 할인을 중복으로 받을 수 있습니다.

① ㉠   ② ㉡   ③ ㉢   ④ ㉣   ⑤ ㉤

[기념주화 예약접수 안내]

규격	액면	모양	재질(%)	지름(mm)	중량(g)
	50,000원	원형	은 99.0	35	23.0

주화 구성 및 가격	주화 구성			주화 가격	
	1종 단품	A 타입	은화 Ⅰ	각 62,500원	
		B 타입	은화 Ⅱ		
		C 타입	은화 Ⅲ	63,500원	
	3종 세트	D 타입	은화Ⅰ, Ⅱ, Ⅲ	182,500원	

발행량	• 주화별 각 6,000장(총 18,000장, 국외분 1,800장 포함) 　- 1종 단품: 주화별 3,000장(총 9,000장) 　- 3종 세트: 3,000세트(총 9,000장)
발행 방법	• 발행량 범위에서 국내분은 ○○공단이 ☆☆은행·△△은행 및 자사 홈페이지를 통해 예약 받으며, 세트별 예약접수량이 국내분을 초과할 경우 무작위 추첨을 통해 당첨자 결정 　※ 단, 예약접수량이 발행량에 미달할 경우 예약 접수분은 신청자에게 그대로 판매되고 나머지 미달분은 ○○공단 홈페이지를 통해 상시 판매 예정 • 국외분은 ○○공단이 해외 판매망을 통해 예약 접수하되 미달 시 잔량은 국내분에 포함
예약접수 기관	○○공단 홈페이지, ☆☆은행 지점 및 홈페이지, △△은행 지점 창구 및 홈페이지 ※ 단, 기관 간 중복 접수 시 1인당 신청한도 초과분은 자동 취소됨
예약접수 기간	2X23. 2. 13.(월) ~ 2X23. 3. 15.(수) ※ 단, 홈페이지 접수 시 접수 개시일 09시부터 접수 마감일 23시까지 예약접수를 완료해야 하며, 구입 비용은 교부개시 시작일 23시까지 입금해야 함
신청자격	대한민국 국민 및 출입국관리법에서 정한 외국인등록증을 소지한 외국인
1인 신청한도 (대리신청 가능)	• 1종 단품: 타입별 최대 5장(주화량 최대 15장) • 3종 세트: 최대 5세트(주화량 최대 15장) 　※ 1) 지점에 방문하여 대리신청 시 대리인 신분증과 신청인 신분증(또는 가족관계증명서)을 모두 제시해야 함 　　2) 비정상적인 경로(매크로 프로그램 등)나 방법으로 접수할 경우 당첨이 취소되거나 배송이 제한될 수 있음
교부개시일	2X23. 4. 28.(금)부터 예약자가 신청한 방법(지점 방문 수령 또는 우편 수령)으로 배부
수령방법	• 방문 수령: 각 지점 방문 수령 　※ 대리인 수령 시 대리인 신분증, 신청인 신분증(또는 가족관계증명서) 예약접수증을 반드시 지참해야 함 • 우편 수령: 착불 배송료 본인 부담 　※ 1) 단, 배송 물품 가액에 따라 배송비 상이함 　　2) 배송 신청자가 동일한 경우라도 신청인 본인이 직접 수령할 분량 이외는 묶음 배송 불가함

28. 위 안내문을 근거로 판단한 내용으로 옳지 않은 것은?

① 매크로 프로그램을 활용하여 접수한 사실이 적발될 경우 당첨이 취소될 수 있다.

② 기념주화의 총 발행량 범위에서 90%는 국내분에 해당된다.

③ 세트별 예약접수량이 발행총량을 초과할 경우 무작위 추첨을 통해 당첨자가 결정된다.

④ 1종 단품 주화는 타입별로 최대 5장, 총 15장까지 구입할 수 있다.

⑤ 지름이 35mm이고, 중량이 23g인 주화의 액면가는 50,000원이다.

29. 위 안내문을 토대로 Q 씨가 아래와 같이 기념주화 구입을 신청한다고 할 때, 다음 중 옳지 않은 것은?

[기념주화 예약접수증]

	신청자	Q	예약일	2X23. 3. 12.(일)
	예약 주화	A 타입, C 타입	신청 수량	A 타입: 2장, C 타입: 4장
	접수 기관	☆☆은행	수령 방법	우편 수령

① Q 씨가 ○○공단 홈페이지를 통해 B 타입 6장을 추가로 예약접수 했다면, 초과분인 B 타입 1장에 대해서만 접수가 자동 취소된다.

② Q 씨가 신청한 기념주화를 수령하게 될 경우 총 379,000원을 입금해야 한다.

③ Q 씨는 신청한 기념주화 수령 시 수령하는 물품에 따른 배송료를 지불해야 한다.

④ Q 씨는 본인이 배송 신청한 기념주화에 대해 수령인에 관계없이 묶음 배송을 신청할 수 있다.

⑤ Q 씨가 처음 신청 수량을 변경하여 D 타입 2세트로 재신청한다면 입금해야 할 비용은 14,000원 줄어든다.

30. 위 안내문을 토대로 L 씨가 아래와 같이 기념주화 구입을 신청한다고 할 때, 다음 중 옳은 것은?

[기념주화 예약접수증]

신청자	L	예약일	2X23. 2. 14.(화)
예약 주화	D 타입	신청 수량	5세트
접수 기관	△△은행	수령 방법	지점 방문 수령

① L 씨는 신청한 기념주화 수령을 위해 2X23. 4. 28.(금)부터 ○○공단에 방문이 가능하다.

② 정상적으로 접수하기 위해 L 씨는 예약 당일에 총 912,500원의 구입 비용을 입금해야 한다.

③ L 씨가 2X23. 2. 13.(월) 이미 D 타입 5세트를 신청하였으며, 수령자 모두 본인으로 지정했을 경우 두 번의 신청 내역 모두 자동 취소된다.

④ L 씨가 외국인이라면 출입국관리법에서 정한 외국인등록증을 소지하고 있어야 기념주화 신청 자격이 주어진다.

⑤ L 씨의 대리인이 기념주화를 수령할 경우 수령 시 대리인 신분증뿐 아니라 L 씨의 신분증과 가족관계 증명서 모두 지참해야 한다.

약점 보완 해설집 p.35

무료 바로 채점 및 성적 분석 서비스 바로 가기
QR코드를 이용해 모바일로 간편하게 채점하고 나의 실력이
어느 정도인지, 취약 부분이 어디인지 바로 파악해 보세요!

NCS 실전모의고사
4회

문제 풀이 시작과 종료 시각을 정한 후, 실전처럼 모의고사를 풀어보세요.

시   분 ~   시   분 (총 30문항/권장 풀이시간 30분)

□ **시험 유의사항**

[1] 한국철도공사 필기시험은 2024년 하반기부터 NCS 직업기초능력 30문항과 직무수행능력(전공) 30문항, 철도관계법 10문항을 70분 동안 푸는 것으로 변경되며, 직렬별 시험 구성은 다음과 같습니다.
- 사무영업(일반, 수송): NCS 직업기초능력(의사소통·수리·문제해결능력) 30문항+직무수행능력(경영학) 30문항 +철도관계법 10문항
- 사무영업(IT): NCS 직업기초능력(의사소통·수리·문제해결능력) 30문항+직무수행능력(컴퓨터일반) 30문항+철도관계법 10문항
- 사무영업(관제): NCS 직업기초능력(의사소통·수리·문제해결능력) 30문항+직무수행능력(철도관계법령) 30문항 +철도관계법 10문항
- 운전/차량: NCS 직업기초능력(의사소통·수리·문제해결능력) 30문항+직무수행능력(기계일반, 전기일반 중 택 1) 30문항+철도관계법 10문항
- 토목: NCS 직업기초능력(의사소통·수리·문제해결능력) 30문항+직무수행능력(토목일반) 30문항+철도관계법 10문항
- 건축(건축일반): NCS 직업기초능력(의사소통·수리·문제해결능력) 30문항+직무수행능력(건축일반) 30문항+철도관계법 10문항
- 건축(건축설비): NCS 직업기초능력(의사소통·수리·문제해결능력) 30문항+직무수행능력(건축설비) 30문항+철도관계법 10문항
- 전기통신: NCS 직업기초능력(의사소통·수리·문제해결능력) 30문항+직무수행능력(전기이론) 30문항+철도관계법 10문항

[2] 본 모의고사는 직업기초능력(NCS) 30문항으로 구성되어 있으므로, 직종에 맞는 전공 문항을 추가로 풀어보는 것이 좋습니다.

[3] 본 교재 마지막 페이지에 있는 OMR 답안지와 해커스ONE 애플리케이션의 학습타이머를 이용하여 실전처럼 모의고사를 풀어보시기 바랍니다.

01. 다음 ⑦~⑩을 바르게 고쳐 쓴다고 할 때, 가장 적절하지 않은 것은?

⑦ (전세계적으로 → 전 세계적으로) 가장 많이 재배되는 과일 중 하나는 바로 '바나나'이다. 특히, 바나나는 칼륨, 카로틴, 비타민C 등 다양한 영양소를 포함하고 있어 아프리카 대륙 내 여러 국가의 주식으로 섭취되는 중요한 식물에 속한다. 이러한 바나나가 오늘날 멸종 위기에 놓여 문제가 되고 있다. 바나나 최대 수출 지역인 중남미에 파나마병이 퍼지기 시작하면서 바나나 생산에 어려움을 겪게 된 것이다. 파나마병이란 곰팡이가 일으키는 토양 전염병으로, 곰팡이는 흙과 물을 통해 바나나를 ⑥ (감염된다 → 감염시킨다). 이후 바나나는 아래쪽 잎부터 누렇게 변하게 되고, 식물 전체가 말라 죽기에 이른다. 주목할 점은 아직 파나마병 전염을 막은 국가가 없다는 점이다. 어떤 농약도 파나마병을 유발하는 TR4 곰팡이에는 효력이 없어 전염병을 예방하는 유일한 방법은 농장 주변을 ⑥ (처단 → 차단)하여 외부와 통하지 못하게 막는 것뿐이다. 이로 인해 매년 말레이시아에서 약 3,000억 원, 인도네시아에서 약 1,400억 원, 대만에서 약 170억 원의 피해가 발생하고 있다. 나아가 2040년까지 연간 피해액이 12조 1,000억 원에 달할 것으로 예측된다. 앞선 문제를 해결하기 위해 현재 재배되는 바나나의 유전자를 교정하여 곰팡이에 저항력을 가진 품종 개량 연구가 진행되고 있다. ② (그러나 → 그리고) 전문가들은 문제의 근본적인 원인이 유전적 다양성이 없는 단일 품종 위주의 대량생산에 있다고 지적하며, 바나나 생산 방식 자체의 변화가 필요함을 충고한다. 다양한 야생 바나나를 상품화하고, 유전적 다양성을 갖추어 변종 파나마병이 추가로 ⑩ (발균 → 발병)하는 경우에도 피해 규모를 축소하는 것이 근본적인 해결책이라는 것이다.

① ⑦   ② ⑥   ③ ⑥   ④ ②   ⑤ ⑩

02. 다음 글의 내용과 관련 있는 속담을 고르면?

> 국립국어원에서는 지나치게 어려운 말이나 비규범적인 말, 외래어 등을 알기 쉽고 규범적인 말 또는 고유어로 순화하는 작업을 진행하고 있다. 일례로 예전에는 고속 도로나 자동차 전용 도로에서 자동차가 달리는 도로 폭 밖의 가장자리 길을 노견(路肩)이라고 불렀다. 그러나 일본식 표현인 노견의 순화어로 '갓길'이라는 고유어가 제시되었고, 대중에게 받아들여져 널리 사용되면서 노견은 폐어(廢語)가 되었다. 폐어는 과거에는 사용되었으나 점차 사용하지 않게 되면서 사라진 말로, 만약 사람들이 갓길이라는 표현을 받아들이지 못하고 계속해서 노견을 사용하였다면 오히려 갓길이 폐어가 되어 사라졌을 것이다. 즉, 말의 존속 여부는 대중이 그 말을 얼마나 사용하느냐에 따라 결정되기 때문에 말은 대중의 호응을 얻으면 살아남고 호응을 얻지 못하면 소멸된다. 국립국어원이 순화어를 제시하여도 대중이 사용하지 않는다면 순화어 작업은 무의미하므로 순화어 작업이 효과를 얻기 위해서는 대중의 적극적인 참여가 요구된다.

① 이 없으면 잇몸으로 산다
② 외손뼉이 못 울고 한 다리로 가지 못한다
③ 말이 말을 만든다
④ 우선 먹기는 곶감이 달다
⑤ 갓 사러 갔다가 망건 산다

03. 다음 의미에 해당하는 한자성어를 고르면?

> 싸움에 이긴 형세를 타고 계속 몰아침

① 고군분투(孤軍奮鬪)　　　② 승승장구(乘勝長驅)　　　③ 파죽지세(破竹之勢)
④ 점입가경(漸入佳境)　　　⑤ 형설지공(螢雪之功)

04. 다음 글의 ㉠~㉤을 바르게 고쳐 쓴다고 할 때, 가장 적절하지 않은 것은?

1950~1960년 아프리카 및 중동에서 대유전이 발견되었고, 그 결과 원유의 수요보다 공급이 지나치게 많아져 국제석유자본은 원유 공시가격을 낮추기 시작했다. 이에 대응하고자 5대 석유 생산국 이라크·이란·사우디아라비아·쿠웨이트·베네수엘라의 대표들은 원유 공시가격을 회복하고 국제석유자본에 대한 발언권을 강화하기 위해 'OPEC(석유수출기구)'이라는 협의체를 결성하였다. 이들은 석유 정책을 조정하여 원유 공시가격이 ㉠상승하는 것을 저지하고, 회원국 간의 협력을 도모하여 국제석유시장이 안정적으로 유지될 수 있도록 가격 카르텔을 형성하였다.

한편, OPEC은 1973년 제1차 석유 파동을 주도하며 국제석유시장에서 막강한 영향력을 행사하기 시작했다. 이들은 제35차 회의에서 제4차 중동전쟁 중 이스라엘을 지원했던 국가에 보복하기 위해 유가를 ㉡70% 가량 올렸으며, 이후 지속적인 담합을 통해 석유 가격을 높이는 데 성공했다. 이 사건을 기점으로 OPEC은 초기 목적과 달리 생산량을 조절하여 원유가 상승을 도모하는 집단으로 변질되었다. ㉢그러나 OPEC은 유가를 130%까지 올려 미국과 네덜란드로 가는 원유 선박 출항을 막는 등 석유 가격을 정치적인 무기로 사용하기에 이르렀다. 원유 가격 상승 후 석유시장의 소유권을 국가에 이관하여 거대한 자본금을 보유하게 된 산유국들은 외화를 국제금융시장의 단기 자금으로 공급함으로써 국제 금융질서의 재정립을 이루었다.

1980년대 이후 선진국의 대체 에너지 개발과 회원국 간의 분쟁이 겹쳐지면서 OPEC의 위치가 불안정해지게 되었다. 1990년대에는 아시아 경제 위기가 발발하면서 석유 수요가 급격히 감소하였고, 이때 유가는 10달러 아래로 곤두박질쳤다. 그러나 금융위기가 끝난 후 ㉣각국에서는 경제 개발에 집중하였고 그 결과 석유 수요가 다시 증가하기 시작했다. 현재 OPEC은 6개의 회원국과 함께 멕시코산 원유의 평균 가격인 'OPEC 바스켓 가격'이라는 자체 가격 제도를 보유하고 있다. 또한, 바스켓 가격이 20일이 넘는 기간 동안 22~28달러 범위를 상·하회할 경우 생산량을 50만 배럴 조정하는 유가밴드제에 ㉤합리한 상태이다.

① 단어의 의미가 문맥에 어울리지 않으므로 ㉠을 '하락'으로 고친다.

② 띄어쓰기가 올바르지 않으므로 ㉡을 '70%가량'으로 붙여 쓴다.

③ 앞뒤 내용이 자연스럽게 이어지도록 ㉢을 '그리고'로 수정한다.

④ 개별 국가를 의미하고 있으므로 ㉣을 '각 국'으로 띄어 쓴다.

⑤ 문맥상 어울리지 않는 ㉤을 '합의'로 바꿔 쓴다.

05. 다음 빈칸에 들어갈 말로 가장 적절한 것은?

열과 연관된 물리 현상을 이해하기 위해 반드시 알아야 하는 '엔트로피'는 물리계의 무질서한 정도라고 표현하기도 하는데, 역사적으로 보자면 자연 현상을 열역학 제1법칙만으로는 설명하기 충분하지 않아 도입된 개념이다. 열역학 제1법칙은 에너지의 총량은 변하지 않는다는 에너지 보존 법칙으로, 이 법칙에 따르면 모든 에너지는 상호 간에 쉽게 변환될 수 있어야 한다. 그러나 오래전부터 에너지 사이의 변환에는 어떠한 자발적인 방향성이 있다는 것이 경험적으로 인식되어 왔다. 일례로 뜨거운 물체와 차가운 물체를 마주 대면 열은 뜨거운 물체에서 차가운 물체로 이동하고, 차가운 물체에서 뜨거운 물체로는 이동하지 않는다.

이러한 비가역적인 변화를 설명하기 위해 1850년대 초에 독일의 물리학자이자 수학자인 클라우지우스가 엔트로피라는 새로운 물리량을 제안하였고, 엔트로피의 개념이 도입되면서 열이 높은 온도에서 낮은 온도로만 흘러가는 성질을 열역학 제2법칙이라고 부르게 되었다. 여기서 클라우지우스가 제안한 엔트로피(S)는 열량(Q)을 온도(T)로 나눈 양에 해당하는데, 열에너지 외에 다른 에너지의 엔트로피는 열량이 없기 때문에 0이고 열에너지의 엔트로피는 온도에 따라 달라지는 양이 되었다. 그래서 높은 온도에 있던 열이 낮은 온도로 이동하면 열량은 변화하지 않지만, 분모에 있는 온도가 작아지기 때문에 결과적으로 엔트로피는 증가하게 된다. 만약 엔트로피가 0인 운동에너지가 열에너지로 바뀐다면 0이었던 열량이 생기는 것이므로 엔트로피는 증가하게 된다. 이에 따라 열역학 제2법칙은 엔트로피 증가의 법칙이라고도 불리게 되었다.

열역학 제2법칙은 고립계에 한정되어 성립하는 법칙이기 때문에 고립계 외의 곳에서는 엔트로피가 감소할 수 있다. 그러나 어떤 계의 엔트로피를 인위적으로 감소시키려면 외부에서 그 계에 물리적인 '일'이라는 대가를 지불해야 한다. 이때 물리적인 일은 힘을 통해 에너지를 전달하는 것이라고 정리할 수 있다. 예를 들어 에어컨으로 실내 공기의 온도를 낮추면 실내 공기의 엔트로피는 감소하지만, 실외로 배출된 열에너지가 발생시키는 엔트로피의 양이 실내에서 감소하는 엔트로피의 양보다 많으므로 실내외를 모두 포괄하는 전체 계에서는 엔트로피가 언제나 증가한다. 즉, 열역학 제2법칙은 우주의 엔트로피는 자발적 과정에서 항상 증가하고 가역적 과정에서 변화하지 않는다고 정의 내릴 수 있다.

이와 같이 우주에서 발생하는 모든 에너지 변환은 엔트로피가 증가하는 방향으로 진행되려는 경향이 있기 때문에 (   ) 매 순간 인간은 더 많은 에너지를 사용하고 있으며, 에너지를 사용할 때마다 엔트로피는 필연적으로 증가한다. 그러므로 아주 먼 미래에는 열역학적으로 우주의 엔트로피가 최대치에 도달하여 어떠한 자발적 운동과 생명이 유지될 수 없는 무질서 상태의 극단으로 치닫게 될 것이다. 이는 열 죽음(Heat death)이라고 불리는 우주의 열역학적 종말 상태로, 열 죽음 상태에서는 모든 것이 소립자로 분해되고 사방이 구분되지 않으면서 광활한 우주 공간에 소립자만이 무질서하게 떠다니게 된다.

① 각각의 엔트로피를 갖는 반응 물질과 생성 물질은 화학 반응이 일어날 때 엔트로피가 변화하게 된다.

② 거시적인 관점에서 보면 세상에는 사용할 수 없는 에너지가 계속해서 늘어나고 있다고 볼 수 있다.

③ 엔트로피의 감소 반응은 쉽게 일어나지 않는 반면 엔트로피가 증가하는 방향의 변화는 쉽게 일어난다.

④ 고립계가 아닌 계에서 엔트로피 양이 감소함으로써 고립계의 엔트로피 양이 변화하지 않는 것이다.

⑤ 운동에너지는 모두 열에너지로 변환될 수 있지만, 열에너지는 일부만 운동에너지로 변환될 수 있다.

06. 다음 글을 통해 추론한 내용으로 가장 적절한 것은?

19세기까지 대다수의 역사가들은 역사를 민족, 왕조, 사회, 국가 단위로 연구하였는데, 20세기로 들어서면서 '문명'을 기준으로 역사를 연구하는 역사가들이 나타났다. 그중에서도 인간이 주인공인 역사를 저술하고자 했던 영국의 역사가 아널드 토인비는 구상부터 완결까지 40년, 집필에는 27년이라는 시간을 들여 12권에 달하는 《역사의 연구》를 펴냈다. 토인비는 《역사의 연구》를 통해 역사상 등장한 26개의 문명권이 각기 성장, 발전, 쇠퇴, 해체의 과정을 반복하는 유기체라고 설명하며, 기존의 결정론적 사관에서 벗어나 인간 및 인간 사회의 자유 의지와 행위에 따라 역사와 문화가 형성된다는 독자적인 문명 사관을 제시하였다.

토인비의 가설에 따르면 역사에서는 '도전과 응전' 그리고 '창조적 소수와 대중의 모방'이 중요하게 여겨진다. 인간의 창의성은 역경을 이겨 내는 과정에서 극대화되기 때문에 환경의 도전에 성공적으로 대응하는 집단에서 문명이 발생하고 성장한다. 여기서 토인비는 도전이 강력하면 그 도전이 주는 자극의 강도가 높아지고, 이에 비례하여 응전의 효력이 발생한다고 해석되는 것을 방지하기 위해 이른바 '세 가지 상호 관계의 비교'라는 개념을 도입하였다. 쉽게 말해 도전의 강도가 너무 높으면 응전이 성공할 수 없고, 너무 낮으면 응전이 나타나지 않으며, 알맞은 도전에서만 응전이 성공적으로 나타난다는 것이다.

이처럼 성공적인 응전으로 말미암아 출현한 문명이 성장하려면 이후에도 계속해서 나타나는 도전들을 해결해야 하는데, 이는 문명의 발생 시 반드시 등장하는 창조적 인물이 역량을 발휘함으로써 해결할 수 있다. 창조적 인물에 의해 잘못된 가치관과 인습이 타파되면서 과거와 다른 사회가 전개되는데, 창조적 인물은 소수이므로 응전을 성공하기 위해서는 대중의 힘을 모아야만 한다. 그래서 대중은 사회적 훈련의 하나인 '모방'을 통해 창조적 소수의 역할을 기꺼이 수행하면서 일체감을 형성하게 된다. 다만, 모든 사회에서 보편적으로 나타나는 특징인 모방은 문명이 탄생하지 못한 원시 사회에서도 확인 가능하다는 점이 지적된다.

이에 대해 토인비는 모방의 유무가 아닌 모방의 작용 방향이 중요하다고 피력한다. 문명이 탄생하지 못한 원시 사회에서 모방은 선조와 구세대를 지향하고, 죽은 선조는 살아 있는 연장자의 배후에서 권위를 강하게 만듦으로써 인습의 지배하에 변화가 나타나지 않는 사회로 고착화된다. 이와 달리 창조적 소수를 지향하여 모방이 행하여지는 사회에서는 인습의 권위를 받아들이지 않기 때문에 문명의 성장이 이어진다는 것이다. 그리고 창조적 소수의 창조력이 사라지면서 문명이 쇠퇴하고, 대중들이 창조적 소수를 모방하지 않게 됨으로써 창조적 소수는 힘으로 대중을 통치하는 지배적 소수가 되고, 이 상황이 지속되면 문명이 해체된다.

문명의 해체 과정은 내적 프롤레타리아와 외적 프롤레타리아 개념을 통해 설명된다. 내적 프롤레타리아는 해당 문명권 내부에 속하여 있으며 창조적 소수에 대한 모방과 지지를 중단한 대중을 일컫고, 외적 프롤레타리아는 문명권의 외부에서 해당 문명권을 추종하였으나 문명이 쇠퇴할 것이라는 느낌을 받으면 문명권 내부로 들어와 갈등을 일으키는 대중을 일컫는다. 이러한 과정들을 통해 문명이 해체되면 또다시 창조적 소수가 나타나 새로운 문명을 일으키면서 문명이 순환된다.

① 토인비는 강력한 도전이 주는 자극의 강도가 높으면 이에 비례하여 응전의 효력이 발생한다고 해석하였다.

② 창조적 소수가 힘으로 대중을 통치하는 지배적 소수가 되면 대중이 창조적 소수를 모방하지 않게 되어 문명이 쇠퇴된다.

③ 문명의 해체 과정에서 내적 프롤레타리아는 문명권 밖에 있다가 문명이 쇠퇴할 기미를 보이면 내부로 들어와 갈등을 유발한다.

④ 토인비는 인간 및 인간 사회의 자유 의지와 행위에 의거하여 역사와 문화가 이뤄진다는 결정론적 사관을 주장하였다.

⑤ 특정 사회에 소속된 대중은 응전을 성공으로 이끌기 위해 창조적 소수의 역할을 수행하며 일체감을 형성한다.

[07-08] 다음 보도자료를 읽고 각 물음에 답하시오.

재활로봇 중개연구에서 보급·활용까지 연계로 장애인의 행복에 한 걸음 더

□ 국립재활원 재활로봇 중개연구사업단과 의료재활로봇 보급사업단은 재활로봇 관련 연구 성과를 공유하고 전문가 및 장애인의 의견을 듣고자 12월 12일(목) 9시 ☆☆호텔에서 '재활로봇 학술 토론회(심포지엄)'를 개최하였다.

□ 국립재활원은 300병상 규모의 국내 최대 재활병원과 재활연구소를 보유한 국내 유일의 재활 전문 국립중앙기관으로서 2013년부터 재활로봇 중개연구사업단을, 2012년부터는 의료재활로봇 보급사업단을 운영하고 있다. 국립재활원 재활로봇 중개연구사업단은 재활의학전문의, 임상 치료사, 공학자 등으로 구성되어, 기업, 대학교, 연구소, 병원 등과 협력하며 다양한 로봇기술을 재활 임상 현장에 적용하는 중개연구로 재활로봇 활용을 활성화하고 장애인의 삶의 질 향상을 목적으로 하고 있다. 또한 국립재활원에서는 중개연구 활성화를 위해 재활로봇 연구용 테스트베드(Testbed, 신기술 시험 공간)인 '로봇짐(Robot gym)'을 2014년부터 운영하여 재활로봇 중개연구 기반장비(인프라)를 연구자들에게 제공하고 있다. 특히, 내년에는 재활로봇 기술에 특화된 임상연계 촉진 및 재활로봇에 대한 다기관 임상, 인허가·안전성 시험검사, 보급형 로봇, 소아용 재활로봇, 근력강화운동 장치 등에 관한 연구를 중점적으로 추진할 예정이다. 의료재활로봇 보급사업단은 의료재활로봇의 시장 진입을 위한 임상데이터 확보 및 상품성 제고를 위한 기반을 마련함으로써 재활로봇의 신시장 창출 및 장애인의 삶의 질 향상을 목표로 개발이 완료된 의료재활로봇을 병원 및 재활관련시설 등에 보급·활용하는 사업을 담당하고 있다.

□ 이번 토론회는 '재활로봇 중개연구에서 재활로봇의 보급·활용까지'를 주제로 진행되었다. 우선 연세대학교 의과대학의 나○○ 교수가 '착용형 외골격로봇의 임상활용'을 주제로 기조 발표를 하였다. 이어서 재활로봇 중개연구 우수 사례 발표 순서에서는 ▲ 뇌 병변 환자에서 상지 재활로봇의 임상적 효과 확인을 위한 다기관 임상연구(충남대학교 복○○ 교수팀), ▲ 신경근 협응 해석 도구 및 뇌졸중 환자의 상지 재활방법 개발의 중개연구(한국과학기술원 박○○ 교수팀), ▲ 보급형 파워어시스트 재활로봇의 중개연구(서울과학기술대학교 김○○ 교수팀) 등을 발표하였다. 의료재활로봇 보급사업 우수 사례 발표 순서에서는 ▲ 재활로봇 수가화 전략(서울아산병원 김○○ 교수팀), ▲ 위치 감각 저하를 호소하는 척수 손상 환자에서 하지 재활로봇 치료의 효과(일산백병원 유○○ 교수팀), ▲ 임상에서 모닝워크 사용의 실례(국민건강보험일산병원 전○○ 교수팀) 등을 소개하였다.

□ 국립재활원 원장은 "이번 재활로봇 심포지엄이 재활로봇 관련 연구를 해당 산업으로 연계하기 위하여 그간 연구결과에 대한 경험 교류의 장이 되고, 의미 있는 시간이 되길 기대한다"고 밝혔다. 아울러 "국립재활원은 재활로봇 중개연구사업·의료재활로봇 보급 사업을 통해 기존의 기술 중심의 연구결과와 임상연구를 접목하여 재활로봇 연구가 결실을 보고, 이를 통해 재활로봇 산업을 활성화하여 장애인 및 노약자의 삶의 질 향상에 기여하길 바란다"고 전했다. 또한 "이 자리가 보급사업으로의 연계를 통해 의료로봇 산업 활성화에 공헌하며 산·학·연이 관련 정보를 공유하고 협력하는 자리가 되기를 바란다"고 말했다.

※ 출처: 보건복지부 보도자료

07. 위 보도자료를 통해 추론한 내용으로 가장 적절하지 않은 것은?

① 의료재활로봇 보급사업단은 개발된 의료재활로봇을 병원·재활관련시설 등에 보급하는 사업도 하고 있다.

② 일산백병원 유○○ 교수팀은 재활로봇 수가화 전략에 대한 의료재활로봇 보급사업을 발표하였다.

③ 국립재활원의 재활로봇 중개연구사업단은 재활의학전문의, 임상 치료사, 공학자 등으로 구성되어 있다.

④ 토론회의 기조 발표는 연세대학교 의과대학의 나○○ 교수에 의해 이루어졌다.

⑤ 재활로봇 학술 토론회는 재활로봇과 관련된 연구 성과를 공유하고 관련자들의 의견을 듣기 위해 개최되었다.

08. 위 보도자료의 내용과 일치하지 않는 것은?

① 국립재활원은 재활로봇 연구용 테스트베드인 로봇짐을 중개연구 활성화를 위해 운영 중이다.

② '재활로봇 중개연구에서 재활로봇의 보급·활용까지'를 주제로 재활로봇 학술 토론회가 진행되었다.

③ 국립재활원은 재활로봇 중개연구사업단을 의료재활로봇 보급사업단보다 먼저 운영하였다.

④ 재활로봇 중개연구 우수 사례로 보급형 파워어시스트 재활로봇과 관련된 내용도 소개되었다.

⑤ 재활로봇 학술 토론회가 개최되기 이전에 이미 재활로봇의 기술 중심 연구와 임상연구가 진행되었다.

[09~10] 다음 보도자료를 읽고 각 물음에 답하시오.

한국철도공사(이하 코레일)가 인공지능(AI)과 사물인터넷(IoT) 등 첨단 기술을 활용해 까치집 제거에 나섰다. 열차 운전실에 설치한 별도의 검측 장비로 전차선을 모니터링하고, 인공지능으로 영상 정보를 분석해 전차선로 주변에 있는 까치집 등 위험 요인을 찾아 위치와 현장 이미지를 문자 메시지로 현장 직원에게 즉시 전송하는 '실시간 까치집 자동검출시스템'을 개발한 것이다.

까치는 물에 젖은 나뭇가지나 철사 등의 재료를 사용하여 집을 짓는데, 이 재료가 전선에 닿거나 선로에 떨어질 경우 단전 사고 발생의 원인이 된다. 이런 사고를 예방하기 위해 코레일은 까치 주요 서식지의 전차선 고정장치에 수지망과 파이프 등으로 까치집 방지 설비를 설치하였다. 특히 2월에서 5월을 특별관리 기간으로 정해 까치집 제거에 총력을 기울여왔다. 이를 위해 현장 작업자는 운전실에 탑승하거나 도보로 이동하면서 까치집 생성 여부를 육안으로 점검하고 발견한 까치집은 유지·보수 담당자에게 유선으로 알리는 역할을 병행했다. 그러나 까치가 집을 짓는 데 걸리는 시간은 불과 4시간이 채 걸리지 않으며, 동일한 곳에 지속적으로 둥지를 트는 까치의 습성 탓에 현장 작업자의 업무 부담이 가중되는 문제가 있었다.

코레일은 현장 작업자의 업무 부담을 줄이기 위해 2018년부터 인공지능 시스템 개발에 착수하여 시속 150km로 달리는 열차에서 까치집과 같은 위험 요인을 실시간으로 확인해 위치를 전송하는 시스템을 개발했지만, 검측 결과 초기 정확도는 65%에 불과했다. 이에 인공지능이 스스로 학습하는 딥러닝 방식을 도입한 실시간 까치집 자동검출시스템을 적용하였다. 열차 운전실에 설치된 별도의 검측 장비로 전차선을 모니터링하고, 인공지능으로 영상 정보를 분석해 까치집 등의 위험 요인을 찾아 현장 직원에게 즉시 전송하는 방식으로, 시속 150km로 달리는 열차에서도 위험요인을 판독할 수 있는 고성능 영상처리장치와 GPS 등 최첨단 IT기술을 적용한 방식이다. 그 결과 까치집과 전차선을 구분하였고, 그 결과 까치집 검출 정확도를 95%까지 높일 수 있었다.

이와 더불어 드론도 까치집 제거에 활용하고 있다. 코레일은 2020년 작업자가 접근하기 어렵거나 정기열차가 운행하지 않는 차량정비시설 등에 드론을 띄워 전차선 까치집을 발견하는 기술을 개발해 시범적으로 운영한 바 있다. 역 구내 또는 차량기지의 전차선 설비를 입체적으로 촬영하고, 송전선로 점검에도 드론을 활용할 수 있도록 국가 R&D 과제로 '무인이동체 기반 접근 취약 철도시설물 자동화 점검시스템'을 개발하였다. 한편, 코레일은 까치집, 폐비닐 등 전차선 2m 이내 위험 요인을 신고하는 '국민 신고포상제도'를 운영하고 있으며, 사고 예방에 기여한 경우 소정의 사은품을 제공한다. 코레일 사장은 "전차선 관리 등 안전한 열차 운행을 위해 첨단 IT 신기술 연구개발을 확대하고, 스마트한 철도안전관리시스템을 마련하겠다"고 말했다.

09. 위 보도자료를 읽고 이해한 내용으로 가장 적절하지 않은 것은?

① 실시간 까치집 자동검출시스템이 개발되기 전까지 현장 작업자는 까치집의 위치를 육안으로 확인해왔다.

② 전차선 2m 이내의 위험 요인을 신고하여 사고 예방에 도움을 준 국민에게는 소정의 사은품이 제공된다.

③ 까치집이 열차의 단전 사고를 유발하는 이유는 까치집에 포함된 나뭇가지나 철사와 같은 이물질 때문이다.

④ 까치집이 작업자가 접근할 수 없는 위치에 있어 정확한 장소 확인이 어려울 경우 드론이 이용된다.

⑤ 실시간 까치집 자동검출시스템은 선로 주변의 위험 요인 위치를 이미지로 현장 직원에게 즉시 전송하는 것은 어렵다.

10. 위 보도자료를 읽고 A, B 두 사원이 나눈 대화가 다음과 같을 때, 빈칸에 들어갈 말로 가장 적절한 것은?

A 사원: 실시간 까치집 자동검출시스템을 활용하여 까치집을 제거한다는 보도자료 확인하셨나요?
B 사원: 네, 출근하자마자 공유된 보도자료 확인했습니다.
A 사원: (   )
B 사원: 맞아요. 인공지능과 같은 첨단 기술을 활용해 영상 정보를 분석할 수 있고, 분석 결과 위험 요인을 찾으면 문자 메시지를 통해 현장 직원에게 바로 전송되는 방식을 활용해요.

① 까치집 제거를 위해 딥러닝 방식을 기반으로 하는 인공지능을 활용한다고 하더라고요.

② 첨단 기술이 도입되면서 올해부터 현장 작업자의 채용 규모가 감소한다는 소문이 있어 걱정이에요.

③ 딥러닝 방식을 적용하더라도 까치집 검출 정확도가 65%에 불과하다는 결과도 알고 있나요?

④ 역 구내 또는 차량기지의 전차선 설비를 보다 입체적으로 촬영할 수 있대요.

⑤ 전차선 특별관리 기간인 2~5월에만 실시간 까치집 자동검출시스템작업을 활용한다고 하던데요?

11. 다음 숫자가 규칙에 따라 나열되어 있을 때, 빈칸에 들어갈 알맞은 것을 고르면?

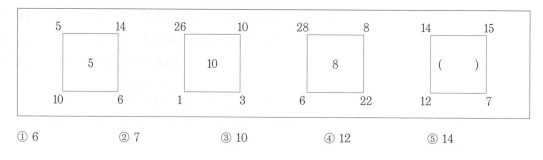

① 6　　　　　② 7　　　　　③ 10　　　　　④ 12　　　　　⑤ 14

12. 다음 식을 계산한 값으로 알맞은 것은?

$$275^2 + 116^2 - 125^2 + 116 \times 184$$

① 94,800　　② 107,200　　③ 114,300　　④ 126,600　　⑤ 135,400

13. 자가용으로 회사에 출근하는 주명이는 출근길에 매일 동일한 교차로를 지나가고 있다. 주명이가 지나가는 교차로의 신호등이 오전 8시에 좌회전 신호로 바뀌었을 때, 오전 9시 교차로의 신호등 상태는?

- 정지 신호로 바뀌면 빨간색 신호등 불이 1분 10초 동안 지속된 후 좌회전 신호로 바뀐다.
- 좌회전 신호로 바뀌면 좌회전용 초록색 신호등 불이 50초 동안 지속된 후 직진 신호로 바뀐다.
- 직진 신호로 바뀌면 직진용 초록색 신호등 불이 1분 30초 동안 지속된 후 다시 정지 신호로 바뀌며, 세 가지 신호 상태가 번갈아 반복된다.

① 좌회전 신호로 바뀐 후 일정 시간이 흐른 상태
② 정지 신호에서 좌회전 신호로 바뀐 시점
③ 직진 신호로 바뀐 후 일정 시간이 흐른 상태
④ 좌회전 신호에서 직진 신호로 바뀐 시점
⑤ 정지 신호로 바뀐 후 일정 시간이 흐른 상태

14. ○○선수촌에서 올림픽에 출전할 양궁 국가대표 선수를 선출하기 위해 개인 양궁 대회를 개최하였다. 개인 양궁 대회의 경기 진행 방식이 다음과 같을 때, 모든 경기를 관람하는 데 드는 총 관람료는?

> - 경기는 예선전과 본선전으로 나뉘어 진행하며, 예선전을 진행한 후 본선전을 진행한다.
> - 예선전은 12명의 선수가 리그 방식으로 경기를 진행하며, 이 중에서 합산 점수가 높은 순으로 상위 4명만 본선전에 진출한다.
> - 본선전은 토너먼트 방식으로 경기를 진행하며, 4명이 2인 1조로 나뉘어 각 조 내에서 경기를 진행한다.
> - 각 조 내에서 이긴 선수끼리는 결승전을 진행하고, 진 선수끼리 3·4위전은 별도로 진행하지 않는다.
> - 관람료는 예선전이 한 경기당 5,000원, 본선전이 한 경기당 15,000원이다.

① 345,000원   ② 355,000원   ③ 370,000원   ④ 375,000원   ⑤ 390,000원

15. 다음은 연령별 보육료 지원 금액에 대한 자료이다. 자료에 대한 설명으로 옳지 않은 것을 모두 고르면?

[연령별 보육료 지원 금액]

(단위: 천 원)

구분			만 0세	만 1세	만 2세	만 3세	만 4세	만 5세
2018년	부모 보육료	종일반	441	388	321	220	220	220
		맞춤반	344	302	250	0	0	0
	기본 보육료		437	238	161	0	0	0
2019년	부모 보육료	종일반	454	400	331	220	220	220
		맞춤반	354	311	258	0	0	0
	기본 보육료		485	264	179	0	0	0

※ 1) 보육료 지원 금액 = 부모 보육료 + 기본 보육료
　 2) 부모 보육료는 어린이집을 이용하는 부모에게 지급되는 지원 금액을 의미함
　 3) 기본 보육료는 어린이집에 지급되는 지원 금액을 의미함

> ⊙ 2019년 종일반 부모 보육료가 전년 대비 가장 많이 증가한 연령은 만 0세이다.
> ⓒ 2019년 만 2세의 기본 보육료는 전년 대비 약 11.8% 증가하였다.
> ⓒ 2019년 보육료 지원 금액은 전 연령에서 전년 대비 증가하였다.
> ⓔ 2018년 맞춤반 부모 보육료는 만 1세가 만 2세의 약 1.4배이다.

① ⊙   ② ⓒ, ⓒ   ③ ⓒ, ⓔ   ④ ⊙, ⓒ, ⓒ   ⑤ ⓒ, ⓒ, ⓔ

[16-17] 다음은 지역별 맞벌이 가구 수에 대한 자료이다. 각 물음에 답하시오.

[지역별 맞벌이 가구 수]

(단위: 천 가구)

구분	2016년	2017년	2018년	2019년	2020년
서울특별시	908	880	875	840	838
부산광역시	311	302	325	314	303
대구광역시	258	241	251	246	242
인천광역시	286	298	311	306	292
광주광역시	153	160	166	169	169
대전광역시	158	158	172	169	165
울산광역시	110	107	111	109	109
세종특별자치시	0	35	42	42	44
경기도	1,286	1,273	1,349	1,380	1,368
강원도	202	192	205	205	200
충청북도	212	207	208	209	211
충청남도	308	285	293	297	292
전라북도	230	226	235	238	239
전라남도	266	255	265	264	263
경상북도	369	356	365	369	358
경상남도	400	390	409	411	404
제주특별자치도	88	91	93	94	96
전국	5,545	5,456	5,675	5,662	5,593

※ 출처: KOSIS(통계청, 지역별고용조사)

16. 다음 중 자료에 대한 설명으로 옳은 것은?

① 2020년 서울특별시의 맞벌이 가구 수는 같은 해 세종특별자치시, 전라북도, 전라남도, 제주특별자치도 맞벌이 가구 수의 합보다 20만 가구 이상 더 많다.

② 2017년 이후 맞벌이 가구 수가 매년 전년 대비 감소한 지역은 총 2개 지역이다.

③ 제시된 지역 중 맞벌이 가구 수가 매년 30만 가구를 넘는 지역은 총 4개 지역이다.

④ 제시된 기간 동안 경기도의 맞벌이 가구 수는 매년 전국 맞벌이 가구 수의 20% 이상이다.

⑤ 2017년 전국 맞벌이 가구 수에서 대전광역시의 맞벌이 가구 수가 차지하는 비중은 같은 해 울산광역시의 맞벌이 가구 수가 차지하는 비중보다 1%p 이상 더 많다.

17. 다음 중 제시된 자료를 바탕으로 만든 그래프로 옳지 않은 것은?

① [연도별 인천광역시 전체 맞벌이 가구 수]

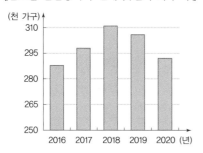

② [연도별 전라북도 전체 맞벌이 가구 수]

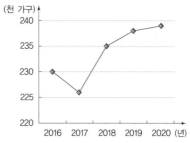

③ [연도별 경상북도 전체 맞벌이 가구 수의 전년 대비 증감량]

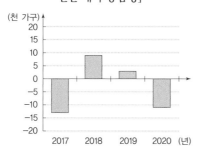

④ [2017년 수도권 맞벌이 가구 수 비중]

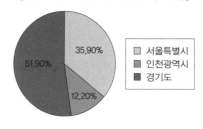

⑤ [연도별 전국 대비 경기도 맞벌이 가구 수 비중]

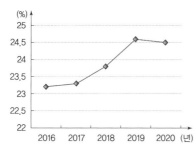

[18-20] 다음은 유형별 철도사고 및 원인별 철도 운행 장애 발생 건수를 나타낸 자료이다. 각 물음에 답하시오.

[유형별 철도사고 발생 건수]

(단위: 건)

구분	2014년	2015년	2016년	2017년	2018년
열차사고	9	4	8	4	4
건널목사고	7	12	9	11	8
교통사상사고	120	100	79	72	58
안전사상사고	69	19	25	15	24
화재사고	2	2	1	0	0
시설파손사고	0	1	1	3	4
기타	2	0	0	0	0
합계	209	138	123	105	98

[원인별 철도 운행 장애 발생 건수]

(단위: 건)

구분	2014년	2015년	2016년	2017년	2018년
위험사건	0	0	1	2	1
차량탈선	0	0	0	0	0
차량파손	0	0	0	0	0
차량화재	0	0	0	0	0
열차분리	0	3	3	1	1
차량구름	0	0	0	0	1
규정위반	7	5	12	4	3
선로장애	3	0	1	2	7
급전장애	4	3	6	7	2
신호장애	13	13	11	12	12
차량고장	㉠	99	106	128	103
열차방해	1	1	0	0	0
기타	82	95	63	48	㉡
합계	247	219	203	204	132

18. 다음 중 ㉠, ㉡에 해당하는 값을 예측했을 때, ㉠+㉡의 값은?

① 137   ② 138   ③ 139   ④ 140   ⑤ 141

19. 다음 중 자료에 대한 설명으로 가장 적절하지 않은 것은?

① 2015년 이후 교통사상사고 발생 건수는 매년 전년 대비 감소하였다.

② 제시된 기간 동안 차량파손 또는 차량화재로 인한 운행 장애는 발생하지 않았다.

③ 2018년 열차방해로 인한 운행 장애 발생 건수는 제시된 기간 동안 발생한 운행 장애 발생 건수에서 가장 낮은 건수 중 하나이다.

④ 2016년부터 3년간 발생한 운행 장애 발생 건수 중 기타 항목이 차지하는 비중은 매년 두 번째로 높다.

⑤ 2016~2018년 중 화재사고 발생 건수가 가장 많은 해에 화재사고 발생 건수는 전년 대비 50% 감소하였다.

20. 다음 중 제시된 자료를 바탕으로 만든 그래프로 적절하지 않은 것은?

① [철도사고 발생 건수]

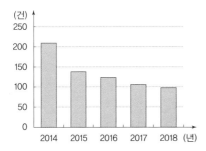

② [선로장애 및 급전장애 운행 장애 발생 건수의 합]

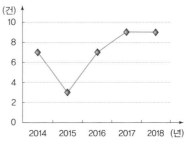

③ [운행 장애 발생 건수]

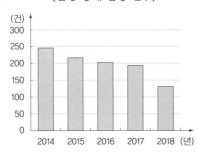

④ [열차분리 운행 장애 발생 건수의 전년 대비 증감률]

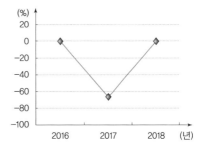

⑤ [2016년 철도사고 발생 건수]

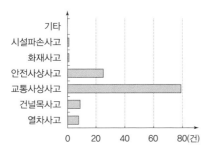

21. ◇◇공사의 인사팀에는 A~H 8명의 직원이 근무하고 있다. A~H 8명의 직원은 모두 월요일부터 금요일 중 1일씩 연차를 사용하였다. 다음 조건을 모두 고려하였을 때, 항상 옳은 것은?

> - 같은 요일에 연차를 사용한 사람은 최대 3명이다.
> - 인사팀 직원은 월요일, 수요일, 금요일에 7명씩 근무하였다.
> - E와 G는 같은 날 연차를 사용하였다.
> - A와 D가 함께 연차를 사용하고 바로 다음 날에 F가 연차를 사용하였다.
> - C가 가장 마지막으로 연차를 사용하였다.

① B와 D는 같은 날 연차를 사용하였다.
② 화요일에 연차를 사용한 사람은 3명이다.
③ 가장 먼저 연차를 사용한 사람은 H이다.
④ 수요일에 연차를 사용한 사람은 F이다.
⑤ A는 B보다 늦게 연차를 사용하였다.

22. 남자 A, B, C와 여자 D, E, F는 밴드로 활동하며, 포지션별로 기타는 2명이, 드럼, 베이스, 보컬, 키보드는 각각 1명이 맡고 있다. 다음 조건을 모두 고려하여 B가 반드시 기타를 맡을 때, 추가로 필요한 조건은?

> - 기타는 남자 1명과 여자 1명이 맡는다.
> - A는 드럼 또는 베이스를 맡는다.
> - 키보드와 보컬을 맡은 사람의 성별은 동일하다.
> - E는 기타를 맡지 않는다.

① A는 드럼을 맡는다.
② C는 베이스를 맡는다.
③ D는 기타를 맡는다.
④ E는 키보드를 맡는다.
⑤ F는 보컬을 맡는다.

23. M 회사 건물 엘리베이터에 A, B, C, D, E 총 5명이 타려고 한다. 엘리베이터의 수용 가능 무게는 300kg이며, 1명당 몸무게는 85kg을 넘지 않는다. 다음 A~E의 진술 중 2명의 진술이 거짓일 때, 항상 옳지 않은 것은? (단, 5명의 평균 몸무게는 70kg이다.)

- A: 우리 5명 중 최소 2명 이상이 양보해야 엘리베이터를 탈 수 있어.
- B: 나를 제외한 4명의 평균 몸무게는 65kg이야.
- C: 우리 5명 모두 50kg은 넘어.
- D: 나는 80kg이야.
- E: 나는 D보다 10kg 가벼워.

① B의 진술은 거짓이다.

② E의 진술은 참이다.

③ D의 몸무게는 5명 중 두 번째로 무겁다.

④ E의 몸무게는 5명 중 제일 가볍다.

⑤ A, B, C 3명의 평균 몸무게는 65kg을 넘는다.

24. 다음은 중고차 사업 추진에 대한 찬반 투표를 진행한 부장, 차장, 과장, 대리, 사원이 말한 내용이다. 5명 중 1명만 진실을 말했으며 중고차 사업은 다수결의 원칙에 따라 보류되었을 때, 항상 옳은 것은? (단, 무효표는 없다.)

- **김 부장**: 장 사원과 내 의견은 달라.
- **오 차장**: 김 대리는 거짓을 말하고 있어.
- **천 과장**: 중고차 사업은 찬성 2표, 반대 3표로 보류되었습니다.
- **김 대리**: 전 중고차 사업에 찬성했습니다.
- **장 사원**: 저도 중고차 사업에 찬성했습니다.

① 김 대리가 진실을 말했다면 김 대리와 뜻이 같은 사람은 없다.

② 장 사원이 거짓을 말했다면 중고차 사업에 반대한 사람은 5명이다.

③ 오 차장은 진실을 말했다.

④ 김 대리가 거짓을 말했다면 오 차장과 천 과장 중 중고차 사업에 반대한 사람은 1명이다.

⑤ 김 대리가 진실을 말했다면 장 사원과 뜻이 같은 사람은 장 사원을 포함해 총 2명이다.

[25~27] 다음은 K 사의 차량 무상 점검 서비스에 대한 보도자료이다. 각 물음에 답하시오.

K 사에서는 고객들이 구매한 차량 중 출고 다음 월을 기준으로 1~8년 차 차량에 한해 무상 점검 서비스를 진행하고 있다. 차량 점검 서비스는 엔진룸과 섀시, 내/외부 검사 등 총 10개 항목을 점검하며, 이는 일반 고객 기준으로 3만 원의 비용에 해당하는 서비스이다. 이때, 1~6년 차 차량은 에탄올 워셔액을 추가로 점검하며, 9년 차부터는 일반 고객 기준 비용에서 50% 할인된 비용으로 점검을 받을 수 있다. 차량 무상 점검 서비스는 연차마다 1회 받을 수 있으며, 동일한 연차에 2회 이상 받을 경우 일반 고객 기준 비용에서 50% 할인된 비용으로 점검 서비스를 받을 수 있다. K 사에서 점검받은 후 부품 교체 및 수리를 원하는 고객은 일반 고객 기준 비용에서 20% 할인된 비용에 이용할 수 있다.

※ 2022년 2월 13일 출고 차량 연차 계산법 예시
1년 차: 2022년 2월 13일~2023년 2월 28일
2년 차 이후: 당해 연도 3월 1일~다음 연도 2월 28일

[차량 기본 점검 항목 점검표]

점검 항목	결과	점검 항목	결과
엔진 오일 상태 점검		브레이크 패드 마모도 점검	
자동변속기 오일 점검		계기판 점검	
브레이크 오일 점검		스캐너 자기진단 점검	
엔진 냉각수 점검		각종 등화장치 점검	
타이어 공기압 및 마모도 점검		에어컨 및 히터 작동 점검	
기타사항			

[일반 고객 차량 부품 교체 및 수리 비용표]

부품 교체	비용	부품 수리	비용
엔진 오일 교체	7,000원	브레이크 패드 수리	25,000원
자동변속기 오일 교체	16,000원	계기판 수리	250,000원
브레이크 오일 교체	20,000원	스캐너 수리	70,000원
엔진 냉각수 교체	10,000원	등화장치 수리	50,000원
타이어 교체	70,000원	에어컨 및 히터 수리	200,000원

※ 부품 교체를 수리로 변경하는 경우 교체 비용의 50% 비용이 적용되고, 부품 수리를 교체로 변경하는 경우 수리 비용의 2배 비용이 적용됨

25. 다음 차량 점검 서비스를 받은 내역 중 무상으로 차량 점검 서비스를 받지 못한 내역이 포함된 경우는?

(단, 모든 차량은 K 사에서 구매하였고, 제시되지 않은 사항은 고려하지 않는다.)

① 2011년 4월 30일 차량 출고 후 2018년 8월 16일에 점검 서비스를 받은 경우

② 2016년 3월 30일 차량 출고 후 2020년 5월 23일에 점검 서비스를 받은 경우

③ 2014년 2월 3일 차량 출고 후 2014년 6월 30일, 2015년 2월 25일에 점검 서비스를 받은 경우

④ 2015년 8월 15일 차량 출고 후 2015년 9월 14일, 2016년 9월 1일에 점검 서비스를 받은 경우

⑤ 2017년 3월 10일 차량 출고 후 2020년 3월 20일, 2020년 4월 15일에 점검 서비스를 받은 경우

26. 2015년 4월 20일 K 사에서 차량을 구매한 후 2021년 5월 5일에 차량 무상 점검 서비스를 받았다. 차량 기본 점검 항목의 점검 결과가 다음과 같으며 결과에서 불량이 나온 부품을 K 사에서 교체 및 수리를 받았을 때, 지불해야 할 총비용은?

[차량 기본 점검 항목의 점검 결과]

점검 항목	결과	점검 항목	결과
엔진 오일 상태 점검	불량	브레이크 패드 마모도 점검	양호
자동변속기 오일 점검	양호	계기판 점검	불량
브레이크 오일 점검	양호	스캐너 자기진단 점검	양호
엔진 냉각수 점검	양호	각종 등화장치 점검	양호
타이어 공기압 및 마모도 점검	불량	에어컨 및 히터 작동 점검	불량
기타사항			

1. 엔진 오일 교체 필요
2. 타이어 교체 필요
3. 계기판 수리 필요
4. 에어컨 및 히터 수리 필요

① 421,600원   ② 427,000원   ③ 527,000원   ④ 621,600원   ⑤ 777,000원

27. K 사에서 근무하는 귀하는 고객으로부터 차량 무상 점검 서비스에 관련된 문의를 받았다. 위 자료를 근거로 판단할 때, 고객의 문의에 대한 귀하의 답변으로 가장 적절하지 않은 것은?

> 고객: 안녕하세요. 저는 K 사에서 차량을 구매한 지 5년 차 된 고객입니다. 제가 차량 무상 점검 서비스 대상에 해당하는지 문의드립니다.
>
> 귀하: ㉠네, 저희 K 사에서 차량을 구매한 고객님들에 한하여 9년 차 미만 차량에 대해 차량 무상 점검 서비스를 진행하고 있으므로 5년 차 고객님께서는 서비스 대상에 해당합니다.
>
> 고객: 제가 올해 4월 3일에 차량 무상 점검 서비스를 받았습니다. 그런데 가벼운 접촉 사고가 나서 다음 주인 11월 26일에 한 번 더 받으려고 하는데 이번에도 무료로 받을 수 있나요?
>
> 귀하: ㉡차량 무상 점검 서비스는 차량의 출고 다음 월을 기준으로 연차마다 1회 무료이며 그 이상 받을 경우 50% 할인된 1만 5천 원으로 점검 서비스를 받으실 수 있습니다.
>
> 고객: 네, 그렇군요. 제 차량의 무상 점검 서비스가 지원되는 기간이 지날 경우 점검 비용은 얼마나 할인 받을 수 있는지 알려주세요.
>
> 귀하: ㉢일반 고객 기준 비용인 3만 원에서 50% 할인된 비용으로 이용하실 수 있습니다.
>
> 고객: 답변 감사합니다. 지금 차량에 스캐너가 고장 난 것 같아서 차량 점검을 받은 이후 점검 결과에 따라 교체하고 싶은데 얼마가 지불되나요?
>
> 귀하: ㉣스캐너 교체 비용으로 112,000원이 발생합니다.
>
> 고객: 지금 구매한 지 5년 차 된 이 차량은 총 몇 개의 점검을 진행하나요?
>
> 귀하: ㉤5년 차 차량은 엔진룸과 섀시, 실내 실외에 해당하는 총 10개 항목에 대해 점검이 진행됩니다.

① ㉠　　　　② ㉡　　　　③ ㉢　　　　④ ㉣　　　　⑤ ㉤

[28~30] 다음은 화물 운송 절차에 대한 내용이다. 각 물음에 답하시오.

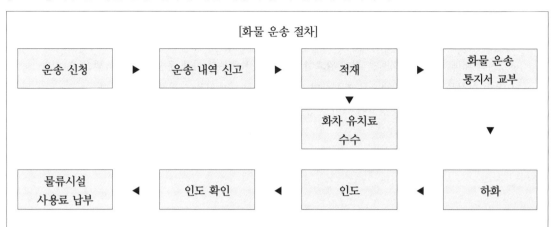

[화물 운송 절차 세부 사항]

구분	세부사항
운송 신청	• 화주가 공사 홈페이지를 통하여 직접 신청하는 것이 원칙이지만, 필요한 경우에는 전화 또는 팩스를 이용하여 신청 가능함 ※ 위험물 컨테이너를 제외한 운송 제한 화물의 경우 화물 운송장을 제출해야 함
운송 내역 신고	• 화주는 화물의 품명, 화차 종류 및 수송량 수, 중량, 수송조건 등의 내용을 공사에 신고해야 함 • 공사는 신청서를 토대로 운송할 화물에 대한 적합성을 평가하고, 차량 공급 능력을 판단하여 운송 조건 수락 여부 및 적재 가능 여부를 결정해야 하며, 해당 내용에 대해 신청서를 작성한 날로부터 3일 이내에 화주에게 통지해야 함
적재	• 화주는 적재 통지를 받은 시간으로부터 5시간 이내에 적재를 완료해야 함 ※ 단, 화약류 및 컨테이너는 3시간 이내 • 공사는 적재가 완료되면 화주에게 화물 운송 통지서를 교부함
화차 유치료 수수	• 화주는 적하 시간 내에 적재를 완료하지 못했을 경우에 한하여 공사에 화차 유치료를 수수해야 함
하화	• 공사는 열차가 화물 화선에 도착한 후 5시간 이내에 하화하여 당일 중으로 반출해야 하며, 18시 이후에 하화가 완료될 경우에는 다음 날 오전 11시까지 반출해야 함 ※ 단, 화약류 및 컨테이너는 3시간 이내로 하화해야 함
인도	• 공사는 화물 운송 통지서에 적힌 화물을 화주에게 넘겨주어야 함
인도 확인	• 화주는 하화 및 인도받은 화물에 대한 화물 인도 명세서에 수령인 서명이나 날인을 해야 함
물류 시설 사용료 납부	• 공사가 화물을 인도 완료한 이후에 해당 화물을 유치하는 경우 화주는 물류 시설 사용료를 납부해야 함 ※ 일시적으로 유치할 경우 일 단위 사용료를 납부하며, 장기적으로 유치할 경우 월 단위 사용료를 납부해야 함

28. 위 자료를 근거로 판단한 내용으로 적절하지 않은 것은?

① 인도 완료된 화물을 삼 주 동안 한시적으로 유치하는 경우 일 단위 사용료를 납부하는 것이 원칙이다.

② 화주는 자신의 화물을 인도받은 이후에 명세서에 자신의 서명 대신 도장을 찍어도 무관하다.

③ 2시간 내에 컨테이너 화물을 적재 완료한 화주는 공사로부터 화물 운송 통지서를 받을 수 있다.

④ 운송 신청은 세 가지 방법으로 가능하며, 그중 하나는 이메일로 신청하는 방법이다.

⑤ 8월 5일 제출된 운송 신청서에 대한 운송 조건 수락 여부는 같은 달 8일까지는 화주에게 알려야 한다.

29. A가 화약류 화물을 운송하려고 할 때, 화물의 반출 시기로 가장 적절한 것은?

> 1. 2X23년 1월 18일 운송 신청을 하고, 2X23년 1월 19일 오전 11시에 운송 조건 수락 및 적재가 가능하다는 사실을 통지받음
> 2. 적재 가능한 시간을 모두 채워 화물을 적재함
> 3. 화물을 적재한 열차가 화물 화선에 적재가 완료된 시간으로부터 2시간 후에 도착하였으며, 도착한 즉시 하화를 시작하여 2시간 만에 화물의 하화를 모두 완료하였음

① 2X23년 1월 19일 오후 7시

② 2X23년 1월 20일 오전 10시

③ 2X23년 1월 20일 오후 2시

④ 2X23년 1월 21일 오전 11시

⑤ 2X23년 1월 22일 오후 1시

30. K가 일반 화물을 운송하려고 할 때, K가 그다음으로 해야 할 절차로 가장 적절한 것은?

> 1. K는 서울에서 부산으로 일반 화물인 석탄을 운송하려고 함
> 2. 2X23년 1월 30일 오후 2시에 운송 신청을 하여 그로부터 2일 뒤 동일한 시간에 운송 조건 수락 및 적재가 가능하다는 사실을 통지받음
> 3. 석탄이 서울에 2X23년 2월 1일 오후 5시에 도착하여 같은 날 오후 8시에 적재를 모두 완료함

① 하화   ② 인도 확인   ③ 화차 유치료 수수
④ 운송 내역 신고   ⑤ 물류 시설 사용료 납부

약점 보완 해설집 p.42

무료 바로 채점 및 성적 분석 서비스 바로 가기
QR코드를 이용해 모바일로 간편하게 채점하고 나의 실력이
어느 정도인지, 취약 부분이 어디인지 바로 파악해 보세요!

PART 3
전공 실전모의고사

전공 실전모의고사
1회

문제 풀이 시작과 종료 시각을 정한 후, 실전처럼 모의고사를 풀어보세요.

시   분 ~   시   분 (총 30문항/권장 풀이시간 30분)

□ 시험 유의사항

[1] 한국철도공사 필기시험은 2024년 하반기부터 NCS 직업기초능력 30문항과 직무수행능력(전공) 30문항, 철도관계법 10문항을 70분 동안 푸는 것으로 변경되며, 직렬별 시험 구성은 다음과 같습니다.
- 사무영업(일반, 수송): NCS 직업기초능력(의사소통·수리·문제해결능력) 30문항+직무수행능력(경영학) 30문항+철도관계법 10문항
- 사무영업(IT): NCS 직업기초능력(의사소통·수리·문제해결능력) 30문항+직무수행능력(컴퓨터일반) 30문항+철도관계법 10문항
- 사무영업(관제): NCS 직업기초능력(의사소통·수리·문제해결능력) 30문항+직무수행능력(철도관계법령) 30문항+철도관계법 10문항
- 운전/차량: NCS 직업기초능력(의사소통·수리·문제해결능력) 30문항+직무수행능력(기계일반, 전기일반 중 택 1) 30문항+철도관계법 10문항
- 토목: NCS 직업기초능력(의사소통·수리·문제해결능력) 30문항+직무수행능력(토목일반) 30문항+철도관계법 10문항
- 건축(건축일반): NCS 직업기초능력(의사소통·수리·문제해결능력) 30문항+직무수행능력(건축일반) 30문항+철도관계법 10문항
- 건축(건축설비): NCS 직업기초능력(의사소통·수리·문제해결능력) 30문항+직무수행능력(건축설비) 30문항+철도관계법 10문항
- 전기통신: NCS 직업기초능력(의사소통·수리·문제해결능력) 30문항+직무수행능력(전기이론) 30문항+철도관계법 10문항

[2] 본 모의고사는 직무수행능력(전공) 경영학/기계일반/전기일반/토목일반/건축일반/전기이론 각 30문항으로 구성되어 있으므로, NCS 직업기초능력 풀이 후 본인 직종에 맞는 전공 문항을 풀어보시기 바랍니다.

[3] 본 교재 마지막 페이지에 있는 OMR 답안지와 해커스ONE 애플리케이션의 학습타이머를 이용하여 실전처럼 모의고사를 풀어보시기 바랍니다.

경영학

01. 다음 중 경영일반의 개념에 대한 설명으로 적절한 것은?

① 서비스는 소멸성을 가지지만, 서비스를 소비한 결과에 해당하는 서비스 결과는 지속성을 가진다.

② 경영학에서 투입에 대한 산출의 비율을 의미하는 효과성은 자원의 활용과 밀접하게 관련되어 있다.

③ 경영의사결정은 의사결정의 성격에 따라 정성적 의사결정과 정량적 의사결정으로 구분할 수 있다.

④ 경영환경은 기업이 속해 있는 시장 또는 산업의 경계에 따라 내부환경과 외부환경으로 구분된다.

⑤ 환경풍부성이 높아질수록 환경불확실성도 함께 높아진다.

02. 다음 중 품질경영과 관련된 설명으로 적절한 것의 개수는?

> ㉠ 역 품질요소는 충족이 되면 오히려 불만을 일으키고, 충족되지 않으면 만족을 일으키는 품질요소로 서 일원적 품질요소에 반대되는 품질요소를 말한다.
> ㉡ 심미성은 객관적 차원의 품질요소로, 사용자가 외양, 질감, 색채, 소리, 맛 등 제품의 외형에 대해 반 응을 나타내는 차원을 의미한다.
> ㉢ 종합적 품질경영(TQM)은 과정보다는 결과를 중시한다.
> ㉣ 관리상한선에서 관리하한선을 뺀 값을 규격한계라고 한다.

① 0개   ② 1개   ③ 2개   ④ 3개   ⑤ 4개

03. 다음 설명에 해당하는 가격전략으로 적절한 것은?

> • 서비스 영역에서 이용되는 종속제품 가격전략이다.
> • 서비스 가격은 고정된 기본수수료와 사용량에 따른 변동가격으로 구성된다.
> • 기본서비스 가격은 서비스 이용을 유도하기 위해 가능한 한 낮게 책정해야 하며, 이익의 상당 부분은 사용량에 비례하는 변동수수료로 얻을 수 있다.

① 스키밍 가격전략   ② 탄력 가격전략   ③ 이중요율 가격전략

④ 대등 가격전략   ⑤ 옵션제품 가격전략

04. 다음 중 마케팅 조사를 위한 자료의 측정 척도와 해당 척도의 사용 예가 적절하지 않게 연결된 것의 개수는?

> ㉠ 명목척도 – 성별 분류
> ㉡ 명목척도 – 시장구역 분류
> ㉢ 서열척도 – 판매 지역 및 상표 분류
> ㉣ 등간척도 – 광고인지도 측정
> ㉤ 등간척도 – 상표선호도 조사
> ㉥ 비율척도 – 시장점유율 조사

① 1개　　　　② 2개　　　　③ 3개　　　　④ 4개　　　　⑤ 5개

05. 다음 중 재고의 기능에 대한 설명으로 적절하지 않은 것은?

① 생산공정의 계속적 조업을 가능하게 한다.
② 안전재고(Safety stock)를 통해 재고 부족(Stock-out)을 방지한다.
③ 투기적 기능을 한다.
④ 기대 수요를 충족시킨다.
⑤ 생산-유통시스템의 구성요소를 통합한다.

06. 다음 설명에 해당하는 마일즈(Miles)와 스노우(Snow)의 전략유형으로 적절한 것은?

> • 고도의 전문지식을 필요로 하고, 분권적 조직과 수평적 의사소통이 필수적이다.
> • 창의성이 효율성보다 더 중요시되는 동태적이고 급변하는 환경에 적합하다.

① 공격형　　　② 방어형　　　③ 분석형　　　④ 반응형　　　⑤ 추종형

07. 다음 중 프로스펙트 이론(Prospect theory)에 대한 설명으로 적절한 것을 모두 고르면?

> ㉠ 소비자효용의 높고 낮음은 소비자가 가지고 있는 절대적 부의 수준에 의해서 좌우된다.
> ㉡ 사람들은 이득보다 손실에 더 민감하고, 기준점을 중심으로 이득과 손해를 평가하며, 이득과 손해 모두 효용을 체감한다는 것을 가정하는 이론이다.
> ㉢ 준거의존성, 민감도 체감성, 손실회피성의 특징을 가진다.
> ㉣ 소비자에게 손실을 제시할 때는 합쳐서 제시하는 것보다 분리해서 제시하는 것이 유리하다.

① ㉠, ㉡   ② ㉠, ㉣   ③ ㉡, ㉢   ④ ㉡, ㉣   ⑤ ㉢, ㉣

08. 다음 중 고전적 조직화에 대한 설명으로 적절하지 않은 것은?

① 맥그리거의 XY 이론 중 X 이론에 근거하여 조직구조를 형성하는 것을 말한다.
② 라인 조직, 라인-스태프 조직, 기능별 조직이 대표적인 예이다.
③ 조직의 공식적 요인뿐만 아니라 비공식적 요인도 중요시하는 조직구조이다.
④ 감독 범위의 원칙과 계층 단축화의 원칙은 서로 모순된다.
⑤ 각 조직 구성원의 직무 분담과 권한 및 책임의 상호관계를 명확히 해야 한다.

09. 다음 중 최종 제품의 생산에 소요되는 필요한 부품의 양을 종합적으로 관리하고자 할 때 사용하는 것으로 적절한 것은?

① 자재소요계획   ② 자재명세서   ③ 기준생산계획
④ 재고수준정보   ⑤ 수요예측기법

10. 다음 중 동기부여이론에 대한 설명으로 가장 적절한 것은?

① 아담스(Adams)의 공정성이론은 절차적 공정성과 상호적 공정성을 고려한 이론이다.
② 허츠버그(Herzberg)의 2요인 이론에서 인정, 급여, 감독, 회사의 정책은 동기요인에 해당된다.
③ 로크(Locke)의 목표설정이론에 따르면 구체적인 목표보다 일반적인 목표를 제시하는 것이 구성원들의 동기부여에 더 효과적이다.
④ 직무특성이론에서 잠재적 동기지수(MPS)가 높은 직무는 성장욕구의 강도가 높은 종업원에게 할당하는 것이 효과적이다.
⑤ 브룸(Vroom)의 기대이론에 의하면 기대감, 수단성, 유의성 중 하나가 0의 값을 가지더라도 전체 동기부여 수준은 0이 아닐 수 있다.

11. 다음 중 지각과 관련된 설명으로 적절한 것의 개수는?

> ㉠ 지각대상이 사람인 경우에는 서로 간에 심리적인 상호작용이 있게 되어 상대방이 가지고 있는 태도, 욕구, 기대, 가치관 등을 의식하면서 지각하게 된다.
> ㉡ 중심화 경향은 강제할당법을 사용하거나 평가의 단계를 홀수로 설정함으로써 방지할 수 있다.
> ㉢ 사회적 범주화 이론은 지각자가 피지각자와 다른 사람들을 비교함으로써 지각 및 판단을 내리는 것이다.
> ㉣ 서로 관련되는 여러 정보들이 한 덩어리로 조직화되어 하나의 그림 형태로 고정화된 것을 스키마(Schema)라고 한다.

① 0개   ② 1개   ③ 2개   ④ 3개   ⑤ 4개

12. 다음 중 지식경영과 학습조직에 대한 설명으로 가장 적절하지 않은 것은?

① 치열한 글로벌 경쟁사회에서는 조직 구성원이 보유한 창조적 지식이 중요하다.

② 지식경영에 대한 반동으로 학습조직이 등장하였다.

③ 지식경영은 재무적 자산을 중심으로 기업의 자산가치를 산출하는 방식에 근본적인 문제가 있어 등장하였다.

④ 지식은 언어로 표현 가능한 객관적 지식에 해당하는 형식지와 언어로 표현하기 힘든 주관적 지식에 해당하는 암묵지로 구분할 수 있다.

⑤ 학습조직의 구성요소에는 개인적 수련, 정신모형, 공유비전, 팀학습, 시스템 사고 등이 있다.

13. 다음 중 광고모델에 대한 설명으로 적절한 것의 개수는?

> ㉠ 광고모델이 신뢰성이 있고, 매력적일수록 소비자의 메시지 수용도가 높게 나타난다.
> ㉡ 고관여 제품의 경우에는 신뢰성이 높은 전문가를 광고모델로 기용함으로써 내면화를 유도할 수 있다.
> ㉢ 유명인 모델을 사용하는 경우에 유명인에 의해 오히려 제품의 장점이 가려지는 음영효과(Overshadowing effect)가 발생할 수 있다.
> ㉣ 일반인 모델은 매력도에 의한 동일화 과정이 가능해지고 목표고객의 관심을 유도하기 좋으며, 좋은 이미지가 제품에 연결된다는 장점이 있다.

① 0개   ② 1개   ③ 2개   ④ 3개   ⑤ 4개

14. 다음 중 경영전략에 대한 설명으로 가장 적절하지 않은 것은?

① 경영전략을 기업전략, 사업전략, 기능전략으로 구분할 때 마이클 포터(M. Porter)의 차별화 전략은 사업전략에 해당한다.

② 마이클 포터(M. Porter)의 가치사슬에서 회계, 법률, 재무, 전략적 계획 등은 지원적 활동에 해당한다.

③ 마일즈와 스노우(Miles & Snow)의 전략유형에서 개척형(Prospectors)은 신제품 및 신시장 기회를 적극적으로 찾아내고 이용하는 유형을 의미한다.

④ 조직의 전략은 조직 규모, 기술, 환경과 함께 조직구조에 영향을 미치는 요소이다.

⑤ 산업구조분석에서 구매자와 공급자의 교섭력이 낮으면 산업의 수익률은 낮아진다.

15. 다음 중 인사평가방법에 대한 설명으로 가장 적절하지 않은 것은?

① 대표적인 절대평가방법에는 평정척도법, 대조표법, 중요사건기록법 등이 있다.

② 대조표법을 사용하는 경우 일반적으로 평가자는 대조표를 작성하여 보고만 할 뿐 그 평가는 인사부서에서 하게 된다.

③ 행동기준평가법(BARS)은 평정척도법과 중요사건기록법을 혼용하여 보다 정교하게 계량적으로 수정한 방법이다.

④ 평가센터법은 관리자의 신규선발뿐만 아니라 기존 관리자들의 공정한 평가와 인력개발을 위해서도 활용된다.

⑤ 서열법이 가지는 주관성을 완화시키기 위한 방법에는 교대서열법, 쌍대비교법, 요소비교법 등이 있다.

16. 다음 중 서비스(Service)의 특징으로 적절하지 않은 것은?

① 높은 고객접촉 정도　　　② 노동 집약적　　　③ 품질측정 용이

④ 소규모 설비　　　⑤ 짧은 반응시간

17. 다음 중 목표관리(MBO)에 대한 설명으로 가장 적절하지 않은 것은?

① 상급자와 하급자가 함께 각각의 목표추구과정과 달성 정도를 정기적으로 검토·측정·평가해야 한다.

② 업무적 목표보다는 전략적 목표가 우선시되는 경향이 있다.

③ 하급자들이 너무 쉬운 목표를 세우려는 경향이 있다.

④ 구성원으로부터 성과에 대한 약속을 유도하여 결과에 대한 책임을 명확히 하고, 구성원 및 경영자를 합리적으로 평가하는 수단을 제공한다.

⑤ 목표설정과 관리과정을 동시에 강조하고, 목표를 명확히 하여 갈등상황에 있는 다양한 목표를 확인한다.

18. 다음은 제품수명주기(PLC)의 단계별 특징에 대한 설명이다. ㉠~㉣을 제품수명주기에 따라 순서대로 바르게 나열한 것은?

> ㉠ 경쟁사가 많아져 시장이 포화상태가 되기 때문에 기업은 경쟁사에 대응하기 위한 제품의 차별화 전략을 구사한다.
> ㉡ 고객들에게 제품을 알리기 위해 광고, 유통망 확보 등에 많은 비용을 투자하여 이익이 낮은 상태지만 기업은 미래의 더 큰 이익을 위해 이러한 손실을 감수한다.
> ㉢ 제품에 대한 수요가 증가하여 시장 규모가 확대되고 매출이 급격히 상승한다.
> ㉣ 기술의 변화, 소비자 기호의 변화, 국내외 경쟁 심화, 새로운 제품의 출시와 같은 요인으로 매출이 감소하기 때문에 기업은 마케팅 비용을 최저 수준으로 축소한다.

① ㉠ - ㉡ - ㉢ - ㉣ 　　② ㉡ - ㉠ - ㉢ - ㉣ 　　③ ㉡ - ㉢ - ㉠ - ㉣

④ ㉢ - ㉠ - ㉡ - ㉣ 　　⑤ ㉢ - ㉡ - ㉠ - ㉣

19. 다음 중 호손연구(Hawthorne studies)에 대한 설명으로 적절한 것의 개수는?

> ㉠ 실험의 목적은 소음, 조명, 온도 등의 물리적 환경이 생산성에 미치는 영향을 연구하는 데 있었다.
> ㉡ 경영자의 요구보다는 동료 작업자와의 관계나 우정 등에 의해 형성된 작업집단의 압력이 생산성에 더 큰 영향을 미쳤다.
> ㉢ 작업자들은 실험에 참가자로 선발되었다는 이유로 집단적 긍지를 갖게 되었다.
> ㉣ 호손효과(Hawthorne effect)는 경영자가 작업자의 복지에 관심을 두고 있거나 감독자가 특별한 관심을 두고 있다는 사실을 아는 작업자는 일을 열심히 하게 된다는 것을 의미한다.

① 0개 　　② 1개 　　③ 2개 　　④ 3개 　　⑤ 4개

20. 직무확대화를 아래와 같이 구분한다고 할 때, ⓒ에 해당하는 것은?

구분	개인 대상	집단 대상
수평적 직무확대화	㉠	㉢
		㉣
수직적 직무확대화	㉡	㉤

① 직무교차(Overlapped workplace)

② 직무확대(Job enlargement)

③ 직무순환(Job rotation)

④ 준자율적 작업집단(Semi-autonomous workgroup)

⑤ 직무충실(Job enrichment)

21. 다음 중 주식회사에 대한 설명으로 가장 적절한 것은?

① 정관의 변경, 자본의 증감, 영업의 양도 등은 이사회의 권한에 해당한다.

② 사외이사제도는 이사회의 투명성과 기업의 사회성을 제고하기 위한 제도이다.

③ 신주의 발행, 사채의 모집, 이사와 회사 간의 거래에 대한 승인 등은 감사의 권한에 해당한다.

④ 부채에 대해서는 주주가 무한책임을 진다.

⑤ 주식회사의 의결권은 1인 1표를 원칙으로 한다.

22. 다음 중 경영학 이론에 대한 설명으로 옳지 않은 것을 모두 고르면?

> ㉠ 테일러의 과학적 관리법에서는 작업자를 금전적 수입의 극대화에만 관심을 갖는 경제인으로 가정한다.
> ㉡ 포드는 경영이념상 고임금 저노무비의 원칙을 강조하였다.
> ㉢ 페욜의 일반관리론에 따르면 관리과정은 '계획화 → 조직화 → 지휘 → 통제 → 조정'의 순으로 이루어진다.
> ㉣ 관료제 조직은 규범의 명확화, 노동의 분화, 역량 및 전문성에 근거한 인사, 공과 사의 구분, 계층의 원칙, 문서화 등의 특성을 갖는다.
> ㉤ 조직을 시스템 관점에서 분류하였을 때 폐쇄시스템의 경계는 모호하고, 개방시스템의 경계는 명확하다.

① ㉠, ㉡　　　　② ㉡, ㉢　　　　③ ㉡, ㉣　　　　④ ㉠, ㉡, ㉢　　　　⑤ ㉡, ㉢, ㉤

23. 다음 중 슈메너(Schmenner)의 서비스-공정 매트릭스에 대한 설명으로 가장 적절하지 않은 것은?

① 서비스공장(Service factory)은 노동집약도와 고객화 정도가 모두 낮은 서비스를 의미한다.

② 전문서비스(Professional service)에는 회계사, 의사, 변호사, 건축사 등이 속한다.

③ 노동집약도가 높은 서비스 조직에서는 인력자원에 대한 교육, 훈련과 종업원 복지 등에 의사결정의 중점을 두어야 한다.

④ 고객화 정도가 높은 서비스 조직에서는 서비스의 표준화에 의사결정의 중점을 두어야 한다.

⑤ 대량서비스(Mass service)에는 소매상, 도매상, 학교, 은행업 등이 속한다.

24. 다음 중 보상관리에 대한 설명으로 적절하지 않은 것의 개수는?

> ㉠ 종업원에게 지급되는 직접적 보상에는 기본급, 변동급, 복리후생 등이 있다.
> ㉡ 동일노동 동일임금의 원칙을 적용하기 위해서는 직무급보다 연공급이 더 적합하다.
> ㉢ 회사 재직 중에 종업원의 직무가 변하지 않을 경우, 직무급을 도입하면 종업원의 장기근속을 유도할 수 있다.
> ㉣ 스캔론 플랜(Scanlon plan)은 성과표준을 초과하여 달성한 부분에 대해 부가가치를 기준으로 상여금의 형태로 성과를 배분하는 방법이다.

① 0개   ② 1개   ③ 2개   ④ 3개   ⑤ 4개

25. 다음 중 마이클 포터(M. Porter)의 산업구조분석에 대한 설명으로 가장 적절한 것은?

① 일반적으로 경쟁기업과의 동질성이 높을수록 산업 내 경쟁이 치열해지므로 산업수익률은 낮아지게 된다.

② 산업구조분석은 동태적 분석이기 때문에 산업이 지속적으로 변화하는 현실을 제대로 설명할 수 있다.

③ 철수장벽이 낮을수록 산업 내 경쟁은 치열해지기 때문에 산업수익률은 낮아지게 된다.

④ 산업의 집중도가 높을수록 산업 내 경쟁이 치열해져 산업수익률은 낮아지게 된다.

⑤ 급격하게 수요가 증가하게 되는 경우 초과생산능력은 진입장벽으로 작용해 산업수익률이 낮아지게 된다.

26. 다음 설명에 해당하는 경영 기법으로 가장 적절한 것은?

> 기업에서 부품 조달, 생산 계획, 납품, 재고 관리 등 제품 생산을 위한 프로세스를 최적화해 최종 소비자가 원하는 제품을 원하는 시간, 원하는 장소에 제공하는 공급망 관리 시스템이다. 이를 통해 부품 공급업체와 생산업체, 고객에 이르기까지 거래관계에 있는 기업들은 IT를 이용하여 실시간으로 정보를 공유하고 시장과 소비자의 요구에 기민하게 대응할 수 있게 된다.

① ERP   ② SCM   ③ CRM   ④ CSV   ⑤ 6 Sigma

27. 다음 중 가빈(Garvin)이 품질을 측정하기 위해 고려한 요소에 대한 설명으로 적절하지 않은 것은?

① 성능(Performance)은 제품이 가지는 기본적인 기능 외에 이를 보완해 주기 위한 추가적인 기능을 의미한다.

② 신뢰성(Reliability)은 특정 기간 적정한 보존 활동을 통해 제품이 고장 나지 않을 확률을 의미한다.

③ 심미성(Aesthetics)은 사용자가 외양, 질감, 색채, 소리, 맛 등 제품의 외형에 대해 반응을 나타내는 차원으로 매우 주관적인 품질 요소이다.

④ 일치성(Conformance)은 생산하는 제품의 품질이 설계사항에 어느 정도로 부합하는지의 정도를 의미한다.

⑤ 인지품질(Perceived quality)은 광고, 상표, 명성 등 간접적인 측정에 기초하여 지각하는 품질을 의미한다.

28. 다음 중 마케팅믹스와 관련된 제품에 대한 설명으로 가장 적절하지 않은 것은?

① 조기 수용자(Early adopter) 바로 다음에 신제품을 수용하는 소비자 집단은 조기다수 수용자(Early majority)이다.

② 기존 브랜드와 다른 제품 범주에 속하는 신제품에 기존 브랜드를 붙이는 것은 상표확장(Brand extension)이다.

③ 브랜드 확장 시 제품 범주 간의 유사성뿐만 아니라 브랜드 이미지와 제품 자체의 유사성도 브랜드 확장의 성패에 영향을 미친다.

④ 신제품의 콘셉트는 소비자가 사용하는 언어나 그림 등을 기반으로 하여 아이디어를 추상적으로 표현한 것이다.

⑤ 마케팅전략 수립 시 낮은 유통원가와 대량노출, 대량광고 등이 가장 중요한 수단이 되는 제품은 편의품(Convenience goods)이다.

29. 다음 중 임금에 대한 설명으로 적절한 것은?

① 임금수준결정에 있어서 상·하한선 간의 조정역할을 하는 사회적 균형요인에는 기업의 지불능력, 경쟁 기업의 임금수준, 노동조합의 교섭력, 노동시장의 수급상황 등이 있다.

② 직무에 기여하는 담당자의 능력을 바탕으로 임금을 결정하는 직능급은 성과급과 직무급을 절충한 임금체계라고 할 수 있다.

③ 리틀식 복률성과급은 표준과업량의 달성정도를 83[%] 이하, 83~100[%], 100[%] 이상의 3단계로 나누어 상이한 임률을 적용한 제도이다.

④ 로완식 할증급에 따르면 절약임금의 규모가 작으면 배분액이 커지고, 절약임금의 규모가 크면 배분액은 작아진다.

⑤ 브로드밴딩은 정보기술의 발달로 조직계층 수가 축소하고 수평적 조직이 확산됨에 따라 전통적인 다수의 계층적 임금구조를 통합하여 보다 폭넓은 임금범위를 갖는 소수의 임금 등급으로 축소시키는 것을 말한다.

30. 다음 중 기업집중에 대한 설명으로 적절하지 않은 것은?

① 카르텔(Cartel)에 참여하는 기업들은 경제적 및 법률적으로 완전히 독립되어 있기 때문에 협정에 구속력이 없다.

② 트러스트(Trust)는 기업의 인수 및 합병(M&A)과 동일하다고 할 수 있다.

③ 현금 흐름의 상관도가 낮은 두 기업을 합병하면 현금 흐름을 보다 원활히 할 수 있기 때문에 재무 위험이 감소되는 등 인수 및 합병(M&A)을 통한 위험 분산 효과를 얻을 수 있다.

④ 한 기업이 다른 기업 또는 사업의 순자산을 양도받고 다른 기업 또는 사업은 법률적으로 소멸하는 것을 흡수합병이라고 한다.

⑤ 인수 대상 기업의 주주들은 공개 매수를 통해 장내보다 저렴한 가격에 주식을 매수할 수 있다.

약점 보완 해설집 p.50

무료 바로 채점 및 성적 분석 서비스 바로 가기
QR코드를 이용해 모바일로 간편하게 채점하고 나의 실력이 어느 정도인지, 취약 부분이 어디인지 바로 파악해 보세요!

01. 질량이 6kg이고, 지름이 60[cm]인 원판이 2차원 공간에서 60rpm의 회전수를 가질 때, 각운동량은?
(단, $\pi ≒ 3$으로 계산한다.)

① $0.27[kg \cdot m^2/s]$ ② $0.81[kg \cdot m^2/s]$ ③ $1.62[kg \cdot m^2/s]$

④ $3.24[kg \cdot m^2/s]$ ⑤ $6.48[kg \cdot m^2/s]$

02. 이동평판과 고정평판 사이에 유체가 채워져 있다. 두 평판 사이의 거리가 0.5[m]이고, 이동평판의 속도는 10[m/s]로 일정할 때, 이동평판 벽면에서의 전단응력[N/m^2]은? (단, 유체의 점성계수는 2.5[$N \cdot s/m^2$]이다.)

① 20   ② 30   ③ 40   ④ 50   ⑤ 60

03. 지름 5[mm]나 10[mm]의 작은 강구(Steel ball)를 일정한 하중으로 눌러서 압흔의 면적을 압입하중으로 나눈 값으로 경도를 측정하는 방법은?

① 쇼어 경도 시험   ② 비커스 경도 시험   ③ 록크웰B 경도 시험

④ 록크웰C 경도 시험   ⑤ 브리넬 경도 시험

04. 다음 중 길이 방향이 x, 단면 방향이 y, 굽힘 모멘트 M인 보의 처짐 곡선의 미분방정식은? (단, 전단력은 V, 탄성계수는 E, 단면 2차 모멘트는 I이다.)

① $\dfrac{d^4y}{dx^4} = -\dfrac{V}{EI}$　　② $\dfrac{d^3y}{dx^3} = -\dfrac{V}{EI}$　　③ $\dfrac{d^2y}{dx^2} = -\dfrac{V}{EI}$　　④ $\dfrac{dy}{dx} = -\dfrac{M}{EI}$　　⑤ $\dfrac{dy}{dx} = -\dfrac{V}{EI}$

05. 겹치기 이음에서 두께는 t이고, 용접 길이가 l인 강판을 필릿 용접하였을 때, 전단응력 τ가 발생하였다. 하중 P의 식으로 적절한 것은?

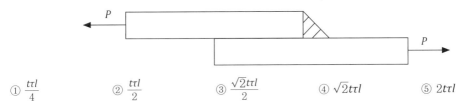

① $\dfrac{t\tau l}{4}$　　② $\dfrac{t\tau l}{2}$　　③ $\dfrac{\sqrt{2}t\tau l}{2}$　　④ $\sqrt{2}t\tau l$　　⑤ $2t\tau l$

06. 비중이 0.6인 액체로 반지름 1[m], 높이 2[m]인 실린더를 모두 채웠을 때, 액체의 질량[kg]은 약 얼마인가? (단, 소수점 첫째 자리에서 반올림하여 계산한다.)

① 1,560　　② 2,500　　③ 3,770　　④ 4,350　　⑤ 5,460

07. 보일러 안의 기체가 $P_1 = 400$[kPa], $V_1 = 0.13$[m^3]에서 $P_2 = 100$[kPa], $V_2 = 0.4$[m^3]으로 가역 단열 팽창하였다. 온도 변화는 7.5[℃]이고 비열은 10[$kJ/kg \cdot ℃$]일 때, 보일러 안의 기체질량[kg]은?

① 0.1　　② 1　　③ 1.5　　④ 5　　⑤ 10

08. 다음 그림과 같은 원형봉이 있다. 이 원형봉의 길이가 1[cm] 늘어났을 때, 봉에 저장된 탄성에너지 [N·m]는?

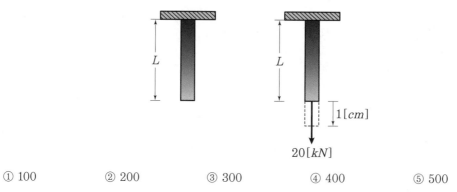

① 100   ② 200   ③ 300   ④ 400   ⑤ 500

09. 물의 비중량이 $10,000[N/m^3]$, 수문의 폭이 2[m]일 때, 수문 A 지점에 작용하는 하중의 크기[N]는 약 얼마인가?

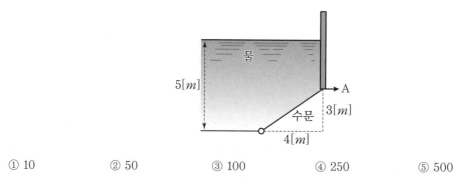

① 10   ② 50   ③ 100   ④ 250   ⑤ 500

10. 다음 중 순철에 대한 설명으로 적절하지 않은 것은?

① A_2변태점은 768[℃]이다.

② A_2변태점을 지나면 상자성체에서 강자성체로 변화한다.

③ A_3변태점은 912[℃]이다.

④ γ철은 면심입방격자(FCC)구조이다.

⑤ A_4변태점은 약 1,394[℃]이다.

11. 다음 중 포텐셜유동을 적용할 수 있는 유동은?

① 점성유동   ② 경계층유동   ③ 포아제유동   ④ 비회전유동   ⑤ 난류유동

12. 다음 부재 AB에 작용하는 힘의 크기[N]는?

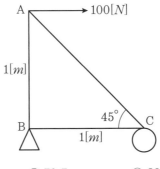

① 50   ② 60   ③ 70.7   ④ 80   ⑤ 100

13. 다음 중 단위의 연결이 적절하지 않은 것은?

① 압력 – [Pa]   ② 점성계수 – [$poise$]   ③ 힘 – [$dyne$]

④ 파워 – [$stokes$]   ⑤ 압력 – [psi]

14. 다음 그림에서 A, B 보의 최대 굽힘 응력의 비는? (단, 두 보의 길이와 단면은 동일하다.)

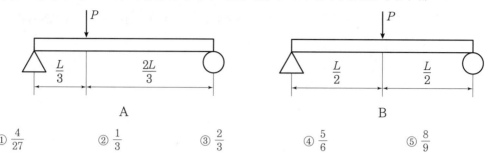

A

B

① $\dfrac{4}{27}$ 　　　② $\dfrac{1}{3}$ 　　　③ $\dfrac{2}{3}$ 　　　④ $\dfrac{5}{6}$ 　　　⑤ $\dfrac{8}{9}$

15. 다음 중 기어의 용어에 대한 설명으로 적절하지 않은 것은?

① 피치원은 기어가 맞물리는 지점을 기초로 한 원으로, 모든 계산의 기초가 된다.

② 이끝원은 이끝을 연결한 원이다.

③ 이뿌리원은 이뿌리 부분을 연결한 원이다.

④ 뒤틈(백래시)은 총 이 높이에서 유효높이를 뺀 이뿌리 부분의 간격이다.

⑤ 이끝높이는 피치점에서 이끝까지 측정한 거리이다.

16. 다음 중 베어링의 기본 동적 부하용량에 대한 설명 중 옳지 않은 것은?

① 베어링이 회전하고 있을 때 견딜 수 있는 최대하중을 말한다.

② 베어링의 정격회전수명이 10^5회전일 때이다.

③ 33.3[rpm]으로 500시간의 수명을 말한다.

④ 베어링 선정할 때 기준이 되며 C로 표시한다.

⑤ 기본 동 정격하중이라고도 한다.

17. 다음 중 밸브에 대한 설명으로 옳지 않은 것은?

① 카운터밸런스밸브: 회로 일부에 배압을 발생시킬 때 사용하는 밸브

② 시퀀스밸브: 통로 단면적에 변화를 줘 교축현상으로 유량을 조절하는 밸브

③ 릴리프밸브: 유압회로의 압력을 일정하게 유지시키는 밸브

④ 체크밸브: 역류방지를 위한 밸브

⑤ 감압밸브: 유체의 압력을 감소시키는 밸브

18. 폴리트로픽 과정에서 실린더 내에 채워져 있던 $1[kg]$의 이상기체의 온도가 $600[K]$에서 $400[K]$로 감소했다고 할 때, 시스템이 한 일의 양$[kJ]$은? (단, 폴리트로픽 지수 $n=1.4$이다.)

① 143.5   ② 168.3   ③ 198.4   ④ 210.4   ⑤ 234.6

19. 다음 중 다른 종류의 펌프를 설명하고 있는 것은?

① 법선 방향의 상승 속도가 작고, 톱니면에서의 미끄럼 속도가 작다.

② 입구와 출구의 밸브가 불필요하고, 왕복 펌프에 비해 고속 운전을 할 수 있다.

③ 물에 원심력을 주는 방식으로 압력을 발생시켜 물을 낮은 곳에서 높은 곳으로 보낸다.

④ 토출량의 맥동률이 작아 소음과 진동이 작다는 장점이 있다.

⑤ 역회전이 불가능하고, 유체 송출량도 변화시킬 수 없다.

20. 다음 중 탄소강에 대한 설명으로 적절하지 않은 것은?

① 철과 탄소의 합금으로, 0.03~2.0[%]의 탄소를 함유하고 있다.

② 황(S)이 첨가되면 900[℃] 이상의 온도에서 적열취성이 발생한다.

③ 인(P)이 첨가되면 상온취성을 발생시켜 연신율이 저하된다.

④ 규소(Si)가 첨가되면 인성이 증가한다.

⑤ 표준조직 중에서 마텐자이트의 강도가 가장 크다.

21. 직교하는 방향의 수직응력이 σ_x, σ_y이고, 전단응력이 τ_{xy}일 때, 주응력 중 하나를 0으로 만드는 전단응력은?

① $\tau_{xy} = \dfrac{\sigma_x \times \sigma_y}{2}$　　　　② $\tau_{xy} = \sigma_x \times \sigma_y$　　　　③ $\tau_{xy} = \sqrt{\sigma_x \times \sigma_y}$

④ $\tau_{xy} = \sqrt{\dfrac{\sigma_x \times \sigma_y}{2}}$　　　　⑤ $\tau_{xy} = \sigma_x^{\ 2} \times \sigma_y^{\ 2}$

22. 사무실에 있는 유리창은 전체 넓이가 $60m^2$, 두께가 30mm이고, 유리창의 평균 열전도도는 0.4kcal/m·h·℃이다. 사무실 내부의 온도가 28℃, 외부의 온도가 23℃일 때, 유리창의 단위면적당 열손실량은?

① 1,000kcal/h　　　　② 2,000kcal/h　　　　③ 3,000kcal/h

④ 4,000kcal/h　　　　⑤ 5,000kcal/h

23. 다음 중 펌프서지에 대한 설명으로 옳지 않은 것은?

① 펌프서지란 펌프가 적당한 작동점을 찾아다니는 진동현상이다.

② 가스압축기의 운전에 있어서는 심각한 문제가 될 수 있다.

③ 액체펌프에서는 거친 운전 상태를 일으키고 심각한 문제로 발전할 수 있다.

④ 후향곡선 날개의 설계로 서지를 예방한다.

⑤ 반경방향 날개의 설계로 서지를 예방한다.

24. 다음 중 로크웰 경도계의 종류와 설명이 잘못 연결된 것은?

	경도계의 종류	누르개 형태	시험재료
①	HRA	다이아몬드 원추형	초경합금 같은 딱딱한 재료
②	HRC	다이아몬드 원추형	열처리강
③	HRE	직경 3.175[mm] 볼	매우 부드러운 재료
④	HRH	직경 1.587[mm] 볼	매우 딱딱한 재료
⑤	HRK	직경 3.175[mm] 볼	매우 딱딱한 재료

25. 유량 Q의 층류가 흐르는 길이가 L, 직경이 d인 원형관의 직경을 1/2배로 하였을 때, 압력강하의 크기는 몇 배가 되는가?

① 0.5　　　　② 2　　　　③ 4　　　　④ 8　　　　⑤ 16

26. 다음 중 프와송의 비에 대한 설명으로 옳은 것은?

① 세로 변형률과 가로 변형률을 곱한 값이다.

② 가로 변형률을 세로 변형률로 나눈 값이다.

③ 프와송 수를 세로 변형률로 나눈 값이다.

④ 프와송 수와 가로 변형률을 곱한 값이다.

⑤ 0.5 이상의 값을 가진다.

27. 원통형 용기에서 원통의 안지름은 100[mm], 판의 두께는 5[mm]이고 0.05[kg/mm^2]의 내압을 받을 때, 원주방향의 응력[kg/mm^2]은?

① 0.05   ② 0.5   ③ 1   ④ 2   ⑤ 5

28. 다음 중 백주철에 대한 설명으로 적절하지 않은 것은?

① 규소의 농도가 낮다.

② 기계가공이 어렵다.

③ 취성이 크다.

④ 시멘타이트로 구성되어 있다.

⑤ 탄소가 대부분 흑연 상태로 존재한다.

29. 다음 그림에 해당하는 오토사이클의 열효율은?

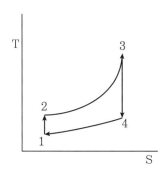

① $1 - \dfrac{T_4 - T_1}{T_3 - T_2}$
② $\dfrac{T_4 - T_1}{T_3 - T_4} - 1$
③ $1 - \dfrac{T_1 - T_4}{T_3 - T_4}$
④ $1 - \dfrac{T_4 - T_1}{T_4 - T_3}$
⑤ $\dfrac{T_4 - T_3}{T_1 - T_4} - 1$

30. 다음 중 차원의 표시가 적절하지 않은 것은?

① 속도: $\dfrac{L}{T}$
② 밀도: $\dfrac{M}{L^3}$
③ 압력: $\dfrac{M}{LT^2}$

④ 점성계수: $\dfrac{M}{LT^3}$
⑤ 동점성계수: $\dfrac{L^2}{T}$

약점 보완 해설집 p.55

무료 바로 채점 및 성적 분석 서비스 바로 가기
QR코드를 이용해 모바일로 간편하게 채점하고 나의 실력이
어느 정도인지, 취약 부분이 어디인지 바로 파악해 보세요!

01. $I[A]$의 전류가 흐르는 무한장 직선형 도선이 있다. 이 도선으로부터 $R[m]$ 떨어진 점의 자속밀도 $[Wb/m^2]$는?

① $\dfrac{\mu I}{2\pi R}$　　　② $\dfrac{I}{2\pi \mu R}$　　　③ $\dfrac{I}{2\pi R}$　　　④ $\dfrac{\mu I}{4\pi R}$　　　⑤ $\dfrac{I}{4\pi \mu R}$

02. 다음 중 직류 발전기의 병렬 운전 조건으로 적절하지 않은 것은?

① 외부 특성이 수하 특성이어야 한다.
② 직권 발전기에는 균압 모선을 설치해야 한다.
③ 극성이 일치하지 않아야 한다.
④ 단자전압이 일치해야 한다.
⑤ 용량과는 무관하며, 부하 분담을 R_f로 조정해야 한다.

03. 다음 중 임펄스 응답에 대한 설명으로 적절하지 않은 것은?

① 임펄스 응답은 회로의 모든 초깃값이 0일 때의 단위 임펄스 입력에 대한 출력이다.
② 입력 신호가 충격적으로 변화하였을 때의 응답을 의미한다.
③ 입력과 출력만으로 임펄스 응답을 알 수 있다.
④ 이상적인 임펄스의 경우 그 크기가 무한대이고, 지속시간이 0이다.
⑤ 임펄스 응답은 회로 소자의 값만으로 구할 수 있다.

04. 동기발전기의 권선을 분포권으로 감았을 때 나타나는 현상으로 적절한 것은?

① 집중권 대비 유기 기전력이 증가한다.

② 기전력의 고조파가 줄어들어 파형이 좋아진다.

③ 전기자에 발생하는 열이 집중되어 과열될 수 있다.

④ 통풍이 잘되지 않을 수 있다.

⑤ 권선의 누설 리액턴스가 증가한다.

05. 다음 중 정전계의 특징에 대한 설명으로 적절하지 않은 것은?

① 정전계에서 두 전하 사이에 작용하는 힘은 두 전하가 존재하는 매질의 영향을 받는다.

② 정전계에서 두 전하 사이에 작용하는 힘은 두 전하 사이의 거리의 제곱과 비례 관계이다.

③ 정전계란 전계 에너지가 최소가 되는 전하 분포의 전계를 말한다.

④ 정전계의 두 전하 사이에 작용하는 힘의 방향은 두 전하를 연결하는 직선과 일치한다.

⑤ 정전계는 운동 에너지가 0, 위치 에너지가 최소인 계로 정의된다.

06. 다음 중 복도체의 특징으로 적절하지 않은 것은?

① 등가 반지름이 증가되어 송전용량이 증가한다.

② 전선 표면의 전위경도가 감소한다.

③ 전선의 표면적 증가로 전선의 허용전류가 증가한다.

④ 코로나의 임계전압이 감소한다.

⑤ 통신선의 유도장해가 억제된다.

07. 두 개의 코일 L_1, L_2를 직렬로 접속하고 합성 인덕턴스를 측정하였더니 가동결합 상태에서는 합성 인덕턴스가 208[mH]이고, 차동결합 상태에서는 합성 인덕턴스가 24[mH]이었다. 자기 인덕턴스 $L_1 = 25[mH]$일 때, 자기 인덕턴스 $L_2[mH]$는?

① 76   ② 81   ③ 86   ④ 91   ⑤ 96

08. 다음 중 전자기파의 에너지 진행 방향과 동일한 것으로 적절한 것은?

① 전계 E의 방향

② 자계 H의 방향

③ $E \times H$의 방향

④ $\nabla \times E$의 방향

⑤ $\dfrac{E}{H}$의 방향

09. 선간전압(V_l)이 $100\sqrt{3}\,[V]$인 대칭 3상 Y결선에서 각 상의 임피던스(Z)가 $30 + j40[\Omega]$의 평형부하일 때, 선전류[A]는?

① 1   ② 2   ③ $2\sqrt{3}$ ④ 5   ⑤ $5\sqrt{3}$

10. 다음 중 변압기의 병렬운전이 가능한 결선 방식의 조합으로 적절하지 않은 것은?

① Y$-\Delta$와 $\Delta-$Y   ② $\Delta-\Delta$와 $\Delta-\Delta$ ③ $\Delta-$Y와 Y$-$Y

④ Y$-\Delta$와 Y$-\Delta$ ⑤ $\Delta-\Delta$와 Y$-$Y

11. 다음 중 폐루프 시스템의 특징으로 적절하지 않은 것은?

① 제어계가 불안정한 상태가 될 수 있다.

② 빠른 응답 속도를 가진다.

③ 높은 정확성을 가진다.

④ 목푯값과 비교하면 오차가 크다.

⑤ 외부 변화에 대처할 수 있다.

12. 대기 중의 두 전극 사이에 있는 어떤 점의 전계의 세기가 $5.5[V/cm]$, 지면의 도전율이 $10^{-5}[\mho/cm]$일 때, 이 점의 전류밀도$[A/cm^2]$는?

① 1.1×10^{-1}　　　② 3.5×10^{-5}　　　③ 5.1×10^{-1}　　　④ 5.5×10^{-5}　　　⑤ 7.5×10^{-5}

13. 다음 그림과 같은 피드백 회로가 있을 때, 이 회로의 종합 전달 함수는?

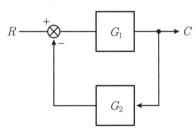

① $\dfrac{1}{G_1} - \dfrac{1}{G_2}$

② $\dfrac{1 + G_1 G_2}{G_1}$

③ $\dfrac{1 + G_1 G_2}{G_1 G_2}$

④ $\dfrac{G_1 G_2}{1 + G_1 G_2}$

⑤ $\dfrac{G_1}{1 + G_1 G_2}$

14. 다음 중 비유전율에 대한 설명으로 적절한 것은?

    ① 공기의 비유전율은 항상 0이다.

    ② 비유전율은 절연물의 종류에 따라 다르다.

    ③ 비유전율의 단위는 $[F/m]$이다.

    ④ 비유전율은 항상 1 이하이다.

    ⑤ 진공의 비유전율은 항상 −1이다.

15. 다음 특성 방정식이 안정하다고 할 때, K의 범위로 적절한 것은?

$$s^4 + 5s^3 + 12s^2 + 5s + K = 0$$

    ① $K < -11$　　　② $K > 0$　　　③ $0 < K < 5$　　　④ $0 < K < 11$　　　⑤ $K > 11$

16. $f(t) = sin2t \cdot cos2t$를 라플라스 변환한 것은?

    ① $\dfrac{1}{s^2 + 4}$　　　② $\dfrac{s}{s^2 + 4}$　　　③ $\dfrac{2}{s^2 + 16}$　　　④ $\dfrac{s}{s^2 + 16}$　　　⑤ $\dfrac{4}{s^2 + 16}$

17. 다음 중 루드의 안정도 판별법에 대한 설명으로 적절한 것은?

① 특성 방정식의 근이 모두 s 평면의 축상에 위치해 있어야 한다.

② 루드 수열의 제1열의 부호가 달라야 한다.

③ 특성 방정식의 근이 모두 s 평면의 우반부에 위치해 있어야 한다.

④ 계수 중 어느 하나라도 0이 되어야 한다.

⑤ 모든 계수의 부호가 동일해야 한다.

18. 다음 중 용어와 그에 대한 정의가 적절하지 않은 것은?

① 전류: 전위가 낮은 곳에서 높은 곳으로 전하가 연속적으로 이동하는 현상

② 주파수: 교류 전압 또는 전류가 1초 동안 반복되는 수

③ 전압: 도체 내에 있는 두 점 사이의 단위전하당 전기적인 위치에너지 차이

④ 전력량: 일정 시간 동안 전류가 하는 일의 양

⑤ 차단기: 전기회로에 정격전류 이상의 전류가 흐를 때 이로 인한 사고 예방을 위해 전류의 흐름을 끊는 기계

19. R = 5[Ω], $L = 1[H]$, $C = \dfrac{1}{5}[F]$일 때, 다음 회로에서 전달 함수는?

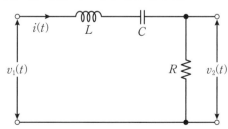

① $\dfrac{5s}{s^2 - 5s + 5}$　　② $\dfrac{5}{s^2 - 5s - 5}$　　③ $\dfrac{5s}{s^2 - 5s - 5}$　　④ $\dfrac{5}{s^2 + 5s - 5}$　　⑤ $\dfrac{5s}{s^2 + 5s + 5}$

20. 다음 중 전자석을 만들기 위한 재료에 대한 설명으로 적절한 것은?

① 잔류 자기와 보자력이 모두 커야 한다.

② 잔류 자기는 크고, 보자력은 작아야 한다.

③ 잔류 자기는 작고, 보자력은 커야 한다.

④ 잔류 자기와 보자력이 모두 작아야 한다.

⑤ 잔류 자기와 보자력과는 관계가 없다.

21. 다음 중 4단자망 A, B, C, D 상수에서 C가 나타내는 것은?

① 개방 전달 어드미턴스

② 단락 전달 어드미턴스

③ 단락 전달 임피던스

④ 단락 전류 이득

⑤ 개방 전압 이득

22. 단위 피드백계에서 개루프 전달함수 $G(s) = \dfrac{20}{s(s+1)(s+2)}$ 일 때, 단위 속도 입력에 대한 정상 편차는?

① $\dfrac{1}{2}$　　　　② $\dfrac{1}{5}$　　　　③ $\dfrac{1}{10}$　　　　④ $\dfrac{1}{15}$　　　　⑤ $\dfrac{1}{20}$

23. $F(s) = \dfrac{8s+16}{s^2+2s-15}$ 를 역 라플라스 변환한 것은?

① $3e^{-3t} + 5e^{5t}$

② $5e^{-3t} - 3e^{5t}$

③ $5e^{-3t} + 3e^{5t}$

④ $3e^{3t} - 5e^{-5t}$

⑤ $5e^{3t} + 3e^{-5t}$

24. 크기가 $2^2 \times 10^{-8}[C]$로 동일한 두 개의 점전하가 진공 중에 떨어져 $16 \times 10^{-7}[N]$의 힘을 받았다고 할 때, 두 개의 점전하 사이의 거리$[m]$는?

① 1　　　　② 3　　　　③ 9　　　　④ 18　　　　⑤ 27

25. 어느 화력발전소에서 발열량 $6,500,000[kcal/ton]$의 석탄 $5,000[kg]$을 연소하여 $12,000[kWh]$의 전력을 발생시켰다. 이 화력발전소의 열효율$[\%]$은 약 얼마인가? (단, 소수점 둘째 자리에서 반올림하여 계산한다.)

① 27.5　　　　② 31.8　　　　③ 35.5　　　　④ 38.8　　　　⑤ 41.6

26. 블록선도의 제어시스템은 단위 램프 입력에 대한 정상상태오차(정상편차)가 0.04이다. 이 제어시스템의 제어요소인 $G_{c1}(s)$의 k의 값은? (단, $G_{c1}(s)=k$, $G_{c2}(s)=\dfrac{1+0.3s}{1+0.4s}$, $G_p(s)=\dfrac{100}{s(s+1)(s+2)}$이다.)

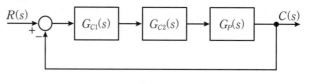

① 0.1   ② 0.25   ③ 0.5   ④ 0.75   ⑤ 1

27. 5[kVA], 3,000/200[V]의 변압기의 단락 시험에서 임피던스 전압은 120[V], 동손은 150[W]라고 할 때, %저항 강하는?

① 1%   ② 2%   ③ 3%   ④ 4%   ⑤ 5%

28. 다음 중 전류가 흐르는 SCR이 턴 오프(Turn-off)되는 조건으로 적절한 것은?

① 역방향 전압을 인가한다.

② 역방향 Anode 전류를 흘린다.

③ 순방향 Anode 전류를 유지 전류 이하로 한다.

④ 순방향 Anode 전류를 0으로 한다.

⑤ 순방향 Anode 전류를 증가시킨다.

29. $f(t) = \delta(t) + t\cos 3t$일 때, $f(t)$의 라플라스 변환 $F(s)$는?

① $1 - \dfrac{s^2 + 3^2}{(s^2 + 3^2)^2}$

② $1 + \dfrac{s^2 + 3^2}{(s^2 - 3^2)^2}$

③ $1 - \dfrac{s^2 - 3^2}{(s^2 + 3^2)^2}$

④ $1 + \dfrac{s^2 - 3^2}{(s^2 + 3^2)^2}$

⑤ $1 - \dfrac{s^2 + 3^2}{(s^2 - 3^2)^2}$

30. 4단자 정수가 $\dot{A}$, $\dot{B}$, $\dot{C}$, $\dot{D}$인 4단자 회로의 전달 정수(θ)는?

① $\log_e(\sqrt{\dot{A}\dot{C}} + \sqrt{\dot{B}\dot{D}})$

② $\cosh^{-1}(\sqrt{\dot{B}\dot{C}})$

③ $\sinh^{-1}(\sqrt{\dot{A}\dot{D}})$

④ $\log_e(\sqrt{\dot{A}\dot{D}} + \sqrt{\dot{B}\dot{C}})$

⑤ $\cosh^{-1}(\sqrt{\dot{A}\dot{B}})$

약점 보완 해설집 p.59

무료 바로 채점 및 성적 분석 서비스 바로 가기
QR코드를 이용해 모바일로 간편하게 채점하고 나의 실력이
어느 정도인지, 취약 부분이 어디인지 바로 파악해 보세요!

01. 다음 중 LPG에 대한 설명으로 옳은 것을 모두 고르면?

> ㉠ 천연가스에 정제 과정을 거쳐 얻어진 메탄을 냉각하여 액화시킨 액화천연가스이다.
> ㉡ 주로 가스통에 담아 사용하고, 자동차 기관의 연료로도 활용된다.
> ㉢ 무색, 무취의 기체로, 유해 물질 배출 수준이 상대적으로 낮은 편에 속한다.
> ㉣ 끓는점이 영하 162[℃]로 낮고, 액화시킬 경우 600분의 1로 부피가 줄어든다.

① ㉠, ㉡   ② ㉠, ㉢   ③ ㉡, ㉢   ④ ㉡, ㉣   ⑤ ㉢, ㉣

02. 캔트 계산식에서 나머지 조건은 기존과 동일하고, 곡선 반지름만 4배가 되었다고 할 때, 캔트의 크기는 몇 배인가?

① 4배   ② 2배   ③ $\frac{1}{2}$배   ④ $\frac{1}{4}$배   ⑤ $\frac{1}{8}$배

03. 단면적이 $550[m^2]$인 PS 강선을 가로가 $300[mm]$, 세로가 $400[mm]$인 프리텐션 부재에 콘크리트 단면 도심에 일치하도록 배치하였다. $1,350[MPa]$의 인장응력이 되도록 긴장한 후 콘크리트에 프리스트레스를 도입했을 때, 도입 직후 생기는 PS 강선의 응력[MPa]은 약 얼마인가? (단, 단면적은 총단면적을 사용하고, n = 6이며, 소수점 첫째 자리에서 반올림하여 계산한다.)

① 1,307   ② 1,313   ③ 1,321   ④ 1,333   ⑤ 1,357

04. 기포관의 감도가 $30''$인 레벨을 이용하여 $70[m]$ 전방에 연직으로 세워진 표척을 읽은 후 확인해 보니 기포의 위치가 2 눈금 편위되어 있었다. 이를 바로 잡은 다음 다시 시준하여 표척을 읽었다고 할 때, 표척에 대한 두 읽음값의 차이$[m]$는 약 얼마인가? (단, 소수점 셋째 자리에서 반올림하여 계산한다.)

① 0.02　　　　② 0.04　　　　③ 0.05　　　　④ 0.25　　　　⑤ 0.27

05. 다음 중 GNSS 측량에 대한 설명으로 적절하지 않은 것은?

① 수신기의 좌표뿐만 아니라 시계 오차도 계산할 수 있다.

② GNSS 측위 중 하나인 VRS 측위는 1대의 수신기를 이용한 절대 측위 방식을 통해 기지점의 좌표를 기준으로 삼아 미지점의 좌표를 결정하는 측량이다.

③ GNSS 측량 시 다중주파수를 채택하는 가장 큰 이유는 전리층 지연오차를 제거하기 위해서이다.

④ 관측점의 3차원 위치를 결정하기 위해서는 최소 4개의 위성신호를 관측해야 한다.

⑤ 다양한 항법위성을 이용한 3차원 측위 방법으로, 미국의 GPS, 러시아의 GLONASS, 유럽의 Galileo 등이 있다.

06. 단순보의 중앙에 $3[t]$의 집중하중이 작용할 때와 등분포하중 $0.5[t/m]$가 작용할 때의 최대처짐량을 비교한 설명으로 가장 적절한 것은?

① 집중하중 작용 시 최대처짐량은 등분포하중 작용 시 최대처짐량의 1.3배이다.

② 집중하중 작용 시 최대처짐량은 등분포하중 작용 시 최대처짐량의 1.6배이다.

③ 등분포하중 작용 시 최대처짐량은 집중하중 작용 시 최대처짐량의 1.3배이다.

④ 등분포하중 작용 시 최대처짐량은 집중하중 작용 시 최대처짐량의 1.6배이다.

⑤ 최대처짐량은 동일하다.

07. 2.5[m] × 2.5[m]인 정방형 기초가 2[m] 깊이에 있다. 흙의 단위중량이 17[kN/m³], 점착력이 0, N_c, N_r, N_q가 각각 18, 20, 22일 때, 테르자기 공식에 따른 흙의 전허용하중[kN]은? (단, 안전율은 4이다.)

① 1,600   ② 1,650   ③ 1,700   ④ 1,750   ⑤ 1,800

08. 다음 그림과 같은 3경간 연속보에서 EI가 일정할 때, B 지점의 모멘트인 M_B의 값은? (단, E는 탄성계수, I는 단면 2차 모멘트이다.)

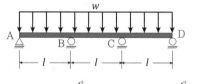

① $-\dfrac{wl^2}{10}$ ② $-\dfrac{wl^2}{8}$ ③ $-\dfrac{wl^2}{6}$ ④ $-\dfrac{wl^2}{4}$ ⑤ $-\dfrac{wl^2}{2}$

09. 다음 중 이형철근의 정착길이(l_{dh})에 대한 설명으로 적절하지 않은 것은? (단, d_b = 철근의 공칭지름이다.)

① l_{dh}는 기본정착길이에 적용할 수 있는 모든 보정계수를 곱하여 구한다.

② 확대머리 이형철근의 인장에 대한 l_{dh}는 $8[d_b]$ 이상, 150[mm] 이상이어야 한다.

③ 압축 이형철근의 l_{dh}는 200[mm] 이상이어야 한다.

④ 인장 이형철근의 l_{dh}는 300[mm] 이상이어야 한다.

⑤ 표준갈고리를 갖는 인장 이형철근의 l_{dh}는 $10[d_b]$ 이상, 200[mm] 이상이어야 한다.

10. 다음 그림과 같은 일단고정 타단힌지 부정정보가 있을 때, A 점으로부터 전단력이 0이 되는 x의 값은?

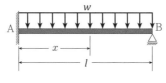

① $\frac{3}{8}l$

② $\frac{5}{11}l$

③ $\frac{5}{8}l$

④ $\frac{7}{11}l$

⑤ $\frac{3}{4}l$

11. 다음 중 케이슨 기초의 침하를 촉진시키기 위한 공법으로 적절하지 않은 것은?

① 대기압 공법

② 무하중 침하 공법

③ 프리텐션 공법

④ 발파식 침하 공법

⑤ 진동식 침하 공법

12. 베인 시험(Vane test)에서 베인의 지름이 $50[mm]$이고, 높이는 $10[cm]$, 파괴 시 토크는 $5.9[kg \cdot m]$일 때, 점착력$[kg/cm^2]$은 약 얼마인가? (단, $\pi = 3.14$로 계산하고, 소수점 셋째 자리에서 반올림하여 계산한다.)

① 1.10

② 1.29

③ 1.58

④ 2.18

⑤ 2.86

13. 곡선설치에서 반지름(R)이 150[m]이고 접선장(T.L)이 86.6[m]라고 할 때, 교각(I)은?

① 30°　　　　② 45°　　　　③ 60°　　　　④ 90°　　　　⑤ 150°

14. 길이와 지름이 각각 50[mm], 10[mm]인 강봉을 당겨서 길이를 5[mm] 늘였을 때, 강봉의 지름이 줄어든 길이[mm]는? (단, 포와송비는 1/3이다.)

① $\frac{1}{6}$　　　　② $\frac{1}{5}$　　　　③ $\frac{1}{4}$　　　　④ $\frac{1}{3}$　　　　⑤ $\frac{1}{2}$

15. 다음 중 철도에 사용되는 곡선의 종류로 적절한 것은?

① 2차 포물선　　　② 3차 포물선　　　③ 원곡선　　　④ 클로소이드　　　⑤ 렘니스케이트

16. 다음 중 연경도 지수에 대한 설명으로 적절하지 않은 것은?

① 액성지수가 0에 가까운 지반일수록 과압밀 상태에 가깝다.

② 연경지수는 소성한계와 자연 함수비의 차를 소성지수로 나눈 값이다.

③ 소성지수가 큰 지반일수록 압축성이 크다.

④ 유동지수는 유동 곡선의 기울기를 나타낸 값이다.

⑤ 터프니스지수는 소성지수를 유동지수로 나눈 값이다.

17. 다음 중 1방향 슬래브에 대한 설명으로 적절하지 않은 것은?

① 슬래브의 정철근 및 부철근의 중심간격은 기타 단면에서 슬래브 두께의 3배 이하이어야 하고, 또한 450[mm] 이하이어야 한다.

② 4개의 변에 의해 지지되는 2방향 슬래브 중 '장변 / 단변 > 2'일 경우 1방향 슬래브로 해석한다.

③ One-way slab로, 서로 마주 보는 2개의 변으로 지지된 직사각형 슬래브를 말한다.

④ 1방향 슬래브의 두께는 최소 70[mm] 이상이어야 한다.

⑤ 슬래브의 정철근 및 부철근의 중심간격은 최대 휨모멘트가 발생하는 단면에서 슬래브 두께의 2배 이하이어야 하고, 또한 300[mm] 이하이어야 한다.

18. 지짐조건이 양단 고정이며 좌굴하중 크기가 100[tf]인 장주가 있다. 장주의 지점조건이 1단 힌지 타단 고정으로 변경될 경우 좌굴하중[tf]은?

① 50   ② 100   ③ 200   ④ 250   ⑤ 300

19. 다음 중 콘크리트 슬래브를 설계할 때, 직접설계법을 적용할 수 있는 제한사항으로 적절한 것은?

① 각 방향으로 2경간 이상 연속되어야 한다.

② 모든 하중은 연직 하중으로 슬래브판 전체에 등분포되어야 한다.

③ 슬래브 판들의 단면 경간에 대한 장변 경간의 비가 3 이하인 직사각형이어야 한다.

④ 기둥의 어긋남은 연속한 기둥 중심선을 기준으로 그 방향 경간의 20[%] 이하이어야 한다.

⑤ 각 방향으로 연속한 받침부 중심 간 경간 차이는 긴 경간의 1/2 이하이어야 한다.

20. 다음 그림과 같이 등경사인 지성선상에 있는 A, B 표고가 각각 62[m], 72[m]이고, AB의 수평거리가 90[m]인 지형도가 있다. 64[m], 68[m] 등고선과 지성선 AB의 교점을 각각 D, E라고 할 때, AD의 도상거리[cm]는? (단, 도상축척은 1:100이다.)

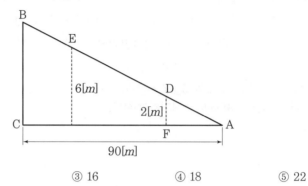

① 8   ② 12   ③ 16   ④ 18   ⑤ 22

21. 보통중량 콘크리트로 된 길이 5[m]의 기둥이 옥외에서 장기하중으로 9[MPa]의 응력을 받을 때, 크리프로 인하여 줄어드는 기둥의 길이[mm]는 약 얼마인가? (단, f_{ck} = 21[MPa], $\sqrt[3]{25}$ = 2.9이고, 소수점 둘째 자리에서 반올림하여 계산한다.)

① 3.1   ② 3.4   ③ 3.7   ④ 4.0   ⑤ 4.3

22. 내부 마찰각은 30°, 점착력은 0.05[MPa]로 실험한 토질실험에서 파괴면에 작용하는 수직응력이 3[MPa], 흙의 전단응력이 0.9[MPa]일 때, 간극수압[MPa]은? (단, $\sqrt{3}$ = 1.7로 계산한다.)

① 0.8   ② 1.0   ③ 1.2   ④ 1.5   ⑤ 1.8

23. 도로 예정 노선의 여섯 개 지점에서 CBR을 측정하였다. CBR의 측정 결과가 다음과 같을 때, 설계 CBR은? (단, 설계계산용 계수는 2.83이다.)

구분	지점 1	지점 2	지점 3	지점 4	지점 5	지점 6
CBR	8.62	4.67	2.96	6.54	7.43	5.77

① 3.2   ② 3.7   ③ 4.0   ④ 4.3   ⑤ 4.5

24. 계수전단력(V_u)이 콘크리트에 의한 설계진단(ϕV_c)의 1/2보다 큰 철근콘크리트 휨부재의 경우 최소 전단철근을 배치하여야 한다고 할 때, 다음 중 최소 전단철근을 배치하지 않아도 되는 경우로 적절하지 않은 것은?

① 슬래브와 기초판

② I형보, T형보에서 그 깊이가 플랜지 두께의 2.5배이거나 복부폭의 1/2 중 큰 값 이하인 보

③ 전체 깊이가 350[mm] 이하인 보

④ 콘크리트 장선구조

⑤ 교대 벽체 및 날개벽, 옹벽의 벽체, 암거 등과 같이 휨이 주거동인 판 부재

25. Sand drain 공법에서 pile의 유효지름은 40[cm]이고, Sand pile을 정삼각형으로 배치한다고 할 때, 모래 기둥의 간격[cm]은 약 얼마인가? (단, 소수점 첫째 자리에서 반올림하여 계산한다.)

① 34   ② 36   ③ 38   ④ 40   ⑤ 42

26. 버킷용량(q)이 1.0[m^3]인 백호 1대로 적재용량(T)이 15[t]인 덤프트럭 1대에 토사를 적재하려고 한다. 자연 상태인 흙의 단위중량(γ_t) = 1.9[t/m^3], 버킷계수(k) = 0.9, 토양변화율(L) = 1.2, 굴착 시 효율(E_s) = 1.0, 적재장비 사이클 타임(C_{ms}) = 20초일 때, 덤프트럭의 사이클 타임(C_{mt})은?

① 3.17분   ② 3.67분   ③ 4.00분   ④ 4.33분   ⑤ 4.50분

27. 다음 그림과 같은 단철근 T형보가 있다. 설계기준 압축강도(f_{ck})가 21[MPa], 설계기준 항복강도(f_y)가 300[MPa]일 때, 등가압축응력의 깊이[mm]는 약 얼마인가? (단, 소수점 첫째 자리에서 반올림하여 계산한다.)

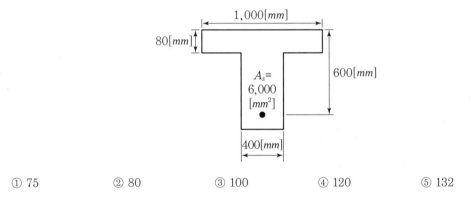

① 75   ② 80   ③ 100   ④ 120   ⑤ 132

28. 다음 중 유선망의 특징에 대한 설명으로 적절하지 않은 것은?

① 등수두선과 유선은 서로 직교한다.
② 등수두선 2개가 인접할 경우 수두손실은 동일하다.
③ 유선망으로 이루어진 사각형은 이론상 직사각형이다.
④ 각 유로의 침투 유량은 동일하다.
⑤ 동수구배 및 침투 속도는 유선망의 폭에 반비례한다.

29. 다음 그림과 같은 연속보가 있다. 이 연속보 B 점의 지점 반력[kN]은?

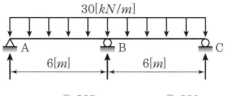

① 150   ② 200   ③ 225   ④ 250   ⑤ 300

30. 모래지반에 $50[cm] \times 50[cm]$의 재하판으로 재하실험을 하였더니 $100[kN/m^2]$의 극한지지력을 얻었다. $4[m] \times 4[m]$의 기초를 설치할 때 예상되는 극한지지력$[N/m^2]$은?

① 80   ② 200   ③ 400   ④ 800   ⑤ 2,000

약점 보완 해설집 p.63

무료 바로 채점 및 성적 분석 서비스 바로 가기
QR코드를 이용해 모바일로 간편하게 채점하고 나의 실력이
어느 정도인지, 취약 부분이 어디인지 바로 파악해 보세요!

01. 다음 중 서양의 고전 건축에 대한 설명으로 옳지 않은 것은?

① 그리스건축은 도리스식, 이오니아식, 코린트식 등 3가지 기둥양식(Order)을 적용하였다.

② 그리스건축에서는 착시 교정을 위해 기둥 중앙부의 직경을 상·하부의 직경보다 약간 크게 보이게 하는 기법을 적용하였다.

③ 로마건축은 석재를 주로 이용했고, 화산재, 석회석과 물을 섞어 만드는 콘크리트가 개발되어 최초로 사용되었다.

④ 로마건축에서는 돔(Dome)이 개발되어 건축양식에 적용되었다.

⑤ 로마건축의 아고라(Agora)는 그리스의 포럼(Forum)에 해당하는 것으로, 도시의 중심이 되는 공공 광장을 말한다.

02. 다음 중 강도설계법에 따른 하중계수와 하중조합에 관련된 사항으로 옳은 것은? (단, D는 고정하중, L은 활하중, S는 적설하중, W는 풍하중, E는 지진하중이다.)

① $1.6D$

② $1.2D + 1.6L$

③ $1.0D + 1.3W$

④ $1.2D + 1.4E$

⑤ $1.2D + 1.4E + 1.2L + 0.4S$

03. 다음 중 유해·위험 방지계획서를 제출해야 하는 경우에 해당하지 않는 것은?

① 지상높이 $31[m]$ 이상인 건축물 또는 인공구조물

② 연면적 $5,000[m^2]$ 이상의 냉동·냉장 창고시설의 설비공사 및 단열공사

③ 전체 길이가 $40[m]$ 이상인 교량 건설 등의 공사

④ 다목적댐·발전용 댐 및 저수용량 $20,000,000[t]$ 이상의 용수전용 댐·지방상수도 전용 댐 건설 등의 공사

⑤ 깊이가 $10[m]$ 이상인 굴착공사

04. 다음 중 자연환기에 대한 설명으로 가장 적절하지 않은 것은?

① 자연환기는 급기팬 또는 환기/배기팬 등의 기계적 장치를 사용하지 않는 환기방식이다.

② 자연환기는 중력환기와 풍력환기로 구분된다.

③ 자연환기는 개구부의 위치, 면적 등에 의해 환기 효과가 달라지게 된다.

④ 중력환기는 온돌효과(Stack effect)에 의한 환기 현상으로서 고온 측이 고기압, 저온 측이 저기압이 되면서 기류가 형성되는 원리를 갖는다.

⑤ 풍력환기는 바람에 의한 환기로서 유출부와 유입부 간의 압력차가 커지면 환기효과는 커지게 된다.

05. 다음 중 프리스트레스트 콘크리트(Prestressed concrete)에 대한 설명으로 옳은 것의 개수는?

> ㉠ 인장 응력이 발생하는 부분에 미리 압축의 프리스트레스를 주어 콘크리트의 인장 강도를 증진하는 공법이다.
> ㉡ 고강도이면서 수축·크리프 등의 변형이 적은 균일한 품질의 콘크리트가 요구된다.
> ㉢ 부재 단면을 줄일 수 있어 구조물의 자중이 경감된다.
> ㉣ 시공이 복잡하며, 화재 발생 시 위험도가 높다는 단점이 있다.
> ㉤ 포스트 텐션은 콘크리트의 강도가 발현된 후에 프리스트레스를 도입하는 현장형 공법이다.

① 1개   ② 2개   ③ 3개   ④ 4개   ⑤ 5개

06. 다음 중 콘크리트 슬래브와 기초판 설계기준에 따른 슬래브설계 시 직접설계법 적용을 위한 제한 사항에 대한 설명으로 옳지 않은 것은?

① 각 방향으로 3경간 이상 연속되어야 한다.

② 슬래브 판들은 단변 경간에 대한 장변 경간의 비가 2를 초과하는 직사각형이어야 한다.

③ 각 방향으로 연속한 받침부 중심 간 경간 차이는 긴 경간의 1/3 이하이어야 한다.

④ 연속한 기둥 중심선을 기준으로 기둥의 어긋남은 그 방향 경간의 10[%] 이하이어야 한다.

⑤ 모든 하중은 슬래브 판 전체에 걸쳐 등분포된 연직하중이어야 하며, 활하중은 고정하중의 2배 이하이어야 한다.

07. 다음은 BIM(Building Information Modeling)의 발전에 따른 활용확대사항일 때, 빈칸에 해당하는 용어가 올바르게 연결된 것은?

구분	적용방법
BIM 3D	BIM 기본 속성 → 설계 및 시공
BIM 4D	BIM 3D + (㉠)
BIM 5D	BIM 4D + (㉡)
BIM 6D	BIM 5D + 안전/에너지/환경관리
BIM 7D	BIM 6D + 유지관리/부동산자산관리

	㉠	㉡
①	원가관리	공정관리
②	원가관리	품질관리
③	원가관리	위험도관리
④	공정관리	원가관리
⑤	공정관리	품질관리

08. 서중 콘크리트와 한중 콘크리트의 적용 범위를 토대로 할 때, 다음 ㉠, ㉡에 들어갈 말이 올바르게 연결된 것은?

- 하루 평균기온이 (㉠)를 초과하는 것이 예상되는 경우 서중 콘크리트로 시공하여야 한다.
- 하루 평균기온이 (㉡) 이하가 예상되는 조건일 때는 콘크리트가 동결할 염려가 있으므로 한중 콘크리트로 시공하여야 한다.

	㉠	㉡
①	30℃	0℃
②	25℃	0℃
③	30℃	4℃
④	25℃	4℃
⑤	30℃	−4℃

09. 다음은 건축물의 기초구조 설계기준 용어에 대한 설명이다. 용어와 설명이 올바르게 연결된 것을 모두 고르면?

> ㉠ 부마찰력 – 지지층에 근입된 말뚝의 주위 지반이 침하하는 경우 말뚝 주면에 상향으로 작용하는 마찰력
> ㉡ 사운딩 – 로드에 연결한 저항체를 지반 중에 삽입하여 관입, 회전 및 인발 등에 대한 저항으로부터 지반의 성상을 조사하는 방법
> ㉢ 허용지내력 – 지반의 허용지지력 내에서 침하 또는 부등침하가 허용한도 내로 될 수 있게 하는 하중
> ㉣ 액상화 현상 – 모래층에서 수압차로 인하여 모래입자가 부풀어 오르는 현상

① ㉠, ㉡   ② ㉠, ㉢   ③ ㉡, ㉢   ④ ㉡, ㉣   ⑤ ㉢, ㉣

10. 다음 중 「주택건설기준 등에 관한 규정」상 결로방지 성능을 갖추어야 하는 공동주택의 세대 기준으로 옳은 것은?

① 300세대   ② 400세대   ③ 500세대   ④ 1,000세대   ⑤ 2,000세대

11. 다음 중 말뚝기초에 대한 설명으로 옳지 않은 것은?

① 말뚝기초의 허용지지력은 말뚝의 지지력과 기초판 저면에 대한 지반의 지지력을 합산하여 산출한다.

② 말뚝기초의 설계에 있어서 하중의 편심에 대하여 검토하여야 한다.

③ 동일 구조물에서는 지지말뚝과 마찰말뚝을 혼용해서는 안 된다.

④ 매입말뚝 및 현장타설콘크리트말뚝의 허용지지력은 허용압축응력에 최소단면적을 곱한 값 이하, 재하시험결과에 따른 항복하중의 1/2 및 극한하중의 1/3 중 가장 작은 값으로 한다.

⑤ 현장타설콘크리트말뚝에서 재하시험을 하지 않을 경우에는 지지력산정식에 따라 구해지는 극한지지력의 1/3 이하의 값으로 할 수 있다.

12. 콘크리트 압축강도를 시험하지 않을 경우(기초, 보, 기둥 및 벽의 측면)의 거푸집의 존치기간이 다음과 같이 규정된다고 할 때, ㉠~㉢에 들어갈 말이 올바르게 연결된 것은?

시멘트의 종류 평균 기온	조강포틀랜드 시멘트	보통포틀랜드 시멘트 고로슬래그 시멘트(1종) 포틀랜드포졸란 시멘트(A종) 플라이애쉬 시멘트(1종)	고로슬래그 시멘트(2종) 포틀랜드포졸란 시멘트(B종) 플라이애쉬 시멘트(2종)
20℃ 이상	(㉠)	(㉡)	4일
20℃ 미만 10℃ 이상	3일	4일	(㉢)

	㉠	㉡	㉢
①	2일	3일	5일
③	2일	4일	5일
⑤	2일	5일	6일

	㉠	㉡	㉢
②	2일	3일	6일
④	2일	4일	6일

13. 다음은 에드워드 홀(Edward T. Hall)이 제시한 개인공간(Personal space)에서의 대인 간의 거리 4가지 유형 중 하나에 대한 설명이다. 다음 설명에 해당하는 개인공간에서의 대인 간의 거리 유형은?

약 120~360[cm] 정도의 거리로, 시각적인 접촉보다는 목소리의 높낮이나 크기에 의해 의사전달이 이루어진다.

① 친밀한 거리　② 개인적 거리　③ 사회적 거리　④ 공적 거리　⑤ 개방적 거리

14. 다음 중 현장에 적용되는 가설시설물인 비계의 설치 기준으로 옳지 않은 것은?

① 연약지반은 비계기둥이 침하하지 않도록 다지고 두께 45[mm] 이상의 깔목을 소요 폭 이상으로 설치하거나 콘크리트를 타설한다.

② 달비계, 달대비계 및 말비계를 제외한 비계 설치 시 작업발판의 폭은 300[mm] 이상으로 하고 발판재료 간의 틈은 30[mm] 이하로 해야 한다.

③ 추락의 위험이 있는 곳에는 상부 난간대 윗면의 높이가 작업면으로부터 0.9[m] 이상이 되도록 안전난간을 설치하고, 각 부재의 연결부는 쉽게 탈락 및 변형되지 않도록 설치해야 한다.

④ 해체 및 철거는 시공의 역순으로 진행해야 한다.

⑤ 안전난간의 설치가 곤란한 곳에서는 추락 방호망을 설치해야 한다.

15. 다음은 수전 설비 용량의 추정과 관련된 용어의 정리이다. ㉠, ㉡에 들어갈 용어가 올바르게 연결된 것은?

- (㉠): 설비기기의 전 용량에 대하여 실제 사용하고 있는 부하의 최대 전력비율을 나타낸 계수로서 설비용량을 이용하여 최대수용(수요)전력을 결정할 때 사용한다.
- (㉡): 공급 가능한 최대수용(수요)전력과 실제 사용된 평균수용(수요)전력의 비율을 나타낸 것이다.

㉠	㉡
① 수용률	부등률
② 수용률	부하율
③ 부하율	수용률
④ 부하율	부등률
⑤ 부등률	부하율

16. 다음 「국토의 계획 및 이용에 관한 법률」에 따라 빈칸에 들어갈 말로 적절한 것은?

특별시장·광역시장·특별자치시장·특별자치도지사·시장 또는 군수는 주거·상업 또는 공업지역에서의 개발행위로 기반시설의 처리·공급 또는 수용능력이 부족할 것으로 예상되는 지역 중 기반시설의 설치가 곤란한 지역을 (   )으로 지정할 수 있다.

① 개발밀도관리구역   ② 기반시설부담구역   ③ 개발제한구역
④ 시가화조정구역   ⑤ 입지규제최소구역

17. 다음 주철근의 표준갈고리 정착길이 및 스터럽과 띠철근의 표준갈고리의 정착길이 기준에 대한 설명으로 옳지 않은 것은?

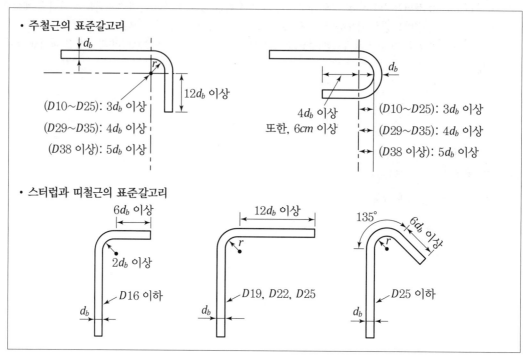

① 주철근의 표준갈고리는 180°표준갈고리와 90°표준갈고리로 분류된다.

② 스터럽과 띠철근의 표준갈고리는 90°표준갈고리와 135°표준갈고리로 분류된다.

③ 주철근의 180°표준갈고리는 구부린 반원 끝에서 $3d_b$ 이상, 또한 $50mm$ 이상 더 연장되어야 한다.

④ 주철근의 180°표준갈고리와 90°표준갈고리의 구부림 최소 내면 반지름은 $D10{\sim}D25$일 경우 $3d_b$이다.

⑤ 스터럽과 띠철근의 표준갈고리에서 $D16$ 이하의 철근은 구부린 끝에서 $6d_b$ 이상 더 연장해야 한다.

18. 다음 설명에 해당하는 건축물의 형태구성원리는?

• 개체와 개체 또는 전체와 부분의 크기를 가늠한다.
• 부분과 부분 또는 부분과 전체의 수량적 관계를 조형적으로 공식화한다.

① 균형　　　　② 비례　　　　③ 리듬　　　　④ 대비　　　　⑤ 조화

19. 다음은 일 평균 기온별 콘크리트의 습윤 양생 기간의 표준을 나타낸 표이다. ㉠~㉢에 들어갈 말이 올바르게 연결된 것은?

일 평균 기온	보통 포틀랜드 시멘트	고로 슬래그 시멘트 2종 플라이 애시 시멘트 2종	조강 포틀랜드 시멘트
15[℃] 이상	(㉠)	7일	(㉡)
10[℃] 이상	(㉢)	9일	4일
5[℃] 이상	9일	12일	5일

	㉠	㉡	㉢
①	5일	3일	7일
②	5일	4일	8일
③	5일	6일	9일
④	7일	3일	7일
⑤	7일	4일	8일

20. 다음은 내화도장공사의 시공 환경에 대한 사항이다. ㉠~㉢에 들어갈 숫자가 올바르게 연결된 것은?

- 시공 시 온도는 5~40[℃]에서 시공하여야 하며, 도료가 칠해지는 표면은 이슬점보다 (㉠)[℃] 이상 높아야 한다.
- 시공 장소의 습도는 (㉡)[%] 이하, 풍속은 (㉢)[m/sec] 이하에서 시공하여야 한다.

	㉠	㉡	㉢
①	3	85	5
②	3	85	3
③	3	90	5
④	5	90	3
⑤	5	90	5

21. 「건설기술 진흥법 시행령」상 다음 중 건설 현장에서의 총공사비가 200억 원 이상으로서 감독 권한대행 등 건설사업관리(CM: Construction Management)를 시행해야 하는 경우에 해당하지 않는 것은?

① 관람 집회 시설공사

② 연면적 3천 제곱미터인 공용청사 건설공사

③ 전시시설공사

④ 300세대의 공동주택 건설공사

⑤ 폐기물처리시설공사

22. 설계도서·법령해석·감리자의 지시 등이 서로 일치하지 아니하고, 이에 대한 해석의 우선순위가 계약으로 정해지지 않았을 경우 「건축물의 설계도서 작성기준」을 따른다. 다음 ㉠~㉣을 「건축물의 설계도서 작성기준」에 따라 해석의 우선순위가 높은 것부터 순서대로 바르게 나열한 것은?

㉠ 공사시방서	㉡ 전문시방서	㉢ 설계도면	㉣ 표준시방서

① ㉠ - ㉡ - ㉢ - ㉣   ② ㉠ - ㉢ - ㉡ - ㉣   ③ ㉣ - ㉠ - ㉢ - ㉡

④ ㉣ - ㉡ - ㉢ - ㉠   ⑤ ㉣ - ㉢ - ㉠ - ㉡

23. 다음 중 강구조 시스템 시공 시 쓰이는 용어에 대한 설명으로 옳지 않은 것은?

① 뒷댐재(Backing strip): 맞대기 용접을 한 면으로만 실시하는 경우 충분한 용입을 확보하고 용융금속의 용락(Burn-through)을 방지할 목적으로 동종 또는 이종의 금속판, 입상 플럭스, 불성 가스 등을 루트 뒷면에 받치는 것을 말한다.

② 메털터치(Metal touch): 기둥 이음부에 인장응력이 발생하지 않고, 이음부분 면을 절삭가공기를 사용하여 마감하고 충분히 밀착시킨 이음을 말한다.

③ 가조임볼트(Temporary tightening bolt): 부재의 가조립 또는 가설치 시, 연결부의 위치를 고정하여 부재의 변형 등을 막기 위해서 임시로 사용하는 볼트를 말한다.

④ 고장력강(High tensile strength steel): 보통 인장강도 490[MPa] 이상 급의 압연재로서 용접성, 노치인성 및 가공성을 중시하여 제조된 강재를 말한다.

⑤ 크레이터(Crater): 금속의 위를 해머로 두드리는 가공법으로, 용접의 경우에는 피드 또는 그 가까이를 두드리는 것에 의해 잔류응력을 경감시키는 것을 말한다.

24. 다음 중 「주차장법 시행규칙」에 따른 노외주차장의 출구 및 입구를 설치할 수 없는 장소에 대한 기준으로 옳지 않은 것은?

① 터널 안 및 다리 위

② 횡단보도로부터 10미터 이내에 있는 도로의 부분

③ 너비 4미터 미만의 도로(주차대수 200대 이상인 경우에는 너비 6미터 미만의 도로)와 종단 기울기가 10퍼센트를 초과하는 도로

④ 유아원, 유치원, 초등학교, 특수학교, 노인복지시설, 장애인복지시설 및 아동전용시설 등의 출입구로부터 20미터 이내에 있는 도로의 부분

⑤ 도로공사를 하고 있는 경우에는 그 공사 구역 양쪽 가장자리의 5미터 이내인 곳

25. 다음 중 편복도형 아파트 평면형식에 대한 설명으로 가장 옳지 않은 것은?

① 연속된 긴 복도에 의해 각 주호로 출입하는 형식이다.

② 복도 개방 시 채광 및 통풍이 잘되어 각 주호의 거주성이 양호하다.

③ 엘리베이터 이용률이 홀형(계단실형)에 비해 높은 특징을 갖고 있다.

④ 각 세대 간의 방위가 일치하지 않을 수 있어 세대 간의 온열 환경이 달라질 수 있다.

⑤ 고층 아파트의 경우 복도 난간의 높이를 높게 해야 한다.

26. 결로현상 중 표면결로의 경우는 벽체 등의 표면온도가 노점온도보다 낮아졌을 때 발생하게 된다. 다음 중 표면결로의 방지대책에 대한 설명으로 가장 옳지 않은 것은?

① 외벽부위를 외단열로 시공한다.

② 환기를 통해 실내의 절대습도를 감소시킨다.

③ 외벽부위의 열관류율을 크게 하여 표면온도의 저하를 막는다.

④ 외피의 모서리 부분은 열교가 발생하지 않도록 연속적으로 단열재를 설치한다.

⑤ 단열성능이 우수한 로이(Low-e) 복층유리 등 고단열 창호를 적용한다.

27. 다음 중 「건축법 시행령」에 따른 용어의 정의가 옳지 않은 것은?

① "내화구조(耐火構造)"란 화염의 확산을 막을 수 있는 성능을 가진 구조로서 국토교통부령으로 정하는 기준에 적합한 구조를 말한다.

② "난연재료(難燃材料)"란 불에 잘 타지 아니하는 성능을 가진 재료로서 국토교통부령으로 정하는 기준에 적합한 재료를 말한다.

③ "불연재료(不燃材料)"란 불에 타지 아니하는 성질을 가진 재료로서 국토교통부령으로 정하는 기준에 적합한 재료를 말한다.

④ "초고층 건축물"이란 층수가 50층 이상이거나 높이가 200미터 이상인 건축물을 말한다.

⑤ "증축"이란 기존 건축물이 있는 대지에서 건축물의 건축면적, 연면적, 층수 또는 높이를 늘리는 것을 말한다.

28. 최근 국가적으로 탄소중립을 위한 노력이 이루어지고 있다. 다음 중 탄소중립에 기여하기 위한 건축계획으로 가장 옳지 않은 것은?

① 일조확보 및 기밀설계를 통해 에너지 부하를 최소화한다.

② 고방사 자재의 적용으로 외부 복사에너지의 차단 및 실내 난방열의 손실을 최소화한다.

③ 신재생에너지를 적극 활용하여 건축물의 에너지자립도를 향상시킨다.

④ 열관류율을 최소화하는 건축기술을 활용하여 냉방 및 난방부하를 최소화한다.

⑤ 자연채광, 자연냉방 등 패시브적 요소기술을 활용한 건축계획을 활성화한다.

29. 다음 중 건축물 에너지효율등급 인증 및 제로에너지건축물 인증 기준으로 옳지 않은 것은?

① 건축물 에너지효율등급의 단위면적당 에너지 소요량 산출 시 적용하는 에너지 용도는 난방, 냉방, 급탕, 조명 총 4가지 용도이다.

② 제로에너지건축물 인증을 받기 위해서는 건축물 에너지효율등급 1++등급 이상을 획득하여야 한다.

③ 건축물 에너지효율등급 인증은 1+++등급부터 7등급까지의 총 10개 등급으로 구분된다.

④ 제로에너지건축물 인증은 1등급부터 5등급까지의 총 5개 등급으로 구분된다.

⑤ 건축물 에너지효율등급 인증의 유효기간은 10년이다.

30. 초고층 건축물 구조시스템에 대한 다음 각 설명과 관련 있는 용어가 올바르게 연결된 것은?

> ㉠ 외부 하중에 의해 발생되는 횡력을 보와 기둥이 부담할 수 있도록 보와 기둥을 강접합으로 처리한 구조 방식
>
> ㉡ 외부 골조만으로 바람의 하중에 저항할 수 없는 구조물에 강성을 증가시키기 위해서 수직 전단 트러스를 건물의 외부 양면과 코어에 설치한 구조 방식
>
> ㉢ 고층 건축물에서 횡하중을 부담하는 중앙부의 전단벽 코어에서 캔틸레버와 같은 형식으로 뻗어 나와 외곽부 기둥이나 벨트 트러스(Belt truss)에 직접 연결하여 주변 구조를 코어에 묶어주는 구조 방식

	㉠	㉡	㉢
①	철골(강접골조) 방식	골조 – 가새 방식	골조 – 전단벽 방식
②	철골(강접골조) 방식	골조 – 가새 방식	골조 – 아웃리거 방식
③	골조 – 가새 방식	골조 – 전단벽 방식	골조 – 아웃리거 방식
④	골조 – 가새 방식	골조 – 전단벽 방식	철골(강접골조) 방식
⑤	골조 – 전단벽 방식	골조 – 아웃리거 방식	철골(강접골조) 방식

약점 보완 해설집 p.67

무료 바로 채점 및 성적 분석 서비스 바로 가기
QR코드를 이용해 모바일로 간편하게 채점하고 나의 실력이 어느 정도인지, 취약 부분이 어디인지 바로 파악해 보세요!

01. 다음 상태방정식의 고윳값은?

$$\begin{bmatrix} \dot{X}_1 \\ \dot{X}_2 \end{bmatrix} = \begin{bmatrix} 3 & 8 \\ 1 & -4 \end{bmatrix} \begin{bmatrix} X_1 \\ X_2 \end{bmatrix} + \begin{bmatrix} 11 & 2 \\ 2 & -3 \end{bmatrix} \begin{bmatrix} t \\ t \end{bmatrix}$$

① $-5, -4$ ② $-5, 4$ ③ $-4, 5$ ④ $4, 5$ ⑤ $5, 5$

02. 다음 중 자기력선에 대한 설명으로 적절하지 않은 것은?

① 한 점의 자기장 방향은 그 점을 통과하는 자기력선의 방향이다.

② 한 점의 자기장 크기는 그 점의 자기력선의 밀도이다.

③ 자기력선이 교차된 지점의 자기력이 가장 강하다.

④ 자기력선은 자석의 N극에서 시작하여 S극에서 끝난다.

⑤ 자기력선이 촘촘할수록 자기력이 강하다.

03. $F(s) = \dfrac{6(s+8)}{2s(s+2)}$ 일 때, $f(t)$의 초깃값은?

① 2   ② 3   ③ 4   ④ 6   ⑤ 8

04. 다음 중 CSMA/CD에 대한 설명으로 적절하지 않은 것은?

① 이더넷에서 데이터 전송을 위해 사용하는 방식이다.

② 신호를 보냈을 때, 충돌이 발생하면 이를 감지하고 일정 시간 대기 후 재전송한다.

③ 모든 노드들이 전송시간 동안 케이블을 감시하는 LAN의 연결방식이다.

④ 노드 장애가 발생하여도 시스템 전체에 영향을 주지 않기 때문에 장애 처리가 단순하다.

⑤ MAC 방식으로 라운드 로빈기법을 사용한다.

05. 다음 중 배전선로 역률개선 방법으로 적절하지 않은 것은?

① 변전소에 고압콘덴서를 설치한다.

② 주상변압기에 고압콘덴서를 설치한다.

③ 자가용 수용자의 변전실에 고압콘덴서를 설치한다.

④ 배전선로에 동기조상기를 설치한다.

⑤ 부하에 저압콘덴서를 설치한다.

06. $100[MHz]$의 반송파에 대해 최대 주파수 편이(Δf)는 $50[KHz]$로 하고, $10[KHz]$의 신호파(f_m)를 FM 변조했다고 할 때, 변조지수(mf)와 대역폭(BW)은?

	변조지수(mf)	대역폭(BW)
①	$5[KHz]$	$100[KHz]$
②	$5[KHz]$	$110[KHz]$
③	$5[KHz]$	$120[KHz]$
④	$10[KHz]$	$110[KHz]$
⑤	$10[KHz]$	$120[KHz]$

07. 전계 $E = i2x^2 + j4y^2z + k3x^2yz$의 $div\ E$는?

① $i4x + j8yz + k3x^2y$ ② $-4x - 8yz - 3x^2y$ ③ $4x + 8yz + 3x^2y$

④ $-i4x - j8yz - k3x^2y$ ⑤ $4x - 8yz - 3x^2y$

08. 송전단 전압이 200[kV], 수전단 전압이 180[kV], 송수전단 전압의 상차각이 30°, 송전 전력이 2,000[MW]일 때, 리액턴스[Ω]는? (단, 선로 손실은 무시한다.)

① 3   ② 9   ③ 15   ④ 21   ⑤ 27

09. 다음 중 주기적인 구형파 신호의 성분에 대한 설명으로 적절한 것은?

① 주파수의 성분이 직류분만으로 구성된다.
② 교류합성을 갖지 않는다.
③ 무수히 많은 주파수의 성분을 갖는다.
④ 비정현 주기파 중 고조파의 감소율이 가장 높다.
⑤ 주파수 성분을 갖지 않는다.

10. 총 설비용량이 100[kW]인 한 수용가의 수용률이 75[%], 부하율이 80[%]일 때, 이 수용가의 평균전력 [kW]은?

① 36   ② 48   ③ 54   ④ 60   ⑤ 65

11. $E = 5xi - 5yj[V/m]$일 때, 점 $(2, 6)$을 통과하는 전기력선의 방정식은?

① $x = \dfrac{y}{12}$　　　② $y = \dfrac{12}{x}$　　　③ $xy = 3$　　　④ $\dfrac{1}{x} + \dfrac{1}{y} = 12$　　　⑤ $y = 3x$

12. 다음 중 포인팅 벡터(Poynting vector)를 나타내는 식은?

① $\dfrac{1}{2}E \times H$　　　② $\sqrt{\varepsilon\mu}E \times H$　　　③ $E \times H$　　　④ $\nabla(E \times H)$　　　⑤ $\dfrac{1}{E \times H}$

13. 다음 중 $R{-}L{-}C$ 직렬공진회로의 첨예도(Q)로 적절한 것은?

① $\dfrac{L}{R}$　　　② $\dfrac{1}{R}\sqrt{\dfrac{C}{L}}$　　　③ $\dfrac{1}{R}\sqrt{\dfrac{L}{C}}$　　　④ $R\sqrt{\dfrac{C}{L}}$　　　⑤ $R\sqrt{\dfrac{L}{C}}$

14. 유전율이 각각 ε_1, ε_2인 두 유전체의 경계면에 수직으로 전계가 입사하였다. ε_1이 ε_2보다 클 때, 경계면에 작용하는 힘은?

① $\dfrac{1}{2}\left(\dfrac{1}{\varepsilon_2} - \dfrac{1}{\varepsilon_1}\right)D$　　　　　② $\dfrac{1}{2}\left(\dfrac{1}{\varepsilon_2} - \dfrac{1}{\varepsilon_1}\right)D^2$　　　　　③ $\dfrac{1}{2}\left(\dfrac{1}{\varepsilon_1} + \dfrac{1}{\varepsilon_2}\right)D$

④ $\dfrac{1}{2}\left(\dfrac{1}{\varepsilon_1} + \dfrac{1}{\varepsilon_2}\right)D^2$　　　　　⑤ $\left(\dfrac{1}{\varepsilon_1^{\,2}} - \dfrac{1}{\varepsilon_2^{\,2}}\right)D$

15. 다음 중 직류 송전 방식에 대한 설명으로 적절하지 않은 것은?

① 선로의 절연이 교류 송전 방식보다 용이하다.

② 리액턴스에 의한 위상각을 고려할 필요가 없어 안정도가 높다.

③ 유전손실이 없기 때문에 송전 용량을 크게 할 수 있다.

④ 주파수가 다른 선로 간의 연계가 불가능하다.

⑤ 도체의 표피효과가 없어 송전 효율이 좋다.

16. 다음 중 전기력선에 대한 설명으로 적절하지 않은 것은?

① 도체 내부에 전기력선이 존재할 수 없다.

② 자신만으로 폐곡선이 되지 않는다.

③ 도체 표면과 전기력선은 수직으로 만난다.

④ 음전하에서 시작하여 양전하에서 끝난다.

⑤ 전하가 존재하지 않으면 전기력선은 발생하지 않는다.

17. 다음 중 발진기의 주파수를 안정화하기 위한 방법으로 적절하지 않은 것은?

① 정전압 회로를 활용하여 전원전압 변동에 대응

② 항온조 시설을 통해 주위 온도 변화에 대응

③ 완충 증폭기를 통해 부하 변동에 대응

④ 완충 장치를 사용하여 진동 및 충격에 대응

⑤ 동조점이 벗어나지 않도록 조정하여 동조점 불안정에 대응

18. 다음 중 동기 발전기의 단락비를 계산하는 데 필요한 시험의 종류는?

① 동기화 시험, 3상 단락 시험

② 부하 포화 시험, 동기화 시험

③ 무부하 포화 시험, 3상 단락 시험

④ 무부하 포화 시험, 동기화 시험

⑤ 전기자 반작용 시험, 3상 단락 시험

19. 다음 그림과 같은 논리 회로의 출력 X는?

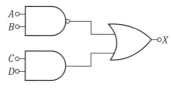

① $A \cdot B + \overline{C \cdot D}$

② $\overline{A \cdot B} + C \cdot D$

③ $(A + B) \cdot (\overline{C + D})$

④ $(\overline{A + B}) \cdot (C + D)$

⑤ $\overline{A \cdot B} \cdot (C + D)$

20. 다음 그림과 같은 4단자 회로에서 4단자 정수 B의 값[Ω]은?

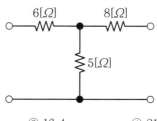

① 0.2

② 2.6

③ 16.4

④ 21.2

⑤ 23.6

21. 반지름이 3[m]인 무한히 긴 원주형 도선에 6π[A]의 전류를 흘릴 때, 도선 중심으로부터 2[m] 떨어진 지점에서 자계의 세기[AT/m]는?

① $\frac{1}{3}$ ② $\frac{2}{3}$ ③ 1   ④ $\frac{4}{3}$ ⑤ $\frac{5}{3}$

22. 다음 중 펄스 부호 변조(PCM)의 순서로 적절한 것은?

① 표본화 → 양자화 → 압축 → 부호화 → 복호화 → 신장
② 압축 → 표본화 → 양자화 → 부호화 → 복호화 → 신장
③ 표본화 → 압축 → 양자화 → 부호화 → 신장 → 복호화
④ 압축 → 표본화 → 양자화 → 부호화 → 신장 → 복호화
⑤ 표본화 → 압축 → 양자화 → 부호화 → 복호화 → 신장

23. 다음 그림과 같은 회로에서 저항 25[Ω]에 흐르는 전류[A]는?

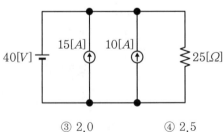

① 1.2   ② 1.6   ③ 2.0   ④ 2.5   ⑤ 3.0

24. 다음 중 상자성체에 대한 설명으로 적절하지 않은 것은?

① 자기장 속에 놓았을 때, 자기장과 같은 방향으로 자성을 가지는 물질이다.

② 비투자율은 항상 1보다 작은 값으로 나타난다.

③ 단열적으로 자화시킬 경우, 온도가 상승하게 된다.

④ 상온의 산소, 망가니즈, 알루미늄, 백금 등이 포함된다.

⑤ 극성이 약하여 자분탐상시험 시에는 활용되지 않는다.

25. 삼각파의 전압의 평균값이 $150[V]$일 때, 실횻값$[V]$은?

① $100\sqrt{2}$ ② $100\sqrt{3}$ ③ 150 ④ $150\sqrt{2}$ ⑤ $150\sqrt{3}$

26. 역률이 0.8인 부하에 1차 전압이 3,000[V]이고, 권수비가 15인 단상 변압기가 10[A]를 공급할 때, 입력 전력[W]은?

① 1,400 ② 1,500 ③ 1,600 ④ 1,700 ⑤ 1,800

27. 현수애자 4개를 1련으로 한 $66[kV]$ 송전선로가 있다. 현수애자 1개의 절연저항이 $3,000[M\Omega]$이고, 표준경간을 $200[m]$로 할 때, $1[km]$당 누설 컨덕턴스(G)는 약 몇 $[\mho]$인가?

① 0.28×10^{-9} ② 0.42×10^{-9} ③ 0.56×10^{-9} ④ 0.70×10^{-9} ⑤ 0.84×10^{-9}

28. 유전율이 12인 유전체 내의 전계의 세기가 $1,000[V/m]$일 때, 유전체 내에 저장되는 에너지 밀도$[J/m^3]$는?

① 6×10^3 ② 6×10^6 ③ 12×10^3 ④ 12×10^4 ⑤ 12×10^6

29. 다음 중 대칭 3상 교류 발전기의 기본식으로 적절한 것은?

① $V_0 = E_0 + Z_0 I_0$ ② $V_1 = -Z_1 I_1$ ③ $V_1 = E_1 + Z_1 I_1$

④ $V_2 = -Z_2 I_2$ ⑤ $V_2 = E_a - Z_2 I_2$

30. 다음 중 $E(z)$가 $e(t)$를 Z변환한 값일 때, $e(t)$의 초깃값은?

① $\lim_{z \to 0} z^2 E(z)$ ② $\lim_{z \to 0} z E(z)$ ③ $\lim_{z \to 0} E(z)$ ④ $\lim_{z \to \infty} z E(z)$ ⑤ $\lim_{z \to \infty} E(z)$

약점 보완 해설집 p.71

무료 바로 채점 및 성적 분석 서비스 바로 가기
QR코드를 이용해 모바일로 간편하게 채점하고 나의 실력이
어느 정도인지, 취약 부분이 어디인지 바로 파악해 보세요!

수험번호	
성명	

전공 실전모의고사
2회

문제 풀이 시작과 종료 시각을 정한 후, 실전처럼 모의고사를 풀어보세요.

시   분 ~   시   분 (총 30문항/권장 풀이시간 30분)

□ **시험 유의사항**

[1] 한국철도공사 필기시험은 2024년 하반기부터 NCS 직업기초능력 30문항과 직무수행능력(전공) 30문항, 철도관계법 10문항을 70분 동안 푸는 것으로 변경되며, 직렬별 시험 구성은 다음과 같습니다.
- 사무영업(일반, 수송): NCS 직업기초능력(의사소통·수리·문제해결능력) 30문항+직무수행능력(경영학) 30문항+철도관계법 10문항
- 사무영업(IT): NCS 직업기초능력(의사소통·수리·문제해결능력) 30문항+직무수행능력(컴퓨터일반) 30문항+철도관계법 10문항
- 사무영업(관제): NCS 직업기초능력(의사소통·수리·문제해결능력) 30문항+직무수행능력(철도관계법령) 30문항+철도관계법 10문항
- 운전/차량: NCS 직업기초능력(의사소통·수리·문제해결능력) 30문항+직무수행능력(기계일반, 전기일반 중 택 1) 30문항+철도관계법 10문항
- 토목: NCS 직업기초능력(의사소통·수리·문제해결능력) 30문항+직무수행능력(토목일반) 30문항+철도관계법 10문항
- 건축(건축일반): NCS 직업기초능력(의사소통·수리·문제해결능력) 30문항+직무수행능력(건축일반) 30문항+철도관계법 10문항
- 건축(건축설비): NCS 직업기초능력(의사소통·수리·문제해결능력) 30문항+직무수행능력(건축설비) 30문항+철도관계법 10문항
- 전기통신: NCS 직업기초능력(의사소통·수리·문제해결능력) 30문항+직무수행능력(전기이론) 30문항+철도관계법 10문항

[2] 본 모의고사는 직무수행능력(전공) 경영학/기계일반/전기일반/토목일반/건축일반/전기이론 각 30문항으로 구성되어 있으므로, NCS 직업기초능력 풀이 후 본인 직종에 맞는 전공 문항을 풀어보시기 바랍니다.

[3] 본 교재 마지막 페이지에 있는 OMR 답안지와 해커스ONE 애플리케이션의 학습타이머를 이용하여 실전처럼 모의고사를 풀어보시기 바랍니다.

01. 다음 중 직무급의 장점에 대한 설명으로 적절하지 않은 것은?

① 직무 간 공정한 임금 격차를 유지할 수 있고 노동의 공헌 측면에서 임금 배분을 공정하게 할 수 있다.

② 종업원의 생계비를 보장하여 기업에 대한 귀속의식이 확대됨과 동시에 종업원의 고용안정과 생활 보장을 이룩할 수 있다.

③ 동일 노동에 동일 임금이라는 원칙을 적용하여 부가가치의 상승 없이 임금이 상승하는 불합리성을 제거할 수 있다.

④ 노동력을 적재적소에 배치하여 효율적으로 이용할 수 있다.

⑤ 기업의 입장에서는 특수업무를 처리할 수 있는 인적자원의 확보가 용이해진다.

02. 다음 중 최저임금제에 대한 설명으로 옳지 않은 것을 모두 고르면?

> ㉠ 노동시장에서 공급이 과잉일 때 기업은 최저임금 이하의 성과를 창출하는 근로자의 고용을 회피할 가능성이 높다.
> ㉡ 기업 간 과당 경쟁에 의한 임금의 부당한 절하를 방지할 수 있다.
> ㉢ 유효 수요를 감소시켜 준다.
> ㉣ 사회적 정의와 형평의 구현이라는 차원을 반영한다.
> ㉤ 생계비에도 미달되는 저임금으로 인한 노사분쟁을 예방할 수 있다.

① ㉡   ② ㉢   ③ ㉠, ㉣   ④ ㉢, ㉤   ⑤ ㉠, ㉡, ㉣, ㉤

03. 다음 중 허츠버그의 2요인 이론에서 위생요인에 해당하는 것을 모두 고르면?

> ㉠ 발전성   ㉡ 회사의 정책   ㉢ 성장 가능성   ㉣ 성취감
> ㉤ 책임감   ㉥ 칭찬이나 인정   ㉦ 동료와의 관계   ㉧ 급여

① ㉠, ㉡, ㉣   ② ㉡, ㉦, ㉧   ③ ㉥, ㉦, ㉧   ④ ㉡, ㉢, ㉥, ㉦   ⑤ ㉢, ㉣, ㉤, ㉧

04. 다음 중 라인밸런싱(Line balancing)에 대한 설명으로 적절한 것을 모두 고르면?

> ㉠ 산출률을 높이기 위해서는 생산주기시간을 증가시켜야 한다.
> ㉡ 생산주기시간은 각 작업장에서 한 단위 생산에 허락된 최소한의 시간을 의미한다.
> ㉢ 생산주기시간은 병목(Bottleneck) 작업장의 작업시간과 같다.
> ㉣ 유휴시간(Idle time) 또는 작업공전(Starving)을 최소화하여 작업자와 설비의 이용도를 높이고자 하는 것이 목적이다.

① ㉠, ㉡   ② ㉠, ㉣   ③ ㉡, ㉢   ④ ㉡, ㉣   ⑤ ㉢, ㉣

05. 다음 중 유연흐름전략의 특징으로 적절하지 않은 것은?

① 수량 유연성과 고객화 강조

② 긴 인도시간

③ 짧은 제품수명주기

④ 일관된 품질

⑤ 빠른 퇴출에 대한 대응

06. 다음 중 리더십에 대한 설명으로 가장 적절하지 않은 것은?

① 블레이크와 머튼(Blake & Mouton)의 관리격자이론은 리더십의 행동이론에 해당된다.

② 프렌치와 레이븐(French & Raven)이 제시한 권력의 원천 중 전문적 권력은 조직의 특성보다는 개인의 특성에 기반을 둔 권력이다.

③ 허시와 블랜차드(Hersey & Blanchard)의 수명주기이론에 의하면 지시형이 참여형보다 관계지향적 행동을 더 많이 한다.

④ 피들러(Fiedler)의 상황적합모형에서 낮은 LPC점수는 과업지향적 리더십을 의미한다.

⑤ 리더-부하 교환이론은 리더가 부하들을 대할 때 각 부하와 형성한 관계에 따라 질적인 차이를 보인다고 가정하고 있다.

07. 다음 중 통계분석 기법에 대한 설명으로 가장 적절하지 않은 것은?

① 교차분석은 명목이나 서열 수준 등 동일한 범주형 수준의 여러 변인들을 연속적으로 설명하는 기법으로, 복잡한 현상을 이해하는 데 효과적인 기법이다.

② 판별분석은 판단 기준이 되는 판별 함수를 만들어 표본이 어느 모집단에 속하는지 판별하고자 활용되는 통계분석 기법이다.

③ 분산분석은 여러 개의 집단 간에 나타나는 통계적 상이성을 검증하고자 활용되는 기법으로, 두 개 이상 집단들의 평균을 비교하여 결론을 도출한다.

④ 요인분석은 복잡한 특성의 주요 인자를 파악하고자 활용하는 기법으로, 문항이나 변인들 사이의 관계 분석 결과를 종합하여 소수의 특징적인 인자를 이끌어 내고, 다시 인자 간 상호관계를 연구한다.

⑤ 군집분석은 관측 대상이 지닌 유사성에 따라 순차적으로 합쳐가는 기법으로, 대상을 동질적인 군집으로 결합하거나 여러 대상을 몇 개의 동질적인 군집으로 구분하기도 한다.

08. 다음 설명에 해당하는 의사결정모형으로 적절한 것은?

> 조직 내의 의사결정이 정해진 규칙에 따라 이루어지지 않고, 문제, 해결책, 선택 기회, 참여자의 흐름 4가지 요소가 비교적 독립적인 조건에서 뒤죽박죽 엉켜있다가 특정한 계기로 인해 우연히 서로 연결되면서 의사결정이 이루어진다고 보는 모형이다. 즉, 조직화된 무질서 상태에서 조직 내 의사결정이 이루어진다고 보는데, 이에 따라 주로 조직의 구성단위나 구성원 사이의 응집력이 매우 약한 경우에 이 모형이 활용된다.

① 합리성 모형   ② 제한된 합리성 모형   ③ 쓰레기통 모형
④ 관리인 모형   ⑤ 관료정치 모형

09. 다음 설명에 해당하는 생산 시스템의 특징으로 적절한 것은?

> 20세기 초 자동차 회사를 운영하던 헨리 포드가 처음으로 시도한 방식으로, 컨베이어 장치를 이용해 재료를 운반시키며 작업하는 방식이다. 이동조립법을 통해 불필요한 노동을 줄여 생산 효율성을 극대화하였으며, 시간적 규칙성에 의한 작업으로 기계화된 대량 생산 체제를 만들었다.

① 고임금 저노무비를 추구하는 경영이념을 갖고 있다.
② 시간 및 동작 연구를 통해 작업의 표준화를 이루었다.
③ 과업 관리를 통해 1일 표준 작업량을 관리한다.
④ 표준 제품의 대량 생산으로 원가 절감을 달성했다.
⑤ 차별적 성과급제를 적용하여 작업자의 능률 향상을 꾀했다.

10. 다음 중 직무 및 확보 관리에 대한 설명으로 적절하지 않은 것은?

① 직무평가는 직무분석의 연장이며 단지 직무 자체의 가치를 판단하기 위한 것이지 개개인을 평가하는 것은 아니다.

② 직무순환은 집단을 대상으로 하는 직무확대화를 위해 수평적 및 수직적 측면을 동시에 가지고 있는 직무설계의 형태이다.

③ 인적자원의 수요예측을 상향식 방법으로 수행하게 되면 수요가 과소예측될 가능성이 크다.

④ 인적자원의 과잉이 발생하는 경우에는 직무공유제, 조기퇴직제도, 정리해고 등의 방법을 통해 대응할 수 있다.

⑤ 기업은 모집과정에서 잠재적 지원자들에게 모집대상이 되는 직위나 직책에 대한 정확한 정보를 제공하는 현실적 직무소개를 시행하여 지원자들이 조직과 직무에 대해 현실적으로 평가할 수 있도록 해야 한다.

11. 다음 중 조직사회화(Organizational socialization)에 대한 설명으로 적절한 것을 모두 고르면?

> ㉠ 조직사회화는 개인이 조직에서의 역할을 수행하고 조직구성원으로서 참여하는 데 필요한 가치, 능력, 기대되는 행동, 사회지식 등을 알게 하는 과정을 말한다.
> ㉡ 조직사회화는 종업원이 조직에 입사한 시점부터 시작된다.
> ㉢ 조직사회화의 제도적 방법은 특정 개인을 대상으로 하는 독특한 활동과 학습경험으로 구성되어 있다.
> ㉣ 조직사회화는 공식적 프로그램뿐만 아니라 다른 사람의 행동을 관찰하는 등 비공식적 방법으로도 일어난다.

① ㉠, ㉡　　　　② ㉠, ㉣　　　　③ ㉡, ㉢　　　　④ ㉡, ㉣　　　　⑤ ㉢, ㉣

12. 다음 중 성격과 태도에 대한 설명으로 가장 적절한 것은?

① 귀인(Attribution)에서 발생하는 행위자-관찰자 효과는 자존적 편견과 관련이 있다.

② 조직시민행동은 자기효능감, 예의, 성실성, 시민의식, 스포츠맨십으로 구성되어 있다.

③ 빅파이브 모형에서 경험에 대한 개방성은 대인관계에 있어서의 편안한 정도를 의미한다.

④ 켈리(Kelly)는 귀인의 판단기준으로 합의성, 특이성, 신뢰성을 제시하였다.

⑤ 내재론자에 비해 외재론자는 성과를 결정짓는 것은 자신의 노력이라고 생각한다.

13. 다음 중 노사관계에 대한 설명으로 가장 적절한 것은?

① 노사관계는 협조관계이면서 대등관계라는 이중적인 성격을 가지고 있다.

② 소유와 경영의 분리에 따라 경영자집단과 노동조합이 형성되고 발전되는 노사관계는 민주적 노사관계이다.

③ 노동조합은 타율적이 아닌 자주적인 근로자 조직으로서 일시적이 아닌 계속적·항구적 조직이라는 성격을 가진다.

④ 노동조합이 조합원 상호 간에 상호부조 또는 상호공제활동을 수행하는 대내적 기능을 일컬어 경제적 기능이라고 한다.

⑤ 노동쟁의의 조정은 조정, 중재, 긴급조정의 순으로 시행된다.

14. 다음 중 기술과 조직구조에 대한 설명으로 적절하지 않은 것은?

① 톰슨에 따르면 상호의존성이 가장 높은 것은 교호적 상호의존성이다.

② 페로우에 의하면 일상적 기술은 기계적 조직으로 설계하는 것이 적합하고, 비일상적 기술은 유기적 조직으로 설계하는 것이 적합하다.

③ 톰슨은 순차적 상호의존성이 조립 라인과 같은 장치형 기술을 사용하는 조직에 존재한다고 보았다.

④ 페로우에 따르면 과업다양성과 분석가능성이 높은 기술은 장인 기술에 해당한다.

⑤ 톰슨에 의하면 집합적 상호의존성은 중개형 기술을 사용하는 조직구조에 적합한 상호의존성이다.

15. 다음 중 수요예측에 대한 설명으로 가장 적절한 것은?

① 수요예측 시 활용하는 모든 시계열 분석법은 예측이 가능하다는 특징이 있다.

② 지수평활법은 수요가 불안정하다는 가정하에 설계된 방법이다.

③ 단순이동평균법에서 시계열 자료가 안정적일수록 기간 수를 길게 한다.

④ 수요예측의 대상이 되는 수요는 종속 수요이다.

⑤ 수요예측기법에서 누적예측오차의 값이 양(+)의 값을 갖는 것은 과대예측을 의미한다.

16. 다음 중 소비자 행동에 대한 설명으로 적절한 것을 모두 고르면?

> ⊙ 동화효과(Assimilation effect)는 소비자가 지각하는 성과가 기대와 다를 경우 성과를 기대에 동화시켜 지각하는 것이다.
> ⓛ AIO 척도는 활동(Activity), 관심사(Interest), 의견(Opinion)을 의미한다.
> ⓒ 상기상표군(Evoked set)은 외적 정보탐색과 관련이 있다.
> ② 소비자는 결과의 원인이 지속적이거나 발생한 결과가 기업에 의해 통제 가능했다고 판단될 때는 내적 귀인하게 된다.

① ⊙, ⓛ   ② ⊙, ⓒ   ③ ⓛ, ⓒ   ④ ⓛ, ②   ⑤ ⓒ, ②

17. 다음 중 품질에 대한 설명으로 적절한 것은?

① 품질에서 신뢰성은 제품이 고장 나지 않을 확률을 의미하고, 신뢰성이 높은 제품일수록 무상보증기간은 길어진다.
② 카노 모형에서 당연적 품질요소는 충족이 되면 만족을 주지만 그렇지 않더라도 불만족을 유발하지 않는 품질요소를 말한다.
③ 품질분임조(Quality circle)는 지속적 개선을 위한 팀에 비해 구조적이고 공식적이라는 특성을 지니고 있다.
④ 시그마값이 크다는 것은 품질이 좋다는 것을 의미하기 때문에 시그마값은 클수록 좋다.
⑤ ISO 26000은 기업의 정보보안 시스템을 인증범위로 하는 국제품질표준이다.

18. 다음 제시된 사례에 해당하는 조직의 유형으로 가장 적절한 것은?

> 글로벌 기업 A 사는 높은 성장률뿐만 아니라 최종 의사결정까지 3단계밖에 거치지 않을 정도로 업무 추진 속도가 빨라 동종업계에서 명성을 떨치고 있다. 이 기업의 회장은 기업의 규모가 커지면서 사업 부문과 부서 간의 협조가 어려워진다고 느껴, 신속한 의사결정을 위해 중간계층을 축소하였을 뿐만 아니라 하부조직을 철저하게 분권화했다. 특히 탁월한 능력을 보이는 직원을 프로젝트 관리자로 선출하고, 프로젝트를 중심으로 여러 부서의 인력을 차출하여 함께 업무를 수행하도록 했다. 직원들은 업무 처리 방식이 변경됨에 따라 처음에는 소속된 부서의 명령과 프로젝트 관리자의 명령을 동시에 수행하는 데 어려움을 겪었지만, 곧 이러한 변화에 적응하게 되었고 역할과 자원을 효율적으로 분배하여 비약적인 성과를 이루어냈다.

① 매트릭스 조직   ② 사업부제 조직   ③ 직능별 조직
④ 네트워크 조직   ⑤ 프로젝트 조직

19. 다음 중 촉진(Promotion)에 대한 설명으로 가장 적절하지 않은 것은?

① 광고모델이 신뢰성을 갖고 있다고 생각하면 소비자들은 동일화(Identification) 과정을 거쳐 메시지를 수용한다.

② 홍보는 광고보다 비용과 통제가능성이 상대적으로 낮은 반면에 신뢰성은 비교적 높다.

③ 매체 결정에서 표적청중을 명확히 정의하기 어려운 경우에는 일반적으로 빈도(Frequency)보다 도달 률(Reach)을 높이는 것이 바람직하다.

④ 광고는 푸시(Push)보다는 풀(Pull) 촉진활동에 더 가깝다.

⑤ GRP(Gross Rating Point)는 도달범위(Reach)에 빈도(Frequency)를 곱한 것이다.

20. 다음 중 갈등에 대한 설명으로 가장 적절한 것은?

① 갈등과 조직성과 간의 관계는 U자형으로 나타난다.

② 갈등은 원인발생, 갈등인지, 해결의도, 갈등표출, 결과의 순으로 진행된다.

③ 조하리의 창(Johari window)에서 거의 항상 갈등이 발생하는 영역은 공공영역이다.

④ 토마스(Thomas)의 갈등관리전략에서 자신과 상대방의 공통된 관심분야를 서로 주고받는 전략은 통합 전략이다.

⑤ 집단구성원 간 갈등이 발생하면 그 집단은 약화되어 외부로부터 위협을 느끼게 되고, 이로 인해 민주 적 리더가 등장한다.

21. 다음 중 공급사슬관리(SCM)에 대한 설명으로 적절하지 않은 것은?

① 공급사슬관리는 공급사슬에서 자재의 흐름을 효율적으로 관리함으로써 재고 수준, 리드타임, 고객 서 비스 수준을 향상시키기 위해 시행된다.

② 공급사슬관리는 공급자부터 최종 고객에 이르기까지 전반적인 재화와 정보의 흐름을 시스템 관점에서 관리한다.

③ 공급사슬의 통합을 방해하는 요인에는 사일로 심리, 정보 가시성의 부족, 신뢰의 부족, 지식의 부족 등 이 있다.

④ 공급사슬운영참조모형(SCOR)은 공급사슬운영을 계획, 조달, 생산, 배송, 회수의 다섯 가지 범주로 분 리하였다.

⑤ 공급사슬 내 여러 기업의 상호 관계가 공급사슬의 역동성을 일으키는 현상의 일종인 채찍효과는 수요 왜곡의 정도가 감소하는 현상을 의미한다.

22. 다음 설명에 해당하는 조직구조로 적절한 것은?

> • 기업의 규모가 크거나 수행 중인 기존 사업이 잘되고 있을수록 혁신을 도모하기 위해서는 절실히 요구되는 조직구조이다.
> • 한쪽은 기존 사업 중심으로 안정성을 추구하면서 또 다른 쪽은 혁신적인 것을 추구하는 조직을 말한다.
> • 기존 역량을 활용하면서 새로운 기회를 탐험하는 능력을 갖춘 조직을 의미한다.

① 양손잡이 조직(Ambidextrous organization)

② 위원회 조직(Committee organization)

③ 사업부제 조직(Business unit organization)

④ 프로세스 조직(Process organization)

⑤ 네트워크 조직(Network organization)

23. 다음 중 태도와 관련된 설명으로 가장 적절하지 않은 것은?

① 조직동일시는 조직구성원이 그가 속한 조직과 하나됨을 의미한다.

② 지속적 몰입은 거래적이며 경제적인 관점에서의 몰입이라고 할 수 있다.

③ 조직시민행동을 유발하는 선행요인들은 직무만족, 조직몰입, 리더의 후원, 개인의 성격적 요인 등이다.

④ 조직 내 신뢰관계가 구축되어 있으면 조직구성원을 감독하는 데 소요되는 비용을 증가시킬 수 있다.

⑤ 상대방의 태도를 변화시키기 위해서는 설득메시지 자체의 내용도 중요하지만, 누구를 통해 전달할 것이며 얼마나 자주 전달할 것인가 등이 중요하다.

24. 다음 중 브랜드 자산(Brand equity)에 대한 설명으로 적절하지 않은 것은?

① 특정 재화나 서비스가 상표를 가짐으로써 발생하는 바람직한 마케팅 효과를 의미한다.

② 브랜드 자산을 관리하는 관점에서는 브랜드 이미지를 형성하는 것보다 브랜드 인지도를 높이는 것이 더 중요하다.

③ 고객이 특정 상표에 대하여 갖는 긍정적인 감정으로 인해 형성된 상표 가치의 상승분을 말한다.

④ 브랜드 인지도를 높이기 위해서는 지속적으로 브랜드를 소비자들에게 노출시키는 것이 중요하다.

⑤ 브랜드 이미지를 형성하기 위해서는 소비자들이 브랜드와 관련된 연상들에 대해 호의적인 생각을 가지고 있어야 하며, 소비자의 마음속에 강력하고 독특한(Strong & Unique) 브랜드 연상이 형성되어야 한다.

25. 다음 중 직무평가요소가 충족시켜야 하는 조건으로 가장 적절하지 않은 것은?

① 모든 직무에 있어 공통적으로 존재하고, 동시에 직무 간 차이가 크지 않아야 한다.

② 직무의 어떤 일면을 측정하는 것이기 때문에 중복으로 평가해서는 안 된다.

③ 노사 쌍방에서 다 같이 인정할 수 있는 것이 좋다.

④ 모든 직무에 공통적으로 적용할 수 있는 것이어야 한다.

⑤ 객관적으로 측정 가능한 것이어야 한다.

26. 다음 설명에 해당하는 인사평가방법으로 적절한 것은?

> 주로 관리자 계층의 선발을 위하여 기업에서 사용하는 방법으로, 다수의 피평가자를 특정 장소에 며칠간 합숙시키면서 훈련받은 관찰자들이 이들을 집중적으로 관찰하고 평가하여 관리자 선발이나 승진 의사결정 시 신뢰성 및 타당성을 높이고자 시행되는 체계적인 선발방법을 의미한다. 이 방법은 관리자를 신규로 선발할 때가 아니더라도 기존 관리자의 공정한 평가와 인력개발을 위해서도 활용되나 비용이 많이 발생한다는 단점이 있다.

① 강제할당법(Forced distribution method)

② 다면평가제도(Multi-source Feedback)

③ 행동기준평가법(Behaviorally anchored rating scale)

④ 평가센터법(Assessment center method)

⑤ 평정척도법(Rating scale method)

27. 다음 중 시장세분화에 대한 설명으로 적절하지 않은 것은?

① 시장세분화는 서로 다른 취향을 가진 소비자를 한 집단으로 묶어 마케팅 자원을 집중하고자 이루어진다.

② 지리적 변수는 소비자가 거주하는 지역, 도시 규모, 날씨 등을 기준으로 한다.

③ 심리분석적 변수는 소비자의 개성, 취미, 라이프 스타일을 기준으로 한다.

④ 행동분석적 변수는 제품 및 서비스의 편익, 사용 경험 등에 따른 소비자의 태도를 기준으로 한다.

⑤ 인구통계적 변수는 소비자의 나이, 성별, 소득, 직업 수준 등을 기준으로 한다.

28. 다음 중 거래적 리더십의 구성 요소에 해당하는 것을 모두 고르면?

| ㉠ 지적 자극 | ㉡ 개별적 배려 | ㉢ 예외에 의한 관리 |
| ㉣ 조건적 보상 | ㉤ 카리스마 | ㉥ 자유방임 |

① ㉠, ㉡, ㉤　　② ㉠, ㉢, ㉣　　③ ㉡, ㉤, ㉥　　④ ㉢, ㉣, ㉥　　⑤ ㉣, ㉤, ㉥

29. 다음 설명에 해당하는 의사결정기준으로 적절한 것은?

- 의사결정자가 극단적인 비관주의나 극단적인 낙관주의를 취하지 않고 중간 입장을 취한다고 가정하는 의사결정기준이다.
- 의사결정자의 성향을 결정하기 위해 낙관계수를 사용한다.
- 대안별로 최대성과에 낙관계수를 곱하고 최소성과에 비관계수(1 – 낙관계수)를 곱한 값의 합을 비교하여 가장 큰 값을 가지는 대안을 선택한다.

① 맥시민(Maximin) 기준
② 맥시맥스(Maximax) 기준
③ 라플라스(Laplace) 기준
④ 후르비츠(Hurwicz) 기준
⑤ 새비지(Savage) 기준

30. 다음 중 고압적 마케팅(Push marketing)이 근거를 두는 마케팅 개념으로 적절한 것은?

① 생산 개념(Production oriented concept)
② 제품 개념(Product oriented concept)
③ 판매 개념(Selling oriented concept)
④ 마케팅 개념(Marketing oriented concept)
⑤ 사회지향적 마케팅 개념(Social marketing oriented concept)

약점 보완 해설집 p.74

무료 바로 채점 및 성적 분석 서비스 바로 가기
QR코드를 이용해 모바일로 간편하게 채점하고 나의 실력이 어느 정도인지, 취약 부분이 어디인지 바로 파악해 보세요!

01. 지름이 d인 원형 단면 봉에 토크 T를 가해서 발생한 비틀림에 의한 탄성에너지를 U라고 할 때, 지름이 2배가 되면 탄성에너지는 몇 배가 되는가?

① $\frac{1}{16}$배 ② $\frac{1}{4}$배 ③ 2배 ④ 4배 ⑤ 16배

02. 면적이 $0.3[m^2]$인 피스톤 내에 $500[kPa]$의 압력으로 기체가 들어있다. 이 기체가 팽창하여 압력이 $300[kPa]$로 줄어들었을 때 피스톤이 $0.2[m]$ 이동했다면, 이 과정에서 기체가 피스톤에 행한 일$[kJ]$은?

① 6 ② 12 ③ 18 ④ 24 ⑤ 30

03. 다음 중 급냉조직끼리 묶인 것은?

① 페라이트, 펄라이트
② 시멘타이트, 페라이트
③ 시멘타이트, 오스테나이트
④ 오스테나이트, 레데뷰라이트
⑤ 레데뷰라이트, 시멘타이트

04. 다음 중 사각나사가 최대 효율을 갖는 식은?

① $\tan(45° - \frac{\rho}{2})$

② $\tan^2(45° - \rho)$

③ $\tan^2(30° - \frac{\rho}{2})$

④ $\tan^2(45° - \frac{\rho}{2})$

⑤ $\tan^2(90° - \rho)$

05. 폭이 $0.2[m]$, 높이가 $0.3[m]$인 단면을 가진 길이 $1[m]$의 외팔보에 작용하는 최대 전단응력이 $5[MPa]$일 때, 외팔보 끝단에 작용하는 하중$[kPa]$은?

① 100　　　② 200　　　③ 300　　　④ 400　　　⑤ 500

06. 직경이 D인 원형단면을 가진 보에 V의 전단력이 작용할 때, 최대 전단응력의 식은?

① $\frac{4V}{3D}$

② $\frac{4V}{2D}$

③ $\frac{4V}{3D^2}$

④ $\frac{4V}{3\pi D^2}$

⑤ $\frac{16V}{3\pi D^2}$

07. 다음 중 용접에 대한 설명으로 적절한 것은?

① 용접부에 생기는 잔류응력을 제거하기 위해서 불림을 한다.

② 가접을 하는 이유는 용접 중의 변형을 방지하기 위해서이다.

③ 용접 휨은 전기용접이 가스용접보다 크다.

④ 직교하는 2개의 면을 접합하는 용접으로 삼각형 단면의 형상을 갖는 용접은 프로젝션 용접이다.

⑤ 용접이음에서 실제이음효율은 용접계수 × 사용계수이다.

08. 다음 그림과 같이 폭이 2[m], 길이가 4[m]인 평판이 수면과 수직을 이루며 잠겨있다. 평판 윗면의 수심이 1[m]일 때 평판에 작용하는 힘[N]과 작용점의 깊이[m]가 바르게 연결된 것은? (단, 소수점 셋째 자리에서 반올림하여 계산한다.)

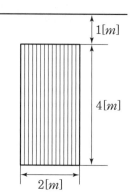

	평판에 작용하는 힘	작용점의 깊이
①	13,200	3.50
②	34,500	3.00
③	46,500	3.78
④	78,200	3.21
⑤	235,200	3.44

09. 다음 보에서 굽힘 모멘트가 최대가 되는 지점은 왼쪽 끝에서부터 얼마나 떨어진 지점인가?

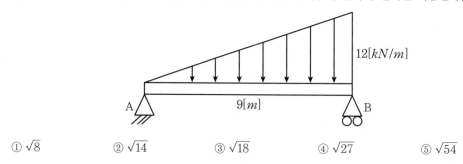

① $\sqrt{8}$ ② $\sqrt{14}$ ③ $\sqrt{18}$ ④ $\sqrt{27}$ ⑤ $\sqrt{54}$

10. 1[kg]의 공기가 온도 27[℃], 부피 0.1[m^3]의 용기에 들어 있다고 할 때, 만약 공기의 온도 변화 없이 이 용기의 부피가 1[m^3]이 된다면 공기의 압력[kPa]은? (단, 공기의 특별기체상수 $R = 300[J/kg \cdot K]$이다.)

① 90 　　　　② 100 　　　　③ 140 　　　　④ 160 　　　　⑤ 200

11. 다음 중 유체 기밀용기를 제작하기 위한 리벳이음의 작업 순서로 옳은 것은?

① 리밍 – 드릴링 – 코킹 – 리벳팅

② 드릴링 – 리밍 – 리벳팅 – 코킹

③ 드릴링 – 코킹 – 리밍 – 리벳팅

④ 리밍 – 드릴링 – 리벳팅 – 코킹

⑤ 리벳팅 – 드릴링 – 리밍 – 코킹

12. 다음 중 베어링 재료에 대한 설명으로 적절하지 않은 것은?

① 주철은 저속 저압용으로 사용한다.

② 구리합금은 열전도도가 좋고, 마멸, 충격에 잘 견딘다.

③ 화이트메탈은 연한 금속을 주성분으로 한 백색 합금이다.

④ 포유 소결 합금은 급유가 곤란하거나 필요하지 않은 곳에 사용한다.

⑤ 플라스틱 베어링은 금속 베어링에 비해 성능이 좋지 못하다.

13. 평 벨트 전동에서 벨트의 폭은 200[mm], 두께는 10[mm]이다. 벨트의 단위 길이당 무게는 50[kgf/m], 속도는 11[m/s], 허용 인장응력은 1[MPa]일 때, 원심력을 고려한 전달동력[KW]은? (단, $e^{\mu\theta} = 3$, 중력가속도 g = 10[m/s²]으로 계산한다.)

① 84.5 　　　　② 96.1 　　　　③ 100.3 　　　　④ 113.0 　　　　⑤ 122.2

14. 다음 중 각 반응에 대한 설명으로 옳지 않은 것은?

① 포정반응: 하나의 고상과 다른 액상으로부터 한 종류의 고상이 정출되는 반응

② 공정반응: 하나의 액상으로부터 두 종류의 고상이 일정한 비율로 동시에 정출되는 반응

③ 공석반응: 하나의 고상으로부터 두 종류의 고상이 석출되는 반응

④ 편정반응: 하나의 고상으로부터 하나의 고상과 또 다른 액상이 생성되는 반응

⑤ 포석반응: 2개의 고상으로부터 한 종류의 고상이 석출되는 반응

15. 다음 중 서로 반대방향의 기울기를 가지는 2개의 키를 한 쌍으로 사용하며, 큰 회전력을 전달할 수 있는 키는?

① 스플라인 키   ② 묻힘 키   ③ 둥근 키   ④ 접선 키   ⑤ 평 키

16. 길이는 $2[m]$, 단면적은 $100[mm^2]$, 최소 단면 2차 모멘트는 $400[mm^4]$인 봉의 세장비는?

① 0.5   ② 1   ③ 1.5   ④ 2   ⑤ 4

17. 다음 중 오토 사이클에 대한 설명으로 적절하지 않은 것은?

① 가솔린 기관의 기본 사이클이다.

② 가열, 팽창, 방열, 압축의 4단계이다.

③ 열공급과 방열이 일정한 체적에서 이루어진다.

④ 전기 점화기관의 이상적 사이클이다.

⑤ 압축비는 노킹현상을 방지하기 위하여 제한된다.

18. 다음 중 동력 전달과 체결 2가지 목적이 모두 가능한 기계요소는?

① 기어　　　　　　　　② 체인과 스프로킷　　　　　③ 나사

④ 레크와 피니언　　　　⑤ 벨트와 벨트풀리

19. 탄소와 철의 조직에 대한 설명으로 옳지 않은 것은?

① 페라이트: 전연성이 풍부하고 자석에 잘 부착됨

② 펄라이트: 페라이트와 시멘타이트의 층을 이루는 조직

③ 시멘타이트: 강을 A_1 변태점 이상으로 가열했을 때 얻어지는 조직이며, γ 고용체를 의미

④ 마르텐사이트: 탄소를 고용하고 있는 α철

⑤ 베이나이트: 오스테나이트를 오스템퍼링할 때 얻어지는 조직

20. 다음 중 금속 결정 구조에 대한 설명으로 적절하지 않은 것은?

① 체심입방구조(BCC)의 배위수는 8이다.

② 체심입방구조(BCC)의 원자 충진율은 0.68이다.

③ 면심입방구조(FCC)의 대표 금속은 Al, Cu, Au이다.

④ 면심입방구조(FCC)의 배위수는 10이다.

⑤ 조밀육방구조(HCP)의 원자 충진율은 0.74이다.

21. 다음 중 특수가공에 대한 설명으로 옳지 않은 것은?

> ㉠ EDM은 두 전극 사이의 방전에너지를 이용하는 가공이다.
> ㉡ ECM은 가공 속도가 느리고 공구 소모가 많다.
> ㉢ 초음파가공에서는 도체만을 가공할 수 있다.
> ㉣ 플라즈마 아크 가공법의 작동 가스는 아르곤과 수소 또는 헬륨의 혼합물이다.
> ㉤ 레이저 빔 가공에서는 도체만을 가공한다.

① ㉠, ㉡, ㉤　　② ㉠, ㉣, ㉤　　③ ㉡, ㉢, ㉣　　④ ㉡, ㉢, ㉤　　⑤ ㉢, ㉣, ㉤

22. 다음 중 마그네슘 합금인 것은?

① 하스텔로이(Hastelloy)　　② 톰백(Tombac)　　③ 모넬메탈(Monel)

④ 코비탈륨(Cobotalium)　　⑤ 다우메탈(Dow metal)

23. 다음 중 구멍이 뚫린 얇은 판으로 유량을 측정하는 장치는?

① 피토관　　② 벤츄리미터　　③ 오리피스　　④ 위어　　⑤ 로터미터

24. 10[℃]인 100[g]의 물에 500[℃]인 금속구 10[g]을 넣으면 물의 온도는 약 몇 도[℃]가 되는가? (단, 금속구의 비열은 0.5[kJ/kgK]이다.)

① 10.3　　② 12.2　　③ 13.5　　④ 15.8　　⑤ 17.1

25. 지름이 $2d$인 원형봉의 극관성 모멘트는 지름이 d인 원형봉의 극관성 모멘트의 몇 배인가?

① 32배　　② 16배　　③ 8배　　④ 4배　　⑤ 2배

26. 다음 중 오스테나이트에 대한 설명으로 적절하지 않은 것은?

① 오스테나이트를 수냉하면 마르텐사이트가 된다.

② 오스테나이트를 노냉하면 펄라이트가 된다.

③ 오스테나이트를 공냉하면 트루스타이트가 된다.

④ 오스테나이트를 유냉하면 마르텐사이트나 트루스타이트가 된다.

⑤ 펄라이트를 가열 변태시키면 오스테나이트가 된다.

27. 다음에서 설명하는 금속은?

> 가. 분말야금법으로 제조된다.
> 나. 고온에서 강도와 경도가 크다.
> 다. 내마멸성이 우수하다.
> 라. 고온에서 변형에 대한 저항이 강하다.

① 아연   ② 텅스텐   ③ 알루미늄   ④ 니켈   ⑤ 크롬

28. 층류에서 난류로의 천이를 판단하는 기준이 되는 무차원 수는?

① 프루드수   ② 마하수   ③ 레이놀즈수   ④ 오일러수   ⑤ 프란틀수

29. 동일한 치수의 바깥기어와 안쪽기어를 서로 맞물리게 하여 그 간격으로 유연성을 부여하고 큰 토크에 견딜 수 있는 커플링은?

① 머프커플링   ② 기어커플링   ③ 올덤커플링   ④ 유니버셜커플링   ⑤ 원통커플링

30. 온도가 400[K], 부피가 2[m^3]인 1기압의 공기가 2기압까지 단열압축 되었을 때, 공기의 부피[m^3]는 약 얼마인가? (단, 공기의 비열비는 1.4이며, 부피는 소수점 셋째 자리에서 반올림하여 계산한다.)

① 0.65   ② 1.03   ③ 1.22   ④ 1.87   ⑤ 2.11

약점 보완 해설집 p.79

무료 바로 채점 및 성적 분석 서비스 바로 가기
QR코드를 이용해 모바일로 간편하게 채점하고 나의 실력이 어느 정도인지, 취약 부분이 어디인지 바로 파악해 보세요!

01. 저항 $R = 9[\Omega]$, 유도 리액턴스 $X_L = 12[\Omega]$이 직렬로 연결된 회로에 $240[V]$의 전압을 가했을 때, 소비되는 전력$[kW]$은?

① 0.144 　　 ② 0.576 　　 ③ 1.152 　　 ④ 2.304 　　 ⑤ 4.608

02. 부하전류가 120[A]이고, 1,000[rpm]의 회전 속도로 20[kgf·m]의 토크가 발생하는 직류 직권전동기가 있다. 이 직권전동기의 부하전류가 60[A]로 감소했을 때, 토크[kgf·m]는?

① 5 　　 ② 6 　　 ③ 7 　　 ④ 8 　　 ⑤ 9

03. 분할된 소도체 수가 2개인 복도체에서 소도체의 반지름이 $r[m]$, 소도체 사이의 간격이 $d[m]$일 때, 이 복도체의 등가반지름$[m]$은?

① rd 　　 ② rd^2 　　 ③ r^2d 　　 ④ $\sqrt{rd}$ 　　 ⑤ $\sqrt{r^2d}$

04. 3상, 4극, 30[Hz]인 동기 발전기에서 회전자의 주변 속도가 70.65[m/s]일 때, 회전자의 지름[m]은? (단, $\pi = 3.14$로 계산한다.)

① 0.9   ② 1.2   ③ 1.5   ④ 1.8   ⑤ 2.1

05. 동심 구형 콘덴서의 내외 반지름을 모두 5배씩 증가시켰다고 할 때, 정전용량은 몇 배로 증가하는가?

① 5   ② 10   ③ 15   ④ 20   ⑤ 25

06. 다음 중 자동 제어계의 시간 응답 특성에 대한 설명으로 적절하지 않은 것은?

① 최대 오버슈트는 응답 중 발생하는 입력과 출력 사이의 최대 편차량이다.

② 지연 시간은 응답이 최초로 최종 목푯값의 절반에 도달하는 데 걸리는 시간이다.

③ 응답 시간은 응답이 요구하는 오차 이내로 정착하는 데 걸리는 시간이다.

④ 상승 시간은 응답이 최종 목푯값의 50[%]에서 90[%]에 도달하는 데 걸리는 시간이다.

⑤ 감쇠비는 과도 응답이 소멸되는 속도를 양적으로 표현한 값이다.

07. 1차 전압이 100[V], 2차 전압이 110[V]인 단권변압기에서 자기용량과 부하용량의 비로 적절한 것은?

① $\frac{1}{11}$ ② $\frac{1}{10}$ ③ 1   ④ 10   ⑤ 11

08. 다음 중 지지선의 설비 기준으로 옳지 않은 것을 모두 고르면?

> ㉠ 인장하중: 3.41[kN]
> ㉡ 연선: 소선 5가닥 이상의 연선
> ㉢ 소선: 지름이 2.6[mm] 이상인 금속선
> ㉣ 안전율: 2.5 이상
> ㉤ 지지선의 높이: 도로 횡단 시 2.5[m] 이상

① ㉠, ㉡   ② ㉡, ㉢   ③ ㉠, ㉡, ㉤   ④ ㉠, ㉢, ㉣   ⑤ ㉡, ㉣, ㉤

09. 다음 중 3상 변압기의 병렬 운전 조건으로 적절하지 않은 것은?

① 각 변압기의 상회전 방향 및 1차와 2차 선간 전압의 위상변위가 같아야 한다.

② 저항과 리액턴스의 비가 같아야 한다.

③ 각 군의 임피던스가 용량에 비례해야 한다.

④ 각 변압기의 백분율 임피던스 강하가 같아야 한다.

⑤ 각 변압기의 권수비 및 1, 2차 정격전압이 같아야 한다.

10. $A = \begin{bmatrix} 0 & 3 \\ -7 & -2 \end{bmatrix}$, $B = \begin{bmatrix} 4 \\ 5 \end{bmatrix}$인 상태 방정식 $\frac{dx}{dt} = Ax + Br$에서 제어계의 특성 방정식은?

① $s^2 + 2s - 21 = 0$ ② $s^2 - 21s + 2 = 0$ ③ $s^2 - 21s - 2 = 0$

④ $s^2 - 2s + 21 = 0$ ⑤ $s^2 + 2s + 21 = 0$

11. 다음 중 $G(j\omega) = \dfrac{K}{j\omega(j\omega + 1)}$의 나이퀴스트 선도를 도시한 것은? (단, K는 양수이다.)

①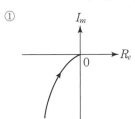

②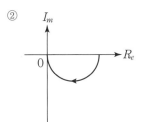

③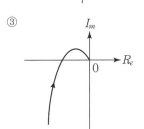

④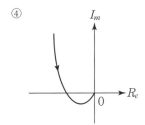

⑤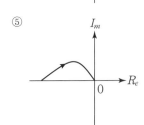

12. 건축물의 변전 설비의 용량이 5,000[kVA]이고 변압기의 %임피던스가 5[%]일 때, 변압기의 차단용량 [MVA]은?

① 100   ② 500   ③ 1,000

④ 5,000   ⑤ 10,000

13. 다음 중 전선의 표피 효과에 대한 설명으로 적절한 것은?

① 전선이 가늘수록, 도전율이 높을수록 커진다.

② 전선이 가늘수록, 도전율이 낮을수록 커진다.

③ 전선이 굵을수록, 도전율이 높을수록 커진다.

④ 전선이 굵을수록, 도전율이 낮을수록 커진다.

⑤ 전선이 굵을수록, 도전율과 관계없이 커진다.

14. 개루프 전달함수 $G(s)$가 $\dfrac{s+2}{s(s+1)}$ 일 때, 폐루프 전달함수는?

① $\dfrac{s+2}{s^2+s}$ ② $\dfrac{s+1}{s^2+2s+2}$ ③ $\dfrac{s+2}{s^2+2s+2}$ ④ $\dfrac{s+1}{s^2+2s+4}$ ⑤ $\dfrac{s+2}{s^2+2s+4}$

15. 다음 중 송전선로의 선로정수를 평형하게 유지하기 위한 가장 효과적인 방법은?

① 공가 ② 오프셋 사용 ③ 복도체 방식 채용

④ 전선 위치 바꿈 ⑤ 댐퍼 사용

16. 다음 중 정현파의 파형률과 파고율을 차례대로 나열한 것은?

① 1, 1 ② 1.11, 1.414 ③ 1.57, 2

④ 1.155, 1.732 ⑤ 1.414, 1.414

17. 다음 중 헤비사이드 계단 함수(Heaviside step function)의 라플라스 변환과 Z변환 함수가 올바르게 연결된 것은?

	라플라스 변환	Z변환
①	$\dfrac{1}{s}$	$\dfrac{1}{Z-1}$
②	$\dfrac{1}{s}$	$\dfrac{Z}{Z-1}$
③	$\dfrac{1}{s^2}$	$\dfrac{Z}{Z+1}$
④	$\dfrac{1}{s^2}$	$\dfrac{Z}{Z-1}$
⑤	S	$\dfrac{Z}{Z+1}$

18. 다음 설명에 해당하는 현상으로 적절한 것은?

> 장거리 선로에서 부하가 매우 작거나, 무부하인 경우 충전 전류의 영향이 증대되어 진상 전류가 흐를 때, 수전단 전압이 송전단 전압보다 높아지는 현상으로 선로의 정전 용량이 클수록 잘 나타나며, 절연에 부담을 준다. 이 현상은 분로 리액터를 설치하여 방지할 수 있다.

① 페란티 현상   ② 코로나 현상   ③ 플리커 현상
④ 잠동 현상   ⑤ 전자기 유도 현상

19. 다음 중 동일한 정격 전압에서 변압기의 주파수를 높였을 때 가장 많이 증가하는 것은?

① 자속 밀도   ② %임피던스   ③ 철손
④ 여자 전류   ⑤ 히스테리시스 손

20. 다음 중 기준 충격 절연 강도의 크기를 비교한 것으로 적절한 것은?

① 기기부싱 > 선로애자 > 변압기 > 결합콘덴서 > 피뢰기
② 기기부싱 > 선로애자 > 결합콘덴서 > 변압기 > 피뢰기
③ 선로애자 > 결합콘덴서 > 기기부싱 > 변압기 > 피뢰기
④ 선로애자 > 기기부싱 > 결합콘덴서 > 피뢰기 > 변압기
⑤ 선로애자 > 기기부싱 > 결합콘덴서 > 변압기 > 피뢰기

21. 2,000/100[V], 40[kVA]인 단상 변압기의 1차측에 250[V]를 가하고 2차측을 단락하자 500[A]의 2차 단락전류가 흘렀다고 한다. 이때, 이 단상 변압기의 임피던스 전압[V]은?

① 100   ② 150   ③ 200   ④ 250   ⑤ 300

22. 다음 중 시퀀스 제어에 대한 설명으로 적절하지 않은 것은?

① 어떠한 조건을 만족하여도 제어 신호가 전달된다.
② 제어 결과에 따라 조작을 자동적으로 이행한다.
③ 전체 계통에 연결된 스위치가 동시에 동작할 수 있다.
④ 시간 지연 요소도 사용된다.
⑤ 입력 신호에서 출력 신호까지 정해진 순서에 따라 일방적으로 제어 명령이 전해진다.

23. N회 감긴 환상코일의 단면적이 $S[m^2]$이고, 평균길이가 $l[m]$일 때, 이 코일의 권수를 절반으로 줄이면서 인덕턴스를 일정하게 유지할 수 있는 방법으로 적절한 것은?

① 길이를 $\frac{1}{2}$배로 감소시킨다.

② 자속을 4배로 증가시킨다.

③ 단면적을 2배로 증가시킨다.

④ 투자율을 4배로 증가시킨다.

⑤ 전류를 $\frac{1}{4}$배로 감소시킨다.

24. 비유전율이 6인 유전체에 전계 $E = 10^4[V/m]$를 가했을 때, 분극의 세기$[C/m^2]$는?

① 44.25×10^{-8} ② 52.75×10^{-8} ③ 84.50×10^{-8} ④ 25.75×10^{-7} ⑤ 37.25×10^{-7}

25. 열효율 75[%], 700[W]의 온수기를 사용하여 10[℃]의 물 1[kg]을 5분간 가열한다고 할 때, 가열하고 난 뒤의 수온[℃]은? (단, 외부온도는 고려하지 않는다.)

① 38.6   ② 41.7   ③ 44.5   ④ 47.8   ⑤ 50.3

26. 다음 중 평등자계를 얻는 방법으로 가장 적절한 것은?

    ① 단면적에 비하여 길이가 충분히 긴 원통형 도선에 전류를 흘린다.

    ② 단면적에 비하여 길이가 충분히 긴 원형 코일에 전류를 흘린다.

    ③ 길이에 비하여 단면적이 충분히 큰 솔레노이드에 전류를 흘린다.

    ④ 단면적에 비하여 길이가 충분히 긴 솔레노이드에 전류를 흘린다.

    ⑤ 길이에 비하여 단면적이 충분히 큰 원통형 도선에 전류를 흘린다.

27. 다음 중 유도전동기의 동기 각속도는 ω_0, 회전자 각속도가 ω일 때, 2차 효율은?

    ① $\dfrac{\omega}{\omega_0}$ ② $\dfrac{\omega_0}{\omega}$ ③ $\dfrac{\omega - \omega_0}{\omega_0}$ ④ $\dfrac{\omega_0 - \omega}{\omega_0}$ ⑤ $\dfrac{\omega_0 + \omega}{\omega_0}$

28. 다음 중 가공 전선로에 사용하는 전선의 구비조건으로 적절한 것은?

    ① 고유저항이 커야 한다.

    ② 기계적 강도가 작아야 한다.

    ③ 전압강하가 커야 한다.

    ④ 최대안전전류가 작아야 한다.

    ⑤ 부식이나 침식을 잘 견뎌야 한다.

29. 다음 중 오버슈트에 대한 설명으로 적절하지 않은 것은?

① 백분율 오버슈트의 값은 $\dfrac{최대\ 오버슈트}{최종\ 목푯값} \times 100[\%]$이다.

② 자동제어계 안정도의 척도이다.

③ 상대 오버슈트를 사용하면 응답을 비교하는 데 편리하다.

④ 자동제어계의 정상오차이다.

⑤ 과도 기간 중 응답이 목푯값을 넘어가는 양을 의미한다.

30. 다음 중 맥스웰 방정식의 기본 이론에 대한 설명으로 적절하지 않은 것은?

① 전도 전류와 변위 전류가 자계를 발생시킨다.

② 전하가 존재하면 전하에서 전속선이 발산된다.

③ 자계의 시간적 변화로 인해 전계에 회전이 발생한다.

④ 폐곡면을 통과하는 전속의 합은 폐곡면 내 전하량과 동일하다.

⑤ 폐곡면을 통해 나오는 자속의 합은 폐곡면 내 자극의 세기와 같다.

약점 보완 해설집 p.83

무료 바로 채점 및 성적 분석 서비스 바로 가기
QR코드를 이용해 모바일로 간편하게 채점하고 나의 실력이
어느 정도인지, 취약 부분이 어디인지 바로 파악해 보세요!

01. 다음 중 평면응력상태에서 모어의 응력원에 대한 설명으로 적절하지 않은 것은?

① 모어원 중심의 y좌표값은 0이다.

② 두 주응력의 차이는 최대 전단응력의 크기와 같다.

③ 전단응력의 크기는 모어원의 두 축 중 연직(y)축에 해당한다.

④ 모어원을 이용하여 주응력의 방향 및 크기를 도출할 수 있다.

⑤ 모어원 중심의 x좌표값은 직교하는 두 축의 수직응력의 평균값과 같다.

02. 어떤 시료에 대해 일축압축시험을 실시하였더니 일축압축강도는 $0.6[MPa]$, 파괴면과 수평면이 이루는 각은 $60°$이었다고 할 때, 이 시료의 점착력$[N/m^2]$은?

① $\dfrac{1}{10}$ ② $\dfrac{\sqrt{3}}{10}$ ③ $\dfrac{1}{5}$ ④ $\dfrac{\sqrt{3}}{5}$ ⑤ $\dfrac{2}{5}$

03. 다음 중 양수표의 설치 장소에 대한 설명으로 적절하지 않은 것은?

① 지천의 합류점 및 분류점으로, 특별한 수위 변화가 없는 곳에 설치해야 한다.

② 홍수 시에도 유실 또는 이동, 파손의 염려가 없는 곳에 설치해야 한다.

③ 갈수 시에도 양수표로 수위 측정이 가능한 곳에 설치해야 한다.

④ 상·하류가 약 $100[m]$ 정도의 곡선으로 연결되어 유속이 크지 않은 곳에 설치해야 한다.

⑤ 상·하류의 상당 범위까지 세굴이나 퇴적이 생기지 않는 안전한 곳에 설치해야 한다.

04. 다음 중 하천 양안의 높낮이 차를 측정할 때 교호수준 측량을 많이 이용하는 이유로 옳은 것을 모두 고르면?

> ㉠ 과실로 인한 오차를 소거하기 위함
> ㉡ 스타프(함척)를 편하게 세우기 위함
> ㉢ 기계 오차에 의한 오차를 소거하기 위함
> ㉣ 개인 오차를 제거하기 위함
> ㉤ 광선의 굴절로 인한 오차를 제거하기 위함

① ㉠, ㉡   ② ㉡, ㉢   ③ ㉢, ㉤   ④ ㉠, ㉣, ㉤   ⑤ ㉡, ㉢, ㉤

05. 탄성계수가 E, 단면 2차 모멘트가 I, 기둥 길이가 $5a$인 양단힌지 기둥의 좌굴하중은?

① $\dfrac{\pi^2 EI}{25a^2}$ ② $\dfrac{2\pi^2 EI}{25a^2}$ ③ $\dfrac{4\pi^2 EI}{25a^2}$ ④ $\dfrac{\pi^2 EI}{5a^2}$ ⑤ $\dfrac{4\pi^2 EI}{5a^2}$

06. 다음 설명에 해당하는 지형도의 표시 방법으로 적절한 것은?

> 지도상 필요한 점에 표고를 기입하는 방법으로, 주로 하천이나 항만 등에서 수심을 숫자로 표시하는 데 사용되는 방법을 말한다.

① 영선법   ② 채색법   ③ 명암법   ④ 점고법   ⑤ 등고선법

07. 1시간당 작업량이 $100[m^3/h]$인 리퍼로 암석을 파쇄하는 동시에 1시간당 작업량이 $25[m^3/h]$인 도저작업을 실시하고자 할 때, 조합작업의 1시간당 작업량$[m^3/h]$은?

① 10   ② 15   ③ 20   ④ 25   ⑤ 30

08. A, B 두 점 간의 비고를 구하기 위해 노선 (1), (2), (3) 경로에 대하여 직접고저측량을 실시한 결과가 다음과 같을 때, A, B 두 점 간의 고저 차이 최확값[m]은 약 얼마인가? (단, 소수점 넷째 자리에서 반올림하여 계산한다.)

노선	노선거리[km]	관측값[m]
(1)	2	115.563
(2)	5	115.682
(3)	4	115.606

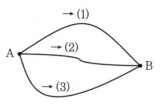

① 105.034 ② 105.599 ③ 108.035 ④ 115.599 ⑤ 118.034

09. 다음 중 터널을 굴착하며 여굴량을 감소시키는 방법으로 적절하지 않은 것은?

① 지발뇌관을 사용한다.

② 연약지반에서는 선진 그라우팅을 실시한다.

③ 조절 발파 공법을 적용하여 굴착한다.

④ 장약 길이를 짧게 하고, 폭발의 지름을 크게 한다.

⑤ 천공의 각도와 위치를 정확하게 설정한다.

10. 다음 중 슬래브와 보가 일체로 타설된 비대칭 T형보(반 T형보)의 유효폭[mm]은? (단, $T_f = 50[mm]$이고, $b_w = 150[mm]$, 인접보와 내측거리 = 1,600[mm], 보의 경간 = 6.0[m]이다.)

① 450 ② 650 ③ 950 ④ 1,100 ⑤ 1,250

11. 다음 그림과 같은 내민보에서 D 점의 휨 모멘트[$kN \cdot m$]는?

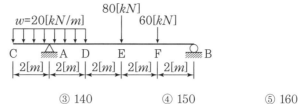

① 110   ② 120   ③ 140   ④ 150   ⑤ 160

12. 다음 중 배각법에 대한 설명으로 적절하지 않은 것은?

① 1개의 각을 2회 이상 반복 관측하여 관측한 각도를 모두 더한 후 평균을 구하는 방법이다.

② 눈금의 불량에 의한 오차를 최소로 하기 위하여 n회의 반복 결과가 360°에 가깝게 해야 한다.

③ 수평각관측법 중 가장 정확한 값을 얻을 수 있는 방법으로, 주로 1등 삼각측량에 이용된다.

④ 내축과 외축의 연직선에 대한 불일치로 인해 오차가 생기기도 한다.

⑤ 방향각법에 비하여 읽기오차의 영향을 적게 받는다.

13. f_{ck} = 25[MPa], f_y = 350[MPa]이고, 보통중량 콘크리트로 만들어지는 보에서 압축이형철근으로 $D29$를 사용했을 때, 기본정착길이[mm]는? (단, d_b = 28.6이다.)

① 375.5   ② 400.5   ③ 430.5   ④ 470.5   ⑤ 500.5

14. 다음 중 트러스의 해석상 기본 가정에 대한 설명으로 적절하지 않은 것은?

① 축력에는 부재응력이 생긴다.

② 하중은 모두 격점에 집중하여 작용한다.

③ 부재의 축은 격점을 연결하는 직선과 일치한다.

④ 하중이 작용한 후에는 격점의 위치에 변화가 생긴다.

⑤ 각 부재는 양단에 마찰이 없는 핀으로 연결되어 1개의 축방향력만 존재한다.

15. 간극률이 20[%], 비중이 2.75인 모래층의 Quick sand에 대한 한계 동수 경사는?

① 0.8　　　　② 1.0　　　　③ 1.1　　　　④ 1.2　　　　⑤ 1.4

16. 허용 지지력이 250[kN/m^2]인 모래 지반에 크기가 4[m] × 4[m]인 정방향 기초를 시공하였고, 기초에 허용 지지력만큼 하중이 가해졌을 때, 기초 모서리의 탄성 침하량[cm]은? (단, 지반의 포아송비는 0.5, 지반의 탄성 계수는 1.5×10^4[kN/m^2], 영향계수는 0.561이다.)

① 2.805　　　② 2.924　　　③ 3.076　　　④ 3.132　　　⑤ 3.261

17. 폭이 4[m], 높이가 6[m]인 옹벽이 있다. 지반의 허용지지력이 300[kN/m^3], 뒤채움 흙과 저판 아래 흙의 단위중량이 20[kN/m^3], 내부마찰각이 30°일 때, 전도에 대한 옹벽의 안전율은? (단, 콘크리트의 단위중량은 25[kN/m^3]이다.)

① 2　　　　　　② 3　　　　　　③ 4　　　　　　④ 5　　　　　　⑤ 6

18. 다음 중 정(+)의 값과 부(−)의 값을 모두 갖는 것은?

① 단면계수　　　　② 단면 2차 극모멘트　　　　③ 단면 2차 모멘트
④ 단면 2차 반경　　⑤ 단면 상승 모멘트

19. 다음 중 등고선의 종류에 대한 설명으로 적절하지 않은 것은?

① 등고선의 종류 중 각 지형의 높이를 표시하는 데 기본이 되는 주곡선은 가는 실선으로 표시한다.

② 지형의 높이를 쉽게 알 수 있도록 아라비아 숫자가 병기된 계곡선의 간격은 주곡선의 1/2로, 굵은 실선으로 표시한다.

③ 간곡선은 경사가 고르지 않아 주곡선만으로는 지표면의 형태나 특징을 나타낼 수 없는 곳에 가는 파선으로 표시한다.

④ 간곡선의 1/2 간격마다 가는 점선으로 표시하는 조곡선은 반드시 등고선의 높이 값을 함께 기입한다.

⑤ 지형이 완만하여 주곡선과 간곡선만으로는 지형을 표현하기 어려울 경우 그 사이에 조곡선을 넣는다.

20. 관암거에 배수가 원활하게 진행될 수 있도록 하고자 한다. 이 관암거의 직경(D)은 0.2[m], 유속(V)이 0.8[m/s], 암거 낙차(h)가 2.4[m]일 때, 암거 길이[m]는? (단, Giesler 공식을 이용하여 구한다.)

① 200　　　　　② 250　　　　　③ 300　　　　　④ 350　　　　　⑤ 400

21. 측지학은 물리학적 측지학과 기하학적 측지학으로 분류할 수 있다. 다음 중 기하학적 측지학에 해당하는 것의 개수는?

㉠ 높이의 결정	㉡ 중력 측정	㉢ 탄성파 측정
㉣ 위성 측량	㉤ 지도 제작	㉥ 대륙의 부동
㉦ 사진 측정	㉧ 지구의 형상 해석	㉨ 하해 측량

① 3개　　　　　② 4개　　　　　③ 5개　　　　　④ 6개　　　　　⑤ 7개

22. 다음 중 휨부재의 처짐에 대한 설명으로 적절하지 않은 것을 모두 고르면?

㉠ 균열이 없는 단면의 처짐 계산 시 사용되는 단면 2차 모멘트는 철근을 무시한 전체 단면의 중심축에 대한 단면 2차 모멘트(I_g)를 활용한다.
㉡ 복철근을 설계할 경우 장기처짐량은 감소한다.
㉢ 장기처짐량은 단기처짐량과 반비례한다.
㉣ 휨부재의 처짐은 사용하중을 토대로 검토하게 된다.

① ㉠　　　　② ㉢　　　　③ ㉠, ㉡　　　　④ ㉡, ㉣　　　　⑤ ㉢, ㉣, ㉤

23. 다음 중 사질토 지반의 개량 공법으로 적절하지 않은 것은?

① 폭파 다짐 공법 ② 전기충격 공법 ③ 샌드 콤팩션 공법

④ 프리로딩 공법 ⑤ 바이브로플로테이션 공법

24. 단면적의 가로와 세로가 각각 6[cm], 12[cm]인 양단힌지 기둥의 길이가 3.45[m]일 때, 세장비는?

① $115\sqrt{2}$ ② $115\sqrt{3}$ ③ $115\sqrt{6}$ ④ $230\sqrt{2}$ ⑤ $230\sqrt{3}$

25. 다음 중 대공표지에 대한 설명으로 적절하지 않은 것은?

① 대공표지란 사진상에서 점의 위치를 정확히 판독하기 위해 사용된다.

② 지붕이나 수목 위에도 대공표지를 설치할 수 있다.

③ 표석이 없는 지점에 설치할 경우 중심 말뚝을 설치하여 그 중심을 표시해야 한다.

④ 천정으로부터 60° 이내에 장애물이 없는 곳에 설치해야 한다.

⑤ 지면에서 약 30[cm] 높게 수평으로 고정해야 한다.

26. 하중 재하 기간이 5년 2개월인 철근콘크리트보의 압축철근비가 0.03이고, 인장철근비가 0.02일 때, 이 콘크리트의 장기 추가 처짐에 대한 계수는?

① 0.5　　　　② 0.6　　　　③ 0.8　　　　④ 1.0　　　　⑤ 1.1

27. 길이가 15[cm], 단면이 15[cm] × 15[cm]인 부재에 전단력이 4,500[kN] 가해졌을 때, 전단변형량[cm]은? (단, 전단탄성계수는 1,000[MPa]이다.)

① 1　　　　② 2　　　　③ 3　　　　④ 4　　　　⑤ 5

28. 흙의 다짐에서 래머의 중량이 2.5[kg], 낙하고가 20[cm], 3층으로 각 층의 다짐 횟수가 20회일 때, 다짐에너지[$kg \cdot cm/cm^3$]는? (단, 몰드의 체적은 1,000[cm^3]이다.)

① 3　　　　② 3.5　　　　③ 4　　　　④ 4.5　　　　⑤ 5

29. 다음 중 베티의 정리에 대한 설명으로 가장 적절한 것은?

① 구조부재 내 전단력 및 휨모멘트는 물체의 탄성에너지가 항상 최소가 되도록 발생한다.

② 구조물의 어떤 점에 모멘트가 작용하였을 때, 그 모멘트로 인한 작용점의 처짐 및 회전각은 변형에너지를 작용하는 힘 또는 모멘트로 편미분한 것과 같다.

③ 구조물에 많은 힘이 동시에 작용할 때 휨각 및 전단력은 개별 힘에 의한 영향의 총합과 같으며 부하의 순서와도 관계가 없다.

④ 탄성 구조물의 변형에너지를 하중으로 편미분하면 그 하중점에서 작용방향의 변위가 된다.

⑤ 온도 및 지점침하의 변화가 없고 혹의 법칙을 따르는 선형 탄성체에서는 역계 P_m에 의해 변형되는 동안 역계 P_n이 하는 외적인 가상일과 역계 P_n에 의해 변형되는 동안 역계 P_m이 하는 외적인 가상일이 같다.

30. 다음 중 사질토 지반에 축조되는 강성기초 접지압 분포에 대한 설명으로 적절한 것은?

① 기초 밑면의 응력은 어느 부분에서도 동일하게 나타난다.

② 최대 응력은 기초의 중앙부에서 나타난다.

③ 설계할 때 지반 반력을 불균등분포로 가정하고 안전율로 보완하는 방법을 적용한다.

④ 최대 응력은 기초의 모서리 부분에서 나타난다.

⑤ 기초에 작용하는 접지압 분포는 어떠한 토질이라도 일정하다.

약점 보완 해설집 p.87

무료 바로 채점 및 성적 분석 서비스 바로 가기
QR코드를 이용해 모바일로 간편하게 채점하고 나의 실력이
어느 정도인지, 취약 부분이 어디인지 바로 파악해 보세요!

01. 다음 중 위생설비에 사용하는 트랩(Trap)에 대한 설명으로 옳지 않은 것은?

　① 일반적인 세면대 트랩 내에 고여있는 봉수의 유효 깊이는 약 $50{\sim}100[mm]$이다.

　② 트랩은 구조가 간단하여 오물이 체류하지 않아야 한다.

　③ S트랩은 자기사이펀 작용에 의한 봉수 파괴가 발생하기 쉽다.

　④ P트랩은 공공 하수관에서 하수 가스의 역류 방지용으로 사용된다.

　⑤ 드럼트랩은 비사이펀식 트랩의 일종으로, 주방용 싱크(Sink)에 주로 사용된다.

02. 다음 중 KCS 기준에서 제시하고 있는 말비계의 시공기준에 대한 설명으로 옳지 않은 것은?

　① 말비계의 설치높이는 $2[m]$ 이하이어야 한다.

　② 말비계는 수평을 유지하여 한쪽으로 기울지 않도록 하여야 한다.

　③ 말비계용 사다리는 기둥재와 수평면과의 각도는 $80°$ 이하로 한다.

　④ 말비계에 사용되는 작업 발판의 전체 폭은 $0.4[m]$ 이상, 길이는 $0.6[m]$ 이상으로 한다.

　⑤ 말비계는 벌어짐을 방지할 수 있는 구조이어야 하며, 이동하지 않도록 견고히 고정하여야 한다.

03. 다음 중 조적조의 인방보와 테두리보에 관한 사항으로 옳은 것을 모두 고르면?

> ㉠ 인방보는 도면 또는 공사시방서에 정하는 바에 따라 현장타설 콘크리트 부어 넣기 또는 기성 콘크리트 부재로 한다.
>
> ㉡ 인방보는 양 끝을 벽체의 블록에 $200[mm]$ 이상 걸치고, 위에서 오는 하중을 전달할 충분한 길이로 한다.
>
> ㉢ 테두리보의 모서리 철근은 서로 직각으로 구부려 겹치거나 길이 $40d$(철근직경의 40배) 이상 바깥에 오는 철근을 넘어 구부려 내리고 유효하게 정착한다.

　① ㉠　　　　② ㉠, ㉡　　　　③ ㉠, ㉢　　　　④ ㉡, ㉢　　　　⑤ ㉠, ㉡, ㉢

04. 다음 중 건축구조기준 설계하중에 따른 풍하중 산정 시의 기본 방침으로 적절하지 않은 것은?

① 통상적인 건축물에서는 기준높이를 지붕의 평균높이로 하며, 그 기준높이에서의 속도압을 기준으로 풍하중을 산정한다.

② 주골조설계용 설계풍압은 설계속도압, 풍방향가스트영향계수, 주골조설계용 풍압계수, 풍력계수를 곱하여 산정한다.

③ 외장재설계용 설계풍압은 설계속도압과 외장재설계용 풍압계수의 곱으로 산정한다.

④ 거주성을 검토하기 위하여 필요한 응답가속도를 산정할 수 있으며 필요한 풍속은 재현기간 3년 풍속에 따른다.

⑤ 특별풍하중에 해당하는 경우 풍하중은 풍동실험에 따라 산정하여야 한다.

05. 다음 중 「국토의 계획 및 이용에 관한 법률」에서 정의한 기반시설의 연결로 옳지 않은 것은?

① 교통시설: 폐차장

② 공공·문화체육시설: 학교

③ 유통·공급시설: 수도·전기

④ 환경기초시설: 하수도

⑤ 보건위생시설: 도축장

06. 다음 중 「건설산업기본법 시행령」상 건설공사의 공사별 하자담보책임 기간이 다른 하나는?

① 방수공사   ② 도장공사   ③ 창호설치공사

④ 미장 및 타일공사   ⑤ 실내건축공사

07. 다음은 「건축법」상 대지의 조경과 관련된 내용이다. 빈칸에 들어갈 숫자로 옳은 것은?

> 면적이 (   )[m^2] 이상인 대지에 건축을 하는 건축주는 용도지역 및 건축물의 규모에 따라 해당 지방자치단체의 조례로 정하는 기준에 따라 대지에 조경이나 그 밖에 필요한 조치를 하여야 한다. 다만, 조경이 필요하지 아니한 건축물로서 대통령령으로 정하는 건축물에 대하여는 조경 등의 조치를 하지 아니할 수 있으며, 옥상 조경 등 대통령령으로 따로 기준을 정하는 경우에는 그 기준에 따른다.

① 100   ② 200   ③ 300   ④ 400   ⑤ 500

08. 다음 중 동바리의 시공에 대한 설명으로 옳지 않은 것은?

① 거푸집이 곡면일 경우에는 버팀대의 부착 등 당해 거푸집의 변형을 방지하기 위한 조치를 한다.

② 특수한 경우를 제외하고 강관 동바리는 2개 이상을 연결하여 사용하지 말아야 한다.

③ 강관 동바리의 높이가 4.5[m] 이상인 경우에는 높이 2.5[m] 이내마다 수평 연결재를 2개 방향으로 설치하고 수평 연결재의 변위가 일어나지 않도록 이음 부분은 견고하게 연결한다.

④ 동바리는 필요에 따라 적당한 솟음을 둔다.

⑤ 강관 동바리 설치높이가 4.0[m]를 초과하거나 슬래브 두께가 1[m]를 초과하는 경우에는 하중을 안전하게 지지할 수 있는 구조의 시스템 동바리로 사용한다.

09. 다음 중 슬래브 시스템에 직접설계법을 적용하여 설계가 가능한 사항으로 옳은 것은?

① 각 방향으로 2경간 이상 연속되어 있다.

② 슬래브 판들은 단변 경간에 대한 장변 경간의 비가 2를 초과하는 직사각형이다.

③ 각 방향으로 연속한 받침부 중심 간 경간 차이는 긴 경간의 1/3 이하이다.

④ 연속한 기둥 중심선을 기준으로 기둥의 어긋남은 그 방향 경간의 20[%]이다.

⑤ 모든 하중은 슬래브 판 전체에 걸쳐 등분포된 연직하중이며, 고정하중은 활하중의 2배 이하이다.

10. 다음 중 「건축물의 피난·방화구조 등의 기준에 관한 규칙」에 따른 피난안전구역의 설치기준에 대한 설명으로 옳지 않은 것은?

① 피난안전구역에 연결되는 특별피난계단은 피난안전구역을 거쳐서 상·하층으로 갈 수 있는 구조로 설치해야 한다.

② 피난안전구역의 바로 아래층은 최상층에 있는 거실의 반자 또는 지붕 기준을 준용하고, 위층은 최하층에 있는 거실의 바닥 기준을 준용해야 한다.

③ 피난안전구역의 내부마감재료는 불연재료로 설치해야 한다.

④ 건축물의 내부에서 피난안전구역으로 통하는 계단은 일반계단의 구조로 설치해야 한다.

⑤ 피난안전구역의 높이는 2.1미터 이상이어야 한다.

11. 다음 중 호텔의 기능별 소요실에 대한 연결이 옳지 않은 것은?

① 관리 부분: 보이실

② 숙박 부분: 린넨실

③ 요리관계 부분: 배선실

④ 공용 및 사교 부분: 라운지

⑤ 설비관계 부분: 보일러실

12. 타일의 접착력 시험에 대한 사항이 다음과 같을 때, 타일의 접착력 시험은 타일의 접착면적 몇 m²당 한 장씩 시험하는가?

- 시험할 타일은 먼저 줄눈 부분을 콘크리트 면까지 절단하여 주위의 타일과 분리시킨다.
- 시험할 타일은 시험기 부속 장치의 크기로 하되, 그 이상은 180 × 60mm 크기로 콘크리트 면까지 절단한다.
- 다만, 40mm 미만의 타일은 4매를 1개조로 하여 부속 장치를 붙여 시험한다.
- 시험은 타일 시공 후 4주 이상일 때 실시한다.
- 시험결과의 판정은 타일 인장 부착강도가 0.39MPa 이상이어야 한다.

① 300m²   ② 400m²   ③ 500m²   ④ 600m²   ⑤ 1,000m²

13. 다음 중 상점 진열창의 현휘(눈부심)발생 방지 방안으로 가장 옳지 않은 것은?

① 유리면을 경사지게 하거나 특수한 곡면 유리를 사용한다.

② 건너편의 건물이 비치는 것을 방지하기 위해 가로수를 심는다.

③ 차양을 달아 외부에 그늘을 준다.

④ 진열창 외부의 밝기를 내부보다 더 밝게 한다.

⑤ 진열창 외부 반사면의 정반사율을 낮게 한다.

14. 다음 중 동결융해작용을 받는 콘크리트의 시공 시 내구성을 높이기 위한 준수 사항으로 옳지 않은 것은?

① 동결융해작용을 받는 콘크리트의 설계기준강도는 30[MPa] 이상으로 한다.

② 물결합재비는 55[%] 이하로 한다.

③ 목표공기량의 허용편차는 ±1.5[%] 이내이어야 한다.

④ 흡수율은 잔골재 3.0[%] 이하, 굵은골재 2.0[%] 이하인 것을 사용함을 원칙으로 한다.

⑤ 단위수량은 콘크리트의 소요 품질이 얻어지는 범위 내에서 가능한 한 적게 한다.

15. 다음 벽체의 단열공사 중 외단열 공사에 대한 사항으로 옳은 것은?

① 단열재 붙이기는 시공 벽면의 상부에서 하부로 붙여 나가되, 수직 방향의 이음은 통줄눈이 생기지 않도록 하고, 각 이음 부위는 밀착되게 정밀시공하여야 한다.

② 평활하지 않은 면은 연마 처리하며, 부착 후 최소 12시간 동안 경화시켜야 하는데, 이때 단열재가 움직이지 않도록 한다.

③ 단열재 패스너는 단열재 하부의 바탕 벽면에 도달할 때까지 눌러서 바탕 면에 단열재 600 × 1,200[mm]를 기준으로 3개소 타정한다.

④ 메시 시공 시 쇠흙손을 사용하여 최소 1.6[mm]의 두께 이상으로 접착 모르타르를 바른 후 마르지 않은 상태에서 메시가 모르타르에 함침될 때까지 흙손으로 표면을 평활하게 고른다.

⑤ 메시의 이음은 최소 50[mm] 이상 겹침이음으로 하고, 지면에서 상부로 1.8[m] 높이까지의 벽면은 일반 메시를 시공한 후 충격 보강용 메시를 겹치지 않고 맞댄이음으로 추가 시공한다.

16. 다음은 「건축법 시행령」 제27조의2에 따른 공개공지 등의 확보 관련 내용이다. ㉠~㉢에 들어갈 숫자가 올바르게 연결된 것은?

> • 공개공지 등의 면적은 대지면적의 (㉠) 이하의 범위에서 건축조례로 정한다.
> • 문화 및 집회시설, 종교시설, 판매시설(농수산물유통시설은 제외), 운수시설(여객용 시설만 해당), 업무시설 및 숙박시설로서 해당 용도로 쓰는 바닥면적의 합계가 (㉡) 제곱미터 이상인 건축물은 공개공지 또는 공개공간을 확보하여야 한다.
> • 공개공지 등에는 연간 (㉢)일 이내의 기간 동안 건축조례로 정하는 바에 따라 주민들을 위한 문화행사를 열거나 판촉활동을 할 수 있다.

	㉠	㉡	㉢
①	100분의 10	3천	60
②	100분의 10	3천	30
③	100분의 10	5천	60
④	100분의 20	5천	30
⑤	100분의 20	1만	60

17. 다음은 낙하물 방지망의 현장 품질관리 기준과 관련된 사항이다. 빈칸에 들어갈 숫자로 옳은 것은?

> 낙하물 방지망은 설치 후 3개월 이내마다 정기적으로 검사를 실시하여야 한다. 다만, 공사감독자가 필요하다고 인정한 경우에는 망에 대한 인장강도 시험을 하며, 강도손실이 초기 인장강도의 (   )[%] 이상인 경우에는 폐기하여야 한다.

① 10　　　　　② 20　　　　　③ 30　　　　　④ 40　　　　　⑤ 50

18. 다음 설명에 해당하는 온열환경 평가지표는?

> • 기온·기류 및 주위벽 복사열 등의 종합적 효과를 나타낸 것이다.
> • 쾌적정도 등 체감도를 나타내는 척도이다.
> • 습도가 고려되지 않는 특성을 갖고 있다.

① 유효온도　　　　　② 불쾌지수　　　　　③ 작용온도
④ 등온지수　　　　　⑤ 감각온도

19. 다음 중 실내에서 발생할 수 있는 여러 유해물질의 농도 상승 시 함께 상승하는 특징이 있어 실내 공기질의 척도 및 실내 환기량을 설정할 때 활용되고 있는 물질은?

① CO(일산화탄소)　　　　② CO_2(이산화탄소)　　　　③ VOC_S(휘발성유기화합물)

④ NO_2(이산화질소)　　　　⑤ $HCHO$(폼알데하이드)

20. 다음 중 내화도장공사 시 유의사항으로 옳지 않은 것은?

① 시공 시 온도는 5[℃]~40[℃]에서 시공하여야 하며, 도료가 칠해지는 표면은 이슬점보다 3[℃] 이상 높아야 한다.

② 시공 장소의 습도는 85[%] 이하, 풍속은 5[m/sec] 이하에서 시공하여야 한다.

③ 에어리스 스프레이 도장 시 피도체와의 거리는 약 300[mm] 정도로 유지하여 피도 면에 항상 직각이 되도록 하여 도장하여야 한다.

④ 스프레이건의 이동속도는 800~1,000[mm/sec] 정도로 하고 먼저 도장된 부분과 중첩되지 않도록 유의하며 도장하여야 한다.

⑤ 작업 중에는 습도막 두께 측정기구, 건조 후에는 검교정된 건조도막 두께 측정기를 사용하여 도장 두께를 측정하여야 한다.

21. 다음은 「건축법 시행령」 제3조의3에 따라 막다른 도로 길이에 대해 확보되어야 하는 도로의 너비 관련 내용이다. 다음의 ㉠~㉢에 들어갈 숫자가 올바르게 연결된 것은? (단, 도시지역이 아닌 읍·면 지역의 경우는 제외한다.)

막다른 도로의 길이	도로의 너비
10미터 미만	㉠미터
10미터 이상 35미터 미만	㉡미터
35미터 이상	㉢미터

	㉠	㉡	㉢
①	2	3	5
②	2	3	6
③	2	4	5
④	2	4	6
⑤	3	5	8

22. 다음은 고내구성 콘크리트공사에서 시멘트의 종류에 따른 물–결합재비를 나타낸 표이다. ㉠, ㉡에 들어갈 숫자가 올바르게 연결된 것은?

구분	보통 콘크리트	경량골재콘크리트
포틀랜드 시멘트 고로 슬래그 시멘트 특급 실리카 시멘트 A종 플라이 애시 시멘트 A종	(㉠)	55
고로 슬래그 시멘트 1급 실리카 시멘트 B종 플라이 애시 시멘트 B종	55	(㉡)

<table>
<thead>
<tr><th></th><th>㉠</th><th>㉡</th><th></th><th>㉠</th><th>㉡</th></tr>
</thead>
<tbody>
<tr><td>①</td><td>60</td><td>50</td><td>②</td><td>60</td><td>55</td></tr>
<tr><td>③</td><td>60</td><td>60</td><td>④</td><td>55</td><td>50</td></tr>
<tr><td>⑤</td><td>55</td><td>55</td><td></td><td></td><td></td></tr>
</tbody>
</table>

23. 다음 중 종합병원의 수술실 계획 관련한 사항으로 가장 옳지 않은 것은?

① 타 부분의 통과교통이 없는 장소로서, 격리된 위치에 계획한다.

② 중앙 소독 공급부와 수직 또는 수평적으로 접근된 부분으로 한다.

③ 출입구는 바깥여닫이로 $1.5[m]$ 전후의 폭으로 한다.

④ 환기방식은 2종 환기를 적용한다.

⑤ 벽은 녹색계 타일로 하고, 바닥은 스파크를 방지하기 위해서 전기도체성의 타일을 사용한다.

24. 다음 중 「장수명 주택 건설·인증기준」에 관한 사항으로 옳지 않은 것은?

① '서포트(Support)'란 구조체, 공용설비나 시설 등 공공의 의사에 의하여 결정되는 부분으로, 상대적으로 수명이 긴 부분이며 물리적·사회적으로 변경이 어려운 부분을 말한다.

② '인필(Infill)'이란 내장·전용설비 등 개인의 의사에 의하여 결정되는 부분이며, 물리적·사회적으로 변화가 심하며 상대적으로 수명이 짧은 부분을 말한다.

③ '수직배관 공간(Shaft)'이란 공용설비나 전기·통신 등의 배관, 배선 등의 수직통로를 말한다.

④ 인증 평가등급은 최우수, 우수, 일반의 총 3개 등급으로 한다.

⑤ 장수명 주택 인증에 대한 평가항목은 내구성, 가변성, 수리 용이성이다.

25. 다음 중 건설 현장의 타워크레인 사용 시 준수사항에 대한 설명으로 옳지 않은 것은?

① 순간풍속 10[m/s] 이상, 강수량 1[mm/hr] 이상, 강설량 10[mm/hr] 이상 시 설치·인상·해체·점검·수리 등을 중지하여야 한다.

② 순간풍속 20[m/s] 이상 시 운전작업을 중지하여야 한다.

③ 타워크레인용 전력은 다른 설비 등과 공동사용을 금지하여야 한다.

④ 와이어로프 한 꼬임의 소선 파단이 10[%] 이상인 와이어로프는 사용하면 안 된다.

⑤ 적재하중을 초과하여 과적하거나 끌기 작업을 금지하여야 한다.

26. 타일공사의 검사사항 중 접착력 시험은 $600m^2$당 한 장씩 시험하며, 시험은 타일 시공 후 4주 이상일 때 실시하게 된다. 해당 시험 실시 결과 타일 인장 부착강도가 얼마 이상이어야 하는가?

① 0.20MPa   ② 0.29MPa   ③ 0.30MPa   ④ 0.39MPa   ⑤ 0.49MPa

27. 다음 중 「국토의 계획 및 이용에 관한 법률」상의 용도지구와 관련된 설명으로 옳지 않은 것은?

① 경관지구는 경관의 보전·관리 및 형성을 위하여 필요한 지구이다.

② 고도지구는 쾌적한 환경 조성 및 토지의 효율적 이용을 위하여 건축물 높이의 최고한도를 규제할 필요가 있는 지구이다.

③ 방재지구는 시가지방재지구, 자연방재지구로 구분된다.

④ 보호지구의 분류 중 하나인 역사문화환경보호지구는 문화재·전통사찰 등 역사·문화적으로 보존가치가 큰 시설 및 지역의 보호와 보존을 위하여 필요한 지구를 의미한다.

⑤ 특정개발진흥지구는 주거기능, 공업기능, 유통·물류기능 및 관광·휴양기능 중 2가지 이상의 기능을 중심으로 개발·정비할 필요가 있는 지구이다.

28. 목구조에서는 목재의 치수를 편리하게 명명하기 위해서 공칭 치수를 사용하게 된다. 다음 공칭 치수의 정의 중 빈칸에 들어갈 수치로 적절한 것은?

목재의 치수를 실제 치수보다 큰 (　　　　)의 배수로 올려서 부르기 편하게 사용하는 치수

① 10　　　　　② 15　　　　　③ 20　　　　　④ 25　　　　　⑤ 30

29. 다음 중 「건축법 시행규칙」상 대지 및 건축물 관련 건축기준의 허용오차로 옳지 않은 것은?

① 건축물의 높이: 2[%] 이내

② 인접대지 경계선과의 거리: 3[%] 이내

③ 인접건축물과의 거리: 3[%] 이내

④ 건폐율: 0.5[%] 이내

⑤ 출구 너비: 3[%] 이내

30. 다음 중 풍하중에 대한 설명으로 옳지 않은 것은?

① 풍하중은 주골조설계용 수평풍하중·지붕풍하중과 외장재설계용 풍하중으로 구분한다.

② 통상적인 건축물에서는 지붕의 평균높이를 기준높이로 한다.

③ 기본풍속(V_0)은 지표면 상태가 지표면조도 구분 C인 경우, 지상 $10m$ 높이에서 10분간 평균풍속의 재현기간 100년에 대한 값으로 한다.

④ 지표면 고도구분은 주변지역의 지표면 상태에 따라 A~D로 등급을 분류한다.

⑤ 초고층 건축물의 중요도계수는 1.1의 값으로 산정한다.

약점 보완 해설집 p.91

무료 바로 채점 및 성적 분석 서비스 바로 가기
QR코드를 이용해 모바일로 간편하게 채점하고 나의 실력이
어느 정도인지, 취약 부분이 어디인지 바로 파악해 보세요!

01. 어떤 회로에 300[V]의 전압이 60°에서 공급되고, 100[A]의 전류가 15°에서 흐른다. 이 회로의 유효전력[W]은?

    ① 15,000
    ② 15,000$\sqrt{2}$
    ③ 15,000$\sqrt{3}$
    ④ 30,000
    ⑤ 30,000$\sqrt{2}$

02. 다음 중 공전을 경감하기 위한 방법으로 적절하지 않은 것은?

    ① 지향성 안테나를 이용한다.
    ② 낮은 주파수를 활용한다.
    ③ 송신기의 대역폭을 좁히고, 선택도를 높인다.
    ④ 수신기에 잡음 억제 회로를 삽입한다.
    ⑤ 송신 전력을 크게 함으로써 수신점의 S/N을 높게 한다.

03. 다음 중 변위전류에 의하여 전자파가 발생되었을 때, 변위전류와 전자파의 위상에 대한 설명으로 적절한 것은?

    ① 전자파의 위상이 변위전류의 위상보다 90° 빠르다.
    ② 변위전류의 위상이 전자파의 위상보다 60° 늦다.
    ③ 전자파의 위상과 변위전류의 위상은 동일하다.
    ④ 전자파의 위상이 변위전류의 위상보다 90° 늦다.
    ⑤ 변위전류의 위상이 전자파의 위상보다 60° 빠르다.

04. 다음 중 유전체 내의 전속밀도에 관한 설명으로 적절한 것은?

① 진전하만 포함한다.

② 분극전하만 포함한다.

③ 겉보기전하만 포함한다.

④ 진전하와 분극전하만 포함한다.

⑤ 분극전하와 겉보기전하만 포함한다.

05. 자계의 세기가 800[Wb/m]이고, 자속밀도가 0.04[Wb/m^2]인 재질의 투자율[H/m]은?

① 1×10^{-5} ② 2×10^{-5} ③ 3×10^{-5} ④ 4×10^{-5} ⑤ 5×10^{-5}

06. 다음 빈칸에 들어갈 수치로 적절한 것은?

제1종 접지공사 또는 제2종 접지공사에서 접지극은 지하 (　　　)[cm] 이상으로 하고, 동결 깊이를 감안하여 매설한다.

① 30   ② 60   ③ 75   ④ 95   ⑤ 100

07. f_s를 표본화 주파수, W를 최고 유효 주파수라 할 때, 아날로그 신호의 표본화 과정에서 에일리어싱 현상이 발생하지 않을 조건으로 적절한 것은?

① $f_s \leq 2W$ ② $f_s \geq 2W$ ③ $f_s = 2W$ ④ $f_s < 2W$ ⑤ $f_s > 2W$

08. 정격출력이 4,400[W], 정격전압이 220[V], 전기자 회로 저항이 0.5[Ω]인 직류 발전기가 있다. 계자 자속이 일정할 때, 단자전압[V]은?

① 115   ② 230   ③ 320   ④ 345   ⑤ 460

09. 다음 중 이상적인 전류원에 대한 설명으로 적절한 것은?

① 전류의 크기와 방향이 제한을 받지 않고, 외부 회로에 의한 영향을 받지 않아야 한다.

② 부하저항이 변할 때 부하전류만 변하고, 외부 회로에 의한 영향을 받지 않아야 한다.

③ 부하저항이 변할 때 부하전압만 변하고, 외부 회로에 의한 영향을 받지 않아야 한다.

④ 전압의 크기와 방향이 제한을 받지 않고, 외부 회로에 의한 영향을 받지 않아야 한다.

⑤ 일정 전압을 공급하면서 내부 임피던스가 0이어야 한다.

10. 다음 중 금속 물질의 도전율 및 비중에 대한 설명으로 적절한 것은?

① 구리의 도전율은 알루미늄의 도전율보다 작다.

② 알루미늄의 비중은 구리의 비중보다 크다.

③ 금은 철보다 도전율과 비중 모두 크다.

④ 철의 도전율은 알루미늄의 도전율보다 크다.

⑤ 구리의 비중은 금의 비중보다 크다.

11. 다음 중 저항 $R = 20[\Omega]$이고, 코일의 권수(N)는 1,000인 회로가 있다. 이 회로에 전류(I)가 10[A] 흐르고, 자속(Φ)은 $3 \times 10^{-2}[Wb]$일 때, 이 회로의 시정수[s]는?

① 0.15 　　　② 0.2 　　　③ 0.4 　　　④ 0.5 　　　⑤ 1

12. 다음 중 $F(s) = \dfrac{9}{s^2 - 9}$를 역 라플라스 변환한 것은?

① $3sin3t$ 　　② $3cos3t$ 　　③ $3sinh3t$ 　　④ $3cosh3t$ 　　⑤ $3e^{-3t}$

13. 다음 중 단락비가 큰 발전기에 대한 설명으로 적절한 것은?

① 손실이 크고, 효율이 떨어진다.

② 고속기가 된다.

③ 과부하 내량이 작다.

④ 전기자 반작용이 크다.

⑤ 전압 변동이 크고, 안정도가 낮다.

14. 다음 중 FM 수신기에서 리미터(Limiter) 회로의 역할로 옳은 것을 모두 고르면?

> ㉠ 기생 진동을 방지하는 역할
> ㉡ 충격성 잡음을 방지하는 역할
> ㉢ 수신 신호의 진폭을 일정하게 만드는 역할
> ㉣ 고조파로 인한 찌그러짐을 방지하는 역할
> ㉤ 주파수 변화에 따른 출력전압의 변화를 검출하는 역할

① ㉠, ㉡　　　　② ㉡, ㉢　　　　③ ㉡, ㉣　　　　④ ㉢, ㉣　　　　⑤ ㉢, ㉤

15. 정전용량이 5,000[μF]인 콘덴서에 전압 20[V]를 걸어 충전시켰을 때, 축적되는 에너지[J]는?

① 1×10^{-1}　　② 5×10^{-1}　　③ 1　　④ 2　　⑤ 5

16. 전력계통의 전압을 조정하는 방법으로 적절하지 않은 것은?

① 발전기의 전압 조정
② 선로 임피던스 조정
③ 발전기의 역률 조정
④ 계통의 유효전력 조정
⑤ 변압기의 변압비 조정

17. 다음 중 자심재료의 히스테리시스 곡선에 대한 설명으로 적절한 것은?

① 히스테리시스 곡선에서 횡축과 만나는 점은 잔류자기를 의미한다.

② 히스테리시스 곡선에서 면적은 작을수록 좋다.

③ 히스테리시스 곡선에서 보자력은 클수록 좋다.

④ 히스테리시스 곡선에서 투자율을 히스테리시스 손실이라 한다.

⑤ 히스테리시스 곡선에서 기울기는 보자력을 의미한다.

18. 저항이 20[Ω]인 도선 A의 길이를 2배로, 단면적을 $\frac{1}{2}$배로 변화시켰을 때의 저항[Ω]은?

① 5   ② 10   ③ 20   ④ 40   ⑤ 80

19. 출력이 $P[kW]$, 회전수가 $N[rpm]$인 직류 전동기의 토크가 τ이고, 이 직류 전동기의 주파수를 4배로 변화했을 때, 토크는 몇 배가 되는가? (단, 극수는 일정하다.)

① $\frac{1}{4}$배   ② $\frac{1}{2}$배   ③ 1배   ④ 2배   ⑤ 4배

20. 어느 선로의 위상 정수가 $\frac{\pi}{8}[rad/m]$일 때, 이 선로의 1[MHz]에 대한 전파속도[m/s]는?

① 0.8×10^7 ② 1.6×10^7 ③ 2.4×10^7 ④ 3.2×10^7 ⑤ 5.0×10^7

21. 반지름이 2[cm], 전위가 5[V]인 구와 반지름이 4[cm], 전위가 10[V]인 구를 가는 도선으로 연결할 때, 공통 전위[V]는 약 얼마인가? (단, 소수점 둘째 자리에서 반올림하여 계산한다.)

① 6.3   ② 7.5   ③ 8.3   ④ 9.6   ⑤ 10.0

22. 다음 중 송전계통의 안정도 향상 대책으로 가장 적절하지 않은 것은?

① 송전선을 다도체, 다회선 방식으로 사용한다.

② 발전기와 변압기의 리액턴스를 작게 한다.

③ 발전기의 단락비를 작게 하거나 중간 조상기를 설치한다.

④ 속응 여자 방식을 채용함으로써 전압 변동을 작게 한다.

⑤ 고속도 재폐로 방식을 채용한다.

23. 다음 중 비접지 방식에 대한 설명으로 적절하지 않은 것은?

　① 지락전류가 작다.

　② 보호 계전기 동작이 불확실하다.

　③ 통신 유도 장해가 적다.

　④ 저전압 단거리 선로에 사용된다.

　⑤ 보통 $V-V$결선으로 사용한다.

24. 전압이 $V = \frac{100}{\sqrt{2}}sin(wt + \theta - 30)[V]$, 전류가 $I = \frac{100}{\sqrt{2}}sin(wt + \theta - 30)[A]$인 회로의 무효전력$[VAR]$은?

　① 0　　　　　　② 10　　　　　　③ 20　　　　　　④ 50　　　　　　⑤ 500

25. 다음 중 디엠퍼시스 회로에 대한 설명으로 옳지 않은 것을 모두 고르면?

　　┌──────────────────────────────┐
　　│ ㉠ 미분 회로로 구성할 수 있다.
　　│ ㉡ FM 변조기 후단에 붙여 사용한다.
　　│ ㉢ 전압 이득이 주파수와 반비례 관계이다.
　　│ ㉣ 높은 주파수의 진폭을 원래 수준으로 약화시킨다.
　　└──────────────────────────────┘

　① ㉠, ㉡　　　　② ㉠, ㉣　　　　③ ㉡, ㉢　　　　④ ㉡, ㉣　　　　⑤ ㉢, ㉣

26. 다음 중 인버터(Inverter)에 대한 설명으로 적절한 것은?

① 직류전원을 크기가 다른 직류전원으로 변환하는 장치

② 직류전압의 특정 주파수를 다른 주파수로 변환하는 장치

③ 직류전압을 일정한 주파수의 교류전압으로 변환하는 장치

④ 교류전압을 주파수가 일정한 직류전압으로 변환하는 장치

⑤ 교류전압을 다른 주파수와 같은 크기의 교류전압으로 변환하는 장치

27. 다음 그림과 같은 시퀀스 회로에 해당하는 회로는?

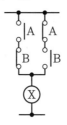

① NAND 회로 ② NOR 회로 ③ OR 회로 ④ XOR 회로 ⑤ AND 회로

28. 다음 중 크기가 $Q[C]$인 점전하로부터 $r[m]$ 떨어진 곳에 단위 전하 $1[C]$을 놓았을 때, 두 전하 사이에 작용하는 힘 $F[N]$는?

① $\dfrac{Q^2}{4\pi\varepsilon_0 r}$
② $\dfrac{Q}{4\pi\varepsilon_0 r}$
③ $\dfrac{Q^2}{4\pi\varepsilon_0 r^2}$
④ $\dfrac{Q+1}{4\pi\varepsilon_0 r^2}$
⑤ $\dfrac{Q}{4\pi\varepsilon_0 r^2}$

29. 전압의 순시값(e)이 $3 + 10\sqrt{2}\sin\omega t + 5\sqrt{2}\sin(3\omega t - 30°)$일 때, 실횻값($E$)은?

① $\sqrt{108}$ ② $\sqrt{134}$ ③ $\sqrt{156}$ ④ $\sqrt{174}$ ⑤ $\sqrt{191}$

30. 다음 그림과 같은 회로에서 $V = 270[V]$, $f = 60[Hz]$, $i = 200[A]$일 때, $C[\mu F]$의 값은 약 얼마인가? (단, $\pi = 3$으로 계산한다.)

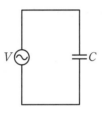

① 4.80×10^2 ② 5.60×10^2 ③ 1.25×10^3 ④ 1.72×10^3 ⑤ 2.06×10^3

약점 보완 해설집 p.96

무료 바로 채점 및 성적 분석 서비스 바로 가기
QR코드를 이용해 모바일로 간편하게 채점하고 나의 실력이
어느 정도인지, 취약 부분이 어디인지 바로 파악해 보세요!

PART 4

철도관계법 실전모의고사

철도관계법 실전모의고사 1회
철도관계법 실전모의고사 2회
철도관계법 실전모의고사 3회

 한국철도공사 필기시험은 2024년 하반기부터 NCS 직업기초능력 30문항과 직무수행능력(전공) 30문항, 철도관계법 10문항을 70분 동안 푸는 것으로 변경되었습니다. 본 모의고사는 철도관계법 철도산업발전기본법 · 시행령 / 한국철도공사법 · 시행령 / 철도사업법 · 시행령으로 구성되어 있으므로, NCS 직업기초능력 및 직무수행능력(전공) 풀이 후 본 실전모의고사 3회분을 풀어보시기 바랍니다.

01. 다음 중 철도산업발전기본법상 철도산업발전기본계획에 포함되어야 하는 사항으로 옳지 않은 것은?

    ① 철도산업의 여건 및 동향전망에 관한 사항

    ② 각종 철도간의 연계수송 및 사업조정에 관한 사항

    ③ 철도운영체계의 개선에 관한 사항

    ④ 철도기술의 개발 및 활용에 관한 사항

    ⑤ 철도산업의 육성 및 발전에 관한 사항으로서 국토교통부령으로 정하는 사항

02. 다음 중 철도산업발전기본법상 철도산업의 육성에 대한 설명으로 옳지 않은 것은?

    ① 국토교통부장관은 철도기술의 진흥 및 육성을 위하여 철도기술전반에 대한 연구 및 개발에 노력하여야 한다.

    ② 국토교통부장관은 철도산업전문인력의 수급의 변화에 따라 철도산업교육과정의 확대 등 필요한 조치를 대통령에게 요청할 수 있다.

    ③ 국가 및 지방자치단체는 철도산업의 육성·발전을 촉진하기 위하여 철도산업에 대한 재정·금융·세제·행정상의 지원을 할 수 있다.

    ④ 국토교통부장관은 철도산업에 관한 정보를 효율적으로 처리하고 원활하게 유통하기 위하여 대통령령으로 정하는 바에 의하여 철도산업정보화기본계획을 수립·시행하여야 한다.

    ⑤ 국가는 철도시설 투자를 추진하는 경우 사회적·환경적 편익을 고려하여야 한다.

03. 다음은 철도산업발전기본법상 특정노선 폐지 등의 승인에 관한 내용이다. 각 빈칸에 들어갈 내용으로 적절하지 않은 것은?

> **제34조(특정노선 폐지 등의 승인)**
> ① 철도시설관리자와 철도운영자(이하 "승인신청자"라 한다)는 다음 각 호의 어느 하나에 해당하는 경우에 (㉠)의 승인을 얻어 특정노선 및 역의 폐지와 관련 철도서비스의 제한 또는 중지 등 필요한 조치를 취할 수 있다.
> 　1. 승인신청자가 철도서비스를 제공하고 있는 노선 또는 역에 대하여 철도의 (㉡)을 위한 적절한 조치를 취하였음에도 불구하고 수지균형의 확보가 극히 곤란하여 경영상 어려움이 발생한 경우
> 　2. 제33조에 따른 보상계약체결에도 불구하고 공익서비스비용에 대한 적정한 (㉢)이 이루어지지 아니한 경우
> 　3. 원인제공자가 (㉣) 비용을 부담하지 아니한 경우
> 　4. 원인제공자가 제33조 제5항에 따른 (㉤)에 따르지 아니한 경우

① ㉠: 관계행정기관의 장　　② ㉡: 경영개선　　③ ㉢: 보상

④ ㉣: 공익서비스　　⑤ ㉤: 조정

04. 다음은 철도산업발전기본법상 과태료에 관한 내용이다. 빈칸에 들어갈 숫자로 적절한 것은?

> **제42조(과태료)**
> ① 제36조 제1항 제6호의 규정을 위반한 자에게는 (　　)천만 원 이하의 과태료를 부과한다.
> ② 제1항에 따른 과태료는 대통령령으로 정하는 바에 따라 국토교통부장관이 부과·징수한다.

① 1　　② 2　　③ 3　　④ 4　　⑤ 5

05. 다음 중 철도산업발전기본법 시행령상 철도운영자가 국가부담비용의 지급을 신청하고자 할 때 국가부담비용지급신청서에 첨부하여야 하는 서류로 적절하지 않은 것은?

① 원가계산서

② 국가부담비용지급신청액 및 산정내역서

③ 당해연도의 예상수입·지출명세서

④ 국가부담비용정산서

⑤ 최근 2년간 지급받은 국가부담비용내역서

06. 다음은 한국철도공사법 시행령의 일부이다. ㉠~㉢에 들어갈 숫자를 모두 합한 것으로 적절한 것은?

제3조(하부조직의 설치등기)
공사가 하부조직을 설치한 때에는 다음 각호의 구분에 따라 각각 등기하여야 한다.
　1. 주된 사무소의 소재지에 있어서는 (㉠)주일 이내에 새로이 설치된 하부조직의 명칭 및 소재지
　2. 새로이 설치된 하부조직의 소재지에 있어서는 (㉡)주일 이내에 제2조 각호의 사항
　3. 이미 설치된 하부조직의 소재지에 있어서는 (㉢)주일 이내에 새로이 설치된 하부조직의 명칭
　　및 소재지

① 5　　　　　　　② 6　　　　　　　③ 7　　　　　　　④ 8　　　　　　　⑤ 9

07. 다음은 한국철도공사법의 일부이다. ㈀~㈃에 들어갈 숫자를 모두 합한 것으로 적절한 것은?

제11조(사채의 발행 등)
① 한국철도공사는 이사회의 의결을 거쳐 사채를 발행할 수 있다.
② 사채의 발행액은 한국철도공사의 자본금과 적립금을 합한 금액의 (㈀)배를 초과하지 못한다.
③ 국가는 한국철도공사가 발행하는 사채의 원리금 상환을 보증할 수 있다.
④ 사채의 소멸시효는 원금은 (㈁)년, 이자는 (㈂)년이 지나면 완성한다.
⑤ 한국철도공사는 「공공기관의 운영에 관한 법률」 제40조 제3항에 따라 예산이 확정되면 (㈃)개월 이내에 해당 연도에 발행할 사채의 목적·규모·용도 등이 포함된 사채발행 운용계획을 수립하여 이사회의 의결을 거쳐 국토교통부장관의 승인을 받아야 한다. 운용계획을 변경하려는 경우에도 또한 같다.

---

① 10   ② 11   ③ 12   ④ 13   ⑤ 14

08. 다음 중 철도사업법상 철도사업의 면허를 받을 수 없는 법인에 해당하지 않는 것은?

① 철도사업 면허가 취소된 후 그 취소일로부터 2년이 지나지 아니한 법인

② 파산선고를 받은 후 복권된 임원이 있는 법인

③ 대통령령으로 정하는 철도 관계 법령을 위반하여 금고형을 받고 복역중인 임원이 있는 법인

④ 임원 중 피한정후견인이 있는 법인

⑤ 임원 중 피성년후견인이 있는 법인

09. 다음 중 철도사업법상 국토교통부장관이 철도사업자에 대해 면허를 취소하거나 6개월 이내의 기간을 정하여 사업의 전부 또는 일부의 정지를 명하거나, 노선 운행중지·운행제한·감차 등을 수반하는 사업계획의 변경을 명할 수 있는 사유에 해당하지 않는 것은?

① 면허받은 사항을 정당한 사유 없이 시행하지 아니한 경우

② 사업 경영의 불확실 또는 자산상태의 현저한 불량이나 그 밖의 사유로 사업을 계속하는 것이 적합하지 아니할 경우

③ 철도사업의 면허기준 중 미달한 사항에 대해 3개월 이내에 충족시킨 경우

④ 거짓이나 그 밖의 부정한 방법으로 철도사업의 면허를 받은 경우

⑤ 고의 또는 중대한 과실에 의한 철도사고로 대통령령으로 정하는 다수의 사상자(死傷者)가 발생한 경우

10. 다음은 철도사업법의 일부이다. ㈀~㈄에 들어갈 숫자를 모두 합한 것으로 적절한 것은?

제51조(과태료)

① 다음 각 호의 어느 하나에 해당하는 자에게는 (　㈀　)만 원 이하의 과태료를 부과한다.

　1. 제9조 제1항에 따른 여객 운임·요금의 신고를 하지 아니한 자

　2. 제11조 제1항에 따른 철도사업약관을 신고하지 아니하거나 신고한 철도사업약관을 이행하지 아니한 자

　3. 제12조에 따른 인가를 받지 아니하거나 신고를 하지 아니하고 사업계획을 변경한 자

　4. 제10조의2를 위반하여 상습 또는 영업으로 승차권 또는 이에 준하는 증서를 자신이 구입한 가격을 초과한 금액으로 다른 사람에게 판매하거나 이를 알선한 자

② 다음 각 호의 어느 하나에 해당하는 자에게는 (　㈁　)만 원 이하의 과태료를 부과한다.

　1. 제18조에 따른 사업용철도차량의 표시를 하지 아니한 철도사업자

　3. 제32조제1항 또는 제2항을 위반하여 회계를 구분하여 경리하지 아니한 자

　4. 정당한 사유 없이 제47조제1항에 따른 명령을 이행하지 아니하거나 제47조제2항에 따른 검사를 거부·방해 또는 기피한 자

③ 다음 각 호의 어느 하나에 해당하는 자에게는 (　㈂　)만 원 이하의 과태료를 부과한다.

　1. 제20조제2항부터 제4항까지에 따른 준수사항을 위반한 자

④ 제22조를 위반한 철도운수종사자 및 그가 소속된 철도사업자에게는 (　㈄　)만 원 이하의 과태료를 부과한다.

---

① 600 　　　② 1,000 　　　③ 1,250 　　　④ 1,500 　　　⑤ 1,650

약점 보완 해설집 p.100

무료 바로 채점 및 성적 분석 서비스 바로 가기
QR코드를 이용해 모바일로 간편하게 채점하고 나의 실력이
어느 정도인지, 취약 부분이 어디인지 바로 파악해 보세요!

01. 다음은 철도산업발전기본법의 목적이다. 각 빈칸에 들어갈 말로 적절하지 않은 것은?

> 이 법은 (㉠)의 경쟁력을 높이고 (㉡)을 조성함으로써 철도산업의 (㉢) 및 (㉣)의 향상과 (㉤)의 발전에 이바지함을 목적으로 한다.

① ㉠: 철도산업   ② ㉡: 발전기반   ③ ㉢: 효율성

④ ㉣: 안전성   ⑤ ㉤: 국민경제

02. 다음은 철도산업발전기본법의 일부 내용이다. ㉠~㉤ 중 빈칸에 들어갈 말이 나머지와 다른 것은?

> ㉠ 철도시설을 사용하고자 하는 자는 (   )으로 정하는 바에 따라 관리청의 허가를 받거나 철도시설 관리자와 시설사용계약을 체결하거나 그 시설사용계약을 체결한 자의 승낙을 얻어 사용할 수 있다.
> ㉡ 철도시설 사용료의 징수기준 및 절차 등에 관하여 필요한 사항은 (   )으로 정한다.
> ㉢ 철도시설 관리대장의 작성·비치 및 기재사항 등에 관하여 필요한 사항은 (   )으로 정한다.
> ㉣ 철도시설관리권의 설정을 받은 자는 (   )으로 정하는 바에 따라 국토교통부장관에게 등록하여야 한다.
> ㉤ 철도시설관리권의 등록에 관하여 필요한 사항은 (   )으로 정한다.

① ㉠   ② ㉡   ③ ㉢   ④ ㉣   ⑤ ㉤

03. 다음은 철도산업발전기본법상 비상사태시 처분에 관한 내용이다. 각 빈칸에 들어갈 내용으로 적절하지 않은 것은?

제36조(비상사태시 처분)
① 국토교통부장관은 천재·지변·전시·사변, 철도교통의 심각한 장애 그 밖에 이에 준하는 사태의 발생으로 인하여 철도서비스에 중대한 차질이 발생하거나 발생할 우려가 있다고 인정하는 경우에는 필요한 범위안에서 철도시설관리자·철도운영자 또는 (㉠)에게 다음 각호의 사항에 관한 조정·명령 그 밖의 필요한 조치를 할 수 있다.
1. 지역별·노선별·수송대상별 (㉡) 등 수송통제
2. 철도시설·철도차량 또는 설비의 가동 및 조업
3. 대체수송수단 및 수송로의 확보
4. (㉢)의 편성 및 운행
5. 철도서비스 인력의 투입
6. 철도이용의 제한 또는 금지
7. 그 밖에 철도서비스의 수급안정을 위하여 대통령령으로 정하는 사항
② 국토교통부장관은 제1항에 따른 조치의 시행을 위하여 관계행정기관의 장에게 필요한 협조를 요청할 수 있으며, 관계행정기관의 장은 이에 (㉣)하여야 한다.
③ 국토교통부장관은 제1항에 따른 조치를 한 사유가 소멸되었다고 인정하는 때에는 지체없이 이를 (㉤)하여야 한다.

① ㉠: 철도이용자
② ㉡: 수송 우선순위 부여
③ ㉢: 임시열차
④ ㉣: 협조
⑤ ㉤: 승인

04. 다음 중 철도산업발전기본법 시행령상 해촉할 수 있는 철도산업위원회 위원에 해당하지 않는 사람은?

① 2년의 철도산업위원회 임기를 채운 위원 A

② 직무와 관련된 비위사실이 있는 것으로 밝혀진 위원 B

③ 직무태만의 사유로 인하여 위원으로 적합하지 않다고 인정된 위원 C

④ 심신장애로 인해 직무를 수행할 수 없게 된 위원 D

⑤ 스스로 직무를 수행하는 것이 곤란하다고 의사를 밝힌 위원 E

05. 다음은 철도산업발전기본법 시행령상 특정노선 폐지 등의 공고에 대한 설명이다. 빈칸에 들어갈 내용으로 옳은 것은?

> 국토교통부장관은 철도산업발전기본법 제34조 제3항의 규정에 의하여 승인을 한 때에는 그 승인이 있은 날부터 (   ) 이내에 폐지되는 특정노선 및 역 또는 제한·중지되는 철도서비스의 내용과 그 사유를 국토교통부령이 정하는 바에 따라 공고하여야 한다.

① 1월   ② 2월   ③ 3월   ④ 4월   ⑤ 5월

06. 다음은 한국철도공사법 제1조~제5조의 일부 내용이다. ㉠~㉤의 빈칸에 들어갈 내용으로 적절하지 않은 것은?

> ㉠ 한국철도공사법은 한국철도공사를 설립하여 철도 운영의 전문성과 효율성을 높임으로써 철도산업과 (   )의 발전에 이바지함을 목적으로 한다.
> ㉡ 한국철도공사는 (   )으로 한다.
> ㉢ 한국철도공사의 주된 사무소의 소재지는 (   )로 정한다.
> ㉣ 한국철도공사의 자본금은 (   )으로 하고, 그 전부를 정부가 출자한다.
> ㉤ 한국철도공사는 (   )의 소재지에서 설립등기를 함으로써 성립한다.

① 국민경제 　　　　　② 법인 　　　　　③ 정관

④ 20조 원 　　　　　⑤ 주된 사무소

07. 다음은 한국철도공사법상 과태료에 대한 설명이다. 빈칸에 들어갈 숫자로 옳은 것은?

> 한국철도공사법에 따른 한국철도공사가 아닌 자는 한국철도공사 또는 이와 유사한 명칭을 사용하지 못하며, 이를 위반한 자에게는 (   )만 원의 과태료를 부과한다.

① 300 　　　② 500 　　　③ 1,000 　　　④ 2,000 　　　⑤ 5,000

08. 다음은 철도사업법의 일부이다. ㉠~㉤ 중 빈칸에 들어갈 말이 나머지와 다른 것은?

제9조(여객 운임·요금의 신고 등)

① 철도사업자는 여객에 대한 운임·요금(이하 "여객 운임·요금"이라 한다)을 (㉠)에게 신고하여야 한다. 이를 변경하려는 경우에도 같다.

② 철도사업자는 여객 운임·요금을 정하거나 변경하는 경우에는 원가(原價)와 버스 등 다른 교통수단의 여객 운임·요금과의 형평성 등을 고려하여야 한다. 이 경우 여객에 대한 운임은 제4조 제2항에 따른 사업용철도노선의 분류, 제4조의2에 따른 철도차량의 유형 등을 고려하여 (㉡)이 지정·고시한 상한을 초과하여서는 아니 된다.

③ (㉢)은 제2항에 따라 여객 운임의 상한을 지정하려면 미리 기획재정부장관과 협의하여야 한다.

④ (㉣)은 제1항에 따른 신고 또는 변경신고를 받은 날부터 3일 이내에 신고수리 여부를 신고인에게 통지하여야 한다.

⑤ (㉤)는 제1항에 따라 신고 또는 변경신고를 한 여객 운임·요금을 그 시행 1주일 이전에 인터넷 홈페이지, 관계 역·영업소 및 사업소 등 일반인이 잘 볼 수 있는 곳에 게시하여야 한다.

---

① ㉠   ② ㉡   ③ ㉢   ④ ㉣   ⑤ ㉤

09. 다음은 철도사업법상 부가운임의 징수에 대한 설명이다. 빈칸에 들어갈 숫자로 옳은 것은?

> 철도사업자는 열차를 이용하는 여객이 정당한 운임·요금을 지급하지 아니하고 열차를 이용한 경우에는 승차 구간에 해당하는 운임 외에 그의 (　　　)배의 범위에서 부가 운임을 징수할 수 있다.

① 5　　　　　② 10　　　　　③ 15　　　　　④ 20　　　　　⑤ 30

10. 다음 중 철도사업법상 국토교통부장관이 원활한 철도운송, 서비스의 개선 및 운송의 안전과 그 밖에 공공복리의 증진을 위하여 필요하다고 인정하는 경우에 철도사업자에게 명할 수 있는 사항으로 옳지 않은 것은?

① 공동운수협정의 체결

② 철도사업약관의 변경

③ 운임·요금 징수 방식의 개선

④ 철도차량 표시

⑤ 사업계획의 변경

약점 보완 해설집 p.102

무료 바로 채점 및 성적 분석 서비스 바로 가기
QR코드를 이용해 모바일로 간편하게 채점하고 나의 실력이
어느 정도인지, 취약 부분이 어디인지 바로 파악해 보세요!

01. 다음 중 철도산업발전기본법상 철도산업위원회에서 심의·조정하는 사항에 해당하는 것의 개수는?

> ㉠ 철도시설의 건설 및 관리 등 철도시설에 관한 중요정책 사항
> ㉡ 철도산업구조개혁에 관한 중요정책 사항
> ㉢ 철도산업의 육성·발전에 관한 중요정책 사항
> ㉣ 철도안전과 철도운영에 관한 중요정책 사항
> ㉤ 철도시설관리자와 철도운영자 간 상호협력 및 조정에 관한 사항

① 1개   ② 2개   ③ 3개   ④ 4개   ⑤ 5개

02. 다음 중 철도산업발전기본법상 공익서비스 제공에 따른 보상계약의 체결 시 포함되어야 하는 사항에 해당하지 않는 것의 개수는?

> ㉠ 공익서비스 제공과 관련하여 원인제공자가 부담하여야 하는 보상내용 및 보상방법 등에 관한 사항
> ㉡ 철도운영자가 제공하는 철도서비스의 기준과 내용에 관한 사항
> ㉢ 계약기간 및 계약기간의 수정·갱신과 계약의 해지에 관한 사항
> ㉣ 철도운영자가 국가의 특수목적사업을 수행함으로써 발생되는 비용

① 0개   ② 1개   ③ 2개   ④ 3개   ⑤ 4개

03. 다음 중 철도산업발전기본법상 국토교통부장관의 승인을 얻지 않고 특정한 노선을 임의로 폐지한 경우에 받을 수 있는 처분으로 가장 옳은 것은?

① 1년 이하의 업무정지

② 2년 이하의 징역 또는 3천만 원 이하의 벌금

③ 3년 이하의 징역 또는 3천만 원 이하의 벌금

④ 2년 이하의 징역 또는 5천만 원 이하의 벌금

⑤ 3년 이하의 징역 또는 5천만 원 이하의 벌금

04. 다음은 철도산업발전기본법 시행령상 간사에 관한 내용이다. 빈칸에 들어갈 숫자로 적절한 것은?

> 제9조(간사)
> 위원회에 간사 (   )인을 두되, 간사는 국토교통부장관이 국토교통부 소속 공무원 중에서 지명한다.

① 1   ② 2   ③ 3   ④ 4   ⑤ 5

05. 다음 중 철도산업발전기본법 시행령상 철도자산처리계획에 포함되어야 하는 사항으로 적절하지 않은 것은?

① 철도자산처리의 추진일정에 관한 사항

② 철도시설 건설사업의 집행에 관한 사항

③ 철도자산의 구분기준에 관한 사항

④ 철도자산의 개요 및 현황에 관한 사항

⑤ 철도자산의 인계·이관 및 출자에 관한 사항

06. 다음 ㉠~㉣ 중 한국철도공사의 사업에 해당하는 것의 개수는?

> ㉠ 철도 차량의 정비 및 임대사업
> ㉡ 철도여객사업, 화물운송사업, 철도와 다른 교통수단의 연계운송사업
> ㉢ 철도 장비와 철도용품의 제작·판매·정비 및 임대사업
> ㉣ 철도시설의 유지·보수 등 국가·지방자치단체 또는 공공법인 등으로부터 위탁받은 사업

① 0개 ② 1개 ③ 2개 ④ 3개 ⑤ 4개

07. 다음 중 한국철도공사법상 국토교통부장관이 지도·감독해야 하는 한국철도공사의 업무로 옳지 않은 것은?

① 철도시설·철도차량·열차운행 등 철도의 안전을 확보하기 위한 사항
② 철도사업계획의 이행에 관한 사항
③ 국유재산의 무상대부에 관한 사항
④ 철도서비스 품질 개선에 관한 사항
⑤ 연도별 사업계획 및 예산에 관한 사항

08. 다음 중 철도사업법상 사업의 휴업·폐업에 대한 설명으로 옳지 않은 것은?

① 철도사업자가 정당한 사유 없이 사업의 일부를 휴업하고자 하는 경우 휴업기간은 6개월을 넘을 수 없다.
② 철도사업자가 정당한 사유 없이 그 사업의 전부를 폐업하려는 경우 국토교통부장관에게 신고하여야 한다.
③ 철도사업자가 국토교통부장관의 허가를 받아 휴업기간 중이라도 휴업 사유가 소멸된 경우 국토교통부장관에게 신고하고 사업을 재개할 수 있다.
④ 국토교통부장관은 철도사업법 제1항 단서 및 제3항에 따른 신고를 받은 날부터 60일 이내에 신고수리 여부를 신고인에게 통지하여야 한다.
⑤ 철도사업자는 철도사업의 전부를 휴업하려는 경우에는 대통령령으로 정하는 바에 따라 휴업하는 사업의 내용과 그 기간 등을 인터넷 홈페이지, 관계 역·영업소 및 사업소 등 일반인이 잘 볼 수 있는 곳에 게시하여야 한다.

09. 다음은 철도사업법상 민자철도사업자에 대한 과징금 처분에 대한 설명이다. 빈칸에 들어갈 숫자로 옳은 것은?

> 국토교통부장관은 민자철도사업자가 제25조 제2항을 위반하여 민자철도의 유지·관리 및 운영에 관한 기준을 준수하지 아니한 경우 또는 제25조 제5항을 위반하여 명령을 이행하지 아니하거나 그 결과를 보고하지 아니한 경우 중 어느 하나에 해당하는 경우에는 (   )억 원 이하의 과징금을 부과·징수할 수 있다.

① 1   ② 3   ③ 5   ④ 7   ⑤ 10

10. 다음은 철도사업법상 전용철도 운영의 양도·양수 등에 대한 내용이다. 빈칸에 들어갈 말로 적절하지 않은 것은?

> 제36조(전용철도 운영의 양도·양수 등)
> ① 전용철도의 운영을 (㉠)는 국토교통부령으로 정하는 바에 따라 국토교통부장관에게 신고하여야 한다.
> ② 전용철도의 등록을 한 (㉡)이 합병하려는 경우에는 국토교통부령으로 정하는 바에 따라 국토교통부장관에게 신고하여야 한다.
> ③ (㉢)은 제1항 및 제2항에 따른 신고를 받은 날부터 (㉣) 이내에 신고수리 여부를 신고인에게 통지하여야 한다.
> ④ 제1항 또는 제2항에 따른 신고가 수리된 경우 전용철도의 운영을 양수한 자는 전용철도의 운영을 양도한 자의 전용철도운영자로서의 지위를 승계하며, 합병으로 설립되거나 존속하는 법인은 합병으로 (㉤)되는 법인의 전용철도운영자로서의 지위를 승계한다.

① ㉠: 양도·양수하려는 자   ② ㉡: 법인   ③ ㉢: 국토교통부장관

④ ㉣: 30일   ⑤ ㉤: 존속

약점 보완 해설집 p.104

무료 바로 채점 및 성적 분석 서비스 바로 가기
QR코드를 이용해 모바일로 간편하게 채점하고 나의 실력이
어느 정도인지, 취약 부분이 어디인지 바로 파악해 보세요!

해커스잡

기출복원모의고사 1회(한서능형)

NCS

	①	②	③	④	⑤
01	①	②	③	④	⑤
02	①	②	③	④	⑤
03	①	②	③	④	⑤
04	①	②	③	④	⑤
05	①	②	③	④	⑤
06	①	②	③	④	⑤
07	①	②	③	④	⑤
08	①	②	③	④	⑤
09	①	②	③	④	⑤
10	①	②	③	④	⑤
11	①	②	③	④	⑤
12	①	②	③	④	⑤
13	①	②	③	④	⑤
14	①	②	③	④	⑤
15	①	②	③	④	⑤
16	①	②	③	④	⑤
17	①	②	③	④	⑤
18	①	②	③	④	⑤
19	①	②	③	④	⑤
20	①	②	③	④	⑤
21	①	②	③	④	⑤
22	①	②	③	④	⑤
23	①	②	③	④	⑤
24	①	②	③	④	⑤
25	①	②	③	④	⑤
26	①	②	③	④	⑤
27	①	②	③	④	⑤
28	①	②	③	④	⑤
29	①	②	③	④	⑤
30	①	②	③	④	⑤

전공

	①	②	③	④	⑤
01	①	②	③	④	⑤
02	①	②	③	④	⑤
03	①	②	③	④	⑤
04	①	②	③	④	⑤
05	①	②	③	④	⑤
06	①	②	③	④	⑤
07	①	②	③	④	⑤
08	①	②	③	④	⑤
09	①	②	③	④	⑤
10	①	②	③	④	⑤
11	①	②	③	④	⑤
12	①	②	③	④	⑤
13	①	②	③	④	⑤
14	①	②	③	④	⑤
15	①	②	③	④	⑤
16	①	②	③	④	⑤
17	①	②	③	④	⑤
18	①	②	③	④	⑤
19	①	②	③	④	⑤
20	①	②	③	④	⑤
21	①	②	③	④	⑤
22	①	②	③	④	⑤
23	①	②	③	④	⑤
24	①	②	③	④	⑤
25	①	②	③	④	⑤
26	①	②	③	④	⑤
27	①	②	③	④	⑤
28	①	②	③	④	⑤
29	①	②	③	④	⑤
30	①	②	③	④	⑤

철도관계법

	①	②	③	④	⑤
01	①	②	③	④	⑤
02	①	②	③	④	⑤
03	①	②	③	④	⑤
04	①	②	③	④	⑤
05	①	②	③	④	⑤
06	①	②	③	④	⑤
07	①	②	③	④	⑤
08	①	②	③	④	⑤
09	①	②	③	④	⑤
10	①	②	③	④	⑤

성명

수험번호

⓪	①	②	③	④	⑤	⑥	⑦	⑧	⑨
⓪	①	②	③	④	⑤	⑥	⑦	⑧	⑨
⓪	①	②	③	④	⑤	⑥	⑦	⑧	⑨
⓪	①	②	③	④	⑤	⑥	⑦	⑧	⑨
⓪	①	②	③	④	⑤	⑥	⑦	⑧	⑨
⓪	①	②	③	④	⑤	⑥	⑦	⑧	⑨

응시일야

감독관 확인

절취는 선

해커스잡

기출복원모의고사 2회(인크루트형)

자르는 선 ✂

철도관계법

	①	②	③	④	⑤
01	①	②	③	④	⑤
02	①	②	③	④	⑤
03	①	②	③	④	⑤
04	①	②	③	④	⑤
05	①	②	③	④	⑤
06	①	②	③	④	⑤
07	①	②	③	④	⑤
08	①	②	③	④	⑤
09	①	②	③	④	⑤
10	①	②	③	④	⑤

전공

	①	②	③	④	⑤		①	②	③	④	⑤
16	①	②	③	④	⑤	01	①	②	③	④	⑤
17	①	②	③	④	⑤	02	①	②	③	④	⑤
18	①	②	③	④	⑤	03	①	②	③	④	⑤
19	①	②	③	④	⑤	04	①	②	③	④	⑤
20	①	②	③	④	⑤	05	①	②	③	④	⑤
21	①	②	③	④	⑤	06	①	②	③	④	⑤
22	①	②	③	④	⑤	07	①	②	③	④	⑤
23	①	②	③	④	⑤	08	①	②	③	④	⑤
24	①	②	③	④	⑤	09	①	②	③	④	⑤
25	①	②	③	④	⑤	10	①	②	③	④	⑤
26	①	②	③	④	⑤	11	①	②	③	④	⑤
27	①	②	③	④	⑤	12	①	②	③	④	⑤
28	①	②	③	④	⑤	13	①	②	③	④	⑤
29	①	②	③	④	⑤	14	①	②	③	④	⑤
30	①	②	③	④	⑤	15	①	②	③	④	⑤

NCS

	①	②	③	④	⑤		①	②	③	④	⑤
16	①	②	③	④	⑤	01	①	②	③	④	⑤
17	①	②	③	④	⑤	02	①	②	③	④	⑤
18	①	②	③	④	⑤	03	①	②	③	④	⑤
19	①	②	③	④	⑤	04	①	②	③	④	⑤
20	①	②	③	④	⑤	05	①	②	③	④	⑤
21	①	②	③	④	⑤	06	①	②	③	④	⑤
22	①	②	③	④	⑤	07	①	②	③	④	⑤
23	①	②	③	④	⑤	08	①	②	③	④	⑤
24	①	②	③	④	⑤	09	①	②	③	④	⑤
25	①	②	③	④	⑤	10	①	②	③	④	⑤
26	①	②	③	④	⑤	11	①	②	③	④	⑤
27	①	②	③	④	⑤	12	①	②	③	④	⑤
28	①	②	③	④	⑤	13	①	②	③	④	⑤
29	①	②	③	④	⑤	14	①	②	③	④	⑤
30	①	②	③	④	⑤	15	①	②	③	④	⑤

성명

수험번호

⓪	⓪	⓪	⓪	⓪	⓪
①	①	①	①	①	①
②	②	②	②	②	②
③	③	③	③	③	③
④	④	④	④	④	④
⑤	⑤	⑤	⑤	⑤	⑤
⑥	⑥	⑥	⑥	⑥	⑥
⑦	⑦	⑦	⑦	⑦	⑦
⑧	⑧	⑧	⑧	⑧	⑧
⑨	⑨	⑨	⑨	⑨	⑨

응시분야

감독관 확인

기출복원모의고사 3회(휴노형)

해커스잡

성명

수험번호

응시분야

감독관 확인

철도관계법

번호	①	②	③	④	⑤
01	①	②	③	④	⑤
02	①	②	③	④	⑤
03	①	②	③	④	⑤
04	①	②	③	④	⑤
05	①	②	③	④	⑤
06	①	②	③	④	⑤
07	①	②	③	④	⑤
08	①	②	③	④	⑤
09	①	②	③	④	⑤
10	①	②	③	④	⑤

전공

번호	①	②	③	④	⑤	번호	①	②	③	④	⑤
01	①	②	③	④	⑤	16	①	②	③	④	⑤
02	①	②	③	④	⑤	17	①	②	③	④	⑤
03	①	②	③	④	⑤	18	①	②	③	④	⑤
04	①	②	③	④	⑤	19	①	②	③	④	⑤
05	①	②	③	④	⑤	20	①	②	③	④	⑤
06	①	②	③	④	⑤	21	①	②	③	④	⑤
07	①	②	③	④	⑤	22	①	②	③	④	⑤
08	①	②	③	④	⑤	23	①	②	③	④	⑤
09	①	②	③	④	⑤	24	①	②	③	④	⑤
10	①	②	③	④	⑤	25	①	②	③	④	⑤
11	①	②	③	④	⑤	26	①	②	③	④	⑤
12	①	②	③	④	⑤	27	①	②	③	④	⑤
13	①	②	③	④	⑤	28	①	②	③	④	⑤
14	①	②	③	④	⑤	29	①	②	③	④	⑤
15	①	②	③	④	⑤	30	①	②	③	④	⑤

NCS

번호	①	②	③	④	⑤	번호	①	②	③	④	⑤
01	①	②	③	④	⑤	16	①	②	③	④	⑤
02	①	②	③	④	⑤	17	①	②	③	④	⑤
03	①	②	③	④	⑤	18	①	②	③	④	⑤
04	①	②	③	④	⑤	19	①	②	③	④	⑤
05	①	②	③	④	⑤	20	①	②	③	④	⑤
06	①	②	③	④	⑤	21	①	②	③	④	⑤
07	①	②	③	④	⑤	22	①	②	③	④	⑤
08	①	②	③	④	⑤	23	①	②	③	④	⑤
09	①	②	③	④	⑤	24	①	②	③	④	⑤
10	①	②	③	④	⑤	25	①	②	③	④	⑤
11	①	②	③	④	⑤	26	①	②	③	④	⑤
12	①	②	③	④	⑤	27	①	②	③	④	⑤
13	①	②	③	④	⑤	28	①	②	③	④	⑤
14	①	②	③	④	⑤	29	①	②	③	④	⑤
15	①	②	③	④	⑤	30	①	②	③	④	⑤

수험번호 숫자: ⓪ ① ② ③ ④ ⑤ ⑥ ⑦ ⑧ ⑨

자르는 선

실전모의고사 1회

NCS

번호						번호					
01	①	②	③	④	⑤	16	①	②	③	④	⑤
02	①	②	③	④	⑤	17	①	②	③	④	⑤
03	①	②	③	④	⑤	18	①	②	③	④	⑤
04	①	②	③	④	⑤	19	①	②	③	④	⑤
05	①	②	③	④	⑤	20	①	②	③	④	⑤
06	①	②	③	④	⑤	21	①	②	③	④	⑤
07	①	②	③	④	⑤	22	①	②	③	④	⑤
08	①	②	③	④	⑤	23	①	②	③	④	⑤
09	①	②	③	④	⑤	24	①	②	③	④	⑤
10	①	②	③	④	⑤	25	①	②	③	④	⑤
11	①	②	③	④	⑤	26	①	②	③	④	⑤
12	①	②	③	④	⑤	27	①	②	③	④	⑤
13	①	②	③	④	⑤	28	①	②	③	④	⑤
14	①	②	③	④	⑤	29	①	②	③	④	⑤
15	①	②	③	④	⑤	30	①	②	③	④	⑤

전공

번호						번호					
01	①	②	③	④	⑤	16	①	②	③	④	⑤
02	①	②	③	④	⑤	17	①	②	③	④	⑤
03	①	②	③	④	⑤	18	①	②	③	④	⑤
04	①	②	③	④	⑤	19	①	②	③	④	⑤
05	①	②	③	④	⑤	20	①	②	③	④	⑤
06	①	②	③	④	⑤	21	①	②	③	④	⑤
07	①	②	③	④	⑤	22	①	②	③	④	⑤
08	①	②	③	④	⑤	23	①	②	③	④	⑤
09	①	②	③	④	⑤	24	①	②	③	④	⑤
10	①	②	③	④	⑤	25	①	②	③	④	⑤
11	①	②	③	④	⑤	26	①	②	③	④	⑤
12	①	②	③	④	⑤	27	①	②	③	④	⑤
13	①	②	③	④	⑤	28	①	②	③	④	⑤
14	①	②	③	④	⑤	29	①	②	③	④	⑤
15	①	②	③	④	⑤	30	①	②	③	④	⑤

철도관계법

01	①	②	③	④	⑤
02	①	②	③	④	⑤
03	①	②	③	④	⑤
04	①	②	③	④	⑤
05	①	②	③	④	⑤
06	①	②	③	④	⑤
07	①	②	③	④	⑤
08	①	②	③	④	⑤
09	①	②	③	④	⑤
10	①	②	③	④	⑤

성명

수험번호

⓪	⓪	⓪	⓪	⓪	⓪
①	①	①	①	①	①
②	②	②	②	②	②
③	③	③	③	③	③
④	④	④	④	④	④
⑤	⑤	⑤	⑤	⑤	⑤
⑥	⑥	⑥	⑥	⑥	⑥
⑦	⑦	⑦	⑦	⑦	⑦
⑧	⑧	⑧	⑧	⑧	⑧
⑨	⑨	⑨	⑨	⑨	⑨

응시분야

감독관 확인

해커스잡

실전모의고사 2회

NCS

문항						문항					
01	①	②	③	④	⑤	16	①	②	③	④	⑤
02	①	②	③	④	⑤	17	①	②	③	④	⑤
03	①	②	③	④	⑤	18	①	②	③	④	⑤
04	①	②	③	④	⑤	19	①	②	③	④	⑤
05	①	②	③	④	⑤	20	①	②	③	④	⑤
06	①	②	③	④	⑤	21	①	②	③	④	⑤
07	①	②	③	④	⑤	22	①	②	③	④	⑤
08	①	②	③	④	⑤	23	①	②	③	④	⑤
09	①	②	③	④	⑤	24	①	②	③	④	⑤
10	①	②	③	④	⑤	25	①	②	③	④	⑤
11	①	②	③	④	⑤	26	①	②	③	④	⑤
12	①	②	③	④	⑤	27	①	②	③	④	⑤
13	①	②	③	④	⑤	28	①	②	③	④	⑤
14	①	②	③	④	⑤	29	①	②	③	④	⑤
15	①	②	③	④	⑤	30	①	②	③	④	⑤

전공

문항						문항					
01	①	②	③	④	⑤	16	①	②	③	④	⑤
02	①	②	③	④	⑤	17	①	②	③	④	⑤
03	①	②	③	④	⑤	18	①	②	③	④	⑤
04	①	②	③	④	⑤	19	①	②	③	④	⑤
05	①	②	③	④	⑤	20	①	②	③	④	⑤
06	①	②	③	④	⑤	21	①	②	③	④	⑤
07	①	②	③	④	⑤	22	①	②	③	④	⑤
08	①	②	③	④	⑤	23	①	②	③	④	⑤
09	①	②	③	④	⑤	24	①	②	③	④	⑤
10	①	②	③	④	⑤	25	①	②	③	④	⑤
11	①	②	③	④	⑤	26	①	②	③	④	⑤
12	①	②	③	④	⑤	27	①	②	③	④	⑤
13	①	②	③	④	⑤	28	①	②	③	④	⑤
14	①	②	③	④	⑤	29	①	②	③	④	⑤
15	①	②	③	④	⑤	30	①	②	③	④	⑤

철도관계법

01	①	②	③	④	⑤
02	①	②	③	④	⑤
03	①	②	③	④	⑤
04	①	②	③	④	⑤
05	①	②	③	④	⑤
06	①	②	③	④	⑤
07	①	②	③	④	⑤
08	①	②	③	④	⑤
09	①	②	③	④	⑤
10	①	②	③	④	⑤

성명

수험번호

⓪	①	②	③	④	⑤	⑥	⑦	⑧	⑨
⓪	①	②	③	④	⑤	⑥	⑦	⑧	⑨
⓪	①	②	③	④	⑤	⑥	⑦	⑧	⑨
⓪	①	②	③	④	⑤	⑥	⑦	⑧	⑨
⓪	①	②	③	④	⑤	⑥	⑦	⑧	⑨
⓪	①	②	③	④	⑤	⑥	⑦	⑧	⑨

응시분야

감독관 확인

해커스잡

실전모의고사 3회

철도관계법

	①	②	③	④	⑤
01	①	②	③	④	⑤
02	①	②	③	④	⑤
03	①	②	③	④	⑤
04	①	②	③	④	⑤
05	①	②	③	④	⑤
06	①	②	③	④	⑤
07	①	②	③	④	⑤
08	①	②	③	④	⑤
09	①	②	③	④	⑤
10	①	②	③	④	⑤

전공

	①	②	③	④	⑤		①	②	③	④	⑤
01	①	②	③	④	⑤	16	①	②	③	④	⑤
02	①	②	③	④	⑤	17	①	②	③	④	⑤
03	①	②	③	④	⑤	18	①	②	③	④	⑤
04	①	②	③	④	⑤	19	①	②	③	④	⑤
05	①	②	③	④	⑤	20	①	②	③	④	⑤
06	①	②	③	④	⑤	21	①	②	③	④	⑤
07	①	②	③	④	⑤	22	①	②	③	④	⑤
08	①	②	③	④	⑤	23	①	②	③	④	⑤
09	①	②	③	④	⑤	24	①	②	③	④	⑤
10	①	②	③	④	⑤	25	①	②	③	④	⑤
11	①	②	③	④	⑤	26	①	②	③	④	⑤
12	①	②	③	④	⑤	27	①	②	③	④	⑤
13	①	②	③	④	⑤	28	①	②	③	④	⑤
14	①	②	③	④	⑤	29	①	②	③	④	⑤
15	①	②	③	④	⑤	30	①	②	③	④	⑤

NCS

	①	②	③	④	⑤		①	②	③	④	⑤
01	①	②	③	④	⑤	16	①	②	③	④	⑤
02	①	②	③	④	⑤	17	①	②	③	④	⑤
03	①	②	③	④	⑤	18	①	②	③	④	⑤
04	①	②	③	④	⑤	19	①	②	③	④	⑤
05	①	②	③	④	⑤	20	①	②	③	④	⑤
06	①	②	③	④	⑤	21	①	②	③	④	⑤
07	①	②	③	④	⑤	22	①	②	③	④	⑤
08	①	②	③	④	⑤	23	①	②	③	④	⑤
09	①	②	③	④	⑤	24	①	②	③	④	⑤
10	①	②	③	④	⑤	25	①	②	③	④	⑤
11	①	②	③	④	⑤	26	①	②	③	④	⑤
12	①	②	③	④	⑤	27	①	②	③	④	⑤
13	①	②	③	④	⑤	28	①	②	③	④	⑤
14	①	②	③	④	⑤	29	①	②	③	④	⑤
15	①	②	③	④	⑤	30	①	②	③	④	⑤

성명

수험번호

⓪	⓪	⓪	⓪	⓪	⓪
①	①	①	①	①	①
②	②	②	②	②	②
③	③	③	③	③	③
④	④	④	④	④	④
⑤	⑤	⑤	⑤	⑤	⑤
⑥	⑥	⑥	⑥	⑥	⑥
⑦	⑦	⑦	⑦	⑦	⑦
⑧	⑧	⑧	⑧	⑧	⑧
⑨	⑨	⑨	⑨	⑨	⑨

응시분야

감독관 확인

실전모의고사 4회

해커스잡

성명

수험번호

⓪	⓪	⓪	⓪	⓪	⓪
①	①	①	①	①	①
②	②	②	②	②	②
③	③	③	③	③	③
④	④	④	④	④	④
⑤	⑤	⑤	⑤	⑤	⑤
⑥	⑥	⑥	⑥	⑥	⑥
⑦	⑦	⑦	⑦	⑦	⑦
⑧	⑧	⑧	⑧	⑧	⑧
⑨	⑨	⑨	⑨	⑨	⑨

응시분야

감독관 확인

NCS

번호	①	②	③	④	⑤	번호	①	②	③	④	⑤
01	①	②	③	④	⑤	16	①	②	③	④	⑤
02	①	②	③	④	⑤	17	①	②	③	④	⑤
03	①	②	③	④	⑤	18	①	②	③	④	⑤
04	①	②	③	④	⑤	19	①	②	③	④	⑤
05	①	②	③	④	⑤	20	①	②	③	④	⑤
06	①	②	③	④	⑤	21	①	②	③	④	⑤
07	①	②	③	④	⑤	22	①	②	③	④	⑤
08	①	②	③	④	⑤	23	①	②	③	④	⑤
09	①	②	③	④	⑤	24	①	②	③	④	⑤
10	①	②	③	④	⑤	25	①	②	③	④	⑤
11	①	②	③	④	⑤	26	①	②	③	④	⑤
12	①	②	③	④	⑤	27	①	②	③	④	⑤
13	①	②	③	④	⑤	28	①	②	③	④	⑤
14	①	②	③	④	⑤	29	①	②	③	④	⑤
15	①	②	③	④	⑤	30	①	②	③	④	⑤

전공

번호	①	②	③	④	⑤	번호	①	②	③	④	⑤
01	①	②	③	④	⑤	16	①	②	③	④	⑤
02	①	②	③	④	⑤	17	①	②	③	④	⑤
03	①	②	③	④	⑤	18	①	②	③	④	⑤
04	①	②	③	④	⑤	19	①	②	③	④	⑤
05	①	②	③	④	⑤	20	①	②	③	④	⑤
06	①	②	③	④	⑤	21	①	②	③	④	⑤
07	①	②	③	④	⑤	22	①	②	③	④	⑤
08	①	②	③	④	⑤	23	①	②	③	④	⑤
09	①	②	③	④	⑤	24	①	②	③	④	⑤
10	①	②	③	④	⑤	25	①	②	③	④	⑤
11	①	②	③	④	⑤	26	①	②	③	④	⑤
12	①	②	③	④	⑤	27	①	②	③	④	⑤
13	①	②	③	④	⑤	28	①	②	③	④	⑤
14	①	②	③	④	⑤	29	①	②	③	④	⑤
15	①	②	③	④	⑤	30	①	②	③	④	⑤

철도관계법

번호	①	②	③	④	⑤
01	①	②	③	④	⑤
02	①	②	③	④	⑤
03	①	②	③	④	⑤
04	①	②	③	④	⑤
05	①	②	③	④	⑤
06	①	②	③	④	⑤
07	①	②	③	④	⑤
08	①	②	③	④	⑤
09	①	②	③	④	⑤
10	①	②	③	④	⑤

자르는 선

2024 하반기 최신판

해커스
코레일
한국철도공사
NCS+전공+철도법
실전모의고사

개정 7판 1쇄 발행 2024년 8월 8일

지은이	해커스 NCS 취업교육연구소
펴낸곳	㈜챔프스터디
펴낸이	챔프스터디 출판팀

주소	서울특별시 서초구 강남대로61길 23 ㈜챔프스터디
고객센터	02-537-5000
교재 관련 문의	publishing@hackers.com
	해커스잡 사이트(ejob.Hackers.com) 교재 Q&A 게시판
학원 강의 및 동영상강의	ejob.Hackers.com

ISBN	978-89-6965-494-6 (13320)
Serial Number	07-01-01

취업교육 1위,

해커스잡 ejob.Hackers.com

 해커스잡

· 코레일 합격을 위한 **코레일 NCS 샘플문제 해설강의**(교재 내 수강권 수록)
· 내 점수와 석차를 확인하는 **무료 바로 채점 및 성적 분석 서비스**
· 공기업 전문 스타강사의 **본 교재 인강 및 취업 인강**(교재 내 인강 할인쿠폰 수록)
· 철도관련법 대비를 위한 **쓰면서 외우는 철도관계법 빈칸노트**
· 전공시험 대비를 위한 **전공 이론 핵심 압축 정리**

토익 교재 시리즈

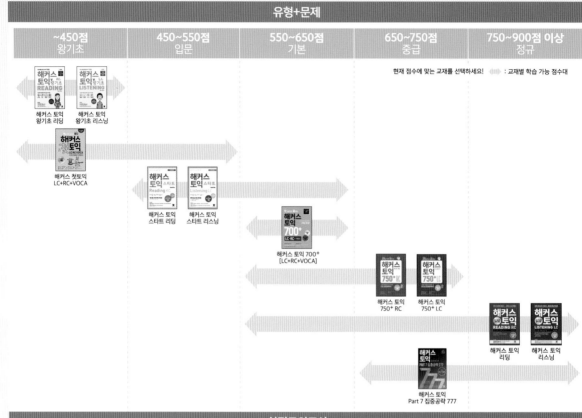

~450점 왕기초	450~550점 입문	550~650점 기본	650~750점 중급	750~900점 이상 정규

현재 점수에 맞는 교재를 선택하세요! ◁▷ : 교재별 학습 가능 점수대

유형+문제

해커스 토익 왕기초 리딩
해커스 토익 왕기초 리스닝

해커스 첫토익 LC+RC+VOCA

해커스 토익 스타트 리딩
해커스 토익 스타트 리스닝

해커스 토익 700+ [LC+RC+VOCA]

해커스 토익 750+ RC
해커스 토익 750+ LC

해커스 토익 리딩
해커스 토익 리스닝

해커스 토익 Part 7 집중공략 777

실전모의고사

해커스 토익 실전 LC+RC 1
해커스 토익 실전 LC+RC 2
해커스 토익 실전 1200제 리딩
해커스 토익 실전 1200제 리스닝
해커스 토익 실전 1000제 1 리딩/리스닝 (문제집 + 해설집)
해커스 토익 실전 1000제 2 리딩/리스닝 (문제집 + 해설집)
해커스 토익 실전 1000제 3 리딩/리스닝 (문제집 + 해설집)

보카

해커스 토익 기출 보카

문법·독해

그래머 게이트웨이 베이직
그래머 게이트웨이 베이직 Light Version
그래머 게이트웨이 인터미디엇
해커스 그래머 스타트
해커스 구문독해 100

토익스피킹 교재 시리즈

해커스 토익스피킹 스타트
만능 템플릿과 위기탈출 표현으로 해커스 토익스피킹 5일 완성
해커스 토익스피킹
해커스 토익스피킹 실전모의고사 15회

오픽 교재 시리즈

해커스 오픽 스타트 [Intermediate 공략]
서베이부터 실전까지 해커스 오픽 매뉴얼
해커스 오픽 [Advanced 공략]

2024 하반기 최신판

해커스
코레일
한국철도공사
NCS+전공+철도법
실전모의고사

약점 보완 해설집

ÎÎ 해커스잡

해커스
코레일
한국철도공사
NCS+전공+철도법
실전모의고사

약점 보완 해설집

해커스

NCS 기출복원모의고사 1회(한사능형)

p.22

01 의사소통	02 의사소통	03 의사소통	04 의사소통	05 의사소통	06 의사소통	07 의사소통	08 의사소통	09 의사소통	10 수리
④	②	①	④	②	⑤	④	⑤	④	③
11 수리	12 수리	13 수리	14 수리	15 수리	16 수리	17 수리	18 문제해결	19 문제해결	20 문제해결
①	②	②	④	④	④	⑤	④	③	⑤
21 문제해결	22 문제해결	23 문제해결	24 문제해결	25 문제해결					
④	①	⑤	④	①					

01 의사소통능력　　　　　　　　정답 ④

· 금새(X) → 금세(O)

'금시에'가 줄어든 말로 지금 바로를 의미하는 것은 '금세'이다. 따라서 '금세'라고 써야 한다.

02 의사소통능력　　　　　　　　정답 ②

②는 맞춤법에 맞는 문장이다.

오답 체크

① 대문밖에(X) → 대문 밖에(O)
· 한글 맞춤법 제42항에 따라 의존 명사는 띄어 쓴다. 따라서 '대문 밖에'라고 써야 한다.

③ 이별한지(X) → 이별한 지(O)
· 한글 맞춤법 제42항에 따라 의존 명사는 띄어 쓴다. 따라서 '이별한 지도'라고 써야 한다.

④ 내려간차(X) → 내려간 차(O)
· 한글 맞춤법 제42항에 따라 의존 명사는 띄어 쓴다. 따라서 '내려간 차에'라고 써야 한다.

⑤ 웃을뿐(X) → 웃을 뿐(O)
· 한글 맞춤법 제42항에 따라 의존 명사는 띄어 쓴다. 따라서 '웃을 뿐이었다'라고 써야 한다.

03 의사소통능력　　　　　　　　정답 ①

눈에 독기를 띠며 쏘아보는 시선을 의미하는 '눈살'의 발음은 [눈쌀]이므로 적절하지 않다.

04 의사소통능력　　　　　　　　정답 ④

결초보은(結草報恩)은 죽은 뒤에라도 은혜를 잊지 않고 갚음을 이르는 말을 의미한다.

따라서 한자성어의 의미가 잘못 연결된 것은 ④이다.

05 의사소통능력　　　　　　　　정답 ②

제시된 작품의 5~6구에서는 '수레 탄 사람들(왕이나 고귀한 신분의 사람들)'은 자신(꽃)을 알아주지 않고 '벌과 나비(하찮은 사람들)'만 자신에게 기웃거린다고 표현하고 있다. 이는 세상이 화자의 재능을 알아주지 않으며 자기의 주변에는 하찮은 사람들뿐임을 드러내는 것이므로 '벌과 나비'를 '수레 탄 사람들'과 자신을 이어줄 수 있는 대상이라고 설명한 ©의 내용은 적절하지 않다.

오답 체크

㉠ '만발한 꽃'은 화자의 완숙한 학문적 경지를 의미하므로 적절한 내용이다.

㉡ '수레 탄 사람들'은 화자에게 등용의 기회를 줄 왕이나 고귀한 신분의 사람들을 의미하므로 적절한 내용이다.

ⓔ '천한 땅'은 '꽃(촉규화)'이 피어난 척박한 땅을 의미하기도 하며, '꽃'과 동일시되는 작가 최치원이 태어난 '신라'를 의미하기도 한다. 이를 통해 이국 땅에서 변방의 소국 출신이라는 이유로 인정받지 못하는 처지를 한탄하고 있는 화자의 정서가 드러나므로 적절한 내용이다.

06 의사소통능력 정답 ⑤

글 전체에서 등정 과정에서 있었던 필자와 일행 간의 갈등은 제시되지 않으므로 적절하지 않은 내용이다.

오답 체크
① 1문단에서 검은 안개가 몰려오는 등 기상 상황이 좋지 않은 상황이었지만 필자는 섬사람들의 웃음거리가 되지 않기 위해 등정을 계속하고 있으므로 적절한 내용이다.
② 2문단에서 백록담의 모습을 묘사하며 '얕은 곳은 무릎에, 깊은 곳은 허리에 찼으며 맑고 깨끗하여 조금의 먼지 기운도 없으니 은연히 신선이 사는 듯하였다'는 비유적 표현을 사용하며 필자의 소감을 추가하고 있으므로 적절한 내용이다.
③ 3문단에서 서쪽의 가장 높은 봉우리인 최고봉을 오를 때 따라오는 자는 겨우 세 명뿐이었다고 하였으므로 적절한 내용이다.
④ 6문단에서 필자는 주자의 시구를 읊으며 백록담 가로 내려왔다고 하며 등정 과정 대비 최고봉에서 백록담으로 내려오는 과정을 간략하게 제시하고 있으므로 적절한 내용이다.

07 의사소통능력 정답 ④

ⓐ 끝에서 1~2번째 줄에 서술자의 주관적 서술이 나타나 있으므로 적절한 내용이다.
ⓑ 뱃사람과 심청의 발화를 통해, 심청이 인당수에 빠지기 직전의 상황을 보여 주고 있으므로 적절한 설명이다.
ⓒ 심청은 아비의 눈을 뜨게 하기 위해 죽는 일은 서럽지 않다고 말하고 있으므로 적절한 내용이다.

오답 체크
ⓓ 글 전체에서 대상을 나열한 부분은 나타나지 않으므로 적절하지 않은 내용이다.

[08 - 09]
08 의사소통능력 정답 ⑤

빈칸 앞에서는 중국에서 유래된 붓의 품질이 가장 뛰어나다고 생각하기 쉽다는 내용을 말하고 있고, 빈칸 뒤에서는 우리나라의 낭미필이 중국인들에게 천하 제일이라고 불릴 만큼 좋은 품질을 지녔다는 내용을 말하고 있다.

따라서 앞의 내용과 뒤의 내용이 상반될 때 사용하는 접속어 '하지만'이 들어가야 한다.

09 의사소통능력 정답 ④

이 글은 중국 은나라 시대 때부터 문헌상 사용하고 있었음을 알 수 있는 붓의 기원과 조선 및 중국을 지배한 성리학 사상에 의해 당대 지식인들의 정신세계를 드러내는 거울이었던 붓의 역할에 대해 설명하고 있다.
따라서 이 글의 요지로 가장 적절한 것은 ④이다.

오답 체크
① 3문단에서 조선에서 만든 붓의 품질이 뛰어났단 점은 서술하고 있지만, 조선에서 만든 붓과 중국에서 만든 붓의 품질 차이에 대해서는 서술하고 있지 않으므로 적절하지 않은 내용이다.
② 글 전체에서 조선시대 선비들이 붓을 사용할 수밖에 없던 이유에 대해서는 서술하고 있지 않으므로 적절하지 않은 내용이다.
③ 1문단에서 붓은 중국 은나라 시대부터 사용했다는 문헌이 있다는 것은 서술하고 있지만 글 전체에서 붓의 발명 방법에 대해서는 서술하고 있지 않으므로 적절하지 않은 내용이다.
⑤ 4문단에서 조선 후기 붓은 애장품에서 사치품으로 변모하였다는 내용은 서술하고 있지만 글 전체를 포괄하지 못하므로 적절하지 않은 내용이다.

10 수리능력 정답 ③

거리 = 시간 × 속력임을 적용하여 구한다.
열차 A의 속력을 $x$km/min라고 하면 열차 B의 속력은 $1.2x$km/min이다.
길이가 24km인 터널에 열차 A가 먼저 진입하고, 그로부터 2분 뒤 터널의 맞은편에서 열차 B가 진입하였다. 열차 B가 진입하고 2분 30초 후에 두 열차의 앞면이 엇갈려 만났으므로 터널에서의 이동 시간은 열차 A가 4분 30초 = 4.5분, 열차 B가 2분 30초 = 2.5분이며, 두 열차가 터널에서 이동한 거리의 합은 터널의 길이와 같다.
$4.5x + (2.5 × 1.2x) = 24 → 7.5x = 24 → x = 3.2$
따라서 열차 A의 속력은 3.2km/min이고, 1h = 60min이므로 $3.2 × 60 = 192$km/h이다.

11 수리능력 정답 ①

각 표에 제시된 첫 번째 숫자를 a, 두 번째 숫자를 b, 세 번째 숫자를 c, 네 번째 숫자를 d라고 하면, a × (b - c) = d라는 규칙이 적용된다.
따라서 9 × (4 - 2) = 18이므로 빈칸에 들어갈 알맞은 숫자는 '18'이다.

12 수리능력 정답 ②

제시된 각 숫자 간의 값이 +2로 반복되므로 빈칸에 들어갈 알맞은 숫자는 '25'이다.

13 수리능력 정답 ②

$865^2 + 865 \times 270 + 135 \times 138$
$= (865 \times 865) + (865 \times 270) + (135 \times 138)$
$= 748,225 + 233,550 + 18,630$
$= 1,000,405$

14 수리능력 정답 ④

부전승이 존재하는 토너먼트 방식의 농구 대회 결선에서 A, B, C, D, E, F 6팀 중 A 팀과 B 팀이 결승에서 만나기 위해서는 A 팀과 B 팀 중 한 팀은 부전승을 하여 결선에 진출해야 한다. A 팀이 부전승을 하게 될 경우 A 팀이 처음 상대할 팀으로 가능한 경우의 수는 $_4C_1$, B 팀이 처음 상대할 팀으로 가능한 경우의 수는 $_3C_1$이고, 남은 2개의 팀 중 첫 번째 경기에서 승리하여 두 번째 상대로 B팀을 만나게 될 경우의 수는 $_2C_1$이므로 A 팀과 B 팀이 결승전에서 만날 경우의 수는 $_4C_1 \times _3C_1 \times _2C_1 = 4 \times 3 \times 2 = 24$가지이다. 이때 B 팀이 부전승을 하게 될 경우도 고려하여야 하며, 이는 A 팀이 부전승을 하게 되는 경우의 수와 동일하다.
따라서 A 팀과 B 팀이 결승전에서 만날 경우의 수는 총 $24 \times 2 = 48$가지이다.

15 수리능력 정답 ④

2022년 화물차의 하루 평균 전체 도로 이용 대수에서 고속국도가 차지하는 비중은 $\{14,831 / (14,831 + 2,825 + 1,430)\} \times 100 ≒ 77.7\%$로 80% 미만이므로 옳지 않은 설명이다.

[오답 체크]

① 하루 평균 도로별 이용 대수의 2022년 대비 2023년 증감 추이는 승용차가 증가, 감소, 감소, 화물차가 증가, 감소, 감소임에 따라 동일하므로 옳은 설명이다.
② 2023년 한 해 동안 버스의 일반국도 이용 대수는 총 $191 \times 365 = 69,715$대이므로 옳은 설명이다.
③ 차종별 하루 평균 지방도 이용 대수의 합은 2022년에 $4,431 + 132 + 1,430 = 5,993$대/일이고, 2023년에 $4,342 + 130 + 1,400 = 5,872$대/일로 전년 대비 $5,993 - 5,872 = 121$대/일 감소하였으므로 옳은 설명이다.

⑤ 2022년 차종별 하루 평균 일반국도 이용 대수는 승용차가 화물차의 $10,248 / 2,825 ≒ 3.6$배로 4배 미만이고, 2023년 차종별 하루 평균 일반국도 이용 대수도 승용차가 화물차의 $10,194 / 2,794 ≒ 3.6$배로 4배 미만이므로 옳은 설명이다.

16 수리능력 정답 ④

K 공사에서는 매년 2,000명을 대상으로 이용경험 만족도 조사를 진행하였으므로 2023년 연령대 및 만족도별 응답자 수의 전년 대비 증감량 합이 총 0임을 활용하여 구한다.
빈칸에 해당하는 값을 x라고 하면,
$(320 \times 0.05) + \{180 \times (-0.05)\} + \{360 \times (-0.15)\}$
$+ (325 \times 0.12) + (475 \times 0.01 \times x)$
$+ \{200 \times (-0.24)\} + \{60 \times (-0.20)\} + \{80 \times (-0.10)\}$
$= 16 - 9 - 54 + 39 + 4.75x - 48 - 12 - 8 = 0$이므로 $x = 16$이다.
따라서 빈칸에 해당하는 값은 16이다.

17 수리능력 정답 ⑤

제시된 자료에 따르면 C 공사의 남성 인력 수는 4급이 3급의 $339 / 174 ≒ 1.9$배임에 따라 C 공사의 전체 남성 인력 수 대비 직급별 남성 인력 수 비중도 4급이 3급의 2배 미만임을 알 수 있지만, 이 그래프에서는 4급이 3급의 $27.7 / 12.9 ≒ 2.1$배로 2배 이상이므로 적절하지 않은 그래프는 ⑤이다.

18 문제해결능력 정답 ④

세 번째 명제의 '대우'와 다섯 번째 명제의 '대우', 두 번째 명제를 차례로 결합하면 다음과 같다.

· 세 번째 명제(대우): 감정 기복이 심하지 않고 말을 많이 하지 않는 사람은 자기 주장이 강하지 않다.
· 다섯 번째 명제(대우): 자기 주장이 강하지 않은 사람은 약속이 많다.
· 두 번째 명제: 약속이 많은 사람은 게으르지 않다.
· 결론: 감정 기복이 심하지 않고 말을 많이 하지 않는 사람은 게으르지 않다.

[오답 체크]

① 자기 주장이 강한 사람이 우울증이 있는지는 알 수 없으므로 항상 참인 설명은 아니다.
② 말을 많이 하는 사람이 약속이 많은지는 알 수 없으므로 항상 참인 설명은 아니다.
③ 게으른 사람은 약속이 많지 않은 사람이고, 약속이 많지 않은 사람은 자기 주장이 강해, 게으른 사람은 자기 주장이 강한 사람이므로 항상 거짓인 설명이다.

⑤ 내성적인 사람이 자기 주장이 강하지 않은지는 알 수 없으므로 항상 참인 설명은 아니다.

④ 허수아비 공격의 오류: 논리가 빈약한 경우 엉뚱한 다른 문제를 공격해 이익을 취하는 오류

19 문제해결능력
정답 ③

제시된 조건에 따르면 A와 E는 가장 늦게 도착하지 않았고, C와 E 사이에 도착한 사람은 1명이고, B와 E는 연달아 도착하지 않았으므로 E가 첫 번째로 도착했다면 B는 네 번째 또는 다섯 번째로 도착, E가 두 번째로 도착했다면 B는 다섯 번째로 도착, E가 세 번째로 도착했다면 B는 첫 번째 또는 다섯 번째로 도착, E가 네 번째로 도착했다면 B는 첫 번째로 도착했음을 알 수 있다. 이때 E가 첫 번째로 도착했다면 C가 세 번째로 도착했고, D는 A보다 늦게 도착했으므로 A가 두 번째, B 또는 D가 네 번째 또는 다섯 번째로 도착했으나, A가 두 번째로 도착했다면 E보다 빨리 도착했다는 조건에 모순되므로 E는 두 번째 또는 세 번째 또는 네 번째로 도착했음을 알 수 있다. E가 도착한 순서에 따라 가능한 경우는 다음과 같다.

구분	첫 번째	두 번째	세 번째	네 번째	다섯 번째
경우 1	A	E	D	C	B
경우 2	C	A	E	D	B
경우 3	B	A	E	D	C
경우 4	B	C	A	E	D

따라서 A는 E보다 먼저 도착했으므로 항상 참인 설명이다.

오답 체크
① E가 세 번째로 도착했다면 C는 첫 번째 또는 다섯 번째로 도착했으므로 항상 참인 설명은 아니다.
② 가장 늦게 도착한 사람은 B 또는 C 또는 D이므로 항상 참인 설명은 아니다.
④ 가장 먼저 도착한 사람은 A 또는 B 또는 C이므로 항상 참인 설명은 아니다.
⑤ B가 첫 번째로 도착했다면 C는 E보다 먼저 도착했거나 E보다 늦었으므로 항상 참인 설명은 아니다.

20 문제해결능력
정답 ⑤

제시된 내용은 '연역법의 오류'에 대한 설명이다.

오답 체크
① 무지의 오류: 어떠한 주장이 아직 증명되지 않았음을 근거로 그 반대의 주장이 참이라고 생각하는 논리적 오류
② 애매성의 오류: 애매한 언어를 사용하여 발생하는 논리적 오류
③ 결합의 오류: 논리적 주장을 확대하여 집합의 부분이 가지는 속성을 전체 집합도 가지고 있다고 여길 때 발생하는 논리적 오류

21 문제해결능력
정답 ④

위협 요인인 지속되고 있는 감염병 재난 상황으로 인한 안전보건에 대한 욕구 상승을 회피하고 약점 요인인 시설 노후화에 따른 인프라 및 자원의 제한을 최소화하는 WT(약점 – 위협) 전략이므로 가장 적절하지 않다.

오답 체크
① 기회 요인인 사업 운영에 대한 주민 등 이해관계자의 높아진 관심을 활용하기 위해 강점 요인인 임직원·주민·전문기관이 참여한 중장기 경영 계획 수립을 통해 확보한 체계성을 이용한 SO(강점 – 기회) 전략이므로 적절하다.
② 약점 요인인 신입사원 증가에 따른 실무 경험 부족을 극복하여 기회 요인인 관련 정부 부처의 사업 지원 예산 확대에 따라 증대된 신규 사업 시행 가능성을 활용하는 WO(약점 – 기회) 전략이므로 적절하다.
③ 약점 요인인 시설 노후화로 인한 인프라 및 자원 활용 제한을 기회 요인인 사업 운영에 대한 주민 등 이해관계자의 높아진 관심을 통해 극복하는 WO(약점 – 기회) 전략이므로 적절하다.
⑤ 위협 요인인 서비스 및 시설 개선에 대해 높아진 주민 등 이해관계자의 요구를 회피하고 약점 요인인 시설 노후화로 인한 인프라 및 자원의 제한을 최소화하는 WT(약점 – 위협) 전략이므로 적절하다.

22 문제해결능력
정답 ①

3문단에 따르면 신고 폭주에 대비해 전국 시도 소방본부 상황실 119 신고 접수대를 확대 운영하므로 소방청에서 추진하는 겨울철 한파·대설 대비 긴급구조 대책으로 옳지 않은 내용이다.

오답 체크
② 4문단에 따르면 폭설로 인한 고립지역 등 접근 곤란 지역 및 시설 현황을 지자체와 공유해 현장 출동 여건 등을 사전에 파악할 예정이므로 옳은 내용이다.
③ 4문단에 따르면 제설작업을 철저히 하는 등 유관기관과 협업해 출동로 확보에 나설 계획이므로 옳은 내용이다.
④ 4문단에 따르면 폭설, 도로결빙 등에 대비해 신속한 출동에 어려움이 없도록 스노우체인, 염화칼슘 등 월동장비를 소방차량에 적재할 예정이므로 옳은 내용이다.
⑤ 4문단에 따르면 전국 시도소방본부는 지자체와 경찰 등 관계기관과 비상연락망을 정비하고 재난상황 정보를 신속하게 공유할 예정이므로 옳은 내용이다.

23 문제해결능력　　　　　　　　　정답 ⑤

4문단에 따르면 상호텍스트를 옹호하면 작가의 역할을 철저히 외면하게 된다고 하였으므로 옳지 않은 내용이다.

오답 체크

① 4문단에 따르면 탈구조주의적 관점에서 상호텍스트는 인간의 역할을 줄이고 저자와 독자를 해체한다고 하였으므로 옳은 내용이다.

② 3문단에 따르면 크리스테바는 모든 텍스트가 다른 텍스트를 받아들이고 그에 따른 변화를 인용하는 것이 연속적으로 이어진다고 생각하였으므로 옳은 내용이다.

③ 2문단에 따르면 상호텍스트는 노래 내에서 다른 사건을 언급하는 식으로 사용된다고 하였으므로 옳은 내용이다.

④ 3문단에 따르면 크리스테바는 모든 문학 작품들은 작가가 만들어 냈다고 볼 수 없으며, 오히려 작품 외부의 문헌, 자료, 언어 구조 등에 의해 생성된다고 주장하였으므로 옳은 내용이다.

[24-25]
24 문제해결능력　　　　　　　　　정답 ④

'할인 정보'에 따르면 4급 장애인의 경우 성인 일반석 요금 기준으로 무궁화호는 50%, 새마을호와 KTX는 주말 및 공휴일을 제외한 날에만 30% 적용되어, 상혁이와 가족들이 금요일에 제4열차 KTX 열차를 이용하면 30% 할인이 적용되므로 옳은 내용이다.

오답 체크

㉠ '할인 정보'에 따르면 만 6세 미만 유아의 경우 유아의 좌석 지정을 할 경우 75% 할인이 적용되므로 옳지 않은 내용이다.

㉡ '서울발 부산행 열차별 운행 정보'와 '할인 정보'에 따르면 만 6세 이상 만 13세 미만의 어린이의 경우 50% 할인되어 제4열차의 운임 요금은 53,500 × 0.5 = 26,750원이므로 옳지 않은 내용이다.

㉢ '할인 정보'에 따르면 국가유공자는 연 6회까지 동반 보호자 1명과 함께 100% 할인이 적용되므로 옳지 않은 내용이다.

㉣ 성인 2명, 4급 장애인 1명, 좌석을 지정한 만 3세 유아 1명, 만 6세 어린이 1명, 올해 5회까지 할인 받은 국가유공자 1명과 동반 보호자 1명의 총 요금은 (53,500 × 2) + (53,500 × 0.7 × 1) + (53,500 × 0.25 × 1) + (53,500 × 0.5 × 1) + (53,500 × 0 × 2) = 184,575원이므로 옳지 않은 내용이다.

25 문제해결능력　　　　　　　　　정답 ①

'정차역별 정차 시간'에 따르면 기존 정차 시간과 실제 정차 시간의 차이는 수원역이 3분, 부강역이 1분, 오송역이 1분, 경주역이 2분, 울산역이 3분이고, 오산과 밀양역에서는 차이가 없다. 이에 따라 열차별 늘어난 소요시간에 따른 도착시간은 다음과 같다.

구분	예상 소요시간	늘어난 소요 시간	출발시간	도착시간
제1열차 (무궁화호)	344분	344 + 3 + 1 = 348분	07:48	13:36
제2열차 (새마을호)	288분	288 + 3 = 291분	08:49	13:40
제3열차 (KTX)	202분	202 + 3 + 2 + 3 = 210분	10:12	13:42
제4열차 (KTX)	193분	193 + 1 = 194분	10:18	13:32
제5열차 (KTX)	165분	165 + 1 + 3 = 169분	10:44	13:33

따라서 부산에 세 번째로 도착하는 열차는 제1열차이다.

p.40

01 의사소통	02 의사소통	03 의사소통	04 의사소통	05 의사소통	06 의사소통	07 의사소통	08 의사소통	09 의사소통	10 수리
②	②	②	③	⑤	④	③	④	⑤	④

11 수리	12 수리	13 수리	14 수리	15 수리	16 수리	17 수리	18 문제해결	19 문제해결	20 문제해결
③	③	①	④	④	②	①	④	④	②

21 문제해결	22 문제해결	23 문제해결	24 문제해결	25 문제해결
①	②	④	④	②

[01 - 02]

01 의사소통능력   정답 ②

4문단에서 광복 이후 특급과 우등 열차 모두 시트가 고정되어 있었으며, 등받이만 앞뒤로 바꿀 수 있었다고 했으므로 광복 이후에도 국내의 특급 열차와 우등 열차 내 모든 좌석의 등받이를 움직일 수 없었다는 것은 아님을 알 수 있다.

오답 체크

① 3문단에서 승객의 안전을 위해 1994년부터 열차 내 자동문을 설치하기 시작했다고 하였고, 4문단에서 1985년부터 무궁화호 좌석을 리클라이닝 방식으로 교체하기 시작했다고 하였으므로 적절한 내용이다.

③ 2문단에서 환경오염이 사회 문제로 떠오르던 1986년부터 열차 내 저장식 화장실이 등장하기 시작하였으며, 88서울올림픽을 앞두고 우리나라 철도 이미지 개선을 위해 열차 내 비산식 화장실을 저장식으로 개량하는 사업을 진행하였다고 했으므로 적절한 내용이다.

④ 3문단에서 1980년대만 하더라도 열차 내 수동 출입문을 사용한 탓에 열차가 운행 중일 때도 출입문을 쉽게 열 수 있었으며, 출입문 밑이 뚫려 있어 승객들의 추락 위험이 높았다고 했으므로 적절한 내용이다.

⑤ 1문단에서 열차 내 난방장치가 증기식에서 전기식으로 교체된 시기는 1984년이라고 하였으며, 이때부터 비둘기호를 제외한 급행열차 내부의 선풍기를 에어컨으로 바꾸기 시작했다고 하였으므로 적절한 내용이다.

02 의사소통능력   정답 ②

ⓒ이 있는 문장 앞에서 화장실 사용이 가능하다는 점은 열차가 좋은 이유 중 하나라고 하였으며, ⓒ이 있는 문장에서 과거에는 열차가 정차 중일 때는 화장실 사용을 금했다고 하여 화제를 앞의 내용과 관련시키면서 다른 방향으로 이끌어 나갈 때 쓰는 접속 부사인 '그런데'가 들어가야 하므로 가장 적절하지 않다.

오답 체크

① ㉠이 있는 문장 앞에서 기록에 의하면 국내 운행 열차에 에어컨이 최초로 설치된 시기는 1939년으로, 아카쓰키가 그 효시라고 한 바와 달리 ㉠이 있는 문장에서 아카쓰키는 일제 강점기인 1939년 열차이기 때문에 우리나라 열차인 관광호가 에어컨이 설치된 최초의 열차라는 기록이 많다고 했으므로 적절하다.

③ ⓒ이 있는 문장 앞에서 1980년대 당시 승객들은 열차에 승하차 시 열차 안쪽으로 열리는 출입문과 3단 계단, 발판으로 구성된 승강대를 이용했다고 하였으며, ⓒ이 있는 문장에서 이 가운데 발판은 승강대 입구를 봉쇄하는 역할을 했다고 하였으므로 적절하다.

④ ⓔ이 있는 문장 앞에서 발판에 있는 스프링은 출입문을 쉽게 열 수 있도록 하는 역할을 함으로써 제 역할을 다했다고 하였으나 ⓔ이 있는 문장에서 열차가 운행 중일 때도 출입문을 쉽게 열 수 있도록 해 승객의 추락 위험을 가중시켰다고 했으므로 적절하다.

⑤ ⓜ이 있는 문장 앞에서 열차를 이용하는 승객의 입장에서 필요했던 열차의 여러 개선 사항에 대해 설명하고 있었으나 ⓜ이 있는 문장에서 열차를 운영하는 사람 입장에서도 열차의 개량이 필요하여 열차의 좌석 수와 배치 방식 등에 변화를 주었다고 하였으므로 적절하다.

03 의사소통능력 정답 ②

(가) 문단에서 수요 응답형 서비스 등을 통해 이동 사각지대를 해소하며, 이를 위해 현재 농어촌 지역 등으로 제한된 서비스 범위를 신도시, 심야 시간대 등으로 확대한다고 하였으므로 제한된 범위에서 이루어지던 수요 응답형 서비스를 농어촌 지역으로 확대하고 있는 것은 아님을 알 수 있다.

오답 체크

① (다) 문단에서 철도 역사 등 교통 거점 주차장, 공영 주차장 등에 공유차량 전용 주차구획을 설치할 수 있도록 법적 근거를 명확히 할 것이라고 하였으므로 적절한 내용이다.

③ 2문단에서 최근 4차 산업 혁명으로 교통 분야에 ICT와 혁신 기술이 융복합 되면서 수요자 관점의 이동성 극대화가 강조되고 있다고 하였으므로 적절한 내용이다.

④ (나) 문단에서 대도시권을 대상으로 지역 특성을 고려한 MaaS가 활성화될 수 있도록 버스, 지하철 등을 연계한 시범사업 추진 방안을 마련한다고 하였으므로 적절한 내용이다.

⑤ (다) 문단에서 공유차량 편도 이용자가 차량을 반납했을 시에는 사업자가 차량을 대여 장소로 다시 이동시킨 후 영업해야 하는 현행 규제를 합리적으로 개선한다고 하였으므로 적절한 내용이다.

04 의사소통능력 정답 ③

(나) 문단에서 다양한 모빌리티 데이터 통합 관리와 민간 개방을 통해 민간 주도의 MaaS 활성화를 지원하고, 우선 공공 주도의 선도사업도 추진한다고 하였으며, MaaS는 다양한 이동수단과 정보를 연계함으로써 단일 플랫폼에서 원스톱 서비스를 제공하는 것이라고 하였으므로 (나)문단의 제목은 '민간 주도의 이동수단 연계를 통한 원스톱 서비스 지원'이 된다.

05 의사소통능력 정답 ⑤

(다) 문단에서 공유차량 관련 규제를 합리적으로 완화하는 등 퍼스트·라스트 마일 모빌리티도 강화한다고 하였으므로 빈칸에 들어갈 내용으로 가장 적절한 것은 ⑤이다.

06 의사소통능력 정답 ④

2문단에서 철도시설물의 기존 점검은 작업자가 작업 전 자료 조사부터 실사 측정, 시스템 등록 등의 여러 단계를 수기로 입력하며 직접 진행했다고 하였으므로 기존의 철도시설물 점검이 시스템 등록을 제외한 모든 단계를 작업자가 직접 기록하여 입력하는 방식으로 이루어진 것은 아님을 알 수 있다.

오답 체크

① 5문단에서 한국철도공사 토목시설 처장은 새로운 기술을 쉽게 배울 수 있는 직원 교육 프로그램도 진행하겠다고 하였으므로 적절한 내용이다.

② 1문단에서 작업자가 눈앞에 보이는 액정 표시에 따라 시설을 점검하며 '사진 촬영' 등을 음성으로 명령하면 이에 따라 스마트 글라스가 자동으로 동작한다고 하였으므로 적절한 내용이다.

③ 4문단에서 열차가 고속 주행하는 선로 인접 시설물은 그 형태가 복잡하고 강풍과 고압 전류로 인해 일반적인 드론의 비행이 쉽지 않다고 하였으므로 적절한 내용이다.

⑤ 3문단에서 경영정보시스템은 전국에서 운행되고 있는 열차의 실시간 위치 정보를 포함하여 다양한 철도 정보를 대형 스크린에 시각화한 것으로, 이를 통해 현 시각 운행 중인 열차의 위치를 파악하여 열차에 이상이 발생했을 때 관련 정보를 빠르게 업데이트하여 신속하게 대응할 수 있도록 한다고 하였으므로 적절한 내용이다.

07 의사소통능력 정답 ③

2문단에서 작업자의 안전 향상에도 크게 기여하는 스마트글라스는 두 손이 자유로워 추락 사고를 예방할 수 있을 뿐만 아니라 기기 내부 센서가 충격과 기울기를 감지하여 작업자에게 이례적인 상황이 발생할 경우 지정된 컴퓨터로 바로 통보한다고 하였으므로 가장 적절한 것은 ③이다.

오답 체크

①, ④, ⑤ 4문단에서 맞춤형 드론은 육안 조사가 쉽지 않은 장소에 사용되고 있으며, 이동식 관제 차량을 통해 실시간으로 영상을 분석하여 구조물의 외형을 재구성하고, 인공지능을 통해 구조물의 손상 상태를 진단하여 데이터로 저장 후 체계적으로 관리하고 있다고 하였으므로 적절하지 않은 내용이다.

② 3문단에서 경영정보시스템은 다양한 철도 정보를 대형 스크린에 시각화한 것으로, 열차에 이상이 발생했을 때 신속하게 대응할 수 있도록 도와준다고 하였으므로 적절하지 않은 내용이다.

[08 - 09]
08 의사소통능력 정답 ④

4문단에서 철도 비회원의 80% 이상이 오프라인으로 승차권을 구입하고 있다고 하였으므로 철도 비회원 중 온라인으로 승차권을 구매하는 비율이 80% 이상인 것은 아님을 알 수 있다.

오답 체크

① 4문단에서 코레일톡을 이용한 온라인 승차권 발권 비율은 매년 증가하고 있다고 하였으므로 적절한 내용이다.
② 3문단에서 B사의 애플리케이션을 이용할 경우 출발지 및 도착지의 위치를 기반으로 검색하여 최적의 철도 이용 경로를 추천받는다고 하였으므로 적절한 내용이다.
③ 2문단에서 A사 애플리케이션 검색창에 'KTX'나 '기차표예매' 등의 열차 승차권 관련 키워드를 입력하면 승차권 예약 화면이 나타난다고 하였으므로 적절한 내용이다.
⑤ 2문단에서 A사의 지도 애플리케이션에는 기차 승차권을 예약할 수 있는 기차 조회·예매 메뉴가 신설된다고 하였으므로 적절한 내용이다.

09 의사소통능력 정답 ⑤

1문단에서 대부분의 사람들이 평상시 A사와 B사의 애플리케이션에 로그인 상태를 유지하고 있기 때문에 철도 회원이 아니더라도 별도의 회원가입 과정을 거치지 않고 A사와 B사의 애플리케이션을 통한 승차권 발권을 간편하게 이용할 수 있게 되어 비대면 철도 서비스 이용 편의가 더욱 향상될 것으로 예상된다고 하였으므로 빈칸에 들어갈 말로 가장 적절한 것은 ⑤이다.

[10 - 11]
10 수리능력 정답 ④

광역철도본부 내 전체 역 중 보통역이 차지하는 비중은 $(72 / 168) \times 100 ≒ 42.9\%$로 50% 미만이므로 옳지 않은 설명이다.

오답 체크

① 신호소가 있는 사업본부는 광역철도본부밖에 없으므로 옳은 설명이다.
② 물류본부의 간이역 개수는 물류본부 내 전체 역 개수의 $\{(22 + 2) / 50\} \times 100 = 48\%$로 50% 미만이므로 옳은 설명이다.
③ 용도별 신호장 개수는 여객이 여객 및 화물보다 $28 - 14 = 14$개 더 많으므로 옳은 설명이다.
⑤ 전체 역 개수는 역원무배치 간이역이 조차장의 $143 / 13 = 11$배이므로 옳은 설명이다.

11 수리능력 정답 ③

수정 후 용도별 역 개수 및 전체 역 개수에서 용도별 역 개수가 차지하는 비중은 다음과 같다.

구분	역 개수(개)	비중(%)
여객	203	$(203 / 417) \times 100 ≒ 48.7$
화물	$57 + 4 = 61$	$(61 / 417) \times 100 ≒ 14.6$
여객 및 화물	$109 + 4 + 2 + 2 = 117$	$(117 / 417) \times 100 ≒ 28.1$
기타	36	$(36 / 417) \times 100 ≒ 8.6$
합계	$203 + 61 + 117 + 36 = 417$	–

따라서 ⓑ - ⓐ의 값은 $28.1 - 14.6 = 13.5$이다.

[12 - 14]
12 수리능력 정답 ③

2X23년 원인별 전체 철도 준사고 건수에서 2X23년 12월 철도 준사고 건수가 차지하는 비중은 인적요인이 $\{7 / (24 + 33)\} \times 100 ≒ 12.3\%$, 기술요인이 $\{3 / (8 + 12)\} \times 100 = 15\%$로 인적요인이 기술요인보다 낮으므로 옳지 않은 설명이다.

오답 체크

① 2X23년 12월 A, B, C 철도의 시설결함으로 인한 운행 장애 발생 건수는 전력 노후화가 각각 0건, 3건, 1건, 신호설비 노후화가 각각 1건, 5건, 2건으로 모든 철도 유형에서 신호설비 노후화가 전력 노후화보다 많으므로 옳은 설명이다.
② 2X23년 원인별 운행 장애 발생 건수는 상반기에 차량결함, 시설결함, 인적결함, 기타가 각각 45건, 29건, 62건, 25건이고, 하반기에 각각 46건, 29건, 61건, 20건으로 인적결함으로 인한 운행 장애 발수 건수가 매 반기 가장 많으므로 옳은 설명이다.
④ 2X23년 상반기와 하반기 신호설비 노후화로 인한 B 철도 운행 장애 발생 건수의 평균은 $(9 + 11) / 2 = 10$건이므로 옳은 설명이다.
⑤ 2X23년 하반기 생활안전 사고로 인한 운행 장애 발생 건수의 전반기 대비 감소율은 A 철도가 $\{(8 - 7) / 8\} \times 100 = 12.5\%$, C 철도가 $\{(6 - 5) / 6\} \times 100 ≒ 16.7\%$로 A 철도가 C 철도보다 작으므로 옳은 설명이다.

⑤ 비교하는 두 분수의 분자와 분모 각각의 크기를 비교한다.

2023년 하반기 생활안전 사고로 인한 운행 장애 발생 건수의 전반기 대비 감소율은 A 철도가 $\frac{8-7}{8} \times 100$, B 철도가 $\frac{6-5}{6} \times 100$이다. 공통되는 '× 100'은 생략하고, 두 분수 $\frac{1}{8}$, $\frac{1}{6}$을 비교하면 분자는 모두 1로 동일하지만, 분모는 각각 8, 6으로 B 철도의 2023년 하반기 생활안전 사고로 인한 운행 장애 발생 건수의 전반기 대비 감소율이 더 작으므로 $\frac{1}{8} < \frac{1}{6}$이다.

따라서 2X23년 하반기 생활안전 사고로 인한 운행 장애 발생 건수의 전반기 대비 감소율은 A 철도가 C 철도보다 작다.

13 수리능력   정답 ①

2X23년 하반기 원인별 전체 운행 장애 발생 건수의 전반기 대비 증가율은 다음과 같다.

구분	증감률(%)
제동장치 고장	{(24 − 20) / 20} × 100 = 20%
신호설비 노후화	{(20 − 17) / 17} × 100 ≒ 17.6%
수칙 위반	{(46 − 45) / 45} × 100 ≒ 2.2%

따라서 2X23년 하반기 원인별 전체 운행 장애 발생 건수의 전반기 대비 증가율을 비교한 것으로 옳은 것은 ①이다.

14 수리능력   정답 ④

제시된 자료에 따르면 A 철도의 2X23년 12월 수칙 위반으로 인한 운행 장애 발생 건수는 6건, B 철도의 2X23년 12월 생활안전 사고로 인한 운행 장애 발생 건수는 1건, C 철도의 2X23년 12월 수칙 위반으로 인한 운행 장애 발생 건수는 4건이므로 옳지 않은 그래프는 ④이다.

[15-16]

15 수리능력   정답 ②

2X23년 판매 수수료의 전년 대비 증감률은 {(3.5 − 4.2) / 4.2} × 100 ≒ −17%이다.

16 수리능력   정답 ②

2X22년 일평균 공급 좌석 수가 전년 대비 25% 증가했다면, 2X21년 일평균 좌석 수는 26.8 / 1.25 = 21.44천 석이므로 옳지 않은 설명이다.

① 2X23년 특가 승차권 구매 이용객은 애플리케이션 구매 이용객이 오프라인 구매 이용객의 163 / 52 ≒ 3.1배로 3배 이상이므로 옳은 설명이다.

③ 2X23년 협력 여행사 매출은 전년 대비 {(59 − 46) / 46} × 100 ≒ 28.3%로 20% 이상 증가하였으므로 옳은 설명이다.

④ 2X23년에 특가 승차권을 구매한 이용객은 총 52 + 65 + 163 = 280만 명이므로 옳은 설명이다.

⑤ 2X23년 공급 좌석 수는 30.2 × 365 = 11,023천 석 = 1,102.3만 석으로 2X23년 공급 좌석 수 대비 특가 승차권 구매 이용객 비율은 {(52 + 65 + 163) / 1,102.3)} × 100 ≒ 25.4%로 30% 미만임에 따라 옳은 설명이다.

① 오프라인 구매 이용객의 3배와 애플리케이션 구매 이용객의 크기를 비교한다.

오프라인 구매 이용객의 3배는 52 × 3 = 156만 명으로 애플리케이션 구매 이용객 163만 명보다 적으므로 2X23년 특가 승차권 구매 이용객은 애플리케이션 구매 이용객이 오프라인 구매 이용객의 3배 이상임을 알 수 있다.

17 수리능력   정답 ①

2X22년 갑 기업 A 부서의 남자 직원 수를 x, 여자 직원 수를 y라고 하면

2X22년 갑 기업 A 부서의 직원은 총 310명이므로

$x + y = 310$ … ⓐ

2X23년 갑 기업 A 부서의 남자 직원은 전년 대비 20% 감소하였고 여자 직원은 10% 증가하였으며, 전체 직원은 총 317명이므로

$0.8x + 1.1y = 317$ … ⓑ

1.1 × ⓐ − ⓑ를 하면, $0.3x = 24 \rightarrow x = 80$

따라서 2X23년 갑 기업 A 부서의 남자 직원 수는 80 × 0.8 = 64명이다.

[18-20]

18 문제해결능력   정답 ④

'4. 유의사항'에 따르면 승차권 나중에 결제하기 서비스는 열차 출발 3시간 전까지 결제를 완료해야 하지만, '3. 멤버십 등급별 혜택 안내'에 따르면 패밀리 등급은 승차권 나중에 결제하기 서비스를 제공받을 수 없으므로 옳지 않은 내용이다.

① '3. 멤버십 등급별 혜택 안내'에 따르면 VIP 등급은 KTX 특실 무료 업그레이드 쿠폰을 2매 받게 되며, '4. 유의사항'에 따르면 KTX 특실 무료 업그레이드 쿠폰은 멤버십 부여 기준일의 익월 10일 이내에 지급되므로 옳은 내용이다.

② '4. 유의사항'에 따르면 마일리지는 승차권 구입 비용의 5%가 적립됨에 따라 58,000원의 5%인 58,000 × 0.05 = 2,900점의 마일리지가 적립되므로 옳은 내용이다.

③ '3. 멤버십 등급별 혜택 안내'에 따르면 비즈니스 등급은 멤버십 라운지 이용이 불가하지만, 멤버십 제휴 서비스는 제공받을 수 있으므로 옳은 내용이다.

⑤ '2. 멤버십 등급 구분'에 따르면 패밀리 등급의 경우 본인 인증 절차를 거쳐 비즈니스 등급으로 전환되며, '3. 멤버십 등급별 혜택 안내'에 따르면 비즈니스 등급도 패밀리 등급과 마찬가지로 승차권 30% 할인 쿠폰은 제공받지 못하므로 옳은 내용이다.

19 문제해결능력　　정답 ④

'1. 멤버십 등급 부여 기준월'에 따르면 1월에 부여받는 멤버십은 전년도 1월 1일부터 전년도 12월 31일까지의 실적이므로 2X23년 1월에 받게 될 멤버십 등급은 2X22년 1월 1일부터 2X22년 12월 31일까지의 실적에 따라 부여됨을 알 수 있다. B가 2X22년에 적립한 마일리지는 다음과 같다.

구분	승차권 구매 요금	적립된 마일리지
1~6월	–	42,000점
7월	35,000 × 5 = 175,000원	175,000 × 0.05 = 8,750점
8월	42,000 × 3 = 126,000원	126,000 × 0.05 = 6,300점
12월	37,000원	37,000 × 0.05 = 1,850점

따라서 B가 2X22년에 적립된 마일리지는 총 42,000 + 8,750 + 6,300 + 1,850 = 58,900점이며, 2X22년 1~6월에 적립된 마일리지는 42,000점, 2X22년 7~12월에 적립된 마일리지는 8,750 + 6,300 + 1,850 = 16,900점이다.
'2. 멤버십 등급 구분'에 따르면 VIP 등급은 부여 기준일 동안 승차권 구입 시 적립되는 마일리지가 반기 기준 4만 점 이상이거나 1년 기준 8만 점 이상인 고객이며, 플래티넘 등급은 부여 기준일 동안 승차권 구입 시 적립되는 마일리지가 1년 기준 4만 점 이상인 고객이다. B가 부여 기준일 동안 반기 기준으로 부여받게 되는 등급은 4만 점 이상인 VIP이고, 부여 기준일 동안 1년 기준으로 부여받게 되는 등급은 1년 기준 4만 점 이상인 플래티넘이다. 다만, 두 가지 이상의 멤버십 등급에 해당할 경우 더 높은 멤버십 등급을 부여하므로 B가 부여받게 될 멤버십은 VIP이다.
따라서 B가 2X23년 1월에 부여받게 될 멤버십 등급은 'VIP'이다.

20 문제해결능력　　정답 ②

'1. 멤버십 등급 부여 기준월'에 따르면 1월에 부여되는 멤버십 등급은 전년도 1월 1일부터 전년도 12월 31일까지의 실적이고, '2. 멤버십 등급 구분'에 따르면 부여 기준일 동안 승차권 구입 시 적립하는 마일리지가 반기 기준 8만 점 이상인 고객은 VVIP 등급을 부여받으므로 2X22년 7~12월 적립된 총 마일리지가 82,000점인 Z는 VVIP 등급을 부여받는다. '3. 멤버십 등급별 혜택 안내' 및 '4. 유의사항'에 따라 VVIP 등급의 혜택으로 KTX 특실 무료 업그레이드 쿠폰을 사용할 수 있으므로 Z는 편도 기준 서울-부산 일반실 가격인 50,000원으로 특실 승차권을 구매할 수 있다. 다만, KTX 특실 무료 업그레이드 쿠폰은 멤버십 본인만 사용이 가능하므로 어린이 승차권은 50,000 × 0.7 = 35,000원이며, 특실은 일반실 가격보다 15% 더 비싸므로 35,000 × 1.15 = 40,250원이다. 또한, 어린이, 경로, 장애인 할인과 30% 할인 쿠폰은 중복 적용할 수 있고, 해당 경우 어린이, 경로, 장애인 할인이 먼저 적용된 뒤 최종 금액에 30% 할인 쿠폰이 적용되므로 (50,000 + 40,250) × 0.7 = 63,175원이다.
따라서 Z가 지불해야 하는 열차 이용 요금은 63,175원이다.

[21-22]
21 문제해결능력　　정답 ①

'3. 특별 점수 계산 방법'에 따라 계산한 김 ○○의 특별 점수는 다음과 같다.

기초생활수급자 유무	1점
자녀 2명 이상 유무	1점
구입 관련 제재 이력 유무	0점
자차 2대 이상 보유 유무	1점

김 ○○의 특별 점수 총점은 1 + 1 + 1 = 3점이다. 이때, 합계 점수가 3점 이하인 사람은 특별 관광 승차권 구입이 불가능하지만, 장애의 정도가 심한 중증 장애인은 5점이 추가된다고 하였으므로 중증 장애인인 김 ○○의 특별 점수 총점은 3 + 5 = 8점이 되어 특별 관광 승차권을 구매할 수 있다. '2. 승차권별 편도 가격'에 따르면 서울 – 부산 특별 관광 편도 승차권은 58,000원이며, '4. 할인 내용'에 따르면 중증 장애인의 경우 50%의 할인율이 적용되므로 58,000 × 0.5 = 29,000원이 된다.
따라서 김 ○○이 지불해야 할 승차권 가격은 29,000원이다.

22 문제해결능력　　　　　　　정답 ②

'3. 특별 점수 계산 방법'에 따라 계산한 박 ○○의 특별 점수
는 다음과 같다.

기초생활수급자 유무	1점
자녀 2명 이상 유무	1점
구입 관련 제재 이력 유무	3점
자차 2대 이상 보유 유무	3점

박 ○○의 특별 점수 총점은 1+1+3+3=8점으로 특별 관
광 승차권을 구매할 수 있다. '2. 승차권별 편도 가격'에 따르
면 청량리 – 안동 특별 관광 편도 승차권의 가격은 25,000원
이며, '4. 할인 내용'에 따르면 중증 이외의 장애인의 경우 할
인율은 중증 장애인에게 적용되는 할인율의 30%만 적용된다
고 하였으므로 50 × 0.3 = 15%가 적용된다. 또한, 박 ○○은
만 34세로 청년에 해당하므로 청년 할인율 30%도 적용받을
수 있다. 다만, 중복 할인에 해당할 경우 더 높은 할인율을 적
용하므로 박 ○○은 30%의 할인율만 적용됨에 따라 25,000
× 0.7 = 17,500원이 된다.
따라서 박 ○○이 지불해야 할 승차권 가격은 17,500원이다.

[23 - 25]
23 문제해결능력　　　　　　　정답 ④

제시된 자료에 따르면 도급기관은 공사 완료 후 익일에 완료보
고서를 작성해야 하며, 작성한 공사 완료보고서를 7일 이내에
산하기관에 제출해야 하므로 옳지 않은 내용이다.

오답 체크
① 제시된 자료에 따르면 담당기관은 시설기술단의 기본계획에 대
　해 7일 이내로 적절성을 검토하며, 해당 기간 내에 담당기관은
　산하기관과 협조하여 보수공사를 진행할 도급기관을 선정하므
　로 옳은 내용이다.
② 제시된 자료에 따르면 시설장비사무소의 산하기관인 장비사업
　소와 중정비사업소는 시설장비사무소로부터 보수 계획을 전달
　받은 즉시 장비보수작업을 시행하므로 옳은 내용이다.
③ 제시된 자료에 따르면 시설기술단은 기본계획을 수립하여 7일
　이내에 담당기관에 제출해야 하므로 옳은 내용이다.
⑤ 제시된 자료에 따르면 담당기관은 산하기관에 보수 실행 및 계획
　을 전달하기에 앞서 시설기술단에서 수립하여 제출한 기본계획
　에 대해 7일 내로 적절성을 검토하며, 필요한 경우에 한하여 산
　하기관에 협조를 요청할 수 있으므로 옳은 내용이다.

24 문제해결능력　　　　　　　정답 ④

제시된 자료에 따르면 시설기술단은 수립한 기본계획을 7일 이
내에 담당기관에 전달하므로 2023년 11월 17일 수립한 기본
계획은 늦어도 2023년 11월 24일까지 담당기관에 전달되고,
담당기관은 기본계획에 대해 7일 내로 적절성을 검토하므로 늦
어도 2023년 12월 1일까지 적절성 검토를 완료한다. 이후 12
일 내로 산하기관에 계획을 전달하므로 산하기관은 담당기관으
로부터 2023년 12월 13일까지는 계획을 전달받으며, 전달받
은 즉시 도급기관에 보수 공사를 지시하고, 도급기관은 21일 이
내에 공사를 완료하므로 도급기관이 보수 공사를 완료하는 날
짜는 2024년 1월 3일이다. 이때 도급기관은 공사 완료 후 익
일에 완료보고서를 작성하므로 도급기관이 공사 완료보고서를
작성하는 날짜는 2024. 1. 4이다.

25 문제해결능력　　　　　　　정답 ②

제시된 자료에 따르면 담당기관은 산하기관에 보수 실행 및 계
획을 전달하기 전 시설기술단의 기본계획에 대한 적절성 검토
를 시행하므로 3월 5일 시설기술단의 기본계획에 대한 적절성
검토가 완료될 경우 담당기관은 적어도 3월 17일까지는 산하
기관에 보수 계획을 전달한다. 도급기관이 14일간 보수 공사를
진행하여 3월 30일에 완료했다면 산하기관으로부터 3월 17일
업무 지시를 받았으므로 3월 8일에 진행될 수 있는 보수 절차
는 보수 계획 전달이다.

p.62

01 의사소통	02 의사소통	03 의사소통	04 의사소통	05 의사소통	06 의사소통	07 의사소통	08 의사소통	09 의사소통	10 수리
⑤	③	④	②	⑤	①	④	②	①	③
11 수리	**12** 수리	**13** 수리	**14** 수리	**15** 수리	**16** 수리	**17** 수리	**18** 문제해결	**19** 문제해결	**20** 문제해결
⑤	③	③	②	③	⑤	③	①	②	⑤
21 문제해결	**22** 문제해결	**23** 문제해결	**24** 문제해결	**25** 문제해결					
③	③	⑤	④	①					

01 의사소통능력   정답 ⑤

빈칸 앞에서는 사람이 부정적인 정보에 가중치를 두어 평가하는 경향이 있어서 한번 정해진 평가를 바꾸는 것이 매우 어려운 일이라는 내용을 말하고 있고, 빈칸 뒤에서는 대부분 첫인상으로 정해진 호감이나 비호감이 지속될 가능성이 높고 호감을 유지하는 것보다 비호감을 개선하는 것이 더 힘들다는 내용을 말하고 있다.

따라서 첫 만남에서 상대에게 호감을 주는 것이 중요하다는 내용의 ⑤가 가장 적절하다.

02 의사소통능력   정답 ③

NGO는 정보가 숨겨지고 토론이 제한되는 상황을 견제하여 공론의 장을 마련함으로써 정보를 보다 투명하게 공개하며 사소하고 비가시적인 주제를 끌어들여 토론을 활성화하므로 비판과 토론을 중요시하는 민주주의의 실현을 위해 기여해야 하는 바로 가장 적절하다.

오답 체크

① NGO는 시민의 자발적인 참여를 통해 조직되고 궁극적으로 정책 과정에 참여하는 것을 기본 목표로 수립하기 때문에 능동성과 전문성을 중시하고 정책 과정이 소수의 엘리트에게 독점되는 상황을 견제하므로 적절하지 않은 내용이다.

② NGO는 시민 교육을 통해 사적 이익 추구에 몰두하거나 정책에 수동적으로 적용되는 정태적 시민이 아닌, 공동체의 업무에 적극적으로 참여하는 능동적 시민을 육성하므로 적절하지 않은 내용이다.

④ NGO는 다양한 선호를 가진 사람들이 그 가치를 공유하고 공동으로 협력하여 공공의 이익을 실현하려는 조직이기 때문에 다원적 가치를 추구하므로 적절하지 않은 내용이다.

⑤ NGO는 미시적인 현안을 정치화하여 사회의 문제가 고착화되는 것을 저지하고 기존 사회 질서와 제도를 개선할 수 있는 방안을 꾸준히 모색하므로 적절하지 않은 내용이다.

03 의사소통능력   정답 ④

이 글은 정통의학을 대신하거나 보완하는 대체의학이 과학적 증명이 어려워 정통의학으로 편입되기 어렵지만, 서양의학으로 대표되는 정통의학의 한계를 보완할 수 있다는 점에서 유효성과 안전성에 대한 비판에도 불구하고 전 세계로 보급이 확산되고 있다는 내용이므로 이 글의 핵심 내용으로 가장 적절한 것은 ④이다.

오답 체크

① 3문단에서 대체의학의 효과가 과학적으로 증명이 되면 언제든 정통의학으로 편입할 수 있다고 하였지만, 글 전체를 포괄할 수 없으므로 적절하지 않은 내용이다.

② 6문단에서 대체의학의 과학적 한계에 대해 서술하고 있지만, 이에 대한 해결방안에 대해서는 다루고 있지 않으며 글 전체를 포괄할 수 없으므로 적절하지 않은 내용이다.

③ 문화권에 따른 대체의학의 발전 과정에 대해서는 다루고 있지 않으므로 적절하지 않은 내용이다.

⑤ 7문단에서 우리나라뿐만 아니라 전 세계에서 대체의학을 시도하고 있으며, 미국, 유럽 등에서 관련 연구가 활발하게 진행되고 있다고 하였지만, 글 전체를 포괄할 수 없으므로 적절하지 않은 내용이다.

04 의사소통능력　정답 ②

제시된 글에서 텔레비전 시대라고 일컬어지는 현대 사회가 미디어에 의해 선별된 넘쳐나는 정보를 영상을 통해 쉽게 소비하는 헉슬리식 디스토피아 모델이라고 하였으므로 컴퓨터와 정보통신이 발달하여 감시 카메라가 일상 속에 침투하면서 권력 집단이 정보를 독점하여 사회를 통제하고 있다는 오웰식 디스토피아 모델에 대한 설명은 논지를 강화하는 내용으로 가장 적절하지 않다.

05 의사소통능력　정답 ⑤

7문단에서 운동으로 생긴 땀을 빨리 제거하려면 흡습성이 좋은 소재가 유리할 것 같지만, 흡습성이 좋은 소재는 수분을 가지고 있으려는 성질이 강해 잘 마르지 않으며, 땀에 젖은 옷은 등산 시 추위로 인한 위험을 유발할 수 있다고 하였으므로 운동하면서 땀을 많이 흘리는 사람이 등산 시 흡습성이 좋은 소재의 옷을 입는 게 좋은 것은 아님을 알 수 있다.

06 의사소통능력　정답 ①

이 글은 혈관을 따라서 온몸을 도는 혈액의 특성을 언급하며 혈액을 혈장과 혈구, 혈구를 다시 적혈구, 백혈구, 혈소판으로 구분하여 제시하고 각 요소의 특징과 기능을 설명하는 내용이다. 따라서 (가)~(마)의 소제목으로 적절한 것의 개수는 5개이다.

07 의사소통능력　정답 ④

4문단에서 문자의 자의성 또는 실제 의미나 존재와의 무관성이 음성문자적 언어관에 특유의 언어관을 형성하였으며, 이는 문자 혹은 시각적 존재로서 기표의 이면에 해당 문자나 기표의 본질이자 정신이 되는 의미가 따로 존재하고, 말 또한 의미나 세계의 지원이 있어야 언어로 기능할 수 있다고 하였으므로 ㉠이 언어가 실제 의미나 존재와 괴리되어 있어서 배후에 있는 의미나 존재가 뒷받침되어야 하나의 역할을 할 수 있다는 의미임을 알 수 있다.

08 의사소통능력　정답 ②

4문단에서 철도종합시험선로를 구축하고 본격적으로 운영하면서 철도운영기관은 충분히 검증된 기술을 도입함으로써 기술 결함으로 인한 철도사고·장애 등 위험을 최소화할 수 있다고 하였으므로 철도종합시험선로가 구축 및 운영되면서 철도운영기관이 기술 결함에서 기인하는 철도사고와 장애 등을 방지할 수 있게 되었음을 알 수 있다.

① 3문단에서 철도종합시험선로에 세계 최초로 고속·일반철도 차량용 교류전력과 도시철도 전동차용 직류전력을 모두 공급할 수 있도록 했다고 하였으므로 적절하지 않은 내용이다.

③ 5문단에서 우리나라 기업이 호주에 수출할 전동차량에 대한 주행시험을 종합시험선로에서 시행할 예정이며, 당초 호주 현지에서 실시하기로 했던 시험을 국내에서 시행하여 제품의 완성도를 높이고 시험 시간도 줄일 수 있을 것으로 예상된다고 하였으므로 적절하지 않은 내용이다.

④ 1문단에서 한국철도기술연구원의 주최로 서울에서 열린 철도종합시험선로의 준공 등을 기념하는 국제 심포지엄은 철도종합시험선로의 준공식에 하루 앞서 개최되었다고 하였으므로 적절하지 않은 내용이다.

⑤ 2문단에서 우리나라는 개발품에 대한 성능시험을 시험용 철도선로가 아닌 영업선로에서 실시하여 시험 중 사고의 위험에 노출되어 있고, 충분한 시험 시간 확보도 어려운 문제가 있었다고 하였으므로 적절하지 않은 내용이다.

09 의사소통능력　정답 ①

글 전체에서 중심 화제인 분배적 정의의 실현을 위해 자본주의와 사회주의에서 제시하는 기준을 소개하고 자본주의의 기회의 균등과 사회주의의 완전한 평등을 절충하는 롤스의 이론을 설명하고 있으므로 가장 적절하다.

10 수리능력　정답 ③

어떤 사건 A가 일어날 확률을 p라고 할 때, 사건 A가 일어나지 않을 확률은 $1 - p$임을 적용하여 구한다.

7인승 차량에 탑승하는 직원 중 A를 포함한 3명이 운전면허를 보유하고 있으므로 운전석에 앉을 수 있는 직원은 총 3명이고, 부서장은 조수석에 앉지 않는다. 이에 7명의 직원이 조건에 따라 차량에 탑승할 수 있는 모든 경우의 수는 $3 \times 5 \times 5! = 1,800$ 가지이다. 이때, 부서장은 조수석에 앉지 않고, 운전면허를 보유하고 있지 않으므로 1열에는 앉을 수 없어, A가 부서장 옆자리에 앉는 경우의 수는 A가 2열에서 부서장 옆자리에 앉는 경우의 수와 A가 3열에서 부서장 옆자리에 앉는 경우의 수의 합이다. 먼저 A가 2열에서 부서장 옆자리에 앉는 경우는 A와 부서장을 1명으로 보고, 둘의 자리를 바꾸는 경우를 고려해야 하므로 $_2C_1 \times 2 = 4$가지이고, 운전면허를 보유한 직원은 A를 제외하고 2명이므로 경우의 수는 $2 \times 4 \times 4! = 192$가지이다. 다음으로 A가 3열에서 부서장 옆자리에 앉는 경우는 A와 부서장이 자리를 서로 바꾸는 경우로 2가지이고, 마찬가지로 운전면허를 보유한 직원은 A를 제외하고 2명이므로 경우의 수는 $2 \times 2 \times 4! = 96$가지임에 따라 A가 부서장 옆자리에 앉을 경우의 수는 $192 + 96 = 288$가지이다.

따라서 A가 부서장 옆자리에 앉지 않을 확률은 $1 - \frac{288}{1,800} = 1 - \frac{16}{100} = \frac{84}{100} = 0.84$이다.

11 수리능력   정답 ⑤

평균 $= \frac{\text{변량의 총합}}{\text{변량의 개수}}$임을 적용하여 구한다.

A 부서의 인원수를 x, B 부서의 인원수를 y, C 부서의 인원수를 z라고 하면 A 부서의 평균 점수는 78점, B 부서의 평균 점수는 86점, A 부서와 B 부서 전체의 평균 점수는 81점이므로

$\frac{78x + 86y}{x + y} = 81 \rightarrow 78x + 86y = 81x + 81y$

$\rightarrow 3x = 5y \rightarrow x : y = 5 : 3 \quad \cdots$ ⓐ

C 부서의 평균 점수는 82점, B 부서와 C 부서 전체의 평균 점수는 83점이므로

$\frac{86y + 82z}{y + z} = 83 \rightarrow 86y + 82z = 83y + 83z$

$\rightarrow 3y = z \rightarrow y : z = 1 : 3 = 3 : 9 \quad \cdots$ ⓑ

이에 따라 ⓐ와 ⓑ를 비례식으로 정리하면

$x : y : z = 5 : 3 : 9 \rightarrow x = 5k, y = 3k, z = 9k$ (단, k는 자연수)

따라서 B 부서의 인원수가 가장 적으므로 옳은 설명이다.

오답 체크

① A 부서의 인원수는 $5k$임에 따라 5의 배수이므로 옳지 않은 설명이다.

② C 부서와 B 부서의 인원수 차이는 $9k - 3k = 6k$로 6의 배수여야 하므로 C 부서의 인원수가 B 부서의 인원수보다 10명 더 많을 수 없으므로 옳지 않은 설명이다.

③ A 부서와 B 부서의 인원수 차이는 $5k - 3k = 2k$로 2의 배수여야 하므로 A 부서의 인원수는 B 부서의 인원수보다 8명 더 많을 수 있으므로 옳지 않은 설명이다.

④ C 부서의 인원수는 A 부서 인원수의 $\frac{9k}{5k} = 1.8$배임에 따라 2배 미만이므로 옳지 않은 설명이다.

12 수리능력   정답 ③

4×6 크기 사진을 최대 장수로 인화하려면 3×5 크기 사진과 6×9 크기 사진을 각각 최소 장수로 인화해야 한다.

상현이가 사진을 모두 인화하는 데 지불한 비용은 24,000원이고, 배송비는 무료이므로 총비용은 24,000원이다. 이때, 4×6 크기 사진의 장당 인화 비용인 300원과 총비용인 24,000원은 모두 300의 배수이므로 나머지 3×5 크기 사진과 6×9 크기 사진을 인화하는 데 지불한 비용도 각각 300의 배수가 되어야 한다. 3×5 크기 사진은 장당 인화 비용이 150원이고, 150과 300의 최소공배수는 300임에 따라 2장씩 인화하여야 비용이 300의 배수가 되므로 최소 장수인 2장을 인화하고,

6×9 크기 사진은 장당 인화 비용이 1,000원이고, 1,000과 300의 최소공배수는 3,000임에 따라 3장씩 인화하여야 비용이 300의 배수가 되므로 최소 장수인 3장을 인화했을 때 4×6 크기 사진을 최대 장수로 인화할 수 있다. 이에 따라 4×6 크기 사진을 최대 장수로 인화하는 데 지불한 비용은 $24,000 - \{(150 \times 2) + (1,000 \times 3)\} = 20,700$원이다.

따라서 인화한 4×6 크기 사진의 최대 장수는 $\frac{20,700}{300} = 69$장이다.

13 수리능력   정답 ③

㉠ 2020년에 40대 남자 응답자 수를 x, 40대 여자 응답자 수를 y라고 하면 결혼할 의향이 있다고 응답한 남자 응답자 수는 $0.80x$, 결혼할 의향이 있다고 응답한 여자 응답자 수는 $0.64y$이다. 이때, 결혼할 의향이 있다고 응답한 40대 남자 응답자 수와 40대 여자 응답자 수가 동일하여 $0.80x = 0.64y$이므로 $1.25x = y$이다. 이에 따라 40대 전체 응답자 수는 $x + y = x + 1.25x = 2.25x$이고, 연령대별 응답자 수는 동일하므로 2020년 전체 응답자 수는 $2.25x \times 4 = 9x$이다. 따라서 2020년 전체 응답자 중 40대 남자 응답자 수가 차지하는 비중은 $(x / 9x) \times 100 ≒ 11\%$이므로 옳은 설명이다.

㉢ 2019년 이후 10년 이내 1인 생활을 종료한다고 응답한 응답자 수의 비율은 전년 대비 매년 감소하였으므로 옳은 설명이다.

따라서 자료에 대한 설명 중 옳은 것의 개수는 2개이다.

오답 체크

㉡ 2018년 응답자 수와 2019년 응답자 수는 동일하므로 2018년과 2019년 응답자 수를 각각 x라고 하면 2년 이내 1인 생활을 종료한다고 응답한 응답자 수는 2018년에 $x - 0.849x = 0.151x$, 2019년에 $x - 0.807x = 0.193x$이다. 이때, 2년 이후 10년 이내 1인 생활을 종료한다고 응답한 응답자 수는 10년 이내 1인 생활을 종료한다고 응답한 응답자 수에서 2년 이내에 1인 생활을 종료한다고 응답한 응답자 수를 빼준 값과 같으므로 2년 이후 10년 이내에 1인 생활을 종료한다고 응답한 응답자 수는 2018년에 $0.657x - 0.151x = 0.506x$, 2019년에 $0.582x - 0.193x = 0.389x$이다. 따라서 2년 이후 10년 이내에 1인 생활을 종료한다고 응답한 응답자 수는 2018년보다 2019년에 더 적으므로 옳지 않은 설명이다.

㉣ 2019년과 2020년에 30대 남자 응답자 수에서 결혼할 의향이 있다고 응답한 30대 남자 응답자 수의 비율은 파악할 수 있으나, 30대 남자 응답자 수는 파악할 수 없어 결혼할 의향이 있다고 응답한 30대 남자 응답자 수도 알 수 없으므로 옳지 않은 설명이다.

[14-15]

14 수리능력   정답 ②

2016년 유기동물 보호센터 수는 직영이 7개소, 위탁이 32개소로 총 7 + 32 = 39개소임에 따라 유기동물 보호센터 1개소당 평균 운영비용은 1,592 / 39 ≒ 40.8백만 원이므로 옳은 설명이다.

오답 체크

① 2017년 이후 유기동물 보호센터 수의 전년 대비 증감 추이는 직영이 2017년부터 2020년까지 매년 증가하고, 위탁이 2017년과 2018년에 증가, 2019년에 감소, 2020년에 증가함에 따라 서로 다르므로 옳지 않은 설명이다.

③ 제시된 기간 동안 유기동물 보호센터에서 인도된 유기동물의 비율은 매년 20% 이하이지만, 2020년 안락사된 유기동물의 비율은 21%임에 따라 매년 20% 이하가 아니므로 옳지 않은 설명이다.

④ 2019년 유기동물 보호센터 내 신규 등록 반려동물 수는 47,171마리, 보호 유기동물 수는 7,679마리이므로 신규 등록 반려동물 수와 보호 유기동물 수의 비가 22 : 3인지 비례식 47,171 : 7,679 = 22 : 3을 통해 확인하면, 7,679 × 22 = 168,938 ≠ 141,513 = 47,171 × 3이므로 옳지 않은 설명이다.

⑤ 2020년 유기동물 보호센터 내 보호 유기동물 수는 8,256마리이고, 이 중 분양된 유기동물의 비율은 24%로, 분양된 유기동물 수는 8,256 × 0.24 ≒ 1,981마리임에 따라 1,990마리 미만이므로 옳지 않은 설명이다.

15 수리능력   정답 ③

보호 유기동물 중 인도, 분양, 안락사되는 유기동물 비율의 합에서 인도, 분양되는 유기동물 비율의 합이 차지하는 비중은 {(인도 + 분양) / (인도 + 분양 + 안락사)} × 100임을 적용하면 다음과 같다.

구분	비중
2016년	{(19 + 31) / (19 + 31 + 17)} × 100 = (50 / 67) × 100 ≒ 74.6%
2017년	{(16 + 29) / (16 + 29 + 18)} × 100 = (45 / 63) × 100 ≒ 71.4%
2018년	{(15 + 28) / (15 + 28 + 20)} × 100 = (43 / 63) × 100 ≒ 68.3%
2019년	{(11 + 25) / (11 + 25 + 19)} × 100 = (36 / 55) × 100 ≒ 65.5%
2020년	{(13 + 24) / (13 + 24 + 21)} × 100 = (37 / 58) × 100 ≒ 63.8%

따라서 N에 해당하는 연도는 2017년이며, N + 1년도인 2018년의 비중은 68.3%이다.

[16-17]

16 수리능력   정답 ⑤

㉠ 2020년 4분기 왜건 수출입 대수 1대당 수출입액인 56,108 / 102,015 ≒ 0.55억 원은 트럭 수출입 대수 1대당 수출입액인 37,376 / 70,521 ≒ 0.53억 원보다 높으므로 옳은 설명이다.

㉢ 2019년 1분기 쿠페 수출입 대수 1대당 수출입액은 62,586 / 54,423 ≒ 1.15억 원이므로 옳은 설명이다.

㉣ 2020년 3분기 해치백 수출입액은 2019년 3분기 대비 28,445 − 27,535 = 910억 원 증가하였으므로 옳은 설명이다.

오답 체크

㉡ 2020년 2분기 세단의 수출입 대수는 2020년 1분기 대비 {(104,325 − 84,762) / 104,325} × 100 ≒ 18.8% 감소하였으므로 옳지 않은 설명이다.

17 수리능력   정답 ③

A: 2020년 4분기 전체 수출입액에서 SUV 수출입액이 차지하는 비중은 (129,046 / 397,227) × 100 ≒ 32%이다.

B: 2020년 4분기 세단의 수출입액은 28,349억 원이다.

C: 2020년 4분기 RV 수출입액의 전년 동분기 대비 증가율은 {(56,478 − 38,837) / 38,837} × 100 ≒ 45%이다.

따라서 A, B, C에 들어갈 값의 합은 32 + 28,349 + 45 = 28,426이다.

18 문제해결능력   정답 ①

제시된 조건에 따르면 아침, 점심, 저녁의 식전과 식후에 약을 복용하며, 각 약은 복용 회차당 1알씩 복용하고, 한 씨가 하루에 복용할 수 있는 약은 최대 6알이다. 또한, 약은 복용 우선순위가 높은 순서대로 복용하고, 함께 복용하면 안 되는 약은 복용 우선순위와 관계없이 복용할 수 없으며, 각각의 약은 정해진 복용 시간에만 복용할 수 있고, 같은 약은 연달아 복용할 수 없다. 먼저 식전에 복용할 수 있는 약은 C, E, F, A이고, 식후에 복용할 수 있는 약은 B, E, D, A이므로 약 복용 1일 차인 저녁 식전에 우선순위가 높은 C와 함께 복용하면 안 되는 F를 제외한 E, A를 복용하고, 저녁 식후에 우선순위가 높은 B를 복용하며, 함께 복용하면 안 되는 D는 복용할 수 없고, 같은 약은 연달아 복용할 수 없어 A, E도 복용할 수 없으므로 저녁 식후에는 B만 복용한다. 약 복용 2일 차인 아침 식전에는 C, E, A를 복용하고, 아침 식후에는 B를 복용하여 B의 복용 회차를 모두 만족시킨다. 이때, 한 씨가 하루에 복용할 수 있는 약은 최대 6알이므로 2일 차 점심 식전에 우선순위가 높은 순서대로 C와 E를 복용하여 C와 E의 복용 회차를 모두 만족시킨다. 다음으로 3일 차 아침 식전에 우선순위가 높은 F와 A를 복용하고, 아침 식후에 우선순위가 높은 D를 복용한다. 또한, 점심 식전에 F, A를 복용하고 A의 복용 회차를 모두 만족시키며, 점심 식후에는 D를 복용한다. 이후 4일 차 아침 식전에는 F를, 식후에는 D를 복용하여 복용 회차를 모두 만족시킨다.

구분	아침		점심		저녁	
	식전	식후	식전	식후	식전	식후
1일 차	-	-	-	-	C, E, A	B
2일 차	C, E, A	B	C, E	-	-	-
3일 차	F, A	D	F, A	D	-	-
4일 차	F	D	-	-	-	-

따라서 약 복용 2일 차에 네 종류의 약을 복용하므로 항상 옳지 않은 설명이다.

19 문제해결능력   정답 ②

제시된 자료에 따르면 이번 달에 구매한 의료 용품은 지난달에 구매한 의료 용품과 모두 동일한 종류로 구매하였고, 의료 용품별 단위 가격은 지난달과 이번 달에 동일하므로 이번 달 구매한 의료 용품별 단위 가격은 다음과 같다.

구분	단위 가격
알코올 솜	$112,500 / 45 = 2,500$원/박스
양면 청진기	$165,000 / 3 = 55,000$원/개
일회용 주사기	$28,000 / 7 = 4,000$원/박스
압박붕대	$87,000 / 29 = 3,000$원/개
이동식 카트	$216,000 / 6 = 36,000$원/대

이때 이번 달 알코올 솜의 구매량은 일회용 주사기 구매량의 2배이므로 일회용 주사기 구매량을 x, 압박붕대 구매량은 양면 청진기의 구매량보다 12개 더 많으므로 양면 청진기의 구매량을 y, 이동식 카트의 구매량을 z라고 하고 이번 달 의료 용품 구매량과 구매 비용을 정리하면 다음과 같다.

구분	구매량	구매 비용
알코올 솜	$2x$	$5,000x$
양면 청진기	y	$55,000y$
일회용 주사기	x	$4,000x$
압박붕대	$y+12$	$3,000y + 36,000$
이동식 카트	z	$36,000z$

알코올 솜의 구매 비용은 일회용 주사기의 구매 비용보다 11,000원 더 많아 $5,000x - 4,000x = 11,000$이므로 $x = 11$이고, 양면 청진기의 구매 비용은 알코올 솜 구매 비용의 3배여서 $55,000y = 5,000x \times 3 = (5,000 \times 11) \times 3 = 165,000$

이므로 $y = 3$이다. 또한 일회용 주사기의 구매 비용은 이동식 카트의 구매 비용보다 136,000원 더 적어 $36,000z - 4,000x = 36,000z - (4,000 \times 11) = 136,000$이므로 $z = 5$이다.

따라서 압박붕대의 구매량 $3 + 12 = 15$개는 양면 청진기 구매량 3개의 $15 / 3 = 5$배임에 따라 6배 미만이므로 옳지 않은 설명이다.

오답 체크

① 일회용 주사기의 구매 비용은 $4,000x = 4,000 \times 11 = 44,000$ 원이므로 옳은 설명이다.

③ 이동식 카트의 구매 비용 $36,000z = 36,000 \times 5 = 180,000$원은 양면 청진기 구매 비용 $55,000y = 55,000 \times 3 = 165,000$원보다 $180,000 - 165,000 = 15,000$원 더 많으므로 옳은 설명이다.

④ 알코올 솜의 구매량은 $2x = 2 \times 11 = 22$박스로 20박스 이상이므로 옳은 설명이다.

⑤ 압박붕대의 구매 비용 $3,000y + 36,000 = 3,000 \times 3 + 36,000 = 45,000$원은 알코올 솜의 구매 비용 $5,000x = 5,000 \times 11 = 55,000$원보다 $55,000 - 45,000 = 10,000$원 더 적으므로 옳은 설명이다.

20 문제해결능력   정답 ⑤

제시된 자료에 따르면 각 지사별로 최대 1명씩만 배치하도록 하며, A, C, E 사원의 1순위 희망 근무지는 수원 지사이다. 이때, 현재 입사 연차를 기준으로 2년 동안 배치될 근무지에서 근무하게 되며, 배치될 근무지의 근무 기간을 포함하여 수도권 지역에서 연속 3년 이상 근무하도록 배치될 수 없음에 따라 16개월 동안 송파 지사에서 근무한 C 사원은 수원 지사에 배치될 수 없다. 또한, A와 E는 모두 수원 지사에 배치될 수 있지만, 순위별 희망 근무지가 동일한 사원끼리는 인사 평가 점수가 가장 높은 사원을 순위별 희망 근무지에 우선 배치하며, 입사 1년 차 미만 신입사원의 경우 인사 평가 점수를 100점으로 간주하므로 인사 평가 점수가 가장 높은 E 사원이 수원 지사에 배치된다. B, D 사원의 1순위 희망 근무지는 영등포 지사이고, 현재 입사 연차를 기준으로 2년 동안 배치될 근무지에서 근무하게 되며, 배치될 근무지의 근무 기간을 포함하여 수도권 지역에서 연속 3년 이상 근무하도록 배치될 수 없음에 따라 32개월 동안 수원 지사에서 근무한 B 사원은 영등포 지사에 배치될 수 없으므로 D 사원이 영등포 지사에 배치된다. 이에 따라 B 사원은 2순위 희망 근무지인 달서 지사, C 사원은 2순위 희망 근무지인 강릉 지사에 배치된다. 이때, A 사원은 1순위, 2순위 희망 근무지에 모두 배치되지 않음에 따라 B, C, D, E 사원이 배치된 지사를 제외한 송파 지사나 삼척 지사에 배치되지만, 현 근무지와 동일한 지사인 삼척 지사에는 배치될 수 없으므로 송파 지사에 배치된다.

따라서 A 사원은 본인이 희망하지 않은 송파 지사에 배치되므로 옳은 내용이다.

① B 사원은 2순위 희망 근무지인 달서 지사에 배치되므로 옳지 않은 내용이다.

② D 사원은 1순위 희망 근무지인 영등포 지사에 배치되므로 옳지 않은 내용이다.

③ C 사원은 2순위 희망 근무지인 강릉 지사에 배치되므로 옳지 않은 내용이다.

④ E 사원은 1순위 희망 근무지인 수원 지사에 배치되므로 옳지 않은 내용이다.

21 문제해결능력   정답 ③

'유의사항' 두 번째 항목에 따르면 발급일이 실적 인정일부터 서류접수 마감일까지인 서류에 한하여 증빙서류로 인정한다고 하였으므로 시공실적을 인정받아 발주자에게 발급받은 시공실적 증명서가 2년 전 자료라도 반려 당하지 않음을 별도로 문의하지 않아도 알 수 있다.

22 문제해결능력   정답 ③

㉠ '4. 출장연장'에 따르면 출장연장에 대한 여비 지급 또는 정산은 결재권자에게 기존의 출장기간이 종료되기 전 보고된 건에 한하여 인정한다고 하였으므로 출장 마지막 날까지 업무가 끝나지 않아 다음 날 회사에 보고한 뒤 출장을 이틀 더 연장한 갑의 경우 이틀 치의 출장 여비를 추가로 지급받을 수 없으므로 옳지 않은 내용이다.

㉡ '5. 수행출장'에 따르면 동일지역에 동일목적으로 임원의 출장기간 동안 계속하여 수행할 사원이 필요할 때에는 그 수행출장자의 여비는 내부결재에 의해 임원에 해당하는 금액을 지급한다고 하였으므로 임원인 이사님을 모시고 2일 동안 근무지 외로 국내출장을 다녀온 을의 경우 이틀 치의 제1호 일비 100,000원을 지급받아야 하므로 옳지 않은 내용이다.

㉢ [붙임 1]에 따르면 근무지와 동일한 시·군 내에서의 출장이라도 그 거리가 왕복 12km 이상인 경우에는 근무지 외 국내출장으로 처리한다고 하였으므로 왕복 12km인 출장지에 당일로 출장을 다녀온 병의 경우 출장지와 관계없이 근무지 외 국내출장으로 처리되며, 출장 시간이 4시간 미만인 경우에 해당하여 제2호 일비 30,000원의 50% 금액인 15,000원을 지급받으므로 옳은 내용이다.

㉣ [붙임 2]에 따르면 숙박비의 경우 실비로 지급하며 제2호의 경우 숙박비는 서울특별시와 광역시 70,000원, 그 외 지역 60,000원의 금액을 상한으로 한다고 하였으므로 부산광역시로 2박 3일 동안 출장을 다녀온 정의 경우 근무지 외 국내출장에 해당하며, 호텔 숙박비가 상한을 넘지 않아 2박에 대한 숙박비로 65,000 × 2 = 130,000원을 지급받을 수 있으므로 옳은 내용이다.

[23 - 24]
23 문제해결능력   정답 ⑤

토요일 12시부터 24시까지 D 공항에서 출발한 승객 수와 D 공항에 도착한 승객 수가 동일하다면, 토요일 12시부터 24시까지 D 공항에서 출발하거나 D 공항에 도착한 승객 수는 D 공항의 자정 승객 수에서 정오 승객 수를 뺀 수치이다. 이때, 요일별 자정 승객 수는 해당 요일의 정오 승객 수를 누적한 수치임에 따라 토요일 12시부터 24시까지 D 공항에 도착한 승객 수는 토요일 D 공항의 자정 승객 수에서 정오 승객 수를 제외한 승객 수의 절반인 (4,410 - 2,640) / 2 = 885명이다. 또한, 공항 간 항공편이 출발하여 도착하는 데까지 걸리는 시간은 1시간 20분으로 모두 동일함에 따라 토요일 12시부터 24시까지 D 공항에 도착하는 항공편은 A, B, C 공항에서 10시 40분부터 22시 40분 사이에 출발하는 항공편이며, 14시 40분과 20시 00분에 A 공항에서 출발하는 항공편, 11시 00분과 17시 20분에 B 공항에서 출발하는 항공편, 22시 30분에 C 공항에서 출발하는 항공편으로 총 5개임에 따라 항공편당 승객 수는 평균 885 / 5 = 177명이므로 옳은 설명이다.

① 13시부터 19시까지 A 공항에서 출발하는 항공편은 15시 10분에 B 공항으로 출발하는 항공편, 17시 50분에 C 공항으로 출발하는 항공편, 14시 40분에 D 공항으로 출발하는 항공편임에 따라 총 3개이므로 옳지 않은 설명이다.

② 수요일 12시 이전에 C 공항에서 출발한 승객 수와 C 공항에 도착한 승객 수가 동일하다면, 수요일 12시 이전에 C 공항에서 출발한 승객 수는 수요일 C 공항의 정오 승객 수의 절반인 1,310 / 2 = 655명이고, 수요일 12시 이전에 C 공항에서 출발하는 항공편은 총 5개임에 따라 항공편당 승객 수는 평균 655 / 5 = 131명이므로 옳지 않은 설명이다.

③ 14시부터 17시 사이에 B 공항에 도착하는 항공편은 12시 40분부터 15시 40분 사이에 출발하는 항공편이며, 15시 10분에 A 공항에서 출발하는 항공편 1개가 있으므로 옳지 않은 설명이다.

④ 06시부터 09시 사이에 출발하는 항공편 중 출발 시각이 가장 빠른 항공편은 07시 40분에 C 공항에서 출발하는 항공편이므로 옳지 않은 설명이다.

24 문제해결능력　　　　　　정답 ④

㉠ 요일별 자정 승객 수는 해당 요일의 정오 승객 수를 누적한
　수치임에 따라 해당 요일의 하루 승객 수는 자정 승객 수이
　므로 B 공항의 주말 전체 승객 수는 4,440 + 3,870 = 8,310
　명이다.
㉡ 목요일 A~D 공항의 정오 승객 수의 합은 2,170 + 1,890 +
　2,260 + 1,870 = 8,190명이다.
㉢ 요일별 자정 승객 수는 해당 요일의 정오 승객 수를 누적한
　수치임에 따라 해당 요일의 하루 승객 수는 자정 승객 수이
　므로 D 공항의 주말 전체 승객 수는 4,410 + 3,920 = 8,330
　명이다.
㉣ 월요일부터 수요일까지 A 공항의 정오 승객 수의 합인
　1,280 + 1,250 + 1,220 = 3,750명과 C 공항의 정오 승객 수
　의 합인 1,290 + 1,240 + 1,310 = 3,840명의 합은 3,750 +
　3,840 = 7,590명이다.
따라서 ㉠~㉣을 연산한 승객 수가 많은 순서대로 바르게 나열
하면 '㉢ - ㉠ - ㉡ - ㉣'이다.

25 문제해결능력　　　　　　정답 ①

탑의 건립 원리 중 음양의 조화에 대해서는 다루고 있지 않으므
로 옳지 않은 내용이다.

오답 체크

②, ⑤ 1문단에 따르면 지대석의 크기는 사찰을 짓는 기본 단위로
　　설정되기도 하므로 옳은 내용이다.
③, ④ 3문단에 따르면 중심 기둥과 모서리 기둥의 높이가 동일
　　하거나, 기단과 탑신의 너비가 동일할 때 나타나는 착시 현상
　　을 방지하기 위해 귀솟음 기법과 안쏠림 기법을 적용하므로 옳
　　은 내용이다.

NCS 실전모의고사 1회

p.94

01 의사소통	02 의사소통	03 의사소통	04 의사소통	05 의사소통	06 의사소통	07 의사소통	08 의사소통	09 의사소통	10 의사소통
②	①	②	③	②	④	③	③	④	③

11 수리	12 수리	13 수리	14 수리	15 수리	16 수리	17 수리	18 수리	19 수리	20 수리
②	⑤	③	①	③	⑤	②	③	②	④

21 문제해결	22 문제해결	23 문제해결	24 문제해결	25 문제해결	26 문제해결	27 문제해결	28 문제해결	29 문제해결	30 문제해결
②	④	③	①	②	①	④	③	③	②

01 의사소통능력   정답 ②

밑줄 친 단어는 일부 학생들의 대화 열기가 과도하게 높아진 상태를 표현하는 의미로 쓰였으므로 감정이나 기운 따위를 나타낸다는 의미의 ②가 적절하다.

오답 체크

① 어떤 성질을 가지다
③ 용무나 직책, 사명 따위를 지니다
④ 물건을 몸에 지니다
⑤ 빛깔이나 색채 따위를 가지다

02 의사소통능력   정답 ①

물난리가 [물랄리]로 발음되는 것은 'ㄹ' 뒤에 있는 'ㄴ'이 'ㄹ'로 바뀌는 경우에 해당하므로 적절하지 않다.

03 의사소통능력   정답 ②

밑줄 친 단어는 3일이 지난 뒤라는 의미로 쓰였으므로 모레의 다음 날을 의미하는 ②가 적절하다.

오답 체크

① 모레: 내일의 다음 날
③ 나흘: 네 날
④ 사흘: 세 날
⑤ 이레: 일곱 날

04 의사소통능력   정답 ③

제시된 의미에 해당하는 한자성어는 '부화뇌동(附和雷同)'이다.

오답 체크

① 표리부동(表裏不同): 겉으로 드러나는 언행과 속으로 가지는 생각이 다름
② 후안무치(厚顔無恥): 뻔뻔스러워 부끄러움이 없음
④ 견리사의(見利思義): 눈앞에 이익을 보면 의리를 먼저 생각함
⑤ 타산지석(他山之石): 다른 산의 나쁜 돌이라도 자기 산의 옥돌을 가는 데에 쓸모가 있다는 뜻으로, 남의 하찮은 말이나 행동도 자신을 수양하는 데에 도움이 될 수 있음을 비유적으로 이르는 말

05 의사소통능력   정답 ②

빈칸이 있는 문장에서 손을 통해 세균이 전해져 병에 옮는다는 의미로 쓰였으므로 널리 퍼져서 많은 사람들에게 골고루 미치게 되어 누리게 된다는 의미의 ②가 가장 적절하지 않다.

오답 체크

① 전파(傳播): 전하여 널리 퍼뜨려지다
③ 확산(擴散): 흩어져 널리 퍼지게 되다
④ 전염(傳染): 병이 남에게 옮다
⑤ 유포(流布): 세상에 널리 퍼짐 또는 세상에 널리 퍼뜨림

06 의사소통능력   정답 ④

'거리거리 순사요', '남은 수십만 동병을 히여서, 우리 조선놈 보호히여 주니'라는 윤직원 영감의 말에서 일제 강점기를 배경으로 하는 작품임을 추론할 수 있으므로 한국 전쟁 이후 사회에 만연한 부조리함과 중산층 집안의 부정적 면모를 풍자적으로 그리고 있는 것은 아님을 알 수 있다.

07 의사소통능력   정답 ③

글 전체에서 대조되는 의견을 모두 소개한 후 절충안을 제시하며 주장을 강화하는 방식은 확인할 수 없으므로 가장 적절하지 않다.

오답 체크

① 글 전체에서 구체적인 사례를 통해 본인이 깨달은 바를 알기 쉽게 설명함으로써 독자들에게 교훈을 전달하고 있으므로 적절하다.
② 2문단에서 맹자의 말을 인용하여 논하는 바에 대한 신뢰도를 높이고 있으므로 적절하다.
④ 글 전체에서 유추를 통해 말을 빌려 탄 경험을 소유에 관한 보편적인 깨달음으로 일반화하고 있으므로 적절하다.
⑤ 글 전체에서 소유와 무소유에 관한 이치를 풀이하면서 자신의 의견을 덧붙이는 방식으로 서술하고 있으므로 적절하다.

08 의사소통능력   정답 ③

(다)문단에서 마음을 가라앉힐 시원하고도 고요한 자리를 찾아 포플러 그늘, 산탁 길 등을 가보았지만 마음을 놓고 앉아 있을 만한 곳이 없다고 하였으므로 (다)문단의 중심 내용은 '밤나무 같은 존재를 찾을 수 없는 서울의 삭막한 현실'이 된다.

[09-10]
09 의사소통능력   정답 ④

(가) 문단에서 석회암으로 만들어진 철도 육교인 랜드바저 비아덕트 위를 달릴 때가 알불라 라인의 하이라이트이며, 이 철도 육교는 5개의 아치와 기둥으로 이루어져 있다고 하였으므로 베르니나 라인에 위치한 랜드바저 비아덕트가 5개의 아치와 기둥으로 구성되어 있는 철도 육교라는 것은 아님을 알 수 있다.

오답 체크

① (나) 문단에서 라인 계곡으로 접어든 이후 웅장한 절벽과 울창한 숲을 지난 다음에는 해발 2,044m에 달하는 오버알프 패스에 접어들게 된다고 하였으므로 적절한 내용이다.

② (가) 문단에서 알불라 라인은 약 1898년~1904년의 기간에 걸쳐 완성되었으며, 베르니나 라인은 약 1908년~1910년 기간에 걸쳐 완성되었다고 하였으므로 적절한 내용이다.

③ (나) 문단에서 높은 파노라마 창문이 설치되어 있는 빙하특급열차는 시야의 방해 없이 알프스의 풍경을 고스란히 보여줄 것이라고 하였으므로 적절한 내용이다.

⑤ 1문단에서 세상에서 제일 느린 특급열차라는 별명을 가진 빙하특급은 평균 시속 37km로 달리며 약 8시간 동안 빽빽한 숲, 새하얀 빙하, 가파른 계곡, 그림 같은 마을과 같은 아름다운 풍광을 감상할 수 있다고 하였으므로 적절한 내용이다.

10 의사소통능력   정답 ③

(가) 문단에서는 유네스코 세계문화유산에 등재된 두 라인인 알불라 라인과 베르니나 라인의 차이점을 비교 및 대조하고 있으며, (나) 문단에서는 생모리츠에서 운행을 시작한 빙하특급열차가 쿠어를 지나 오버알프 패스를 지나고, 마지막으로 체르마트에 도착한다는 빙하특급열차의 운행 과정을 설명하고 있다. 따라서 (가) 문단과 (나) 문단의 서술상 특징으로 가장 적절한 것은 ③이다.

11 수리능력   정답 ②

속력 = $\frac{거리}{시간}$ 임을 적용하여 구한다.

KTX를 타고 이동한 거리는 총 360km이고, 이 중 직선구간이 280km이므로 나머지 360 − 280 = 80km가 곡선구간이다. 또한, 이동하는 데 소요된 시간은 총 2시간이고, 이 중 직선구간을 이동하는 데 1시간 10분이 소요되었으며, 대전역과 대구역에서 각각 10분씩 정차하여 곡선구간을 이동하는 데 30분 = $\frac{1}{2}$ 시간이 소요되었으므로 이동한 곡선구간의 평균 속력은 $\frac{80}{\frac{1}{2}}$ = 160km/h이다.

따라서 KTX가 이동한 곡선구간의 평균 속력은 160km/h이다.

12 수리능력   정답 ⑤

두 사건 A, B가 동시에 일어나지 않을 때, 사건 A 또는 B가 일어날 확률은 p + q임을 적용하여 구한다.

무승부로 결정되는 경기는 없으며 한 경기에서 가 팀이 이길 확률과 나 팀이 이길 확률은 동일하다고 하였으므로 가 팀이 한 경기에서 승리할 확률은 $\frac{1}{2}$ 이고, 현재 2번의 경기를 하여 가 팀이 2승을 거두고 있으므로 가 팀이 1번의 경기에서 승리하면 가 팀이 우승한다. 이에 따라 가 팀이 우승하는 경우에 따른 확률은 다음과 같다.

- 3번째 경기에서 승리하는 경우: $\frac{1}{2}$
- 3번째 경기에서 패배하고 4번째 경기에서 승리하는 경우
  : $\frac{1}{2} \times \frac{1}{2} = \frac{1}{4}$
- 3, 4번째 경기에서 패배하고 5번째 경기에서 승리하는 경우
  : $\frac{1}{2} \times \frac{1}{2} \times \frac{1}{2} = \frac{1}{8}$

따라서 가 팀이 우승할 확률은 $\frac{1}{2} + \frac{1}{4} + \frac{1}{8} = \frac{7}{8}$이다.

⏱ 빠른 문제 풀이 Tip

사건 A가 일어나지 않을 확률은 1 − p임을 적용하여 구한다.
무승부로 결정되는 경기는 없으며 한 경기에서 가 팀이 이길 확률과 나 팀이 이길 확률은 동일하다고 하였으므로 나 팀이 한 경기에서 승리할 확률도 $\frac{1}{2}$이고, 현재 2번의 경기를 하여 가 팀이 2승을 거두고 있으므로 나 팀은 남은 3번의 경기에서 모두 승리해야 우승할 수 있다. 이에 따라 나 팀이 우승할 수 있는 확률은 $\frac{1}{2} \times \frac{1}{2} \times \frac{1}{2} = \frac{1}{8}$이고, 나 팀이 우승하지 않고 가 팀이 우승할 확률은 $1 - \frac{1}{8} = \frac{7}{8}$이다.

---

13 수리능력   정답 ③

$\frac{36}{133} + \frac{88}{147} \times \frac{63}{143} - \frac{5}{13}$

$= \frac{2^2 \times 3^2}{7 \times 19} + \left(\frac{2^3 \times 11}{3 \times 7^2} \times \frac{3^2 \times 7}{11 \times 13} \right) - \frac{5}{13}$

$= \frac{2^2 \times 3^2}{7 \times 19} + \frac{2^3 \times 3}{7 \times 13} - \frac{5}{13}$

$= \frac{(2^2 \times 3^2 \times 13) + (2^3 \times 3 \times 19) - (5 \times 7 \times 19)}{7 \times 13 \times 19}$

$= \frac{468 + 456 - 665}{1,729} = \frac{259}{1,729} = \frac{37}{247}$

---

14 수리능력   정답 ①

홀수항에 제시된 각 숫자 간의 값은 ×(−3)으로 반복되므로 빈칸에 들어갈 알맞은 숫자는 '−216'이다.

---

15 수리능력   정답 ③

뻐꾸기시계는 매시 정각에 시침이 가리키는 숫자만큼 뻐꾹 소리를 내고, 뻐꾸기시계의 시와 분을 나타내는 숫자는 1부터 12까지로 구성되어 있으므로 13시에 1번, 14시에 2번, …의 뻐꾹 소리를 낸다. 또한, 뻐꾸기시계는 A가 오전에 출근하여 오후에 퇴근할 때까지 뻐꾹 소리를 총 52번 내었으므로 뻐꾸기시계가 12시간 중 A의 근무시간 외에 낸 뻐꾹 소리는 $\sum_{k=1}^{12} k - 52 = \frac{12 \times (12 + 1)}{2} - 52 = 26$번이다. 이때, A의 근무시간 외에 낸 뻐꾹 소리는 12 이하의 연이은 자연수의 합이므로 연이은 자연수는 $26 = 5 + 6 + 7 + 8$임에 따라 A의 근무시간 이후에 가장 먼저

뻐꾹 소리가 울린 시각은 5시이다.
따라서 A는 오후 5시의 뻐꾹 소리를 듣기 전 퇴근하였으므로 A의 퇴근 시각으로 가능한 시각은 16시 27분이다.

⏱ 빠른 문제 풀이 Tip

선택지에 제시된 값을 참고하여 계산한다.
A는 오전에 출근하여 오후에 퇴근하므로 정오는 A의 근무시간에 포함되고, 선택지에 18시까지 제시됨에 따라 정오 이후 뻐꾸기시계가 낼 수 있는 뻐꾹 소리는 최대 12 + 1 + 2 + 3 + 4 + 5 + 6 = 33번이다. 이때, 뻐꾸기시계가 정오 전에 낸 뻐꾹 소리를 11시부터 역순으로 더해주면 33 + 11 + 10 = 54번으로 52번보다 많으므로 가장 늦은 18시에 낸 뻐꾹 소리 6번부터 순차적으로 빼주면 54 − 6 = 48번이다. 48번은 52번보다 적으므로 뻐꾸기시계가 9시에 낸 뻐꾹 소리를 더해주면 48 + 9 = 57번이고, 다시 17시에 낸 뻐꾹 소리를 빼주면 57 − 5 = 52번이다.
따라서 A는 17시 뻐꾹 소리를 듣기 전 퇴근한 것을 알 수 있다.

---

16 수리능력   정답 ⑤

A 피자 가게에서는 콤비네이션 피자 한 판을 20,000원에 판매하고, 콤비네이션 피자의 원가는 12,000원이므로 콤비네이션 피자 한 판을 판매하였을 때 생기는 이익은 20,000 − 12,000 = 8,000원이다. 이때 콤비네이션 피자를 판매하고 남은 이익에 대한 세금은 20%이고, 가게에서 고정적으로 지출하는 월 임대료는 1,500,000이며, 월 임대료 외에 900,000원의 이익을 남기고자 한다.
판매되는 콤비네이션 피자의 판수를 x라고 하면
$\{8,000 \times (1 - 0.2) \times x\} - 1,500,000 = 900,000$
$\rightarrow 6,400x = 2,400,000 \rightarrow x = 375$
따라서 콤비네이션 피자를 팔아 900,000원의 이익을 남기려고 할 때, 팔아야 하는 콤비네이션 피자는 375판이다.

---

17 수리능력   정답 ②

전체 열차종의 1일 운행거리에서 전동차 1일 운행거리가 차지하는 비중은 2019년에 (145,548 / 335,101) × 100 ≒ 43.4%, 2020년에 (144,870 / 334,711) × 100 ≒ 43.3%, 2021년에 (136,459 / 328,243) × 100 ≒ 41.6%, 2022년에 (142,832 / 334,566) × 100 ≒ 42.7%로 매년 40% 이상이므로 옳은 설명이다.

오답 체크

① 2020년 이후 고속철도 1일 운행거리의 전년 대비 증감 추이는 증가, 증가, 증가이며, 전년 대비 증감 추이가 고속철도와 동일한 열차종은 없으므로 옳지 않은 설명이다.

③ 2021년 새마을 1일 운행거리의 전년 대비 증가율은 {(20,997 − 18,530) / 18,530} × 100 ≒ 13.3%로 15% 미만이므로 옳지 않은 설명이다.

④ 제시된 기간 동안 누리로 1일 운행거리의 평균은 (3,022 + 3,528 + 1,894 + 2,434) / 4 = 2,719.5km로 2,700km 이상이므로 옳지 않은 설명이다.

⑤ 2022년 고속철도 1일 운행거리는 새마을 1일 운행거리의 108,372 / 22,200 ≒ 4.9배로 5배 미만이므로 옳지 않은 설명이다.

18 수리능력
정답 ③

F 철도의 무임 승차 인원은 2020년에 18,480 × 0.056 ≒ 1,035명, 2021년에 12,719 × 0.060 ≒ 763명, 2022년에 13,550 × 0.055 ≒ 745명, 2023년에 14,974 × 0.054 ≒ 809명으로 2022년에 가장 적다. 따라서 2022년에 B 철도와 D 철도의 무임 승차 인원의 차는 (253,924 × 0.315) − (93,295 × 0.191) ≒ 62,167명이다.

[19-20]
19 수리능력
정답 ②

제시된 기간 중 온실가스 배출 허용량은 2X21년에 1,646 + 214 = 1,860천tCO₂ – eq, 2X22년에 1,554 + 205 = 1,759천 tCO₂ – eq, 2X23년에 1,673 + 196 = 1,869천tCO₂ – eq로 2X23년에 가장 많으므로 옳지 않은 설명이다.

오답 체크
① 2X22년부터 2X23년까지 생활용 에너지별 에너지 사용량은 전력과 냉난방 모두 전년 대비 매년 증가하였으므로 옳은 설명이다.

③ 제시된 기간 동안 종류별 친환경 자동차 구입 대수 중 전기 자동차 구입 대수가 가장 많으므로 옳은 설명이다.

④ 2X23년 폐수 처리량과 객차 오수량은 각각 200,117톤, 65,550톤으로 2X21년 211,205톤, 68,138톤 대비 모두 감소하였으므로 옳은 설명이다.

⑤ 제시된 기간 동안 운전용 전력의 평균 온실가스 배출량은 (1,083 + 997 + 1,122) / 3 ≒ 1,067천tCO₂ – eq로 1,000천tCO₂ – eq 이상이므로 옳은 설명이다.

20 수리능력
정답 ④

㉠ 그래프 (가)가 2X22년 친환경 자동차 구입 대수라면, 2X22년 구입 대수가 5대보다 적은 친환경 자동차는 태양광 자동차이므로 옳은 설명이다.

㉡ 그래프 (나)의 단위가 만tCO₂ – eq라면, ㄴ은 100만tCO₂ – eq = 1,000천tCO₂ – eq 이상 125tCO₂ – eq = 1,250t CO₂ – eq 이하에 해당하는 운전용 전력 온실가스 배출량이므로 옳은 설명이다.

㉢ 그래프 (가)가 2X23년 환경시설 투자 비용이라면, 2X23년에 환경시설 투자 비용이 5억 원 이상~10억 원 미만인 환경시설은 수질밖에 없으므로 옳은 설명이다.

오답 체크
㉣ 그래프 (가)가 2X21년 친환경 자동차 구입 대수라면 b는 5대 초과 10대 미만, d는 0대 초과 5대 미만임에 따라 b는 태양광, d는 수소이므로 옳지 않은 설명이다.

21 문제해결능력
정답 ②

여섯 번째 명제에 따르면 A와 B 중 적어도 한 명은 발언하지 않으므로 첫 번째 명제에 의해 C와 F가 모두 발언한다. 또한, 다섯 번째 명제에 의해 E는 발언하고 두 번째 명제의 대우에 의해 E가 발언하면 C와 D 중 적어도 한 명은 발언하지 않으므로 C가 발언함에 따라 D는 발언하지 않는다. 이에 A와 B의 발언 여부에 따라 가능한 경우는 다음과 같다.

구분	A	B	C	D	E	F
경우1	O	X	O	X	O	O
경우2	X	O	O	X	O	O
경우3	X	X	O	X	O	O

따라서 C, E, F는 반드시 발언하므로 발언을 하는 사람이 최소 3명이라는 것은 항상 옳은 설명이다.

오답 체크
① 경우 1, 2, 3에 따르면 F는 항상 발언하므로 항상 옳지 않은 설명이다.

③ 경우 1, 2, 3에 따르면 D가 발언하지 않아도 C는 발언하므로 항상 옳지 않은 설명이다.

④ 경우 3에 따르면 A와 B가 모두 발언하지 않을 수도 있으므로 항상 옳은 설명은 아니다.

⑤ 경우 2, 3에 따르면 C가 발언해도 A가 발언하지 않을 수도 있으므로 항상 옳은 설명은 아니다.

22 문제해결능력 정답 ④

제시된 조건에 따르면 1~6호의 병실은 모두 1인실이며, A~E 5명과 친구 1명이 각 병실에 입원해 있고, 숫자가 작은 병실일수록 앞의 병실이며, C 씨는 5호실보다 앞의 병실에 입원해 있다. 이때, A 씨가 C 씨보다 앞의 병실에 입원해 있으며, A 씨는 D 씨보다 뒤의 병실에 입원해 있어 C 씨보다 앞의 병실에 최소 2명이 입원하였으므로 C 씨는 3호실 또는 4호실에 입원해 있음을 알 수 있다. 먼저, C 씨가 3호실에 입원해 있는 경우, A 씨가 2호실, D 씨가 1호실에 입원해 있고, B 씨와 E 씨가 입원해 있는 병실 사이에는 한 개의 병실이 있으므로 B 씨가 4호실, E 씨가 6호실에 입원해 있다. 이에 따라 친구가 5호실에 입원해 있어야 하지만 이는 내가 입원해 있는 병실은 5호실이 아니라는 친구의 설명에 모순되므로 C 씨는 4호실에 입원해 있고 A 씨는 2호실 또는 3호실에 입원해 있어야 한다. A 씨가 3호실에 입원해 있다면 D 씨는 1호실 또는 2호실에 입원해 있지만, 이는 B 씨와 E 씨가 입원해 있는 병실 사이에는 한 개의 병실이 있다는 조건에 모순되므로 A 씨는 2호실에 입원해 있으며, D 씨는 1호실에 입원해 있고, B 씨 또는 E 씨가 3호실 또는 5호실에 입원해 친구는 6호실에 입원해 있다.
따라서 친구가 입원해 있는 병실은 6호실이므로 항상 옳은 설명이다.

오답 체크
① C 씨는 4호실에 입원해 있으므로 항상 옳지 않은 설명이다.
② A 씨는 B 씨보다 앞의 병실에 입원해 있으므로 항상 옳지 않은 설명이다.
③ A 씨와 E 씨는 이웃한 병실에 입원해 있지 않을 수도 있으므로 항상 옳은 설명은 아니다.
⑤ B 씨는 3호실에 입원해 있을 수도 있으므로 항상 옳은 설명은 아니다.

23 문제해결능력 정답 ③

제시된 글에 따르면 도운이와 현수 중 적어도 1명이 국비 유학생으로 선발되지 않으며, 국비 유학생으로 선발된 사람은 2명임에 따라 적어도 동현이가 국비 유학생으로 선발된다는 결론을 도출하기 위해서는 도운, 현수, 지민 중 1명만 선발된다는 전제를 추가해야 한다.
ⓒ에 따라 도운이가 국비 유학생으로 선발되고, ⓔ의 대우에 따라 도운이가 국비 유학생으로 선발되어 지민이는 국비 유학생으로 선발되지 않으며, 도운이와 현수 중 적어도 1명은 국비 유학생으로 선발되지 않으므로 현수도 국비 유학생에 선발되지 않는다. 이때, 국비 유학생으로 선발된 사람은 2명이므로 동현이는 국비 유학생에 선발된다.

따라서 심사관 A의 결론을 이끌어내기 위해 추가해야 할 두 전제는 ⓒ, ⓔ이다.

24 문제해결능력 정답 ①

제시된 조건에 따르면 다섯 명 중 한 명은 거짓을 말하고 네 명은 진실을 말하고 있다. 이때, 자신은 정보다 늦게 입사했다는 갑의 진술과 자신은 갑보다 늦게 입사했다는 병의 진술에 따르면 '정 – 갑 – 병'의 순서로 입사해야 하지만 이는 자신은 병보다 늦게 입사했다는 정의 진술에 모순되므로 갑, 병, 정 3명 중 1명이 거짓을 말하는 사람이다. 이에 따라 을과 무는 항상 진실을 말하므로 자신이 5명 중 가장 연차가 높다는 을의 진술과 자신은 갑보다 연차가 높고 정보다는 연차가 낮다는 무의 진술에 의해 '을 – 정 – 무 – 갑'의 순서로 입사하였음을 알 수 있다. 이로 인해 자신은 정보다 늦게 입사했다는 갑의 진술은 진실이 되어, 거짓을 말하는 사람은 병 또는 정이 된다. 먼저 병이 거짓을 말하는 경우 정은 진실을 말하므로 정은 병보다 늦게 입사하여 입사 순서는 '을 – 병 – 정 – 무 – 갑'이 된다. 다음으로 정이 거짓을 말하는 경우 병은 진실을 말하므로 병은 갑보다 늦게 입사하여 입사 순서는 '을 – 정 – 무 – 갑 – 병'이 된다.
따라서 거짓을 말한 사람은 병 또는 정이므로 항상 옳은 설명이다.

오답 체크
② 가장 먼저 입사한 사람은 을이므로 항상 옳지 않은 설명이다.
③ 병이 거짓을 말하는 경우 갑이 가장 늦게 입사하여 가장 연차가 낮으므로 항상 옳은 설명은 아니다.
④ 정이 거짓을 말하는 경우 병과 정 사이에 무와 갑이 입사했으므로 항상 옳은 설명은 아니다.
⑤ 정이 거짓을 말하는 경우 무는 병보다 먼저 입사했으므로 항상 옳은 설명은 아니다.

25 문제해결능력 정답 ②

제시된 글에서 적정 시간 게임을 하는 학생들은 게임을 아예 하지 않는 학생들보다 오히려 학업 성적이 높다고 하였으므로 게임을 아예 하지 않는 학생이 경쟁자인 친구가 게임을 하는 잠깐의 시간에도 공부를 하여 기말고사 성적에서 그 친구보다 높은 성적을 받았다는 내용은 글의 논지를 약화한다.

오답 체크
① 게임 내에서 전략을 구상하거나 해결 방법을 추론하면서 사고력이 향상되고, 사고력의 향상이 학업 능력과 연관되어 학업 성적이 상승한다고 하였으므로 게임에서 승리할 수 있는 여러 방안을 생각하면서 사고력이 향상되었다는 내용은 글의 논지를 강화한다.

③ 적정 시간 게임을 하는 것은 학생들의 스트레스 해소에 도움이 되고, 스트레스 해소가 학업 능력과 연관되어 학업 성적이 상승한다고 하였으므로 시간을 정해놓고 일정 시간만 게임을 하는 C 학생이 게임을 하면서 스트레스도 풀고 학업 성적도 높아졌다는 내용은 글의 논지를 강화한다.

④ 학생들의 게임 시간과 폭력성의 상관관계는 알 수 없으므로 글의 논지를 강화하지도, 약화하지도 않는다.

⑤ 학생들의 SNS 이용 시간과 학업 성적의 상관관계는 알 수 없으므로 글의 논지를 강화하지도, 약화하지도 않는다.

26 문제해결능력 정답 ①

기회 요소인 셀프퍼블리싱의 활성화를 활용하여 각 분야의 전문가들을 대상으로 셀프퍼블리싱을 지원하는 공모전을 개최해 약점 요소인 장르 소설에 집중된 전자책 콘텐츠의 종류 문제를 해결하는 WO(약점-기회) 전략에 해당하므로 가장 적절하다.

오답 체크

② 위협 요소인 전자책 콘텐츠 불법 유통 시장의 만연과 법적 제재 규정의 미흡에 대응하는 전략이지만, 내부 환경이 고려되지 않았기에 적절하지 않다.

③ 약점 요소인 사용이 복잡한 전차책 애플리케이션 인터페이스 해결 전략이지만, 외부 환경이 고려되지 않았기에 적절하지 않다.

④ 기회 요소인 전자책 구독이 가능한 저가형 태블릿의 국내외 사용자 급증 활용 전략이지만, 내부 환경이 고려되지 않았기에 적절하지 않다.

⑤ 강점 요소인 연예인이나 작가가 직접 읽어 주는 오디오북 서비스 활용 전략이지만, 외부 환경이 고려되지 않았기에 적절하지 않다.

27 문제해결능력 정답 ④

식물성 기름을 저분자 물질로 분해하는 과정에서 모든 종류의 알코올을 사용할 수 있다고 하였으므로 가장 적절하지 않다.

오답 체크

① 바이오 디젤은 경유와 물성이 달라 바이오 디젤 함량이 높을 경우 차량 결함이 발생할 가능성이 있다고 하였으므로 적절하다.

② 미세조류를 이용한 바이오 디젤은 저온에서도 시동을 걸 수 있어 팜유에서 추출한 바이오 디젤의 문제점을 극복했다는 점에서 팜유에서 추출한 바이오 디젤은 저온에서 시동이 걸리지 않는 문제점이 있었다는 것을 추론할 수 있으므로 적절하다.

③ 바이오 디젤은 경유와 달리 산소를 포함하고 있어 더 완전한 연소가 일어난다고 하였으므로 적절하다.

⑤ 식물성 기름은 점도가 높은 고분자 물질임에 따라 차량 디젤 엔진에 바로 사용하기 어렵다고 하였으므로 적절하다.

28 문제해결능력 정답 ③

민법이 규정한 권리와 의무의 발생, 변경, 소멸 등 실체적 법률 관계가 법원을 비롯한 관련 기관에 의해 실행되기 위해서는 절차법이 필요하다고 하였으므로 가장 적절하지 않다.

오답 체크

① 사법은 개인과 개인 간의 사적인 관계를 규율하고, 민법은 일반 사법에 속한다고 하였으므로 적절하다.

② 특별법은 특정 사람·장소·사항에 적용된다고 하였으므로 적절하다.

④ 노동관계에서 노동법 규정이 없으면 민법에 해당하는 내용으로 간주한다고 하였으므로 적절하다.

⑤ 민법은 행위 규범적 성격을 띰과 동시에 재판 규범적 성격을 띤다고 하였으므로 적절하다.

[29-30]
29 문제해결능력 정답 ③

'2. 대중교통별 기본요금'에 따르면 어린이 요금 적용 대상자인 C의 대중교통 기본요금은 지하철이 450원, 광역버스가 1,200원이고, 대중교통 이용 구간의 총합은 9 + 25 = 34km로 '3. 거리비례제 원칙'에 따라 (34 - 10) × 20 = 480원, '4. 환승 할인 규정'에 따라 1,200 - 450 = 750원의 추가 요금이 부과되어 총 450 + 480 + 750 = 1,680원의 대중교통 이용 요금을 지불하므로 옳지 않은 내용이다.

오답 체크

① '2. 대중교통별 기본요금'에 따르면 청소년 요금 적용 대상자인 A의 대중교통 기본요금은 간선버스와 지하철 모두 720원이고, 대중교통 이용 구간의 총합은 6 + 10 = 16km로 '3. 거리비례제 원칙'에 따라 (16 - 10) × 20 = 120원, '4. 환승 할인 규정'에 따라 0원의 추가 요금이 부과되어 총 720 + 120 = 840원의 대중교통 이용 요금을 지불하므로 옳은 내용이다.

② '4. 환승 할인 규정'에 따르면 통합환승 할인 제도 적용 가능 시간은 대중교통 하차 후 30분 이내로 제한하므로 옳은 내용이다.

④ '2. 대중교통별 기본요금'에 따르면 D는 일반 요금 적용 대상자이며, 오전 5시에 광역버스를 이용해 2,300 × 0.8 = 1,840원의 요금만 지불하여 기본요금 대비 2,300 - 1,840 = 460원을 할인받을 수 있으므로 옳은 내용이다.

⑤ '2. 대중교통별 기본요금'에 따르면 일반 요금 적용 대상자인 E의 대중교통 기본요금은 지하철이 1,250원, 순환버스가 1,100원이고, 대중교통 이용 구간의 총합은 11 + 10 = 21km로 '3. 거리비례제 원칙'에 따라 (21 - 10) × 20 = 220원, '4. 환승 할인 규정'에 따라 0원의 추가 요금이 부과되어 총 1,250 + 220 = 1,470원의 대중교통 이용 요금을 지불하므로 옳은 내용이다.

정답 ②

만 23세인 주희는 '2. 대중교통별 기본요금'에 따라 일반 요금 적용 대상자에 해당하므로 대중교통 기본요금은 광역버스가 2,300원, 지하철이 1,250원이고, 대중교통 이용 구간의 총합은 8 + 3 = 11km로 '3. 거리비례제 원칙'에 따라 (11 - 10) × 20 = 20원, '4. 환승 할인 규정'에 따라 0원의 추가 요금이 부과되어 주희는 총 2,300 + 20 = 2,320원의 대중교통 이용 요금을 지불해야 한다.

만 17세인 보은이는 '2. 대중교통별 기본요금'에 따라 청소년 요금 적용 대상자에 해당하므로 대중교통 기본요금은 마을버스가 480원, 광역버스가 1,360원이고, 대중교통 이용 구간의 총합은 6 + 2 = 8km로 '3. 거리비례제 원칙'에 따라 0원, '4. 환승 할인 규정'에 따라 1,360 - 480 = 880원의 추가 요금이 부과되어 보은이는 총 480 + 880 = 1,360원의 대중교통 이용 요금을 지불해야 한다.

따라서 주희와 보은이가 지불해야 할 대중교통 이용 요금의 총합은 2,320 + 1,360 = 3,680원이다.

NCS 실전모의고사 2회

p.118

01 의사소통 ⑤	02 의사소통 ①	03 의사소통 ③	04 의사소통 ⑤	05 의사소통 ②	06 의사소통 ④	07 의사소통 ③	08 의사소통 ②	09 의사소통 ②	10 의사소통 ①
11 수리 ④	12 수리 ③	13 수리 ④	14 수리 ④	15 수리 ③	16 수리 ④	17 수리 ④	18 수리 ④	19 수리 ②	20 수리 ④
21 문제해결 ①	22 문제해결 ⑤	23 문제해결 ②	24 문제해결 ④	25 문제해결 ④	26 문제해결 ③	27 문제해결 ③	28 문제해결 ⑤	29 문제해결 ④	30 문제해결 ②

01 의사소통능력 정답 ⑤

'맑게'에서 '맑'의 'ㄹㄱ'은 용언의 어간 말음에 해당하여 표준 발음법 제11항 '다만'에 따라 'ㄱ' 앞에서 [ㄹ]로 발음하므로 적절하지 않다.

오답 체크

① '밟다'에서 '밟'은 표준 발음법 제10항 '다만'에 따라 자음 앞에서 [밥]으로 발음하므로 적절하다.

② '닭'은 표준 발음법 제11항에 따라 [닥]으로 발음하므로 적절하다.

③ '묽고'에서 '묽'의 'ㄹㄱ'은 용언의 어간 말음에 해당하여 표준 발음법 제11항 '다만'에 따라 'ㄱ' 앞에서 [ㄹ]로 발음하므로 적절하다.

④ '여덟'은 표준 발음법 제10항에 따라 [여덜]로 발음하므로 적절하다.

02 의사소통능력 정답 ①

㉠의 '모이다'는 동사 '모으다'의 어근 '모으-'에 접미사 '-이-'가 붙어 피동의 의미를 더하는 사례에 해당하며, ㉡의 '입히다'는 동사 '입다'의 어근 '입-'에 접미사 '-히-'가 붙어 사동의 의미를 더하는 사례에 해당하므로 적절하지 않다.

03 의사소통능력 정답 ③

'-밖에'는 '그것 말고는', '그것 이외에는', '기꺼이 받아들이는', '피할 수 없는'의 뜻을 나타내는 보조사로 앞말에 붙여 써야 하므로 '수 밖에'로 띄어 쓰는 것은 가장 적절하지 않다.

오답 체크

① ㉠이 있는 문장에서 프리미엄 독서실의 수익을 만들어내는 방식이 PC방 창업 붐을 연상하게 한다고 하였으므로 전에 없던 것을 처음으로 생각하여 지어내거나 만들어 낸다는 의미의 '창출(創出)'이 적절하다.
 · 산출(算出): 계산하여 냄

② ㉡이 있는 문장에서 과거에 PC방이 공간을 제공하고 임대료를 받아 이익을 얻었다는 내용을 말하고 있고 ㉡의 뒤에서는 오늘날 PC방은 부가적인 상품 판매를 통해 이익을 거둔다는 내용을 말하고 있으므로 '냈다'가 적절하다.

④ 인터넷이나 컴퓨터 통신 등을 통하여 제공되는 각종 정보나 그 내용물. 유·무선 전기 통신망에서 사용하기 위하여 문자·부호·음성·음향·이미지·영상 등을 디지털 방식으로 제작해 처리·유통하는 각종 정보 또는 그 내용물을 통틀어 이르는 말은 '콘텐츠'로 사용해야 한다.

⑤ 한글 맞춤법 제57항에 따라 까닭을 나타내는 연결 어미 '-(으)므로'와 어떤 일의 수단이나 도구임을 나타내는 조사 '-(으)ㅁ으로써'를 구별해야 하며, ㉣이 있는 문장에서 프리미엄 독서실이 공간과 콘텐츠를 결합하여 제공하는 방법을 통해 자기 주도 학습 능률을 극대화하는 장소가 되어야 한다고 하였으므로 '제공함으로써'가 적절하다.

04 의사소통능력 정답 ⑤

㉤이 있는 문장 앞에서 기초적 불안과 신경적 불안은 큰 차이 없이 거의 같다고 하였으므로 기초적 불안이 신경적 불안과 현실적 불안을 결합한 것은 아님을 알 수 있다.

오답 체크

① ㉠이 있는 문장 앞에서 최초의 질문으로 불안이란 무엇인지 물어본다고 하였으므로 적절한 내용이다.

② ㉡이 있는 문장 앞에서 불안과 맞서야 함을 강조하며 흐려진 정신과 시들은 육신을 일깨워 주고 바로잡을 수 있는 새로운 대결이 있어야만 한다고 하였으므로 적절한 내용이다.

③ ㉢이 있는 문장 앞에서 신경적 불안에 일정한 대립물이 없으며 있다고 해도 의식할 수 없지만 현실적 불안에서는 대립물의 존재가 뚜렷하여 의식적으로 방어하거나 기피한다고 하였으므로 적절한 내용이다.

해커스 코레일 한국철도공사 NCS+전공+철도법 실전모의고사

④ ⓔ이 있는 문장 앞에서 현실적 불안은 의외의 몸짓과 행동을 요청함으로써 불안의 상태를 곧잘 넘어서는데 이처럼 지속되지 않는 불안은 불안이라 할 수 없다고 하였으므로 적절한 내용이다.

05 의사소통능력 　　　　　　　정답 ②

글 전체에서 일반적으로 그렇다고 여겨지는 통념에 대하여 문제를 제기하는 방식은 확인할 수 없으므로 가장 적절하지 않다.

오답 체크

① 글 전체에서 이웃에 사는 장생과의 대화를 통해 필자의 주제 의식을 드러내고 있으므로 적절하다.

③ 2문단에서 장생이 경험을 통해 얻은 깨달음의 한계를 필자가 설명을 더하여 일깨우고 있으므로 적절하다.

④ 글 전체에서 인간의 성정이 곧고 굽음을 나무의 곧고 굽은 것에 비유하여 설명하고 있으므로 적절하다.

⑤ 2문단에서 굽은 나무와 달리 정직하지 못한 사람이 등용되는 당대의 현실을 비판하고 있으므로 적절하다.

[06-07]
06 의사소통능력 　　　　　　　정답 ④

2문단에서 전차선 전기회로 자동 개폐기는 차량 정비 작업이 진행되는 동안 작업자의 유무에 따라 해당 전차선의 전력 공급을 자동으로 제어하는 장치라고 하였으므로 전차선 전기회로 자동 개폐기가 작업자의 유무와 상관없이 전차선의 전력 공급을 자동으로 제어하는 것은 아님을 알 수 있다.

오답 체크

① 3문단에서 전동차에 부하가 걸린 상태에서 단로기를 차단할 때 수동 단로기 대신 전차선 전원을 차단 및 투입할 수 있다고 하였으므로 적절한 내용이다.

② 4문단에서 혁신 시제품은 한정된 예산으로 맞춤형 고성능 및 고효율 제품을 구입할 수 있고 민간 분야의 기술혁신과 성장을 지원하는 등 상생 협력을 할 수 있다고 하였으므로 적절한 내용이다.

③ 4문단에서 한국철도공사는 지난해에도 혁신 시제품 과제를 3건 제안해 모두 선정되었으며, 혁신 시제품은 시제품 테스트를 거쳤으며 현장 적용을 추진하고 있다고 하였으므로 적절한 내용이다.

⑤ 1문단에서 혁신적인 아이디어를 필요로 하는 공기업 등의 제안이 먼저 이루어지면, 민간 기업에서 그에 맞는 시제품을 개발한 다음 수요기관에 공급하는 방식으로 진행된다고 하였으므로 적절한 내용이다.

07 의사소통능력 　　　　　　　정답 ③

2문단에서 전원 공급부의 전원이 차단된 경우에는 접지 실린더 내부에 있는 압축 공기를 대기로 내보내어 헤드가 전차선으로부터 비접지되도록 한다고 하였으므로 빈칸에 들어갈 내용으로 가장 적절한 것은 ③이다.

오답 체크

①, ②, ④ 2문단에서 공기 공급관은 공기 압축기에서 만들어진 압축 공기를 공급받아 흐르게 만드는 장치로, 공급받는 압축 공기의 압력이 없거나 낮아질 경우 외부로부터 압축 공기를 공급하도록 하는 보조 공기 공급수단을 포함하고 있으며, 공기 공급관을 통해 전달되는 압축 공기의 압력에 의해 전차선에 접지 또는 비접지 되는 헤드를 접지 실린더를 이용하여 이동시킨다고 하였으므로 적절하지 않은 내용이다.

⑤ 2문단에서 전자변은 전원 공급부에서 전원이 공급된 이후에 공기 공급관을 통해 공급되는 압축 공기를 접지 실린더로 전달하여 헤드가 전차선에 접지되도록 한다고 하였으므로 적절하지 않은 내용이다.

[08-10]
08 의사소통능력 　　　　　　　정답 ②

이 글은 수법과 수단이 지능화, 고도화되는 보이스피싱에 강력 대응하기 위해 예방·차단, 단속·처벌, 피해구제, 경각심 강화의 4단계 단계별 대응책을 마련했으며, 보이스피싱의 통로로 작용하는 금융회사 등이 금융 인프라 운영기관으로서 기본적인 책임을 다하도록 하는 원칙도 확립할 방침이라는 내용이므로 이 글의 제목으로 가장 적절한 것은 ②이다.

오답 체크

① 5문단에서 금융 거래에 대해 금융 소비자인 이용자의 고의나 중과실이 없는 경우에 한해 원칙적으로 금융회사 등이 배상 책임을 지도록 할 예정이라는 점은 서술하고 있지만, 글 전체를 포괄할 수 없으므로 적절하지 않은 내용이다.

③ 4문단에서 정부는 휴대전화를 개통할 때 분실 및 도난 신고의 이용 방법과 기능 안내를 필수로 하여 휴대전화 도난 방지 기능 활용을 지원할 예정이라는 점은 서술하고 있지만, 글 전체를 포괄할 수 없으므로 적절하지 않은 내용이다.

④ 보이스피싱 범죄 예방을 위한 신기술 개발에 대해서는 다루고 있지 않으므로 적절하지 않은 내용이다.

⑤ 6문단에서 보이스피싱 방지를 위해 전 국민을 대상으로 경고 문자를 지속적으로 발송할 예정이라는 점은 서술하고 있지만, 글 전체를 포괄할 수 없으므로 적절하지 않은 내용이다.

09 의사소통능력 정답 ②

5문단에서 금융 소비자인 이용자의 고의·중과실이 없는 한 금융회사 등이 원칙적으로 배상 책임을 지도록 할 방침이지만, 이용자의 도덕적 해이 방지, 손해의 공평한 분담 원칙 등을 고려하여 금융회사 등과 이용자 간에 피해액이 합리적으로 분담될 수 있도록 할 방침이라고 하였으므로 보이스피싱으로 인한 모든 피해액을 금융회사가 부담하게 되는 것은 아님을 알 수 있다.

오답 체크

① 3문단에서 최근 보이스피싱 범죄는 검찰청이나 법원, 시중 은행 등 공공·금융기관의 대표번호로 걸려오기도 한다고 하였으며, 이에 공공·금융기관 주요 전화번호의 화이트리스트 탑재를 대폭 확대한다고 하였으므로 적절한 내용이다.

③ 6문단에서 금융회사 등은 100만 원 이상 입금 시 30분간 인출·이체가 제한되는 지연 인출·이체제도 등에 대한 홍보와 보이스피싱 피해 예방 십계명에 대한 안내를 강화할 계획이라고 하였으므로 적절한 내용이다.

④ 2문단에서 외국인 단기관광객이 출국할 때 휴대폰을 신속하게 정지하고 휴대폰 단기 회선을 여러 개 개통하는 것도 가급적 억제하기로 했다고 하였으므로 적절한 내용이다.

⑤ 4문단에서 휴대전화 도난 방지 기능(Kill switch) 활용 지원을 위해 휴대전화 개통 때 분실·도난 신고 시 이용 방법과 기능을 필수적으로 안내하고 적용을 지원한다고 하였으므로 적절한 내용이다.

10 의사소통능력 정답 ①

· 사례 1: 선불폰을 포함한 알뜰폰 비대면 개통 시 위조 가능성이 큰 신분증 대신 공인인증서, 신용카드와 같은 관련 법상 수단으로 본인 확인을 할 수 있도록 현장 점검을 강화하였다고 하였으므로 '㉠ 예방·차단'에 해당하는 사례이다.

· 사례 2: T 사에서 보이스피싱 보험을 출시하였으며, 시중 은행에서도 보이스피싱 피해를 예방하기 위한 여러 보험 상품을 개발하고 있다고 하였으므로 '㉢ 피해구제'에 해당하는 사례이다.

· 사례 3: 보이스피싱에 사용되는 대포 통장을 양도, 유통, 대여하는 범죄 행위에 대한 형량이 징역 5년, 벌금 3,000만 원으로 상향되었고, 보이스피싱에 사용될 것을 알면서도 계좌 정보를 전달, 유통한 전달책도 대포 통장 범죄 수준으로 처벌한다고 하였으므로 '㉡ 단속·처벌'에 해당하는 사례이다.

· 사례 4: 여러 공공·금융기관에서 보이스피싱 근절을 위한 캠페인을 지속적으로 시행하여 국민들에게 보이스피싱 범죄와 관련한 경각심을 심어 주고 있다고 하였으므로 '㉣ 경각심 강화'에 해당하는 사례이다.

따라서 보이스피싱 척결 종합 방안의 각 단계에 해당하는 사례를 바르게 짝지은 것은 ①이다.

11 수리능력 정답 ④

$$x + y + z = 0.62 \qquad \cdots ⓐ$$
$$0.8x + 1.6y + z = 0.74 \qquad \cdots ⓑ$$

ⓑ − ⓐ에서
$$-0.2x + 0.6y = 0.12 \qquad \cdots ⓐ'$$
$$1.2x + 0.2y + 0.5z = 0.34 \qquad \cdots ⓒ$$

2 × ⓒ − ⓐ에서
$$1.4x - 0.6y = 0.06 \qquad \cdots ⓑ'$$

ⓐ' + ⓑ'에서
$$1.2x = 0.18 \rightarrow x = 0.15, \ y = 0.25, \ z = 0.22$$

따라서 y의 값은 0.25이다.

12 수리능력 정답 ③

기존 설계와 기술 직무의 직원 수의 합을 x라 하면 기존 설비와 생산 직무의 직원 수의 합은 $300 - x$이다.

설계와 기술 직무에서 40%가 퇴사하고 설비와 생산 직무에서 30%가 퇴사하여 200명이 되었으므로

$$x \times 0.6 + (300 - x) \times 0.7 = 200 \rightarrow 0.1x = 10 \rightarrow x = 100$$

이에 따라 퇴사 후 설계와 기술 직무의 직원의 합은 60명, 설비와 생산 직무의 직원의 합은 140명이 되었음을 알 수 있다. 이때 설계 직무의 직원 수를 y, 설비 직무의 직원 수를 z라 하면 기술 직무의 직원 수는 $60 - y$, 생산 직무의 직원 수는 $140 - z$이다. 이후 설계 직무에서 100%를 충원한 $2y$, 기술 직무에서 25%를 충원한 $1.25 \times (60 - y)$, 설비 직무와 생산 직무에서 각각 50%를 충원한 $1.5z + 1.5 \times (140 - z)$의 합이 312이므로

$$2y + 1.25 \times (60 - y) + 1.5z + 1.5 \times (140 - z) = 312$$
$$\rightarrow 0.75y + 75 + 210 = 312 \rightarrow 0.75y = 27 \rightarrow y = 36$$

따라서 현재 설계 직무의 직원 수는 $2 \times 36 = 72$명이다.

13 수리능력 정답 ④

전체 일의 양을 1, 소미가 하루 동안 한 일의 양을 x, 효정이가 하루 동안 한 일의 양을 y, 정은이가 하루 동안 한 일의 양을 z라고 하면

$$(x + y) \times 6 = 1 \rightarrow x + y = \frac{1}{6} \qquad \cdots ⓐ$$
$$(z + y) \times 10 = 1 \rightarrow z + y = \frac{1}{10} \qquad \cdots ⓑ$$
$$(x + y + z) \times 5 = 1 \rightarrow x + y + z = \frac{1}{5} \qquad \cdots ⓒ$$

ⓒ − ⓐ에서 $z = \frac{1}{30}$이므로 $y = \frac{1}{15}$, $x = \frac{1}{10}$

소미와 정은이가 하루 동안 함께한 일의 양은 $\frac{1}{10} + \frac{1}{30} = \frac{2}{15}$이고,

해커스 코레일 한국철도공사 NCS + 전공 + 철도법 실전모의고사

일을 모두 끝내는 데 걸리는 시간은 $1 \div \frac{2}{15} = 7.5$일이다.

따라서 소미와 정은이가 이 일을 모두 끝내는 데 걸리는 시간은 최소 8일이다.

14 수리능력
정답 ④

A 제품과 B 제품의 생산 대수를 각각 x, y라고 하면

A 제품과 B 제품을 생산하는 데 필요한 P 부품의 개수는 최대 180개이므로

$3x + 6y \leq 180 \rightarrow y \leq -\frac{1}{2}x + 30$ ⋯ ⓐ

A 제품과 B 제품을 생산하는 데 필요한 Q 부품의 개수는 최대 140개이므로

$5x + 2y \leq 140 \rightarrow y \leq -\frac{5}{2}x + 70$ ⋯ ⓑ

A 제품과 B 제품의 생산 대수 합을 k라고 하면 $k = x + y$이다.

이에 따라 $y = -x + k$가 $y = -\frac{1}{2}x + 30$, $y = -\frac{5}{2}x + 70$ 그래프의 교점을 지날 때 k값이 최대가 되므로

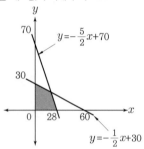

$y = -\frac{1}{2}x + 30$ ⋯ ⓐ'

$y = -\frac{5}{2}x + 70$ ⋯ ⓑ'

ⓐ'-ⓑ'에서 $2x = 40 \rightarrow x = 20$, $y = 20$이므로 $k = 20 + 20 = 40$이다.

따라서 A 제품과 B 제품의 생산 대수를 합쳐 최대로 생산하고자 할 때, 생산할 수 있는 최대 대수는 40대이다.

15 수리능력
정답 ③

성인 1명의 휴양림 입장료를 x, 청소년 1명의 휴양림 입장료를 y라고 하면

인원이 성인 5명과 청소년 3명인 A 가족은 입장료로 6,800원을 지불하였고, 인원이 성인 3명과 청소년 2명인 B 가족은 입장료로 4,200원을 지불하였으므로

$5x + 3y = 6,800 \rightarrow 15x + 9y = 20,400$ ⋯ ⓐ

$3x + 2y = 4,200 \rightarrow 15x + 10y = 21,000$ ⋯ ⓑ

ⓑ-ⓐ에서 $y = 600$

따라서 청소년 1명의 휴양림 입장료는 600원이다.

16 수리능력
정답 ④

사건 A가 일어날 확률은 p, 사건 B가 일어날 확률은 q이고 두 사건 A, B가 동시에 일어나지 않을 때, 사건 A 또는 B가 일어날 확률은 p + q임을 적용하여 구한다.

두 사격선수 A, B가 표적을 향하여 권총을 한 발 발사하였을 때 명중시킬 확률이 각각 95%, 85%이므로 명중시키지 못할 확률은 각각 5%, 15%이다. 이에 따라 사격선수 A가 표적을 명중시키고, B는 표적을 명중시키지 못할 확률은 0.95 × 0.15 = 0.1425이고, 사격선수 B가 표적을 명중시키고, A는 표적을 명중시키지 못할 확률은 0.85 × 0.05 = 0.0425이다.

따라서 둘 중에 한 사람만 표적을 명중시킬 확률은 0.1425 + 0.0425 = 0.185로 18.5%이다.

[17-18]
17 수리능력
정답 ④

전체 연령의 건대추 생산량에서 60대의 건대추 생산량이 차지하는 비중은 2016년이 (3,528 / 13,024) × 100 ≒ 27.1%, 2017년이 (3,809 / 13,888) × 100 ≒ 27.4%로 2016년이 2017년보다 작으므로 옳지 않은 설명이다.

오답 체크

① 2016년부터 2018년까지 50대 건대추 생산량의 전년 대비 증감 추이는 감소, 증가, 감소이며, 전년 대비 증감 추이가 50대와 동일한 연령대는 70대 이상으로 1개이므로 옳은 설명이다.

② 제시된 기간 동안 경상남도 건대추 생산량의 평균은 (2,792 + 2,695 + 2,946 + 2,741) / 4 = 2,793.5kg으로 2,790kg 이상이므로 옳은 설명이다.

③ 2018년 경상북도 건대추 생산량의 전년 대비 감소율은 {(4,234 - 4,045) / 4,234} × 100 ≒ 4.5%이므로 옳은 설명이다.

⑤ 충청북도와 경상남도의 건대추 생산량 차이는 2017년에 2,946 - 1,937 = 1,009kg, 2016년에 2,695 - 1,764 = 931kg이므로 옳은 설명이다.

18 수리능력
정답 ④

제시된 자료에 따르면 2016년에 충청북도의 건대추 생산량은 1,764kg이지만 이 그래프에서는 1,900kg보다 높게 나타났으므로 옳지 않은 그래프는 ④이다.

오답 체크

① 연도별 70대 이상 건대추 생산량은 2015년에 3,503kg, 2016년에 3,251kg, 2017년에 3,461kg, 2018년에 2,706kg이므로 옳은 그래프이다.

② 2018년 지역별 건대추 생산비율은 충청북도가 (2,158 / 12,530) × 100 ≒ 17%, 경상북도가 (4,045 / 12,530) × 100 ≒ 32%, 경상남도가 (2,741 / 12,530) × 100 ≒ 22%, 기타가 (3,586 / 12,530) × 100 ≒ 29%이므로 옳은 그래프이다.

③ 연도별 건대추 총생산량은 2015년에 12,293kg, 2016년에 13,024kg, 2017년에 13,888kg, 2018년에 12,530kg이므로 옳은 그래프이다.

⑤ 2015년 연령별 건대추 생산비율은 50대 미만이 (2,152 / 12,293) × 100 ≒ 18%, 50대가 (3,276 / 12,293) × 100 ≒ 27%, 60대가 (3,362 / 12,293) × 100 ≒ 27%, 70대 이상이 (3,503 / 12,293) × 100 ≒ 28%이므로 옳은 그래프이다.

[19-20]

19 수리능력   정답 ②

제시된 기간 동안 전체 계획 투자 비용 중 자체수입의 계획 투자 비용이 가장 많으므로 옳은 설명이다.

오답 체크

① 2X23년 계획 달성률은 (811,707 / 806,751) × 100 ≒ 100.6%로 100%를 초과하였으므로 옳지 않은 설명이다.

③ 2X24년 자체수입의 계획 달성률이 90%라면, 자체수입의 실적 투자 비용은 420,500 × 0.9 = 378,450백만 원으로 400,000백만 원 미만이므로 옳지 않은 설명이다.

④ 제시된 기간 동안 지방비 실적 투자 비용의 평균은 (25,011 + 22,135 + 24,099) / 3 ≒ 23,748백만 원 ≒ 23.7억 원으로 24십억 원 미만이므로 옳지 않은 설명이다.

⑤ 2X22년부터 2X25년까지 계획 투자 비용이 매년 전년 대비 증가한 출처는 국비 1개이므로 옳지 않은 설명이다.

⏱ 빠른 문제 풀이 Tip

① 2X23년 시설안전 투자 비용의 실적은 811,707백만 원으로 계획한 806,751백만 원보다 많으므로 달성 비율이 100%를 넘음을 알 수 있다.

20 수리능력   정답 ④

그래프 A가 2X21년 국비와 자체수입의 계획 및 실적 투자 비용이라면, a와 c는 400십억 원 = 400,000백만 원 이상 420십억 원 = 420,000백만 원 이하로 각각 자체수입의 계획 투자 비용 또는 실적 투자 비용이며, a가 c보다 높음에 따라 a가 414,021백만 원인 자체수입의 계획 투자 비용, c가 400,030백만 원인 자체수입 실적 투자 비용이므로 옳지 않은 설명이다.

오답 체크

① 그래프 A의 d는 360십억 원 = 360,000백만 원 이상, 380십억 원 = 380,000백만 원 이하이며, 자료에서 360,000백만 원 이상 380,000백만 원 미만에 해당하는 시설 안전 투자 비용은 2X21년 계획 국비, 2X21~2X22년 실적 국비로 d는 국비이므로 옳은 설명이다.

② 그래프 B가 계획 및 실적 투자 비용의 소계라면, ㄷ은 820십억 원 = 820,000백만 원 이상 830십억 원 = 830,000백만 원 이하에 해당하는 2X24년 계획 투자 비용의 소계이므로 옳은 설명이다.

③ 그래프 C가 2X22년 국비와 자체수입의 계획 및 실적 투자 비용이라면, 투자 비용이 380십억 원 = 380,000백만 원 이상 400십억 원 = 400,000백만 원 이하인 투자 비용은 국비의 계획 투자 비용이므로 옳은 설명이다.

⑤ 그래프 C가 연도별 국비 및 자체수입의 계획 및 실적 투자 비용이라면, 360십억 원 = 360,000백만 원 이상, 380십억 원 = 380,000백만 원 이하인 투자 비용은 2X21년 국비의 계획 투자 비용, 2X21~2X22년 국비의 실적 투자 비용, 2X22년 자체수입의 실적 투자 비용이고, (다)가 2X22년 자체수입의 실적 투자 비용인 371,859백만 원이면, (가)는 371,859백만 원보다 많은 2X21년 국비의 계획 투자 비용이므로 옳은 설명이다.

21 문제해결능력   정답 ①

신은 선한 인간을 징벌할 수 없고 선하지 않은 인간만 존재하면 신은 인간을 징벌하지 않는다. 또한, 신은 선하지 않은 인간을 징벌할 수 있으며, 신이 인간을 징벌하면 그 인간은 선하지 않은 인간이다.

따라서 선한 인간과 선하지 않은 인간이 동시에 존재할 경우 신은 인간을 징벌할 수도 있으므로 옳지 않은 설명이다.

오답 체크

② 세 번째 문장과 첫 번째 문장을 차례로 결합하면 갑은 운동을 하지 않으므로 옳은 설명이다.

③ 세 번째 문장에서 을이 필기시험에 합격하였고 두 번째 문장에 의해 을이 면접시험에 응시하므로 옳은 설명이다.

④ 네 번째 문장에서 병은 A 회사에서 의자를 구매하였고, 세 번째 문장에서 병이 구매한 의자는 플라스틱으로 제작되지 않았다. 이때, 첫 번째 문장에 의해 A 회사에서는 플라스틱 또는 나무로만 의자를 제작함에 따라 병이 A 회사에서 구매한 의자는 나무로 제작되었으므로 옳은 설명이다.

⑤ 두 번째 문장과 세 번째 문장의 대우를 차례로 결합하면 청소를 좋아하는 사람은 빨래를 좋아하지 않으므로 옳은 설명이다.

22 문제해결능력

D는 결승점에 들어왔을 때 먼저 도착한 6명이 있었으므로 최종 7등이고, E는 결승점 10m 앞에서 2등을 제치고 순위 변화 없이 들어왔으므로 최종 2등이다. 이때 B는 결승점 10m 앞에서 E에게 순위가 밀려 3등이 되었으며, 결승점 5m 앞에서 순위가 바뀌었으므로 최종 4등임을 알 수 있다. 또한, F는 달리면서 C가 계속 보였다고 했으므로 C, F 순으로 등수가 연속됨을 알 수 있다. 이에 따라 7명의 순위는 다음과 같다.

1등	2등	3등	4등	5등	6등	7등
G	E	A	B	C	F	D

따라서 1등을 한 사람은 'G'이다.

23 문제해결능력

제시된 조건에 따르면 2인용 탁자는 1~2명, 4인용 탁자는 3~4명, 6인용 탁자는 3~6명만 이용하고, 이용객은 이용 가능한 탁자가 있으면 카페에 머무르고, 이용 가능한 탁자가 없으면 음료를 받은 직후 퇴장한다. 또한, 카페에 머무르는 이용객은 1시간 이상 머무른다. 먼저 첫 번째로 입장한 2명, 두 번째로 입장한 4명, 세 번째로 입장한 6명은 각각 2인용, 4인용, 6인용 탁자를 이용하였고, 네 번째로 3명이 입장했을 때, 카페 인원이 1명 줄었으므로 네 번째로 입장한 3명은 두 번째로 입장한 4명이 이용하던 4인용 탁자를 이용하였고, 다섯 번째로 1명이 입장했을 때, 카페 인원이 6명 줄었으므로 세 번째로 입장한 6명이 퇴장하였고, 다섯 번째로 입장한 1명은 이용 가능한 탁자가 없으므로 음료를 받은 직후 퇴장하였다. 여섯 번째로 3명이 입장했을 때, 카페 인원은 1명 늘었으므로 첫 번째로 입장한 2명이 퇴장하였고, 여섯 번째로 입장한 3명은 6인용 탁자를 이용하였다. 일곱 번째로 3명이 입장했을 때, 카페 인원은 변동이 없었고, 여섯 번째로 입장한 3명은 여덟 번째 입장 이후인 13:55 이후로 퇴장할 수 있으며, 여덟 번째로 1명이 입장했을 때, 카페 인원이 2명 줄었으므로 네 번째로 입장한 3명이 4인용 탁자를 계속 이용하다가 여덟 번째 입장 전 퇴장하여 일곱 번째로 입장한 3명은 음료를 받은 직후 퇴장한 것을 알 수 있다. 여덟 번째로 입장한 1명은 2인용 탁자를 이용하였고, 아홉 번째로 1명이 입장했을 때, 여덟 번째로 입장한 1명이 입장한 지 1시간 미만 머무름에 따라 이용 가능한 탁자가 없으므로 아홉 번째로 입장한 1명은 음료를 받은 직후 퇴장하였으며, 카페 인원은 3명 줄었으므로 여섯 번째로 입장한 3명도 퇴장하였다. 열 번째로 입장한 6명은 6인용 탁자를 이용하였고, 열한 번째로 입장한 3명은 4인용 탁자를 이용하였다.

열두 번째로 2명이 입장했을 때, 카페 인원은 5명 줄었으므로 여덟 번째와 열 번째로 입장한 1명과 6명이 퇴장하였고 열두 번째로 입장한 2명은 2인용 탁자를 이용한 것을 알 수 있다. 입장 순서에 따른 탁자별 이용객과 머무른 시간은 다음과 같다.

입장 순서	2인용	4인용	6인용	카페 인원
첫 번째	2명	–	–	2명
두 번째	2명(20분)	4명	–	6명
세 번째	2명(55분)	4명(35분)	6명	12명
네 번째	2명(2시간 25분)	3명	6명(1시간 30분)	11명
다섯 번째	2명(3시간)	3명(35분)	–	5명
여섯 번째	–	3명(1시간 10분)	3명	6명
일곱 번째	–	3명(1시간 35분)	3명(25분)	6명
여덟 번째	1명	–	3명(55분)	4명
아홉 번째	1명(40분)	–	–	1명
열 번째	1명(1시간)	–	6명	7명
열한 번째	1명(3시간 30분)	3명	6명(2시간 30분)	10명
열두 번째	2명	3명(2시간 10분)		5명

따라서 여섯 번째로 입장한 3명은 6인용 탁자를 이용하였으므로 항상 옳지 않은 설명이다.

오답 체크

① 첫 번째로 입장한 2명은 다섯 번째로 입장한 이용객의 입장 시간에도 카페에 머무름에 따라 3시간 이상 카페에 머물렀으므로 항상 옳은 설명이다.

③ 17:15은 열한 번째로 3명이 입장하기 5분 전이고, 열 번째로 6명이 입장했을 때의 카페 인원 7명은 열한 번째로 3명이 입장했을 때 모두 카페에 머무르고 있으므로 항상 옳은 설명이다.

④ 아홉 번째로 입장한 1명은 음료를 받은 직후 카페를 나갔으므로 항상 옳은 설명이다.

⑤ 하루 동안 2인용 탁자를 이용한 이용객은 첫 번째로 입장한 2명, 여덟 번째로 입장한 1명, 열두 번째로 입장한 2명으로 총 5명이므로 항상 옳은 설명이다.

24 문제해결능력

제시된 조건에 따르면 교육지원부장은 교육학과 학생이, 학생복지부장은 사회복지학과 학생이, 홍보부장은 신문방송학과 학생이 선출되어야 하며, B와 D는 학생복지부로 선출되어야 하므로 교육지원부장은 E 또는 F, 학생복지부장은 G 또는 H, 학생복지부원은 B와 D, 홍보부장은 I가 선출되어야 한다.

먼저, E가 교육지원부장으로 선출되면 F는 C, E 모두와 다른 부로 선출되어야 하므로 C는 교육지원부원, E는 교육지원부장, F는 홍보부원으로 선출되어야 한다. 이때, H는 교육지원부원으로 선출되지 않아야 하므로 G가 학생복지부장으로 선출되면 A는 교육지원부원, H는 홍보부원이고, H가 학생복지부장으로 선출되면 A와 G는 각각 교육지원부원 또는 홍보부원으로 선출되어야 한다. 다음으로 F가 교육지원부장으로 선출되면 C와 E는 모두 홍보부원으로 선출되어야 하고, H는 교육지원부원으로 선출되지 않아야 함에 따라 H가 학생복지부장으로 선출되어야 하므로 A와 G는 모두 교육지원부원으로 선출되어야 한다.

[경우 1] E가 교육지원부장, G가 학생복지부장으로 선출되는 경우

교육지원부		학생복지부		홍보부	
부장	부원	부장	부원	부장	부원
E	A	C	G	B	D	I	F	H

[경우 2] E가 교육지원부장, H가 학생복지부장으로 선출되는 경우

교육지원부		학생복지부		홍보부	
부장	부원	부장	부원	부장	부원
E	A 또는 G	C	H	B	D	I	A 또는 G	F

[경우 3] F가 교육지원부장으로 선출되는 경우

교육지원부		학생복지부		홍보부	
부장	부원	부장	부원	부장	부원
F	A	G	H	B	D	I	C	E

따라서 선출되는 부가 확정되는 학생은 B, D, I뿐이므로 항상 옳은 설명이다.

오답 체크

① 경우 2, 3에 따르면, 교육지원부원으로 사회복지학과 학생인 G가 선출되므로 항상 옳은 설명은 아니다.
② 경우 3에 따르면, I는 홍보부장, C는 홍보부원으로 선출되어 C와 I가 선출되는 부가 홍보부로 서로 같으므로 항상 옳은 설명은 아니다.
③ 경우 1, 2에 따르면, F는 홍보부원으로 선출되므로 항상 옳은 설명은 아니다.
⑤ 경우 1에 따르면, H는 홍보부원으로 선출되므로 항상 옳은 설명은 아니다.

25 문제해결능력

정답 ④

제시된 글에 따르면 승환이와 정우 중 적어도 한 명은 승진하며, 승환이가 승진하면 동찬이가 승진하지 않음에 따라 적어도 명현이가 승진한다는 결론이 도출되기 위해서는 승진하거나 승진하지 않는 사람을 확실하게 지정하고, 그로 인해 명현이가 승진한다는 전제를 추가해야 한다.

ⓒ에 따라 정우는 승진하지 않고, 승환이와 정우 중 적어도 한 명은 승진하므로 승환이는 승진하며, 승환이가 승진함에 따라 동찬이는 승진하지 않는다. 이때, ⓔ의 대우에 따라 동찬이와 정우가 모두 승진하지 않으면 명현이가 승진한다.

따라서 인사팀장 A의 결론을 이끌어내기 위해 추가해야 할 두 전제는 ⓒ, ⓔ이다.

[26-28]
26 문제해결능력

정답 ③

E_CPU의 코어, 스레드의 사양은 F_CPU의 코어, 스레드의 사양보다 더 우수하지만, 속도는 E_CPU보다 F_CPU가 더 우수하며, 메모리 버스의 사양은 서로 동일하므로 옳지 않은 내용이다.

오답 체크

① 코어는 8Core 이상, 속도는 2.9GHz 이상의 성능을 충족하는 CPU는 C_CPU, D_CPU, G_CPU이며, 가격은 D_CPU가 343,100원으로 가장 저렴하므로 옳은 내용이다.
② 코어가 6Core 이상인 CPU 중 스레드 12개 이상, 속도 3.6GHz 이상의 성능을 충족하는 CPU는 A_CPU, C_CPU, D_CPU로 총 3개이므로 옳은 내용이다.
④ G_CPU의 속도는 2.9GHz로 2.9GHz보다 더 우수한 성능의 속도를 충족하는 CPU는 A_CPU, C_CPU, D_CPU, F_CPU이며, 이 중 C_CPU의 가격이 462,700원으로 가장 비싸므로 옳은 내용이다.
⑤ 메모리 버스가 2,666MHw인 CPU는 A_CPU, B_CPU, D_CPU, E_CPU, F_CPU이며, 이 중 F_CPU의 가격이 82,000원으로 가장 저렴하므로 옳은 내용이다.

27 문제해결능력

코어가 8Core 이상, 속도가 3.0GHz 이상의 성능인 CPU는 C_CPU와 D_CPU이며, 우탁이는 조건을 충족하는 가장 저렴한 CPU인 D_CPU를 주문하므로 옳지 않은 내용이다.

오답 체크

① 코어가 6Core 이상, 속도가 3.0GHz 이상의 성능인 CPU는 A_CPU, C_CPU, D_CPU이며, 이 중 가장 저렴한 CPU는 A_CPU이므로 옳은 내용이다.

② 스레드가 10개 이상, 메모리 버스가 2,800MHw 이상의 성능인 CPU 는 C_CPU, G_CPU이며, 이 중 가장 저렴한 CPU는 G_CPU이므로 옳은 내용이다.

④ 속도가 3.6GHz 이상, 메모리 버스가 2,666MHw 이상의 성능인 CPU는 A_CPU, C_CPU, D_CPU, F_CPU이며, 이 중 가장 저렴한 CPU는 F_CPU이므로 옳은 내용이다.

⑤ 코어가 4Core 이상, 스레드가 6개 이상의 성능인 CPU는 A_CPU, B_CPU, C_CPU, D_CPU, E_CPU, G_CPU이며, 이 중 가장 저렴한 CPU는 E_CPU이므로 옳은 내용이다.

28 문제해결능력

정답 ⑤

제시된 CPU 중 코어가 6Core 이상이면서 속도는 2.9GHz 이상인 CPU에는 F_CPU를 제외한 모든 CPU가 포함되며, 이 중 350,000원의 예산에 맞춰 구입 가능한 CPU는 A_CPU, B_CPU, D_CPU, E_CPU이다. 이때 스레드는 구입 가능한 CPU 중 가장 우수한 성능을 충족했으면 좋겠다고 하였으므로 영수는 구입 가능한 4개의 CPU 중 스레드가 16개로 가장 우수한 성능을 충족하는 D_CPU를 추천받을 것을 알 수 있다. 따라서 영수가 CPU 구입을 위해 지불해야 하는 가격은 343,100원이다.

[29-30]

29 문제해결능력

정답 ④

'3. 화물운송절차 – 화주'에 따르면 화주는 화물운송장을 구두로 신청하거나 전화, 홈페이지, FAX를 이용해 신청할 수 있으므로 옳지 않은 내용이다.

오답 체크

① '3. 화물운송절차 – OO공사'에 따르면 수탁검사 및 운송 시 발송기간은 화물 수취 시점으로부터 12시간 이내이므로 옳은 내용이다.

② '3. 화물운송절차 – 화주'에 따르면 화물의 하화 및 인도 시 열차 도착 후 5시간 이내에 하화 후 당일 중으로 반출해야 하나, 18시 이후 하화 시 다음날 오전 11시까지 반출해야 하므로 옳은 내용이다.

③ '3. 화물운송절차 – OO공사'에 따르면 하화준비 및 인도 확인 시 하화·인도 후에 화물 인도명세서에 수령인 서명을 날인하므로 옳은 내용이다.

⑤ '3. 화물운송절차 – OO공사'에 따르면 운송가능여부 결정은 운송조건 수락 여부 결정을 통해 이루어지며, 운송이 가능하다는 판단이 내려졌을 시 배차계획 수립 이후 화차 수배를 진행하므로 옳은 내용이다.

30 문제해결능력

정답 ②

'2. 컨테이너화물 최저운임'에 따르면 공컨테이너의 최저운임은 영컨테이너 임률의 75%이므로 45피트 규격의 공컨테이너의 최저운임은 60,000 × 0.75 = 45,000원이다. 컨테이너화물의 운행 거리는 1,600km이며, 컨테이너화물 최저운임은 규격별, 영공별 100km에 해당하는 운임이므로 공컨테이너화물의 운임비는 45,000 × 16 = 720,000원이다.

따라서 컨테이너화물의 운임비는 720,000원이다.

p.144

01 의사소통	02 의사소통	03 의사소통	04 의사소통	05 의사소통	06 의사소통	07 의사소통	08 의사소통	09 의사소통	10 의사소통
④	②	③	②	②	③	③	②	④	②
11 수리	12 수리	13 수리	14 수리	15 수리	16 수리	17 수리	18 수리	19 수리	20 수리
⑤	⑤	②	④	⑤	④	②	③	⑤	②
21 문제해결	22 문제해결	23 문제해결	24 문제해결	25 문제해결	26 문제해결	27 문제해결	28 문제해결	29 문제해결	30 문제해결
④	⑤	③	③	③	③	②	③	④	④

01 의사소통능력   정답 ④

㉣은 은혜를 갚는다는 의미로 쓰였으므로 은혜를 저버린다는 의미의 '배은'은 가장 적절하지 않다.

[오답 체크]

① 타협: 어떤 일을 서로 양보하여 협의함

② 추상적: 구체성이 없이 사실이나 현실에서 멀어져 막연하고 일반적인. 또는 그런 것

③ 괜스레: 까닭이나 실속이 없는 데가 있게

⑤ 짬: 어떤 일에서 손을 떼거나 다른 일에 손을 댈 수 있는 겨를

02 의사소통능력   정답 ②

평야내지는(X) → 평야 내지는(O)

· 한글 맞춤법 제45항에 따라 두 말을 이어 주거나 열거할 적에 쓰이는 말 '내지'는 앞말에 띄어 쓴다.

03 의사소통능력   정답 ③

제시된 글에서 인간의 본성이 가치와는 무관한 사실의 범주에 포함된다는 점에서 시시비비를 가릴 수 없는 개념이기 때문에 인간의 본성을 가장 잘 나타내는 관점은 고자의 성무선악설이라고 하였으므로 사회 구성원 사이에 충돌되는 욕구로 발생하는 갈등은 개인이 본성을 따라서 생기는 도덕적 문제라는 맹자의 성선설에 대한 설명은 논지를 강화하는 내용으로 가장 적절하지 않다.

04 의사소통능력   정답 ②

5문단에서 홀로세가 시작된 시기의 생물상은 야생동물이 대부분이었지만 현재는 가축이 육상 척추 생물의 65%가량을 차지한다고 하였으므로 홀로세 초기의 생물상이 대부분 야생동물이었으나 오늘날에는 닭이 육상 척추 생물의 약 65%를 차지하는 것은 아님을 알 수 있다.

[오답 체크]

① 2문단에서 신생대 제4기는 다시 거대 포유류가 생육하고 현생 인류가 발생하여 진화한 플라이스토세와 인류의 문명이 시작된 홀로세로 구분된다고 하였으므로 적절한 내용이다.

③ 4문단에서 자연에서 탄소는 세 종류의 동위 원소를 갖는데, 탄소-14는 시간이 흐를수록 붕괴되고 오늘날 화석 연료의 사용으로 동위 원소 비율이 변화한다고 하였으므로 적절한 내용이다.

④ 1문단에서 각각의 지질 시대를 구분하는 기준은 지각 변화와 생물종의 변화라는 자연에 있다고 하였으므로 적절한 내용이다.

⑤ 3문단에서 새 지질 시대를 구분하는 중요한 단서는 현재 환경 변화가 자연에 지질학적 흔적을 남길 수 있는지이며, 인류세 기준은 인간이 이끌고 있다고 하였으므로 적절한 내용이다.

05 의사소통능력   정답 ②

글 전체에서 대상이 지니는 예술성을 상세히 설명하며 불교적 색채를 드러내는 방식은 확인할 수 없으므로 가장 적절하지 않다.

[오답 체크]

① 글 전체에서 감탄사를 활용하여 서술자가 경주를 돌아보며 느낀 주관적 감흥을 나타내고 있으므로 적절하다.

③ 글 전체에서 현재 시제 문장을 사용하여 서술자가 경험한 여행의 현실감과 현장감을 부각하고 있으므로 적절하다.

④ 글 전체에서 여정을 시간의 흐름에 따라 보고 들은 것을 중심으로 서술하고 있으므로 적절하다.

⑤ 글 전체에서 불국사의 정경을 치밀하게 묘사함으로써 대상으로부터 받은 지배적인 인상을 표현하고 있으므로 적절하다.

[06-07]
06 의사소통능력   정답 ③

3문단에서 음주측정기는 인간이 내쉬는 숨으로 혈중알코올농도를 측정하는 기기로, 음주측정기 내부로 들어간 알코올이 푸른색의 가스로 변하고 전자가 방출되는 과정에서 백금 전극 사이에서는 전류가 발생하는데, 이때 알코올의 양이 많을수록 전류가 높아진다고 하였으므로 음주측정기 내부에 많은 양의 전류가 발생했다는 것은 음주측정기 안으로 들어간 알코올이 다량의 전자를 방출했다는 의미임을 알 수 있다.

오답 체크

① 4문단에서 태양 전지는 양공이 많은 P형 반도체와 전자가 많은 N형 반도체가 접합된 구조로 이루어져 있는데, 이 태양 전지가 빛을 받게 되면 P형 반도체로는 양공이, N형 반도체로는 전자가 모인다고 하였으므로 적절하지 않은 내용이다.

② 1문단에서 여러 겹의 궤도로 돌고 있는 전자는 에너지를 얻게 되면 원자핵으로부터 멀어지고, 에너지를 빼앗기게 되면 원자핵에 근접한 궤도로 옮겨간다고 하였으므로 적절하지 않은 내용이다.

④ 2문단에서 광양자와 전자가 충돌할 때 전자는 광양자의 에너지를 얻는데, 전자가 물질로부터 방출되기 위해서는 일함수보다 많은 에너지를 얻어야 한다고 하였으므로 적절하지 않은 내용이다.

⑤ 4문단에서 전위차가 발생한 N형 반도체와 P형 반도체 사이에 전류가 흐를 수 있는 길이 생기게 되면 N형 반도체에서 P형 반도체 방향으로 전류가 흐르게 된다고 하였으므로 적절하지 않은 내용이다.

07 의사소통능력   정답 ③

4문단에서 N형 반도체와 P형 반도체 사이에 전위차가 발생하고, 여기에 전류가 흐를 수 있는 길을 만들어주면 N형 반도체에서 P형 반도체로 전류가 흐르게 되는데, 태양광 발전은 이 상황을 반복하며 전기 에너지를 만들어낸다고 하였으므로 빈칸에 들어갈 내용으로 가장 적절한 것은 ③이다.

오답 체크

① 4문단에서 P형 반도체와 N형 반도체가 접합되면 양공과 전자가 결합하면서 N형 반도체가 양극을 띠고 P형 반도체가 음극을 띤다고 하였지만, 이는 태양광 발전이 전기 에너지를 만들어내는 원리라고 할 수 없으므로 적절하지 않은 내용이다.

② 1문단에서 자유 전자는 낮은 강도의 에너지만을 얻어도 궤도를 이탈하게 된다고 하였으므로 적절하지 않은 내용이다.

④ 4문단에서 전자가 빠져나간 구멍이 양전하를 띠고 있는 것이 양공이라고 하였으므로 적절하지 않은 내용이다.

⑤ 2문단에서 금속 등의 물질 속에 존재하는 전자는 보통 양전하의 전기력으로 속박되어 있어 움직임이 자유로울 수 없다고 하였지만, 이는 태양광 발전이 전기 에너지를 만들어내는 원리라고 할 수 없으므로 적절하지 않은 내용이다.

[08-10]
08 의사소통능력   정답 ②

4문단에서 논산역, 상주역, 부산진역, 곡성역, 군산역 등의 16개소에 설치된 L3 스위치를 10Mbps 이상의 장비로 교체할 방침이라고 하였으므로 16개소의 역에 설치된 L3 스위치가 2Mbps의 장비로 교체되는 것은 아님을 알 수 있다.

오답 체크

① 3문단에서 클라우드를 기반으로 하는 차세대 기록관리시스템 구축 사업에는 클라우드 기반의 운영 환경 구축과 더불어 전자기록 선별 기준을 수립하는 사업이 포함되어 있다고 하였으므로 적절한 내용이다.

③ 3문단에서 표준기록관리시스템은 지난 2009년부터 정부의 무상 지원을 받아 사용하고 있다고 하였으므로 적절한 내용이다.

④ 4문단에서 논산역, 곡성역 등 16개소에 설치된 근거리 통신망에 사용되는 디지털 전송장치인 CSU는 부품이 단종되었거나 서비스가 종료된 제품이라고 하였으므로 적절한 내용이다.

⑤ 2문단에서 노후화된 시스템의 통합 및 재구축 사업에 앞서 XROIS와 IRIS를 클라우드 기반 시스템으로 통합 및 재구축하는 고도화 사업이 진행되고 있다고 하였으므로 적절한 내용이다.

09 의사소통능력   정답 ④

이 보도자료는 한국철도공사가 발표한 2023년 정보화 사업 현황 자료에 따라 시스템 고도화, 인프라 구축·개량, 운영·유지관리, 소프트웨어 개발, 정보화 컨설팅 등 진행 중인 정보화 사업을 소개하고 각 사업의 추진 배경 및 현황에 대해 설명하는 내용이므로 보도자료의 제목으로 가장 적절한 것은 ④이다.

오답 체크

① 1문단에서 IRIS와 XROIS에 최신 IT 기술을 전면 도입한다고 하였지만, 해당 사업을 철도안전시스템에 도입하는지에 대해서는 다루고 있지 않으므로 적절하지 않은 내용이다.

② 빅데이터를 도입하여 철도차량의 안전을 점검하는지에 대해서는 다루고 있지 않으므로 적절하지 않은 내용이다.

③ 4문단에서 사이버 공격의 형태가 단순한 웹 해킹에서 국가기반 시설에 대한 공격으로 발전함에 따라 전문 보안관제 기업과의 협업을 통해 보안 문제를 예방할 계획이라는 내용에 대해 다루고 있지만, 글 전체를 포괄할 수 없으므로 적절하지 않은 내용이다.

⑤ 1문단에서 철도운영정보시스템인 IRIS와 XROIS에 최신 IT 기술을 전면 도입해 시스템 통합 및 재구축을 시작한다는 내용은 서술하고 있으나, 해당 사업이 경영 정상화를 위함인지에 대해서는 다루고 있지 않으므로 적절하지 않은 내용이다.

10 의사소통능력 정답 ②

3문단에서 정부로부터 무상으로 지원받아 사용 중인 표준기록관리시스템은 운영체계 및 데이터의 호환이 불가능하며, 보안 문제 등으로 인해 개선이 시급한 상황이었으며, 이에 코레일은 클라우드를 기반으로 하는 차세대 기록관리시스템을 구축함으로써 다양한 유형의 기록정보자원을 보다 체계적으로 관리하고 효율적으로 활용할 예정이라고 하였으므로 클라우드를 기반으로 기록관리시스템을 새롭게 구축하게 될 경우 정보보안은 취약해진다는 것은 아님을 알 수 있다.
따라서 가장 적절하지 않은 발언을 한 사원은 'D 사원'이다.

[오답 체크]

A 사원: 2문단에서 시스템 고도화 및 인프라 구축·개량 사업에 정보통신공사업체들도 참여할 수 있는지에 대해 모두의 관심이 쏠리고 있다고 하였으므로 적절한 내용이다.

B 사원: 2문단에서 코레일은 현재 운영 중인 시스템 구성을 HTML5 웹 기반 시스템으로 교체함으로써 보안 문제를 해소하여 사용자의 편의를 향상시킨다고 하였으므로 적절한 내용이다.

C 사원: 2문단에서 차세대 철도운영정보시스템인 XROIS와 고속철도 통합정보시스템인 IRIS를 클라우드 기반 시스템으로 통합 및 재구축하는 고도화 사업 진행 시 샘플 페이지 개발 추진, 시스템 분석 및 설계, 시스템별 화면 설계를 추진한다고 하였으므로 적절한 내용이다.

11 수리능력 정답 ⑤

시간당 작업량 = $\frac{작업량}{시간}$임을 적용하여 구한다.
A, B, C가 혼자서 직무 X를 완료하는 데 각각 9일, 15일, 30일이 소요되므로 A, B, C의 1일당 작업량은 A가 $\frac{1}{9}$, B가 $\frac{1}{15}$, C가 $\frac{1}{30}$이다.
이때 A와 B가 함께 3일 동안 직무 X를 진행하였으므로 A와 B의 3일간 작업량은 $(\frac{1}{9} + \frac{1}{15}) \times 3 = \frac{8}{15}$이며, 남은 작업량은 $1 - \frac{8}{15} = \frac{7}{15}$이다. C의 1일당 작업량은 $\frac{1}{30}$이므로 C가 혼자서 직무 X를 진행한 일수를 x라고 하면

$\frac{1}{30} \times x = \frac{7}{15} \rightarrow x = \frac{7}{15} \times 30 \rightarrow x = 14$
따라서 C가 직무 X를 완료하는 데 소요된 일수는 14일이다.

12 수리능력 정답 ⑤

제시된 조건에 따르면 A와 B는 모두 소수점 한 자리 이상을 가진 수이며, A + B의 값을 계산기에 입력하면 13이 나오고 A를 입력하면 5가 나온다고 하였으므로
$12.5 \leq A + B < 13.5$ ··· ⓐ
$4.5 \leq A < 5.5 \rightarrow 9 \leq 2A < 11$ ··· ⓑ
ⓐ + ⓑ에서 $21.5 \leq 3A + B < 24.50$이므로 3A + B의 값으로 옳지 않은 것은 24.5이다.

13 수리능력 정답 ②

고객 만족도 평가에 응답한 고객은 200명이고, '만족'이라고 응답한 고객 한 명당 +3점을 매기고, '불만족'이라고 응답한 고객 한 명당 −4점의 점수를 매겨 고객 만족도 평가 점수를 정리하였다.
이때, '불만족'이라고 응답한 고객의 명수를 x라고 하면, '만족'이라고 응답한 고객의 명수는 $200 - x$이고, 80점 이상의 고객 만족도 평가 점수가 나왔으므로
$\{3 \times (200 - x)\} - 4x \geq 80 \rightarrow 600 - 3x - 4x \geq 80$
$\rightarrow -7x \geq -520$
$\rightarrow x \leq \frac{520}{7} \approx 74.3$
따라서 '불만족'이라고 응답한 고객의 최대 인원수는 74명이다.

[14-15]
14 수리능력 정답 ④

ⓒ 기타를 제외한 예술활동 분야에서 응답자 수가 겸업이 전업보다 높은 분야는 문학, 공예, 사진으로 총 3가지이므로 옳은 설명이다.

ⓔ 전업 종사 경험 응답자 수가 가장 적은 50대에서 '아니요'라고 응답한 수는 $19,277 \times 0.254 \approx 4,896$명이므로 옳은 설명이다.

[오답 체크]

ⓝ 프리랜서 종사 경험 응답자 수가 세 번째로 많은 연령대는 겸업이 60대 이상이고, 전업이 40대이므로 옳지 않은 설명이다.

ⓒ 겸업 종사 경험 응답자 중 '예'라고 응답한 수는 남성이 $44,722 \times 0.631 \approx 28,220$명, 여성이 $31,313 \times 0.748 \approx 23,422$명이므로 옳지 않은 설명이다.

15 수리능력 정답 ⑤

겸업 종사 경험 응답자 중 미술 분야에서 '예'라고 응답한 수는 17,156 × 0.779 ≒ 13,365명이고, 대중음악 분야에서 '예'라고 응답한 수는 11,206 × 0.797 ≒ 8,931명으로 겸업 종사 경험 응답자 중 미술과 대중음악 분야에서 '예'라고 응답한 수의 합은 13,365 + 8,931 ≒ 22,296명이다. 또한, 전업 종사 경험 응답자 중 미술 분야에서 '예'라고 응답한 수는 29,111 × 0.781 ≒ 22,736명이고, 대중음악 분야에서 '예'라고 응답한 수는 14,365 × 0.92 ≒ 13,216명으로 전업 종사 경험 응답자 중 미술과 대중음악 분야에서 '예'라고 응답한 수의 합은 22,736 + 13,216 ≒ 35,952명이다.

따라서 겸업 종사 경험 응답자 중 미술과 대중음악 분야에서 '예'라고 응답한 수의 합과 전업 종사 경험 응답자 중 미술 분야와 대중음악 분야에서 '예'라고 응답한 수의 합의 차이는 35,952 − 22,296 ≒ 13,656명이다.

[16-17]
16 수리능력 정답 ④

b. 2013년부터 2015년까지 캄보디아 해외조림 산업 통계량의 평균은 (9,126 + 10,782 + 12,060) / 3 ≒ 10,656ha이므로 옳은 설명이다.
d. 캄보디아 해외조림 산업 통계량은 2012년에 전년 대비 8,326 − 5,066 = 3,260ha, 2013년에 전년 대비 9,126 − 8,326 = 800ha, 2014년에 10,782 − 9,126 = 1,656ha, 2015년에 12,060 − 10,782 = 1,278ha이므로 가장 많이 증가한 해는 2012년이다.

오답 체크

a. 제시된 기간 동안 해외조림 산업의 통계량이 매년 동일한 국가는 해외조림 산업의 통계량이 매년 7,670ha로 동일한 중국과 470ha로 동일한 라오스 2개국이므로 옳지 않은 설명이다.
c. 2014년 뉴질랜드 해외조림 산업 통계량의 전년 대비 증가율은 {(12,300 − 11,095) / 11,095} × 100 ≒ 10.9%로 20% 미만이므로 옳지 않은 설명이다.

17 수리능력 정답 ②

제시된 자료에 따르면 베트남의 2014년 해외조림 산업의 전년 대비 증가량은 21,266 − 20,731 = 535ha이고, 2015년 해외조림 산업의 전년 대비 증가량은 22,131 − 21,266 = 865ha이지만 막대그래프에서는 2014년 해외조림 산업의 전년 대비 증가량이 2015년보다 많으므로 옳지 않은 그래프는 ②이다.

[18-20]
18 수리능력 정답 ③

2X23년 혼잡할 때와 비혼잡할 때 B 열차의 객실 내 연평균 이산화탄소 수치 차이는 1,899 − 1,134 = 765ppm이므로 옳지 않은 설명이다.

오답 체크

① 제시된 기간 동안 철도 역사 내 연평균 공기 질은 지하와 지상에서 모두 미세먼지 수치가 초미세먼지 수치보다 높으므로 옳은 설명이다.
② 제시된 기간 동안 지상에 해당하는 철도 역사 내 연평균 이산화탄소 수치의 평균은 (36 + 34 + 40) / 3 ≒ 36.7ppm으로 35ppm 이상이므로 옳은 설명이다.
④ 제시된 기간 동안 A 열차 객실 내 연평균 미세먼지 수치는 2X21년에 110μg/m³, 2X22년에 125μg/m³, 2X23년에 112μg/m³로 기준치인 150μg/m³를 초과한 해는 없으므로 옳은 설명이다.
⑤ 지하에 해당하는 철도 역사 내 연평균 폼알데하이드 수치는 2X21년에 21μg/m³, 2X22년에 16μg/m³, 2X23년에 8μg/m³로 2X22년부터 2X23년까지 매년 전년 대비 감소하였으므로 옳은 설명이다.

19 수리능력 정답 ⑤

기준치 기준은 ㉠이 (31 / 45) × 100 ≒ 68.9%, ㉡이 (3 / 5) × 100 = 60%, ㉢이 (105 / 120) × 100 = 87.5%, ㉣이 (34 / 60) × 100 ≒ 56.7%, ㉤이 (18 / 50) × 100 = 36%이며, ㉠~㉣의 등급은 Yellow이고, ㉤의 등급은 Green이다.
따라서 ㉠~㉤ 중 등급이 나머지와 다른 하나는 ㉤이다.

20 수리능력 정답 ④

그래프 (나)에서 수치가 1,000 이상 1,100 이하인 항목 중 ㄷ의 수치가 ㄴ의 수치보다 높고, 2X21년 비혼잡한 A 열차와 B 열차의 연평균 이산화탄소 수치는 A 열차가 1,050ppm, B 열차가 1,035ppm으로 A 열차가 B 열차보다 높음에 따라 ㄷ은 2X21년 비혼잡한 A 열차의 이산화탄소 수치이므로 옳지 않은 설명이다.

오답 체크

① 그래프 (가)의 a는 5 이상 10 이하로 자료 중 수치가 5 이상 10 이하에 해당하는 측정항목은 2X22년 지상에 해당하는 철도 역사 내 폼알데하이드 수치와 2X23년 지하에 해당하는 철도 역사 내 폼알데하이드 수치이므로 옳은 설명이다.

② 그래프 (나)가 A 열차의 이산화탄소 수치라면, ㄹ은 1,200 이상 1,300 이하로 자료 중 수치가 1,200 이상 1,300 이하에 해당하는 측정항목은 2X23년 비혼잡한 A 열차의 연평균 이산화탄소 수치이므로 옳은 설명이다.

③ 그래프 (가)가 2X22년 측정항목별 철도 역사 내 연평균 공기 질 현황이라면, 2X22년 수치가 15 이상 20 이하인 측정항목은 지상의 초미세먼지와 지하의 폼알데하이드 두 개이며, b는 d보다 낮음에 따라 b가 지하의 16μg/m³인 폼알데하이드, d가 17μg/m³인 지상의 초미세먼지이므로 옳은 설명이다.

⑤ 그래프 (나)가 2X21~2X22년 혼잡한 A 열차와 비혼잡한 B 열차의 객실 내 연평균 이산화탄소 수치라면, 수치가 1,100 이상 1,200 이하인 측정항목은 2X22년 A 열차이므로 옳은 설명이다.

21 문제해결능력 정답 ④

제시된 조건에 따르면 A, B, C, D 4명은 각자 프랑스, 독일, 이탈리아 중 하나의 국가로 여행을 다녀왔고, A가 여행을 다녀온 국가는 프랑스가 아니므로 독일 또는 이탈리아로 여행을 다녀왔다. 이때, A가 구매한 기념품은 시계 또는 화장품 중 하나이고, 이탈리아로 여행을 다녀온 사람이 구매한 기념품은 초콜릿이므로 A가 여행을 다녀온 국가는 독일이다. B와 C가 여행을 다녀온 국가는 같고, 4명이 구매한 기념품은 모두 다르므로 B와 C가 여행을 다녀온 국가는 프랑스, D가 여행을 다녀온 국가는 이탈리아이다. 또한, C가 구매한 기념품은 열쇠고리, D가 구매한 기념품은 초콜릿이다. 이에 따라 가능한 경우는 다음과 같다.

구분	A	B	C	D
국가	독일	프랑스	프랑스	이탈리아
기념품	시계 또는 화장품	시계 또는 화장품	열쇠고리	초콜릿

따라서 D가 구매한 기념품은 초콜릿이므로 항상 옳지 않은 설명이다.

오답 체크

① B가 구매한 기념품은 화장품일 수도 있으므로 항상 옳지 않은 설명은 아니다.
② A가 여행을 다녀온 국가는 독일이므로 항상 옳은 설명이다.
③ 독일로 여행을 다녀온 A가 구매한 기념품은 시계일 수도 있으므로 항상 옳지 않은 설명은 아니다.
⑤ C가 여행을 다녀온 국가는 프랑스이므로 항상 옳은 설명이다.

22 문제해결능력 정답 ⑤

제시된 조건에 따르면 5명은 2명과 3명으로 나뉘어 서로 다른 쪽을 바라보는 좌석에 앉았고, 같은 쪽을 바라보는 좌석에 앉은 사람끼리는 연달아 붙어 앉았으며, 2번, 8번 좌석은 PC 고장으로 앉을 수 없으므로 창문 쪽을 바라보는 3번, 4번, 5번 좌석에 3명이 앉았고, 벽 쪽을 바라보는 6번과 7번 좌석에 2명이 앉거나 9번과 10번 좌석에 2명이 앉았음을 알 수 있다. 수호는 영수와 같은 쪽을 바라보는 좌석에 앉지 않았고, 영수는 민석이와 같은 쪽을 바라보는 좌석에 앉았으며, 종민이는 3명이 앉은 쪽 좌석에 앉았으므로 영수, 종민, 민석 3명이 창문 쪽을 바라보는 좌석에 앉았으면 수호, 정식 2명이 벽 쪽을 바라보는 좌석에 앉았고, 영수, 민석 2명이 벽 쪽을 바라보는 좌석에 앉았으면 종민, 수호, 정식 3명이 창문 쪽을 바라보는 좌석에 앉았다. 이때, 영수와 민석 2명이 벽 쪽을 바라보는 좌석에 앉았다고 가정하면 민석이는 정식이보다 번호가 낮은 좌석에 앉았다는 조건에 모순되므로 영수, 종민, 민석 3명이 창문 쪽을 바라보는 좌석에 앉았고, 수호와 정식 2명은 벽 쪽을 바라보는 좌석에 앉았음을 알 수 있다. 이에 따라 정식이는 수호보다 번호가 높은 좌석에 앉았고, 종민이는 3명 중 가운데에 앉았으며, 민석이는 영수보다 번호가 낮은 좌석에 앉았으므로 민석이는 3번, 종민이는 4번, 영수는 5번 좌석에 앉았으며, 수호가 6번 좌석에 앉았으면 정식이는 7번 좌석, 수호가 9번 좌석에 앉았으면 정식이는 10번 좌석에 앉았다.

따라서 수호는 벽 쪽을 바라보는 좌석, 종민이는 창문 쪽을 바라보는 좌석에 앉아 서로 다른 쪽을 바라보는 좌석에 앉았으므로 항상 옳은 설명이다.

오답 체크

① 정식이는 7번 좌석에 앉았을 수도 있으므로 항상 옳은 설명은 아니다.
② 종민이의 오른쪽 좌석에는 영수가 앉았으므로 항상 옳지 않은 설명이다.
③ 수호가 6번 좌석에 앉았으면 영수의 뒷좌석에는 수호가 앉았을 수도 있으므로 항상 옳은 설명은 아니다.
④ 민석이는 3번 좌석에 앉았으므로 항상 옳지 않은 설명이다.

23 문제해결능력　　　　　정답 ⑤

제시된 조건에 따르면 갑과 을의 경기 횟수는 동일하며 을은
1라운드에서 병에게 패배하였으므로 갑과 을이 진행한 경기
횟수는 1번이고, 병은 최소 2번의 경기를 치렀다. 무는 병보다
경기 횟수가 많음에 따라 3번 이상 경기를 치러야 하므로 무는
1라운드부터 3라운드를 모두 치렀고, 이에 따라 1라운드와
2라운드에서 승리하였음을 알 수 있다. 이때, 정도 2라운드에
진출하였으므로 1라운드는 각각 을과 병, 무와 갑이 경기를 치
러 병과 무가 승리하였으며, 무가 1라운드부터 3라운드를 모
두 치러야 함에 따라 2라운드는 무와 정이 경기를 치렀고, 무
가 승리하여 3라운드에서 병과 무가 경기하였다. 또한, 갑과 무
의 경기에서 갑의 윷 패는 윷이며, 무는 매 경기 같은 윷 패가 나
왔으므로 무의 윷 패는 매 경기 모가 나왔다. 모든 경기는 무승
부 없이 한 번에 승패가 결정되었다는 조건에 따라 2라운드와
3라운드에서 치러진 무와 병의 경기도 무가 모로 승리하였음을
알 수 있다. 이에 따라 최종 등수가 1등인 사람은 무이고, 무는
매 경기에서 모로 승리하였으며, 최종 등수가 1등인 사람은 추
가로 3만 원의 상금을 받으므로 무는 총 5 + 5 + 5 + 3 = 18만 원
의 상금을 받았다.

따라서 최종 등수가 1등인 무가 받은 총상금은 18만 원이다.

24 문제해결능력　　　　　정답 ③

제시된 글에서 깔끔세탁소는 손상되기 쉬운 특수 소재의 세탁
물을 손상 없이 세탁할 수 있어 주민들의 만족도가 높다고 하
였으므로 세훈이가 깔끔세탁소에 맡긴 이불이 현정이가 맡겼던
이불과 같은 털 빠짐이 많은 오리털 소재의 이불이었고 세탁 결
과에 만족하였다는 내용은 글의 논지를 강화한다.

오답 체크

① 깔끔세탁소의 규모와 세탁기의 대수가 세탁 만족도에 어떠한 영
　향을 끼치는지 알 수 없으므로 글의 논지를 강화하지도, 약화하
　지도 않는다.

② 깔끔세탁소의 세탁 비용이 세탁 만족도에 어떠한 영향을 끼치는
　지 알 수 없으므로 글의 논지를 강화하지도, 약화하지도 않는다.

④ 깔끔세탁소에서 사용하는 세제의 환경오염도가 세탁 만족도에
　어떠한 영향을 끼치는지 알 수 없으므로 글의 논지를 강화하지
　도, 약화하지도 않는다.

⑤ 깔끔세탁소는 평소 집에서 직접 세탁하기 어려운 부피가 큰 세탁
　물을 손상 없이 세탁할 수 있어 주민들의 만족도가 높다고 하였
　으므로 현정이와 세훈이 외 3명의 주민이 두꺼운 이불을 깔끔세
　탁소에 맡겼고 이불이 수축한 것에 모두 불만족하였다는 내용은
　글의 논지를 약화한다.

25 문제해결능력　　　　　정답 ③

지영이와 태희는 각각 기초생활수급자와 차상위 계층에 해당하
여 이용 요금을 지불하지 않아도 된다.

경희는 만 24세인 대인으로 N 문화카드를 보유하여 이용 요금
의 15%를 할인받아 이용 요금으로 3,000 × 0.85 = 2,550원
을 지불해야 한다.

연지는 만 18세인 소인으로 무제한 관람권 구매를 원하므로
7,500원을 이용 요금으로 지불해야 한다.

곤지는 만 22세인 대인이면서 OO시 시민에 해당하므로 지역
할인을 받을 수 있어 이용 요금으로 3,000 × 0.5 = 1,500원을
지불해야 한다.

따라서 경희와 친구들이 지불한 총 이용 요금은 2,550 +
7,500 + 1,500 = 11,550원이다.

26 문제해결능력　　　　　정답 ③

은영이는 만 23세인 대인으로 N 문화카드를 보유하여 이용 요
금의 15%를 할인받을 수 있어 이용 요금으로 3,000 × 0.85
= 2,550원을 지불해야 한다.

아버지는 만 62세인 대인이면서 OO시 시민에 해당하므로 지역
할인을 받을 수 있어 이용 요금으로 3,000 × 0.5 = 1,500원을
지불해야 한다.

어머니는 만 58세인 대인이면서 N 문화카드를 보유하였고, OO
시 시민에 해당하지만, 할인을 받을 사람은 자신이 받을 수 있
는 가장 높은 할인율의 할인을 받음에 따라 어머니는 지역 할
인을 받을 것이므로 이용 요금으로 3,000 × 0.5 = 1,500원을
지불해야 한다.

동생은 만 20세로 대인이면서 무제한 관람권 구매를 원하므로
이용 요금으로 15,000원을 지불해야 한다.

따라서 은영이와 가족들이 지불할 총 이용 요금은 2,550 +
1,500 + 1,500 + 15,000 = 20,550원이다.

27 문제해결능력　　　　　정답 ②

'할인정보'에 따르면 카드 할인의 경우 N 문화카드로 인터넷
에서 예매할 때만 15%의 할인이 적용되므로 옳은 내용이다.

오답 체크

㉠ '할인정보'에 따르면 모든 할인은 한 가지만 적용 가능하며, 중복
　할인은 불가하므로 옳지 않은 내용이다.

㉢ '할인정보'에 따르면 OO시 시민의 경우 지역 할인으로 이용 요
　금의 50%를 현장 예매 시 할인받을 수 있으므로 옳지 않은 내용
　이다.

ⓔ '할인정보'에 따르면 단체 할인의 경우 무료 대상자를 제외하고 대인 10인 이상이 현장에서 예매할 때만 할인받을 수 있으므로 옳지 않은 내용이다.

ⓜ '할인정보'에 따르면 특별 관람권은 할인대상에서 제외되므로 옳지 않은 내용이다.

[28-30]
28 문제해결능력
정답 ③

'발행 방법'에 따르면 세트별 예약접수량이 국내분을 초과할 경우 무작위 추첨을 통해 당첨자를 결정한다. 이때 '발행량'에 따르면 기념주화 발행량은 총 18,000장이며, 이 중 1,800장은 국외분이므로 세트별 예약접수량이 발행총량 중 국내 발행량인 16,200장을 초과할 경우 무작위 추첨을 통해 당첨자를 결정하므로 옳지 않은 내용이다.

오답 체크
① '1인 신청한도(대리신청 가능)'에 따르면 매크로 프로그램 등의 비정상적인 경로 또는 방법으로 접수할 경우 당첨이 취소되거나 배송이 제한될 수 있으므로 옳은 내용이다.

② '발행량'에 따르면 기념주화는 총 18,000장이 발행되며, 이 중 10%에 해당하는 1,800장은 국외분이므로 옳은 내용이다.

④ '1인 신청한도(대리신청 가능)'에 따르면 1종 단품은 타입별로 최대 5장 총 15장 구입 신청할 수 있으므로 옳은 내용이다.

⑤ '규격'에 따르면 기념주화의 액면가는 50,000원, 지름 35mm, 중량 23g이므로 옳은 내용이다.

29 문제해결능력
정답 ④

'수령방법'에 따르면 우편 수령 시 배송 신청자가 동일하더라도 신청인 본인이 직접 수령할 분량 이외의 기념주화에 대해서는 묶음 배송이 불가능하므로 옳지 않은 내용이다.

오답 체크
① '예약접수 기관'에 따르면 예약접수 기관 간 중복 접수 시 1인당 신청한도 초과분은 자동 취소되며, '1인 신청한도(대리신청 가능)'에 따르면 1종 단품의 경우 타입별 최대 5장까지만 신청 가능하므로 옳은 내용이다.

② Q 씨는 1장당 62,500원의 A 타입 2장, 1장당 63,500원의 C 타입 4장을 신청하여 (62,500 × 2) + (63,500 × 4) = 125,000 + 254,000 = 379,000원을 입금해야 하므로 옳은 내용이다.

③ '수령방법'에 따르면 우편 수령 시 배송료는 착불이며, 본인이 부담해야 하므로 옳은 내용이다.

⑤ Q 씨가 C 타입 4장 대신 C 타입 2장, B 타입 2장을 신청할 경우 D 타입 2세트를 신청하게 되어 기념주화 구입 비용으로 182,500 × 2 = 365,000원을 입금하면 되지만, 기존에 예약접수한 대로 신청하여 기념주화 수령자로 당첨될 경우 379,000원을 입금해야 하므로 옳은 내용이다.

30 문제해결능력
정답 ④

'신청자격'에 따르면 기념주화 신청은 대한민국 국민이거나 출입국관리법에서 정한 외국인등록증을 소지한 외국인이어야 하므로 옳은 내용이다.

오답 체크
① '교부개시일'에 따르면 기념주화 수령 당첨자는 2X23. 4. 28.(금)부터 신청한 방법에 따라 기념주화를 수령할 수 있으므로 옳지 않은 내용이다.

② L 씨는 D 타입 5세트를 신청하여 수령자로 당첨될 경우 182,500 × 5 = 912,500원을 입금해야 하지만, '예약접수 기간'에 따르면 수령자로 당첨될 경우 2X23. 4. 28.(금) 23시까지 해당 비용을 입금하면 되므로 옳지 않은 내용이다.

③ '예약접수 기관'에 따르면 기관 간 중복 접수하게 될 경우 1인당 신청한도 초과분에 대해서는 접수 사실이 자동 취소되며, 이때 '1인 신청한도(대리신청 가능)'에 따르면 1종 단품에 대한 타입별 1인당 최대 신청가능 수량은 최대 5세트이기 때문에 초과 접수된 5세트에 대해서만 취소됨을 알 수 있으므로 옳지 않은 내용이다.

⑤ '수령방법'에 따르면 대리인 수령 시 대리인의 신분증, 신청인의 신분증 또는 가족관계증명서, 예약접수증을 지참해야 하므로 옳지 않은 내용이다.

01 의사소통	02 의사소통	03 의사소통	04 의사소통	05 의사소통	06 의사소통	07 의사소통	08 의사소통	09 의사소통	10 의사소통
④	②	②	④	②	⑤	②	③	⑤	①
11 수리	**12 수리**	**13 수리**	**14 수리**	**15 수리**	**16 수리**	**17 수리**	**18 수리**	**19 수리**	**20 수리**
④	①	①	④	⑤	④	⑤	③	④	③
21 문제해결	**22 문제해결**	**23 문제해결**	**24 문제해결**	**25 문제해결**	**26 문제해결**	**27 문제해결**	**28 문제해결**	**29 문제해결**	**30 문제해결**
④	②	④	①	③	①	⑤	④	②	③

01 의사소통능력 · 정답 ④

㉣이 있는 문장 앞에서 파나마병을 해결하기 위해 곰팡이에 강한 품종 개량 연구가 진행되고 있다고 하였으며, ㉤이 있는 문장에서 전문가는 문제의 근본적인 원인은 단일 품종 위주의 대량생산 방식에 있다고 지적하며 바나나 생산 방식을 변경하여 유전적 다양성을 갖추어야 함을 충고한다고 하였으므로 앞의 내용과 뒤의 내용이 상반될 때 쓰는 접속 부사 '그러나'를 '그리고'로 바꾸어 쓰는 것은 가장 적절하지 않다.

오답 체크
① '모든' 또는 '전체'의 뜻을 나타내는 관형사 '전'은 뒤에 오는 명사와 띄어 써야 하므로 '전 세계적으로'가 적절하다.
② ㉡이 있는 문장에서 곰팡이는 바나나를 파나마병에 걸리게 하는 주체이므로 사동 표현 '감염시킨다'가 적절하다.
③ ㉢이 있는 문장에서 파나마병 전염을 예방하는 유일한 방법은 농장 주변을 막아 외부와 통하지 못하게 하는 것뿐이라는 의미로 쓰였으므로 '차단'이 적절하다.
  · 처단: 결단을 내려 처치하거나 처분함
⑤ ㉤이 있는 문장에서 변종 파나마병이 추가로 나타나는 경우라는 의미로 쓰였으므로 '발병'이 적절하다.
  · 발군: 전쟁을 하기 위하여 군사를 일으킴

02 의사소통능력 · 정답 ②

이 글은 국립국어원에서 순화어 작업을 진행하고 있으나 말은 대중의 호응을 얻으면 살아남고 그렇지 못하면 사라지게 된다는 점에서 순화어 작업이 효과를 얻기 위해서는 대중의 적극적인 참여가 필요하다는 내용의 글이다.

따라서 두 손뼉이 마주쳐야 소리가 나지 외손뼉만으로는 소리가 나지 아니한다는 뜻으로, 일은 상대가 같이 응하여야지 혼자서만 해서는 잘되는 것이 아님을 이르는 '외손뼉이 못 울고 한 다리로 가지 못한다'가 적절하다.

오답 체크
① 이 없으면 잇몸으로 산다: 요긴한 것이 없으면 안 될 것 같지만 없으면 없는 대로 그럭저럭 살아 나갈 수 있음을 이르는 말
③ 말이 말을 만든다: 말은 사람의 입을 거치는 동안 그 내용이 과장되고 변한다는 말
④ 우선 먹기는 곶감이 달다: 앞일은 생각해 보지도 아니하고 당장 좋은 것만 취하는 경우를 이르는 말
⑤ 갓 사러 갔다가 망건 산다: 사려고 하던 물건이 없어 그와 비슷하거나 전혀 쓰임이 다른 것을 사는 경우를 비유적으로 이르는 말

03 의사소통능력 · 정답 ②

제시된 의미에 해당하는 한자성어는 '승승장구(乘勝長驅)'이다.

오답 체크
① 고군분투(孤軍奮鬪): 따로 떨어져 도움을 받지 못하게 된 군사가 많은 수의 적군과 용감하게 잘 싸움
③ 파죽지세(破竹之勢): 대를 쪼개는 기세라는 뜻으로, 적을 거침없이 물리치고 쳐들어가는 기세를 이르는 말
④ 점입가경(漸入佳境): 들어갈수록 점점 재미가 있음
⑤ 형설지공(螢雪之功): 반딧불·눈과 함께 하는 노력이라는 뜻으로, 고생을 하면서 부지런하고 꾸준하게 공부하는 자세를 이르는 말

04 의사소통능력 　　　　정답 ④

'각 나라' 또는 '여러 나라'를 의미하는 '각국'은 관형사 '각'과 독립성 없는 1음절 한자어 '국'의 합성어이므로 '각 국'으로 띄어 쓰는 것은 가장 적절하지 않다.

오답 체크
① ㉠ 앞에서 국제석유자본이 원유 공시가격을 낮추었기 때문에 공시가격을 회복하고자 OPEC을 결성하였다는 내용을 말하고 있으므로 의미상 앞뒤 문장의 연결을 고려하여 '하락'으로 고치는 것이 적절하다.
② '가량'은 수량을 나타내는 명사 또는 명사구 뒤에 붙어 '정도'의 뜻을 더하는 접미사이므로 '가량'을 앞말에 붙여 쓰는 것이 적절하다.
③ ㉡의 앞에서는 OPEC이 생산량을 조절하여 원유가 상승을 도모하는 집단으로 변질되었다는 내용을 말하고 있고, ㉡의 뒤에서는 OPEC이 유가를 130%까지 올리는 등 석유 가격을 정치적인 무기로 쓰는 데 이르렀다고 하였으므로 문장을 병렬적으로 연결하는 '그리고'로 수정하는 것이 적절하다.
⑤ ㉤의 앞에서는 OPEC이 6개의 회원국과 함께 'OPEC 바스켓 가격'이라는 자체 가격 제도를 보유하고 있으며, 바스켓 가격이 20일이 넘는 기간 동안 22~28달러 범위를 상·하회할 경우 생산량을 50만 배럴 조정한다고 한다는 내용을 말하고 있으므로 의미상 앞뒤 문장의 연결을 고려하여 '합의'로 바꿔 쓰는 것이 적절하다.

05 의사소통능력 　　　　정답 ②

빈칸 앞에서는 우주의 모든 에너지 변환은 엔트로피가 증가하는 방향으로 진행되는 경향이 있다는 내용을 말하고 있고, 빈칸 뒤에서는 인간이 에너지를 사용할 때마다 필연적으로 엔트로피가 증가하여 아주 먼 미래에는 열역학적으로 우주의 엔트로피가 최대화되어 어떤 자발적 운동과 생명도 유지될 수 없는 열 죽음 상태에 도달하게 될 것이라는 내용을 말하고 있다.
따라서 거시적인 관점에서 보면 세상에는 사용 불가능한 에너지가 계속 늘어나고 있다는 내용의 ②가 가장 적절하다.

06 의사소통능력 　　　　정답 ⑤

3문단에서 창조적 인물이 소수이기 때문에 응전을 성공하려면 대중의 힘이 필요하고, 대중은 모방을 통해 창조적 소수의 역할을 기꺼이 수행하면서 일체감을 형성하게 된다고 하였으므로 특정 사회에 소속된 대중이 응전을 성공으로 이끌고자 창조적 소수의 역할을 수행하며 일체감을 형성함을 알 수 있다.

오답 체크
① 2문단에서 토인비는 도전이 강력하면 그 도전이 주는 자극의 강도가 높아지고, 이에 비례하여 응전의 효력이 발생한다고 해석되는 것을 방지하고자 세 가지 상호 관계의 비교라는 개념을 도입했다고 하였으므로 적절하지 않은 내용이다.
② 4문단에서 창조적 소수의 창조력이 사라지면서 문명이 쇠퇴하고, 대중들이 창조적 소수를 모방하지 않게 되며 창조적 소수는 힘으로 대중을 통치하는 지배적 소수가 된다고 하였으므로 적절하지 않은 내용이다.
③ 5문단에서 문명의 해체 과정에서 내적 프롤레타리아는 해당 문명권 내부에 속하며 창조적 소수에 대한 모방과 지지를 중단한 대중을 말하고, 문명권 외부에 있다가 문명이 쇠퇴할 것이라는 느낌을 받으면 문명권 내부로 들어와 갈등을 일으키는 대중은 외적 프롤레타리아라고 하였으므로 적절하지 않은 내용이다.
④ 1문단에서 토인비는 기존의 결정론적 사관에서 벗어나 인간 및 인간 사회의 자유 의지와 행위에 따라 역사와 문화가 형성된다는 독자적인 문명 사관을 제시했다고 하였으므로 적절하지 않은 내용이다.

[07-08]
07 의사소통능력 　　　　정답 ②

3문단에서 의료재활로봇 보급사업과 관련하여 일산백병원 유○○ 교수팀은 위치 감각 저하를 호소하는 척수 손상 환자에서 하지 재활로봇 치료의 효과에 대해 발표했다고 하였으므로 일산백병원 유○○ 교수팀이 재활로봇 수가화 전략에 대해 발표한 것은 아님을 알 수 있다.

오답 체크
① 2문단에서 의료재활로봇 보급사업단은 개발이 완료된 의료재활로봇을 병원 및 재활관련시설과 같은 장소에 보급·활용하는 사업을 담당하고 있다고 하였으므로 적절한 내용이다.
③ 2문단에서 국립재활원 재활로봇 중개연구사업단은 재활의학전문의, 임상 치료사, 공학자 등으로 구성되어 있다고 하였으므로 적절한 내용이다.
④ 3문단에서 토론회에서 연세대학교 의과대학의 나○○ 교수가 '착용형 외골격로봇의 임상활용'을 주제로 기조 발표했다고 하였으므로 적절한 내용이다.
⑤ 1문단에서 재활로봇 학술 토론회는 재활로봇 관련 연구 성과를 공유하고 이에 대한 전문가와 장애인의 의견을 듣기 위해 국립재활원 재활로봇 중개연구사업단과 의료재활로봇 보급사업단에 의해 개최되었다고 하였으므로 적절한 내용이다.

08 의사소통능력   정답 ③

2문단에서 국립재활원에서는 2013년부터 재활로봇 중개연구 사업단을, 2012년부터 의료재활로봇 보급사업단을 운영했다고 하였으므로 국립재활원에서 재활로봇 중개연구사업단을 의료재활로봇 보급사업단보다 먼저 운영했던 것은 아님을 알 수 있다.

오답 체크

① 2문단에서 국립재활원에서는 중개연구를 활성화하고자 재활로봇 연구용 테스트베드인 로봇짐을 2014년부터 운영하고 있다고 하였으므로 적절한 내용이다.

② 3문단에서 금번에 진행된 재활로봇 학술 토론회는 '재활로봇 중개연구에서 재활로봇의 보급·활용까지'를 주제로 이루어졌다고 하였으므로 적절한 내용이다.

④ 3문단에서 재활로봇 중개연구 우수 사례 발표 순서에서 서울과학기술대학교 김○○ 교수팀이 보급형 파워어시스트 재활로봇의 중개연구에 대해 발표했다고 하였으므로 적절한 내용이다.

⑤ 4문단에서 국립재활원 원장은 이번 재활로봇 중개연구사업과 의료재활로봇 보급 사업을 기반으로 기존의 기술 중심 연구결과 및 임상연구를 결합해 재활로봇 연구가 결실을 맺길 바란다고 하였으므로 적절한 내용이다.

[09-10]
09 의사소통능력   정답 ⑤

1문단에서 인공지능을 활용한 실시간 까치집 자동검출시스템은 인공지능으로 영상 정보를 분석해 전차선로 주변에 있는 까치집 등 위험 요인의 위치와 현장 이미지를 현장 직원에게 문자 메시지로 전송할 수 있다고 했으므로 실시간 까치집 자동검출시스템이 선로 주변의 위험 요인 위치를 이미지로 현장 직원에게 즉시 전송하기 어렵다는 것은 아님을 알 수 있다.

오답 체크

① 2문단에서 현장 작업자는 운전실에 탑승하거나 도보로 이동하면서 까치집의 생성 여부 및 위치를 직접 확인해야 해 업무 부담이 가중되는 등의 어려움이 있었으나, 코레일은 이와 같은 업무 부담을 줄여주기 위해 첨단 기술을 활용한 실시간 까치집 자동검출 시스템을 개발했다고 하였으므로 적절한 내용이다.

② 4문단에서 코레일은 '국민 신고포상제도'를 운영함으로써 전차선 2m 이내에 있는 까치집이나 폐비닐 등의 위험 요인을 신고하여 사고 예방에 기여한 국민에게는 소정의 사은품을 제공한다고 하였으므로 적절한 내용이다.

③ 2문단에서 까치는 집을 지을 때 젖은 나뭇가지나 철사 등을 사용하는데, 이 재료가 전선에 닿거나 선로에 떨어질 경우 단전 사고가 발생할 수 있다고 하였으므로 적절한 내용이다.

④ 4문단에서 작업자가 접근할 수 없거나 정기열차가 운행되지 않는 차량정비시설 등에는 드론을 띄워 전차선 까치집을 발견하는 기술을 개발했다고 하였으므로 적절한 내용이다.

10 의사소통능력   정답 ①

3문단에서 인공지능 시스템 개발에 착수해 빠른 속도로 달리는 열차에 까치집과 같은 위험 요인의 위치 정보를 실시간으로 전송하는 시스템을 개발하였으나 검측 정확도가 65%에 불과했으며, 이에 인공지능이 스스로 학습하는 딥러닝 방식을 도입해 인공지능으로 영상 정보를 분석하고 까치집 등의 위험 요인을 찾아 현장 직원에게 바로 전송하게 되었다고 하였으므로 빈칸에 들어갈 말로 가장 적절한 것은 ①이다.

11 수리능력   정답 ④

각 사각형의 내부에 있는 숫자는 각 사각형 꼭짓점에 있는 숫자 중 하나이며, 각 꼭짓점에 있는 숫자를 합한 수의 약수라는 규칙이 적용된다. 따라서 네 번째 사각형의 꼭짓점에 있는 숫자의 합은 $14+15+12+7=48$이고, 꼭짓점의 숫자 중 48의 약수는 12이므로 빈칸에 알맞은 숫자는 '12'이다.

12 수리능력   정답 ①

$x^2-y^2=(x-y)(x+y)$임을 적용하여 구한다.

$275^2+116^2-125^2+116 \times 184$
$=275^2-125^2+116^2+116 \times 184$
$=\{(275-125) \times (275+125)\}+\{116 \times (116+184)\}$
$=(150 \times 400)+(116 \times 300)$
$=60,000+34,800=94,800$

13 수리능력   정답 ①

교차로의 신호등 상태는 정지 신호가 1분 10초 = 70초, 좌회전 신호가 50초, 직진 신호가 1분 30초 = 90초 동안 지속되며, 세 가지 신호 상태가 번갈아 반복되므로 다시 동일한 신호 상태로 바뀌는 데까지 걸리는 시간은 총 $70+50+90=210$초이다. 교차로의 신호등이 오전 8시에 좌회전 신호로 바뀌었으며, 1시간은 3,600초임에 따라 오전 9시까지 세 가지 신호 상태가 $3,600/210 ≒ 17$번 반복되었다. 이때, 오전 8시부터 세 가지 신호 상태가 17번 반복되는 데 $17 \times 210=3,570$초 걸림에 따라 오전 9시는 좌회전 신호로 바뀐 후 $3,600-3,570=30$초가 지난 상태이다.

따라서 오전 9시 교차로의 신호등 상태는 좌회전 신호로 바뀐 후 일정 시간이 흐른 상태이다.

14 수리능력   정답 ④

서로 다른 n개에서 순서를 고려하지 않고 r개를 택하는 경우의 수는 $_nC_r = \frac{n!}{r!(n-r)!}$임을 적용하여 구한다.

먼저 예선전은 리그 방식으로 경기를 진행하며, 12명의 선수가 각 선수와 모두 한 경기씩 진행하므로 예선전은 총 $_{12}C_2 = \frac{12!}{2!10!} = 66$경기를 진행한다. 또한, 본선전에 진출한 4명은 토너먼트 방식으로 2인 1조로 나뉘어 각 조 내에서 경기를 진행함에 따라 2경기를 진행하고, 각 조 내에서 이긴 선수끼리는 결승전을 진행하며, 진 선수끼리 3·4위전은 별도로 진행하지 않으므로 결승전 1경기만 진행하여 본선전은 총 3경기를 진행한다. 따라서 모든 경기를 관람하는 데 드는 총 관람료는 (66 × 5,000) + (3 × 15,000) = 330,000 + 45,000 = 375,000원이다.

15 수리능력   정답 ⑤

ⓒ 2019년 만 2세의 기본 보육료는 전년 대비 {(179 − 161) / 161} × 100 ≒ 11.2% 증가하였으므로 옳지 않은 설명이다.

ⓒ 2019년 만 0~2세의 부모 보육료와 기본 보육료는 모두 전년 대비 증가하여 보육료 지원 금액도 전년 대비 증가했지만, 만 3~5세의 부모 보육료와 기본 보육료는 모두 전년도와 같으므로 옳지 않은 설명이다.

ⓔ 2018년 맞춤반 부모 보육료는 만 1세가 만 2세의 302 / 250 ≒ 1.2배이므로 옳지 않은 설명이다.

오답 체크

ⓒ 2019년 종일반 부모 보육료의 전년 대비 증가액은 만 0세가 454 − 441 = 13천 원, 만 1세가 400 − 388 = 12천 원, 만 2세가 331 − 321 = 10천 원이며, 만 3~5세는 2018년과 2019년 종일반 부모 보육료가 동일하므로 옳은 설명이다.

[16-17]
16 수리능력   정답 ④

제시된 기간 동안 경기도의 맞벌이 가구 수는 2016년에 (1,286 / 5,545) × 100 ≒ 23.2%, 2017년에 (1,273 / 5,456) × 100 ≒ 23.3%, 2018년에 (1,349 / 5,675) × 100 ≒ 23.8%, 2019년에 (1,380 / 5,662) × 100 ≒ 24.4%, 2020년에 (1,368 / 5,593) × 100 ≒ 24.5%로 매년 전국 맞벌이 가구 수의 20% 이상이므로 옳은 설명이다.

오답 체크

① 2020년 서울특별시의 맞벌이 가구 수인 838천 가구는 같은 해 세종특별자치시, 전라북도, 전라남도, 제주특별자치도의 맞벌이 가구 수의 합인 44 + 239 + 263 + 96 = 642천 가구보다 838 − 642 = 196천 가구 더 많으므로 옳지 않은 설명이다.

② 2017년 이후 맞벌이 가구 수가 매년 전년 대비 감소한 지역은 서울특별시 총 1개 지역이므로 옳지 않은 설명이다.

③ 제시된 지역 중 맞벌이 가구 수가 매년 30만 가구를 넘는 지역은 서울특별시, 부산광역시, 경기도, 경상북도, 경상남도 총 5개 지역이므로 옳지 않은 설명이다.

⑤ 2017년 전국 맞벌이 가구 수에서 대전광역시의 맞벌이 가구 수가 차지하는 비중인 (158 / 5,456) × 100 ≒ 2.90%는 같은 해 울산광역시의 맞벌이 가구 수가 차지하는 비중인 (107 / 5,456) × 100 ≒ 1.96%보다 2.90 − 1.96 = 0.94%p 더 많으므로 옳지 않은 설명이다.

17 수리능력   정답 ⑤

제시된 자료에 따르면 2019년 전국 대비 경기도 맞벌이 가구 수 비중은 (1,380 / 5,662) × 100 ≒ 24.4%로 24.5% 미만이지만, 이 그래프에서는 24.5%보다 높게 나타나므로 옳지 않은 그래프는 ⑤이다.

[18-20]
18 수리능력   정답 ③

㉠ 2014년 차량고장으로 인한 운행 장애 발생 건수는 247 − (7 + 3 + 4 + 13 + 1 + 82) = 137건이다.

㉡ 2018년 기타 원인으로 인한 운행 장애 발생 건수는 132 − (1 + 1 + 1 + 3 + 7 + 2 + 12 + 103) = 2건이다.

따라서 ㉠은 137, ㉡은 2이므로 ㉠ + ㉡의 값은 137 + 2 = 139이다.

19 수리능력   정답 ④

2018년 기타 원인으로 인한 운행 장애 발생 건수는 132 − (1 + 1 + 1 + 3 + 7 + 2 + 12 + 103) = 2건으로 2018년 운행 장애 발생 건수 중 다섯 번째로 높은 비중을 차지하므로 가장 적절하지 않은 설명이다.

오답 체크

① 2015년 이후 교통사상사고 발생 건수는 매년 전년 대비 감소하였으므로 적절한 설명이다.

② 제시된 기간 동안 차량파손 또는 차량화재로 인한 운행 장애는 매년 0건이므로 적절한 설명이다.

③ 2018년 열차방해로 인한 운행 장애 발생 건수는 0건으로 제시된 기간 동안 발생한 운행 장애 발생 건수에서 가장 낮은 건수 중 하나이므로 적절한 설명이다.

⑤ 2016~2018년 중 화재사고 발생 건수가 가장 많은 2016년에 화재사고 발생 건수는 전년 대비 $\{(2-1)/2\} \times 100 = 50\%$ 감소하였으므로 적절한 설명이다.

20 수리능력   정답 ③

제시된 자료에 따르면 2017년 운행 장애 발생 건수는 204건이지만, 이 그래프에서는 200건보다 낮게 나타나므로 적절하지 않은 그래프는 ③이다.

21 문제해결능력   정답 ④

제시된 조건에 따르면 같은 요일에 연차를 사용한 사람은 최대 3명이고, 인사팀 직원은 월요일, 수요일, 금요일에 7명씩 근무하였다. 이에 따라 월요일, 수요일, 금요일에 1명씩 연차를 사용하였고, 화요일과 목요일에 2명 또는 3명이 연차를 사용한 것을 알 수 있다. 이때, C가 가장 마지막으로 연차를 사용하였으므로 C는 금요일에 연차를 사용하였고, A와 D가 함께 연차를 사용하고 바로 다음 날에 F가 연차를 사용하였으므로 A와 D는 화요일, F는 수요일에 연차를 사용한 것을 알 수 있다. 또한, E와 G는 같은 날 연차를 사용하므로 목요일에 연차를 사용한다. 이에 따라 3명이 연차를 사용한 요일에 따라 가능한 경우는 다음과 같다.

[경우 1] 화요일에 3명이 연차를 사용한 경우

월요일	화요일	수요일	목요일	금요일
B	A, D, H	F	E, G	C
H	A, B, D	F	E, G	C

[경우 2] 목요일에 3명이 연차를 사용한 경우

월요일	화요일	수요일	목요일	금요일
B	A, D	F	E, G, H	C
H	A, D	F	B, E, G	C

따라서 수요일에 연차를 사용한 사람은 F이므로 항상 옳은 설명이다.

오답 체크

① 경우 1, 2에 따르면 B와 D는 다른 날 연차를 사용할 수도 있으므로 항상 옳은 설명은 아니다.

② 경우 2에 따르면 화요일에 연차를 사용한 사람은 2명일 수도 있으므로 항상 옳은 설명은 아니다.

③ 경우 1, 2에 따르면 가장 먼저 연차를 사용한 사람은 B일 수도 있으므로 항상 옳은 설명은 아니다.

⑤ 경우 2에 따르면 A는 B보다 먼저 연차를 사용할 수도 있으므로 항상 옳은 설명은 아니다.

22 문제해결능력   정답 ②

제시된 조건에 따르면 남자 A가 드럼 또는 베이스를 맡고, 기타는 남자 1명과 여자 1명이 맡으므로 남자 B와 남자 C 중 한 사람이 기타를 맡는다. 이때, 키보드와 보컬을 맡은 사람의 성별은 동일하므로 키보드와 보컬은 여자가 맡는다. 이에 따라 여자 D, E, F가 맡는 포지션은 기타, 보컬, 키보드이고, 남자 A, B, C가 맡는 포지션은 기타, 드럼, 베이스임을 알 수 있다. 또한, E는 기타를 맡지 않는다. 이에 따라 B가 반드시 기타를 맡기 위해서는 추가 조건이 필요하다. 남자 중에서 기타를 맡을 수 있는 사람은 B와 C이므로 C는 베이스를 맡는다는 조건이 추가되면 A가 드럼을 맡게 되므로 B가 기타를 맡게 된다.

따라서 'C는 베이스를 맡는다.'가 추가로 필요한 조건이다.

오답 체크

① A가 드럼을 맡는 경우, B는 기타 또는 베이스를 맡으므로 추가로 필요한 조건이 아니다.

③ D가 기타를 맡는 경우, B는 기타 또는 드럼 또는 베이스를 맡으므로 추가로 필요한 조건이 아니다.

④ E가 키보드를 맡는 경우, B는 기타 또는 드럼 또는 베이스를 맡으므로 추가로 필요한 조건이 아니다.

⑤ F가 보컬을 맡는 경우, B는 기타 또는 드럼 또는 베이스를 맡으므로 추가로 필요한 조건이 아니다.

23 문제해결능력   정답 ④

5명의 평균 몸무게는 70kg이므로 5명의 몸무게 합은 $70 \times 5 = 350$kg이다. 자신을 제외한 4명의 평균 몸무게가 65kg이라고 한 B의 진술이 진실일 경우, B의 몸무게는 $350 - 65 \times 4 = 90$kg이고 1명당 몸무게는 85kg을 넘지 않으므로 B의 진술은 항상 거짓이다. 또한, 5명 모두 50kg을 넘는다면 5명 중 1명만이 양보하여도 수용 가능 무게가 300kg인 엘리베이터를 탈 수 있으므로 A의 진술과 C의 진술은 서로 모순이다. 이에 따라 B와 A 또는 B와 C의 진술이 거짓이며 D와 E의 진술은 항상 참이므로 D는 80kg, D보다 10kg 가벼운 E는 $80 - 10 = 70$kg이다. A, B, C 몸무게의 합은 전체 몸무게에서 D, E 몸무게의 합을 뺀 $350 - (80 + 70) = 200$kg이다.

따라서 A, B, C 3명의 평균 몸무게인 $200 / 3 ≒ 66.7$kg은 E의 몸무게인 70kg을 넘지 않아 E가 5명 중 제일 가벼울 수 없으므로 항상 옳지 않은 설명이다.

24 문제해결능력   정답 ①

김 대리가 진실을 말했다면 김 대리는 중고차 사업에 찬성했으며 5명 중 1명만 진실을 말했으므로 천 과장의 말은 거짓이 되어 중고차 사업은 찬성 1표, 반대 4표 또는 찬성 0표, 반대 5표로 보류되었다. 이에 따라 김 대리를 제외한 4명은 중고차 사업에 반대했으므로 항상 옳은 설명이다.

오답 체크

② 장 사원의 말은 항상 거짓이며 경우에 따라 중고차 사업에 반대한 사람은 4명 또는 5명이므로 항상 옳은 설명은 아니다.

③ 김 대리가 진실을 말한 경우 오 차장은 거짓을 말했으므로 항상 옳은 설명은 아니다.

④ 김 대리가 거짓을 말한 경우 오 차장과 천 과장 모두 중고차 사업에 반대할 수도 있으므로 항상 옳은 설명은 아니다.

⑤ 김 대리가 진실을 말한 경우 장 사원은 중고차 사업에 반대하였으며, 반대는 4표임에 따라 장 사원과 뜻이 같은 사람은 장 사원을 포함해 총 4명이므로 항상 옳은 설명은 아니다.

[25-27]
25 문제해결능력   정답 ③

윗글에 따르면 무상 점검 서비스는 차량의 출고 다음 월을 기준으로 연차마다 1회 받을 수 있으며, 출고 차량의 연차는 1년 차가 출고 날로부터 다음 연도 출고 월의 말일까지, 2년 차 이후로 당해 연도 출고 다음 월 1일부터 다음 연도 출고 월의 말일로 연차가 계산된다. 이에 따라 2014년 2월 3일에 차량 출고 후 1년 차 기간인 2014년 2월 3일부터 2015년 2월 28일 사이에 해당하는 2014년 6월 30일과 2015년 2월 25일에 점검 서비스를 받은 경우 2015년 2월 25일에 받은 점검 서비스는 무상 점검 서비스 대상에 해당하지 않으므로 옳지 않은 내용이다.

오답 체크

① 2011년 4월 30일 차량 출고 후 8년 차 기간인 2018년 5월 1일부터 2019년 4월 30일 사이에 1회 점검 서비스를 받은 경우 무상 점검 서비스 대상에 해당하므로 옳은 내용이다.

② 2016년 3월 30일 차량 출고 후 5년 차 기간인 2020년 4월 1일부터 2021년 3월 31일 사이에 1회 점검 서비스를 받은 경우 무상 점검 서비스 대상에 해당하므로 옳은 내용이다.

④ 2015년 8월 15일 차량 출고 후 1년 차 기간인 2015년 8월 15일부터 2016년 8월 31일 사이에 1회, 2년 차 기간인 2016년 9월 1일부터 2017년 8월 31일 사이에 1회 점검 서비스를 받은 경우 무상 점검 서비스 대상에 해당하므로 옳은 내용이다.

⑤ 2017년 3월 10일 차량 출고 후 3년 차 기간인 2019년 4월 1일부터 2020년 3월 31일 사이에 1회, 4년 차 기간인 2020년 4월 1일부터 2021년 3월 31일 사이에 1회 점검 서비스를 받은 경우 무상 점검 서비스 대상에 해당하므로 옳은 내용이다.

26 문제해결능력   정답 ①

[일반 고객 차량 부품 교체 및 수리 비용표]에 따르면 부품 교체를 수리로 변경하는 경우 교체 비용의 50% 비용이 적용되고, 부품 수리를 교체로 변경하는 경우 수리 비용의 2배 비용이 적용된다. 엔진 오일을 교체할 경우 7,000원, 타이어를 교체할 경우 70,000원, 계기판을 수리할 경우 250,000원, 에어컨 및 히터를 수리할 경우 200,000원으로 총 7,000 + 70,000 + 250,000 + 200,000 = 527,000원의 비용이 발생한다. 이때, K 사에서 점검받은 고객은 일반 고객 기준 비용에서 20% 할인된 비용에 이용할 수 있다.

따라서 지불해야 할 총비용은 527,000 × (1 − 0.2) = 421,600원이다.

27 문제해결능력   정답 ⑤

윗글에 따르면 점검 서비스로 엔진룸과 섀시, 내/외부 검사 등 총 10개 항목을 점검하고 1~6년 차 차량은 에탄올 워셔액을 추가로 점검하여 총 11개 항목을 점검하므로 옳지 않은 내용이다.

오답 체크

① 윗글에 따르면 K 사에서는 고객들이 구매한 차량 중 출고 다음 월을 기준으로 1~8년 차 차량에 한하여 차량 무상 점검 서비스를 제공하므로 옳은 내용이다.

② 윗글에 따르면 K 사의 차량 무상 점검 서비스는 K 사에서 차량을 구매한 고객에 한하여 출고 다음 월을 기준으로 연차마다 1회 받을 수 있고, 그 이상 받을 경우 일반 고객 기준 비용에 해당하는 3만 원의 50%인 1만 5천 원으로 점검 서비스를 받을 수 있으므로 옳은 내용이다.

③ 윗글에 따르면 9년 차부터는 일반 고객 기준 비용인 3만 원의 50% 비용으로 점검을 받을 수 있으므로 옳은 내용이다.

④ [일반 고객 차량 부품 교체 및 수리 비용표]에 따르면 스캐너 수리 비용은 70,000원이며 부품 수리를 교체로 변경하는 경우 수리 비용의 2배 비용이 적용되어 스캐너 교체 비용은 140,000원이다. 이때, K 사에서 점검받은 후 부품 교체 및 수리를 원하는 고객은 일반 고객 기준 비용에서 20% 할인된 비용에 이용함에 따라 140,000 × (1 − 0.2) = 112,000원이 발생하므로 옳은 내용이다.

[28-30]

28 문제해결능력 정답 ④

[화물 운송 절차 세부 사항-운송 신청]에 따르면 화주가 공사 홈페이지를 통하여 직접 신청하는 것이 원칙이나 필요한 경우에는 전화 또는 팩스를 이용할 수 있으므로 옳지 않은 내용이다.

오답 체크

① [화물 운송 절차 세부 사항-물류 시설 사용료 납부]에 따르면 공사가 화물을 인도 완료한 이후에 해당 화물을 일시적으로 유치할 경우 일 단위 물류 시설 사용료를 납부해야 하므로 옳은 내용이다.

② [화물 운송 절차 세부 사항-인도 확인]에 따르면 화주는 하화 및 인도받은 화물에 대한 화물 인도 명세서에 수령인 서명이나 날인을 해야 하므로 옳은 내용이다.

③ [화물 운송 절차 세부 사항-적재]에 따르면 화주는 적재 통지를 받은 시간으로부터 5시간 이내에 적재를 끝내야 하며, 공사는 적재가 완료되면 화주에게 화물 운송 통지서를 교부하므로 옳은 내용이다.

⑤ [화물 운송 절차 세부 사항-운송 내역 신고]에 따르면 공사는 화주가 제출한 신청서를 토대로 운송할 화물에 대한 적합성을 평가하고, 차량 공급 능력을 판단하여 운송 조건 수락 여부 및 적재 가능 여부를 결정하고 이를 신청서 작성 날로부터 3일 이내에 화주에게 통지해야 하므로 옳은 내용이다.

29 문제해결능력 정답 ②

[화물 운송 절차 세부 사항]에 따르면 운송 조건 수락 여부 및 적재 가능 여부는 운송 신청서를 작성한 날로부터 3일 이내에 통지받으므로 2X23년 1월 18일에 운송 신청을 한 A는 3일 이내인 2X23년 1월 19일 오전 11시에 적재 가능 여부를 통지받았다. 화약류 화물의 경우 적재 통지를 받은 시간으로부터 3시간 이내에 적재해야 하므로 적재 가능한 시간을 모두 채워 적재한 A는 2X23년 1월 19일 오후 2시에 적재를 완료한 것을 알 수 있다. 또한, 화약류 화물의 경우 열차가 화물 화선에 도착한 후 3시간 이내로 하화를 완료하여 당일 중으로 반출해야 하지만, 18시 이후에 하화가 완료된 화물은 다음 날 오전 11시까지 반출해야 하므로 화물을 적재한 열차가 화물 화선에 적재가 완료된 2X23년 1월 19일 오후 2시로부터 2시간 후인 2X23년 1월 19일 오후 4시에 도착하였으며, 하화를 시작한 지 2시간이 지난 후인 오후 6시에 하화를 완료하였으나 이는 18시 이후에 해당하여 다음 날인 2X23년 1월 20일 오전 11시까지 반출해야 한다.

따라서 화물의 반출 시기로 가장 적절한 것은 2X23년 1월 20일 오전 10시이다.

30 문제해결능력 정답 ③

[화물 운송 절차 세부 사항]에 따르면 운송 신청서를 작성할 날로부터 3일 이내에 운송 조건 수락 여부 및 적재 가능 여부를 통지받으므로 2X23년 1월 30일 오후 2시에 신청한 화물 운송 내역은 그로부터 2일 뒤 같은 시간인 2X23년 2월 1일 오후 2시에 통지를 받았음을 알 수 있다. 또한, 화주는 적재 통지를 받은 시간으로부터 5시간 이내에 적재를 완료해야 하며, 적하 시간 내에 적재를 완료하지 못한 경우에 화차 유치료를 수수해야 하므로 2X23년 2월 1일 오후 2시에 통지를 받아 2X23년 2월 1일 오후 7시까지는 적재가 완료되어야 하는 석탄이 2X23년 2월 1일 오후 5시에 적재를 시작하여 2X23년 2월 1일 오후 8시에 적재를 완료하였으므로 K는 공사에 화차 유치료를 수수해야 한다.

따라서 K가 그다음으로 해야 할 절차로 가장 적절한 것은 '화차 유치료 수수'이다.

전공 실전모의고사 1회

경영학 정답·해설

p.202

01	02	03	04	05	06	07	08	09	10
①	②	③	①	⑤	①	③	③	①	④
11	12	13	14	15	16	17	18	19	20
③	②	④	⑤	⑤	③	②	③	⑤	①
21	22	23	24	25	26	27	28	29	30
②	⑤	④	⑤	①	②	①	④	⑤	⑤

01
정답 ①

서비스는 재고 축적이 불가능한 소멸성을 가지지만, 서비스를 소비한 결과에 해당하는 서비스 결과는 지속성을 가지므로 적절하다.

오답 체크

② 경영학에서 투입에 대한 산출의 비율을 의미하며 자원의 활용과 밀접하게 연관되어 있는 개념은 효율성이며, 효과성은 기업이 설정한 목표의 달성 여부를 의미하는 개념이므로 적절하지 않다.

③ 경영의사결정은 의사결정의 성격에 따라 정형적(구조적) 의사결정과 비정형적(비구조적) 의사결정으로 구분할 수 있고, 정보의 유형에 따라 정성적 의사결정과 정량적 의사결정으로 구분할 수 있으므로 적절하지 않다.

④ 경영환경은 기업이 속해 있는 시장 또는 산업의 경계에 따라 미시적 환경과 거시적 환경으로 구분할 수 있고, 기업의 경계에 따라 내부환경과 외부환경으로 구분할 수 있으므로 적절하지 않다.

⑤ 조직이 보유하고 있는 자원의 양을 의미하는 환경풍부성이 높아지면 환경불확실성은 낮아지므로 적절하지 않다.

02
정답 ②

㉠ 역 품질요소는 충족 시 오히려 불만을 발생시키고, 충족되지 않으면 만족을 일으키는 품질요소이며, 일원적 품질요소에 반대되는 품질요소이므로 적절하다.

오답 체크

㉡ 심미성은 주관적인 품질요소로 사용자가 외양, 질감, 색채, 소리, 맛 등 제품의 외형에 대해 반응을 나타내는 차원이므로 적절하지 않다.

㉢ 종합적 품질경영(TQM)은 결과보다는 과정을 중시하므로 적절하지 않다.

㉣ 관리상한선에서 관리하한선을 뺀 값은 규격범위이며, 규격한계(규격한계의 폭)는 규격중심에서 관리상한선이나 관리하한선까지의 거리를 의미하므로 적절하지 않다.

03
정답 ③

제시된 내용은 '이중요율 가격전략'에 대한 설명이다.

오답 체크

① 스키밍 가격전략: 신제품 도입 초기에 높은 가격으로 시장에 진입하여 가격에 비교적 둔감한 고소득층의 혁신층과 조기수용층을 흡수하고, 이들의 구매가 감소하기 시작하면 점차 가격을 낮추어 중산층과 저소득층까지 공략하는 가격전략

② 탄력 가격전략: 다수의 시장을 대상으로 하는 경우에 세분된 시장별로 수요의 가격탄력도가 상이하여 시장에 따라 상이한 가격을 설정하는 가격전략

④ 대등 가격전략: 경쟁기업이 설정한 가격과 대등하게 가격을 책정하거나 경쟁기업의 가격을 추종해야 하는 경우에 채택하게 되는 가격전략

⑤ 옵션제품 가격전략: 주제품 또는 기본품을 판매할 때 추가하여 제공되는 옵션제품 또는 액세서리의 가격에 따라 판매가격을 책정하는 가격전략

04 정답 ①

ⓒ 서열척도는 숫자의 크기로 서열을 부여하는 척도이며, 판매
지역 및 상표의 분류와 같은 활동은 서열척도보다 구분 및
분류의 목적으로 숫자를 사용하는 명목척도를 사용하는 것
이 더 타당하므로 적절하지 않다.

따라서 마케팅 조사를 위한 자료의 측정 척도와 해당 척도의 사
용 예가 적절하지 않게 연결된 것의 개수는 1개이다.

05 정답 ⑤

재공품 형태의 재고를 가지고 있는 구성요소를 생산시스템의
일부로 간주하고, 완제품 형태의 재고를 가지고 있는 구성요소
를 유통시스템의 일부로 간주하여 생산-유통시스템의 구성요
소를 분리하는 역할을 하므로 적절하지 않다.

06 정답 ①

제시된 내용에 대한 설명은 마일즈와 스노우의 전략유형 중 공
격형에 대한 설명이다.

🔍 더 알아보기

마일즈(Miles)와 스노우(Snow) 전략유형의 특징

· 공격형(Prospector): 신제품 및 신시장 기회를 적극적으로
  찾아내고 이용하는 기업군으로, 기술과 정보의 급속한 발전
  과 변화를 조기에 포착하고 기술혁신을 통하여 신제품을 개
  발하는 전략
· 방어형(Defenders): 조직의 안정적인 유지를 위해 환경 변
  화에 신중하고 현상을 유지하려는 태도를 취하는 유형
· 분석형(Analyzers): 시장 환경에 바로 진입하지 않고 관찰
  하다가 성공 가능성이 있다고 판단될 때 신속하게 진입하는
  유형으로, 공격형과 방어형이 결합된 전략이면서 수익의 기
  대를 최대화하고 위험을 최소화하는 전략
· 반응형(Reactors): 기회, 위협 등의 환경 변화에 적응하지
  못한 기업이 남아있는 상태로, 대개 수명을 다한 기업이 특별
  한 전략을 활용하지 못할 때 나타나는 유형

07 정답 ③

ⓒ 프로스펙트 이론은 사람들이 이득 대신 손실에 더 민감하고,
기준점을 중심으로 이득과 손해를 평가하며, 이득과 손해 모
두 효용을 체감한다는 것을 가정하는 이론이므로 적절하다.
ⓒ 프로스펙트 이론은 준거의존성, 민감도 체감성, 손실회피성
의 특징을 가지므로 적절하다.

오답 체크

ⓐ 카너먼(Kahneman)과 티버스키(Tversky)에 의해 주장된 프로
  스펙트 이론은 전통적인 경제학에서 소비자효용의 높고 낮음은
  소비자가 가지고 있는 절대적 부의 수준에 의해서 좌우된다고 보
  는 관점에 반대하므로 적절하지 않다.
ⓔ 복수 이익 분리의 법칙에 따라 소비자에게 혜택이나 이익을 제시
  할 때는 합치는 것보다 분리하는 것이 유리하고, 복수 손실 통합
  의 법칙에 따라 손실을 제시할 때는 분리하는 것보다 합치는 것
  이 유리하므로 적절하지 않다.

08 정답 ③

고전적 조직화는 조직의 공식적 요인만을 중요시하고, 비공식
적 요인은 무시하는 조직구조이므로 적절하지 않다.

09 정답 ①

자재소요계획(Material requirement planning)은 자재명
세서, 기준생산계획, 재고수준정보를 바탕으로 제품 생산 시 요
구되는 원자재, 부분품, 공정품 등의 소모량 및 소요시기를 역
으로 계산하여 자재조달계획을 수립하고, 이를 통해 일정 관리
뿐만 아니라 재고 관리가 효율적으로 이루어질 수 있도록 하
는 계획이다.

10 정답 ④

직무특성이론에서 잠재적 동기지수(MPS)가 높은 직무는 성장
욕구의 강도가 높은 종업원에게 할당하는 것이 효과적이므로
가장 적절하다.

오답 체크

① 조직공정성은 배분적(Distributive), 절차적(Procedural), 상
  호적(Interactional) 공정성이라는 세 가지 측면을 가지는데, 아
  담스(Adams)의 공정성이론은 배분적 공정성을 고려한 이론이
  므로 적절하지 않다.
② 허츠버그(Herzberg)의 2요인 이론에서 인정은 동기요인에 해
  당하지만, 급여, 감독, 회사의 정책 등은 위생요인에 해당하므로
  적절하지 않다.
③ 로크(Locke)의 목표설정이론에 따르면 일반적인 목표보다 구체
  적인 목표를 제시하는 것이 구성원들의 동기부여에 더 효과적이
  므로 적절하지 않다.
⑤ 브룸(Vroom)의 기대이론에서 동기부여 수준은 기대감, 수단성,
  유의성의 곱으로 나타나기 때문에 기대감, 수단성, 유의성 중 하
  나라도 0의 값을 가지면 전체 동기부여 수준은 0이 되므로 적절
  하지 않다.

11 정답 ③

㉠ 지각대상이 사람이라면 서로에게 발생한 심리적인 상호작용으로 인해 상대방이 가지고 있는 태도, 욕구, 기대, 가치관 등을 의식하면서 지각하게 되므로 적절하다.

㉣ 스키마는 서로 관련된 다양한 정보들이 한 덩어리로 조직화되어 하나의 그림 형태로 고정화된 것을 의미하므로 적절하다.

따라서 지각과 관련된 설명으로 적절한 것의 개수는 2개이다.

> **오답 체크**
>
> ㉡ 중심화 경향은 강제할당법 또는 평가의 단계를 홀수가 아닌 짝수로 설정함으로써 방지할 수 있으므로 적절하지 않다.
>
> ㉢ 지각자가 피지각자와 다른 사람들을 비교하여 지각 및 판단을 내린다는 것은 사회적 비교 이론이고, 사회적 범주화 이론은 피지각자를 어떤 집단에 범주화한 후에 그 집단의 속성을 가지고 피지각자를 판단하는 이론이므로 적절하지 않다.

12 정답 ②

학습조직은 벤치마킹(Benchmarking)에서 한 단계 발전된 개념으로, 학습조직에 대한 반동으로 지식경영이 등장하였으므로 가장 적절하지 않다.

13 정답 ④

㉠ 광고모델의 신뢰성과 매력도가 높을수록 소비자의 메시지 수용도가 높아지므로 적절하다.

㉡ 고관여 제품은 전문가를 모델로 기용할 때 신뢰도가 높아지고 내면화 유도가 가능해지므로 적절하다.

㉢ 유명인 모델을 사용할 경우 유명인에게 제품이 가려지는 음영효과가 나타날 수 있으므로 적절하다.

따라서 광고모델에 대한 설명으로 적절한 것의 개수는 3개이다.

> **오답 체크**
>
> ㉣ 매력도에 의한 동일화 과정이 가능해지고 목표고객의 관심을 유도하기 좋으며, 좋은 이미지가 제품에 연결된다는 장점이 있는 것은 유명인 모델이며, 일반인 모델은 정보 원천이 자신과 유사한 일반소비자이기 때문에 소비자들은 정보 원천의 의견에 쉽게 공감대를 형성하고 동일화되는 과정을 겪게 되며, 습관적 구매를 유도하는 저관여 제품의 경우에 사용하면 효과적이므로 적절하지 않다.

14 정답 ⑤

산업구조분석에서 구매자와 공급자의 교섭력이 낮으면 산업의 수익률은 높아지므로 가장 적절하지 않다.

15 정답 ⑤

인사평가방법 중 서열법의 주관성을 완화시키기 위한 방법에는 교대서열법, 쌍대비교법, 대인비교법 등이 있으며, 요소비교법은 직무평가방법에 해당하므로 적절하지 않다.

16 정답 ③

품질측정이 용이한 것은 재화의 특징이므로 적절하지 않다.

> **🔍 더 알아보기**
>
> 재화와 서비스의 특징
>
> | 구분 | 재화(Goods) | 서비스(Service) |
> |---|---|---|
> | 성격 | 유형의 제품 | 무형의 제품 |
> | 재고 축적 여부 | 재고 축적 가능 | 재고 축적 불가능 |
> | 고객접촉 정도 | 낮은 고객접촉 정도 | 높은 고객접촉 정도 |
> | 반응시간 | 긴 반응시간 | 짧은 반응시간 |
> | 시장 규모 | 넓은 시장 | 좁은 시장 |
> | 설비의 규모 | 대규모 설비 | 소규모 설비 |
> | 통제/관리의 형태 | 집권적 | 분권적 |
> | 집약도의 성격 | 자본 집약적 | 노동 집약적 |
> | 품질의 측정 | 품질측정 용이 (객관적) | 품질측정 곤란 (주관적) |

17 정답 ②

목표관리는 전략적 목표보다는 당장 시급한 업무적 목표가 우선시되는 경향이 있으므로 적절하지 않다.

18 정답 ③

㉠은 성숙기, ㉡은 도입기, ㉢은 성장기, ㉣은 쇠퇴기에 대한 설명이다.

따라서 제품수명주기에 따라 순서대로 바르게 나열한 것은 '㉡ - ㉢ - ㉠ - ㉣'이다.

19 정답 ⑤

호손연구에 대한 설명으로 적절한 것의 개수는 4개이다.

20

ⓒ에는 직무교차가 들어간다.

오답 체크

㉠에는 직무확대, ㉡에는 직무충실, ㉣에는 직무순환, ㉤에는 준자율적 작업집단이 들어간다.

21

정답 ②

사외이사제도는 이사회의 투명성과 기업의 사회성을 제고하기 위한 제도이므로 가장 적절하다.

오답 체크

① 정관의 변경, 자본의 증감, 영업의 양도 등은 주주총회의 권한에 해당하므로 적절하지 않다.

③ 신주의 발행, 사채의 모집, 이사와 회사 간의 거래에 대한 승인 등은 이사회의 권한에 해당하므로 적절하지 않다.

④ 주주는 출자액인 주금액을 한도로 회사의 자본위험으로부터 발생하는 채무에 대해서 책임을 짐에 따라 부채에 대해서 주주가 유한책임을 진다고 할 수 있으므로 적절하지 않다.

⑤ 자본결합체인 주식회사의 의결권은 1주 1표가 원칙이고, 인적결합체인 협동조합의 의결권은 1인 1표가 원칙이므로 적절하지 않다.

22

정답 ⑤

ⓒ 임금의 증가폭과 생산성의 증가폭 중에 생산성의 증가폭이 더 커야 한다는 고임금 저노무비의 원칙을 강조한 것은 테일러이며, 포드는 기업경영을 대중에 대한 봉사활동으로 여겨 경영이념상 저가격 고임금의 원칙을 강조하였다.

ⓒ 페욜의 일반관리론에서는 관리과정이 '계획화 → 조직화 → 지휘 → 조정 → 통제'의 순서로 이루어진다고 설명하였다.

ⓜ 조직은 시스템 관점에서 폐쇄시스템과 개방시스템으로 구분되며, 폐쇄시스템의 경계는 명확하고 개방시스템의 경계는 모호하다.

따라서 경영학 이론에 대한 설명으로 옳지 않은 것을 모두 고르면 'ⓒ, ⓒ, ⓜ'이다.

23

정답 ④

고객화 정도가 높은 서비스 조직에서는 서비스의 표준화가 아닌 차별화에 의사결정의 중점을 두어야 하므로 적절하지 않다.

24

정답 ⑤

㉠ 보상은 경제적 보상과 비경제적 보상으로 구분할 수 있으며, 경제적 보상은 다시 직접적 보상인 임금과 간접적 보상인 복리후생으로 구분되어 복리후생은 간접적 보상에 해당하므로 적절하지 않다.

㉡ 동일노동 동일임금의 원칙을 적용하기 위해서는 연공급보다 직무급이 더 적합하므로 적절하지 않다.

㉢ 종업원의 장기근속을 유도할 수 있는 임금제도는 연공급이므로 적절하지 않다.

㉣ 스캔론 플랜(Scanlon plan)의 성과배분 기준은 부가가치 기준이 아닌 판매가치(매출가치) 기준이므로 적절하지 않다.

따라서 보상관리에 대한 설명으로 적절하지 않은 것의 개수는 4개이다.

25

정답 ①

마이클 포터의 산업구조분석에 따르면 보통 경쟁기업과의 동질성이 높을수록 산업 내 경쟁이 치열해져 산업수익률은 낮아지게 되므로 적절하다.

오답 체크

② 산업구조분석은 정태적 분석이기 때문에 산업이 지속적으로 변화하는 현실을 제대로 설명하기 어려우므로 적절하지 않다.

③ 철수장벽이 높을수록 산업 내 경쟁은 치열해지기 때문에 산업수익률은 낮아지게 되므로 적절하지 않다.

④ 산업의 집중도가 낮을수록 산업 내 경쟁이 치열해져 산업수익률은 낮아지게 되므로 적절하지 않다.

⑤ 급격하게 수요가 증가하게 되는 경우 초과생산능력은 진입장벽으로 작용하여 오히려 산업수익률이 높아지게 하므로 적절하지 않다.

26

정답 ②

제시된 글은 SCM에 대한 설명이다.

오답 체크

① ERP: 독립적으로 운영되던 기업의 모든 경영 자원을 하나의 통합 시스템으로 구축하여 관리함으로써 생산성을 극대화하는 경영 기법

③ CRM: 고객과 관련한 모든 자료를 분석하고 통합하여 고객의 특성에 맞는 마케팅 전략을 구축하는 경영 기법

④ CSV: 마이클 포터가 주창한 것으로, 기업의 경영 활동 자체가 기업의 이윤을 극대화하는 동시에 환경보호와 빈부격차 해소, 협력업체와의 상생 등 사회적 이익을 창출하는 경영 기법

⑤ 6 Sigma: 100만 개 중 불량품이 3.4개 정도로 발생하는 품질 수준인 6 Sigma를 달성하자는 것으로, 품질의 획기적 향상을 위해 통계적 기법과 품질개선운동을 결합한 경영 기법

27   정답 ①

가빈(Garvin)이 품질을 측정하기 위해 고려한 요소 중 제품이 가지는 기본적인 기능 외에 이를 보완하기 위한 추가적인 기능을 의미하는 것은 특징(Feature)이며, 성능(Performance)은 제품의 기본적 운영 특성을 의미하므로 적절하지 않다.

28   정답 ④

신제품 콘셉트는 소비자가 사용하는 언어나 그림 등을 기반으로 하여 아이디어를 구체적으로 표현한 것이므로 가장 적절하지 않다.

29   정답 ⑤

브로드밴딩은 직무의 가치 혹은 중요도가 유사한 직무들을 밴드로 묶고 밴드별로 급여의 상·하한선을 결정하는 보상 방법으로, 조직계층의 수가 줄고 수평적 조직이 확산됨에 따라 전통적인 다수의 계층적 임금구조를 통합하여 폭넓은 임금범위의 소수 임금 등급으로 축소시키는 것을 말하므로 적절하다.

[오답 체크]

① 임금수준결정에 있어서 상·하한선 간의 조정역할을 하는 사회적 균형요인에는 경쟁기업의 임금수준, 노동조합의 교섭력, 노동시장의 수급상황 등이 있으며, 기업의 지불능력은 임금수준결정에 있어서 상한선이 되므로 적절하지 않다.

② 직무에 공헌하는 담당자의 능력을 기반으로 임금을 결정하는 직능급은 연공급과 직무급을 절충한 임금체계라고 할 수 있으므로 적절하지 않다.

③ 표준과업량의 달성정도를 83[%] 이하, 83~100[%], 100[%] 이상의 3단계로 나누어 상이한 임률을 적용한 제도는 메릭식 복률성과급이며, 리틀식 복률성과급은 메릭식 복률성과급의 결점을 보완할 목적으로 네 종류의 임률을 제시하여 표준과업을 110[%] 이상 초과달성한 고도숙련자에게 더 큰 동기부여를 주도록 높은 임률을 제공하는 제도이므로 적절하지 않다.

④ 로완식 할증급에 따르면 절약임금의 규모가 작으면 배분율이 높아지고, 절약임금의 규모가 크면 배분율은 낮아지므로 적절하지 않다.

30   정답 ⑤

인수 대상 기업의 주주들은 공개 매수를 통해 장내보다 비싼 가격에 주식을 매도할 수 있으므로 적절하지 않다.

01	02	03	04	05	06	07	08	09	10
③	④	⑤	②	③	③	②	①	④	②
11	12	13	14	15	16	17	18	19	20
④	⑤	④	⑤	④	②	②	①	③	④
21	22	23	24	25	26	27	28	29	30
③	④	③	④	⑤	②	②	⑤	①	④

01   정답 ③

각운동량(L) = 관성모멘트(I) × 각속도(w)임을 적용하여 구한다.
각속도는 $w = \frac{2\pi N}{60} = \frac{2\pi \times 60}{60} = 2\pi = 6[rad/s]$이고

관성모멘트는 $I = \frac{1}{2}[MR^2] = \frac{1}{2} \times 6 \times 0.3 \times 0.3 = 0.27[kg \cdot m^2]$
이다.
따라서 각운동량은 $L = 6 \times 0.27 = 1.62[kg \cdot m^2/s]$이다.

02   정답 ④

μ는 유체의 점성계수, u는 이동평판의 속도, y는 두 평판 사이의
거리일 때, 전단응력(τ) $= \mu \frac{du}{dy}$임을 적용하여 구한다.
유체의 점성계수는 $2.5[N \cdot s/m^2]$, 이동평판의 속도는 $10[m/s]$,
두 평판 사이의 거리는 $0.5[m]$이므로 $\mu = 2.5$, $u = 10$, $y = 0.5$
이다.
따라서 이동평판 벽면에서의 전단응력은 $\tau = 2.5 \frac{du}{dy} = 2.5 \frac{u}{y} =$
$2.5 \times \frac{10}{0.5} = 50[N/m^2]$이다.

03   정답 ⑤

제시된 내용은 브리넬 경도 시험에 대한 설명이다.

[오답 체크]
① 쇼어 경도 시험: 시료의 시험편 위 일정 높이에서 낙하시킨 해머
　가 반발되어 튀어 오르는 높이를 측정하는 시험
② 비커스 경도 시험: 사각뿔 모양의 다이아몬드 압자를 일정한 하
　중으로 시료의 시험면에 압입하여 측정하는 시험
③ 록크웰B 경도 시험: $1.5[mm]$ 작은강구를 사용하여 측정하는 시험
④ 록크웰C 경도 시험: 다이아몬드 원뿔체를 사용하여 측정하는 시험

04   정답 ②

보의 처짐 곡선의 미분방정식은 $\frac{d^2y}{dx^2} = -\frac{M}{EI}$, $\frac{d^3y}{dx^3} = -\frac{V}{EI}$이다.

05   정답 ③

겹치기 이음에서 전단응력(τ) $= \frac{P}{A} = \frac{P}{al} = \frac{P}{t\cos 45° l}$임을 적용하여
구한다.
따라서 $\tau = \frac{P}{t\cos 45° l}$ → $P = \tau t\cos 45° l = \frac{\tau t l}{\sqrt{2}} = \frac{\sqrt{2}\tau t l}{2}$이다.

06   정답 ③

물의 밀도를 P_w, 액체의 질량을 m, 실린더의 부피를 V라 할 때,
액체의 밀도(p) $= \frac{m}{V}$, 비중 $= \frac{p}{P_w}$임을 적용하여 구한다.
비중 $= 0.6$, 물의 밀도 $= 1,000[kg/m^3]$이므로 비중 $= \frac{p}{P_w}$ →
$0.6 = \frac{p}{1,000}$ → $p = 600[kg/m^3]$이고, $p = \frac{m}{V}$ → $m = 600 \times (\pi$
$\times 1^2 \times 2) = 3,770[kg]$이다.
따라서 액체의 질량은 약 $3,770[kg]$이다.

07   정답 ②

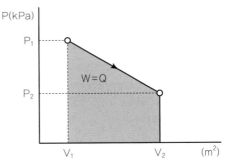

기체의 질량을 m, 비열을 c, 기체의 온도변화를 ΔT, 열량을 Q
라고 할 때, 가해준 일 $= Q = \frac{1}{2}(P_1 + P_2)(V_2 - V_1) = mc\Delta T$임을 적
용하여 구한다.
$Q = \frac{1}{2}(400 + 100)(0.4 - 0.1) = 75[kJ]$
→ $75 = m \times 10 \times 7.5$ → $m = 1[kg]$
따라서 보일러 안의 기체질량은 $1[kg]$이다.

08
정답 ①

인장하중을 P, 늘어난 원형봉의 길이를 λ라 할 때 탄성에너지 $(U) = \frac{1}{2}P\lambda$임을 적용하여 구한다.

$P = 20[kN] = 20 \times 10^3 [N]$, $\lambda = 1[cm] = 0.01[m]$이므로 $U = \frac{1}{2} \times 20 \times 10^3 \times 0.01 = 100[N \cdot m]$이다.

따라서 봉에 저장된 탄성에너지는 $100[N \cdot m]$이다.

09
정답 ④

$F = \gamma h_{CG} S$, $I_{xy} = 0$, $y_{cp} = \frac{I_{xx} \sin\theta}{h_{CG} S}$임을 적용하여 구한다.

수문의 중심에 작용하는 힘$(F) = \gamma h_{CG} S = 10,000 \times 3.5 \times 10 = 350,000[N]$이다.

이때, $I_{xy} = 0$이므로 $I_{xx} = \frac{bL^3}{12} = \frac{2 \times 5^3}{12} \fallingdotseq 20.8$이고,

수문의 중심에서 압력 중심까지의 거리(y_{cp})

$= \frac{I_{xx} \sin\theta}{h_{CG} S} \fallingdotseq \frac{20.8 \times \frac{3}{5}}{3.5 \times 10} \fallingdotseq 0.36[m]$이다.

이에 따라 바닥 힌지에서 힘의 작용점까지의 거리는 $5 - 2.5 - 0.36 \fallingdotseq 2.14[m]$이므로

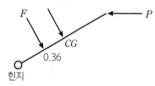

힌지에서 모멘트 합을 구하면 $P \times 3 - F(2.5 - 0.36) = 0$

$3P \fallingdotseq 350,000 \times 2.14 \fallingdotseq 749,000$

$P \fallingdotseq 250[N]$이다.

따라서 수문 A 지점에 작용하는 하중의 크기는 약 $250[N]$이다.

10
정답 ②

A_2변태점을 지나면 강자성체인 α철에서 상자성체인 β철로 변화하므로 적절하지 않다.

11
정답 ④

포텐셜유동은 점성이 없고, 회전을 하지 않는 유체유동을 의미한다.

12
정답 ⑤

$\Sigma F_x = 0$, $\Sigma F_y = 0$임을 적용하여 구한다.

$\Sigma F_x = 0$에 따라 $100 - F_{AC} \sin 45° = 0$이므로 $F_{AC} = 100\sqrt{2}[N]$이고,

$\Sigma F_y = 0$에 따라 $F_{AC} \cos 45° - F_{AB} = 0$이므로 $F_{AB} = 100[N]$이다.

따라서 부재 AB에 작용하는 힘의 크기는 $100[N]$이다.

13
정답 ④

파워의 단위는 $[watt]$, $[hp]$, $[ps]$이며, $[stokes]$는 동점성계수의 단위이므로 적절하지 않다.

14
정답 ⑤

집중하중을 P, 보의 길이를 L, 단면계수를 Z라 할 때, 최대 굽힘 모멘트$(M_{max}) = P \times L$, 최대 굽힘 응력$(\sigma_{max}) = \frac{M_{max}}{Z}$임을 적용하여 구한다.

A의 최대 굽힘 모멘트$(M_{amax}) = \frac{2P}{3} \times \frac{L}{3} = \frac{2PL}{9}$, B의 최대 굽힘 모멘트$(M_{bmax}) = \frac{P}{2} \times \frac{L}{2} = \frac{PL}{4}$이므로 $\sigma_{amax} = \frac{M_{amax}}{Z} = \frac{2PL}{9Z}$, $\sigma_{bmax} = \frac{M_{bmax}}{Z} = \frac{PL}{4Z}$이다.

따라서 A, B 보의 최대 굽힘 응력의 비는 $\frac{\sigma_{amax}}{\sigma_{bmax}} = \frac{\frac{2PL}{9Z}}{\frac{PL}{4Z}} = \frac{8ZPL}{9ZPL} = \frac{8}{9}$이다.

15
정답 ④

총 이 높이에서 유효높이를 뺀 이뿌리 부분의 간격은 이끝틈새라 하며, 뒤틈(백래시)은 이 홈에서 이 두께를 뺀 틈새이므로 적절하지 않다.

16
정답 ②

베어링의 기본 동적 부하용량은 $33.3[rpm] \times 500[hr] = \frac{33.3}{1[min]} \times 500 \times 60 \fallingdotseq 10^6$회전이다.

17
정답 ②

통로 단면적에 변화를 줘 교축현상으로 유량을 조절하는 밸브는 '교축밸브'이다.

시퀀스밸브는 주회로의 압력을 일정하게 유지하면서 조작 순서를 제어할 때 사용하는 밸브이다.

18

초기 압력을 P_1, 나중 압력을 P_2, 초기 온도를 T_1, 나중 온도를 T_2, 특별기체상수를 R이라 할 때, $PV = mRT$, 이상기체의 폴리트로픽 과정에서 시스템이 한 일의 양$(W) = \frac{1}{n-1}(P_1V_1 - P_2V_2)$임을 적용하여 구한다.

$T_1 = 600[K]$, $T_2 = 400[K]$, $n = 1.4$, $R = 287[J/kg \cdot K]$이므로
$W = \frac{1}{n-1}(P_1V_1 - P_2V_2) = \frac{mR}{n-1}(T_1 - T_2) = \frac{1 \times 287}{1.4 - 1}(600 - 400) = 143,500[J] = 143.5[kJ]$이다.

따라서 시스템이 한 일의 양은 143.5[kJ]이다.

19
정답 ③

원심펌프는 임펠러를 빠르게 회전시켜 그 원심력으로 압력 상승을 일으켜 높은 곳까지 물을 퍼 올리는 펌프이므로 ③은 원심펌프에 대한 설명이다.

오답 체크

①, ②, ④, ⑤는 기어펌프의 특징에 대한 설명이다.

20
정답 ④

탄소강의 인성을 증가시키는 원소는 망간(Mn)이므로 적절하지 않다.

21
정답 ③

최대 주응력 또는 최소 주응력 상태에서 전단응력이 0임을 적용하여 구한다.

최대 주응력을 σ_1이라 하면 $\sigma_1 = \frac{\sigma_x + \sigma_y}{2} + \sqrt{\left(\frac{\sigma_x - \sigma_y}{2}\right)^2 + \tau_{xy}^2}$이고,

최소 주응력을 σ_2라 하면 $\sigma_2 = \frac{\sigma_x + \sigma_y}{2} - \sqrt{\left(\frac{\sigma_x - \sigma_y}{2}\right)^2 + \tau_{xy}^2}$이다.

이때 σ_2를 0으로 만들기 위하여 $\sqrt{\left(\frac{\sigma_x - \sigma_y}{2}\right)^2 + \tau_{xy}^2} = \frac{\sigma_x + \sigma_y}{2}$이 성립해야 한다.

따라서 주응력 중 하나를 0이 되도록 만드는 전단응력은 $\tau_{xy} = \sqrt{\sigma_x \times \sigma_y}$이다.

22
정답 ④

열손실량$(q) = \frac{\Delta t}{\frac{l}{kA}}$임을 적용하여 구한다.

유리창을 기준으로 사무실 내부의 온도는 28℃, 외부의 온도는 23℃이므로 $\Delta t = 28 - 23 = 5$이고, 유리창의 두께는 30mm, 평균 열전도도는 0.4kcal/m·h·℃, 전체 넓이는 60m²이다.

따라서 유리창의 단위면적당 열손실량은 $q = \frac{\Delta t}{\frac{l}{kA}} = \frac{5}{\frac{0.03}{0.4 \times 60}} = 4,000$kcal/h이다.

23
정답 ③

액체펌프에서는 거친 운전 상태를 일으키지만 심각한 문제로 발전하지 않으므로 옳지 않은 설명이다.

24
정답 ④

HRH는 직경 3.175[mm]의 볼을 사용하며 매우 부드러운 재질의 경도시험에 사용한다.

따라서 로크웰 경도계의 종류와 설명이 잘못 연결된 것은 ④이다.

🔍 더 알아보기

로크웰 경도계의 종류

경도계의 종류	누르개 형태	시험 재료
HRA	다이아몬드 원추형	초경합금 등의 매우 딱딱한 재료
HRB	직경 1.5875[mm] 구형	어닐링한 강, 연강
HRC	다이아몬드 원추형	열처리강
HRD	다이아몬드 원추형	표면 초경합금
HRE	직경 3.175[mm] 볼	매우 부드러운 재료
HRF	직경 1.5875[mm] 볼	백색합금과 같은 부드러운 재료
HRG	직경 1.5875[mm] 볼	HRB 100 이상의 재료
HRH	직경 3.175[mm] 볼	매우 부드러운 재료
HRK	직경 3.175[mm] 볼	매우 딱딱한 재료

25
정답 ⑤

초기 압력강하를 P_1, 나중 압력강하를 P_2, 초기 관직경을 d_1, 나중 관직경을 d_2, 유체점성계수를 μ, 관 길이를 l, 유량을 Q라 할 때, 층류에서의 손실수두를 나타내는 하겐포아즈의 식 $\Delta P = \frac{128\mu l Q}{\pi d^4}$임을 적용하여 구한다.

이때, 원형관의 직경을 1/2배로 하였으므로 $d_2 = \frac{d_1}{2}$이고,

$\Delta P_2 = \frac{128\mu l Q}{\pi \left(\frac{d_1}{2}\right)^4} = 16 \times \frac{128\mu l Q}{\pi d_1^4} = 16 \times \Delta P_1$이다.

따라서 압력강하의 크기는 16배가 된다.

26
정답 ②

프와송의 비 $= \dfrac{\text{가로 변형률}}{\text{세로 변형률}} = \dfrac{1}{\text{프와송 수}} \leq 0.5$이므로 옳은 설명이다.

27
정답 ②

원주방향의 응력을 σ_r, 판의 두께를 t, 내부압력을 P, 원통의 안지름을 D라고 할 때, $\sigma_r = \dfrac{PD}{2t}$임을 적용하여 구한다.

원통의 안지름은 100[mm], 판의 두께는 5[mm], 내부압력은 0.05[kg/mm²]이므로 원주방향의 응력 $\sigma_r = \dfrac{PD}{2t} = \dfrac{0.05 \times 100}{2 \times 5}$ $= \dfrac{5}{10} = 0.5$[kg/mm²]이다.

28
정답 ⑤

탄소가 전부 흑연으로 변화한 주철은 회주철이므로 적절하지 않다.

> ### 🔍 더 알아보기
>
> **백주철의 특징**
> · 규소의 농도가 낮다.
> · 급속 냉각으로 흑연 대신에 시멘타이트가 형성된다.
> · 기계가공이 불가능할 정도로 매우 강하며, 취성이 크다.
> · 가단주철 생산의 중간 과정에서 만들어진다.

29
정답 ①

오토사이클의 열효율은 $\dfrac{\text{유효한 일}}{\text{공급열량}}$임을 적용하여 구한다.

따라서 $\dfrac{\text{유효한 일}}{\text{공급열량}} = \dfrac{C_v(T_3 - T_2) - C_v(T_4 - T_1)}{C_v(T_3 - T_2)} = 1 - \dfrac{T_4 - T_1}{T_3 - T_2}$이다.

30
정답 ④

점성계수의 차원의 표시는 $\dfrac{M}{LT}$이므로 적절하지 않다.

01	02	03	04	05	06	07	08	09	10
①	③	⑤	②	②	④	④	③	②	③
11	12	13	14	15	16	17	18	19	20
④	④	⑤	②	④	③	⑤	①	⑤	②
21	22	23	24	25	26	27	28	29	30
①	③	⑤	②	②	③	③	③	④	④

01   정답 ①

무한장 직선 전류로부터 $R[m]$ 떨어진 점의 자계(H) = $\frac{I}{2\pi R}$
$[A/m]$, 자속밀도(B) = $\mu H[Wb/m^2]$임을 적용하여 구한다.
$H = \frac{I}{2\pi R}[A/m]$이므로 $B = \mu H = \frac{\mu I}{2\pi R}$이다.
따라서 $I[A]$의 전류가 흐르는 무한장 직선형 도선으로부터
$R[m]$ 떨어진 점의 자속밀도는 $\frac{\mu I}{2\pi R}[Wb/m^2]$이다.

02   정답 ③

직류 발전기가 병렬 운전하기 위해서는 극성이 같아야 하므로
적절하지 않다.

> 🔍 **더 알아보기**
>
> **직류 발전기의 병렬 운전 조건**
> · 외부 특성이 수하 특성이어야 한다.
> · 단자전압이 일치해야 한다.
> · 극성이 일치해야 한다.
> · 용량과는 무관하며, 부하 분담을 R_f로 조정해야 한다.
> · 직권 및 과복권 발전기에는 균압 모선을 설치하여 전압을 평
>   형 시켜야 한다.

03   정답 ⑤

입력과 출력으로 임펄스 응답을 알 수 있으나, 회로 소자의 값
만으로는 임펄스 응답 특성을 구할 수 없으므로 적절하지 않다.

04   정답 ②

동기발전기의 권선을 분포권으로 감게 되면 기전력의 고조파가
감소하여 파형이 좋아지게 되므로 적절하다.

오답 체크

① 집중권에 비해 합성 유기 기전력이 감소하므로 적절하지 않다.
③ 전기자에 발생되는 열이 골고루 분산되어 과열이 방지되므로 적
절하지 않다.

④ 코일 배치가 균일하게 되어 통풍 효과를 높이므로 적절하지 않다.
⑤ 권선의 누설 리액턴스가 감소하므로 적절하지 않다.

05   정답 ②

정전계의 두 전하 사이에 작용하는 힘은 두 전하 사이의 거리의
제곱과 반비례 관계이므로 적절하지 않다.

오답 체크

① 정전계에서 두 전하 사이에 작용하는 힘은 두 전하가 존재하는
매질에 따라 상이하므로 적절하다.
③ 전계 내의 전하는 자신의 에너지가 최소가 되는 정전계를 형성하
려 하므로 적절하다.
④ 정전계의 두 전하 사이에 작용하는 힘의 방향은 두 전하 사이를
연결하는 직선과 일치하므로 적절하다.
⑤ 정전계는 운동 에너지가 0, 위치 에너지가 최소가 되는 전계로 정
의할 수 있으므로 적절하다.

06   정답 ④

코로나의 임계전압이 증가하고 전선 표면의 전위경도가 감소하
여 코로나 손실이 감소하므로 적절하지 않다.

> 🔍 **더 알아보기**
>
> **복도체의 장·단점**
>
> | 장점 | · 등가 반지름이 증가되어 송전용량이 증가하고, 안정
도가 향상됨
· 코로나의 임계전압이 증가하고 전선 표면의 전위경도
가 감소하여 코로나 손실이 감소함
· 통신선의 유도장해가 억제됨
· 전선의 표면적 증가로 인해 전선의 안전전류가 증가함 |
> |---|---|
> | 단점 | · 정전용량이 증가하면 패란티 현상이 생길 우려가 있어
분로리액터 설치를 통해 억제해야 함
· 직경이 증가되어 진동현상이 생길 우려가 있어 댐퍼
설치를 통해 억제해야 함
· 소도체 간 정전흡인력이 발생하여 소도체 간 충돌이
나 꼬임현상이 생길 우려가 있어 스페이서 설치를 통
해 억제해야 함 |

07
정답 ④

상호 인덕턴스를 M이라 할 때, 가동결합 상태에서 코일의 직렬 합성 인덕턴스$(L) = L_1 + L_2 + 2M$, 차동결합 상태에서 코일의 직렬 합성 인덕턴스$(L) = L_1 + L_2 - 2M$임을 적용하여 구한다.
가동결합 상태에서 코일의 직렬 합성 인덕턴스 $L = 208[mH]$이므로 $L_1 + L_2 + 2M = 208$이고, 차동결합 상태에서 코일의 직렬 합성 인덕턴스 $L = 24[mH]$이므로 $L_1 + L_2 - 2M = 24$이다.
이에 따라 $L_1 + L_2 = 208 - 2M$, $L_1 + L_2 = 24 + 2M$ → $208 - 2M = 24 + 2M$ → $4M = 184$ → $M = 46$이고, $208 = 25 + L_2 + (2 \times 46)$이므로 $L_2 = 208 - 25 - 92 = 91[mH]$이다.
따라서 자기 인덕턴스 $L_1 = 25[mH]$일 때, 자기 인덕턴스 L_2는 $91[mH]$이다.

08
정답 ③

전자계에서 전계의 강도 E와 자계의 세기 H인 점을 통과하는 에너지 흐름은 E와 H가 포함된 평면의 수직 방향으로 이루어진다. 이를 포인팅 벡터라 하며, E와 H의 벡터 곱으로 나타낼 수 있다.
따라서 전자기파의 에너지 진행 방향과 동일한 것은 $E \times H$의 방향이다.

09
정답 ②

평형 3상 회로에서 성형결선을 하면 선간전압$(V_l) = \sqrt{3} \times$ 상전압(V_p), 선전류$(I_l) =$ 상전류$(I_p) = \frac{V_p}{Z}$임을 적용하여 구한다.

따라서 선전류$(I_l) = I_p = \frac{V_p}{Z} = \frac{\frac{V_l}{\sqrt{3}}}{Z} = \frac{V_l}{\sqrt{3} \times Z} = \frac{100\sqrt{3}}{\sqrt{3}(30 + j40)} = \frac{100}{\sqrt{30^2 + 40^2}} = 2[A]$이다.

10
정답 ③

△-Y와 Y-Y 조합의 결선 방식은 변압기의 병렬운전이 불가능한 조합이므로 적절하지 않다.

11
정답 ④

목푯값과 비교했을 때, 오차가 큰 시스템은 개루프 시스템이며, 폐루프 시스템은 출력값과 목푯값을 비교하는 경로가 있는 시스템으로 목푯값 대비 오차가 거의 발생하지 않으므로 적절하지 않다.

12
정답 ④

전계의 세기를 E, 지면의 도전율을 k라 할 때, 전류밀도$(i) = kE$임을 적용하여 구한다.
$k = 10^{-5}[\mho/cm]$, $E = 5.5[V/cm]$이므로 $i = 10^{-5} \times 5.5$이다.
따라서 전류밀도(i)는 $5.5 \times 10^{-5}[A/cm^2]$이다.

13
정답 ⑤

종합 전달 함수 $G(s) = \frac{\Sigma \text{전향 경로 이득}}{1 - \Sigma \text{루프이득}}$임을 적용하여 구한다.
전향 경로 이득이 G_1이고, 루프이득이 $-G_1 G_2$이므로 $G(s) = \frac{G_1}{1 + G_1 G_2}$이다.

14
정답 ②

비유전율은 절연물의 종류에 따라 다르므로 적절하다.

오답 체크
① 공기의 비유전율은 항상 1이므로 적절하지 않다.
③ 비유전율의 단위는 사용하지 않으므로 적절하지 않다.
④ 비유전율은 항상 1보다 크므로 적절하지 않다.
⑤ 진공의 비유전율은 항상 1이므로 적절하지 않다.

15
정답 ④

특성 방정식이 안정하기 위해서는 모든 차수의 계수가 존재하며, 모든 차수의 계수의 부호가 일치하고, 루스 수열 제1열의 원소의 부호가 모두 같아야 함을 적용하여 구한다.
제시된 특성 방정식의 다른 차수의 부호가 모두 양수이므로 $K > 0$이다. 또한, 특성 방정식의 루스 수열은 다음과 같다.

s^4	1	12	K
s^3	5	5	0
s^2	$\frac{5 \times 12 - 1 \times 5}{5} = 11$	K	
s^1	$\frac{11 \times 5 - 5 \times K}{11} = \frac{55 - 5K}{11}$	0	
s^0	K		

이때 루스 수열 제1열의 원소 부호가 모두 같아야 하므로
$\frac{55 - 5K}{11} > 0$ → $55 - 5K > 0$ → $5K < 55$ → $K < 11$, $K > 0$
따라서 특성 방정식이 안정하기 위한 K의 범위는 $0 < K < 11$이다.

16
정답 ③

$L[a \times f(t)] = a \times L[f(t)]$, $L[sinwt] = \dfrac{w}{s^2 + w^2}$임을 적용하여 구한다. 사인함수의 배각 공식 $sin2x = 2sinx \cdot cosx$에 따라 $f(t) = sin2t \cdot cos2t = \dfrac{1}{2}sin4t$이다.

따라서 주어진 함수를 라플라스 변환하면 $L[\dfrac{1}{2}sin4t] = \dfrac{1}{2}L[sin4t] = \dfrac{1}{2} \times \dfrac{4}{s^2 + 4^2} = \dfrac{2}{s^2 + 16}$이다.

17
정답 ⑤

루드의 안정도 판별법에 따르면 특성 방정식의 모든 계수의 부호가 동일해야 하므로 적절하다.

오답 체크

①, ③ 특성 방정식의 근이 모두 s 평면의 좌반부에 위치해 있어야 하므로 적절하지 않다.

② 루드 수열의 제1열의 부호가 같아야 하므로 적절하지 않다.

④ 계수 중 어느 하나라도 0이 되면 안 되므로 적절하지 않다.

18
정답 ①

전류는 전위가 높은 곳에서 낮은 곳으로 전하가 연속적으로 이동하는 현상을 의미하므로 적절하지 않은 설명이다.

19
정답 ⑤

전달 함수 $G(s) = \dfrac{V_2(s)}{V_1(s)}$임을 적용하여 구한다.

$v_1(t) = L\dfrac{d}{dt}i(t) + \dfrac{1}{C}\int i(t)dt + Ri(t)$, $v_2(t) = Ri(t)$이므로 초깃값을 0으로 하고 라플라스 변환하면 $V_1(s) = LsI(s) + \dfrac{1}{Cs}I(s) + RI(s)$, $V_2(s) = RI(s)$이다. 이때, $R = 5[\Omega]$, $L = 1[H]$, $C = \dfrac{1}{5}[F]$이므로 전달 함수 $G(s) = \dfrac{V_2(s)}{V_1(s)} = \dfrac{RI(s)}{LsI(s) + \dfrac{1}{Cs}I(s) + RI(s)} = \dfrac{R}{Ls + \dfrac{1}{Cs} + R} = \dfrac{5}{s + \dfrac{5}{s} + 5} = \dfrac{5s}{s^2 + 5s + 5}$

따라서 전달 함수는 $\dfrac{5s}{s^2 + 5s + 5}$이다.

20
정답 ②

전자석을 만들기 위한 재료는 히스테리시스 곡선의 면적이 작고, 잔류 자기는 크고, 보자력은 작아야 하므로 적절하다.

21
정답 ①

4단자망은 외부로 나온 단자 4개가 임의의 회로망을 구성하는 망을 의미한다.

4단자 상수 중 C는 $C = \dfrac{I_1}{V_2} | I_1 = 0$이며, 이는 개방 전달 어드미턴스를 나타낸다.

22
정답 ③

정상 편차 $e_{ss} = \dfrac{1}{\lim\limits_{s \to 0} sG(s)}$임을 적용하여 구한다.

$e_{ss} = \dfrac{1}{\lim\limits_{s \to 0} sG(s)} = \dfrac{1}{\lim\limits_{s \to 0} s\dfrac{20}{s(s+1)(s+2)}} = \dfrac{1}{\dfrac{20}{2}} = \dfrac{1}{10}$이다.

23
정답 ⑤

$L[a \times f(t) + b \times g(t)] = a \times L^{-1}[f(t)] + b \times L^{-1}[g(t)]$, $L^{-1}[\dfrac{1}{s+a}] = e^{-at}$임을 적용하여 구한다.

$\dfrac{8s+16}{s^2+2s-15} = \dfrac{8s+16}{(s-3)(s+5)} = \dfrac{5}{s-3} + \dfrac{3}{s+5}$이므로

$L^{-1}[\dfrac{8s+16}{s^2+2s-15}] = L^{-1}[\dfrac{5}{s-3} + \dfrac{3}{s+5}] = 5L^{-1}[\dfrac{1}{s-3}] + 3L^{-1}[\dfrac{1}{s+5}] = 5e^{3t} + 3e^{-5t}$이다.

따라서 $F(s)$를 역 라플라스 변환한 것은 $5e^{3t} + 3e^{-5t}$이다.

24
정답 ②

두 점전하 사이의 거리를 r, 두 점전하에 가해진 힘을 F, 두 개의 점전하 각각을 Q_1, Q_2라 할 때, 쿨롱의 법칙에 따라 $F = 9 \times 10^9 \times \dfrac{Q_1 \cdot Q_2}{r^2}[N]$임을 적용하여 구한다.

$F = 16 \times 10^{-7}[N]$, $Q_1, Q_2 = 2^2 \times 10^{-8}[C]$이므로

$r^2 = \dfrac{9 \times 10^9 \times Q_1 \times Q_2}{F} = \dfrac{9 \times 10^9 \times (2^2 \times 10^{-8})^2}{16 \times 10^{-7}}$

$= \dfrac{9 \times 10^9 \times 2^4 \times 10^{-16}}{2^4 \times 10^{-7}} = 9 \rightarrow r = 3$

따라서 두 개의 점전하 사이의 거리는 $3[m]$이다.

25
정답 ②

발생전력량을 W, 연료소비량을 m, 연료발열량을 H라 할 때, 열효율$(\eta) = \dfrac{860W}{mH}$임을 적용하여 구한다.

$W = 12,000[kWh]$이고, $m = 5,000[kg]$이며, $H = 6,500,000[kcal/ton] = 6,500[kcal/kg]$이므로

열효율$(\eta) = \dfrac{860 \times 12,000}{5,000 \times 6,500} \times 100 ≒ 31.8[\%]$이다.

26

정답 ③

개루프 전달함수를 GH라 할 때, 속도편차상수 $k_v = sGH \mid_{s=0}$, 정상편차 $e_{ssv} = \frac{1}{k_v}$임을 적용하여 구한다. 주어진 제어시스템에서

$G = G_{c1}(s) \times G_{c2}(s) \times G_p(s) = k \times \frac{1+0.3s}{1+0.4s} \times \frac{100}{s(s+1)(s+2)} =$

$\frac{k(1+0.3s)100}{(1+0.4s)s(s+1)(s+2)}$, $H = 1$이므로 개루프 전달함수 $GH = G =$

$\frac{k(1+0.3s)100}{(1+0.4s)s(s+1)(s+2)}$이다.

또한, 속도편차상수 $k_v = sGH \mid_{s=0}$이므로 $k_v = sGH \mid_{s=0}$

$= s \times \frac{k(1+0.3s)100}{(1+0.4s)s(s+1)(s+2)} \mid_{s=0} = \frac{k(1+0.3s)100}{(1+0.4s)(s+1)(s+2)} \mid_{s=0}$

$= \frac{100k}{2} = 50k$이다.

이에 따라 정상편차 $e_{ssv} = \frac{1}{k_v} = \frac{1}{50k} = 0.04$ → $50k = 25$ →

$k = 0.5$

따라서 이 제어시스템의 제어요소인 $G_{c1}(s)$의 k의 값은 0.5이다.

27

정답 ③

%저항 강하 = %R = p = $\frac{I_{1n}r}{V_{1n}} \times 100 = \frac{I_{1n}^2 r}{V_{1n}I_{1n}} \times 100 = \frac{P_c}{P} \times 100$

임을 적용하여 구한다.

따라서 %저항 강하는 $\frac{P_c}{P} \times 100 = \frac{150}{5,000} \times 100 = 3\%$이다.

28

정답 ③

SCR을 턴 오프(Turn-off)하기 위해서는 Anode의 극성을 부(-)로 하거나 SCR에 흐르는 Anode 전류를 유지 전류 이하로 해야 하므로 적절하다.

29

정답 ④

$L[\delta(t)] = 1$, $L[t^n f(t)] = (-1)^n \frac{d^n}{ds^n} F(s)$, $F(s) = L[coswt] = \frac{s}{s^2+w^2}$

임을 적용하여 구한다.

$f(t) = \delta(t) + tcos3t$이므로

$F(s) = L[f(t)] = 1 + (-1)\frac{d}{ds}F(s) = 1 - \frac{d}{ds}(\frac{s}{s^2+3^2})$

$= 1 - \frac{(s^2+3^2) - (s \times 2s)}{(s^2+3^2)^2} = 1 - \frac{-s^2+3^2}{(s^2+3^2)^2} = 1 + \frac{s^2-3^2}{(s^2+3^2)^2}$

따라서 $f(t)$의 라플라스 변환은 $F(s) = 1 + \frac{s^2-3^2}{(s^2+3^2)^2}$이다.

30

정답 ④

4단자 회로에서 전달 정수(θ)는 $log_e(\sqrt{\vec{AD}} + \sqrt{\vec{BC}}) = sinh^{-1}$

$(\sqrt{\vec{BC}}) = cosh^{-1}(\sqrt{\vec{AD}})$이다.

01	02	03	04	05	06	07	08	09	10
③	④	②	①	②	②	③	①	⑤	③
11	12	13	14	15	16	17	18	19	20
③	②	③	④	②	②	④	①	②	④
21	22	23	24	25	26	27	28	29	30
③	③	③	③	③	②	⑤	③	③	④

01   정답 ③

LPG에 대한 설명으로 옳은 것을 모두 고르면 'ⓒ, ⓔ'이다.

오답 체크

ⓐ, ⓓ LNG에 대한 설명에 해당한다.

02   정답 ④

캔트(C) $= \dfrac{SV^2}{gR}$임을 적용하여 구한다.

곡선 반지름(R)만 4배가 되면, $C = \dfrac{SV^2}{g \cdot 4R} = \dfrac{1}{4} \times \dfrac{SV^2}{gR}$이 된다.

따라서 캔트(C)의 크기는 $\dfrac{1}{4}$배이다.

03   정답 ②

프리스트레스 도입 직후의 응력 $f_{pi} = f_{pj} - \Delta f_p = f_{pj} - nf_c = f_{pj}$ $- n\left(\dfrac{f_p A_p}{bh}\right)$이므로 PS 강선의 응력 $f_{pi} = 1{,}350 - 6\left(\dfrac{1{,}350 \times 550}{300 \times 400}\right)$ $\approx 1{,}313[MPa]$이다.

04   정답 ①

기포관의 감도를 θ'', 기포가 움직인 눈금의 개수를 n, 표척의 두 읽음값의 차이를 L, 기계에서 표척을 세운 점까지의 수평거리를 D라 할 때, $\theta'' = 206265'' \times \dfrac{L}{nD}$임을 적용하여 구한다.

$\theta'' = 30''$, $n = 2$, $D = 70[m]$이므로

$30'' = 206265'' \times \dfrac{L}{2 \times 70} = \dfrac{206265'' \times L}{2 \times 70}$이다.

따라서 표척의 두 읽음값의 차이(L) $= \dfrac{2 \times 70 \times 30''}{206265''} \approx 0.02[m]$ 이다.

05   정답 ②

VRS 측위는 2대 이상의 수신기를 이용하는 상대 측위 방식에 의하여 기지점의 좌표를 기준으로 미지점의 좌표를 결정하는 측량이므로 적절하지 않다.

🔍 더 알아보기

GNSS 측량 시 고려해야 할 사항

· 관측점의 3차원 위치결정을 위해서는 4개 이상의 위성신호를 관측해야 함
· 관측 시 철탑이나 대형 구조물, 고압선 아래는 피해야 함
· 임계 고도각은 15˚ 이상을 유지하는 것이 좋음
· 정밀도저하율(DOP)은지표에서가장좋은 배치상태일때를 1로 하고, 5까지는 실용상 지장이 없으나, 10 이상인 경우는 좋은 조건이 아님에 주의해야 함

06   정답 ②

집중하중 작용 시 최대처짐(δ_P) $= \dfrac{PL^3}{48EI}$이고, 등분포하중 작용 시 최대처짐(δ_w) $= \dfrac{5wL^4}{384EI}$임을 적용하여 구한다.

집중하중 작용 시 최대처짐 $\delta_P = \dfrac{PL^3}{48EI} = \dfrac{3 \times 6^3}{48EI}$, 등분포하중 작용 시 최대처짐 $\delta_w = \dfrac{5 \times 0.5 \times 6^4}{384EI}$이다. 이에 따라 집중하중 작용 시 최대처짐량은 등분포하중 작용 시 최대처짐량의 $\dfrac{\delta_P}{\delta_w} =$

$\dfrac{\dfrac{3 \times 6^3}{48EI}}{\dfrac{5 \times 0.5 \times 6^4}{384EI}} = 1.6$배이므로 가장 적절하다.

07   정답 ③

점착력을 c, 흙의 단위중량을 γ, 기초의 폭을 B, 기초의 근입깊이를 D_f, 기초의 단면적을 A, 안전율을 F_s라 할 때, 기초의 극한 지지력(q_u) $= \alpha c N_c + \beta B \gamma N_r + \gamma D_f N_q$, 전허용지지력($q_a$) $= \dfrac{q_u}{F_s}$, 전허용하중(Q_{all}) $= q_a \times A$임을 적용하여 구한다.

$c = 0$, $\gamma = 17[kN/m^2]$, $B = 2.5[m]$, $D_f = 2[m]$이므로 $q_u = 0 +$ $(0.4 \times 2.5 \times 17 \times 20) + (17 \times 2 \times 22) = 1{,}088[kN/m^2]$이 고, $q_a = \dfrac{q_u}{F_s} = \dfrac{1{,}088}{4} = 272[kN/m^2]$이므로 $Q_{all} = 272 \times 2.5 \times$ $2.5 = 1{,}700[kN]$이다.

따라서 테르자기 공식에 따른 흙의 전허용하중은 $1{,}700[kN]$ 이다.

08 정답 ①

$\dfrac{l_1}{l_1}M_A + 2\left(\dfrac{l_1}{l_1} + \dfrac{l_2}{l_2}\right)M_B + \dfrac{l_2}{l_2}M_C = 6E(\theta_{B\cdot l} - \theta_{B\cdot r}) + 6E(\beta_B - \beta_C)$임을 적용하여 구한다.

$M_A = 0$이고, EI는 일정하므로

$\dfrac{l_1}{l_1}M_A + 2\left(\dfrac{l_1}{l_1} + \dfrac{l_2}{l_2}\right)M_B + \dfrac{l_2}{l_2}M_C = 6E(\theta_{B\cdot l} - \theta_{B\cdot r}) + 6E(\beta_B - \beta_C)$

$\rightarrow 2\left(\dfrac{l}{l} + \dfrac{l}{l}\right)M_B + \dfrac{l}{l}M_C = 6E\left(-\dfrac{wl^3}{24EI} - \dfrac{wl^3}{24EI}\right)$

하중과 경간이 같으므로 $M_B = M_C$이다. 이에 따라

$2\left(\dfrac{l}{l} + \dfrac{l}{l}\right)M_B + \dfrac{l}{l}M_C = 6E\left(-\dfrac{wl^3}{24EI} - \dfrac{wl^3}{24EI}\right) \rightarrow 5\dfrac{l}{l}M_B = -\dfrac{wl^3}{2l}$

$\rightarrow M_B = -\dfrac{wl^2}{10}$

따라서 B 지점의 모멘트인 M_B의 값은 $-\dfrac{wl^2}{10}$이다.

09 정답 ⑤

표준갈고리를 갖는 인장 이형철근의 정착길이(l_{dh})는 $8[d_b]$ 이상, $150[mm]$ 이상이어야 하므로 적절하지 않다.

10 정답 ③

일단고정 타단힌지 부정정보일 때, 반력(V_B) $= \dfrac{3}{8}wl$임을 적용하여 구한다.

전단력(S) $= -\dfrac{3}{8}wl + w(l - x) = 0 \rightarrow \dfrac{5}{8}wl - wx = 0 \rightarrow x = \dfrac{5}{8}l$

따라서 A 점으로부터 전단력이 0이 되는 x의 값은 $\dfrac{5}{8}l$이다.

11 정답 ③

프리텐션 공법은 PS 콘크리트에서 콘크리트를 붓기 전 PC 강재에 프리스트레스를 주는 방식으로, 콘크리트의 강도를 늘리기 위해 사용되는 공법이므로 적절하지 않다.

12 정답 ②

베인 시험에 의한 전단강도(C_u) $= \dfrac{T}{\pi \times D^2 \times \left(\dfrac{H}{2} + \dfrac{D}{6}\right)}$임을 적용하여 구한다.

베인의 지름(D) $= 5[cm]$, 높이(H) $= 10[cm]$, 파괴 시 토크(T) $= 5.9 \times 10^2[kg \cdot cm]$이므로

$C_u = \dfrac{5.9 \times 10^2}{\pi \times 5^2 \times \left(\dfrac{10}{2} + \dfrac{5}{6}\right)} \fallingdotseq 1.29[kg/cm^2]$이다.

따라서 점착력은 약 $1.29[kg/cm^2]$이다.

13 정답 ③

교각(I) $= 2 \times \text{Arctan}(T.L / R)$임을 적용하여 구한다.

접선장($T.L$)은 $86.6[m]$이고 반지름(R)이 $150[m]$이므로

$I = 2 \times \text{Arctan}(86.6 / 150) \rightarrow I = 2 \times \text{Arctan}(1 / \sqrt{3})$

$\rightarrow I = 2 \times 30°$

따라서 교각(I)은 $60°$이다.

14 정답 ④

포와송비(ν) $= -\dfrac{\varepsilon'}{\varepsilon}$임을 적용하여 구한다.

포와송비의 공식을 변형하면 $\nu = -\dfrac{\varepsilon'}{\varepsilon} = -\dfrac{\dfrac{\Delta D}{D}}{\dfrac{\Delta L}{L}} = -\dfrac{L \times \Delta D}{D \times \Delta L}$이다.

이에 따라 $\Delta D = -\dfrac{\nu \times D \times \Delta L}{L} = -\dfrac{\dfrac{1}{3} \times 10 \times 5}{50} = -\dfrac{1}{3}$이다.

따라서 강봉의 지름이 줄어든 길이는 $\dfrac{1}{3}[mm]$이다.

15 정답 ②

철도에 사용되는 곡선은 3차 포물선이다.

16 정답 ②

연경지수는 액성한계와 자연 함수비의 차를 소성지수로 나눈 값이므로 적절하지 않다.

17 정답 ④

1방향 슬래브의 두께는 최소 $100[mm]$ 이상이어야 하므로 적절하지 않다.

18
정답 ①

좌굴하중$(P_{cr}) = \frac{n\pi^2 EI}{l^2}$임을 적용하여 구한다.

양단 고정이 1단 힌지 타단 고정으로 변경되었고 나머지 조건은 동일하므로, 1단 힌지 타단 고정의 좌굴하중은 $P_{cr} = \frac{1}{2} \times 100[tf] = 50[tf]$이다.

19
정답 ②

모든 하중은 연직 하중으로 슬래브판 전체에 등분포되어야 하므로 적절하다.

오답 체크

① 각 방향으로 3경간 이상 연속되어야 하므로 적절하지 않다.

③ 슬래브 판들의 단변 경간에 대한 장변 경간의 비가 2 이하인 직사각형이어야 하므로 적절하지 않다.

④ 기둥의 어긋남은 연속한 기둥 중심선을 기준으로 그 방향 경간의 10[%] 이하이어야 하므로 적절하지 않다.

⑤ 각 방향으로 연속한 받침부 중심 간 경간 차이는 긴 경간의 1/3 이하이어야 하므로 적절하지 않다.

20
정답 ④

AB의 수평거리 AC를 d, AD의 수평거리 AF를 d_x, A의 표고를 H_A, B의 표고를 H_B, D의 표고를 H_D라 할 때, 지형도상에서 임의점까지의 수평거리는 $H_B - H_A : d = H_D - H_A : d_x$이므로 $d_x = \frac{H_D - H_A}{H_B - H_A} \times d$, AD의 도상거리$(l) = \frac{d_x}{\text{도상축척}}$임을 적용하여 구한다.

$H_A = 62[m]$, $H_B = 72[m]$, $H_D = 64[m]$, $d = 90[m]$이므로 $d_x = \frac{64-62}{72-62} \times 90 = 18[m]$이고, 도상축척은 $1:100$이므로 AD의 도상거리$(l) = \frac{1,800[cm]}{100}$이다.

따라서 AD의 도상길이는 $18[cm]$이다.

21
정답 ③

크리프 변형률$(\varepsilon_c) = \frac{\delta_c}{l}$임을 적용하여 구한다.

$\varepsilon_c = \frac{\delta_c}{l} = \phi \varepsilon_e = \phi \frac{f_c}{E_c}$이므로 $\delta_c = \phi \frac{f_c l}{E_c} = \phi \left(\frac{f_c l}{8,500\sqrt[3]{f_{ck} + \Delta f}} \right)$이다.

따라서 크리프로 인하여 줄어드는 기둥의 길이는

$\delta_c = \phi \left(\frac{f_c l}{8,500\sqrt[3]{f_{ck} + \Delta f}} \right) = 2 \times \frac{9 \times 5,000}{8,500\sqrt[3]{21 + 4}} \fallingdotseq 3.7[mm]$이다.

22
정답 ④

점착력을 c, 파괴면에 작용하는 수직응력을 σ, 내부마찰각을 ϕ, 흙의 전단응력을 τ라고 할 때, 간극수압$(\mu) = \sigma - \frac{\tau - c}{\tan\phi}$임을 적용하여 구한다.

$c = 0.05[MPa]$, $\sigma = 3[MPa]$, $\phi = 30°$, $\tau = 0.9[MPa]$이므로 $\mu = 3 - \frac{(0.9 - 0.05)}{\frac{\sqrt{3}}{3}} = 3 - \frac{3 \times 0.85}{1.7} = 1.5$

따라서 간극수압은 $1.5[MPa]$이다.

23
정답 ③

설계계산용 계수를 d_2라고 할 때, 설계 CBR = 평균 CBR − $\frac{CBR_{max} - CBR_{min}}{d_2}$임을 적용하여 구한다.

지점 1~지점 6까지의 평균 CBR은 $\frac{8.62 + 4.68 + 2.96 + 6.54 + 7.43 + 5.77}{6} = \frac{36}{6} = 6$이고, CBR_{max}는 CBR 중 가장 큰 값인 8.62이며, CBR_{min}은 CBR 중 가장 작은 값인 2.96이다.

따라서 설계 CBR은 $6 - \frac{8.62 - 2.96}{2.83} = 6 - 2 = 4.00$이다.

24
정답 ③

최소 전단철근을 배치하지 않으려면 전체 깊이가 250[mm] 이하인 보여야 하므로 적절하지 않다.

25
정답 ③

모래 기둥 간격 = $\frac{\text{유효원의 직경}}{1.05}$임을 적용하여 구한다.

따라서 모래 기둥 간격 = $\frac{40}{1.05} \fallingdotseq 38[cm]$이다.

26
정답 ②

덤프트럭 적재량$(q_t) = \frac{T}{\gamma_t} \times L$, 적재횟수$(n) = \frac{q_t}{q \times k}$, 덤프트럭의 적재기계 사용 시 사이클 타임$(C_{mt}) = \frac{C_{ms} \times n}{60 E_s}$임을 적용하여 구한다.

덤프트럭 적재량$(q_t) = \frac{15}{1.9} \times 1.2 \fallingdotseq 9.47[m^3]$, 적재횟수$(n) = \frac{9.47}{1 \times 0.9} \fallingdotseq 10.52 \fallingdotseq 11$회이다.

따라서 덤프트럭의 사이클 타임$(C_{mt}) = \frac{20 \times 11}{60 \times 1.0} \fallingdotseq 3.67$분이다.

27

정답 ⑤

철근량은 A_s, 가상압축철근량은 A_{sf}, 두께는 t, 폭은 b, 웨브 폭은 b_w라 할 때, 등가압축응력의 깊이$(a) = \dfrac{(A_s - A_{sf})f_y}{0.85f_{ck}b_w}$, $A_{sf} = \dfrac{0.85f_{ck} \times t(b - b_w)}{f_y}$임을 적용하여 구한다.

$A_s = 6,000[mm^2]$, $f_y = 300[MPa]$, $f_{ck} = 21[MPa]$, $t = 80[mm]$, $b = 1,000[mm]$, $b_w = 400[mm]$이므로

$A_{sf} = \dfrac{0.85 \times 21 \times 80(1,000 - 400)}{300} = 2,856[mm^2]$이다.

따라서 등가압축응력의 깊이는 $a = \dfrac{(6,000 - 2,856) \times 300}{0.85 \times 21 \times 400} ≒ 132$ $[mm]$이다.

28

정답 ③

유선망으로 이루어진 사각형은 이론상 정사각형이므로 적절하지 않다.

29

정답 ③

등분포하중은 w, 길이는 l이라 할 때, B 점의 지점 반력$(R_B) = \dfrac{5wl}{4}$임을 적용하여 구한다.

$w = 30[kN/m]$, $l = 6[m]$이므로 $R_B = \dfrac{5 \times 30 \times 6}{4} = 225[kN]$이다.

30

정답 ④

사질토에서 지지력은 재하판의 폭에 비례함을 적용하여 구한다. 모래지반에 $50[cm] \times 50[cm]$의 재하판으로 재하실험을 하였더니 $100[kN/m^2]$의 극한지지력을 얻었으므로 $4[m] \times 4[m]$의 기초를 설치할 때 기대되는 극한지지력을 x라고 하면

$0.5 : 100 = 4 : x$ → $0.5x = 400$ → $x = 800$

따라서 $4[m] \times 4[m]$의 기초를 설치할 때 예상되는 극한지지력은 $800[N/m^2]$이다.

01	02	03	04	05	06	07	08	09	10
⑤	②	③	④	⑤	②	④	④	③	③
11	12	13	14	15	16	17	18	19	20
①	②	③	②	②	①	③	②	①	①
21	22	23	24	25	26	27	28	29	30
②	②	⑤	⑤	④	③	①	②	①	②

01   정답 ⑤

로마건축의 포럼(Forum)은 그리스의 아고라(Agora)에 해당하는 것으로, 도시의 중심이 되는 공공 광장을 말하므로 옳지 않다.

02   정답 ②

강도설계법에 따른 하중계수와 하중조합에 관련된 사항으로 옳은 것은 $1.2D + 1.6L$이다.

오답 체크

① $1.4D$

③ $0.9D + 1.3W$

④ $0.9D + 1.0E$

⑤ $1.2D + 1.0E + 1.0L + 0.2S$

03   정답 ③

최대지간(교량 기둥 간 길이)이 $50[m]$ 이상인 교량 건설 등의 공사가 해당된다.

04   정답 ④

중력환기는 고온 측이 저기압, 저온 측이 고기압이 되면서 기류가 형성되는 원리가 적용된 온도차에 의한 환기 현상이므로 가장 적절하지 않다.

05   정답 ⑤

프리스트레스트 콘크리트에 대한 설명으로 옳은 것은 ㉠, ㉡, ㉢, ㉣, ㉤으로 총 5개이다.

06   정답 ②

슬래브 판들은 단변 경간에 대한 장변 경간의 비가 2 이하인 직사각형이어야 하므로 옳지 않다.

🔎 더 알아보기

KDS 14 20 70 4.1.3.1 직접설계법 적용을 위한 제한 사항

· 각 방향으로 3경간 이상 연속되어야 한다.
· 슬래브 판들은 단변 경간에 대한 장변 경간의 비가 2 이하인 직사각형이어야 한다.
· 각 방향으로 연속한 받침부 중심 간 경간 차이는 긴 경간의 1/3 이하이어야 한다.
· 연속한 기둥 중심선을 기준으로 기둥의 어긋남은 그 방향 경간의 10[%] 이하이어야 한다.
· 모든 하중은 슬래브 판 전체에 걸쳐 등분포된 연직하중이어야 하며, 활하중은 고정하중의 2배 이하이어야 한다.
· 모든 변에서 보가 슬래브를 지지할 경우 직교하는 두 방향에서 보의 상대강성은 $0.2 \leq \dfrac{\alpha_1 l_2^2}{\alpha_2 l_1^2} \leq 5.0$을 만족하여야 한다.

07   정답 ④

㉠은 공정관리, ㉡은 원가관리에 해당한다.

08   정답 ④

㉠에는 25℃, ㉡에는 4℃가 들어간다.

09   정답 ③

용어와 설명이 올바르게 연결된 것을 모두 고르면 '㉡, ㉢'이다.

오답 체크

㉠ 정마찰력에 대한 설명이다.

㉣ 분사현상 또는 보일링에 대한 설명이다.

해커스 코레일 한국철도공사 NCS+전공+철도법 실전모의고사

10 정답 ③

'주택건설기준 등에 관한 규정 제14조의3'에 따르면 500세대 이상의 공동주택을 건설하는 경우 벽체의 접합부위나 난방설비가 설치되는 공간의 창호는 국토교통부장관이 정하여 고시하는 기준에 적합한 결로방지 성능을 갖추어야 한다고 하였으므로 500세대가 옳다.

11 정답 ①

말뚝기초의 허용지지력은 말뚝의 지지력에 따른 것으로만 하고, 특별히 검토한 사항 이외에는 기초판 저면에 대한 지반의 지지력을 가산하지 않는 것으로 해야 하므로 옳지 않다.

12 정답 ②

㉠에는 2일, ㉡에는 3일, ㉢에는 6일이 들어간다.

13 정답 ③

제시된 내용은 에드워드 홀(Edward T. Hall)이 제시한 대인 간의 거리 4가지 유형인 친밀한 거리(Intimate distance), 개인적 거리(Personal distance), 사회적 거리(Social distance), 공적 거리(Public distance) 중 사회적 거리에 대한 설명이다.

오답 체크

① 친밀한 거리: 약 45[cm] 이내의 거리로, 편안함과 보호받는 느낌을 가질 수 있으며 의사전달이 가장 쉽게 이루어질 수 있음
② 개인적 거리: 손을 뻗었을 때 만들어지는 약 45~120[cm] 정도의 거리로, 상대방의 표정이나 시선의 움직임 등을 어느 정도 파악할 수 있음
④ 공적 거리: 약 360~750[cm] 정도의 거리로, 신체의 자세한 부분을 확인하기 어려운 정도의 거리가 형성되기 때문에 의사소통 시 목소리는 커지고, 의사전달 방법이 단순해짐

14 정답 ②

달비계, 달대비계 및 말비계를 제외한 비계 설치 시 작업발판의 폭은 400[mm] 이상으로 하고 발판재료 간의 틈은 30[mm] 이하로 해야 하므로 옳지 않다.

15 정답 ②

㉠은 수용률, ㉡은 부하율이 들어간다.

오답 체크

- 부등률: 합성최대수용(수요)전력과 개별부하의 최대수용(수요)전력 합계의 비율로서 일종의 동시사용률을 적용하는 것으로, 변압기가 과대 용량이 되는 것을 막기 위해 적용하며, 부등률 적용 시 배전 변압기의 용량을 낮추어 합리적인 설계가 될 수 있게 한다.

🔍 **더 알아보기**

수용률, 부등률, 부하율
부하율과 수용률은 반비례, 부하율과 부등률은 비례함
- 수용률: 최대수용(수요)전력 / 총부하설비용량 × 100
- 부등률: 각 부하의 최대수용(수요)전력의 합계 / 합성최대수용(수요)전력
- 부하율: 부하의 평균전력 / 최대수용(수요)전력 × 100

16 정답 ①

빈칸에는 개발밀도관리구역이 들어간다.

🔍 **더 알아보기**

국토의 계획 및 이용에 관한 법률 제66조(국토의 용도 구분)
① 특별시장·광역시장·특별자치시장·특별자치도지사·시장 또는 군수는 주거·상업 또는 공업지역에서의 개발행위로 기반시설(도시·군계획시설을 포함한다)의 처리·공급 또는 수용능력이 부족할 것으로 예상되는 지역 중 기반시설의 설치가 곤란한 지역을 개발밀도관리구역으로 지정할 수 있다.

17 정답 ③

주철근의 180° 표준갈고리는 구부린 반원 끝에서 $4d_b$ 이상, 또한 $60mm$ 이상 더 연장되어야 하므로 옳지 않다.

18 정답 ②

제시된 내용은 비례에 대한 설명이다.

① 균형: 시각적 무게의 평형을 의미하며, 부분과 부분 및 전체와 부분 사이에서 균형의 힘에 의한 쾌적한 느낌이 있음

③ 리듬: 부분과 요소 사이에 강한 힘과 약한 힘이 규칙적으로 연속·반복되는 것

④ 대비: 다른 성격의 요소를 병치해서 서로가 가진 특성을 강조하여 전체로서 강력한 인상을 주는 원리

⑤ 조화: 성질이 다른 둘 이상의 요소(면, 선, 형태 등)를 상호 관계하여 미를 발생시키는 것

19
정답 ①

㉠에는 5일, ㉡에는 3일, ㉢에는 7일이 들어간다.

20
정답 ①

㉠에는 3, ㉡에는 85, ㉢에는 5가 들어간다.

🔍 더 알아보기

KCS 41 43 02 내화피복공사 3.5 내화도장공사

(1) 시공 시 온도는 5~40[℃]에서 시공하여야 하며, 도료가 칠해지는 표면은 이슬점보다 3[℃] 이상 높아야 한다.

(2) 강우, 강설을 피하여야 하며, 특히 중도시공 시 충분히 건조되기 전에는 수분이나 습기와의 접촉을 피하도록 하여야 한다.

(3) 시공 장소의 습도는 85[%] 이하, 풍속은 5[m/sec] 이하에서 시공하여야 한다.

(4) 도료는 일반도료 등 다른 재료와 혼합사용을 해서는 안 되며, 생산 공장에서 완제품으로 공급된 것만을 사용하여야 하며 도장 전에 도료상태가 균일하게 될 때까지 충분히 교반한 다음 사용하여야 한다.

(5) 하도용 도료가 완전히 건조된 후 중도용 도료를 에어리스 스프레이 등 도장방법으로 도장하여 건조 후 도막의 두께가 공인시험기관에서 인정한 두께 이상이 되도록 하여야 한다.

(6) 에어리스 스프레이 도장 시 피도체와의 거리는 약 300[mm] 정도로 유지하여 피도 면에 항상 직각이 되도록 하여 도장하여야 하며, 스프레이건의 이동속도는 500~600[mm/sec] 정도로 하고 먼저 도장된 부분과 중첩되도록 도장하여야 한다.

(7) 상도용 도료를 도장하는 경우에는 중도용 도료가 충분히 건조된 이후에 도장하여야 하며 상도용 도료는 중도용 도료 제조사가 추천하는 도료를 도장하여야 한다.

(8) 작업 중에는 습도막두께 측정기구, 건조 후에는 검 교정된 건조도막두께 측정기를 사용하여 도장두께를 측정하여야 한다.

(9) 도료는 용제나 기타화학물질이 함유되므로 저장, 취급, 도장 및 건조를 위하여 적절한 건강과 안전에 관한 주의를 기울여야 하며 특히 눈 및 피부 보호를 위해 보호장구 등을 착용하여야 한다.

(10) 도장작업을 하기 전에 제품용기에 기재된 주의사항 및 MSDS를 확인한다.

(11) 시공담당자는 도료제조업체로부터 재료에 대한 정보제공을 받고 이러한 정보에 따라 작업 및 폐기물처리를 하여야 한다.

(12) 미세한 먼지 등에 대하여는 방진마스크의 착용, 유기계용제에 대하여는 안전을 확보할 수 있는 성능이 입증된 마스크를 사용하여야 한다.

(13) 도장 시에는 도료 및 스프레이 미스트를 피부 등에 접촉시키지 않도록 하여야 한다.

(14) 도료의 비산을 방지하기 위하여 방호네트 등을 실시하여야 하고, 특히 에폭시 수지계 도료에 대해서는 피부염증 등을 일으킬 위험이 있으므로 사용 시 충분한 방호조치를 하여야 한다.

21
정답 ②

'건설기술 진흥법 시행령 제55조 제1항'에 따르면 연면적 5천 제곱미터 이상인 공용청사 건설공사에 감독 권한대행 등 건설사업관리가 필요하므로 연면적 3천 제곱미터인 공용청사 건설공사는 건설사업관리를 시행하는 경우에 해당하지 않는다.

22
정답 ②

㉠~㉣을 해석의 우선순위에 따라 순서대로 바르게 나열하면 '㉠ - ㉢ - ㉡ - ㉣'이다.

🔍 더 알아보기

건축물의 설계도서 작성기준상의 설계도서 해석의 우선순위

가. 공사시방서
나. 설계도면
다. 전문시방서
라. 표준시방서
마. 산출내역서
바. 승인된 상세시공도면
사. 관계법령의 유권해석
아. 감리자의 지시사항

23 정답 ⑤

금속의 위를 해머로 두드리는 가공법으로, 용접의 경우에는 피드 또는 그 가까이를 두드리는 것에 의해 잔류응력을 경감시키는 것은 피이닝(Peening)이므로 옳지 않다.

> 🔍 더 알아보기
>
> **KCS 14 31 05 강구조공사 일반사항 1.4 용어의 정의**
> · 크레이터(Crater): 용접 시의 용융지가 그대로 응고되어 움푹하게 패인 부분을 말한다. 이 부분은 슬래그나 기포가 완전히 제거되지 않기 때문에 내부에 결함을 포함하고 있다. 따라서 균열의 발생기점이 되는 경우가 많으므로 용접 마무리 과정에 이 부분을 잘 처리해 두어야 한다.

24 정답 ②

'주차장법 시행규칙 제5조 제5호'에 따르면 노외주차장의 출구 및 입구를 설치할 수 없는 장소는 횡단보도로부터 5미터 이내에 있는 도로의 부분이므로 옳지 않다.

> 🔍 더 알아보기
>
> **주차장법 시행규칙 제5조(노외주차장의 설치에 대한 계획기준)**
> 5. 노외주차장의 출구 및 입구(노외주차장의 차로의 노면이 도로의 노면에 접하는 부분을 말한다. 이하 같다)는 다음 각 목의 어느 하나에 해당하는 장소에 설치하여서는 아니 된다.
> 　가. 도로교통법 제32조 제1호부터 제4호까지, 제5호(건널목의 가장자리만 해당한다) 및 같은 법 제33조 제1호부터 제3호까지의 규정에 해당하는 도로의 부분
> 　나. 횡단보도(육교 및 지하횡단보도를 포함한다)로부터 5미터 이내에 있는 도로의 부분
> 　다. 너비 4미터 미만의 도로(주차대수 200대 이상인 경우에는 너비 6미터 미만의 도로)와 종단 기울기가 10퍼센트를 초과하는 도로
> 　라. 유아원, 유치원, 초등학교, 특수학교, 노인복지시설, 장애인복지시설 및 아동전용시설 등의 출입구로부터 20미터 이내에 있는 도로의 부분

25 정답 ④

편복도형 아파트의 경우 각 세대 간의 방위가 동일하여 세대 간 온열 환경의 차이가 크지 않게 형성되므로 가장 옳지 않은 설명이다.

26 정답 ③

외벽부위의 열관류율을 최소화하여 표면온도의 저하를 막아야 하므로 가장 옳지 않은 설명이다.

27 정답 ①

'건축법 시행령 제2조'에 따르면 내화구조란 화재에 견딜 수 있는 성능을 가진 구조로서 국토교통부령으로 정하는 기준에 적합한 구조를 말하며, 화염의 확산을 막을 수 있는 성능을 가진 구조는 방화구조이므로 옳지 않다.

28 정답 ②

고방사 자재가 아닌, 복사열의 반사 특성이 우수한 저방사 자재를 적용하여 외부 복사에너지의 차단 및 실내 난방열의 손실을 최소화하여야 하므로 가장 옳지 않다.

29 정답 ①

'건축물 에너지효율등급 인증 및 제로에너지건축물 인증 기준 제4조 제1항 제1호'에 따르면 건축물 에너지효율등급 인증 기준은 난방, 냉방, 급탕, 조명, 환기에 대해 종합적으로 평가하도록 제작된 프로그램으로 산출된 연간 단위면적당 1차 에너지 소요량에 따른다고 함에 따라 난방, 냉방, 급탕, 조명, 환기 총 5가지이므로 옳지 않다.

30 정답 ②

㉠은 철골(강접골조) 방식, ㉡은 골조 – 가새 방식, ㉢은 골조 – 아웃리거 방식에 대한 설명이다.

[오답 체크]
· 골조 – 전단벽 방식: 바람에 대한 저항력을 극대화하기 위하여 코어와 외부 골조 그리고 바닥이 일체로 거동하도록 한 방식

01	02	03	04	05	06	07	08	09	10
②	③	②	⑤	④	③	③	②	③	④
11	12	13	14	15	16	17	18	19	20
②	③	③	②	④	④	⑤	③	②	⑤
21	22	23	24	25	26	27	28	29	30
②	⑤	②	②	②	③	②	②	④	⑤

01　정답 ②

상태방정식의 고윳값 = 상태행렬의 고윳값임을 적용하여 구한다.

상태행렬은 $\begin{bmatrix} s-3 & 8 \\ 1 & s+4 \end{bmatrix}$이므로 상태행렬의 고윳값은 $(s-3)(s+4)-8 = s^2+s-20 = (s-4)(s+5) = 0$임에 따라 $s=-5, 4$이다.

따라서 상태방정식의 고윳값은 $-5, 4$이다.

02　정답 ③

자기력선은 상호 간 교차하지 않으므로 적절하지 않다.

03　정답 ②

$\lim\limits_{t \to 0} f(t) = \lim\limits_{s \to \infty} sF(s)$임을 적용하여 구한다.

초깃값 정리에 의해 $\lim\limits_{t \to 0} f(t) = \lim\limits_{s \to \infty} sF(s) = \lim\limits_{s \to \infty} s\dfrac{6(s+8)}{2s(s+2)} = 3$이다.

따라서 $f(t)$의 초깃값은 3이다.

> 🔍 더 알아보기
> · 초깃값 정리: $\lim\limits_{t \to 0} f(t) = \lim\limits_{s \to \infty} sF(s)$
> · 최종값 정리: $\lim\limits_{t \to \infty} f(t) = \lim\limits_{s \to 0} sF(s)$

04　정답 ⑤

MAC 방식으로 라운드 로빈기법을 사용하는 것은 Token ring이므로 적절하지 않다.

05　정답 ④

배전선로에 동기조상기를 설치 시 자기 여자 현상으로 역률이 저하되므로 적절하지 않다.

06　정답 ③

변조지수$(mf) = \dfrac{\text{최대 주파수 편이}(\Delta f)}{\text{신호파}(f_m)}$, 대역폭$(BW) = 2(f_m + \Delta f)$임을 적용하여 구한다.

신호파$(f_m) = 10[KHz]$이고, 최대 주파수 편이$(\Delta f) = 50[KHz]$이므로 $\dfrac{\Delta f}{f_m} = \dfrac{50}{10} = 5[KHz]$이고, $2(f_m + \Delta f) = 2(10+50) = 120[KHz]$가 된다.

따라서 변조지수(mf)는 $5[KHz]$이고, 대역폭(BW)은 $120[KHz]$이다.

07　정답 ③

전계의 발산$(div\ E) = \dfrac{\partial E_x}{\partial x} + \dfrac{\partial E_y}{\partial y} + \dfrac{\partial E_z}{\partial z}$임을 적용하여 구한다.

$E = Ex\ i + Ey\ j + Ez\ k$이므로 $Ex = 2x^2$, $Ey = 4y^2z$, $Ez = 3x^2yz$이다.

따라서 $div\ E = \dfrac{\partial}{\partial x}(2x^2) + \dfrac{\partial}{\partial y}(4y^2z) + \dfrac{\partial}{\partial z}(3x^2yz) = 4x + 8yz + 3x^2y$이다.

08　정답 ②

송전단 전압이 VS, 수전단 전압이 VR, 송수전단 전압의 상차각이 σ, 리액턴스가 X일 때, 송전 전력$(P) = \dfrac{V_S V_R}{X}sin\sigma$임을 적용하여 구한다.

송전 전력이 $2,000[MW]$이므로

$2,000 \times 10^6 = \dfrac{200 \times 10^3 \times 180 \times 10^3}{X}sin30° \rightarrow X = 9$

따라서 리액턴스는 $9[\Omega]$이다.

09　정답 ③

주기적인 구형파의 신호는 무수히 많은 주파수의 성분을 가지므로 적절하다.

10

평균전력 = 총 설비용량$[kW] \times \frac{수용률[\%]}{100} \times \frac{부하율[\%]}{100}$임을 적용하여 구한다.

총 설비용량은 $100[kW]$, 수용률은 $75[\%]$, 부하율은 $80[\%]$이므로 평균전력은 $100 \times \frac{75}{100} \times \frac{80}{100} = 60[kW]$이다.

따라서 이 수용가의 평균전력은 $60[kW]$이다.

11

정답 ②

전기력선의 방정식 $\frac{dx}{E_x} = \frac{dy}{E_y}$임을 적용하여 구한다.

$E = 5xi - 5yj[V/m]$이므로 $\frac{dx}{5x} = \frac{dy}{-5y}$이고, $\frac{1}{5}\int \frac{dx}{x} = \frac{1}{5}\int -\frac{dy}{y}$

$\rightarrow \ln x = -\ln y + k \rightarrow \ln x + \ln y = k \rightarrow \ln(xy) = k$

$\rightarrow xy = k$이다.

이때, 점 $(2, 6)$을 통과하므로

$k = xy \rightarrow k = 2 \times 6 = 12$가 된다.

따라서 전기력선 방정식은 $y = \frac{12}{x}$이다.

12

정답 ③

포인팅 벡터(Poynting vector)를 나타내는 식은 $P_0 = E \times H$이다.

13

정답 ③

$R-L-C$ 직렬공진회로의 첨예도(Q)는 $\frac{1}{R}\sqrt{\frac{L}{C}}$이다.

오답 체크

④ $R-L-C$ 병렬공진회로의 첨예도(Q)는 $R\sqrt{\frac{C}{L}}$이다.

14

정답 ②

경계면에 수직으로 전계가 입사할 경우, 전속밀도(D)는 $D = D_1 = D_2$이고, 전계(E)는 $E_1 = \frac{D}{\varepsilon_1}$, $E_2 = \frac{D}{\varepsilon_2}$임을 적용하여 구한다.

두 경계면에 작용하는 단위면적당 힘이 각각 f_1, f_2일 때, $f_1 = \frac{1}{2}DE_1 = \frac{1}{2} \times \frac{D^2}{\varepsilon_1}$, $f_2 = \frac{1}{2}DE_2 = \frac{1}{2} \times \frac{D^2}{\varepsilon_2}$이고, 경계면에서 힘의 방향은 유전율이 높은 쪽에서 낮은 쪽으로 작용한다.

따라서 ε_1이 ε_2보다 클 때, 경계면에 작용하는 힘은 $f_2 - f_1 = \frac{1}{2} \times \frac{D^2}{\varepsilon_2} - \frac{1}{2} \times \frac{D^2}{\varepsilon_1} = \frac{1}{2}(\frac{1}{\varepsilon_2} - \frac{1}{\varepsilon_1})D^2$이다.

15

정답 ④

직류 송전 방식은 주파수가 다른 선로 간의 연계, 즉 비동기 연계가 가능하므로 적절하지 않다.

16

정답 ④

전기력선은 양전하에서 시작하여 음전하에서 끝나므로 적절하지 않다.

17

정답 ⑤

동조점 불안정에 따른 주파수 변동을 막기 위해서는 동조점을 약간 벗어나게 조정해야 하므로 적절하지 않다.

18

정답 ③

단락비는 무부하에서 정격전압을 유기하는 데 필요한 계자 전류를 구하는 '무부하 포화 시험'과 정격전류와 같은 3상 단락 전류를 흘리는 데 필요한 계자 전류를 구하는 '3상 단락 시험'을 통해 구할 수 있다.

19

정답 ②

A와 B는 NAND 회로이므로 논리식이 $\overline{A \cdot B}$, C와 D는 AND 회로이므로 논리식이 $C \cdot D$이다.

따라서 $\overline{A \cdot B}$와 $C \cdot D$는 OR 회로이므로 논리 회로의 출력 X는 $\overline{A \cdot B} + C \cdot D$이다.

20

정답 ⑤

$Z_1 = 6[\Omega]$, $Z_2 = 8[\Omega]$, $Z_3 = 5[\Omega]$이라고 할 때, T형 4단자 회로의 4단자 정수 특성은 $\begin{bmatrix} A & B \\ C & D \end{bmatrix} = \begin{bmatrix} 1 + \frac{Z_1}{Z_3} & Z_1 + Z_2 + \frac{Z_1 Z_2}{Z_3} \\ \frac{1}{Z_3} & 1 + \frac{Z_2}{Z_3} \end{bmatrix}$임을 적용하여 구한다.

따라서 4단자 정수 $B = Z_1 + Z_2 + \frac{Z_1 Z_2}{Z_3} = 6 + 8 + \frac{6 \times 8}{5} = 23.6[\Omega]$이다.

21
정답 ②

r은 도선 중심으로부터 떨어진 거리, a는 반지름의 길이, I는 전류일 때, 도체 내부 자계의 세기$(H) = \frac{r \times I}{2\pi a^2}$임을 적용하여 구한다.

자계의 세기를 구하고자 하는 지점은 반지름이 $3[m]$, 전류가 $6\pi[A]$ 흐르는 원주형 도선의 중심으로부터 $2[m]$ 떨어져 있으므로 자계의 세기는 $H = \frac{2 \times 6\pi}{2\pi \times 3^2} = \frac{2}{3}$이다.

따라서 자계의 세기는 $\frac{2}{3}[AT/m]$이다.

22
정답 ⑤

펄스 부호 변조(PCM)의 순서는 '송신 측 → 수신 측' 순이며, 송신 측은 '표본화 → 압축 → 양자화 → 부호화' 순이고, 수신 측은 '복호화 → 신장' 순이다.

따라서 펄스 부호 변조(PCM)의 순서는 '표본화 → 압축 → 양자화 → 부호화 → 복호화 → 신장'이다.

23
정답 ②

중첩의 원리를 적용하여 구한다.

$40[V]$의 전압원 단락 시 저항 $25[\Omega]$에 흐르는 전류를 I_1, $15[A]$와 $10[A]$의 전류원 개방 시 저항 $25[\Omega]$에 흐르는 전류를 I_2라고 할 때,

$40[V]$의 전압원을 단락하면 저항 $25[\Omega]$에는 전류가 흐르지 않으므로 $I_1 = 0[A]$이고, $15[A]$와 $10[A]$의 전류원을 모두 개방하면 전압 $40[V]$와 저항 $25[\Omega]$이 직렬 접속되어 $I_2 = \frac{40}{25} = 1.6[A]$이다.

따라서 저항 $25[\Omega]$에 흐르는 전류는 $I_1 + I_2 = 0 + 1.6 = 1.6[A]$이다.

24
정답 ②

상자성체의 비투자율은 1보다 약간 크게 나타나므로 적절하지 않다.

25
정답 ②

삼각파의 최댓값을 V_m이라고 할 때, 평균값은 $\frac{V_m}{2}$, 실횻값은 $\frac{V_m}{\sqrt{3}}$임을 적용하여 구한다.

$\frac{V_m}{2} = 150[V]$이므로 $V_m = 150 \times 2 = 300[V]$이다.

따라서 삼각파 전압의 실횻값은 $\frac{V_m}{\sqrt{3}} = \frac{300}{\sqrt{3}} = 100\sqrt{3}[V]$이다.

26
정답 ③

1차 전류가 I_1, 2차 전류가 I_2, 1차 전압이 V_1, 역률이 $\cos\theta$일 때, 권수비$(a) = \frac{I_2}{I_1}$, 입력 전력$(P_1) = V_1 I_1 \cos\theta$임을 적용하여 구한다.

권수비가 15이므로 $a = \frac{I_2}{I_1} \rightarrow 15 = \frac{10}{I_1} \rightarrow I_1 = \frac{2}{3}$이다.

따라서 입력 전력 $P_1 = V_1 I_1 \cos\theta = 3,000 \times \frac{2}{3} \times 0.8 = 1,600[W]$이다.

27
정답 ②

합성 절연저항을 R_0라고 할 때, 누설 컨덕턴스$(G) = \frac{1}{R_0}[℧/km]$임을 적용하여 구한다.

현수애자 1개의 절연저항이 $3,000[M\Omega]$이므로 현수애자 1련의 누설저항$(R) = 3,000 \times 10^6 \times 4 = 12 \times 10^9[\Omega]$이다. 표준경간은 $200[m]$이므로 $1[km]$에 대한 절연저항은 5조 병렬이고, 합성 절연저항$(R_0) = \frac{R}{n} = \frac{12 \times 10^9}{5} = 2.4 \times 10^9[\Omega]$이다.

따라서 $1[km]$당 누설 컨덕턴스(G)는 $\frac{1}{2.4 \times 10^9} ≒ 0.42 \times 10^{-9}[℧]$이다.

28
정답 ②

유전체 내에 저장되는 에너지 밀도$(w) = \frac{ED}{2}$임을 적용하여 구한다.

전속밀도$(D) = \varepsilon E$, 유전율 $\varepsilon = 12$, 전계의 세기 $E = 1,000 = 10^3$이므로 $w = \frac{ED}{2} = \frac{1}{2}\varepsilon E^2 = \frac{1}{2} \times 12 \times (10^3)^2[J/m^3]$이다.

따라서 유전체 내에 저장되는 에너지 밀도는 $6 \times 10^6[J/m^3]$이다.

29
정답 ④

$V_2 = -Z_2 I_2$는 대칭 3상 교류 발전기의 기본식이므로 적절하다.

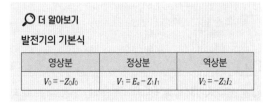

🔍 더 알아보기

발전기의 기본식

영상분	정상분	역상분
$V_0 = -Z_0 I_0$	$V_1 = E_a - Z_1 I_1$	$V_2 = -Z_2 I_2$

30
정답 ⑤

$e(t)$를 Z변환한 값이 $E(z)$일 때, $e(t)$의 초깃값은 $\lim\limits_{z \to \infty} E(z)$이다.

경영학 정답·해설

p.266

01	02	03	04	05	06	07	08	09	10
②	②	②	⑤	④	③	③	③	④	③
11	12	13	14	15	16	17	18	19	20
②	①	③	④	③	①	①	①	①	②
21	22	23	24	25	26	27	28	29	30
⑤	①	④	②	①	④	①	④	④	③

01　　　　　　　　　　정답 ②

종업원의 생계비를 보장하여 기업에 대한 귀속의식이 증대되고, 종업원의 고용안정과 생활 보장을 이룩할 수 있는 것은 연공급의 장점이므로 적절하지 않다.

02　　　　　　　　　　정답 ②

ⓒ 최저임금제는 불황기에 임금 수준의 절하를 방지하는 효과가 있어 유효 수요의 감소를 방지하므로 적절하지 않다.
따라서 최저임금제에 대한 설명으로 옳지 않은 것을 모두 고르면 'ⓒ'이다.

03　　　　　　　　　　정답 ②

허츠버그의 2요인 이론에 따르면 위생요인은 구성원의 불만족을 초래하는 요소로, 위생요인에는 회사의 정책, 감독자와의 관계, 동료와의 관계, 급여, 직위, 직장의 안정성 등 주로 직무 외적인 요소들이 해당된다.
따라서 허츠버그의 2요인 이론에서 위생요인에 해당하는 것을 모두 고르면 'ⓒ, ⓢ, ⓞ'이다.

오답 체크
㉠, ⓒ, ㉣, ㉤, ㉥ 구성원이 조직에 대해 만족감을 느끼도록 동기를 부여하는 동기요인에 해당한다.

04　　　　　　　　　　정답 ⑤

ⓒ 생산주기시간은 병목 작업장의 작업시간과 동일하므로 적절하다.
㉣ 라인밸런싱의 목적은 유휴시간이나 작업공전을 최소화함으로써 작업자 및 설비의 이용도를 높이고자 하는 데 있으므로 적절하다.

오답 체크
㉠ 산출률을 높이기 위해서는 생산주기시간을 감소시켜야 하므로 적절하지 않다.
ⓒ 생산주기시간은 각 작업장에서 한 단위 생산에 허락된 최대한의 시간이므로 적절하지 않다.

05　　　　　　　　　　정답 ④

일관된 품질은 라인흐름전략의 특징이므로 적절하지 않다.

🔍 더 알아보기
라인흐름전략과 유연흐름전략

구분	라인흐름전략	유연흐름전략
제품	대량의 표준화된 제품	소량의 고객화된 제품
경쟁우선순위	저원가 강조	수량 유연성과 고객화 강조
제품수명주기	긴 제품수명주기	짧은 제품수명주기
대응 방식	늦은 퇴출에 대한 대응	빠른 퇴출에 대한 대응
품질	일관된 품질	고성능 설계
인도시간	짧은 인도시간	긴 인도시간

06　　　　　　　　　　정답 ③

허시와 블랜차드(Hersey & Blanchard)의 수명주기이론에 의하면 참여형이 지시형보다 관계지향적 행동을 더 많이 하고, 지시형은 참여형보다 과업지향적 행동을 더 많이 하므로 가장 적절하지 않다.

07 정답 ③

분산분석은 두 개 이상의 집단 간 분산과 집단 내 분산을 비교하여 분석하는 통계분석 기법으로, 평균 간 차이에 대해 통계적 유의성을 검증하고자 시행되므로 가장 적절하지 않다.

08 정답 ③

제시된 내용은 의사결정모형 중 쓰레기통 모형에 대한 설명이다.

09 정답 ④

제시된 내용은 포드의 컨베이어 벨트 시스템에 대한 설명으로, 포드는 부품의 표준화, 제품의 단순화, 제조공정의 전문화를 통해 표준 제품을 대량 생산하여 원가 절감을 이루었으므로 적절하다.

오답 체크

①, ②, ③, ⑤ 모두 시간 연구와 동작 연구를 통해 과업을 제시함으로써 노동자의 최대 능력을 이끌어 내는 것을 목적으로 하는 과학적 경영방법인 테일러 시스템에 대한 설명이다.

10 정답 ③

인적자원의 수요예측 중 상향식 방법은 실무 부서를 단위로 개별 구성원과 직무를 분석하여 부서의 목적을 이루기 위해 필요한 인적자원의 수요를 예측하고, 예측한 내용을 경영층에서 총괄하는 방법을 말한다. 상향식 방법은 각 부서에서 개별 구성원을 분석함으로써 변동사항까지 감안한 수요예측이 가능하지만, 개별 부서가 단기적·부분적 관점에서 인적자원의 수요를 예측하여 수요가 과대예측될 가능성이 크므로 적절하지 않다.

11 정답 ②

㉠ 조직사회화는 개인이 조직이나 집단에서 공인되는 기술·지식·가치·태도·신념·행위 등을 학습하여 획득하는 과정을 의미하므로 적절하다.

㉣ 조직사회화는 공식적 프로그램뿐만 아니라 다른 사람의 행동을 관찰하는 것과 같이 비공식적 방법으로도 발생하므로 적절하다.

오답 체크

㉢ 조직사회화는 종업원이 조직에 입사하기 전부터 시작되며, 이를 일컬어 선행사회화라고 하므로 적절하지 않다.

㉢ 조직사회화 방법은 제도적 방법과 개인적 방법 두 가지 유형으로 구분되며, 제도적 방법은 공식적으로 모든 신입사원에게 제시되는 일반적인 프로그램과 학습경험으로 구성되어 있으며, 개인적 방법은 특정 개인을 대상으로 하는 독특한 활동과 학습경험으로 구성되어 있으므로 적절하지 않다.

12 정답 ①

귀인(Attribution)에서 발생하는 행위자−관찰자 효과는 자존적 편견과 관련이 있으므로 가장 적절하다.

오답 체크

② 조직시민행동은 이타주의, 예의, 성실성, 시민의식, 스포츠맨십으로 구성되어 있으므로 적절하지 않다.

③ 빅파이브 모형에서 경험에 대한 개방성은 관심과 열정 및 새로운 것에 대한 호기심의 범위를 의미하고, 대인관계에 있어서의 편안한 정도를 의미하는 것은 외향성이므로 적절하지 않다.

④ 켈리(Kelly)는 귀인의 판단기준으로 합의성, 특이성, 일관성을 제시하였으므로 적절하지 않다.

⑤ 외재론자에 비해 내재론자는 성과를 결정짓는 것은 자신의 노력이라고 생각하므로 적절하지 않다.

13 정답 ③

노동조합은 타율적이 아닌 자주적인 근로자 조직으로서 일시적이 아닌 계속적·항구적 조직이라는 성격을 가지므로 적절하다.

오답 체크

① 노사관계의 이중성은 협조관계와 대립관계, 개별관계와 집단관계, 경제관계와 사회관계, 종속관계와 대등관계이므로 적절하지 않다.

② 민주적 노사관계는 전문경영자의 영입, 기업규모의 확대, 기계화, 미숙련 노동자의 대거 채용 등에 따라 자연적으로 노동자가 대등한 사회적 지위를 인정받게 되는 산업민주주의의 이념을 형성한 노사관계이며, 소유와 경영의 분리에 따라 경영자집단과 노동조합이 형성되고 발전되는 노사관계는 완화적 노사관계이므로 적절하지 않다.

④ 노동조합이 조합원 상호 간에 상호부조 또는 상호공제활동을 수행하는 대내적 기능을 일컬어 공제적 기능이라고 하며, 경제적 기능은 노동조합이 노동자의 협상 및 교섭기능을 하면서 임금인상, 근로조건 개선 등 노동자의 경제적 이익과 권리의 유지·개선을 추구하는 기능이므로 적절하지 않다.

⑤ 노동쟁의의 조정은 조정, 긴급조정, 중재의 순으로 시행되므로 적절하지 않다.

14
정답 ④

페로우의 연구에 따르면 기술과 조직구조 사이의 관계는 다음과 같이 나타낼 수 있다.

분석가능성 \ 과업다양성	고	저
고	· 공학적 기술 (조선업, 건축, 회계사 등) · 집권적이고 공식화가 낮은 조직	· 일상적 기술 (석유정제, 철강, 자동차 조립라인 등) · 집권적이고 공식화가 높은 조직
저	· 비일상적 기술 (기초과학, 우주항공산업 등) · 분권적이고 공식화가 낮은 조직	· 장인 기술 (공예산업, 제화업, 가구 수선 등) · 분권화된 조직

따라서 과업다양성과 분석가능성이 높은 기술은 공학적 기술에 해당하며, 장인 기술은 과업다양성과 분석가능성이 낮은 기술에 해당하므로 적절하지 않다.

오답 체크

② 페로우에 따르면 비일상적 기술일수록 유기적 조직으로 설계해야 하기 때문에 일상적 기술은 집권적이고 공식화가 높은 기계적 조직이 적합하고, 비일상적 기술은 분권적이고 공식화가 낮은 유기적 조직이 적합하다.

15
정답 ③

단순이동평균법의 경우 시계열 자료가 안정적일수록 기간 수를 길게 하므로 적절하다.

오답 체크

① 수요예측 시 활용되는 시계열 분석법에는 수평, 추세, 주기변화, 확률적 변동 등이 포함되며, 확률적 변동(Random)은 우연에 의한 변동으로 무작위적인 특성을 가짐에 따라 예측이 불가능한 수요 자료의 움직임에 해당하므로 적절하지 않다.

② 지수평활법은 수요가 안정적이라는 가정하에 설계된 방법이므로 적절하지 않다.

④ 수요예측의 대상이 되는 수요는 독립 수요이므로 적절하지 않다.

⑤ 수요예측기법에서 누적예측오차의 값이 양(+)의 값을 갖는 것은 과소예측을, 음(-)의 값을 갖는 것은 과대예측을 의미하므로 적절하지 않다.

16
정답 ①

㉠ 동화효과(Assimilation effect)는 소비자가 지각하는 성과가 기대와 다를 경우 성과를 기대에 동화시켜 지각하는 것을 의미하므로 적절하다.

㉡ AIO 척도는 활동(Activity), 관심사(Interest), 의견(Opinion)을 의미하므로 적절하다.

따라서 소비자 행동에 대한 설명으로 적절한 것을 모두 고르면 '㉠, ㉡'이다.

오답 체크

㉢ 상기상표군은 내적 정보탐색과 관련이 있는 것으로, 내부탐색을 통해 회상된 상표들의 집합을 의미하고, 상기상표군에 외부탐색과정을 통해 추가된 새로운 상표가 결합된 것을 고려상표군(Consideration set)이라고 하므로 적절하지 않다.

㉣ 소비자는 결과의 원인이 지속적이거나 발생한 결과가 기업에 의해 통제 가능했다고 판단될 때는 외적귀인하게 되므로 적절하지 않다.

17
정답 ①

품질에서 신뢰성은 제품이 고장 나지 않을 확률을 의미하여 신뢰성이 높은 제품일수록 무상보증기간이 길어지므로 적절하다.

오답 체크

② 카노 모형에서 당연적 품질요소는 별다른 만족을 주지 못하는 반면에 충족이 되지 않으면 불만을 일으키는 품질요소이며, 충족이 되면 만족을 주지만 그렇지 않더라도 불만족을 유발하지 않는 품질요소는 매력적 품질요소이므로 적절하지 않다. 추가로 일원적 품질요소는 충족되면 만족하고 충족되지 않으면 불만족이 증대되는 품질요소이다.

③ 품질분임조는 지속적 개선을 위한 팀에 비해 비구조적이고 비공식적인 특성을 지니고 있으므로 적절하지 않다.

④ 시그마값이 크다는 것은 산포가 크다는 의미라서 시그마값은 작을수록 좋으므로 적절하지 않다. 추가로 식스 시그마에서는 품질수준을 '시그마'가 아니라 '시그마 수준'으로 나타내기 때문에 시그마값이 작아지면 시그마 수준은 높아지고 규격한계를 벗어난 불량품이 나올 확률은 줄어든다.

⑤ ISO 26000은 기업의 사회적 책임을 인증범위로 하는 국제품질표준이며, 기업의 정보보안 시스템을 인증범위로 하는 국제품질표준은 ISO 27000이므로 적절하지 않다.

18
정답 ①

A 사는 빠른 의사결정을 위해 조직의 중간계층을 줄이고 하부조직을 분권화하였으며, 프로젝트를 중심으로 서로 다른 부서의 인력이 함께 프로젝트를 수행하도록 업무 처리 방식을 변경했다고 하였으므로 매트릭스 조직이 가장 적절하다.

② 사업부제 조직: 제품, 시장, 지역, 고객 등에 따라 사업부의 단위를 편성하고 각 단위에 대해 독자적인 권리를 부여하는 조직

③ 직능별 조직: 전체 업무를 회계, 인사, 영업 등 직능별 역할분담에 따라 부서화하는 조직으로, 기능별 조직이라고도 함

④ 네트워크 조직: 아웃소싱이나 전략적 제휴와 같이 특정 사업 목표를 달성하기 위해 전문 인력이 각자의 전문 분야를 추구하며 상호 협력하는 조직

⑤ 프로젝트 조직: 특정한 사업 목표를 달성하기 위해 조직 내의 전문 인력을 임시로 결합하고, 목표가 달성되면 해산하여 본래의 부서로 돌아가는 조직

19 정답 ①

광고모델이 신뢰성을 갖고 있다고 생각하면 소비자들은 내면화(Internalization) 과정을 거쳐 메시지를 수용하므로 가장 적절하지 않다.

20 정답 ②

갈등의 진행은 '원인발생, 갈등인지, 해결의도, 갈등표출, 결과' 순으로 이루어지므로 적절하다.

① 갈등은 긍정적인 측면과 부정적인 측면을 모두 가지고 있기 때문에 적정수준의 갈등이 존재할 때 조직성과가 가장 높게 나타남에 따라 갈등과 조직성과 간의 관계는 역U자형으로 나타나므로 적절하지 않다.

③ 조하리의 창에서 거의 항상 갈등이 발생하는 영역은 미지영역이고, 공공영역에서는 갈등을 일으킬 소지가 거의 없으므로 적절하지 않다.

④ 토마스의 갈등관리전략에서 자신과 상대방의 공통된 관심분야를 서로 주고받는 전략은 타협전략이며, 통합(협력)전략은 자신과 상대방의 관심과 이해관계를 정확히 파악하여 문제해결을 위한 통합적 대안을 도출하는 전략이므로 적절하지 않다.

⑤ 집단구성원 사이에 갈등이 발생하면 그 집단은 약화되어 외부로부터 위협을 느끼게 되고, 이로 인해 집단구성원들은 보다 강력한 리더십을 요구하게 됨에 따라 카리스마 리더가 등장하게 되므로 적절하지 않다.

21 정답 ⑤

공급사슬 내에서 긴밀하게 연결되어 있는 여러 기업의 상호 관계가 공급사슬의 역동성을 일으키는 현상의 일종인 채찍효과는 공급사슬 하류의 수요변동이 공급사슬 상류로 갈수록 그 변동 폭이 증가하여 수요왜곡의 정도가 증폭되어가는 현상을 의미하므로 적절하지 않다.

22 정답 ①

제시된 내용은 양면형 조직이라고도 불리는 양손잡이 조직에 대한 설명이다.

23 정답 ④

대리인비용의 관점에서 살펴보면, 각 주체 간에 신뢰관계가 구축되어 있을 경우 대리인비용이 감소해 조직구성원 감독 시 소요되는 비용이 감소하게 되므로 적절하지 않다.

24 정답 ②

브랜드 자산을 관리하는 관점에서는 브랜드 인지도를 높이는 것보다 브랜드 이미지를 형성하는 것이 더 중요하므로 적절하지 않다.

25 정답 ①

직무평가요소는 모든 직무에 있어 공통적으로 존재함과 동시에 직무 간 차이가 나타나야 하며, 직무 간 직무평가요소의 차이가 크지 않으면 평가의 의미가 없어지게 되므로 적절하지 않다.

26 정답 ④

제시된 내용은 평가센터법(Assessment center method)에 대한 설명이다.

27 정답 ①

시장세분화는 소비자의 나이, 직업, 지역, 기호 따위에 따라 시장을 자세하게 나누고 소비자에게 알맞은 제품을 개발하고 판매하려는 계획을 세우는 일로, 비슷한 선호와 취향을 가진 소비자를 하나의 집단으로 묶고 그중 특정 집단에 기업의 마케팅 자원과 노력을 집중하는 전략을 취하고자 할 때 활용되므로 적절하지 않다.

28 정답 ④

거래적 리더십은 역할과 과업의 요구 조건을 명확하게 하여 부하를 목표 방향으로 안내하거나 동기를 부여하는 리더십이다. 거래적 리더십은 조건적 보상과 예외에 의한 관리를 구성 요소로 하며, 예외에 의한 관리의 경우 평소에는 리더가 부하에게 크게 관심을 가지지 않기 때문에 자유방임도 거래적 리더십의 구성 요소에 해당한다.

따라서 거래적 리더십의 구성 요소에 해당하는 것을 모두 고르면 'ⓒ, ②, ⓑ'이다.

오답 체크

⊙, ⓒ, ⓜ 변혁적 리더십의 구성 요소에 해당한다.

29 정답 ④

제시된 내용은 후르비츠 기준에 대한 설명이다.

오답 체크

① 맥시민 기준: 미래에 대해 지극히 조심스럽고 가장 불리하게 전개될 것이라는 가정에 근거한 의사결정기준으로, 비관주의적 성향에 따른 의사결정기준을 말한다. 이 기준은 각 의사결정대안들에 대해 최소성과를 가져올 것이라고 가정하고 각 최소성과 중에서 가장 큰 성과를 대안으로 선택한다. Wald 기준이라고도 하는데, 비용으로 표시되는 문제인 경우에는 미니맥스(Minimax) 기준이 된다.

② 맥시맥스 기준: 미래에 대해 매우 낙관적인 가정에 근거한 의사결정기준으로, 낙관주의적 성향에 의한 의사결정기준을 말한다. 각 의사결정대안들에 대해 최대성과를 가져올 것이라고 가정하고 각 최대성과 중에서 가장 큰 성과를 대안으로 선택하게 되는데, 비용으로 표시되는 문제인 경우에는 미니민(Minimin) 기준이 된다.

③ 라플라스 기준: 동일확률기준(Equal probability criteria)이라고 할 수 있는데, 미래의 상황에 대한 발생 확률을 전혀 알 수 없기 때문에 각 상황에 대한 발생 확률이 동일하다고 가정하는 의사결정기준을 말한다. 이러한 가정 때문에 라플라스 기준에 의한 의사결정은 불확실한 상황을 위험한 상황으로 변화시켜 의사결정하게 된다. 즉, 각 대안에 동일한 확률을 적용하여 구한 기대가치 중 그 값이 제일 큰 대안을 선택한다.

⑤ 새비지 기준: 새비지(L.J. Savage)에 의해 제시된 기준으로, 최대기회손실을 최소화하는 것을 선택하는 의사결정기준을 말한다. 즉, 대안별로 최대기회손실을 갖는 성과 중에서 최소의 기회손실을 가지는 대안을 선택한다.

30 정답 ③

고압적 마케팅은 판매 개념에 근거한 마케팅 유형이다.

🔍 더 알아보기

고압적 마케팅과 저압적 마케팅

고압적 마케팅	전통적 마케팅이라고도 불리며, 소비자의 욕구와 무관하게 기업의 입장에서 생산할 수 있는 제품을 생산하여 강압적·고압적으로 판매하는 유형으로 판매 개념에 근거한 마케팅 유형
저압적 마케팅	현대적 마케팅이라고도 불리며, 소비자의 욕구를 고려하여 판매될 수 있는 제품을 생산하여 판매하는 유형으로 마케팅 개념에 근거한 마케팅 유형

p.276

01	02	03	04	05	06	07	08	09	10
①	④	④	④	②	⑤	②	⑤	④	①
11	12	13	14	15	16	17	18	19	20
②	⑤	③	④	④	②	②	③	③	④
21	22	23	24	25	26	27	28	29	30
④	⑤	③	④	②	③	②	③	②	③

01
정답 ①

탄성에너지 $U = \frac{T^2 l}{2 G I_p}$, $I_p = \frac{\pi d^4}{32}$이므로, 지름 d가 2배가 되면 I_p는 16배가 되고, U는 $\frac{1}{16}$배가 된다.

02
정답 ④

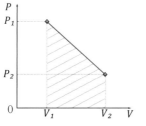

기체가 피스톤에 행한 일은 $P-V$ 선도에서 직선 아래의 사다리꼴 면적임을 적용하여 구한다.

이때, 부피(V) = 단면적(A) × 높이(L)이므로 일은

$W = \frac{1}{2} \times (P_1 + P_2) \times (V_2 - V_1) = \frac{1}{2} \times (P_1 + P_2) \times \{A \times (L_2 - L_1)\}$

$= \frac{1}{2} \times (500 + 300) \times 0.3 \times 0.2 = 24[kJ]$이다.

따라서 기체가 피스톤에 행한 일은 $24[kJ]$이다.

03
정답 ④

급냉조직에는 오스테나이트, 레데뷰라이트가 포함되며, 서냉조직에는 페라이트, 펄라이트, 시멘타이트가 포함된다.

따라서 급냉조직끼리 묶인 것은 오스테나이트, 레데뷰라이트이다.

04
정답 ④

사각나사의 리드 각이 $tan^2(45° - \frac{\rho}{2})$일 때 최대 효율을 갖는다.

05
정답 ②

외팔보 끝단에 작용하는 하중을 V, 외팔보의 단면적을 A, 전단응력을 τ라 할 때, 최대 전단응력(τ_{max}) = $\frac{3V}{2A}$임을 적용하여 구한다.

$\tau_{max} = 5[MPa] = 5,000[kPa]$, $A = 0.2 \times 0.3 = 0.06[m^2]$이므로

$V = \frac{2A}{3} \times \tau_{max} = \frac{2 \times 0.06}{3} \times 5,000 = 200[kPa]$이다.

따라서 외팔보 끝단에 작용하는 하중은 $200[kPa]$이다.

06
정답 ⑤

전단력을 V, 1차 모멘트를 Q, 2차 모멘트를 I, 두께를 t, 전단응력을 τ라고 할 때, $\tau = \frac{V \cdot Q}{I \cdot t}$임을 적용하여 구한다.

원형단면을 가진 보에서 $Q = A\bar{y} = \frac{\pi D^2}{8} \cdot \frac{2D}{3\pi} = \frac{D^3}{12}$이고,

$I \cdot t = \frac{\pi D^4}{64} \cdot D = \frac{\pi D^5}{64}$이므로 최대 전단응력은 $\frac{V \cdot Q}{I \cdot t} = \frac{V \frac{D^3}{12}}{\frac{\pi D^5}{64}} = \frac{16V}{3\pi D^2}$이다.

07
정답 ②

용접 시에 가접을 하는 가장 중요한 이유는 용접 중의 변형을 방지하기 위해서이므로 적절하다.

[오답 체크]

① 용접부에 생기는 잔류응력을 제거하기 위해서는 풀림을 하므로 적절하지 않다.

③ 용접 휨은 전기용접이 가스용접보다 작으므로 적절하지 않다.

④ 직교하는 2개의 면을 접합하는 용접으로 삼각형 단면의 형상을 갖는 용접은 필릿 용접이므로 적절하지 않다.

⑤ 용접이음에서 실제이음효율은 용접계수 × 형상계수이므로 적절하지 않다.

08 정답 ⑤

판의 도심의 y위치를 y_c, 수심을 h, 폭을 b, 길이를 d, 단면적을 A, 판에 작용하는 힘을 F, 물의 비중량을 Y, 압력 중심의 위치를 y_p, 평판의 2차 모멘트를 I_c라고 할 때,

$y_c = h + \dfrac{d}{2}$, $A = b \times d$, $F = Y \times y_c \times A$,

$y_p = y_c + \dfrac{I_c}{Ay_c}$임을 적용하여 구한다.

$h = 1[m]$, $b = 2[m]$, $d = 4[m]$이므로

$y_c = 1 + \dfrac{4}{2} = 3[m]$,　$A = 2 \times 4 = 8[m^2]$,　$F = 9,800 \times 3 \times 8 =$

$235,200[N]$, $y_p = 3 + \dfrac{\frac{2 \times 4^3}{12}}{8 \times 3} \fallingdotseq 3.44[m]$이다.

따라서 평판에 작용하는 힘과 작용점의 깊이가 바르게 연결된 것은 ⑤이다.

09 정답 ④

A에서의 반력을 구하기 위해 B에서의 모멘트의 합을 구하면

$9A - \dfrac{1}{2} \times 9 \times 12 \times 3 = 0$이므로 A $= 18[kN]$이다.

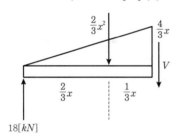

이때 $18 - \dfrac{2}{3}x^2 - V = 0$이므로 $V = 18 - \dfrac{2}{3}x^2$이며,

$18 - \dfrac{2}{3}x^2 = 0$이므로, $x = \sqrt{27}$ 이다.

따라서 굽힘 모멘트가 최대가 되는 지점은 왼쪽 끝에서부터 $\sqrt{27}$ 떨어진 지점이다.

10 정답 ①

초기 기체의 압력을 P_1, 나중 기체의 압력을 P_2, 초기 용기의 부피를 V_1, 나중 용기의 부피를 V_2, 공기의 질량을 W, 기체의 절대온도를 T라 할 때, $PV = WRT$, $P_1V_1 = P_2V_2$임을 적용하여 구한다.

$V_1 = 0.1[m^3]$, $V_2 = 1[m^3]$, $W = 1[kg]$, $R = 300[J/kg \cdot K]$, $T = 273 + 27 = 300[K]$이므로 $P_1 = \dfrac{WRT}{V_1} = \dfrac{1 \times 300 \times 300}{0.1}$

$= 900,000[Pa] = 900[kPa]$이고, $P_2 = \dfrac{V_1}{V_2} \times P_1 = \dfrac{0.1}{1} \times 900 =$

$90[kPa]$이다.

따라서 만약 공기의 온도 변화 없이 이 용기의 부피가 $1[m^3]$이 된다면 공기의 압력은 $90[kPa]$이다.

11 정답 ②

유체 기밀용기를 제작하기 위한 리벳이음의 작업 순서는 '드릴링 – 리밍 – 리벳팅 – 코킹' 순이다.

12 정답 ⑤

플라스틱 베어링은 뛰어난 강성과 열적 성질을 가져 대부분의 금속베어링보다 성능이 좋으므로 적절하지 않다.

13 정답 ③

긴 장측 장력을 T_t, 벨트의 단위 길이당 무게를 w, 벨트의 속도를 v, 장력비를 $e^{\mu\theta}$, 중력가속도를 g라고 할 때

전달동력 $H = \dfrac{T_t - \frac{wv^2}{g}}{102} \times \dfrac{e^{\mu\theta} - 1}{e^{\mu\theta}} \times v$임을 적용하여 구한다.

긴 장측 장력 $T_t = \sigma_t bh = 1 \times 10^6 \times 0.2 \times 0.01 = 2,000 N$이므로

전달동력H $= \dfrac{T_t - \frac{wv^2}{g}}{102} \times \dfrac{e^{\mu\theta} - 1}{e^{\mu\theta}} \times v = \dfrac{2,000 - \frac{50 \times 11^2}{10}}{102} \times \dfrac{3 - 1}{3} \times$

$11 = \dfrac{2,000 - 605}{102} \times \dfrac{2}{3} \times 11 \fallingdotseq 100.3[KW]$이다.

14 정답 ④

편정반응은 하나의 액상으로부터 하나의 고상과 또 다른 액상이 생성되는 반응이다.

15 정답 ④

축의 접선방향으로 끼우며, 서로 반대방향의 기울기를 가지고 2개의 키를 한 쌍으로 사용하는 키는 접선 키이다.

오답 체크
① 스플라인 키: 축에 평행하게 피치가 동일한 4~20줄의 키 홈을 판 특수 키
② 묻힘 키: 축과 보스 양쪽 모두에 홈을 파서 끼우는 키
③ 둥근 키: 핀 키라고도 하며, 회전력이 작은 핸들에 사용하는 키
⑤ 평 키: 납작 키라고도 하며, 축을 키의 너비만큼 평행하게 가공한 키

16
정답 ②

세장비$(\lambda) = \dfrac{l}{K}$, 최소 회전반경$(K) = \sqrt{\dfrac{I_{min}}{A}}$ 임을 적용하여 구한다.

단면적$(A) = 100$, 최소 단면 2차 모멘트$(I_{min}) = 400$이므로 최소 회전반경$(K) = \sqrt{\dfrac{400}{100}} = 2$이다.

또한, 기둥의 길이$(l) = 2$, 최소 회전반경$(K) = 2$이므로 세장비 $(\lambda) = \dfrac{l}{K} = \dfrac{2}{2} = 1$이다.

따라서 봉의 세장비는 1이다.

17
정답 ②

가열, 팽창, 방열, 압축의 4단계는 증기 원동기인 랭킨 사이클의 기본 과정이므로 적절하지 않다.

18
정답 ③

기어, 체인과 스프로킷, 레크와 피니언, 벨트와 벨트풀리는 동력 전달용 기계요소이다.

19
정답 ③

강을 A_1 변태점 이상으로 가열했을 때 얻어지는 조직은 시멘타이트이지만, γ 고용체는 '오스테나이트'이다.

20
정답 ④

면심입방구조(FCC)의 배위수는 12이므로 적절하지 않다.

🔍 **더 알아보기**

금속 결정 구조

결정 구조	배위수	원자 충진율	대표 금속
체심입방구조 (BCC)	8	0.68	Cr, Mo, Li, W
면심입방구조 (FCC)	12	0.74	Al, Cu, Fe, Pb, Ni, Pt, Ag, Au
조밀육방구조 (HCP)	12	0.74	Cd, Mg, Ti, Zn, Zr

21
정답 ④

ⓒ ECM(전해가공)은 가공 속도가 빠르고 공구 소모가 없으므로 옳지 않은 설명이다.

ⓒ 초음파가공에서는 도체, 부도체 모두 가공할 수 있으므로 옳지 않은 설명이다.

ⓜ 레이저 빔 가공에서는 도체, 부도체 모두 가공할 수 있으므로 옳지 않은 설명이다.

22
정답 ⑤

다우메탈(Dow metal)은 Mg-Al 합금으로 대표적인 마그네슘 합금이다.

오답 체크

① 하스텔로이(Hastelloy)는 Ni-Mo-Cr 합금이다.

② 톰백(Tombac)은 Cu-Zn 합금이다.

③ 모넬메탈(Monel)은 Ni-Cu 합금이다.

④ 코비탈륨(Cobotalium)은 Al-Cu-Ni 합금이다.

23
정답 ③

구멍이 뚫린 얇은 판으로, 구멍의 입구와 출구에서의 압력차를 통해 유체의 유량을 측정하는 장치는 오리피스이다.

오답 체크

① 피토관: 흐르고 있는 유체 내에 넣은 후 압력의 차이를 이용하여 유속을 측정하는 장치

② 벤츄리미터: 유체를 좁은 관으로 흐르게 하여 유속을 측정하는 장치

④ 위어: 개수로에서 일부유동을 분기시켜 유량을 측정하는 장치

⑤ 로터미터: 유량의 대소에 따라 부표가 정지하는 위치가 달라지는 성질을 이용하여 유량을 측정하는 장치

24
정답 ④

열량 보존의 법칙에 따라 금속구가 잃은 열량과 물이 얻은 열량은 같다.

비열이 c이고 질량이 m인 물체의 온도를 T만큼 올리는 데 필요한 열량 $Q = cmT$임을 적용하여 구한다.

$500 \times 0.01 \times (500 - T) = 4{,}200 \times 0.1 \times (T - 10)$

$\rightarrow 2{,}500 - 5T = 420T - 4{,}200$

$\rightarrow 425T = 6{,}700$

$\rightarrow T \fallingdotseq 15.8$

따라서 물의 온도는 15.8[℃]이다.

25
정답 ②

극관성 모멘트$(I) = \frac{\pi d^4}{32}$임을 적용하여 구한다.

지름이 d인 원형봉의 극관성 모멘트는 $\frac{\pi d^4}{32}$이고, 지름이 $2d$인 원형봉의 극관성 모멘트는 $\frac{\pi (2d)^4}{32} = \frac{16 \pi d^4}{32}$이다.

따라서 지름이 $2d$인 원형봉의 극관성 모멘트는 지름이 d인 원형봉의 극관성 모멘트의 $\frac{16 \pi d^4}{32} \div \frac{\pi d^4}{32} = 16$배이다.

26
정답 ③

오스테나이트를 공냉하면 소르바이트가 되므로 적절하지 않다.

27
정답 ②

분말야금법으로 제조되며, 고온에서 강도 및 경도가 크고, 금속 중에서 융점이 3,410[℃]로 제일 높아 고온에서 변형에 대한 저항이 강한 금속은 '텅스텐'이다.

28
정답 ③

층류에서 난류로의 천이를 판단하는 기준이 되는 무차원 수는 레이놀즈수이다.

> 🔍 **더 알아보기**
> - **프루드수**: 관성력과 중력의 비
> - **오일러수**: 관성력과 압력의 비
> - **프란틀수**: 점성력과 열확산력의 비
> - **마하수**: 유속과 음속의 비
> - **레이놀즈수**: 관성력과 점성력의 비

29
정답 ②

기어커플링은 플렉시블커플링의 일종으로 회전축이 자유롭게 이동할 수 있다.

30
정답 ③

초기 기압을 P_1, 나중 기압을 P_2, 초기 부피를 V_1, 나중 부피를 V_2, 공기의 비열비를 n이라 할 때, $\frac{P_2}{P_1} = \left(\frac{V_1}{V_2}\right)^n$임을 적용하여 구한다.

$P_1 = 1[atm]$, $P_2 = 2[atm]$, $V_1 = 2[m^3]$이므로 $\frac{P_2}{P_1} = \left(\frac{V_1}{V_2}\right)^n$

$\rightarrow \frac{V_1}{V_2} = \left(\frac{P_2}{P_1}\right)^{\frac{1}{n}} \rightarrow V_2 = \frac{V_1}{\left(\frac{P_2}{P_1}\right)^{\frac{1}{n}}} = \frac{2}{\left(\frac{2}{1}\right)^{\frac{1}{1.4}}} = 2^{1-\frac{1}{1.4}} \fallingdotseq 1.22[m^3]$이다.

따라서 공기의 부피는 약 $1.22[m^3]$이다.

01	02	03	04	05	06	07	08	09	10
④	①	④	③	①	④	①	③	③	⑤
11	12	13	14	15	16	17	18	19	20
①	①	③	③	④	②	②	①	②	③
21	22	23	24	25	26	27	28	29	30
③	③	④	①	④	④	①	⑤	④	⑤

01 정답 ④

전류가 I이고, 저항이 R일 때, 전력(P)$=I^2 \times R$임을 적용하여 구한다.

이때, 전류는 $I = \frac{전압(V)}{임피던스(Z)}$이므로 $\frac{240}{\sqrt{9^2 + 12^2}} = \frac{240}{15} = 16$이다.

따라서 소비되는 전력 $= 16^2 \times 9 = 2,304[W] = 2.304[kW]$이다.

02 정답 ①

유도전동기의 토크는 전압의 제곱에 비례하고, 직류 직권전동기의 경우 전압은 전류에 비례하므로 토크는 전류의 제곱에 비례함을 알 수 있다. 이에 따라 직류 직권전동기의 부하전류가 $120[A]$에서 $60[A]$로 $\frac{1}{2}$배가 되었으므로 토크는 $\frac{1^2}{2} = \frac{1}{4}$배가 된다.

따라서 부하전류가 $60[A]$로 감소했을 때, 토크는 $20 \times \frac{1}{4} = 5[kgf \cdot m]$이다.

03 정답 ④

분할된 소도체 수를 n, 소도체의 반지름을 r, 소도체 사이의 간격을 d라 할 때, 등가반지름(r_e)$= \sqrt[n]{rd^{n-1}}$임을 적용하여 구한다.
$n = 2$이므로 $r_e = \sqrt[2]{rd^{2-1}}$이다.

따라서 복도체의 등가반지름은 $\sqrt{rd}[m]$이다.

04 정답 ③

동기 발전기의 주파수를 f, 극수를 p, 회전자의 주변 속도를 v라 할 때, 동기 속도 $N_s = \frac{120f}{p}[rpm]$, 회전자의 지름 $D = \frac{60v}{\pi N_s}[m]$임을 적용하여 구한다.

$f = 30[Hz]$, $p = 4$이므로 $N_s = \frac{120f}{p} = \frac{120 \times 30}{4} = 900[rpm]$이다. 이때 $v = 70.65[m/s]$이므로 $D = \frac{60v}{\pi N_s} = \frac{60 \times 70.65}{\pi \times 900} = \frac{4,239}{2,826} = 1.5[m]$이다.

따라서 회전자의 지름은 $1.5[m]$이다.

05 정답 ①

작은 구의 반지름을 a, 큰 구의 반지름을 b라 할 때, 동심 구형 콘덴서의 정전용량(C)$= \frac{4\pi\varepsilon ab}{b-a}[F]$임을 적용하여 구한다.

동심 구형 콘덴서의 내외 반지름을 각각 5배로 늘린 후의 정전용량을 C'라고 하면 $C' = \frac{4\pi\varepsilon(5a)(5b)}{(5b-5a)} = \frac{25(4\pi\varepsilon ab)}{5(b-a)} = 5 \times \frac{4\pi\varepsilon ab}{b-a} = 5C$이다.

따라서 동심 구형 콘덴서의 내외 반지름을 각각 5배 증가시켰다고 할 때, 정전용량은 5배로 증가한다.

06 정답 ④

상승 시간은 응답이 최종 목푯값의 $10[\%]$에서 $90[\%]$에 도달하는 데 걸리는 시간이므로 적절하지 않다.

07 정답 ①

1차 전압을 V_1, 2차 전압을 V_2라 할 때, 단권변압기에서 자기용량과 부하용량의 비 $= \frac{자기용량}{부하용량} = \frac{V_2 - V_1}{V_2}$임을 적용하여 구한다.

1차 전압이 $100[V]$, 2차 전압이 $110[V]$인 단권변압기이므로 자기용량과 부하용량의 비는 $\frac{110 - 100}{110} = \frac{1}{11}$이 된다.

08 정답 ③

㉠ 인장하중은 $4.31[kN]$이어야 하므로 옳지 않다.
㉡ 연선을 사용할 경우 소선이 3가닥 이상이어야 하므로 옳지 않다.
㉢ 지지선의 높이는 도로 횡단 시 $5[m]$ 이상이어야 하므로 옳지 않다.

따라서 지지선의 설비 기준으로 옳지 않은 것을 모두 고르면 '㉠, ㉡, ㉢'이다.

해커스 코레일 한국철도공사 NCS + 전공 + 철도법 실전모의고사

09 정답 ③

임피던스는 용량에 반비례하므로 적절하지 않다.

10 정답 ⑤

특성 방정식 $|sI - A| = 0$임을 적용하여 구한다.

$\begin{bmatrix} s & 0 \\ 0 & s \end{bmatrix} - \begin{bmatrix} 0 & 3 \\ -7 & -2 \end{bmatrix} = \begin{bmatrix} s & -3 \\ 7 & s+2 \end{bmatrix} = s(s+2) + 21 = s^2 + 2s + 21$이다.

따라서 $A = \begin{bmatrix} 0 & 3 \\ -7 & -2 \end{bmatrix}$, $B = \begin{bmatrix} 4 \\ 5 \end{bmatrix}$인 상태 방정식 $\frac{dx}{dt} = Ax + Br$에서 제어계의 특성 방정식은 $s^2 + 2s + 21 = 0$이다.

11 정답 ①

$\lim_{\omega \to 0} |G(j\omega)| = \lim_{\omega \to 0} \left| \frac{K}{j\omega(j\omega+1)} \right| = \lim_{\omega \to 0} \left| \frac{K}{j\omega} \right| = \infty$

$\lim_{\omega \to 0} \angle G(j\omega) = \lim_{\omega \to 0} \angle \frac{K}{j\omega(j\omega+1)} = \lim_{\omega \to 0} \angle \frac{K}{j\omega} = -90°$

$\lim_{\omega \to \infty} |G(j\omega)| = \lim_{\omega \to \infty} \left| \frac{K}{j\omega(j\omega+1)} \right| = \lim_{\omega \to \infty} \left| \frac{K}{(j\omega)^2} \right| = 0$

$\lim_{\omega \to \infty} \angle G(j\omega) = \lim_{\omega \to \infty} \angle \frac{K}{j\omega(j\omega+1)} = \lim_{\omega \to \infty} \angle \frac{K}{(j\omega)^2} = -180°$이므로

$G(j\omega) = \frac{K}{j\omega(j\omega+1)}$의 나이퀴스트 선도의 그래프는 ①이다.

12 정답 ①

차단용량은 $P_s = \frac{100}{\%Z} \times P_n$임을 적용하여 구한다.

변전 설비의 용량은 $P_n = 5,000[kVA]$이고, %임피던스는 $\%Z = 5[\%]$이므로 차단용량은 $P_s = \frac{100}{5} \times 5,000 = 100,000[kVA]$이다. 이때, $[kVA] = 10^{-3}[MVA]$이므로 변압기의 차단용량은 $100,000 \times 10^{-3} = 100[MVA]$이다.

13 정답 ③

표피 두께$(\delta) = \sqrt{\frac{1}{\pi f \sigma \mu}}[m]$로, 전선이 굵을수록, 주파수와 도전율이 높을수록, 투자율은 클수록, 표피 두께는 감소하여 표피 효과가 증대되므로 적절하다.

14 정답 ③

폐루프 전달함수 $= \frac{G(s)}{1 + G(s)}$임을 적용하여 구한다.

개루프 전달함수가 $G(s) = \frac{s+2}{s(s+1)}$이므로

폐루프 전달함수 $= \frac{\frac{s+2}{s(s+1)}}{1 + \frac{s+2}{s(s+1)}} = \frac{s+2}{s^2 + 2s + 2}$가 된다.

따라서 폐루프 전달함수는 $\frac{s+2}{s^2 + 2s + 2}$이다.

15 정답 ④

송전선로의 선로정수를 평형하게 유지하기 위한 가장 효과적인 방법은 송전선로의 길이를 3의 정수배 구간으로 등분하고 지상의 전선을 적당한 구간마다 바꾸어 전체적으로 평형시키는 '전선 위치 바꿈'이다.

> 🔍 **더 알아보기**
>
> **전선 위치 바꿈의 효과**
> · 선로정수의 평형
> · 직렬공진의 방지
> · 유도장해 감소

16 정답 ②

파형의 매끄러운 정도를 나타내는 파형률은 교류 파형의 실횻값을 평균값으로 나눈 값이고, 파형의 날카로운 정도를 나타내는 파고율은 교류 파형의 최댓값을 실횻값으로 나눈 값이다. 정현파의 최댓값을 I_m이라고 할 때, 실횻값은 $\frac{I_m}{\sqrt{2}}$이고, 평균값은 $\frac{2}{\pi}I_m$이다.

따라서 정현파의 파형률은 $\frac{I_m}{\sqrt{2}} \div \frac{2}{\pi}I_m = \frac{\pi}{2\sqrt{2}} ≒ 1.11$이고, 파고율은 $I_m \div \frac{I_m}{\sqrt{2}} = \sqrt{2} ≒ 1.414$이다.

오답 체크

① 파형률 1, 파고율 1을 갖는 파형은 구형파이므로 적절하지 않다.

③ 파형률 1.57, 파고율 2를 갖는 파형은 정현반파이므로 적절하지 않다.

④ 파형률 1.155, 파고율 1.732를 갖는 파형은 삼각파, 톱니파이므로 적절하지 않다.

⑤ 파형률 1.414, 파고율 1.414를 갖는 파형은 구형반파이므로 적절하지 않다.

17 정답 ②

헤비사이드 계단 함수는 단위 계단 함수라고도 하며 라플라스 변환은 $\frac{1}{s}$, Z변환은 $\frac{Z}{Z-1}$이므로 올바르게 연결된 것은 ②이다.

18 정답 ①

제시된 내용은 페란티 현상(Ferranti phenomena)에 대한 설명이다.

② 코로나 현상(Corona phenomena): 절연체 양단에 전압을 인가하고 그 전압이 점차 상승하였을 때 절연체 표면에 누설전류가 발생하면서 절연이 파괴되는 일종의 부분방전 현상

③ 플리커 현상(Flicker phenomena): 화면상에서 영상의 밝기가 일정하지 않고 깜빡이는 현상

④ 잠동 현상(Creeping phenomena): 무부하 상태일 때 정격 주파수와 정격전압이 110[%]를 인가하여 계기의 원판이 1회전 이상 회전하는 현상

⑤ 전자기 유도 현상(Electromagnetic induction phenomena): 폐회로를 통과하는 자기장의 세기가 변할 때 기전력이 유도되는 현상

19　정답 ②

정격 전압이 같을 때 주파수가 상승하면 자속 밀도, 히스테리시스 손, 철손, 여자 전류는 감소하고, 누설 임피던스, %임피던스, 누설 리액턴스, %리액턴스는 증가한다.
따라서 동일 정격 전압에서 변압기의 주파수를 높였을 때 가장 많이 증가하는 것은 ②이다.

20　정답 ③

기준 충격 절연 강도의 크기를 비교하면 '선로애자 > 결합콘덴서 > 기기부싱 > 변압기 > 피뢰기'이므로 적절한 것은 ③이다.

21　정답 ③

임피던스 전압(V_s) = 정격전류(I_n) × 임피던스(Z)임을 적용하여 구한다.
1차 정격전류는 $I_n = \dfrac{\text{변압기의 용량}(P)}{\text{정격전압}(V_n)} = \dfrac{40 \times 10^3}{2,000} = 20[A]$이고,
1차 단락전류는 $I_s = \dfrac{1}{a} \times 2\text{차 단락전류} = \dfrac{100}{2,000} \times 500 = 25[A]$이다. 이에 따라 2차를 1차로 환산한 임피던스는 $Z = \dfrac{1\text{차 전압}(V_s')}{1\text{차 단락전류}(I_s)} = \dfrac{250}{25} = 10[\Omega]$이다.
따라서 임피던스 전압 $V_s = I_n \times Z = 20 \times 10 = 200[V]$이다.

22　정답 ③

시퀀스 제어란 미리 정해 놓은 순서에 따라 각 단계가 순차적으로 진행되는 제어이므로 전체 계통에 연결된 스위치가 동시에 동작할 수 있다는 설명은 적절하지 않다.

23　정답 ④

투자율을 μ, 단면적을 S, 자속을 φ, 전류를 I, 길이를 l이라 할 때, 자기인덕턴스(L) $= \dfrac{S\varphi}{I} = \dfrac{S^2}{R_m} = \dfrac{\mu S S^3}{l}[H]$임을 적용하여 구한다.
따라서 코일의 권수를 절반으로 줄이면서 인덕턴스를 일정하게 유지할 수 있는 방법으로 투자율을 4배로 증가시키는 것이 적절하다.

24　정답 ①

비유전율을 ε_s, 진공의 유전율을 ε_0, 전계를 E라 할 때, 분극의 세기 $P = \varepsilon_0(\varepsilon_s - 1) \times E$임을 적용하여 구한다.
$\varepsilon_s = 6$, $E = 10^4[V/m]$, $\varepsilon_0 = 8.85 \times 10^{-12}[F/m]$이므로 $P = \varepsilon_0(\varepsilon_s - 1) \times E = 8.85 \times 10^{-12}(6 - 1) \times 10^4 = 5 \times 8.85 \times 10^{-8} = 44.25 \times 10^{-8}$
따라서 분극의 세기는 $44.25 \times 10^{-8}[C/m^2]$이다.

25　정답 ④

온수기의 전력을 p, 물을 가열하는 데 소요한 시간을 t, 열효율을 η, 물의 양을 m, 가열하기 전의 수온을 θ_1이라 할 때, 가열한 후의 수온(θ_2) $= \dfrac{0.24pt\eta}{m} + \theta_1$임을 적용하여 구한다.
$p = 700[W]$, $t = (5 \times 60)[sec]$, $0.75\theta_1 = 10[℃]$, $m = 1,000[g]$이므로 $\theta_2 = \dfrac{0.24 \times 700 \times (5 \times 60) \times 0.75}{1,000} + 10 = 47.8[℃]$이다.
따라서 가열하고 난 뒤의 수온은 47.8[℃]이다.

26　정답 ④

평등자계를 얻기 위해서는 단면적에 비하여 길이가 충분히 긴 솔레노이드에 전류를 흘리면 되므로 적절하다.

27　정답 ①

유도전동기의 2차 효율(η_2) $= \dfrac{2\text{차 출력}}{2\text{차 입력}}$임을 적용하여 구한다.
2차 출력(P_0)은 회전자 각속도(ω)에 토크(T)를 곱한 값이고, 2차 입력(P_2)은 동기 각속도(ω_0)에 토크(T)를 곱한 값이다.
따라서 유도전동기의 2차 효율(η_2) $= \dfrac{2\text{차 출력}}{2\text{차 입력}} = \dfrac{\omega T}{\omega_0 T} = \dfrac{\omega}{\omega_0}$이다.

28　정답 ⑤

가공 전선로에 사용하는 전선은 내식성을 가져 부식이나 침식을 잘 견뎌야 하므로 적절하다.

29   정답 ④

제어계의 특성을 나타내는 양으로, 단위 계단형 입력에 대해 제어량이 목푯값을 초과한 후 최초로 취하는 과도 편차의 극치로 입력과 출력 사이의 최대 편차량을 의미함에 따라 자동제어계의 정상오차가 아니므로 적절하지 않다.

30   정답 ⑤

폐곡면을 통과하는 자속의 합은 항상 0이 되어 자극의 세기와 같을 수 없으므로 적절하지 않다.

01	02	03	04	05	06	07	08	09	10
②	②	④	③	①	④	③	④	④	①
11	12	13	14	15	16	17	18	19	20
①	③	⑤	④	⑤	①	④	⑤	②	③
21	22	23	24	25	26	27	28	29	30
③	②	④	②	④	③	③	①	⑤	②

01   정답 ②

두 주응력의 차이는 최대 전단응력의 2배이므로 적절하지 않다.

02   정답 ②

내부마찰각을 φ, 파괴면과 수평면이 이루는 각을 θ, 점착력을 c, 일축압축강도를 q_u라고 할 때, $\varphi = 2\theta - 90°$, $c = \dfrac{q_u}{2\tan\left(45 + \dfrac{\varphi}{2}\right)}$ 임을 적용하여 구한다.

$\theta = 60°$, $q_u = 0.6[MPa]$이므로 $\varphi = (2 \times 60) - 90 = 30°$이다.

따라서 점착력은 $\dfrac{0.6}{2\tan\left(45 + \dfrac{30}{2}\right)} = \dfrac{0.6}{2\sqrt{3}} = \dfrac{\sqrt{3}}{10}[N/m^2]$이다.

03   정답 ④

양수표는 유속이 일정하며 상·하류가 약 $100[m]$ 정도의 직선으로 연결된 곳에 설치해야 하므로 적절하지 않다.

04   정답 ③

교호수준 측량은 시준축 오차와 양차를 상쇄하여 소거하는 측량법으로, 기계 오차 및 광선의 굴절로 인한 오차를 제거하기 위해 활용된다.

따라서 하천 양안의 높낮이 차 측정 시 교호수준 측량을 많이 이용하는 이유로 옳은 것을 모두 고르면 'ⓒ, ⓜ'이다.

05   정답 ①

양단힌지 기둥의 탄성계수가 E, 단면 2차 모멘트가 I, 기둥 길이가 l일 때, 좌굴하중$(P) = \dfrac{\pi^2 EI}{l^2}$ 임을 적용하여 구한다.

기둥 길이가 $5a$이므로 $l = 5a$이다.

따라서 양단힌지 기둥의 좌굴하중 $P = \dfrac{\pi^2 EI}{(5a)^2} = \dfrac{\pi^2 EI}{25a^2}$ 이다.

06   정답 ④

제시된 내용은 점고법에 대한 설명이다.

오답 체크

① 영선법: 지형의 고저를 숫자가 아닌, 새털 모양으로 표시하는 방법

② 채색법: 등고선별로 채색을 달리함으로써 채색의 농도를 통해 고저를 표시하는 방법

③ 명암법: 어느 특정한 곳에서 일정한 방향으로 평행선광선이 비칠 때 생기는 그림자를 연직방향에서 본 상태로, 지표의 고저 차이를 모양으로 표시하는 방법

⑤ 등고선법: 동일 표고의 점을 연결함으로써 곡선을 통해 지형의 고저를 표시하는 방법

07   정답 ③

1시간당 리핑작업량을 Q_R, 1시간당 도저작업량을 Q_O라 할 때, 1시간당 조합작업량$(Q) = \dfrac{Q_R \times Q_O}{Q_R + Q_O}$임을 적용하여 구한다.

$Q_R = 100$, $Q_O = 25$이므로 $Q = \dfrac{100 \times 25}{100 + 25} = 20[m^3/h]$이다.

따라서 조합작업의 1시간당 작업량은 $20[m^3/h]$이다.

08   정답 ④

노선 (1)의 고저 차이를 H_A, 노선 (2)의 고저 차이를 H_B, 노선 (3)의 고저 차이를 H_C, 경중률을 $P_A : P_B : P_C$라 할 때, 직접수준측량의 최확값$(H_P) = \dfrac{P_A H_A + P_B H_B + P_C H_C}{P_A + P_B + P_C}$임을 적용하여 구한다.

이때, 직접수준측량의 경중률$(P_A : P_B : P_C)$은 노선거리에 반비례하므로 거리에 대한 경중률은 $P_A : P_B : P_C = \dfrac{1}{2} : \dfrac{1}{5} : \dfrac{1}{4} = 10 : 4 : 5$이다.

따라서 A, B 두 점 간의 고저 차이 최확값은 $\dfrac{(10 \times 115.563) + (4 \times 115.682) + (5 \times 115.606)}{10 + 4 + 5} ≒ 115.599[m]$이다.

해커스 코레일 한국철도공사 NCS + 전공 + 철도법 실전모의고사

09 정답 ④

여굴량을 감소시키기 위하여 장약 길이를 길게 하고, 폭발의 지름을 작게 하여 폭발력을 저하시켜야 하므로 적절하지 않다.

10 정답 ①

비대칭 T형보(반 T형보)의 유효폭은 $6T_f$와 b_w를 합한 값, '보 경간의 1/12'과 b_w를 합한 값, '인접보와 내측거리의 1/2'과 b_w를 합한 값 중 가장 작은 값임을 적용하여 구한다.

먼저 $6T_f$와 b_w를 합한 값 $= (6 \times 50) + 150 = 450[mm]$이고,
그다음 '보 경간의 1/12'과 b_w를 합한 값 $= (6,000/12) + 150 = 650[mm]$이고, 마지막으로 '인접보와 내측거리의 1/2'과 b_w를 합한 값 $= (1,600/2) + 150 = 950[mm]$이다.

따라서 비대칭 T형보(반 T형보)의 유효폭은 $450[mm]$이다.

11 정답 ①

A 점에서의 반력을 R_A라 할 때, 힘의 평형 방정식 $\Sigma M = 0$임을 적용하여 구한다.

A 점의 반력을 구하기 위해 B 점에 모멘트 식을 적용하면
$\Sigma M_B = (R_A \times 8) - (20 \times 4 \times 8) - (80 \times 4) - (60 \times 2) = 0$
$\rightarrow R_A = 135[kN]$

따라서 D 점의 휨 모멘트는 $(135 \times 2) - (20 \times 4 \times 2) = 110[kN \cdot m]$이다.

12 정답 ③

각 관측 방법 중 가장 정확한 값을 얻을 수 있으며, 1등 삼각측량에 이용되는 방법은 조합각관측법이므로 적절하지 않다.

13 정답 ⑤

압축이형철근일 때, 기본정착길이$(l_{db}) = \dfrac{0.25d_b f_y}{\lambda \sqrt{f_{ck}}}$와 $0.043 d_b f_y$ 중 큰 값임을 적용하여 구한다.

보통중량 콘크리트의 경량콘크리트계수(λ)는 1이므로
$l_{db} = \dfrac{0.25 d_b f_y}{\lambda \sqrt{f_{ck}}} = \dfrac{0.25 \times 28.6 \times 350}{\sqrt{25}} = 500.5[mm]$이고,
$0.043 d_b f_y = 0.043 \times 28.6 \times 350 = 430.43[mm]$이다.

따라서 기본정착길이는 둘 중 큰 값인 $500.5[mm]$이다.

14 정답 ④

트러스의 변형은 미소하므로 무시할 수 있고, 하중이 작용한 후에도 격점의 위치는 변하지 않으므로 적절하지 않다.

15 정답 ⑤

간극률을 n, 비중을 G_s라고 할 때, 간극비$(e) = \dfrac{n}{1-n}$, 한계 동수 경사$(i_{cr}) = \dfrac{G_s - 1}{1 + e}$임을 적용하여 구한다.

$n = 20[\%]$이므로 $e = \dfrac{0.2}{1 - 0.2} = 0.25$이고, $G_s = 2.75$이다.

따라서 Quick sand에 대한 한계 동수 경사는 $\dfrac{2.75 - 1}{1 + 0.25} = 1.4$이다.

16 정답 ①

기초의 하중 강도는 q, 기초의 폭은 B, 지반의 포아송비는 μ, 지반의 탄성 계수는 E_s, 영향계수를 I_s라 할 때, 탄성 침하량$(S_i) = q \times B \times \dfrac{1 - \mu^2}{E_s} \times I_s$임을 적용하여 구한다.

기초에 허용 지지력만큼 하중이 가해졌으므로 하중 강도는 $250[kN/m^2]$, 기초의 폭은 $4[m]$이므로 탄성 침하량은 $250 \times 4 \times \dfrac{(1 - 0.5^2)}{15,000} \times 0.561 = 0.02805[m]$이다.

따라서 기초 모서리의 탄성 침하량은 $0.02805[m] = 2.805[cm]$이다.

17 정답 ④

콘크리트의 단위중량을 γ_c, 흙의 단위중량을 γ_t, 옹벽의 높이를 H, 옹벽의 폭을 b, 내부마찰각을 ϕ라 할 때, 콘크리트의 총중량$(w) = \gamma_c \times H \times b$, 주동토압$(P_H) = \dfrac{1}{2} \times \gamma_t \times H^2 \times tan^2(45° - \dfrac{\phi}{2})$, 옹벽의 전도 안전율$(F_s) = \dfrac{w \times \dfrac{b}{2}}{P_H \times \dfrac{H}{3}}$임을 적용하여 구한다.

$\gamma_c = 25[kN/m^3]$, $\gamma_t = 20[kN/m^3]$, $H = 6[m]$, $b = 4[m]$, $\phi = 30°$이므로 $w = 25 \times 6 \times 4 = 600[kN/m^3]$, $P_H = \dfrac{1}{2} \times 20 \times 6^2 \times tan^2(45° - \dfrac{30°}{2}) = \dfrac{360}{3} = 120[t/m]$, $F_s = \dfrac{w \times \dfrac{b}{2}}{P_H \times \dfrac{H}{3}} = \dfrac{600 \times \dfrac{4}{2}}{120 \times \dfrac{6}{3}} = 5$이다.

따라서 전도에 대한 옹벽의 안전율은 5이다.

18 정답 ⑤

단면 상승 모멘트는 대칭축에서 0의 값을 가지며, 정(+)의 값과 부(−)의 값을 모두 갖는다.

19

계곡선은 지형의 높이를 쉽게 알게 하기 위해 아라비아 숫자가 함께 기재되어 있으며, 주곡선 5개마다 굵은 실선으로 표시한 것을 말하고, 주곡선의 1/2 간격으로 표시하는 것은 간곡선에 대한 설명이므로 적절하지 않다.

🔍 **더 알아보기**

등고선의 표기 및 간격

축척 등고선	기호	1/500~ 1/1,000	1/2,500	1/5,000~ 1/10,000	1/25,000	1/50,000
계곡선	굵은실선	5	10	25	50	100
주곡선	가는실선	1	2	5	10	20
간곡선	가는파선	0.5	1	2.5	5	10
조곡선	가는점선	0.25	0.5	1.25	2.5	5

20
정답 ③

Giesler 공식 $V = 20\sqrt{\dfrac{D \times h}{L}}$임을 적용하여 구한다.

관암거의 $D = 0.2$, $V = 0.8$, $h = 2.4$이고, Giesler 공식에 의한 암거 길이(L)는 $\dfrac{20^2 \times D \times h}{V^2}$이다.

따라서 암거 길이$(L) = \dfrac{20^2 \times 0.2 \times 2.4}{0.8^2} = 300[m]$이다.

21
정답 ③

기하학적 측지학에 해당하는 것은 ㉠, ㉣, ㉤, ㉦, ㉨으로 총 5개이다.

오답 체크

㉡, ㉢, ㉥, ㉧은 물리학적 측지학에 해당한다.

🔍 **더 알아보기**

기하학적 측지학과 물리학적 측지학의 분류

기하학적 측지학	물리학적 측지학
· 측지학적 3차원 위치의 결정 · 길이 및 시의 결정 · 수평 위치의 결정 · 천문 측량 · 위성 측량 · 면적 및 부피의 산정 · 지도 제작 · 사진 측정 · 높이의 결정 · 하해 측량	· 지구의 형상 해석 · 중력 측정 · 지구 자기 측정 · 탄성파 측정 · 대륙의 부동 · 지구의 극운동과 자전운동 · 지각변동 및 균형 · 지구의 열 · 해양의 조류 · 지구 조석

22
정답 ②

장기처짐량은 단기처짐량과 장기처짐계수를 곱해 계산하며, 단기처짐량에 비례하므로 적절하지 않다.

따라서 휨부재의 처짐에 대한 설명으로 적절하지 않은 것을 모두 고르면 ㉢이다.

23
정답 ④

프리로딩 공법은 점성토 지반의 개량 공법이므로 적절하지 않다.

24
정답 ②

최소단면 2차 반지름$(r_{min}) = \sqrt{\dfrac{단면\ 2차\ 모멘트(I)}{단면적(A)}}$, 세장비$(\lambda) = \dfrac{l}{r_{min}}$임을 적용하여 구한다.

최소단면 2차 반지름 $r_{min} = \sqrt{\dfrac{I}{A}} = \sqrt{\dfrac{\frac{12 \times 6^3}{12}}{6 \times 12}} = \sqrt{3}$이다.

따라서 세장비 $\lambda = \dfrac{l}{r_{min}} = \dfrac{345}{\sqrt{3}} = 115\sqrt{3}$이다.

25
정답 ④

대공표지는 천정으로부터 45° 이내에 장애물이 없는 곳에 설치해야 하므로 적절하지 않다.

26
정답 ③

재하 기간에 따른 계수를 ξ, 압축철근비를 ρ'라고 할 때, 장기 추가 처짐에 대한 계수$(\Delta\lambda) = \dfrac{\xi}{1 + (50\rho')}$임을 적용하여 구한다.

하중 재하 기간이 5년 이상이므로 $\xi = 2.0$이고, $\rho' = 0.03$이다.

따라서 장기 추가 처짐에 대한 계수는 $\dfrac{2.0}{1 + (50 \times 0.03)} = 0.8$이다.

🔍 **더 알아보기**

· ξ: 재하 기간에 따른 계수

구분	3개월	6개월	12개월	5년 이상
ξ	1.0	1.2	1.4	2.0

· ρ': 압축철근비$\left(\dfrac{A_s'}{b_w d}\right)$

단순보 및 연속보	캔틸레버보
중앙 단면의 ρ'	지지부 단면의 ρ'

27 정답 ③

전단력을 S, 부재의 길이를 l, 전단탄성계수를 G, 단면적을 A라 할 때, 전단변형량$(\lambda) = \frac{S \times l}{G \times A}$임을 적용하여 구한다.

$S = 4,500[kN] = 4,500 \times 10^3[N]$, $l = 15[cm] = 150[mm]$, $G = 1,000[MPa] = 1,000[N/mm^2]$, $A = 150 \times 150[mm]$이므로

$\lambda = \frac{S \times l}{G \times A} = \frac{4,500 \times 10^3 \times 150}{1,000 \times (150 \times 150)} = 30[mm]$이다.

따라서 전단변형량은 $30[mm] = 3[cm]$이다.

28 정답 ①

다짐에너지$(E) = \frac{W_R \times H \times N_B \times N_L}{V}$임을 적용하여 구한다.

래머의 중량이 $2.5[kg]$, 낙하고가 $20[cm]$, 3층으로 각 층의 다짐 횟수가 20회이므로

$E = \frac{2.5 \times 20 \times 20 \times 3}{1,000} = 3[kg \cdot cm/cm^3]$

따라서 다짐에너지(E)는 $3[kg \cdot cm/cm^3]$이다.

29 정답 ⑤

베티의 정리는 훅의 법칙을 따르는 탄성체에서 지점침하와 온도 변화가 없을 때, 하나의 역계 P_m에 의해 변형되는 동안 다른 역계 P_n이 하는 외적인 가상일은 역계 P_n에 의해 변형되는 동안 P_m이 하는 외적인 가상일과 같다는 상반작용의 원리를 말하므로 가장 적절하다.

오답 체크

① 최소작용의 원리에 대한 설명이므로 적절하지 않다.

② 카스틸리아노의 제1정리에 대한 설명이므로 적절하지 않다.

③ 중첩의 원리에 대한 설명이므로 적절하지 않다.

④ 카스틸리아노의 제2정리에 대한 설명이므로 적절하지 않다.

30 정답 ②

사질토 접지압의 최대 응력은 연성기초에서는 전면적에 고르게 분포하고, 강성기초에서는 중앙부에 집중되므로 적절하다.

01	02	03	04	05	06	07	08	09	10
④	③	⑤	④	①	①	②	③	③	④
11	12	13	14	15	16	17	18	19	20
①	④	④	②	④	③	③	③	②	④
21	22	23	24	25	26	27	28	29	30
②	②	③	④	②	④	⑤	④	⑤	⑤

01   정답 ④

P트랩은 세면기, 소변기 등의 배수를 위해 배수를 벽면 배수관에 접속할 때 사용되며, 공공 하수관에서 하수 가스의 역류 방지용으로 사용되는 것은 U트랩이므로 옳지 않다.

02   정답 ③

말비계용 사다리는 기둥재와 수평면과의 각도가 75° 이하이어야 하므로 옳지 않은 설명이다.

03   정답 ⑤

조적조의 인방보와 테두리보에 관한 사항으로 옳은 것을 모두 고르면 'ㄱ, ㄴ, ㄷ'이다.

🔍 **더 알아보기**

KCS 41 34 02 벽돌공사 3.21 인방보 및 테두리보

3.21.1 인방보

(1) 인방보는 도면 또는 공사시방서에 정하는 바에 따라 현장 타설 콘크리트 부어 넣기 또는 기성 콘크리트 부재로 한다.

(2) 인방보를 현장타설 콘크리트로 부어 넣을 때의 거푸집, 철근 배근 및 콘크리트 부어 넣기 공법은 KCS 14 20 000에 따른다.

(3) 기성 콘크리트 인방보의 형상, 치수, 품질 및 제조방법 등은 도면 또는 공사시방서에 따른다.

(4) 인방보는 양 끝을 벽체의 블록에 200[mm] 이상 걸치고, 또한 위에서 오는 하중을 전달할 충분한 길이로 한다. 인방보 상부의 벽은 균열이 생기지 않도록 주변의 벽과 강하게 연결되도록 철근이나 블록 메시로 보강 연결하거나 인방보 좌우단 상향으로 컨트롤 조인트를 둔다.

(5) 좌우의 벽체가 공간 쌓기일 때에는 콘크리트가 그 공간에 떨어지지 아니하도록 벽돌 또는 철판 등으로 막는다.

3.21.2 테두리보

(1) 테두리보의 철근콘크리트 시공은 KCS 14 20 000에 따른다.

(2) 테두리보의 모서리 철근은 서로 직각으로 구부려 겹치거나 길이 40d(철근직경의 40배) 이상 바깥에 오는 철근을 넘어 구부려 내리고 유효하게 정착한다.

(3) 바닥판 및 차양 등을 철근콘크리트조로 할 때에는 이어 붓기 자리가 내력 상 및 방수 상 지장이 없도록 하고 필요에 따라 적절히 보강한다.

(4) 테두리보에 접합되는 목조보 및 철골보의 위치에는 콘크리트를 부어 넣을 때에 설치 고정용의 앵커볼트, 달쇠, 기타 설치 고정철물을 정확한 위치에 빠짐없이 묻어둔다.

(5) 철골조 테두리보의 철골에 대해서는 KCS 14 31 00에 따르고 다음 사항에 주의한다.
   ① 강재와 조적 부분과의 접촉부분은 강재의 모양에 알맞도록 쌓는다.
   ② 강재와의 접촉면에는 빈틈없이 모르타르를 채워 넣는다.

04   정답 ④

거주성 검토를 위하여 필요한 응답가속도 산정 시 필요한 풍속은 재현기간 1년 풍속에 따라야 하므로 적절하지 않다.

05   정답 ①

'국토의 계획 및 이용에 관한 법률 시행령 제2조'에 따르면 폐차장은 환경기초시설에 해당하므로 옳지 않다.

🔍 **더 알아보기**

국토의 계획 및 이용에 관한 법률 시행령 제2조(기반시설)

① 국토의 계획 및 이용에 관한 법률(이하 "법"이라 한다) 제2조 제6호 각 목 외의 부분에서 "대통령령으로 정하는 시설"이란 다음 각 호의 시설(당해 시설 그 자체의 기능발휘와 이용을 위하여 필요한 부대시설 및 편익시설을 포함한다)을 말한다.
   1. 교통시설: 도로·철도·항만·공항·주차장·자동차정류장·궤도·차량 검사 및 면허시설
   2. 공간시설: 광장·공원·녹지·유원지·공공공지
   3. 유통·공급시설: 유통업무설비, 수도·전기·가스·열공급설비, 방송·통신시설, 공동구·시장, 유류저장 및 송유설비

4. 공공·문화체육시설: 학교·공공청사·문화시설·공공필요성이 인정되는 체육시설·연구시설·사회복지시설·공공직업훈련시설·청소년수련시설
5. 방재시설: 하천·유수지·저수지·방화설비·방풍설비·방수설비·사방설비·방조설비
6. 보건위생시설: 장사시설·도축장·종합의료시설
7. 환경기초시설: 하수도·폐기물처리 및 재활용시설·빗물저장 및 이용시설·수질오염방지시설·폐차장

06 　　　　　　　　　　　　　　　　　정답 ①

'건설산업기본법 시행령 제30조 제1항'에 따르면 방수공사의 하자담보책임 기간은 3년이고, 도장공사, 창호설치공사, 미장 및 타일공사, 실내건축공사는 모두 1년이므로 하자담보책임 기간이 다른 하나는 방수공사이다.

07 　　　　　　　　　　　　　　　　　정답 ②

'건축법 제42조'에 따르면 면적이 $200[m^2]$ 이상인 대지에 건축을 하는 건축주는 용도지역 및 건축물의 규모에 따라 해당 지방자치단체의 조례로 정하는 기준에 따라 대지에 조경이나 그 밖에 필요한 조치를 해야 하므로 빈칸에 들어갈 숫자는 200이다.

08 　　　　　　　　　　　　　　　　　정답 ③

동바리 시공 시 강관 동바리의 높이가 $3.5[m]$ 이상인 경우에는 높이 $2[m]$ 이내마다 수평 연결재를 2개 방향으로 설치하고 수평 연결재의 변위가 일어나지 않도록 이음 부분은 견고하게 연결해야 하므로 옳지 않다.

🔍 더 알아보기

KCS 14 20 12 거푸집 및 동바리 3.2 동바리의 시공

3.2.1 일반 동바리

(1) 동바리를 조립하기에 앞서 동바리를 지지하는 바닥이 소요 지지력을 갖도록 하고, 동바리는 충분한 강도와 안전성을 갖도록 시공한다.
(2) 동바리는 필요에 따라 적당한 솟음을 둔다.
(3) 거푸집이 곡면일 경우에는 버팀대의 부착 등 당해 거푸집의 변형을 방지하기 위한 조치를 한다.
(4) 동바리는 침하를 방지하고 각부가 움직이지 않도록 볼트나 클램프 등의 전용철물을 사용하여 견고하게 설치하여야 하며, 또한 동바리는 상부와 하부가 뒤집혀서 시공되지 않도록 한다.

(5) 강재와 강재와의 접속부 및 교차부는 볼트, 클램프 등의 철물로 정확하게 연결한다.
(6) 특수한 경우를 제외하고 강관 동바리는 2개 이상을 연결하여 사용하지 말아야 하며, 높이가 $3.5[m]$ 이상인 경우에는 높이 $2[m]$ 이내마다 수평 연결재를 2개 방향으로 설치하고 수평 연결재의 변위가 일어나지 않도록 이음 부분은 견고하게 연결한다.
(7) 동바리 하부의 받침판 또는 받침목은 2단 이상 삽입하지 않도록 하고, 작업원의 보행에 지장이 없어야 하며, 이탈되지 않도록 고정시킨다.
(8) 강관 동바리 설치높이가 $4.0[m]$를 초과하거나 슬래브 두께가 $1[m]$를 초과하는 경우에는 하중을 안전하게 지지할 수 있는 구조의 시스템 동바리로 사용한다.
(9) 강관 동바리 높이 조절용 핀은 지름 $12[mm]$ 이상, 재질 SM45C 이상의 전용핀을 사용하고 철근이나 기타 철물 사용을 금하며, 암나사는 유격이 없어 흔들리지 않는 암나사를 사용한다.
(10) 거푸집 동바리를 설치한 후에는 조립상태에 대하여 현장 책임기술자가 점검기준에 따라 확인점검을 실시하고 이상이 없는 경우에 한하여 콘크리트를 타설한다.
(11) 콘크리트 타설작업 중에는 거푸집 동바리의 변형, 변위, 파손 유무 등을 감시할 수 있는 감시자를 배치하여 이상을 발견한 때에는 즉시 작업을 중지하고 근로자를 대피시켜야 한다.

09 　　　　　　　　　　　　　　　　　정답 ③

각 방향으로 연속한 받침부 중심 간 경간 차이는 긴 경간의 1/3 이하이어야 하므로 옳다.

🔍 더 알아보기

직접설계법 적용을 위한 제한 사항

· 각 방향으로 3경간 이상 연속되어야 함
· 슬래브 판들은 단변 경간에 대한 장변 경간의 비가 2 이하인 직사각형이어야 함
· 각 방향으로 연속한 받침부 중심 간 경간 차이는 긴 경간의 1/3 이하이어야 함
· 연속한 기둥 중심선을 기준으로 기둥의 어긋남은 그 방향 경간의 $10[\%]$ 이하이어야 함
· 모든 하중은 슬래브 판 전체에 걸쳐 등분포된 연직하중이어야 하며, 활하중은 고정하중의 2배 이하이어야 함
· 모든 변에서 보가 슬래브를 지지할 경우 직교하는 두 방향에서 보의 상대강성은 $0.2 \leq \dfrac{\alpha_1 l_2^2}{\alpha_2 l_1^2} \leq 5.0$을 만족하여야 함

10
정답 ④

'건축물의 피난·방화구조 등의 기준에 관한 규칙 제8조의2 제3항 제3호'에 따르면 건축물의 내부에서 피난안전구역으로 통하는 계단은 특별피난계단의 구조로 설치해야 하므로 옳지 않다.

11
정답 ①

보이실은 관리 부분이 아닌 숙박 부분에 해당하므로 옳지 않다.

> ### 🔍 더 알아보기
> 호텔의 기능별 소요실
>
> | 숙박 부분 | 객실, 보이실, 메이드실, 린넨실, 트렁크룸 등 |
> |---|---|
> | 공용 및 사교 부분 | 현관, 홀, 로비, 라운지, 식당, 연회장, 오락실, 바, 무용장, 그릴, 담화실, 독서실, 진열장, 흡연실, 매점, 이발소, 미용실, 엘리베이터, 계단, 정원 등 |
> | 관리 부분 | 프런트 오피스, 클로크 룸, 지배인실, 사무실, 공작실, 창고, 복도, 화장실 등 |
> | 요리관계 부분 | 배선실, 부엌, 식기실, 창고, 냉장고 등 |
> | 설비관계 부분 | 보일러실, 전기실, 기계실, 세탁실, 창고 등 |
> | 대실 부분 | 상점, 대사무소, 클럽실 등 |

12
정답 ④

타일의 접착력 시험은 600m²당 한 장씩 시험한다.

13
정답 ④

상점 진열창의 현휘(눈부심)발생을 방지하여 외부에서 진열창 안을 더욱 잘 보이게 하려면 진열창 내부의 밝기를 외부보다 더 밝게 해야 하므로 가장 옳지 않다.

14
정답 ②

동결융해작용을 받는 콘크리트 시공 시 물결합재비는 45[%] 이하로 하므로 옳지 않다.

15
정답 ④

메시 시공 시 쇠흙손을 사용하여 최소 1.6[mm]의 두께 이상으로 접착 모르타르를 바른 후 마르지 않은 상태에서 메시가 모르타르에 함침될 때까지 흙손으로 표면을 평활하게 고르므로 옳다.

① 단열재 붙이기는 시공 벽면의 하부에서 상부로 붙여 나가되, 수직 방향의 이음은 통줄눈이 생기지 않도록 하고, 각 이음 부위는 밀착되게 정밀시공하므로 옳지 않다.

② 평활하지 않은 면은 연마 처리하며, 부착 후 최소 24시간 동안 경화시켜야 하는데, 이때 단열재가 움직이지 않도록 하여야 하므로 옳지 않다.

③ 단열재 패스너는 단열재 하부의 바탕 벽면에 도달할 때까지 눌러서 바탕 면에 단열재 $600 \times 1,200[mm]$를 기준으로 5개소 타정하므로 옳지 않다.

⑤ 메시의 이음은 최소 100[mm] 이상 겹침이음으로 하고, 지면에서 상부로 1.8[m] 높이까지의 벽면은 일반 메시를 시공한 후 충격 보강용 메시를 겹치지 않고 맞댄이음으로 추가 시공하므로 옳지 않다.

16
정답 ③

㉠에는 100분의 10, ㉡에는 5천, ㉢에는 60이 들어간다.

17
정답 ③

빈칸에는 30이 들어간다.

> ### 🔍 더 알아보기
> KCS 21 70 15 낙하물재해 방지시설 3.1.2 현장 품질관리
> (1) 낙하물 방지망은 설치 후 3개월 이내마다 정기적으로 검사를 실시하여야 한다. 다만, 공사감독자가 필요하다고 인정한 경우에는 망에 대한 인장강도 시험을 하며, 강도손실이 초기 인장강도의 30[%] 이상인 경우에는 폐기하여야 한다.
> (2) 망 주위에서 용접작업을 할 경우에는 용접불꽃이 튀지 않도록 하여야 한다.
> (3) 망에 적재되어 있는 낙하물 등은 즉시 제거하고, 망은 항상 깨끗이 유지관리하여야 한다.

18
정답 ③

제시된 내용은 작용온도에 대한 설명이다.

①, ⑤ 유효온도(감각온도): 기온(온도), 습도, 기류의 3요소로 환경 공기의 쾌적 조건을 표시한 것

② 불쾌지수: 온습지수의 하나로, 생활상 느끼는 불쾌감의 정도를 수치로 표시한 것

④ 등온지수: 등가온감, 등가온도라고도 하며, 기온·기습·기류에 더하여 복사열의 영향을 포함한 4인자를 조합하여 온감각(溫感覺)과의 관계를 나타내는 지수

19
정답 ②

제시된 내용은 이산화탄소에 대한 설명이며, 이산화탄소의 실내 기준 농도는 1,000ppm 이하이다.

20
정답 ④

스프레이건의 이동속도는 500~600$[mm/sec]$ 정도로 하고 먼저 도장된 부분과 중첩되도록 도장하여야 하므로 옳지 않다.

21
정답 ②

㉠에는 2, ㉡에는 3, ㉢에는 6이 들어간다.

🔍 더 알아보기

건축법 시행령 제3조의3 관련 막다른 도로의 길이에 따른 도로의 너비

막다른 도로의 길이	도로의 너비
10미터 미만	2미터
10미터 이상 35미터 미만	3미터
35미터 이상	6미터 (도시지역이 아닌 읍·면 지역은 4미터)

22
정답 ②

㉠에는 60, ㉡에는 55가 들어간다.

23
정답 ③

출입구는 내부와 외부 양방향에서 출입이 용이하도록 쌍여닫이로 1.5$[m]$ 전후의 폭으로 계획하므로 가장 옳지 않다.

24
정답 ④

인증 평가등급은 1~4등급의 총 4개 등급으로 하므로 옳지 않다.

🔍 더 알아보기

장수명 주택 건설·인증기준 [별표 1] 장수명 주택 인증기준
· 내구성 평가등급

등급	등급표시	등급기준
1급	★★★★	내용연수 100년 이상
2급	★★★	내용연수 65년 이상 100년 미만
3급	★★	내용연수 30년 이상 65년 미만
4급	★	내용연수 30년 미만

· 가변성 평가등급

등급	등급표시	등급기준
1급	★★★★	필수항목 각 3급 이상+선택항목
2급	★★★	필수항목 각 3급 이상+선택항목
3급	★★	필수항목 각 4급 이상+선택항목
4급	★	필수항목 4급+선택항목

· 수리 용이성 평가등급

등급	등급표시	등급기준
1급	★★★★	필수항목+선택항목
2급	★★★	필수항목+선택항목
3급	★★	필수항목+선택항목
4급	★	필수항목 포함

25
정답 ②

순간풍속 15$[m/s]$ 이상 시 운전작업을 중지하여야 하므로 옳지 않다.

26
정답 ④

타일 접착력 시험 결과의 판정은 타일 인장 부착강도가 0.39MPa 이상이어야 한다.

27
정답 ⑤

'국토의 계획 및 이용에 관한 법률 시행령 제31조'에 따르면 특정개발진흥지구는 주거기능, 공업기능, 유통·물류기능 및 관광·휴양기능 외의 기능을 중심으로 특정한 목적을 위하여 개발·정비할 필요가 있는 지구를 말하므로 옳지 않다.

28
정답 ④

빈칸에는 25가 들어간다.

29

'건축법 시행규칙 제20조의 별표 5'에 따르면 출구 너비의 허용
오차는 2[%] 이내이므로 옳지 않다.

🔍 더 알아보기

건축법 시행규칙 제20조 관련 건축허용오차

1. 대지 관련 건축기준의 허용오차

항목	허용되는 오차의 범위
건축선의 후퇴거리	3[%] 이내
인접대지 경계선과의 거리	3[%] 이내
인접건축물과의 거리	3[%] 이내
건폐율	0.5[%] 이내 (건축면적 5[m^2]를 초과할 수 없다)
용적률	1[%] 이내 (연면적 30[m^2]를 초과할 수 없다)

2. 건축물 관련 건축기준의 허용오차

항목	허용되는 오차의 범위
건축물 높이	2[%] 이내 (1[m]를 초과할 수 없다)
평면 길이	2[%] 이내 (건축물 전체 길이는 1[m]를 초과할 수 없고, 벽으로 구획된 각 실의 경우에는 10[cm]를 초과할 수 없다)
출구 너비	2[%] 이내
반자 높이	2[%] 이내
벽체 두께	3[%] 이내
바닥판 두께	3[%] 이내

30

초고층 건축물의 중요도계수는 1.05의 값으로 산정하므로 옳
지 않다.

🔍 더 알아보기

중요도 계수

중요도 분류	초고층 건축물	특 1	2	3
중요도 계수	1.05	1.00	0.95	0.90

해커스 코레일 한국철도공사 NCS + 전공 + 철도법 실전모의고사

전공 실전모의고사 2회 95

01	02	03	04	05	06	07	08	09	10
②	②	④	①	⑤	③	②	②	④	③
11	12	13	14	15	16	17	18	19	20
①	③	①	②	③	④	②	⑤	①	②
21	22	23	24	25	26	27	28	29	30
③	③	⑤	①	①	③	④	⑤	②	⑤

01　　　　　　　　　　　　　　　　　정답 ②

유효전력은 $P = V \times I \times cos\theta[W]$임을 적용하여 구한다.

$V = 300[V]$, $I = 100[A]$이며, 전압은 $60°$에서 공급되고 전류는 $15°$에서 흐르므로 전압과 전류의 위상차는 $\theta = 60 - 15 = 45°$이다.

따라서 유효전력은 $P = 300 \times 100 \times cos45° = 15,000\sqrt{2}[W]$이다.

02　　　　　　　　　　　　　　　　　정답 ②

공전을 경감하기 위해서는 높은 주파수를 사용해야 하므로 적절하지 않다.

03　　　　　　　　　　　　　　　　　정답 ④

변위전류의 위상은 전자파의 위상보다 90° 빠른 위상이므로 전자파의 위상이 변위전류의 위상보다 90° 늦으므로 적절하다.

04　　　　　　　　　　　　　　　　　정답 ①

유전체 내의 전속밀도는 진전하만 포함하므로 적절하다.

05　　　　　　　　　　　　　　　　　정답 ⑤

자속밀도가 $B = \mu H[Wb/m^2]$일 때, 투자율이 $\mu = \frac{B}{H}[H/m]$임을 적용하여 구한다.

자계의 세기는 $H = 800[Wb/m]$이며, 자속밀도는 $B = 0.04[Wb/m^2]$이다.

따라서 투자율은 $\mu = \frac{0.04}{800} = 5 \times 10^{-5}[H/m]$이다.

06　　　　　　　　　　　　　　　　　정답 ③

제1종 접지공사 또는 제2종 접지공사에 사용하는 접지선을 사람이 접촉할 우려가 있는 곳에 시설하는 경우, 접지극은 지하 $75[cm]$ 이상으로 하되, 동결 깊이를 감안하여 매설한다.

> ### 🔍 더 알아보기
>
> 전기설비기술기준 및 판단기준 제19조(각종 접지공사의 세목)
> ③ 제1종 접지공사 또는 제2종 접지공사에 사용하는 접지선을 사람이 접촉할 우려가 있는 곳에 시설하는 경우에는 제2항의 경우 이외에는 다음 각 호에 따라야 한다. 다만, 발전소·변전소·개폐소 또는 이에 준하는 곳에 접지극을 제27조 제1항 제1호의 규정에 준하여 시설하는 경우에는 그러하지 아니하다.
> 1. 접지극은 지하 $75[cm]$ 이상으로 하되, 동결 깊이를 감안하여 매설할 것
> 2. 접지선을 철주 기타의 금속체를 따라서 시설하는 경우에는 접지극을 철주의 밑면(底面)으로부터 $30[cm]$ 이상의 깊이에 매설하는 경우 이외에는 접지극을 지중에서 그 금속체로부터 $1[m]$ 이상 떼어 매설할 것
> 3. 접지선에는 절연전선(옥외용 비닐절연전선을 제외한다), 캡타이어 케이블 또는 케이블(통신용 케이블을 제외한다)을 사용할 것. 다만, 접지선을 철주 기타의 금속체를 따라서 시설하는 경우 이외의 경우에는 접지선의 지표상 $60[cm]$를 초과하는 부분에 대하여는 그러하지 아니한다.
> 4. 접지선의 지하 $75[cm]$로부터 지표상 $2[m]$까지의 부분은 '전기용품 및 생활용품 안전관리법'의 적용을 받는 합성수지관(두께 $2[mm]$ 미만의 합성수지제 전선관 및 난연성이 없는 콤바인 덕트관을 제외한다) 또는 이와 동등 이상의 절연효력 및 강도를 가지는 몰드로 덮을 것

07　　　　　　　　　　　　　　　　　정답 ②

아날로그 신호의 표본화 과정에서 에일리어싱 현상이 발생하지 않을 조건은 표본화 주파수 간격이 최고 유효 주파수의 2배 이상일 때이므로 $f_s \geq 2W$가 적절하다.

08 정답 ②

정격전압을 V, 정격전류를 I, 전기자 회로 저항을 R이라 할 때, 정격출력$(P) = IV$, 단자전압$(E) = V + IR$임을 적용하여 구한다. 정격출력이 4,400$[W]$이므로 $P = IV \rightarrow 4,400 = I \times 220$ $\rightarrow I = 20[A]$

따라서 단자전압 $E = V + IR = 220 + 20 \times 0.5 = 230[V]$이다.

09 정답 ④

이상적인 전류원은 전압의 크기와 방향이 제한을 받지 않고, 외부 회로에 의한 영향을 받지 않아야 하므로 적절하다.

10 정답 ③

금의 도전율은 71.80$[\%]$이고 철의 도전율은 17.60$[\%]$로 금의 도전율이 철의 도전율보다 크며, 금의 비중은 19.32이고 철의 비중은 7.90으로 금의 비중이 철의 비중보다 크므로 적절하다.

11 정답 ①

코일의 인덕턴스$(L) = \frac{N\phi}{I}$, 시정수$(\tau) = \frac{L}{R}$임을 적용하여 구한다. 전류(I)는 10$[A]$이고, 코일의 권수(N)는 1,000이며, 자속(ϕ)은 $3 \times 10^{-2}[Wb]$이므로 코일의 인덕턴스(L)는 $\frac{1,000 \times 3 \times 10^{-2}}{10}$ = 3이다.

따라서 이 회로의 시정수$(\tau) = \frac{L}{R} = \frac{3}{20} = 0.15[s]$이다.

12 정답 ③

$L[sinhat] = \frac{a}{s^2 - a^2}$임을 적용하여 구한다.

기본 함수의 라플라스 변환에 따라 $L[f(t)] = F(s)$면 $f(t) = L^{-1}[F(s)]$이므로 $f(t) = L^{-1}[F(s)] = L^{-1}[\frac{9}{s^2 - 9}] = 3L^{-1}[\frac{3}{s^2 - 3^2}]$이다.

이때, $L[sinhat] = \frac{a}{s^2 - a^2}$이므로 $L^{-1}[\frac{a}{s^2 - a^2}] = sinhat$이고, $3L^{-1}[\frac{3}{s^2 - 3^2}] = 3sinh3t$이다.

따라서 $F(s) = \frac{9}{s^2 - 9}$를 역 라플라스 변환한 것은 $3sinh3t$이다.

13 정답 ①

단락비가 큰 발전기는 손실이 크고, 효율이 떨어지므로 적절하다.

14 정답 ②

리미터 회로는 변수의 전기적인 변화를 일정값 이하로 제한하는 회로이며, 충격성 잡음을 방지하고, 수신 신호의 진폭을 일정하게 만드는 역할을 하므로 FM 수신기에서 리미터 회로의 역할로 옳은 것을 모두 고르면 'ⓒ, ⓒ'이다.

15 정답 ③

콘덴서의 정전용량을 $C[F]$, 콘덴서에 걸어준 전압을 $V[V]$라고 할 때, 콘덴서에 축적되는 에너지$(W) = \frac{1}{2}CV^2$임을 적용하여 구한다.

$C = 5,000[\mu F] = 5,000 \times 10^{-6}[F]$, $V = 20[V]$이므로 $W = \frac{1}{2} \times 5,000 \times 10^{-6} \times 400 = 1[J]$이다.

따라서 축적되는 에너지는 1$[J]$이다.

16 정답 ④

전력계통의 무효전력 조정이 전력계통의 전압을 조정하는 방법이고, 유효전력 조정은 전력계통의 주파수를 조정하는 방법이므로 적절하지 않다.

17 정답 ②

히스테리시스 곡선에서 면적은 히스테리시스 손실을 의미하여, 면적이 작을수록 히스테리시스 손실이 적어지므로 적절하다.

해커스 코레일 한국철도공사 NCS + 전공 + 철도법 실전모의고사

18 정답 ⑤

저항은 도선의 길이에 비례하고, 단면적에 반비례하므로 도선 A의 길이를 2배로 증가시키고, 단면적을 $\frac{1}{2}$배로 감소시키면 도선 A의 저항은 처음보다 $2 \times 2 = 4$배 증가한다.

따라서 변화시키기 전 도선 A의 저항은 $20[\Omega]$이므로 변화시킨 후 도선 A의 저항은 $20 \times 4 = 80[\Omega]$이다.

19 정답 ①

주파수를 f라 할 때 회전수$(N) = \frac{120f}{p}$, 출력을 P라고 할 때 토크$(\tau) = 975 \times \frac{P}{N}$임을 적용하여 구한다.

회전수는 주파수에 비례하고, 토크는 회전수에 반비례하므로, 주파수를 4배로 변화했을 때 토크는 $\frac{1}{4}$배가 된다.

20 정답 ②

전파속도 = 주파수$(f) \times$ 파장$(\lambda) = \frac{2\pi f}{\text{위상 정수}}$임을 적용하여 구한다.

f는 $1[MHz]$이므로 Hz의 단위로 환산하면 10^6이다.

따라서 이 선로의 $1[MHz]$에 대한 전파속도는 $\frac{2\pi \times 10^6}{\frac{\pi}{8}} = 1.6 \times 10^7[m/s]$이다.

21 정답 ③

r은 구의 반지름, v는 구의 전위일 때, 공통 전위 $= \frac{r_1 v_1 + r_2 v_2}{r_1 + r_2}$임을 적용하여 구한다.

따라서 공통 전위는 $\frac{2 \times 5 + 4 \times 10}{2 + 4} \fallingdotseq 8.3[V]$이다.

22 정답 ③

송전계통의 안정도를 향상시키기 위해서는 중간 조상 방식을 채용하고, 발전기의 단락비를 크게 하여야 하므로 적절하지 않다.

23 정답 ⑤

비접지 방식은 보통 △-△결선으로 사용하므로 적절하지 않다.

24 정답 ①

무효전력 $P_r = V \times I \times \sin\theta[VAR]$임을 적용하여 구한다.

전압과 전류의 위상이 동일하면 역률각은 $0°$로 $\sin 0° = 0$이므로 $P_r = \frac{100}{\sqrt{2}}\sin(wt + \theta - 30) \times \frac{100}{\sqrt{2}}\sin(wt + \theta - 30) \times 0 = 0$이다.

따라서 전압과 전류가 동일한 회로의 무효전력은 존재하지 않으므로 $0[VAR]$이다.

25 정답 ①

디엠퍼시스 회로에 대한 설명으로 옳지 않은 것을 모두 고르면 'ㄱ, ㄴ'이다.

> **🔍 더 알아보기**
>
> **프리엠퍼시스와 디엠퍼시스**
>
> | | |
> |---|---|
> | 프리엠퍼시스
(Pre-emphasis) | • 높은 주파수의 진폭을 미리 강화시킴
• 전압 이득이 주파수와 비례 관계
• FM 변조기 전단에 붙여 사용
• 미분 회로로 구성할 수 있음 |
> | 디엠퍼시스
(De-emphasis) | • 높은 주파수의 진폭을 원래 수준으로 약화시킴
• 전압 이득이 주파수와 반비례 관계
• FM 복조기 후단에 붙여 사용
• 적분 회로로 구성할 수 있음 |

26 정답 ③

인버터는 정전 시 통신기 및 정보 처리 장치의 전원을 위해 사용되며, 직류전압을 일정한 주파수의 교류전압으로 변환하고자 할 때 활용하는 전력 변환 장치이다.

27 정답 ④

두 입력 A, B가 다를 때 출력이 1이 되는 XOR 회로(Exclusive OR 회로)에 해당한다.

오답 체크

① NAND 회로: 두 입력 A, B가 모두 1일 때만 출력이 0이 되는 회로
② NOR 회로: 두 입력 A, B 중 어느 한 쪽이라도 1일 때 출력이 0이 되는 회로
③ OR 회로: 두 입력 A, B 중 어느 한 쪽이라도 1일 때 출력이 1이 되는 회로
⑤ AND 회로: 두 입력 A, B가 모두 1일 때만 출력이 1이 되는 회로

28
정답 ⑤

거리 $r[m]$만큼 떨어진 두 전하 Q_1, Q_2 사이에 작용하는 힘 $(F) = \frac{Q_1 Q_2}{4\pi\varepsilon_0 r^2}[N]$임을 적용하여 구한다.

두 전하 $Q[C]$, $1[C]$ 사이의 거리는 $r[m]$이므로 두 전하 사이에 작용하는 힘 $(F) = \frac{Q}{4\pi\varepsilon_0 r^2}[N]$이다.

29
정답 ②

실횻값 $(E) = \sqrt{E_0^2 + E_1^2 + \cdots + E_n^2}$임을 적용하여 구한다.

$e = 3 + 10\sqrt{2}\sin\omega t + 5\sqrt{2}\sin(3\omega t - 30°)$이므로 $E_0 = 3$, $E_1 = 10$, $E_2 = 5$이다.

따라서 실횻값 $(E) = \sqrt{3^2 + 10^2 + 5^2} = \sqrt{134}$ 이다.

30
정답 ⑤

교류 회로에서 전압을 V, 주파수를 f, 커패시턴스를 C라고 할 때, 전류 $(i) = 2\pi f C V$임을 적용하여 구한다.

전압이 $270[V]$, 주파수가 $60[Hz]$, 전류가 $200[A]$이므로 커패시턴스 $(C) = \frac{i}{2\pi f v} = \frac{200}{2\pi \times 60 \times 270} = \frac{1}{486}[F] \fallingdotseq 2.06 \times 10^3[\mu F]$

따라서 C의 값은 $2.06 \times 10^3[\mu F]$이다.

철도관계법 실전모의고사 1회

p.326

01	02	03	04	05	06	07	08	09	10
⑤	②	①	①	④	④	⑤	②	③	⑤

01
정답 ⑤

철도산업발전기본법 제5조 제2항 제8호에 따라 철도산업발전기본계획에는 철도산업의 육성 및 발전에 관한 사항으로서 대통령령으로 정하는 사항이 포함되어야 하므로 옳지 않은 설명이다.

> **더 알아보기**
> **철도산업발전기본계획의 수립 등(철도산업발전기본법 제5조 제2항)**
> ② 기본계획에는 다음 각호의 사항이 포함되어야 한다.
> 1. 철도산업 육성시책의 기본방향에 관한 사항
> 2. 철도산업의 여건 및 동향전망에 관한 사항
> 3. 철도시설의 투자·건설·유지보수 및 이를 위한 재원확보에 관한 사항
> 4. 각종 철도간의 연계수송 및 사업조정에 관한 사항
> 5. 철도운영체계의 개선에 관한 사항
> 6. 철도산업 전문인력의 양성에 관한 사항
> 7. 철도기술의 개발 및 활용에 관한 사항
> 8. 그 밖에 철도산업의 육성 및 발전에 관한 사항으로서 대통령령으로 정하는 사항

02
정답 ②

철도산업발전기본법 제10조 제1항에 따라 국토교통부장관은 철도산업전문인력의 수급의 변화에 따라 철도산업교육과정의 확대 등 필요한 조치를 관계중앙행정기관의 장에게 요청할 수 있으므로 옳지 않은 설명이다.

오답 체크

① 철도산업발전기본법 제11조 제1항에 따라 국토교통부장관은 철도기술의 진흥 및 육성을 위하여 철도기술전반에 대한 연구 및 개발에 노력하여야 하므로 옳은 설명이다.

③ 철도산업발전기본법 제8조에 따라 국가 및 지방자치단체는 철도산업의 육성·발전을 촉진하기 위하여 철도산업에 대한 재정·금융·세제·행정상의 지원을 할 수 있으므로 옳은 설명이다.

④ 철도산업발전기본법 제12조 제1항에 따라 국토교통부장관은 철도산업에 관한 정보를 효율적으로 처리하고 원활하게 유통하기 위하여 대통령령으로 정하는 바에 의하여 철도산업정보화기본계획을 수립·시행하여야 하므로 옳은 설명이다.

⑤ 철도산업발전기본법 제7조 제1항에 따라 국가는 철도시설 투자를 추진하는 경우 사회적·환경적 편익을 고려하여야 하므로 옳은 설명이다.

03
정답 ①

철도산업발전기본법 제34조 제1항에 따라 ㉠에 들어갈 내용은 국토교통부장관이다.

04
정답 ①

철도산업발전기본법 제42조 제1항에 따라 빈칸에 들어갈 숫자는 1이다.

05
정답 ④

철도산업발전기본법 시행령 제41조에 따라 철도운영자가 국가부담비용의 지급을 신청하고자 할 때 국가부담비용지급신청서에 첨부하여야 하는 서류에는 국가부담비용지급신청액 및 산정내역서, 당해연도의 예상수입·지출명세서, 최근 2년간 지급받은 국가부담비용내역서, 원가계산서가 포함되어야 한다.
따라서 철도운영자가 국가부담비용의 지급을 신청하고자 할 때 국가부담비용지급신청서에 첨부하여야 하는 서류로 적절하지 않은 것은 ④이다.

06 정답 ④

한국철도공사법 시행령 제3조에 따라 ㉠에 들어갈 숫자는 2, ㉡에 들어갈 숫자는 3, ㉢에 들어갈 숫자는 3이므로 2+3+3=8이다.

07 정답 ⑤

한국철도공사법 제11조에 따라 ㉠에 들어갈 숫자는 5, ㉡에 들어갈 숫자는 5, ㉢에 들어갈 숫자는 2, ㉣에 들어갈 숫자는 2이므로 5+5+2+2=14이다.

08 정답 ②

철도사업법 제7조 제1항 제1호 나목에 따라 파산선고를 받은 후 복권되지 아니한 임원이 있는 법인이 철도사업의 면허를 받을 수 없으므로 파산선고를 받은 후 복권된 임원이 있는 법인은 철도사업의 면허를 받을 수 없는 법인에 해당하지 않는다.

🔍 더 알아보기

결격사유(철도사업법 제7조)

다음 각 호의 어느 하나에 해당하는 법인은 철도사업의 면허를 받을 수 없다.

1. 법인의 임원 중 다음 각 목의 어느 하나에 해당하는 사람이 있는 법인
   가. 피성년후견인 또는 피한정후견인
   나. 파산선고를 받고 복권되지 아니한 사람
   다. 이 법 또는 대통령령으로 정하는 철도 관계 법령을 위반하여 금고 이상의 실형을 선고받고 그 집행이 끝나거나(끝난 것으로 보는 경우를 포함한다) 면제된 날부터 2년이 지나지 아니한 사람
   라. 이 법 또는 대통령령으로 정하는 철도 관계 법령을 위반하여 금고 이상의 형의 집행유예를 선고받고 그 유예 기간 중에 있는 사람
2. 제16조 제1항에 따라 철도사업의 면허가 취소된 후 그 취소일부터 2년이 지나지 아니한 법인. 다만, 제1호 가목 또는 나목에 해당하여 철도사업의 면허가 취소된 경우는 제외한다.

09 정답 ③

철도사업법 제16조 제1항 제6호에 따라 철도사업의 면허기준에 미달하게 된 경우이더라도 3개월 이내에 그 기준을 충족시킨 경우에는 예외로 한다.

🔍 더 알아보기

면허취소 등(철도사업법 제16조 제1항)

① 국토교통부장관은 철도사업자가 다음 각 호의 어느 하나에 해당하는 경우에는 면허를 취소하거나, 6개월 이내의 기간을 정하여 사업의 전부 또는 일부의 정지를 명하거나, 노선 운행중지·운행제한·감차 등을 수반하는 사업계획의 변경을 명할 수 있다. 다만, 제4호 및 제7호의 경우에는 면허를 취소하여야 한다.

1. 면허받은 사항을 정당한 사유 없이 시행하지 아니한 경우
2. 사업 경영의 불확실 또는 자산상태의 현저한 불량이나 그 밖의 사유로 사업을 계속하는 것이 적합하지 아니할 경우
3. 고의 또는 중대한 과실에 의한 철도사고로 대통령령으로 정하는 다수의 사상자(死傷者)가 발생한 경우
4. 거짓이나 그 밖의 부정한 방법으로 제5조에 따른 철도사업의 면허를 받은 경우
5. 제5조 제1항 후단에 따라 면허에 붙인 부담을 위반한 경우
6. 제6조에 따른 철도사업의 면허기준에 미달하게 된 경우. 다만, 3개월 이내에 그 기준을 충족시킨 경우에는 예외로 한다.
7. 철도사업자의 임원 중 제7조 제1호 각 목의 어느 하나의 결격사유에 해당하게 된 사람이 있는 경우. 다만, 3개월 이내에 그 임원을 바꾸어 임명한 경우에는 예외로 한다.
8. 제8조를 위반하여 국토교통부장관이 지정한 날 또는 기간에 운송을 시작하지 아니한 경우
9. 제15조에 따른 휴업 또는 폐업의 허가를 받지 아니하거나 신고를 하지 아니하고 영업을 하지 아니한 경우
10. 제20조 제1항에 따른 준수사항을 1년 이내에 3회 이상 위반한 경우
11. 제21조에 따른 개선명령을 위반한 경우
12. 제23조에 따른 명의 대여 금지를 위반한 경우

10 정답 ⑤

철도사업법 제51조에 따라 ㉠에 들어갈 숫자는 1,000, ㉡에 들어갈 숫자는 500, ㉢에 들어갈 숫자는 100, ㉣에 들어갈 숫자는 50이므로 1,000+500+100+50=1,650이다.

p.332

01	02	03	04	05	06	07	08	09	10
④	③	⑤	①	①	④	②	⑤	⑤	④

01 정답 ④

철도산업발전기본법 제1조에 따라 ㉣에 들어갈 말은 '공익성'이다.

02 정답 ③

철도산업발전기본법 제31조 제1항에 따라 ㉠의 빈칸에 들어갈 말은 대통령령, 제31조 제4항에 따라 ㉡의 빈칸에 들어갈 말은 대통령령, 제30조 제2항에 따라 ㉢의 빈칸에 들어갈 말은 국토교통부령, 제26조 제2항에 따라 ㉣의 빈칸에 들어갈 말은 대통령령, 제29조 제2항에 따라 ㉤의 빈칸에 들어갈 말은 대통령령이다.

따라서 ㉠~㉤ 중 빈칸에 들어갈 말이 나머지와 다른 것은 ㉢이다.

03 정답 ⑤

철도산업발전기본법 제36조 제3항에 따라 ㉤에 들어갈 내용은 해제이다.

04 정답 ①

철도산업발전기본법 시행령 제6조 제3항에 따라 철도산업위원회 위원의 임기는 2년으로 하되, 연임할 수 있으므로 2년의 철도산업위원회 임기를 채운 위원 A는 철도산업발전기본법 시행령상 해촉할 수 있는 철도산업위원회 위원에 해당하지 않는다.

> 🔍 **더 알아보기**
>
> **위원의 해촉(철도산업발전기본법 시행령 제6조의2)**
> 위원회의 위원장은 제6조 제2항 제4호에 따른 위원이 다음 각 호의 어느 하나에 해당하는 경우에는 해당 위원을 해촉(解囑)할 수 있다.
> 1. 심신장애로 인하여 직무를 수행할 수 없게 된 경우
> 2. 직무와 관련된 비위사실이 있는 경우
> 3. 직무태만, 품위손상이나 그 밖의 사유로 인하여 위원으로 적합하지 아니하다고 인정되는 경우

4. 위원 스스로 직무를 수행하는 것이 곤란하다고 의사를 밝히는 경우

05 정답 ①

철도산업발전기본법 시행령 제46조에 따라 빈칸에 들어갈 내용으로 옳은 것은 1월이다.

06 정답 ④

한국철도공사법 제4조 제1항에 따라 ㉣의 빈칸에 들어갈 내용은 22조 원이다.

07 정답 ②

한국철도공사법 제20조에 따라 빈칸에 들어갈 숫자는 500이다.

08 정답 ⑤

철도사업법 제9조에 따라 ㉠에 들어갈 말은 국토교통부장관, ㉡에 들어갈 말은 국토교통부장관, ㉢에 들어갈 말은 국토교통부장관, ㉣에 들어갈 말은 국토교통부장관, ㉤에 들어갈 말은 철도사업자이다.

따라서 ㉠~㉤ 중 빈칸에 들어갈 말이 나머지와 다른 것은 ㉤이다.

09 정답 ⑤

철도사업법 제10조에 따라 빈칸에 들어갈 숫자는 30이다.

10

철도사업법 제21조에 따라 철도차량 표시는 국토교통부장관이 개선을 명할 수 있는 사항이 아니므로 옳지 않은 내용이다.

> 🔍 **더 알아보기**
>
> **사업의 개선명령(철도사업법 제21조)**
>
> 국토교통부장관은 원활한 철도운송, 서비스의 개선 및 운송의 안전과 그 밖에 공공복리의 증진을 위하여 필요하다고 인정하는 경우에는 철도사업자에게 다음 각 호의 사항을 명할 수 있다.
>
> 1. 사업계획의 변경
> 2. 철도차량 및 운송 관련 장비·시설의 개선
> 3. 운임·요금 징수 방식의 개선
> 4. 철도사업약관의 변경
> 5. 공동운수협정의 체결
> 6. 철도차량 및 철도사고에 관한 손해배상을 위한 보험에의 가입
> 7. 안전운송의 확보 및 서비스의 향상을 위하여 필요한 조치
> 8. 철도운수종사자의 양성 및 자질향상을 위한 교육

해커스 코레일 한국철도공사 NCS + 전공 + 철도법 실전모의고사

철도관계법 실전모의고사 **2회** 103

p.338

01	02	03	04	05	06	07	08	09	10
⑤	②	⑤	①	②	⑤	③	②	①	⑤

01 정답 ⑤

철도산업발전기본법 제6조 제2항에 따라 ⊙~⑩ 중 철도산업위원회에서 심의·조정하는 사항에 해당하는 것은 ⊙, ⓒ, ⓒ, ⓔ, ⑩으로 총 5개이다.

🔎 더 알아보기

철도산업위원회(철도산업발전기본법 제6조 제2항)
② 위원회는 다음 각호의 사항을 심의·조정한다.
1. 철도산업의 육성·발전에 관한 중요정책 사항
2. 철도산업구조개혁에 관한 중요정책 사항
3. 철도시설의 건설 및 관리 등 철도시설에 관한 중요정책 사항
4. 철도안전과 철도운영에 관한 중요정책 사항
5. 철도시설관리자와 철도운영자 간 상호협력 및 조정에 관한 사항
6. 이 법 또는 다른 법률에서 위원회의 심의를 거치도록 한 사항
7. 그 밖에 철도산업에 관한 중요한 사항으로서 위원장이 회의에 부치는 사항

02 정답 ②

철도산업발전기본법 제33조의 제2항에 따라 공익서비스 제공에 따른 보상계약의 체결 시 포함되어야 하는 사항은 ⊙, ⓒ, ⓒ이므로 이에 해당하지 않는 것의 개수는 ⓔ로 1개이다.

오답 체크

ⓔ 철도산업발전기본법 제32조의 제2항 제3호에 따라 철도운영자가 국가의 특수목적사업을 수행함으로써 발생되는 비용은 철도운영자의 공익서비스 제공으로 발생하는 비용 중 원인제공자가 부담하는 공익서비스비용의 범위에 해당하는 사항이므로 적절하지 않은 내용이다.

🔎 더 알아보기

공익서비스비용의 부담(철도산업발전기본법 제32조)
① 철도운영자의 공익서비스 제공으로 발생하는 비용은 대통령령으로 정하는 바에 따라 국가 또는 해당 철도서비스를 직접 요구한 자가 부담하여야 한다.

② 원인제공자가 부담하는 공익서비스비용의 범위는 다음 각호와 같다.
1. 철도운영자가 다른 법령에 의하거나 국가정책 또는 공공목적을 위하여 철도운임·요금을 감면할 경우 그 감면액
2. 철도운영자가 경영개선을 위한 적절한 조치를 취하였음에도 불구하고 철도이용수요가 적어 수지균형의 확보가 극히 곤란하여 벽지의 노선 또는 역의 철도서비스를 제한 또는 중지하여야 되는 경우로서 공익목적을 위하여 기초적인 철도서비스를 계속함으로써 발생되는 경영손실
3. 철도운영자가 국가의 특수목적사업을 수행함으로써 발생되는 비용

03 정답 ⑤

철도산업발전기본법 제40조 제1항에 따라 국토교통부장관의 승인을 얻지 아니하고 특정 노선 및 역을 폐지하거나 철도서비스를 제한 또는 중지한 자는 3년 이하의 징역 또는 5천만원 이하의 벌금에 처한다.

🔎 더 알아보기

벌칙 (철도산업발전기본법 제40조)
① 제34조의 규정을 위반하여 국토교통부장관의 승인을 얻지 아니하고 특정 노선 및 역을 폐지하거나 철도서비스를 제한 또는 중지한 자는 3년 이하의 징역 또는 5천만원 이하의 벌금에 처한다.
② 다음 각 호의 어느 하나에 해당하는 자는 2년 이하의 징역 또는 3천만원 이하의 벌금에 처한다.
1. 거짓이나 그 밖의 부정한 방법으로 제31조 제1항에 따른 허가를 받은 자
2. 제31조 제1항에 따른 허가를 받지 아니하고 철도시설을 사용한 자
3. 제36조 제1항 제1호부터 제5호까지 또는 제7호에 따른 조정·명령 등의 조치를 위반한 자

04 정답 ①

철도산업발전기본법 시행령 제9조에 따라 빈칸에 들어갈 숫자는 1이다.

05
정답 ②

철도산업발전기본법 시행령 제28조에 따라 국가가 추진하는 철도시설 건설사업의 집행에 관한 사항은 국토교통부장관이 국가철도공단으로 하여금 대행하게 하는 경우 그 대행 업무에 해당하므로 적절하지 않다.

🔍 더 알아보기

철도자산처리계획의 내용(철도산업발전기본법 시행령 제29조)

법 제23조 제1항의 규정에 의한 철도자산처리계획에는 다음 각 호의 사항이 포함되어야 한다.

1. 철도자산의 개요 및 현황에 관한 사항
2. 철도자산의 처리방향에 관한 사항
3. 철도자산의 구분기준에 관한 사항
4. 철도자산의 인계·이관 및 출자에 관한 사항
5. 철도자산처리의 추진일정에 관한 사항
6. 그 밖에 국토교통부장관이 철도자산의 처리를 위하여 필요하다고 인정하는 사항

06
정답 ⑤

한국철도공사법 제9조에 따라 ⑦~② 중 한국철도공사의 사업에 해당하는 것은 ⑦, ⓒ, ⓒ, ②로 총 4개이다.

07
정답 ③

한국철도공사법 제14조에 따라 국유재산의 무상대부에 관한 사항은 국토교통부장관이 필요하다고 인정하면 한국철도공사에 국유재산을 무상으로 대부하거나 사용·수익하게 할 수 있는 사항이므로 옳지 않은 설명이다.

🔍 더 알아보기

지도·감독(한국철도공사법 제16조)

국토교통부장관은 공사의 업무 중 다음 각 호의 사항과 그와 관련되는 업무에 대하여 지도·감독한다.

1. 연도별 사업계획 및 예산에 관한 사항
2. 철도서비스 품질 개선에 관한 사항
3. 철도사업계획의 이행에 관한 사항
4. 철도시설·철도차량·열차운행 등 철도의 안전을 확보하기 위한 사항
5. 그 밖에 다른 법령에서 정하는 사항

08
정답 ②

철도사업법 제15조 제1항에 따라 철도사업자가 그 사업의 전부 또는 일부를 휴업 또는 폐업하려는 경우에는 국토교통부령으로 정하는 바에 따라 국토교통부장관의 허가를 받아야 하므로 옳지 않은 설명이다.

오답 체크

① 철도사업법 제15조 제2항에 따라 제1항에 따른 휴업기간은 6개월을 넘을 수 없으므로 옳은 설명이다.
③ 철도사업법 제15조 제3항에 따라 제1항에 따른 허가를 받거나 신고한 휴업기간 중이라도 휴업 사유가 소멸된 경우에는 국토교통부장관에게 신고하고 사업을 재개(再開)할 수 있으므로 옳은 설명이다.
④ 철도사업법 제15조 제4항에 따라 국토교통부장관은 제1항 단서 및 제3항에 따른 신고를 받은 날부터 60일 이내에 신고수리 여부를 신고인에게 통지하여야 하므로 옳은 설명이다.
⑤ 철도사업법 제15조 제5항에 따라 철도사업자는 철도사업의 전부 또는 일부를 휴업 또는 폐업하려는 경우에는 대통령령으로 정하는 바에 따라 휴업 또는 폐업하는 사업의 내용과 그 기간 등을 인터넷 홈페이지, 관계 역·영업소 및 사업소 등 일반인이 잘 볼 수 있는 곳에 게시하여야 하므로 옳은 설명이다.

09
정답 ①

철도사업법 제25조의2에 따라 빈칸에 들어갈 숫자는 1이다.

10
정답 ⑤

철도사업법 제36조에 따라 ⑩에 들어갈 내용은 소멸이다.